BASTEI
LÜBBE

BASTEI-LÜBBE-TASCHENBUCH
Band 13 924

Erste Auflage: Januar 1998

Umschlaggestaltung: QuadroGrafik, Bensberg
Satz: KCS GmbH, Buchholz/Hamburg
Druck und Verarbeitung:
Groupe Hérissey, Évreux, Frankreich
Druck-Nr.: 39965
Printed in France
ISBN 3-404-13924-0

Der Preis dieses Bandes versteht sich einschließlich der
gesetzlichen Mehrwertsteuer.

Marten Veit

Die UFO Akten

Auf den Spuren der Außerirdischen

BASTEI LÜBBE

INHALT

ERSTES BUCH

PROJEKT ›GHOSTRIDER‹

von Marten Veit

Frenchman Flat
Nevada, 10. September 1995, 13 Uhr 17

Die Düse fauchte, und eine Flammenzunge fuhr durch die kreisrunde Öffnung in den Heißluftballon. Nach fünf Sekunden schloß Jeff Fougherty das Ventil wieder, wartete zwanzig Sekunden und wiederholte den Vorgang. Conny Milton spürte, wie der Ballon langsam stieg. Aus gut 700 Fuß Höhe war die Bewegung mit bloßem Auge nicht zu erkennen, aber ihr Magen meldete ihr jede Steigung wie ein empfindliches Meßgerät.

Sie kuschelte sich dichter an Francis heran. Nicht, daß ihr schlecht war. Sie genoß den Flug. Die Aussicht war grandios, das Wetter herrlich, die Luft klar, und mit etwas Glück würden sie sogar das Death Valley sehen können. Jeff hatte angekündigt, mindestens auf 1500 Fuß über Grund zu steigen.

Francis legte ihr den Arm um die Taille. Seine Hand streichelte ihren Rücken. »War das nicht eine gute Idee, Schatz?« fragte er. »Ist doch mal was anderes, als immer nur zum Lake Tahoe zu fahren.«

Conny nickte. Es war ihr siebter Hochzeitstag, und anfangs war sie von der Idee ihres Mannes gar nicht begeistert gewesen. Sie litt zwar nicht unter ausgesprochener Flugangst, aber sie flog auch nicht gerade gern. Allerdings, das hatte Jeff ihr noch vor dem Start klargemacht, flog man mit einem Ballon auch nicht, man *fuhr*. Er hatte ihr mit seiner freundlichen ruhigen Art sofort die Angst genommen, und nach den ersten Minuten der Beklommenheit hatte Conny begonnen, den Flug – nein, die *Fahrt* – zu genießen. Jetzt wünschte sie sich, daß sie nie zu Ende gehen würde.

Die Luft war warm und scheinbar windstill, da der Ballon in der gleichmäßigen Strömung trieb. Das ausgedörrte Land breitete sich im hellen Sonnenlicht unter ihnen von Horizont zu Horizont aus und leuchtete in den unterschiedlichsten Braun- und Gelbtönen, mit grünen und roten Farbtupfern durchsetzt. Ein paar Schäfchenwolken zogen sich über einen tiefblauen Himmel. Weit im Westen über der Sierra Nevada türmten sich Kumuluswolken auf, aber Fougherty hatte versichert, daß das Wetter halten würde, und mittlerweile war Conny bereit, ihm alles zu glauben. Jeff Fougherty arbeitete seit mehr als zwanzig Jahren als Ballonführer und hatte in dieser Zeit nicht einen einzigen Unfall gehabt.

»Sehen Sie, da drüben!« Er deutete mit einer sonnengebräunten Hand nach Norden. Conny folgte dem ausgestreckten Zeigefinger mit den Augen und entdeckte schließlich zwei glitzernde Punkte, die in rund einer Meile Entfernung etwa in ihrer Höhe schräg auf sie zurasten.

»F-16, Abfangjäger der Air Force«, erklärte Fougherty. »Ungewöhnlich, daß sie hier in dieser Höhe fliegen. Ich habe mich vor dem Start erkundigt, aber nichts von irgendeinem Flugmanöver erfahren. Und sie sind verdammt schnell.«

Das waren sie. Conny krallte unbewußt die Finger in den Arm ihres Mannes, als die Jets keine 300 Fuß entfernt an ihnen vorbeischossen. Erst jetzt erreichte sie das Brüllen der Triebwerke. Die Jäger mußten mit nahezu Schallgeschwindigkeit fliegen.

Jeff Fougherty drehte sich so schnell herum, um ihnen mit den Blicken zu folgen, daß die Gondel zu pendeln begann. Conny sah sein sonst so gutmütiges und ruhiges Gesicht im Profil. Es hatte sich angespannt und wirkte plötzlich scharf. »Was, zum Geier ...«, murmelte er. »Das ist ein eindeutiger Verstoß gegen die Luftfahrtbestimmungen. Hier finden keine angemeldeten Flugmanöver statt.«

Conny lockerte ihren Griff. Francis rieb sich demonstrativ den Arm, starrte aber wie seine Frau den Jets hinterher, die in der Ferne zusammenschrumpften. Das trommelfellzerreißende Kreischen verwandelte sich in ein dumpfes Dröhnen, das noch lange nachhallte. Die Jäger drehten nach Osten ab und verschmolzen mit dem Blau des Himmels.

Das plötzliche Fauchen des Gasbrenners ließ Conny zusammenfahren, als Fougherty die Luft in der Ballonhülle wieder aufheizte. Er murmelte immer noch verärgert vor sich hin und starrte nach Osten, als befürchtete er, die F-16 könnten zurückkommen. Dann drehte er sich zu seinen Kunden um und deutete auf die Fotokamera, die vor Francis' Brust baumelte. »Können Sie mit dem Ding vernünftig umgehen? Ich meine, taugt der Apparat dazu, schnell fliegende Objekte aus nächster Nähe scharf aufzunehmen?«

Francis nickte. »Ich glaube schon. Meinen Sie, die kommen noch mal zurück?«

Fougherty überprüfte kurz den Höhenmesser und schickte einen weiteren Feuerstoß in den Ballon. »Wahrscheinlich nicht mehr so nahe. Wenn aber doch, dann möchte ich ein Bild der Vögel mit ihrer Kennung haben. Dann werden die Bastarde von mir hören.«

»Haben Sie Streit mit der Air Force?« erkundigte sich Conny.

Der Ballonführer spuckte über den Rand der Gondel. »Die Burschen halten sich für etwas Besonderes. Für die Könige der Lüfte. Dabei sind sie nur laut, verpesten die Luft und kosten die Steuerzahler eine Menge Geld.« Unvermittelt grinste er wieder. »Obwohl es bestimmt verdammt viel Spaß macht, so eine Rakete durch den Himmel zu reiten.«

»Da kommen sie wieder!« rief Francis und deutete nach Osten. Die Jets hielten direkt auf sie zu, flogen diesmal aber deutlich höher und drehten auch früher ab, mindestens eine halbe Meile entfernt. Sie verschwanden in südlicher Richtung. Francis, der die Kamera bereitgehalten hatte, ließ sie wieder sinken. Fougherty wirkte beinahe enttäuscht.

»Na, ja«, sagte er ein paar Minuten später, nachdem wieder vollkommene Stille eingekehrt war. »Dann haben die Burschen eben Glück gehabt. Ich schätze, wir sind sie endgültig los.«

»Das glaube ich nicht«, widersprach Conny. Sie hatte den Kopf in den Nacken gelegt und spähte aus zusammengekniffenen Augen schräg nach oben in den Himmel, fast in die gleißend helle Sonne. »Jetzt kommen sie von da oben. Zumindest einer von ihnen.«

Die beiden Männer folgten ihrer Blickrichtung. Es dauerte eine Weile, bevor auch Fougherty einen hellen Lichtpunkt direkt vor einem dünnen Dunstschleier entdeckte.

»Das ist kein Jet«, murmelte er. »Zu statisch. Vielleicht ein anderer Ballon oder ein Ultraleichtgleiter.« Er griff nach seinem Fernglas und richtete es auf das funkelnde Objekt, aber es stand zu nahe bei der Sonne. Fougherty fluchte, ließ das Glas wieder sinken, rieb sich die Augen und drückte die Sprechtaste seines Funkgeräts. »Hier Ballon LH-Y-012«, sagte er laut und deutlich in das Mikrofon, gefolgt von der genauen Positionsbestimmung und Flughöhe. »Unbekanntes Flugobjekt, Südsüdost, auf etwa 4000 Fuß, bitte melden.«

Er ließ die Taste los, aber aus dem Funkgerät klang nur ein leises Rauschen. Dann krachte es einmal vernehmlich und verstummte völlig.

Statt sich zu ärgern, grinste Fougherty breit und betätigte den Brenner fast zehn Sekunden lang. Er wirkte plötzlich hellwach und ungeduldig und starrte immer wieder zu dem schimmernden Punkt empor, der wie festgenagelt am Himmel zu stehen schien, wie ein heller Stern mitten am Tag.

»Ähm, Jeff ...«, meldete sich Francis zu Wort. »Ihre Meldung, dieser Ausdruck ›unbekanntes Flugobjekt‹ ... Sie meinen damit doch nicht etwa ...?« Er ließ den Rest des Satzes offen.

»Was Sie meinen, ist ein ›unidentifiziertes Flugobjekt‹«, erwiderte Fougherty und feuerte den Ballon erneut an. »Das ist ein gewaltiger Unterschied. Aber um die Wahrheit zu sagen, ich hoffe, daß Sie recht haben. Der Ausfall des Funkgeräts ist ein typisches Symptom.« Conny verspürte wieder diesen leichten Druck im Magen, der das Steigen des Ballons anzeigte, aber diesmal rührte das Gefühl nicht allein von der Aufwärtsbewegung her.

»Sie *hoffen* es?« fragte sie verblüfft. »Wollten Sie nicht eher sagen, Sie *befürchten* es?« Fougherty schüttelte mit Nachdruck den Kopf. Sein Blick huschte zwischen dem kleinen Armaturenbrett mit den Kontrollanzeigen und dem hellen Punkt, der scheinbar tiefer gesunken war, hin und her. Wie er ihnen vorhin erklärt hatte, durfte man die Luft im Ballon nicht über einen bestimmten Punkt aufheizen, um nicht Gefahr zu laufen, die Hülle zu beschädigen, und er war schon an die äußerste Grenze gegangen. Conny fühlte sich schwindlig, verängstigt und gleichzeitig aufgeregt. Die Luft schien an Substanz zu gewinnen, irgendwie plastisch zu werden, und Conny verspürte den verrückten Drang, über den Rand der Gondel springen zu müssen, um wie ein Fisch durch die warme klare Luft zu schwimmen. Francis hatte die Kamera gehoben und richtete sie auf den glitzernden Punkt, der allmählich zu einer schief im Himmel hängenden Scheibe heranwuchs. »Verrückt«, flüsterte er immer wieder, »das ist völlig verrückt. Das *muß* ein anderer Ballon sein. Oder eine Luftspiegelung. Oder ein Zeppelin.«

»Was auch immer es ist«, sagte Conny, »vielleicht ist es das, wonach die Jets gesucht haben.«

»Gut möglich«, erwiderte Jeff Fougherty. Die Gelassenheit war von ihm abgefallen. Er wirkte aufgeregt wie ein kleiner Junge unter dem Weihnachtsbaum, aber seltsamerweise vertraute ihm Conny immer noch bedingungslos. »Wäre nicht das erste Mal.«

»Was meinen Sie damit?« fragte Francis. Fougherty grinste wie ein Klavier. »Dies ist Nevada«, erklärte er, »der Staat, in dem buchstäblich *jeder* schon einmal ein UFO gesehen hat.«

»Sie auch schon?« wollte Conny wissen. Sie hatte die rechte Hand um den Rand der Gondel gekrallt, die linke um den Gürtel ihres Mannes.

»Ich habe einiges am Himmel gesehen, das ich nicht eindeutig identifizieren konnte«, wiegelte Fougherty ab. »Und ist nicht genau das die Definition eines UFOs? Ein *unidentifiziertes* Flugobjekt. Was noch lange nicht heißt, daß es eine Fliegende Untertasse sein muß.«

»Sieht aber ganz danach aus«, murmelte Francis. Das Objekt hatte mittlerweile die Größe einer Fünfcentmünze angenommen. Wie groß es wirklich und wie weit es entfernt war, ließ sich nur ungenau abschätzen. Es hatte die klassische Untertassenform und schien aus einem nahtlosen Stück zu bestehen. Ob es nur das Sonnenlicht reflektierte oder von selbst leuchtete, ließ sich unmöglich feststellen.

»1800 Fuß über Grund, 4300 über Meereshöhe«, sagte Fougherty. »Achtung, wir stoßen gleich in eine andere Luftströmung!« Er zog an der Reißleine, die eine Klappe in der Kuppel des Ballons öffnete und etwas heiße Luft entweichen ließ. Fast im gleichen Augenblick begann der Ballon zu schaukeln, und Conny spürte einen kühlen Luftzug in ihrem erhitzten Gesicht. Ihre rechte Hand krallte sich fester um den Rand der Gondel. Fougherty ließ die Reißleine los und schnappte sich wieder das Fernglas. Sie befanden sich jetzt fast auf gleicher Höhe mit dem silbern schimmernden Objekt, und der Ballon stieg immer noch. »Der Wind kommt jetzt aus Nordwesten«, stieß Fougherty zwischen zusammengebissenen Zähnen hervor. »Mit etwas Glück kommen wir noch näher heran ... Bei Gott! Das Ding sieht phantastisch aus! Los, Francis, schießen Sie ein Foto!«

»Ich glaube kaum, daß ich bei diesem Gegenlicht ein brauchbares Bild hinkriege«, keuchte Francis, schoß aber trotzdem zwei Bilder.

»Geben Sie mir das Glas«, bat Conny. Fougherty reichte es ihr und checkte hastig die Kontrollanzeigen und das Funkgerät, das noch immer tot war. Conny hatte ein wenig Mühe, das Objekt durch das Fernglas zu finden, und erschrak, als es plötzlich stark vergrößert vor ihr erschien. Obwohl es keine erkennbaren Strukturen aufwies, hatte sie den Eindruck, daß es wie ein Frisbee rotierte. Durch das Zittern ihrer Hände und das Schwanken der Ballongondel schien es einen verrückten Tanz aufzuführen, aber als Conny das Glas sinken ließ, sah sie, daß das UFO noch immer reglos an der gleichen Stelle verharrte. Sie trieben langsam seitlich an ihm vorbei, höchstens 500 Fuß entfernt. Francis schoß ein weiteres Foto, ließ die Kamera vor seiner Brust baumeln und streckte die Hände aus. »Los, gib mir das Glas!« forderte er seine Frau ungeduldig auf, aber dann verharrten seine Hände auf halber Strecke. Das silbrige Schimmern erlosch übergangslos und ging in ein sanftes Rosa über, das – zuerst unmerklich, dann immer stärker – zu pulsieren begann. Es gab keine bestimmte Quelle für das Licht, das ganze Objekt strahlte gleichmäßig, als würde es von innen heraus beleuchtet. Mit jedem Pulsieren wurde das Leuchten intensiver und dunkler, verwandelte sich schließlich in ein Kirschrot. Die drei Menschen hielten den Atem an. Bis auf das leise Rauschen des Windes und das Knarren der Halteseile, an denen die Gondel hing, herrschte völlige Stille. Das UFO schwebte lautlos in der Luft, als wäre es an einem unsichtbaren Hintergrund festgeschweißt.

»Es ist wunderschön«, hauchte Conny und brach damit den Bann. Neben ihr hob Francis wieder die Kamera und drückte in rasender Folge auf den Auslöser. Plötzlich schoß das UFO so blitzschnell vor, daß das Auge der Bewegung nicht mehr folgen konnte. Es war, als wäre es ohne Zeitverzögerung über eine Distanz von mindestens 300 Fuß gesprungen. Und trotzdem war noch immer kein Laut zu hören.

»Völlig unmöglich«, krächzte Fougherty. Die Scheibe schwebte jetzt keine 200 Fuß mehr von dem Ballon entfernt. »Selbst wenn der Antrieb lautlos funktioniert, müßte das Ding bei dieser Geschwindigkeit Geräusche verursachen. Und bei dieser Größe müßte uns die plötzliche Luftverdrängung gründlich durchschütteln.«

»Vielleicht ist das nur eine Halluzination«, schlug Conny wenig überzeugend vor.

»Die wir alle drei gleichzeitig erleben?« fragte Fougherty. »Nein, das Ding ist so real wie dieser Ballon.«

»Wir werden es spätestens wissen, nachdem ich den Film entwickelt habe«, sagte Francis. Er wechselte ihn mit fliegenden Fingern gegen einen neuen aus. »Damit kommen wir auf die Titelseiten aller Zeitungen und Magazine. Leute, wir werden reich und berühmt!« Conny fühlte sich von einer merkwürdigen Euphorie erfaßt, die nichts mit der Aussicht auf Ruhm und Reichtum zu tun hatte. Doch in das Gefühl der Euphorie mischte sich unmerklich eine zunehmende Verwirrung und Beklemmung. Sie vernahm ein leises unangenehmes Summen, das eher durch den Schädelknochen als durch ihre Ohren zu ihrem Gehirn vorzudringen schien. Sie schüttelte den Kopf, aber das Summen blieb. Es schwoll sogar weiter an und wurde dumpfer. Die drei sahen einander an. Ohne ein weiteres Wort zu verlieren, zog Fougherty an der Reißleine. Der Ballon sackte mit einem spürbaren Ruck ab. Trotzdem blieb das UFO auf gleicher Höhe und in der gleichen Position. Das Summen verwandelte sich in ein Brummen.

»Wer weiß, ob die freundlich sind?« flüsterte Conny. Sie klammerte sich an Francis fest, der die Kamera losließ und die Arme um die Schultern seiner Frau schlang, und er hätte selbst nicht sagen können, ob er sie beschützen wollte oder nur selbst einen Halt suchte. Fougherty entließ noch etwas Luft. Der Höhenmesser begann mit beängstigender Geschwindigkeit zu fallen. Doch das UFO ließ sich nicht abschütteln. Es hing in einem Winkel von rund 45 Grad neben dem Ballon. Das Kirschrot hatte sich zu einem düsteren Purpur verdunkelt, und das Brummen fiel unter die Hörgrenze. Conny hatte das Gefühl, als würden sich ihr sämtliche Eingeweide umdrehen. Auf einmal strahlte die Scheibe blendendhell auf und sprang genauso unvermittelt zurück, wie sie zuvor herangeschossen war. Im gleichen Moment fiel das undefinierbare Gefühl der Beklemmung und Verwirrtheit von den drei Menschen ab und machte einer ganz realen Angst Platz. Unter ihnen näherte sich die Erde mit furchteinflößender Geschwindigkeit. Fougherty fluchte lauthals und schickte einen unverantwortlich langen Feuerstoß in die Ballonhülle. Conny hatte nicht den Eindruck, daß sich der Sturz dadurch nennenswert verlangsamte. Sie entdeckte das UFO in mindestens 1000 Fuß Entfernung. Es schimmerte jetzt wieder silbern und wandte ihnen die schmale Seite zu. Wieder klang ein lautes Fauchen auf, als Fougherty den Brenner erneut feuerte, und dann wurde das Fauchen von einem schrillen Kreischen übertönt.

»Die Jets kommen zurück!« schrie Francis über den Lärm hinweg. »Sie haben das UFO vertrieben!«

»Halleluja«, knurrte Fougherty, den Blick auf die Temperaturanzeige und den Höhenmesser gerichtet. »Wie immer erscheint die Kavallerie im letzten Moment, um den weißen Mann vor den Wilden zu retten.«

»Stürzen wir ab?« fragte Conny tonlos.

»Die Landung könnte vielleicht etwas rauh werden«, gab Fougherty zurück, »aber wir werden es überstehen.« Francis hatte die Fassung wiedergewonnen, riß die Kamera hoch und schoß ein Bild nach dem anderen. Kurz bevor die Jäger es erreicht hatten, stieg das UFO mit einer wahnwitzigen Beschleunigung in einer eleganten Kurve in den Himmel und war Sekunden später verschwunden. Die Piloten zogen ihre Jets nach oben, aber im Vergleich zu der Flugscheibe schienen sie geradezu zu kriechen.

»Verdammt!« stieß Fougherty plötzlich hervor. Conny folgte seinem Blick mit den Augen und spürte, wie sich ihr Magen verkrampfte, als sie einen dünnen Riß in der Ballonhülle entdeckte. Sie öffnete den Mund, um etwas zu sagen, doch dann biß sie sich auf die Lippen. Das Funkgerät erwachte krachend wieder zum Leben und rauschte laut. Unverständliche Wortfetzen und ein nervtötendes, auf- und abschwellendes Jaulen drangen aus dem Lautsprecher. Gleichzeitig tönte von irgendwoher ein Rattern auf, das immer lauter wurde.

»Ein Hubschrauber!« rief Francis. Conny drehte sich um und erblickte den Helikopter im Norden. Auch die Jets tauchten wieder auf; vielleicht waren es aber auch andere.

»... 012 ... landen Sie!« quäkte der Lautsprecher. »Ballon LH-Y-012, landen Sie sofort!«

»Idiot«, fauchte Fougherty, ohne sich die Mühe zu machen, den Funkspruch zu erwidern. »Wonach sieht das wohl aus, was ich hier mache?« Er starrte nach oben, schickte einen kurzen Feuerstoß in die Hülle und stellte den Brenner sofort wieder ab.

»Okay, Leute«, sagte er. »Das sieht schlimmer aus, als es in Wirklichkeit ist. Wir kommen nicht schneller runter als ein Fallschirmspringer. Haltet euch gut fest, geht etwas in die Knie und springt erst aus der Gondel, wenn ich es sage.« Er drehte den Gashahn ab. Die kleine blaue Flamme erlosch. Dann zog er an zwei Hebeln. Conny, die über den Rand der Gondel nach unten spähte, sah zwei Säcke zu Boden fallen, Ballast für einen Notfall wie diesen. Der Sturz des Ballons verlangsamte sich merklich, erschien ihr aber immer noch viel zu schnell. Sie spürte Francis' Hand an ihrer Wange und sah kurz zu ihm hinüber.

»Keine Angst, Schatz«, sagte er. Er lächelte ihr aufmunternd zu, aber es war ein gequältes Lächeln. »Wir schaffen das schon.« Conny nickte und strich flüchtig über seine Hand, bevor sie wieder die Brüstung der Gondel umklammerte.

»Wir sind gleich unten!« schrie Fougherty. »Ihr müßt die Knie etwas beugen! Drei ... zwei ... eins ... jetzt!« Der Aufprall war weniger stark als erwartet, aber die Gondel legte sich schief, und Conny verlor beinahe den Halt, als sich der Korb wieder ein Stück vom Boden hob, bevor er erneut aufschlug. Fougherty zog die Reißleine bis zum Anschlag durch. Die Gondel schleifte schräg über den ausgetrockneten Boden und wirbelte eine Staubwolke auf, der Ballon neigte sich zur Seite.

»Okay, raus jetzt!« brüllte Fougherty. »Schnell!« Conny kletterte hastig über die Brüstung und verlor den Halt, als ein Ruck durch die Gondel lief. Sie landete mit rudernden Armen auf dem Rücken im Staub und sah, wie Francis dicht neben ihr auf den Füßen aufkam und sich abrollte, als hätte er das schon hundertmal getan. Er sprang sofort wieder auf, war mit einem Satz bei ihr und kniete sich neben sie. »Alles in Ordnung, Schatz?« fragte er besorgt. »Bist du verletzt?«

»Ich glaube nicht«, krächzte sie und schnappte mühsam nach Luft. Francis schob die Arme unter ihre Schultern und zog sie vorsichtig hoch. »Was ist ... mit Jeff ...?«

»Dem geht es gut«, sagte Francis und preßte sie an sich. »Mein Gott, vielleicht war es doch keine so gute Idee, diesmal nicht zum Lake Tahoe zu fahren ...« Erst jetzt registrierte Conny wieder das Knattern der Rotorblätter. Sie löste sich aus den Armen ihres Mannes, drehte sich um und sah den Hubschrauber in sicherer Entfernung aufsetzen. Einen Moment lang verschwand er in einer Wolke aus Sand und Staub, dann wurde er wieder sichtbar. Eine Handvoll Soldaten sprang aus der Seitentür und lief auf sie zu. Einige hielten Gewehre in den Händen, und der Anblick erschien Conny so absurd, daß sie gegen ihren Willen lachen mußte. *Apocalypse now*, fuhr es ihr durch den Kopf.

»Was ist los?« fragte Francis verwirrt. »Ist wirklich alles in Ordnung mit dir?« Conny nickte. Nachdem sie einmal zu lachen begonnen hatte, konnte sie einfach nicht mehr damit aufhören. Zwei Soldaten in Kampfuniform hatten sie erreicht und gingen neben ihnen in die Hocke. Ein paar rannten weiter auf den havarierten Heißluftballon zu. Die Gondel lag auf der Seite, die Ballonhülle hing wie ein verwelkter Blütenkelch schräg in der Luft und sank im Zeitlupentempo zu Boden. Jeff Fougherty stand mit hängenden Schultern ein paar Meter daneben, die Hände in die Hüften gestemmt, und schüttelte immer wieder den Kopf. Die Soldaten umringten ihn, als wäre er ein feindlicher Krieger, aber er beachtete sie überhaupt nicht.

»Ma'am, Sir, sind Sie verletzt?« fragte einer der Soldaten.

Conny stemmte sich vorsichtig hoch und begann in einem automatischen Reflex, sich den Schmutz aus der Jeans zu klopfen. Ihr Lachen hörte genauso abrupt auf, wie es begonnen hatte.

»Wir sind in Ordnung«, erwiderte Francis. Er strich sich das Haar aus dem verschwitzten Gesicht. »Glaube ich wenigstens.«

»Dann kommen Sie bitte mit zum Hubschrauber«, sagte der Soldat, den Winkeln an seinen Schultern nach ein Corporal. »Wir bringen Sie zu unserem Stützpunkt. Dort wird man sich um Sie kümmern.« Drei Soldaten führten Fougherty bereits zum Hubschrauber. Obwohl sie ihre Waffen nicht im Anschlag hatten, sah es so aus, als würden sie einen Kriegsgefangenen abführen. Ein paar andere standen um den Ballon herum.

»Heißt das, wir sind verhaftet?« erkundigte sich Conny wie betäubt. Plötzlich hatte sie das irrationale Gefühl, bei etwas Verbotenem ertappt worden zu sein.

»Nein, Ma'am«, sagte der Corporal nicht unfreundlich. »Wir wollen nur sichergehen, daß Ihnen wirklich nichts passiert ist. Man wird Sie untersuchen und dann wieder nach Hause gehen lassen.« *Und man wird uns eine Menge Fragen stellen,* dachte Conny. Sie fühlte sich auf einmal seltsam ruhig, und ihre Gedanken waren glasklar. Sie sah ihren Mann an, und ihr Blick fiel auf den Fotoapparat, der noch immer vor seiner Brust baumelte. *Und man wird uns den Film wegnehmen.* Niemand sprach mit ihnen, als sie mit dem Hubschrauber zu einem unbekannten Ziel geflogen wurden. Die meisten Soldaten waren bei dem abgestürzten Ballon zurückgeblieben. Trotz des Fluglärms konnte Conny ein paar Wortfetzen des Piloten aufschnappen, der offensichtlich in ständiger Funkverbindung mit den Jets stand. Das meiste war unverständliches militärisches Kauderwelsch, aber zweimal schnappte sie einen Begriff auf, der irgendwie unheimlich und bedrohlich klang.

Ghost Rider.

Houston Control Center
Houston, Texas, 10. September, 13 Uhr 35

Cliff Conroy verfügte über die unheimliche Fähigkeit, sich nahezu unsichtbar zu machen. Wenn alles reibungslos ablief, zog er es vor, im Hintergrund zu bleiben und seine Mitarbeiter unauffällig zu beobachten. Und im Augenblick *lief* alles reibungslos. Die Daten des Shuttlefluges flossen störungsfrei durch die unsichtbaren Pfade des Computernetzwerks und ließen das umfangreiche digitale Archiv weiter anwachsen. Die Datensicherungsabteilung war durch eine schalldichte Glaswand vom eigentlichen Flugüberwachungszentrum getrennt. Cliff konnte die riesigen Bildschirme an den Wänden und die endlosen Reihen der Terminals sehen, an denen ein Heer von Wissenschaftlern und Technikern den Shuttleflug überwachte.

»O nein, nicht schon wieder!« stieß plötzlich ein junger Mann hervor. Cliff wirbelte herum, schlagartig alles andere als unsichtbar und unauffällig. Mit drei großen Schritten war er an dem Terminal des jungen Mannes und drehte den schwenkbaren Monitor zu sich herum.

»Raus aus dem Netz!« befahl er knapp.

»Schon geschehen, Chief«, meldete der Informatiker. Er starrte auf den Bildschirm, auf dem die Karikatur eines Weihnachtsmannes Zahlen- und Datenkolonnen in einen Sack packte. Jedesmal, wenn ein Datensatz verschwand, erschien eine Sprechblase über der Gestalt. »Ho-ho-ho!«

»Ich kann wirklich nichts dafür, Chief«, versicherte der junge Mann. »Ich habe seit dem letzten Mal nicht mehr ...«

»Schon gut«, unterbrach ihn Cliff und hastete bereits zu seinem Masterterminal. Seine Abteilung war durch mehrere Sicherheitspuffer von der eigentlichen Flugoperationskontrolle getrennt, und die Daten flossen nur in eine Richtung. *Santa Claus* war ein an sich harmloses Virus, das nicht mehr tat, als Bildschirminhalte zu löschen, und es ließ sich leicht beseitigen, aber allein die Tatsache, daß es wieder im Netz aufgetaucht war, gab ihm zu denken. Ein erster kurzer Check ergab keine Anzeichen für einen weiteren Befall. Trotzdem informierte Cliff vorsichtshalber seinen Chef Paul Batista und ließ sich zu Gerome Clavius im Flugüberwachungszentrum durchschalten.

»Was ist los, Chief?« klang Geromes phlegmatische Stimme aus dem Lautsprecher. Cliff konnte seinen Gesprächspartner durch die schallisolierte Glaswand sehen und die Meldungen des ständigen Dialogs zwischen dem Space Shuttle und der Bodenstation im Hintergrund hören.

»Santa Claus ist wieder bei uns unterwegs«, sagte Cliff. »Ich denke, daß ich die Sache im Griff habe, aber ich wollte dich trotzdem vorsichtshalber informieren.«

»Haben deine Jungs in der Mittagspause mal wieder ihre eigenen Programme gefahren?« fragte Clavius. »Cliff, du solltest den Burschen wirklich nicht so viel Freiheiten lassen. Aber ich ... Moment mal.« Er setzte sich ruckhaft auf und drehte sich um. »Muß abschalten«, sagte er gehetzt. »Danke für die Warnung.« Es knackte kurz in den Lautsprechern, aber die Verbindung brach trotzdem nicht ab. Clavius schien versehentlich auf einen anderen Kanal umgeschaltet zu haben.

»Hier Houston Control«, hörte Cliff eine angespannt klingende Stimme. »Bitte wiederholen Sie Ihre Meldung!«

»... wiederhole, ich melde einen Ghost Rider«, ertönte blechern die Stimme des Shuttle-Kommandanten. Es folgte eine Reihe von Himmelskoordinaten, mit denen Cliff wenig anfangen konnte. Er sah, wie Clavius' Kopf herumfuhr und der Mann hektisch mit den Armen wedelte. Ein paar Männer und Frauen verließen ihre Arbeitsplätze und wurden sofort von Kollegen ersetzt. Der außerplanmäßige Schichtwechsel verlief eilig, aber diszipliniert. Cliff entdeckte ein paar Offiziere in den Uniformen der Air Force. Er runzelte verblüfft die Stirn. Es war offensichtlich, daß das Gespräch zwischen dem Shuttle und der Bodenstation nicht in den Kontrollraum übertragen wurde, denn außer den ausgewechselten Männern und Frauen schien niemand darauf zu reagieren. Der Betrieb lief ganz normal weiter, als sei nichts geschehen.

»Hier Houston Control, wir haben nichts auf dem Radar. Beschreiben Sie Ihre Sichtung.«

»... das Objekt nähert sich ...« Die Stimme des Shuttle-Kommandanten ging in einem maschinengewehrartigen Rattern unter und wurde übergangslos wieder deutlicher. »... etwa zwanzig Meter im Durchmesser. Keine deutlichen Konturen ... führt jetzt einen abrupten Kurswechsel durch und beschleunigt auf rund ... *sechzigtausend* ...« Es folgte ein ungläubiges Stöhnen, dann klang die Stimme wieder ruhig und beherrscht. »Das Objekt ist jetzt ...« Der Lautsprecher verstummte unvermittelt. Clavius starrte Cliff durch die Glaswand an, schüttelte langsam den Kopf und legte sich eine Hand auf den Mund. Cliff erwiderte den Blick, bis Clavius sich abwandte und mit einer Frau am Nachbarpult sprach. Als Cliff sich umdrehte, bemerkte er die fragenden Blicke seiner Mitarbeiter. Er hatte keine Ahnung, wieviel sie von dem Dialog zwischen dem Shuttle und der Kontrollstation mitbekommen hatten. Hoffentlich nicht zuviel. Der Lautsprecher auf seinem Schreibtisch war nicht sehr leistungsstark.

»Okay, Leute, genug getrödelt«, sagte er laut. »Konzentriert euch wieder auf eure Arbeit. Was da unten los ist, geht uns nichts an.« Manchmal war es wirklich ratsam, nicht zuviel zu wissen. Auch wenn die NASA eine zivile Einrichtung war, führte sie doch den einen oder anderen Auftrag für das Militär durch, der nicht für die Öffentlichkeit bestimmt war. Cliff pfiff gedankenverloren vor sich hin, während er sein selbstentwickeltes Virensuchprogramm lud, dem er den bezeichnenden Namen McCarthy gegeben hatte. Er war noch nicht geboren gewesen, als Senator McCarthy in den fünfziger Jahren durch seine beispiellose Schnüffelei nach tatsächlichen und vermeintlichen Kommunisten einer ganzen Dekade seinen Namen gegeben hatte. Irgendwie fand Cliff den Namen passend für ein Programm, das gründlicher als jedes andere war, das er kannte. Es dauerte eine Weile, bevor ihm bewußt wurde, welche Melodie er da vor sich hinpfiff.

Ghost Riders in the Sky.

Holloman Air Force Base
New Mexico, 10. September, 13 Uhr 45

»Major Brennigan, Sir«, meldete der Adjutant.

General Peterson sah von seinem Schreibtisch auf und klappte die umfangreiche Akte zu. »Soll reinkommen.« Der Adjutant zog sich zurück, wartete, bis Major Brennigan eingetreten war, und schloß die Tür hinter ihm. Brennigan nahm Haltung an. Der General musterte ihn eine Weile aus zusammengekniffenen Augen und seufzte dann resigniert.

»Lassen wir den Unfug, Bob.« Er deutete auf den Stuhl vor seinem massiven Schreibtisch. »Setzen Sie sich.« Brennigan entspannte sich und nahm Platz. Er faltete die Hände vor dem Bauch, streckte die Beine aus und wartete. Die beiden Männer sahen sich lange Zeit schweigend an, bevor der General schließlich sagte: »Das war es dann wohl, Bob.«

»Sieht ganz so aus, Harry«, erwiderte Brennigan. Er hatte eine sanfte kultivierte Stimme, die gar nicht zu seiner hageren Gestalt und dem scharfgeschnittenen Gesicht zu passen schien.

»Die Order ist vor einer Stunde gekommen, von ganz oben«, fuhr Peterson fort. »Ein Code blau, ohne Vorankündigung, ohne weitere Erklärungen.« Er legte eine kurze Pause ein und sah Brennigan intensiv an. »Kein Fax, kein Telegramm, keine E-Mail, sondern ein Bote. Und wissen Sie, woher der Bote kommt?« Brennigan erwiderte seinen Blick und schüttelte kaum merklich den Kopf. Sein Gesicht war ausdruckslos, aber Peterson hätte seinen Monatssold darauf verwettet, daß Brennigan verdammt genau Bescheid wußte.

»Von der NSA, Bob«, sagte der General. »Der Versetzungsbefehl wurde vom Pentagon abgesegnet, aber die Anforderung selbst stammt von den Jungs von der nationalen Sicherheit.« Seine Stimme nahm einen leicht gereizten Unterton an. »Was, zum Teufel, hat die NSA mit Ihnen zu schaffen? Hat das etwas mit Ihrem alten Projekt ›GR‹ zu tun, was immer das auch sein mag?«

Robert Brennigan hob die Schultern und breitete die Arme

in einer Geste aus, die alles mögliche bedeuten konnte. Peterson hatte auch nicht mit einer Antwort gerechnet.

»Achtzehn Jahre ist es jetzt her, seit Sie zu uns gekommen sind, Bob«, stellte der General fest, als würde er seinem Untergebenen damit ein Geheimnis verraten. »Sie waren damals schon Major. Sie haben eine höhere Sicherheitseinstufung als ich, Ihre Personalakte ist so sauber wie ein Nonnenschlüpfer, Sie haben mehr Belobigungen eingesammelt als jeder andere meiner Offiziere, und ich habe Sie mehrfach zur Beförderung empfohlen ... ach was empfohlen, ich habe regelrecht darum *gebettelt*, aber Sie sind immer noch Major.«

»Neunzehn«, sagte Brennigan.

»Was?«

»Im Oktober sind es neunzehn Jahre, Harry«, korrigierte Brennigan, ohne mit einem Wort auf die Tatsache einzugehen, daß er nie befördert worden war. »Und es war wirklich eine schöne Zeit.«

»Das war sie«, knurrte Peterson. Er stand auf, öffnete einen schiefergrauen Aktenschrank, holte eine Flasche Jack Daniels und zwei Gläser hervor und schenkte sie randvoll. »Ist es eine vorübergehende Versetzung, oder kommen Sie wieder?«

»Ich habe keine Ahnung«, erwiderte Brennigan, und diesmal glaubte ihm Peterson. Er schob dem Major das Glas über den Tisch zu. »Auf die Zukunft, Bob.« Die Männer tranken, Brennigan langsam, Peterson leerte das Glas in einem Zug.

»Ich habe irgendwie ein ungutes Gefühl bei der Sache«, sagte der General. »Ich werde Sie nicht fragen, wieviel *Sie* wissen, worum es hier geht, aber sagen Sie mir bitte eins: Muß ich mir Sorgen machen?« Brennigan trank sein Glas aus und stellte es auf den Schreibtisch zurück. »Ich hoffe nicht, Harry.«

Der General starrte ihn sekundenlang an und fand sich schließlich damit ab, daß er nicht mehr von Brennigan erfahren würde. Obwohl sie im Laufe der Jahre ein freundschaftliches Verhältnis entwickelt hatten, war der Major stets ein Rätsel für ihn geblieben. Peterson kannte Robert Brennigans Personalakte, er wußte, bei welchen Einheiten der Ortungsoffizier gedient hatte und wo er stationiert gewesen war, aber trotzdem umgab ihn ein Geheimnis. Die zahlreichen Spezialaufträge, die Brennigan für die Air Force durchgeführt hatte, waren geheime Verschlußsache. Peterson wußte nur, daß es sich um militärische Raumfahrtprojekte gehandelt hatte, und er war sich sicher, daß es etwas mit Satellitenspionage zu tun hatte, aber das war auch schon alles.

Er seufzte erneut, doch dann richtete er die Schultern auf und streckte die Hand aus. »Ich werde Sie vermissen, Bob«, sagte er aufrichtig. »Lassen Sie von sich hören, wenn Sie die Zeit finden. Sie schulden mir noch eine Revanche für unsere letzte Golfpartie.«

Brennigan lächelte flüchtig und ergriff die Hand seines Vorgesetzten. »Ich werde sehen, was ich tun kann«, versicherte er. »Wer weiß, vielleicht bin ich früher wieder hier, als Sie glauben.« Er salutierte knapp und verließ das Büro des Generals.

Peterson sah ihm hinterher und nahm wieder Platz, nachdem sich die Tür geschlossen hatte. Seine Hand wanderte wie von selbst zu der Flasche Bourbon. Er zögerte einen Moment lang, zuckte die Achseln und schenkte sich einen kleinen Schluck nach, bevor er die Flasche wieder im Aktenschrank verstaute und die gebrauchten Gläser auf ein Regal stellte. Dann klappte er Brennigans Akte auf und unterzeichnete den Versetzungsbefehl mit seiner peniblen Handschrift.

Es war noch keine halbe Stunde vergangen, als die Tür seines Büros ohne Vorankündigung aufgestoßen wurde und ein dunkelhäutiger Mann mittleren Alters unangemeldet eintrat. Peterson sah gereizt auf. »Was, zum Teufel ...?« begann er und zuckte zusammen.

Sein Adjutant schob sich hastig hinter dem Mann durch die Tür, die rechte Hand auf seine Dienstwaffe gelegt. Er griff nach der Schulter des Eindringlings und sagte drohend: »Sir, Sie haben kein Recht ...«

»Saul, lassen Sie den Mann los!« sagte Peterson scharf.

Der Adjutant riß die linke Hand zurück, als hätte er sich verbrannt, die rechte noch immer auf den Griff der Dienstwaffe gelegt. Sein Blick zuckte ratlos zwischen dem General und dem Zivilisten hin und her.

»Was wollen Sie?« fragte Peterson unfreundlich und stand auf.

»Wo ist Brennigan?« fragte der Fremde kalt zurück. Am

Revers seiner Jacke baumelte ein Dienstausweis der NSA. Seth Diez, las Peterson. Er hielt den Mann für einen Puertoricaner. Es fehlte nur noch eine Sonnenbrille, und Diez hätte als Prototyp eines Drogendealers oder Auftragskillers durchgehen können. Die leichte Ausbeulung in seinem Jackett unter der rechten Achsel vervollständigte das Bild. Peterson haßte Zivilisten, die bewaffnet auf seinem Stützpunkt herumliefen.

»Das sollten *Sie* besser wissen als ich«, erwiderte er gefährlich leise. »Schließlich untersteht er jetzt nicht mehr *meinem* Kommando.«

»Lassen Sie die Spitzfindigkeiten«, sagte Diez ungerührt. »Brennigan hätte sich vor zehn Minuten bei mir melden sollen, aber er ist nicht erschienen.«

»Dann sollten Sie wohl besser sofort den nationalen Notstand ausrufen«, schlug Peterson bissig vor. »Ich vermute, daß Brennigan zu den Russen übergelaufen ist. Zehn Minuten sind eine lange Zeit. Wahrscheinlich plaudert er gerade nationale Geheimnisse aus.«

»Lassen Sie den Stützpunkt abriegeln und sofort nach Brennigan suchen«, befahl Diez mit der größten Selbstverständlichkeit.

Peterson starrte ihn fassungslos an, sein Unterkiefer sank herab, sein Gesicht rötete sich. »Sie sind ...«, begann er und räusperte sich. »Sie haben hier überhaupt nichts ...« Er schüttelte den Kopf und riß sich zusammen. »Saul, haben Sie den Namen und die Dienstnummer unseres ... *Gastes* notiert?«

»Ja, Sir«, erwiderte der Adjutant angespannt.

»Gut, dann rufen Sie ...« Das Klingeln des Telefons unterbrach den General. Er starrte irritiert auf den Hörer. Diez stand seelenruhig vor dem Schreibtisch, die Stirn leicht gerunzelt. Peterson umklammerte den Hörer, als wollte er ihn zerquetschen. »Ja?« schnauzte er ungehalten. Er lauschte eine Weile, ohne den NSA-Agenten aus den Augen zu lassen. Plötzlich wich jede Farbe aus seinem geröteten Gesicht. »In Ordnung, ich komme«, krächzte er.

Er legte den Hörer geistesabwesend auf die Gabel zurück und stand auf.

»Brennigan?« fragte Diez interessiert.

Harry Peterson fuhr sich mit der Hand durch das kurzgeschorene Haar und rempelte seinen Besucher grob an, als er steifbeinig zur Tür ging. »Lecken Sie mich«, sagte er rauh.

Er verließ sein Büro und marschierte mit abgehackten Schritten durch den Korridor des Kommandanturgebäudes, ohne Diez, der ihm wie ein Schatten folgte, eines Blickes zu würdigen. Sein Gesichtsausdruck ließ alle Soldaten, denen er begegnete, schleunigst aus dem Weg springen. Ein junger Militärpolizist wartete an der Eingangstreppe auf ihn und übernahm die Führung.

Die Sporthalle war bereits von Militärpolizisten abgesperrt. Die Männer machten Anstalten, Seth Diez aufzuhalten, aber General Peterson bedeutete ihnen mit einer fahrigen Handbewegung, den Zivilisten passieren zu lassen.

Major Robert Brennigan lag reglos unter einem Basketballkorb dicht vor der Rückwand der Sporthalle und starrte blicklos an die Decke. Aus einem kleinen runden Loch in seiner rechten Schläfe sickerte immer noch Blut und vergrößerte die Pfütze, die sich um seinen Kopf herum ausgebreitet hatte. Die Wand hinter ihm war blutbespritzt. Peterson hatte nicht das Verlangen, sich die andere Schläfe des Majors anzusehen. Er wußte, wie die Austrittswunde bei einem Kopfschuß aussah.

»Wer hat ihn gefunden?« fragte er heiser.

»Ich, Sir«, erwiderte ein ergrauter Sergeant in einem Trainingsanzug. »Ich habe vor exakt« – er warf einen Blick auf seine Armbanduhr – »vierzehn Minuten einen Schuß gehört und bin sofort in die Sporthalle gelaufen. Es kann nicht länger als zwei Minuten gedauert haben, bis ich den Major fand. Er war bereits tot. Ich habe niemanden sonst gesehen und sofort Meldung erstattet.«

Peterson nickte wie ein defekter Automat.

Robert Brennigans Dienstwaffe lag einen halben Meter von seiner rechten Hand entfernt. Sein Mund war leicht geöffnet, die Zunge ragte wie in einem spöttischen Abschiedsgruß zwischen seinen Lippen hervor. Sein Gesicht wirkte friedlich und ein wenig verblüfft.

Seth Diez beugte sich über den Toten und betrachtete ihn mit distanziertem Interesse. Dann drehte er sich zu General

Peterson um und sagte in neutralem Tonfall: »Bitte stellen Sie einen Mann ab, der mich in Captain Brennigans Unterkunft führt. Ich möchte mir seine persönlichen Sachen ansehen. Und was den Tod betrifft: Sie wissen, an welche Adresse Sie Ihren Untersuchungsbericht schicken müssen.«

Petersons Kopf ruckte hoch. »Und Sie wissen, wohin Sie sich Ihren Bericht stecken können«, erwiderte er.

Apartment 23 b, 144 Falcon Street
Alexandria, Virginia, 10. September, 15 Uhr 10

Das Telefon klingelte zweimal und verstummte dann wieder. Exakt dreißig Sekunden später klingelte es erneut. Jeremy McKay nahm den Hörer ab. »Ja?«

»Sir, wir haben fünf außerplanmäßige Abgänge registriert«, meldete sich eine emotionslose Frauenstimme.

»Irgendwelche Zeugen oder andere Anhaltspunkte?« fragte McKay genauso emotionslos.

»Negativ, Sir. Vier Fälle könnten Suizid sein, nur in einem Fall ist Fremdeinwirkung erwiesen.«

»Sind unsere Leute vor Ort?«

»Ja, Sir. Zumindest bei allen Personen mit Klasse-1-Einstufung.«

McKay zögerte eine Sekunde lang, bevor er antwortete. »In Ordnung, wir gehen auf Stufe zwei. Carter übernimmt die Koordination. Ich mache mich auf den Weg.«

»Verstanden, Sir.« Die Frauenstimme schwankte einen winzigen Augenblick lang. »Wir haben eine GR-Meldung erhalten. Flug 9/33. Es liegt eine Anfrage des Verteidigungsministeriums vor.«

»Standardprozedur, keine näheren Auskünfte«, erwiderte McKay. »Carter soll das übernehmen. Ich erwarte Ihren Bericht, Sheila, sobald Details vorliegen.«

»Verstanden, Sir«, bestätigte die Frauenstimme. McKay beendete die Verbindung ohne ein weiteres Wort. Sheila wußte, wie sie ihn jederzeit erreichen konnte, und solange er unterwegs war, würde Carter die laufenden Operationen leiten.

Die GR-Meldung kam überraschend. McKay hatte nicht mit dem Auftauchen eines Ghost Riders während des aktuellen Shuttlefluges gerechnet, aber er war flexibel. Sonst hätte er nicht die Position innerhalb der NSA bekleidet, die er seit nunmehr fast zwanzig Jahren innehatte. Und obwohl er der Leiter seiner Abteilung war, beschränkte er sich nicht darauf, aus dem Hintergrund die Fäden zu ziehen. Er hatte es sich zum Prinzip gemacht, persönlich überall dort anwesend zu sein, wo sich etwas Ungewöhnliches ereignete, und möglichen Widerstand schon im Keim zu ersticken. Menschen einzuschüchtern, unabhängig von ihrer Position in der Regierungshierarchie und ihren Befugnissen, gehörte zu McKays Spezialgebiet.

Die NSA war bei anderen Behörden und Dienststellen alles andere als beliebt, und die Leute neigten dazu, sich hinter ihren Kompetenzen zu verschanzen. McKay aber wurde allseits gefürchtet, auch wenn kaum jemand wußte, für welche Abteilung innerhalb der nationalen Sicherheitsbehörde er eigentlich zuständig war.

Ein paar allzu störrische Beamte hatten seine Macht bereits zu spüren bekommen, und diejenigen, die die Konfrontation mit einem blauen Auge überstanden hatten, würden eher freiwillig auf ihre Pension verzichten, als ihm noch einmal Hindernisse in den Weg zu legen.

McKay hatte das Kunststück fertiggebracht, einerseits Legenden um seine Person aufzubauen, andererseits aber die unbekannte graue Eminenz im Hintergrund zu bleiben. Er hatte keine Profilierungssucht. Er war viel zu mächtig und zu einflußreich, um sich mit solchen Oberflächlichkeiten abzugeben. Der unauffällige graue Buick parkte wie immer am Straßenrand, als Jeremy McKay sein inmitten einer Wohnsiedlung gelegenes Apartment verließ, um zum Arlington Airport auf der anderen Seite des Potomac zu fahren, wo ein kleiner Regierungsjet für ihn bereitstand, der ihn nach Houston bringen würde.

Houston Control Center
Houston, Texas, 10. September, 16 Uhr

»Was kann ich für Sie tun, Sir?« fragte die adrett gekleidete Frau hinter dem Empfangsschalter mit einem professionellen Lächeln.

»John Cox, Bundesrechnungshof«, sagte der große schlanke Mann und klappte seinen Dienstausweis auf. Die Empfangsdame überprüfte den Ausweis gewissenhaft und wartete auf eine weitere Auskunft, aber der Mann blickte sie nur schweigend an.

»Bei wem darf ich Sie anmelden, Sir?« fragte sie schließlich.

»Bei niemandem«, erwiderte Cox. »Machen Sie sich keine Mühe, ich kenne den Weg.«

Das Lächeln der Frau blieb professionell und höflich, als sie einen Besucherausweis ausfüllte und ihn dem schlanken Mann reichte. »Bitte befestigen Sie den Ausweis gut sichtbar an Ihrem Jackett, Sir«, sagte sie. »Wenn Sie wollen, kann ich Ihnen einen ...«

»Nicht nötig«, unterbrach Cox sie bestimmt, aber nicht unfreundlich. »Wie gesagt, ich kenne mich aus.«

»Gut, Sir. Ich wünsche Ihnen einen angenehmen Aufenthalt im Houston Control Center.« Die letzten Worte sprach sie bereits in seinen Rücken. Sie sah dem Beamten des Bundesrechnungshofs mit gerunzelter Stirn hinterher, bevor sie sich dem nächsten Besucher zuwandte und wieder ein strahlendes Lächeln auf ihrem Gesicht erschien. »Guten Tag, Sir. Was kann ich für Sie tun?«

John Cox passierte die erste Kontrolle und folgte zielstrebig dem breiten Korridor, auf dem reger Betrieb herrschte. Die meisten Leute trugen wie er Besucherausweise; die Angestellten der NASA waren deutlich in der Unterzahl. Das änderte sich, je weiter Cox in das Herz des Gebäudes vordrang. Er passierte weitere Kontrollen und verließ den von der Öffentlichkeit frequentierten Bereich. Als er den Verwaltungsflügel der Datensicherungsabteilung betrat, wurden sein Besucher- und sein Dienstausweis gründlicher kontrolliert, und Cox mußte alle metallischen Gegenstände in seinen Taschen vorzeigen, aber man ließ ihn unbeanstandet passieren.

Die sterilen kunststoffverkleideten Gänge wurden schmaler. Es herrschte kaum noch Betrieb. Die wenigen NASA-Mitarbeiter, denen Cox begegnete, ignorierten ihn oder warfen ihm höchstens einen flüchtigen Blick zu. An den Knotenpunkten der Gänge hingen Überwachungskameras an den Decken. Als Cox in einen menschenleeren Flur abbog und der Überwachungskamera den Rücken zukehrte, nutzte er den toten Winkel, um einen Mitarbeiterausweis aus der Tasche zu ziehen und ihn mit einem schnellen Griff gegen den Besucherausweis am Revers seines Jacketts auszutauschen, bevor er in den Erfassungsbereich der Kamera am anderen Ende des Flurs gelangte. Er folgte dem Gang bis zum Ende, wo er auf eine elektronisch gesicherte Tür stieß.

Cox zog den Magnetstreifen des Mitarbeiterausweises durch den Leseschlitz. Das elektronische Schloß entriegelte sich mit einem kaum hörbaren Klicken. Die Tür öffnete sich mit einem leisen Zischen. Cox trat hindurch, steuerte einen Fahrstuhl an, warf einen Blick auf die digitale Anzeige und drückte auf die Ruftaste. Er wartete geduldig, bis die Schiebetür auseinanderglitt, betrat die Kabine und fuhr ins nächsthöhere Stockwerk.

Er nickte einer jungen Frau in einem weißen Kittel zu, die sich einen Stapel Schnellhefter unter den Arm geklemmt hatte, verlangsamte seine Schritte, bis sie hinter einer Biegung verschwunden war, und öffnete dann eine Bürotür zu seiner Linken, ohne anzuklopfen.

Der Mann hinter dem Computerterminal sah überrascht auf, warf einen kurzen Blick auf seine Uhr und kratzte sich am Kopf. »Wurde auch langsam Zeit«, sagte er. »Wo bleibt Phil?«

»Wurde aufgehalten«, erwiderte Cox. »Er kommt etwas später. Ich übernehme solange für ihn.«

»Schön. Hier ist alles so weit klar, sieht man davon ab, daß der Chief ziemlich sauer ist, auch wenn er sich nichts anmerken läßt. Aber Sie kennen ihn ja.«

Cox nickte. »Kalt wie eine Hundeschnauze, aber sanft wie ein Schmusekätzchen«, sagte er. Er war Cliff Conroy nie begegnet, aber er kannte das Dossier des Abteilungsleiters auswendig.

Der andere grinste. »Das trifft es.« Er sah Cox neugierig an. »Wer sind Sie eigentlich? Ich habe Sie noch nie hier gesehen.«

»Mike Smith«, sagte Cox. »Aus Jeffreys Abteilung. Ich darf immer den Springer spielen, wenn es brennt.«

»Hank Doohan«, stellte sich der andere vor. Er räumte den Stuhl, kramte seine Sachen zusammen und eilte zur Tür. »Bis dann, Mike«, sagte er. »Vielleicht laufen wir uns ja wieder über den Weg. Ich muß eine Verabredung einhalten.«

»Alles klar.« Cox hob eine Hand und lächelte.

Sein Lächeln erlosch wie abgeschaltet, als Doohan die Tür hinter sich schloß. Cox nahm hinter dem Computerterminal Platz, streckte die Beine aus und schloß die Augen. Er saß völlig reglos da, und hätte sich seine Brust nicht langsam gehoben und gesenkt, hätte man ihn für tot halten können.

John Cox, der nicht wirklich so hieß und auch nicht für den Bundesrechnungshof arbeitete, wartete auf einen unbedeutenden Programmierer, der das Pech hatte, zuviel zu wissen, ohne daß es ihm selbst bewußt war.

Tycho Observatorium
Red Rock, Montana, 10. September, 16 Uhr 30

Pete Trumball war nervös. Es war achtzehn Jahre her, daß er mit der NSA zu tun gehabt hatte, und er hatte gehofft, daß es auch dabei bleiben würde. Er wußte nicht viel, und das wenige, das er wußte, hatte er für sich behalten. Bis auf das eine Mal vor sieben Jahren, als er dieser Reporterin ein paar vertrauliche Informationen gesteckt hatte. Nichts Brisantes, nichts, was man nicht täglich in irgendwelchen Zeitungen oder Magazinen lesen konnte. Nur ein paar Daten. Na ja, und zwei Namen. Und die Bezeichnung eines Projekts der Air Force, die er eher zufällig aufgeschnappt hatte. *GhostRider*.

Er verstand selbst nicht mehr, warum er damals geplaudert hatte. Bestimmt nicht wegen der paar Dollar oder des strahlenden Lächelns der Reporterin. Sie hatte ihm versprochen, seinen Namen aus der Geschichte herauszuhalten, und Pete war bisher davon ausgegangen, daß sie es auch getan hatte. Sonst hätte er schon viel früher wieder von der NSA gehört.

Der gefütterte Umschlag in seiner Tasche schien zu glühen, als er durch das Maschendrahtzauntor des kleinen Observatoriums trat, dem gelangweilten Wachposten zuwinkte und sich hinter das Lenkrad seines Ford Subaros klemmte. Er ließ den Motor an und steuerte den Wagen die schmale Schotterstraße hinunter.

Die Fotoserie des unbekannten lichtschwachen Kometen, der nie nahe genug an die Sonne herankommen würde, um einen sichtbaren Schweif auszubilden, war höchstens für einen kleinen Kreis von Astronomen von akademischem Interesse. Zumindest was den Kometen selbst betraf. Wären da nicht die drei Lichtpunkte gewesen, die in Formation über den Bildausschnitt gewandert waren ...

Zuerst hatte Pete die hellen Flecken für eine Verunreinigung der Fotoplatten gehalten, denn sie hatten sich zu schnell bewegt, als daß es sich um weitere Kometen oder Asteroiden handeln konnte, und auch Satelliten kamen nicht in Frage. Das hatte Trumball noch in der gleichen Nacht überprüft. Geheime militärische Spionagesatelliten, die offiziell nicht existierten? Bei *einem* Lichtpunkt hätte er die Möglichkeit akzeptiert, nicht aber bei *drei* Objekten in Formation.

Das Problem war, daß die Lichtpunkte auf der gesamten Aufnahmeserie aufgetaucht und die Positionsveränderungen zu regelmäßig waren, als daß eine Verunreinigung der Fotoplatten in Frage gekommen wäre. Das überzeugendste Argument aber war der Anruf eines Unbekannten mit dem originellen Namen Smith gewesen, der sich mit ihm getroffen und sich als NSA-Agent ausgewiesen hatte.

»Sie sind uns etwas schuldig, Trumball«, hatte er gesagt. »Besorgen Sie uns die Aufnahmen, vernichten Sie die Fotoplatten, und sprechen Sie mit niemandem über die Angelegenheit.«

Pete hatte keine Ahnung, woher die NSA von den Aufnahmen wissen konnte, denn er hatte niemandem davon erzählt, und gerade dieser Umstand hatte ihm angst gemacht. Vielleicht war es nur ein Schuß ins Blaue gewesen, weil jeder, der sich dafür interessierte, in Erfahrung bringen konnte, welcher Himmelsabschnitt wann von welchem Observatorium fotografiert werden würde, andererseits aber hatte die NSA Besseres zu tun, als *sämtliche* Observatorien zu überwachen. Nein, so paranoid es auch klingen mochte, Pete war überzeugt, daß man ihn nie aus den Augen verloren hatte, seit er damals als Spezialist für optische Beobachtungssysteme kurzfristig für die Air Force tätig gewesen war.

Projekt GhostRider. Entscheidend war nicht, *was* er gesehen hatte, sondern daß er überhaupt von einem *geheimen* Projekt erfahren hatte.

Er hatte die Fotoplatten unbrauchbar gemacht, die Aufnahmen entwendet und die Beobachtungsprotokolle nachträglich so manipuliert, daß er die Lücke in den fortlaufenden Seriennummern mit einer fehlerhaften Belichtung erklären konnte. Damit müßte die NSA zufrieden sein. Wahrscheinlich machte er sich ohnehin zu viele Sorgen. Wahrscheinlich war es *doch* nur ein Zufall gewesen, daß man ihn nach den Aufnahmen gefragt hatte, und er hätte genausogut leugnen können, irgend etwas Ungewöhnliches beobachtet zu haben. Andererseits war es besser, nicht das geringste Risiko einzugehen. Nicht, wenn der Geheimdienst seine Finger im Spiel hatte.

Kurz vor Red Rock bog Pete in einen schmalen Waldweg ein und folgte ihm bis zu einem kleinen See. Er entdeckte den lindgrünen Toyota an der Uferböschung, parkte seinen Ford daneben und kurbelte die Seitenscheibe herunter. Smith lehnte lässig am Kotflügel seines Wagens und rauchte eine Zigarette. Er war klein und gedrungen und erinnerte auf verblüffende Weise an einen jungen James Cagney. Pete fragte sich flüchtig, ob der Mann wirklich Smith hieß, oder ob es sich nur um einen überstrapazierten Decknamen handelte.

»Haben Sie die Fotos dabei?« fragte Smith.

Pete zog den Umschlag aus der Innentasche seiner Jacke. »Ja, und die Fotoplatten sind vernichtet, wie Sie es verlangt haben«, kam er der nächsten Frage zuvor. »Die Aufzeichnungen sind bereinigt, und außer mir weiß niemand von Aufnahmen.« Er brachte ein gequältes Lächeln zustande. »Ich habe niemandem davon erzählt, weil ich gehofft hatte, einen Kometen auf meinen Namen taufen zu können und so unsterblich zu werden.«

Smith nahm den Umschlag entgegen, zog die Fotos heraus, betrachtete sie ausgiebig, schob sie zurück und warf das Päckchen durch das offene Seitenfenster auf den Beifahrersitz seines Wagens. »Niemand ist unsterblich, Mr. Trumball«, sagte er und griff unter seine Jacke.

Petes Augen wurden groß, als er in die Mündung einer kurzläufigen .38er starrte. »Was ... was ...«, stammelte er. »Ich habe alles getan, was Sie von mir verlangt haben ... Ich habe wirklich niemandem etwas erzählt ... ich schwöre ...«

»Ich glaube Ihnen«, versicherte Smith, der wirklich so hieß, aber kein offizieller Mitarbeiter der NSA war, und schoß ihm mitten ins Gesicht. Pete Trumball war tot, bevor er wirklich Angst bekommen konnte.

Smith schob seine Pistole zurück in das Achselholster, stieg ohne Hast in seinen Wagen und fuhr davon. Trumballs Leiche würde noch heute entdeckt werden. Da das Tycho-Observatorium mit Bundesgeldern finanziert wurde, würde sich das FBI in die Ermittlungen einschalten, und der richtige Mann würde überprüfen, ob tatsächlich alle Spuren der verfänglichen Aufnahmen beseitigt worden waren. Vermutlich war die ganze Aktion ohnehin überflüssig gewesen, aber offensichtlich wollte irgend jemand ganz sichergehen. Letztendlich war es Smith egal, und er hätte nicht einmal sagen können, wer sein Auftraggeber war, aber er hatte so seine Theorien, und es erfüllte ihn immer wieder mit Befriedigung, für die richtige Seite arbeiten zu können. Was in seinem Metier nicht allzu häufig geschah. Nicht, daß es wirklich darauf ankam, solange die Bezahlung stimmte.

Houston Control Center
Houston, Texas, 10. September, 16 Uhr 40

Phil Neville war tatsächlich aufgehalten worden. Zwei Platte innerhalb von zehn Minuten. Kaum hatte er den ersten Reifen gewechselt, war der zweite geplatzt. *Geplatzt*, mit einem lauten Knall. Er hatte einen Abschleppwagen gerufen und war mit einem Taxi weitergefahren, um nicht noch mehr Zeit zu verlieren. Trotzdem war er vierzig Minuten zu spät gekommen.

Er hastete durch die endlosen Gänge zu seinem Büro. Hank würde sauer sein, nachdem er es endlich geschafft hatte, sich mit dieser Rothaarigen zu verabreden, von der er seit Wochen quatschte.

Neville riß die Tür zu seinem Büro auf und erlebte eine kleine Überraschung. Statt Hank saß ein Fremder hinter dem Terminal und musterte ihn ruhig.

»Wo ist Hank?« fragte Neville irritiert. »Wer sind Sie?«

»Hank ist schon gegangen«, erwiderte der Fremde. »Wollte nicht mehr warten. Ich heiße Mike. Jeffrey hat mich rübergeschickt.« Er schob sich mit dem Stuhl zurück und stand auf. »Und ich kann jetzt auch verschwinden. Habe sowieso nur rumgesessen, für den Fall, daß Conroy sich meldet.«

Neville zog seine Jacke aus, hängte sie über die Stuhllehne und nahm Platz. Mike konnte noch nicht lange bei dem Verein sein, denn kaum jemand nannte Cliff Conroy, den Programming Chief Supervisor dieser Abteilung anders als Chief.

»Hat Hank irgend etwas …«, begann Neville, aber er kam nicht weiter, als sich zwei kräftige Hände von hinten um seinen Hals legten und ihm die Luft abquetschten. Er ruderte mit den Armen und versuchte verzweifelt, sich aus seinem Stuhl hochzustemmen, aber die Hände hielten ihn erbarmungslos fest. Ein Finger fand zielsicher die Halsschlagader dicht unterhalb seines linken Ohrs und unterbrach die Blutzufuhr zu seinem Gehirn. Phil Neville verlor das Bewußtsein, lange bevor er in Atemnot geraten konnte.

Cox ließ ihn los, ging schnell zur Tür, schloß sie ab und

kehrte sofort an den Schreibtisch zurück. Er zog eine kleine gefüllte Plastikspritze und einen Kugelschreiber aus der Innentasche seines Jacketts, schraubte den Kugelschreiber auf, entfernte die Mine und schüttelte eine dünne Injektionsnadel heraus, die er auf die Kanüle steckte. Dann stach er die Nadel in Nevilles Halsschlagader, drückte den Kolben hinunter und warf die leere Spritze achtlos in eine Schreibtischschublade. Es spielte keine Rolle, wenn sie hinterher gefunden wurde. Zu diesem Zeitpunkt würde Neville bereits tot sein. Ein paar Minuten später begann Phil Neville, sich wieder zu regen, und schlug die Augen auf. Sein Blick war glasig. Er blinzelte ein paarmal, hob kurz die Arme und ließ sie dann wieder kraftlos sinken.

»Geben Sie mir den Zugangscode für die Zwischenablage der aktuellen Missionsdaten«, verlangte Cox.

Neville stierte ihn an. Er schien Schwierigkeiten zu haben, seine Augen scharf einzustellen. »Was haben Sie ...?« lallte er undeutlich. »Wer sind Sie?«

Cox hatte die Hände vorsorglich auf die Schultern des Mannes gelegt, obwohl er aus langer Erfahrung wußte, daß Neville nach der Injektion der Droge kaum schreien, geschweige denn nennenswerte Gegenwehr würde leisten können.

»Geben Sie mir den Zugangscode, Neville«, wiederholte er eindringlich.

Phil Neville schüttelte schwach den Kopf. »Ich werde nichts ...«, brachte er undeutlich hervor. »Was ... warum ...?«

»Wie heißt Ihre Mutter?« fragte Cox.

»Melissa«, antwortete Neville prompt, und sein Gesicht verzog sich.

»Ganz ruhig, Phil«, sagte Cox sanft. »Sträuben Sie sich nicht. Es ist alles in Ordnung. Ich will Ihnen helfen. Nennen Sie mir nur den Zugangscode, dann wird es Ihnen gleich bessergehen.«

Obwohl Phil Neville kaum einen klaren Gedanken fassen konnte, leistete er tapfer Widerstand und hätte Cox damit Respekt abgenötigt, wenn Cox in der Lage gewesen wäre, Respekt für andere Menschen zu empfinden, aber es dauerte keine fünf Minuten, bis er den Code verraten hatte, und das war das letzte, was er jemals sagen würde. Cox schlang ihm den rechten Arm um den Hals, so daß sein Ellbogen unter Nevilles Kinn lag, spannte die Muskeln an, verdrehte den Arm und riß gleichzeitig den Kopf des Mannes zurück.

Phil Nevilles Füße trommelten kurz auf den Kunststoffboden, als sein Genick mit einem trockenen Knacken brach, dann erschlaffte er.

Cox sah sich schnell um, schleifte Nevilles Leiche in eine Ecke des Büros, deponierte sie hinter einem Kopiergerät und schob einen Rollschrank davor. Dann ging er zur Tür und vergewisserte sich, daß Nevilles Leiche von dort aus nicht zu sehen war, bevor er das Schloß wieder entriegelte. Er kehrte an den Schreibtisch zurück, setzte sich, tippte eine interne Nummer in das Tischtelefon und wartete einen Moment.

»Smith«, sagte er in die Sprechmuschel. »Erster Schritt erledigt.« Er lauschte kurz auf die Antwort, nannte den Zugangscode und erhielt die gewünschte Bestätigung. »Fahre fort mit Schritt zwei«, sagte er und legte auf.

Seine Finger tanzten über die Tastatur. John Cox alias Mike Smith hangelte sich durch die Verzeichnisse des Computernetzes, bis er die Check-in-Check-out-Protokolle des Empfangs gefunden hatte, und meldete sich ab. Offiziell hatte der Regierungsbeamte John Cox vom Bundesrechnungshof das NASA-Gebäude um 17:15 Uhr wieder verlassen, und er wußte, daß niemand in der Lage sein würde, eine vernünftige Beschreibung von ihm zu liefern. Jeder, der ihn gesehen hatte, würde in etwa die gleiche unbrauchbare Beschreibung geben.

»Ein großer Mann mittleren Alters. Schlank … Haarfarbe? Grau, glaube ich. Augenfarbe? Auch grau, oder? Hautfarbe? Ein Weißer, aber eigentlich nicht richtig weiß. Nein, auch nicht braun. Irgendwie grau, glaube ich …«

John Cox hackte sich in die Dateien, die er verändern mußte, und in irgendeinem anderen Büro tat ein anderer Mann, an den sich auch niemand genau würde erinnern können, das gleiche.

Houston Police Department
Houston, Texas, 10. September, 17 Uhr 35

»Lieutenant Davenport?« Judy Davenport schreckte von ihren Akten hoch. Sie hatte Sergeant O'Connell nicht eintreten hören, obwohl ihre Bürotür seit Wochen quietschte. »Ja?« fragte sie und strich sich eine hartnäckige Strähne ihres schwarzen Haars aus der Stirn. Ich sollte wohl doch einen Pferdeschwanz bei der Arbeit tragen, dachte sie. Oder mir das Haar schneiden, auch wenn Paul Amok läuft.

»Wir haben einen Todesfall drüben im NASA-Kontrollzentrum. Der Captain meint, Sie würden sich da auskennen.«

»Mord?« fragte Judy erstaunt. Houston Control war ein denkbar unwahrscheinlicher Ort für einen Mord. Und Captain Halloway hatte recht, sie kannte sich dort tatsächlich aus. Ihr Freund Paul Batista arbeitete für die NASA.

»Auf den ersten Blick sieht es nach einem skurrilen Unfall aus«, erklärte der Polizeisergeant. »Irgend so ein Eierkopf scheint mit der Krawatte in einen Aktenvernichter geraten zu sein und sich stranguliert zu haben. Aber wenn Sie mich fragen, klingt das zu unwahrscheinlich, um wahr zu sein.«

»Nach einem Selbstmord hört sich das auch nicht gerade an«, stellte Judy fest. »Und wenn es ein Mord war, dann muß der Täter einen seltsamen Sinn für Humor haben. Gibt es irgendwelche Zeugen? War die Spurensicherung schon da?«

O'Connell schüttelte den Kopf. »Nein, aber anscheinend hat es vor einigen Tagen einen Selbstmord in der gleichen Abteilung gegeben.« Er wedelte mit den Händen, um einer Frage zuvorzukommen. »Nein, nicht im Control Center. Der Typ hat zwar dort gearbeitet, sich aber in seinem Apartment aufgehängt. Sah nach einem glasklaren Selbstmord aus, obwohl der Typ eigentlich keinen Grund dafür hatte. Keine Schulden, keine familiären Probleme, keine Drogen, kein religiöser Fanatismus. Ist einfach von der Arbeit nach Hause gefahren, hatte gerade eine sündhaft teure Reise in die Karibik gebucht und sich dann aufgehängt.« Er zuckte die Achseln. »Deshalb will der Captain auch Sie für den Job haben.«

Judy klappte den Aktendeckel zu, öffnete die oberste Schreibtischschublade und zog ihre Dienstwaffe hervor. Sie ließ das Magazin herausspringen, überprüfte es kurz und schob es wieder in den Pistolenkolben. Es war ein mehr ritueller Vorgang, denn bisher hatte sie noch nie Gebrauch von ihrer Waffe machen müssen, noch nicht einmal einen Warnschuß abgegeben.

Entgegen der landläufigen Meinung gehörte die Mordkommission zu den Abteilungen mit dem geringsten Munitionsverbrauch, und als Polizeipsychologin hatte Judy gute Aussichten, ihre Dienstzeit beenden zu können, ohne ihre Waffe auch nur einmal während eines Einsatzes benutzen zu müssen.

»Schön, lassen Sie uns gehen«, sagte sie, strich sich das lavendelfarbene Kostüm glatt und ordnete ihr Haar. »Wer fährt?«

»Wir könnten eine Münze werfen«, erwiderte O'Connell und musterte Judy. Seit er sie kannte, war sie stets auf eine nüchterne Art elegant gekleidet und dezent geschminkt. Viele Kollegen hatten teilweise hartnäckig versucht, mit ihr auszugehen, aber Judy hatte genauso hartnäckig alle Avancen abgewehrt.

Eine Zeitlang hatte auf dem Revier das Gerücht die Runde gemacht, sie sei lesbisch oder frigide, doch das war lediglich der übliche Tratsch frustrierter Kollegen, die bei ihr abgeblitzt waren. Seit einigen Wochen kursierte nun das andere Gerücht, nachdem Judy verlobt sein sollte, was der Wahrheit schon näher kam.

»Aber bei meinem Glück übernehme ich freiwillig die Tour«, fügte O'Connell hinzu.

Halloway hatte das Control Center bereits informiert, und am Empfang lagen zwei Besucherausweise für Judy und O'Connell bereit. Eine junge Mitarbeiterin der PR-Abteilung, die sich als Carmen Mendoza vorstellte, führte die Polizisten ins Innere des gewaltigen Gebäudekomplexes. Sie machte einen etwas angespannten Eindruck.

»Wer hat den Toten entdeckt?« fragte Judy.

Carmen hob die Schultern. »Ich weiß es nicht genau. Irgendein Wartungstechniker eines Kontraktunternehmens, das schon seit Jahren für uns arbeitet. Er wird gerade verhört, aber Sie können ...«

»Er wird gerade verhört?« unterbrach Judy erstaunt. »Ich dachte, wir wären die ersten. Oder sprechen Sie vom Werkschutz der NASA?«

Carmen Mendoza schüttelte den Kopf. »Nein, es sind zwei Agenten vom FBI und ...«, sie senkte unwillkürlich die Stimme, »... ein paar Leute von der Air Force.«

Judy und O'Connell wechselten einen bedeutungsvollen Blick.

»Wieso interessiert sich das FBI für den Tod eines kleinen ...«, O'Connell verschluckte gerade noch den ›Eierkopf‹, »... Systemanalytikers? Das war doch die Berufsbezeichnung des Typen, oder?«

Bei dem Ausdruck ›Typ‹ zuckte die junge Frau zusammen. Judy legte ihrem Kollegen unauffällig eine Hand auf den Arm und schüttelte kaum merklich den Kopf.

»Das kann ich Ihnen leider nicht sagen«, erwiderte Carmen Mendoza. »Mr. Batista wird Ihnen alle Fragen beantworten.«

»Wissen Sie zufällig, wann der Tote entdeckt worden ist?« erkundigte sich Judy.

»Ungefähr vor einer Stunde«, sagte Carmen. »So genau ...«

»Schon gut«, winkte Judy ab. »Und wann sind die FBI-Agenten und die Leute von der Air Force eingetroffen?«

»Die Männer von der Air Force waren schon da, und die FBI-Agenten sind kurz vor Ihnen gekommen«, erklärte die PR-Frau, offensichtlich erleichtert, wenigstens eine Frage klar beantworten zu können.

Judy runzelte die Stirn und tauschte erneut einen kurzen Blick mit O'Connell. Sie verzichtete darauf, nachzufragen, wer die Bundespolizei gerufen hatte. Wenn ihr irgend jemand weiterhelfen konnte, dann war es Paul Batista. Aus welchem Grund das FBI sich auch immer eingeschaltet hatte, es war schon ziemlich merkwürdig, daß es noch vor der örtlichen Polizei vor Ort war. Als hätte es irgend etwas geahnt ...

»Wir sind da«, verkündete Carmen Mendoza und deutete auf eine Tür, vor der zwei Männer des Werkschutzes Posten bezogen hatten. »Mr. Batista erwartet Sie bereits. Er wird

Ihnen jemanden schicken, der Sie zurückbegleitet, sobald Sie Ihre Untersuchungen abgeschlossen haben.«

Judy nickte ihr zu. »Danke, Miss Mendoza.« Sie klopfte und trat ein, ohne eine Aufforderung abzuwarten.

Das Büro sah aus wie dutzend andere in diesem Flügel, unpersönlich und steril. Ein Schreibtisch mit einem Computerterminal, ein Farbkopierer, ein paar Regale an den Wänden, zwei Aktenschränke, keine Fenster. Und ein Aktenvernichter, vor dem eine seltsam verrenkte Gestalt halb hing, halb kniete.

»Oh, hallo, Judy«, sagte ein großer breitschultriger Mann.

»Hallo Paul«, erwiderte Judy. Sie sah sich schnell um. Außer ihr, O'Connell, Paul Batista und dem Toten befanden sich fünf weitere Männer in dem Raum, der dadurch ziemlich überfüllt wirkte.

Sie erkannte die beiden FBI-Agenten auf den ersten Blick und hatte trotz der wenig erfreulichen Umstände Mühe, ein belustigtes Lächeln zu unterdrücken. Manchmal hatte sie den Eindruck, als würden alle FBI-Agenten mit ihrem Dienstantritt ihre Individualität aufgeben, und das lag nicht nur an den dunklen gepflegten Anzügen, die sie wie eine Einheitsuniform trugen, und den konservativen Krawatten.

Der Offizier der Air Force wäre auch ohne die Uniform als Militärangehöriger erkennbar gewesen. Er hielt sich auf eine fast schon absurde Art stramm aufrecht, die Hände hinter dem Rücken verschränkt. Der Mann in dem beigen Arbeitskittel war zweifellos der Wartungstechniker, der den Toten entdeckt hatte. Lediglich den letzten Mann, der einen legeren Sommeranzug trug und eine spiegelglatte Glatze hatte, obwohl er vermutlich kaum älter als vierzig Jahre war, konnte Judy nicht einordnen.

»Hast du schon irgend etwas herausgefunden?« wandte sie sich an Paul Batista, ohne die FBI-Agenten und den Offizier der Air Force eines weiteren Blickes zu würdigen. Sie hatte keine Lust auf das ewige Kompetenzgerangel, das uralte Spiel, das die verschiedenen Polizeibehörden vermutlich bereits seit dem Unabhängigkeitskrieg mit Hingabe spielten. Und wenn sich das FBI einschaltete, blieb einem einfachen Stadtbullen in der Regel nichts anderes übrig, als so schnell wie möglich so viele Informationen wie möglich zusammenzutragen, bevor ihm die Bundesbehörde den Fall aus der Hand nahm.

Batista fuhr sich mit gespreizten Fingern durch das volle dunkle Haar. Er deutete auf den Mann im Sommeranzug. »Der Doc meint, der Tod wäre vor etwa neunzig Minuten eingetreten. Durch Strangulieren.« Er seufzte. »Der zweite Mann, den ich innerhalb einer Woche verloren habe. Den einen durch Selbstmord, den anderen durch einen verrückten Unfall.«

»Sie sind Arzt?« fragte Judy den Kahlköpfigen. Der Mann nickte. »Simon Hoffman, Betriebsarzt«, stellte er sich vor.

»Was können Sie mir über die Todesumstände dieses Mannes sagen?«

»Wie Mr. Batista schon gesagt hat, der Tod ist vor etwa neunzig Minuten durch Strangulierung eingetreten. Neben den Würgemalen am Hals weist der Tote Quetschungen und Abschürfungen an den Handgelenken und Unterarmen auf.« Er zögerte. »Ohne Ihnen vorgreifen zu wollen, ich vermute, daß er sich die Verletzungen bei dem Versuch, sich zu befreien, an den Kanten des Aktenvernichters zugefügt hat.«

O'Connell hatte sich neben dem Toten über den Aktenvernichter gebeugt und steckte eine imaginäre Krawatte in den Schlitz, in dem gewöhnlich vertrauliche Dokumente zu feinen Streifen zerhäckselt wurden. Er imitierte das surrende Geräusch der laufenden Maschine, begann mit den Händen herumzufuchteln und zu würgen und ging in die Knie. Judy spürte, wie ihr eine Gänsehaut über den Rücken lief. O'Connell war nicht so abgebrüht, wie es den Anschein hatte, es war nur seine Art, einen möglichen Tathergang plastisch nachzustellen. Manchmal bewies er dabei ein beachtliches schauspielerisches Talent. Wie in diesem Fall.

»Hat das Ding denn keine Sicherung, um sich selbst abzuschalten?« fragte er. »Wenn es normalerweise nur Papier zerkleinert, dürfte es doch keine besonders große Kraft entwickeln.«

»Ähm … Sir«, meldete sich der Wartungsmechaniker zu Wort. »Es handelt sich um ein älteres Modell, das zudem noch unsachgemäß repariert wurde.« Seine Hände fummelten nervös über seinen Kittel, als suchten sie etwas, womit sie sich beschäftigen konnten. »Außerdem ist es eine Frage der Übersetzung der Getrieberäder und nicht der Leistung, die die Antriebswelle selbst entwickelt. Es ist durchaus möglich, daß eine Krawatte, die in den Mechanismus gerät, stark genug zugezogen wird, um einen Mann zu erwürgen.«

»Strangulieren«, verbesserte O'Connell mechanisch. »Das ist ein Unterschied.« Er kniete immer noch vor der Maschine neben dem Toten und tastete um sich, als würden seine Kräfte allmählich erlahmen. Dann stand er auf, drehte sich zu Judy um und sah sie mit erhobenen Brauen an.

Judy erwiderte seinen Blick, nickte leicht und zwinkerte zweimal. Obwohl O'Connell und sie kein eingespieltes Team waren, hatte der Polizist verstanden und hielt den Mund.

»Befragen Sie bitte den Zeugen«, sagte sie zu ihrem Kollegen. »Ich werde mich in der Zwischenzeit mit Mr. Batista unterhalten.« Sie wandte sich Paul zu. »Kann ich einen Moment lang unter vier Augen mit dir sprechen?«

Ihr entging nicht, daß ihr Freund unwillkürlich einen kurzen Blick in Richtung der FBI-Agenten warf, und sie registrierte ebenfalls die betont gleichgültigen Mienen der Bundesbeamten und des Air-Force-Offiziers, die noch kein Wort gesagt hatten, das Geschehen aber aufmerksam verfolgten. Als wüßten sie bereits ganz genau, was sich hier zugetragen hatte.

»Sicher, wenn es nicht zu lange dauert«, erwiderte Batista nervös und öffnete ihr die Tür. Judy trat auf den Flur hinaus, wartete, bis Batista die Tür wieder geschlossen hatte, und umarmte ihn. Pauls Umarmung fiel etwas steif aus, sein Kuß war nur flüchtig. Judy ergriff ihn am Arm und zog ihn mit sich.

»Paul, was soll diese Posse?« fragte sie.

»Was meinst du mit Posse?« fragte er zurück. »Ich habe gerade einen Mitarbeiter durch einen schrecklichen Unfall verloren und ...«

Judy zog ihre Hand zurück, blieb stehen, baute sich vor ihm auf und stemmte die Hände in die Hüften. Ihre dunkelbraunen Augen blitzten auf. »Paul, ich bin's, Judy«, sagte sie leise in ihrem sanftesten Tonfall, der gewöhnlich nichts Gutes verhieß. »Ich kenne dich vielleicht besser als du selbst. Und außerdem bin ich Lieutenant des Houston Police Department. Du kannst mir nichts vormachen. Du bist ein schlechter Schauspieler. Die ganze Sache stinkt zum Himmel, und du weißt es. Was ist hier wirklich los?«

»Ich weiß nicht, was du meinst«, behauptete Batista. »Wir haben einen Todesfall in meiner Abteilung, und zwei Leute vom FBI sind ...«

»Eben«, unterbrach ihn Judy. Sie hielt die rechte Hand hoch, ballte sie zur Faust und streckte dann den Daumen aus. »Erstens: Es hat sich angeblich ein Arbeitsunfall ereignet, und schon steht das FBI auf der Matte.« Der Zeigefinger. »Zweitens: Es handelt sich offensichtlich um einen Zivilangestellten der NASA, aber trotzdem ist ein Mann von der Air Force am Tatort, und wie ich gehört habe, sollen sich hier noch eine Menge mehr von der Sorte herumtreiben.« Der Mittelfinger. »Drittens: Wir haben einen Arzt, der verdächtig vorschnelle Schlüsse zieht, und einen Wartungstechniker, der unverkennbar nervös ist und ungefragt eine passende Erklärung für einen Unfall liefert.« Der Ringfinger. »Viertens: O'Connell konnte gerade bei seiner Demonstration problemlos die Abschalttaste erreichen, und das hätte der Tote auch gekonnt.« Der kleine Finger. »Fünftens: Wir haben einen *Aktenvernichter* in einem kleinen Büro, das garantiert nicht mit sicherheitsrelevanten und geheimen Dokumenten zu tun hat.« Sie deutete auf die Türen links und rechts des Ganges. »Ich wette, daß ich in keinem dieser Büros so ein Gerät vorfinden werde. Soll ich nachsehen?«

Paul Batista schüttelte den Kopf. »Nein. Ich gebe zu, ich weiß selbst nicht, was der Aktenvernichter in Grubers Büro zu suchen hat.« Er zögerte und sah sich schnell um. »Hör zu, Judy, du mußt mir glauben. Ich habe keine Ahnung, was hier vor sich geht, aber die FBI-Agenten haben mir versichert, daß der Fall in ihrer Liga spielt und daß Bundesinteressen berührt werden. Ich sehe keinen Grund, warum ich mich in etwas einmischen soll, das mich nichts angeht.«

»Es geht dich nichts an?« fragte Judy fassungslos. »Paul, es geht hier um einen Todesfall in *deiner* Abteilung, und ich bin mir völlig sicher, daß es sich um einen Mord handelt, der so dilettantisch als Unfall inszeniert worden ist, daß es selbst der dümmste Deputy im Wenker County sofort bemerken würde. Und du meinst, es geht dich nichts an?«

Batista senkte die Stimme. »Hör mir gut zu, Schatz, denn ich sage dir das jetzt nur einmal und auch ganz inoffiziell. Du weißt, daß ich nicht zum technischen Stab der NASA gehöre. Ich bin ein Verwaltungsmensch, ich leite die Personalabteilung für Datenverarbeitung und habe nichts mit den Raumflugmissionen selbst zu tun, aber natürlich bekomme ich das eine oder andere mit. Wir haben heute nachmittag eine *Ghost Rider*-Meldung reinbekommen, und das hat eine Menge Aufregung verursacht. Die Sache unterliegt der Geheimhaltung, Informationen werden nur codiert weitergegeben ...«

»Ghost Rider?« fiel ihm Judy ins Wort. Ihre Augen wurden schmal. »Was bedeutet das?«

Paul zuckte die Achseln. »Daß dort oben irgend etwas rumfliegt, was da nicht hingehört. Vielleicht irgendwelche Spionagesatelliten der Russen oder Chinesen oder von wem auch immer, ich weiß es nicht. Und offengestanden will ich es auch gar nicht wissen.«

»Und was hat das mit diesem Todesfall zu tun?«

Wieder zuckte Batista nur die Achseln. »Selbst wenn ich es wüßte ...«, begann er und verstummte mitten im Satz, als ein Mann aus einem Fahrstuhl am Ende des Ganges trat und auf ihn zulief. »Paul!« rief er schon von weitem. Sein Gesicht war gerötet, und er schnaufte, als wäre er schon eine längere Strecke gerannt.

»Was ist denn jetzt schon wieder los?« fragte Batista argwöhnisch.

Der Mann war herangekommen, öffnete den Mund und schnappte ein paarmal nach Luft, bevor er hervorsprudelte: »Ich konnte Sie nicht in Ihrem Büro erreichen. Miranda hat mir gesagt, wo Sie sind. Wir haben noch einen Toten. Drüben im C-Flügel, Büro F 18. Phil Neville. Der Chief hat ihn gefunden.«

Paul Batista wurde blaß.

Judy legte ihm eine Hand auf den Arm und entwickelte eine erstaunliche Kraft, als sie zudrückte. »Paul, ich will mir die Sache ansehen, *bevor* das FBI oder die Air Force dort aufkreuzt«, sagte sie eindringlich. »Tu mir einen Gefallen, sag O'Connell Bescheid und halte die Leute noch ein bißchen hin.«

Houston Control Center
Houston, Texas, 10. September, 18 Uhr 20

Jeremy McKay stellte den Mietwagen auf einem Mitarbeiterparkplatz ab und betrat das Kontrollzentrum durch einen Nebeneingang. Er bewegte sich mit der Selbstverständlichkeit und Zielstrebigkeit eines Mannes, der selbst mitten in der Nacht unangemeldet im Weißen Haus oder im Pentagon erscheinen konnte, und diese Selbstsicherheit schüchterte auch die kaltschnäuzigsten Wachposten ein, die sich normalerweise nicht von Dienstausweisen beeindrucken ließen und auf Rückfragen bestanden.

McKay benötigte keinen Führer und keine Wegweiser. Obwohl er nur einen Bruchteil des labyrinthartigen Gebäudekomplexes des NASA-Kontrollzentrums mit eigenen Augen gesehen hatte, kannte er die Konstruktionspläne, als hätte er sie selbst entworfen. So wie die eines guten Dutzend anderer wichtiger Einrichtungen, ziviler und militärischer Art.

Er hatte schon vor langer Zeit gelernt, daß Wissen die gefährlichste aller Waffen war, und so hatte er beständig Informationen gesammelt und säuberlich nach unterschiedlichen Kriterien geordnet in seinem Gehirn abgelegt, wie in einem Datenarchiv mit Querverweisen versehen und in Sekundenschnelle abrufbar. Allein dieses Wissen machte ihn zu einem der potentiell gefährlichsten Männer der USA.

Und das war nicht die einzige Waffe, über die Jeremy McKay verfügte.

Er benötigte nur eine halbe Stunde, um die Leute zu sprechen, die ihm Auskunft über die *Ghost Rider*-Sichtung geben konnten. Soweit er es beurteilen konnte, war es dabei zu keinen weiteren ungewöhnlichen Zwischenfällen gekommen. Eine Sichtung wie viele andere. Die Sicherheitsmaßnahmen hatten gegriffen, die Air Force hatte die Schlüsselpositionen vorübergehend besetzt, und seine Leute innerhalb der NASA hatten getan, was getan werden mußte, damit keine Informationen nach außen drangen. Alles wär glattgelaufen – bis auf den Tod von Benjamin Gruber. McKay würde mit Paul Batista sprechen und die örtliche Polizei zurückpfeifen müssen, bevor sie zu tief in Grubers Vergangenheit herumwühlen konnte. Das FBI würde notgedrungen mit ihm kooperieren.

Im Verwaltungsflügel C herrschte nie sonderlich viel Betrieb, erst recht nicht um diese Uhrzeit. Daß er auf seinem Weg trotzdem einigen Leuten begegnete, lag an dem aktuellen Shuttleflug. Während einer laufenden Mission waren alle Abteilungen rund um die Uhr mit zumindest einigen Mitarbeitern besetzt.

McKay fand das Büro von Paul Batista problemlos, klopfte kurz und trat sofort darauf ein, ohne eine Aufforderung abzuwarten. Batistas Privatsekretärin, die aufgrund der Vorfälle Überstunden machte, blickte angespannt zu ihm auf.

Es war eine bemerkenswert hübsche Frau mexikanischer Herkunft. ›Miranda de la Cruz‹ stand auf dem Namensschildchen auf ihrem Schreibtisch. McKay hatte sich während des Fluges von Washington nach Houston informiert und wußte, daß ihr voller Name Miranda de la Cruz de la Hoya-Cardinal lautete. Er wußte ebenfalls, daß sie mehr als nur Paul Batistas persönliche Sekretärin und Vertraute war, und er hatte diese Information unter dem Stichwort ›Indiskretionen‹ in einer Schublade seines Gehirns abgelegt, in der sich ähnliche Informationen über Senatoren, Gouverneure, Minister, führende Militärs und andere Prominente befanden. Soweit es möglich war, verzichtete er darauf, von diesem Wissen Gebrauch zu machen, aber sollte es erforderlich werden, würde er nicht zögern, es zu benutzen.

»Sir, es tut mir leid, aber ich kann Ihnen nicht ...«, begann Miranda.

»Das ist auch nicht nötig«, fiel ihr McKay ins Wort. Er hatte eine kultiviert klingende Baritonstimme ohne jeglichen Akzent, die keinen Aufschluß darüber gab, wo er aufgewachsen war. »Bitte sagen Sie Mr. Batista, daß Jeremy McKay ihn zu sprechen wünscht.«

»Mr. Batista ist im Moment nicht zu erreichen, Sir«, sagte Miranda höflich, aber bestimmt. »Wenn Sie einen Termin mit ihm wünschen, werde ich sehen, was ich für Sie tun kann. In welcher Angelegenheit möchten Sie mit ihm sprechen?«

»In einer äußerst wichtigen, Miss de la Cruz de la Hoya-Cardinal«, erwiderte McKay und beugte sich vor. Er zog seinen Dienstausweis hervor, klappte ihn auf und blickte die Sekretärin ruhig an.

Mirandas Augen wurden groß. Selbst hier bei der NASA kannte kaum jemand ihren vollständigen Namen, denn sie hatte es satt, sich ständig den alten Witz *»Warum haben die Mexikaner so lange Namen? Weil ihr Leben so kurz ist«*, anhören zu müssen.

Aber es war nicht allein die Tatsache, daß dieser NSA-Agent ihren vollen Namen kannte; was sie noch mehr beunruhigte, waren das Auftreten und die Augen McKays. Seine Haltung ließ keinen Zweifel daran, daß er bekommen würde, was er wollte, und seine Augen … Nicht nur, daß sie kalt und beinahe hypnotisch waren. Noch vor einer Sekunde hätte Miranda geschworen, daß sie grün waren, doch jetzt waren sie plötzlich blau. Eisblau.

»Mr. Batista befindet sich in einem Nebenflügel«, sagte sie schnell. »Es hat einen Todesfall gegeben. Das FBI und die Polizei sind bereits da. Ich werde ihn sofort anrufen.«

»Das ist nicht nötig, Miss de la Cruz. Sagen Sie mir nur, wo er sich aufhält. Ich finde den Weg allein.«

»Im Trakt D, dritte Etage, Büro E 21«, sagte Miranda hastig.

McKay deutete eine Verbeugung an. »Vielen Dank, Miss de la Cruz. Ich wünsche Ihnen noch einen angenehmen Abend.«

»Ich, äh … danke, Sir. Das wünsche ich Ihnen ebenfalls.« Sie starrte noch lange auf die Tür, nachdem McKay verschwunden war. Ihre Hand tastete nach dem Telefon, doch dann zog sie sie wieder zurück. McKay hatte zwar mit keinem Wort erwähnt, daß sie ihn nicht ankündigen sollte, aber aus irgendeinem unerfindlichen Grund war sie überzeugt, daß er es vorzog, unangemeldete bei Paul zu erscheinen.

Miranda wurde sich bewußt, daß sich auf ihren Armen eine Gänsehaut gebildet hatte. Sie erschauderte und hoffte, McKay nicht noch einmal zu begegnen.

Der Mann war unverkennbar erleichtert, das Büro nicht betreten zu müssen. Er blieb zwei Meter vor der Tür stehen, als befürchtete er, der Tod könnte ansteckend sein.

»Da drinnen«, sagte er. »Der Chief ... äh ... Mr. Conroy ist noch da. Und zwei Leute vom Werkschutz. Wenn Sie mich nicht mehr brauchen, ich müßte ...«

Judy lächelte ihm beruhigend zu. »Schon gut. Falls ich noch Fragen habe, komme ich später auf Sie zurück.« Sie klopfte und öffnete die Tür.

Cliff Conroy, der hinter dem Schreibtisch saß und auf einen Monitor starrte, blickte auf. »Oh, hallo, Judy«, sagte er überrascht und hob die Brauen. »Schön, daß das HPD dich geschickt hat. Wo steckt Paul?«

»Hi, Cliff«, erwiderte Judy. »Paul ist noch im Büro von diesem Gruber.« Sie hatte Cliff Conroy vor einem Jahr kennengelernt, als Paul eine Party gegeben hatte, um seine Beförderung zu feiern. Cliff und Paul spielten gelegentlich Squash, und irgendwann hatte Judy herausgefunden, daß Cliff auch ganz passabel mit einem Tennisschläger umgehen konnte.

Seither waren sie im gemischten Doppel recht erfolgreich. Judy mochte Cliffs ruhige Art, auch wenn sie sich nicht allzu häufig sahen. Wäre Paul nicht gewesen, hätte es sie vielleicht sogar gereizt, ihn näher kennenzulernen.

Sie sah sich rasch um. Die Männer vom Werkschutz standen an der Stirnseite des Büros neben einem Rollschrank, hinter dem zwei Beine hervorlugten.

»Du hast ihn gefunden?« fragte Judy an Cliff gewandt. »Wieso bist du eigentlich noch hier? Hättest du nicht längst schon Feierabend haben müssen?«

Cliff hatte sich wieder dem Bildschirm zugewandt. Jetzt sah er zu Judy hinüber. »Der Reihe nach. *Ja,* ich habe ihn gefunden. *Ja,* ich könnte längst schon zu Hause sein, aber es hat ein kleines Problem gegeben, um das ich mich noch kümmern wollte. Wieso? Stehe ich auf deiner Liste der Verdächtigen?«

Judy lächelte flüchtig. »Jeder, der einen Toten meldet, kommt automatisch als Täter in Frage. Standardprozedur. Aber ich bin sicher, daß du ein Alibi für die Tatzeit vorweisen kannst. Wann hast du den Toten entdeckt?«

»Um exakt 18 Uhr 42«, erwiderte Cliff. »Ich habe auf die Uhr gesehen. Also vor ziemlich genau zwanzig Minuten. Und bevor du fragst: Der Mann heißt Phil Neville.«

Judy war vor dem Toten in die Hocke gegangen und berührte ihn mit den Handrücken leicht am Hals. Die Haut fühlte sich kühl an; der Tod mußte vor mehr als einer Stunde eingetreten sein. Der unnatürliche Winkel, in dem der Kopf verdreht war, verriet überdeutlich, daß Nevilles Genick gebrochen worden war.

Daß die Verletzung durch einen Sturz zustande gekommen sein könnte, war so gut wie ausgeschlossen, es sei denn, Neville war auf dem Rollschrank herumgeklettert. Und der Rollschrank gehörte eindeutig nicht an diese Stelle, wo er den Zugang zum Kopierer versperrte. Es handelte sich also mit an Sicherheit grenzender Wahrscheinlichkeit um einen Mord, genau wie im Fall von Benjamin Gruber. Und so zynisch es auch klang, Judy war beinahe froh, daß es zwei Tote in der gleichen Abteilung gegeben hatte, denn schon das allein half, dem Motiv des oder der Täter auf die Spur zu kommen.

Sie hob den Kopf und sah die Männer vom Werkschutz an. »Würden Sie bitte draußen vor der Tür warten und niemanden hineinlassen?« bat sie. »Das heißt, abgesehen von der Polizei.«

»Natürlich, Ma'am«, sagte der Mann, der ihr am nächsten stand, nickte seinem Kollegen zu und verließ sichtlich erleichtert das Büro.

Judy stand auf und ging zurück zum Schreibtisch. »Hast du das Telefon benutzt, nachdem du den Toten gefunden hast?«

»Sicher«, erwiderte Cliff. »Ich habe den Werkschutz informiert und dann versucht, Paul zu erreichen.« Er lächelte säuerlich. »Aber ich kann dich beruhigen. Ich habe den Hörer nur mit zwei Fingern angefaßt und einen Bleistift benutzt, um die Nummer zu wählen. Und ich habe auch die Tastatur mit zwei Bleistiften bedient.«

»Die Tastatur?« fragte Judy. »Wieso hast du … Warte, laß mich erst mal selbst einen Anruf machen.«

Cliff reichte ihr einen Bleistift, schob sich mit dem auf Rollen gelagerten Stuhl zurück und machte eine einladende

Handbewegung. Judy tippte die Nummer der Mordkommission ein und forderte ein Team der Spurensicherung an. Dann blickte sie Cliff auffordernd an. »Okay, du vermutest also, daß der Täter den Computer benutzt hat. Warum hast du ihn dann überhaupt noch angefaßt?«

»Ich wollte etwas überprüfen, bevor man mir dazwischenfunken kann«, sagte Cliff. Er deutete auf den Monitor, als wären das NASA-Logo und der blinkende Cursor Antwort genug. »Heute nachmittag ist ein an sich harmloses Virus aufgetreten, und ich habe vorsichtshalber einen Sicherheitscheck durchgeführt, um zu überprüfen, ob auch andere Dateien oder Programme befallen sind. Tatsächlich habe ich es noch an drei weiteren Stellen entdeckt. Das wäre eigentlich nicht weiter ungewöhnlich, aber eine der befallenen Dateien gehört zu den Aufzeichnungen eines Shuttlefluges, der vor mehr als zwei Jahren stattgefunden hat, und dort war das Virus *aktiv*.«

»Und?« fragte Judy, als Cliff eine bedeutungsvolle Pause einlegte.

»*Santa Claus* ist kein aktives Virus, das sich von selbst fortpflanzt. Es ist ein schlichtes kleines Programm, das nur auf eine bestimmte Befehlsabfolge reagiert. Es zerstört oder löscht keine Daten, sondern soll die User lediglich ärgern. Vermutlich ist es von irgendwelchen Kids eingeschleust worden, die nichts Besseres zu tun hatten. Um aktiv zu werden, bedarf es neben der Befehlsabfolge eines bestimmten Datums: des heutigen. Frag mich nicht, warum ein Virus mit dem Namen *Santa Claus* ausgerechnet an einem 13. September erwacht. Die zwei Varianten, mit denen wir davor zu tun hatten, sind an anderen Tagen aktiv geworden, die ebenfalls nichts mit Weihnachten zu tun haben. Vielleicht handelt es sich um eine Art Countdown, der uns warnen oder nur nervös machen soll. Normalerweise ist so etwas eine ärgerliche Sache, aber diesmal hat mir *Santa Claus* geholfen.«

»Wobei?« drängte Judy ungeduldig, als Cliff erneut eine Pause einlegte. »Und was hat das mit diesem Mord zu tun?«

»Irgend jemand ist in die Datenarchive eingedrungen«, erklärte Cliff. »Er hat sie nicht nur eingesehen, sondern darin herummanipuliert, denn sonst wäre *Santa Claus* nicht aktiviert worden. Und er hat sich die Mühe gemacht, das Datum des letzten Zugriffs auf den ursprünglichen Zeitpunkt von vor zwei Jahren zurückzusetzen. Dazu muß er eine bestimmte Sicherheitsroutine übergehen, um keine Meldung auszulösen. Hört sich zwar ziemlich simpel an, aber ich habe unser Netz mit einem selbstentwickelten Sicherheitssystem versehen, das nur einer Handvoll meiner Mitarbeiter bekannt ist.«

»Ich habe nicht viel Ahnung von Computern«, bekannte Judy, »aber eins klingt unlogisch: Wenn der Hacker an dem File herumgedoktert hat – hätte er das Virus dann nicht bemerken müssen? Und wenn er so gut ist, wie du behauptest, hätte er *Santa Claus* nicht einfach entfernen können?«

»Nein – weil er dem Virus gar nicht begegnet ist!« Cliff tippte auf den Monitor, als stünde die Lösung dort schwarz auf weiß geschrieben. »Der Befehl, der *Santa Claus* aktiviert, ist das Sichern der Datei, in der er sich befindet, und das hat unser Hacker erst ganz zuletzt getan. Deshalb hat er ihn nicht bemerkt.«

»Na schön«, sagte Judy. »Bleibt immer noch die Frage, was das mit diesem Mord zu tun hat.«

Cliff deutete auf die Tastatur. »Der Zugriff ist von diesem Platz aus erfolgt. Ich habe ein paar kleine Dienstprogramme geschrieben, die sich automatisch merken, von welchem Platz aus auf welche Dateien zugegriffen wird. Eine Sicherheitsmaßnahme, falls irgendwo Probleme auftauchen. So kann ich leichter nachvollziehen, wo sie angefangen haben. Unser unbekannter Freund hat sich zwar alle Mühe gegeben, zu vertuschen, in welchen Dateien er herumgepfuscht hat, aber er wußte offensichtlich nicht von meinen persönlichen Programmen.«

Judy strich sich nachdenklich das Haar aus der Stirn. »Apropos unbekannter Freund: Wäre es nicht möglich, daß Neville die Manipulationen durchgeführt hat und dabei von seinem Mörder überrascht wurde?«

»Möglich, aber ziemlich unwahrscheinlich. Neville gehört ... *gehörte* zu den Leuten, die meine zusätzlichen Sicherheitsroutinen kennen. Er wäre so vorgegangen, daß ich ihm nie auf die Spur gekommen wäre. Außerdem ...«

»Und dieser Gruber«, fiel ihm Judy ins Wort. »Wußte der auch Bescheid?«

Cliff nickte ernst. »Genau wie Saltzman.«

»Saltzman?« fragte Judy verwirrt.

»Ein Mann aus meiner Abteilung, der sich letzte Woche erhängt hat. So jedenfalls die offizielle Darstellung. Aber spätestens jetzt bin ich davon überzeugt, daß Saltzmans Tod kein Selbstmord war, genausowenig wie Gruber einen skurrilen Unfall hatte. Drei Tote innerhalb einer Woche, Judy! Und alle in meiner Abteilung. Daß sie von meinen kleinen Modifikationen gewußt haben, kann nicht der Grund für ihren Tod sein, denn dafür sind sie zu unbedeutend. Was also ist es, daß sie zu Mordopfern hat werden lassen?«

Judy zuckte die Achseln. »Ich habe keine Ahnung, aber was auch immer, es ist wichtig genug, um das FBI auf den Plan zu rufen. Und das schon vor Nevilles Tod!«

Cliff verzog das Gesicht. »Ich weiß schon, was auf mich zukommen wird. Endlose Verhöre. Natürlich werden sie es ›Befragungen‹ nennen, und sie werden ausgesprochen höflich sein, aber letztendlich läuft es auf das gleiche hinaus. Was ist mit der Polizei? Arbeitet ihr in diesem Fall mit dem FBI zusammen? Und wer leitet die Ermittlungen?«

»Das wüßte ich auch gern«, erwiderte Judy. »Bisher bin ich von Captain Halloway mit der Untersuchung beauftragt worden, aber anscheinend wußte er noch gar nicht, daß sich auch das FBI eingeschaltet ...«

Sie kam nicht mehr dazu, den Satz zu beenden, denn in diesem Moment wurde die Tür aufgestoßen, und ein hagerer Mann mit einem markanten, scharfgeschnittenen Gesicht betrat das Büro. Er sah sich kurz um und ging dann auf Judy und Cliff zu.

Noch bevor sie die verkniffenen Gesichter der FBI-Agenten sah, die ihm folgten, war Judy eines sofort klar: Dieser Mann hatte das Kommando. Und er arbeitete weder für die Polizei noch für das FBI.

Nellis Air Force Base
Nevada, 10. September, 19 Uhr 30

Colonel Nathan Waters warf einen letzten Blick auf die Abzüge, bevor er sie zusammen mit dem Film in seiner Schreibtischschublade verstaute. Es war wie verhext. Irgendein unerklärliches Naturgesetz schien dafür zu sorgen, daß Bilder von UFOs um so unschärfer und unbrauchbarer wurden, je näher das Objekt der Kamera war. Vielleicht aber war es auch gar kein Naturgesetz. Vielleicht handelte es sich tatsächlich um Hexerei. Die Bezeichnung *Ghost Rider* für UFO-Sichtungen erschien ihm in mehrfacher Hinsicht passend.

Im Laufe der Jahre hatte sich der Codename schon ein paarmal geändert. *Bandits, Angels, Rogues* ... Waters war kein Phantast, aber er verschloß auch nicht die Augen vor dem Offensichtlichen. Ohne sich auf die Natur von UFOs festzulegen, wußte er, daß es sie gab. Die Geheimarchive der Air Force, der CIA und der anderen Nachrichtendienste waren voller Berichte über Sichtungen, Begegnungen und angebliche Entführungen, Foto- und Filmaufnahmen, Radar- und Funkprotokolle. Und offenbar existierten noch sehr viel handfestere Beweise.

Waters maß sich kein Urteil an, ob es sinnvoll oder moralisch vertretbar war, diese Informationen der Öffentlichkeit vorzuenthalten. Was *ihn* betraf, war er froh, nicht alles zu wissen. Das Leben war auch so schon kompliziert genug, und seit einigen Tagen schien die NSA geradezu Amok zu laufen. Überall im Land war es zu unerklärlichen Todesfällen gekommen, und einige der Opfer hatten zweifellos mit dem Projekt *GhostRider* zu tun gehabt.

Manchmal fragte sich Waters, ob die NSA wirklich versuchte, die Todesfälle aufzuklären, oder ob sie nicht selbst dahintersteckte oder zumindest versuchte, die Ermittlungen nach den Tätern zu behindern. Er schüttelte den Gedanken schnell ab.

Es war eine Sache, die NSA nicht zu mögen, aber eine ganz andere, ihr kriminelle Machenschaften zu unterstellen.

Er zog einen Umschlag aus der Schublade, legte ihn vor

sich auf den Schreibtisch neben den Fotoapparat und drückte auf die Taste der Gegensprechanlage. »Okay, Bromfield, schicken Sie sie rein.«

Die Tür zu seinem Büro öffnete sich, und die drei Zivilisten traten ein. Waters bat sie mit einer Handbewegung, auf extra für sie bereitgestellten Stühlen vor seinem Schreibtisch Platz zu nehmen.

»Ich hoffe, Sie entschuldigen die Unannehmlichkeiten«, begann er. »Wir haben uns bemüht, Ihnen die Wartezeit so angenehm wie möglich zu gestalten, aber ich bitte Sie zu verstehen, daß dies eine militärische Einrichtung ist und ich es Ihnen aus Sicherheitsgründen nicht gestatten konnte, sich frei zu bewegen. Vorschriften, Sie verstehen schon.«

»Was ist mit meinem Ballon geschehen, Colonel?« fragte Jeff Fougherty gereizt. »Gehört es auch zu den Sicherheitsvorschriften der Air Force, Privatbesitz zu konfiszieren und den Eigentümern jede Auskunft darüber zu verweigern?«

Der Offizier betrachtete seine drei unfreiwilligen Besucher der Reihe nach. Der Ballonfahrer hatte sich streitlustig vorgebeugt, die Ellbogen auf die Knie gestützt. Waters kannte diesen Menschenschlag. Stolz, ungebunden, mutig und nicht bereit, sich unterzuordnen. Ein Individualist. Noch vor hundert Jahren hätte Fougherty zu den Männern gehört, die Amerika groß gemacht hatten, und vermutlich hätte er in den letzten unerschlossenen Winkeln des Landes Pionierarbeit geleistet.

Aber die Zeiten änderten sich, und heute war Fougherty eine Art Fossil. Er hatte seine Nische gefunden, in der er noch immer seinen Traum von Freiheit und Selbstbestimmung träumen konnte, und jetzt hatte dieser Traum durch die harte Realität einen Riß bekommen. Waters bedauerte das. Er war kein sturer Kommißstiefel, dem es Spaß machte, Leute zu schikanieren.

Die Miltons schienen sich mit ihrem Schicksal abgefunden zu haben. Sie hielten sich wie ein frischverliebtes Pärchen an den Händen, als befürchteten sie, man könnte sie auseinanderreißen. Der Colonel lächelte ihnen kurz zu.

»Sie bekommen Ihren Ballon natürlich zurück«, sagte er an Fougherty gewandt. »Wir haben ihn mit einer zweiten

Maschine geborgen und auf unseren Stützpunkt bringen lassen. Ich will Ihnen nicht verschweigen, daß wir ihn gründlich untersucht haben und auch noch weiter untersuchen werden, und ich kann Ihnen versichern, daß wir keinesfalls die Absicht haben, ihn zu konfiszieren. Aber er wurde im Zusammenhang mit einem Flugmanöver der US Air Force beschädigt, und wir müssen zu unserer eigenen Sicherheit überprüfen, ob diese Beschädigung auf eine Einwirkung unserer Maschinen zurückzuführen sein könnte. Versicherungstechnische Gründe, Sie verstehen schon. Ich will Ihnen natürlich nichts unterstellen, aber die Air Force ist schon aus sehr viel nichtigeren Gründen in langwierige Schadensersatzprozesse verwickelt worden.«

»Flugmanöver«, knurrte Fougherty. »Verkaufen Sie uns nicht für dumm. Das war keine Übung. Ihre Jäger waren in einem echten Einsatz.«

»Und was haben sie Ihrer Meinung nach gejagt?« erkundigte sich Waters ruhig.

»Das haben uns Ihre Leute in den letzten Stunden schon hundertmal gefragt«, erwiderte Fougherty ungehalten. »Sie kennen die Antwort. Und Sie haben die Beweise.« Er deutete auf Conny und Francis Milton. »Schließlich haben Sie die Kamera dieser Leute konfisziert ... nein, halt, so etwas würde die Air Force natürlich niemals tun, Sie haben sie vermutlich nur untersucht, um sicherzugehen, daß sie nicht von einer F-16 gerammt worden ist.« Seine Stimme triefte vor Sarkasmus. »Und ich würde meine Lizenz darauf verwetten, daß Sie inzwischen auch schon die Filme entwickelt haben.«

»Das ist richtig«, gab Waters bereitwillig zu und genoß Foughertys Verblüffung, die sich noch steigerte, als er hinzufügte: »Und Sie können sich die Bilder gern ansehen.« Er schob den Umschlag über den Schreibtisch.

Fougherty sprang auf, riß den Umschlag so hastig an sich, als befürchtete er, der Offizier könnte es sich anders überlegen, und kehrte damit zu seinem Stuhl zurück.

Waters sah aufmerksam zu, wie der Ballonführer die Bilder herausschüttelte und sie zusammen mit den Miltons aufgeregt durchblätterte. Die Anspannung in den Gesichtern der drei Zivilisten machte zunehmender Enttäuschung und Ungläubigkeit Platz.

Der Colonel kannte den Grund genau. Die ersten Bilder zeigten den Ballon am Startplatz, Conny und Francis Milton, die in die Kamera lächelten, und ein paar Landschaftsaufnahmen aus nicht allzu großer Höhe. Dann gab es zwei Bilder, die den leeren Himmel im Gegenlicht und einen verwaschenen länglichen Fleck zeigten, der wie ein Wolkenfetzen aussah, ein weiteres Bild, auf dem der Fleck etwas größer und noch ausgefranster war, und schließlich eine ganze Bilderfolge, auf der nichts weiter als der leere Himmel zu sehen war, sah man von einer konturlosen schlierenhaften Verzerrung ungefähr in der Bildmitte ab, wie sie beispielsweise zustande kam, wenn sich ein Wassertropfen auf der Linse befand. Auf den letzten Bildern waren zwei F-16 und ein kleiner schimmernder Punkt zu sehen.

Fougherty schnaubte geringschätzig, schüttelte den Kopf und machte eine resignierte Handbewegung. Francis Milton sah auf und beäugte den Colonel mißtrauisch. »Soll das ein Witz sein?« fragte er heiser. »Colonel, wir alle haben das Ding mit eigenen Augen gesehen. Diese Bilder sind retuschiert!«

Natürlich waren sie das, und Waters war klar, daß das auch die anderen wußten. Trotzdem schüttelte er den Kopf. »Wie Sie feststellen können, enthält der Umschlag auch die Originalnegative. Natürlich haben wir Abzüge für unsere Unterlagen angefertigt, aber Sie können die Negative behalten, und es steht Ihnen selbstverständlich frei, sie in einem Fotolabor auf Manipulationen hin untersuchen zu lassen. Ich werde Ihnen keine Ratschläge geben und auch nicht versuchen, Ihnen die Idee auszureden. Es ist allein Ihre Entscheidung und Ihr Geld, wenn Sie einen Spezialisten bemühen wollen.«

Waters war kein Experte für Fototechnik, aber er wußte trotzdem, daß es für seine Leute nicht einfach gewesen war, in der kurzen Zeit, die ihnen zur Verfügung gestanden hatte, identische Filme nicht nur des gleichen Herstellers, sondern auch der gleichen Produktionsreihe aufzutreiben, die Originalfilme leicht zu retuschieren – viel war nicht einmal nötig gewesen – und auf die neuen zu kopieren.

Vermutlich hätten es seine Leute allein nicht geschafft, aber seit einiger Zeit befanden sich Spezialisten der NSA auf dem Stützpunkt, die offensichtlich auf solche Operationen vorbereitet waren. Seit dem Zeitpunkt vor einigen Wochen, nachdem es zu einer Häufung derartiger Sichtungen gekommen war ...

»Es hat keinen Sinn, Leute«, sagte Fougherty müde. »Die werden uns nie die Wahrheit sagen. Können wir jetzt gehen, Colonel?«

Waters nickte. »Es steht eine Transportmaschine bereit, die Sie nach Fresno bringen wird. Und Ihnen, Mr. Fougherty, werden wir selbstverständlich Ihren Ballon zurückschicken, sobald wir unsere Untersuchungen beendet haben.«

Die Männer erhoben sich, aber Conny war noch nicht bereit, so schnell klein beizugeben. Sie hatte heute etwas Wunderbares erlebt, auch wenn es zeitweilig ziemlich beängstigend gewesen war, und sie wollte sich nicht damit abfinden, daß es einfach zu einem Hirngespinst degradiert wurde.

»Colonel, Ihre Leute haben es doch auch gesehen«, sagte sie. »Ihre Jäger haben das Ding verfolgt, es regelrecht gejagt. Sie sind direkt darauf zugeflogen. Wollen Sie etwa behaupten, daß wir *alle*, einschließlich der Piloten, einer Halluzination zum Opfer gefallen sind?«

»Nein, Mrs. Milton, das behaupte ich keineswegs. Ich bin überzeugt davon, daß Sie tatsächlich etwas *gesehen* haben. Auch meine Männer haben etwas gesehen.« Diesmal wirkten alle drei Zivilisten verblüfft, und Waters lächelte innerlich.

Sie dürfen die Filme und die Kamera nicht einfach beschlagnahmen, hatten die NSA-Agenten gesagt. *Nehmen Sie den Leuten ihre Beweismittel, und sie werden Krawall schlagen und nur für unnötige Aufmerksamkeit sorgen. Geben Sie ihnen, was sie wollen. Leugnen Sie nicht einfach, werfen Sie ihnen ein paar Brocken hin, an denen sie herumkauen können. Desinformation ist besser als gar keine Informationen.*

»Und was haben Sie ... haben wir gesehen?« hakte Conny nach.

Waters zuckte die Achseln. »Ich weiß es nicht, Mrs. Milton«, sagte er, und das war nicht einmal vollständig gelogen. »Das wüßten wir selbst gern. Eine Luftspiegelung, ein meteorologisches Phänomen, eine physikalische Anomalie. Wir haben keine Erklärung dafür. Es ist nicht greifbar. Wie die Sache mit den Kugelblitzen. Es gibt zahllose Berichte und Zeugenaussagen darüber, aber nicht einen harten Beweis dafür, daß die Dinger tatsächlich existieren. Physikalisch gesehen *darf* es sie nicht einmal geben, aber trotzdem werden sie immer wieder gesichtet. Glauben Sie mir, wir hätten selbst gern eine Erklärung dafür.«

»Ist es das, was Sie als Ghost Rider bezeichnen?« erkundigte sich Conny.

Es gelang Waters gerade noch, ein Zusammenzucken zu verhindern. Verdammt, dachte er, vermutlich hat sie das auf dem Flug zum Stützpunkt aufgeschnappt. Er lächelte unverbindlich. »Ghost Rider?« fragte er. »Wie in dem alten Westernsong? Das muß ich mir merken. Trifft die Sache tatsächlich irgendwie. Wer weiß, vielleicht gibt es ja tatsächlich Gespenster.«

Er begleitete die drei Zivilisten bis zur Tür, entschuldigte sich noch einmal für die Unannehmlichkeiten und übergab sie seinem Adjutanten. Dann kehrte er hinter seinen Schreibtisch zurück, schloß die Augen und atmete tief durch.

Die Rechnung schien aufzugehen. Nicht einer hatte auch nur einmal von einem UFO gesprochen, und selbst Fougherty schien zum Schluß ins Grübeln gekommen zu sein. Manchmal war es tatsächlich besser, subtil vorzugehen, anstatt einfach nur den Mund zu halten und alles abzustreiten. Waters war erleichtert, sich das Problem vom Hals geschafft zu haben, auch wenn es ihm nicht sonderlich behagte, anständige Bürger belügen zu müssen. Aber letztendlich, beruhigte er sich selbst, war es so wahrscheinlich besser für sie.

Er seufzte, öffnete die Schreibtischschublade, zog die unretuschierten Bilder hervor, breitete sie vor sich aus und starrte sie an. Es war nicht allzuviel darauf zu erkennen, nichts, was eine seriöse Zeitung oder ein Magazin abgedruckt hätte. Ein verschwommenes scheibenförmiges Objekt, das unschärfer und durchscheinender wurde, je näher es der Kamera gekommen war. Aber trotz der miserablen Bildqualität war es für die wissenschaftliche Abteilung der Air Force von großer Bedeutung.

Auf jeden Fall wichtig genug, um Eingang in die Akte *GhostRider* zu finden.

»Paul, was um alles in der Welt geht hier vor?« fragte Cliff Conroy. Er saß in Paul Batistas Büro, eine halbvolle Tasse mit lauwarmem Kaffee in der Hand. »Ich bin eine Stunde lang von den FBI-Agenten durch die Mangel gedreht worden, aber eigentlich war es nicht das FBI, das mir die Fragen gestellt hat, sondern die NSA. Was will dieser Eisblock, dieser McKay, wirklich? Was haben meine Leute ausgefressen – außer daß sie so unpatriotisch waren, sich umbringen zu lassen –, daß der *nationale Sicherheitsdienst* hier herumschnüffelt?«

Batista massierte sich die Schläfen und seufzte. Er sah müde aus, müde und ängstlich. »Ich weiß es nicht, Cliff. Ehrlich. Man sagt mir nicht mehr, als ich unbedingt wissen muß, und das ist verdammt wenig.« Er ließ die Hände sinken und starrte Cliff an, ohne ihm dabei in die Augen zu sehen. »Meinst du, *ich* hätte heute abend eine Menge Spaß gehabt? Mein Gott, Cliff, ich bin von McKay persönlich befragt worden, und das ist ungefähr so angenehm wie eine Wurzelbehandlung.«

»Und was wollte er von dir wissen?«

»Es ging nur um ...« Batista zögerte und schüttelte unwillig den Kopf. »Tu dir selbst einen Gefallen, Cliff, und vergiß die Sache. Bestimmte Dinge zu wissen bringt nur Ärger und Schwierigkeiten mit sich. Ich kann nur Vermutungen anstellen, aber ich werde mich hüten, mich mit McKay anzulegen.«

»Das klingt ganz so, als hätte er dich mit irgend etwas in der Hand«, stellte Cliff fest und nippte an seinem Kaffee, um seine Gereiztheit zu verbergen. Er verlor nur selten die Beherrschung, und das tat er auch jetzt nicht, aber er war innerlich angespannt wie eine Feder. Die FBI-Agenten hatten ihm nicht nur *verboten*, sich weiter mit der manipulierten Datei über den zwei Jahre zurückliegenden Shuttleflug zu beschäftigen, sie hatten ihm auch untersagt, irgendwelche andere Unterlagen über diese Mission einzusehen.

»Das ist doch absurd, Cliff«, protestierte Batista, eine Spur zu hastig, wie Cliff fand. »Du müßtest mich lange genug kennen, um zu wissen, daß ich keinen Dreck am Stecken habe.«

Cliff musterte seinen Vorgesetzten aus schmalen Augen. Er konnte sich tatsächlich nicht vorstellen, daß Paul das Tafelsilber gestohlen haben könnte. Batista war nicht der Typ des Abenteurers, um es vorsichtig zu umschreiben. Eher ein bißchen langweilig und phantasielos. Nett und auf eine unverbindliche Art freundlich, sportlich und nicht dumm, mit einem guten Gespür für Personalpolitik und stets darauf bedacht, nicht anzuecken. Der ideale Schwiegersohn. Er hatte gerade die Vierzig überschritten und hätte eigentlich längst verheiratet sein und mindestens zwei Kinder haben müssen.

Aber auch daran arbeitete er mittlerweile. Angeblich hatten Judy und er sich verlobt. Vor kurzem hatte er Einladungen für eine große Party verschickt, und Cliff nahm an, daß Judy und Paul bei diesem Anlaß offiziell ihre Verlobung bekanntgeben würden. Er fragte sich, was sie an ihm fand. Mit ihm Squash zu spielen war eine Sache, aber das Leben mit ihm zu verbringen ... Er schüttelte den Gedanken ab.

»Was darf ich überhaupt noch machen, ohne vorher eine Genehmigung einzuholen, Paul?« fragte er. »Bestimmen jetzt FBI und NSA meine Arbeit? Was ist verdammt noch mal so interessant an den Spannungsschwankungen in der Versorgungseinheit des sekundären Kühlsystems eines Shuttles oder an den Druckverhältnissen in den Reservesauerstofftanks, daß es zur Verschlußsache erklärt wird?«

Batista seufzte. Er wich Cliffs Blick immer noch aus und spreizte die Finger auf dem Schreibtisch. »Du wirst deine Arbeit wie bisher machen. Was die gesperrten Daten angeht: Wie du selbst gesagt hast, sind sie an sich völlig uninteressant. Vielleicht hat es damals eine Panne gegeben, eine Beinahekatastrophe wie bei der Challenger, und man will die Sache unter den Teppich kehren. Vielleicht haben Neville, Gruber und Saltzman Wind von der Sache bekommen und wollten die Informationen an die Presse verkaufen. Vielleicht sind sie von irgend jemandem unter Druck gesetzt worden ... Ach, verdammt, ich kann auch nur Spekulationen anstellen, die uns nicht weiterhelfen. Also, vergiß die ganze Sache, halte dich an die Anweisungen des FBI und der NSA, und es gibt keinerlei Probleme. Geh nach Hause, trink ein oder zwei Whiskeys und leg dich ins Bett.«

Cliff trank seinen Kaffee aus, zerknüllte den Plastikbecher und warf ihn in einen Abfallkorb. Auf dem Weg zur Tür drehte er sich noch einmal um. »Liegt es am Projekt *Ghost Rider*, Paul?« fragte er ruhig. »Ist das der Grund für den ganzen Aufwand?« Es war ein spontaner Einfall und ein Schuß ins Blaue; er wußte nicht einmal, ob es überhaupt ein Projekt dieses Namens gab, aber Batistas Zusammenzucken war Antwort genug. Bingo!

Paul Batista hatte sich sofort wieder in der Gewalt und mimte Verständnislosigkeit. »Was soll das sein?« erkundigte er sich scheinbar desinteressiert, aber seine Körpersprache verriet seine Anspannung. »Von einem Projekt *Ghost Rider* habe ich noch nie gehört. Wie kommst du darauf?«

»Vergiß es, Paul«, sagte Cliff betont jovial. »Manche Dinge zu wissen bringt nur Ärger und Schwierigkeiten mit sich. Wir sehen uns dann morgen wieder.«

Batistas Gesicht wurde dunkler. Seine Hände ballten sich zu Fäusten, doch dann nickte er nur kurz. »Bis dann, Cliff.«

Cliff schloß die Tür und ging den menschenleeren Korridor entlang, aber nicht in Richtung des Parkplatzes, auf dem seine Kawasaki stand. Er hatte noch etwas zu erledigen.

Judy Davenport kochte innerlich. Sie saß in einer kleinen Cafeteria am Ende des Verwaltungstrakts vor einem Glas Soda und einem Teller mit Doughnuts. Manchmal brauchte sie nur etwas zu essen, wenn sie verärgert oder nervös war – am besten irgendwelche Süßspeisen –, aber heute nutzte es nichts.

Es geschah nicht selten, daß es bei einem Fall zu Kompetenzstreitereien zwischen den verschiedenen Strafverfolgungsbehörden kam. Mal mischte sich die Staatspolizei ein, mal das FBI, mal das Büro des Bundesmarshals. Es schien ein ungeschriebenes Gesetz zwischen den diversen Dienststellen zu sein, sich bei jeder sich bietenden Gelegenheit zu streiten, aber diese Auseinandersetzungen waren in der Regel ritualisierte Scheingefechte, und letztendlich funktionierte die Zusammenarbeit.

Diesmal aber war es anders. McKay hatte keinen Zweifel daran gelassen, wer hier der Boß war, aber es war nicht so sehr die Tatsache, daß die NSA das Kommando übernommen hatte, sondern die selbstverständliche Art und Weise, in der McKay nicht nur die Polizei von Houston, sondern auch das FBI einspannte.

Und was sie ganz besonders ärgerte, war Pauls unterwürfiges Verhalten. Sie erwartete nicht von ihm, daß er den starken Mann spielte, aber die Geschwindigkeit, mit der er den Schwanz eingezogen und McKay seine rückhaltlose Unterstützung versichert hatte, verblüffte sie doch.

Das Team von der Spurensicherung war keine halbe Stunde nach Judys Anruf erschienen und hatte sich sofort an die Arbeit gemacht. McKay hatte es gewähren lassen – und dann alle Untersuchungsergebnisse beschlagnahmt, ohne sich an den Protesten der Spezialisten zu stören.

Judy hatte sich mit Halloway in Verbindung gesetzt, um sich zu beschweren, und der Captain hatte ihr versprochen, sich darum zu kümmern, nur um kurz darauf einen kleinlauten Rückzieher zu machen. Schließlich hatte sich der *Polizeipräsident* persönlich bei Judy gemeldet und ihr befohlen, McKays Anweisungen widerspruchslos Folge zu leisten. Sie war sozusagen von der NSA zwangsverpflichtet worden.

Judy war sich nicht sicher, ob diese Vorgehensweise juristisch einwandfrei war, und sie hatte sich vorgenommen, am nächsten Tag bei der Rechtsabteilung des Houston Police Department nachzufragen. Heute abend blieb ihr aber nichts anderes übrig, als die Zähne zusammenzubeißen und auf Paul zu warten. Vielleicht konnte er zumindest ein bißchen Licht in diese mysteriöse Angelegenheit bringen und ihr einen Grund für seine Servilität nennen.

Sie griff gedankenverloren nach einem Doughnut, biß ein Stückchen ab und begann mechanisch darauf herumzukauen.

»Miss Davenport?«

Sie hob überrascht den Kopf. Ein großer stämmiger Mann, der sie mit leuchtend blauen Augen musterte, stand vor ihrem

Tisch. An seinem Revers baumelte ein Presseausweis. Judy konnte nur den Vornamen lesen: Andrej.

Irgendwie hatte sie den Eindruck, ihn schon einmal gesehen zu haben. Dann fiel es ihr ein. Michael Caine. Der Mann hatte eine unverkennbare Ähnlichkeit mit dem Schauspieler.

»Ja?« fragte sie.

»Mr. Conroy schickt mich«, sagte der Mann. »Er bittet Sie, sofort zu ihm zu kommen. Er meint, Sie wüßten, wo sein Büro ist.«

Judy würgte den Bissen herunter und spülte mit einem Schluck Soda nach. »Hat er gesagt, was er von mir will?« fragte sie.

Der Mann schüttelte den Kopf, und obwohl er lächelte, sah er ernst aus. »Nein, aber er hat gesagt, daß es äußerst wichtig ist. Er meint, er würde dringend Ihre Hilfe benötigen.«

Er hatte sich etwas vorgebeugt, so daß seine Krawatte den Presseausweis halb verdeckte. Andrej Garb ..., konnte Judy lesen. Sie bezweifelte, daß der Mann tatsächlich von der Presse war. Vermutlich einer von McKays Leuten, mit einer Tarnidentität versehen.

Andererseits ... Wenn Cliff sie in seinem Büro sehen wollte und ihre Hilfe benötigte, war er vielleicht auf irgend etwas Interessantes gestoßen. Würde er dann ausgerechnet einen von McKays Männern schicken? Und überhaupt – wie konnte er wissen, daß sie ausgerechnet jetzt in dieser Cafeteria sitzen würde?

Judy spürte einen Anflug von Mißtrauen in sich aufkeimen, als der Mann ihr eine große kräftige Hand auf den Arm legte und sie durchdringend anblickte. Seine Augen waren unwahrscheinlich blau. »Es ist wirklich dringend«, versicherte er leise, zog die Hand zurück, drehte sich um und verschwand ohne ein weiteres Wort.

Aus irgendeinem Grund, den sie sich selbst nicht erklären konnte, verzichtete Judy darauf, ihm hinterherzulaufen, ihren Polizeiausweis hervorzuziehen und diesen Andrej zu fragen, wer er wirklich war und was er hier verloren hatte. Statt dessen stand sie auf, verließ die Cafeteria in der entgegengesetzten Richtung und begann dann zu rennen.

Cliffs Büro lag im gleichen Trakt und auf derselben Etage

wie das von Paul. Sie hätte den Weg auch mit verbundenen Augen gefunden.

Sie umrundete eine Biegung, lief durch einen Verbindungsgang in den benachbarten Gebäudeflügel zum Fahrstuhl, drückte auf die Ruftaste und quetschte sich in die Kabine, kaum daß die Fahrstuhltür einen Spalt aufgeglitten war.

Was soll das? fragte sie sich, als der Lift aufwärts glitt. *Warum beeile ich mich, als ginge es um Leben oder Tod?*

In der dritten Etage standen drei Männer in der Nähe von Pauls Büro und unterhielten sich. Einer gehörte zu den FBI-Agenten, die sie bereits in Grubers Büro gesehen hatte, die beiden anderen waren ihr unbekannt.

Judy strich sich über die Bluse, zog ihre Kostümjacke gerade und zwang sich zu einer ruhigeren Gangart. Die Männer unterbrachen ihr Gespräch und musterten sie aufmerksam, ohne sie jedoch anzusprechen oder aufzuhalten. Judy ging an ihnen vorbei und nickte ihnen flüchtig zu. Der FBI-Agent erwiderte die Geste genauso knapp. Dann steuerte sie das Ende des Korridors an, von dem aus ein Seitengang abzweigte. Sie konnte die Blicke der Männer in ihrem Rücken spüren.

Kaum war sie in den Seitengang abgebogen, als sie wieder in Laufschritt verfiel, bis sie den nächsten Korridor erreicht hatte. Cliffs Büro lag ganz hinten links.

Es ist wirklich dringend, hallte Andrejs Stimme wie ein Echo in ihrem Kopf nach. Ich werde mich später mit ihm befassen müssen, dachte Judy, blieb vor der Tür stehen und klopfte. CLIFF CONROY, PROGRAMMING CHIEF SUPERVISOR, stand auf dem Türschild.

Als keine Antwort erfolgte, klopfte sie erneut. Wieder nichts. Sie drehte versuchsweise den Knauf, aber die Tür war verschlossen. Also war Cliff entweder nicht da, oder aber er wollte nicht gestört werden.

Soviel dazu, sich von einem Fremden verrückt machen zu lassen. Judy atmete tief durch und drehte sich um, doch plötzlich hörte sie ein gedämpftes Geräusch auf der anderen Seite der Tür, als würde ein Möbelstück verrückt, und dann ein dumpfes Poltern.

Judys Hand fuhr reflexartig unter ihre Jacke und zog die Pistole hervor. Sie schlug mit der freien Hand kräftig gegen die Tür und rief laut: »Cliff! Bist du da drin?«

Keine Antwort, dann erneut ein Poltern. Ihr blieb keine Zeit, lange nachzudenken. Vielleicht war sie gerade im Begriff, einen großen Fehler zu begehen, aber ihr Instinkt sagte ihr, daß hier etwas faul war.

Sie trat einen halben Schritt zurück, visierte die Stelle zwischen Türknauf und Rahmen an, an der sich das Schloß befinden mußte, und drückte zweimal ab. Dann trat sie die Tür auf und spähte in das Büro hinein, die Dienstwaffe in Schulterhöhe erhoben.

Andrej hatte recht gehabt. Cliff Conroy benötigte tatsächlich ihre Hilfe. Sein Gesicht war dunkelrot angelaufen, die Augen quollen ihm beinahe aus den Höhlen. Ein breiter Blutstreifen lief seinen Hals hinab und hatte seinen Hemdkragen rot gefärbt.

Er lag mit dem Rücken auf dem Boden, die Beine angewinkelt, und umklammerte die Handgelenke eines schlanken Mannes, der hinter ihm kniete und ihm eine Schlinge um die Kehle gelegt hatte.

Judy erkannte sofort, daß Cliffs Kräfte bereits erlahmten. Sekunden noch, und ...

»Keine Bewegung, Polizei!« schrie sie. »Lassen Sie sofort den Mann los!«

Im gesamten NASA-Kontrollzentrum gab es praktisch kein Büro ohne ein Computerterminal, und in der Abteilung für Datensicherung und -verwaltung natürlich erst recht nicht.

Es hatte John Cox nicht das geringste Problem bereitet, ein geeignetes Versteck zu finden, nachdem er mit Phil Neville fertig gewesen war. Das kleine Archiv im Kellergeschoß war schon seit Monaten nicht mehr benutzt worden. Cox hatte das primitive Schloß in Sekundenschnelle geknackt, das Terminal aktiviert und saß seither wie ein seelenloser Roboter in Wartestellung.

Geduld zählte zu seinen herausragendsten Eigenschaften. Er konnte sich in eine Art Halbschlaf versetzen und mit offenen Augen vor sich hin dösen, bis ein bestimmter Schlüsselreiz seine Netzhaut erreichte und ihn wieder wach werden ließ.

In diesem Fall hieß dieser Schlüsselreiz *GhostRider*, genau in dieser Schreibweise. Wäre der Begriff getrennt, mit einem Bindestrich oder ohne das große R geschrieben worden, hätte es nicht die Schwelle zwischen seinem Bewußtsein und Unterbewußtsein überschritten. So aber wurde Cox übergangslos wieder aktiv.

Seine Auftraggeber hatten ihn gut ausgerüstet. Zwar kannte er tatsächlich nicht die von Cliff Conroy installierten Hilfsprogramme, aber es fiel ihm nicht schwer, den User ausfindig zu machen, der im Begriff stand, Informationen über *GhostRider* abzurufen.

Die Situation zwang ihn zum sofortigen Handeln. Es würde noch Tage dauern, bis alle Spuren, die auf *GhostRider* hindeuteten, aus dem Netz der NASA entfernt waren, und seine Befehle waren eindeutig. Unbefugte Personen, die versuchten, sich Zugang zu *GhostRider*-Akten zu verschaffen, waren sofort zu eliminieren.

Cox schaltete das Terminal ab, verließ das Kellerbüro und machte sich auf den Weg in die dritte Etage. Er erreichte sein Ziel, ohne auf eine seiner Tarnidentitäten oder auf drastische Maßnahmen zurückgreifen zu müssen. Niemand rechnete damit, daß sich Nevilles Mörder offen im Kontrollzentrum bewegen würde.

Cliff Conroys Büro war unverschlossen. Cox klopfte, wartete einen Augenblick und trat ein, ohne dazu aufgefordert worden zu sein. Er sah, wie die Zielperson mit fliegenden Fingern eine Eingabe beendete und dann aufsah. »Was ist?«

»Mr. Batista wünscht Sie zu sprechen«, sagte Cox.

Cliff seufzte frustriert. »Und wieso ruft er mich nicht einfach an?« fragte er. »Ist er jetzt schon so paranoid, daß er befürchtet, sein Telefon würde abgehört ...?« Plötzlich stutzte er. »Gehören Sie zu McKays Leuten?«

»Hätten Sie ein Problem damit?« fragte Cox ruhig zurück.

Die Antwort ließ alle Möglichkeiten offen, aber das war es nicht, was Cliff beunruhigte. Paul mußte glauben, daß er, Cliff, bereits nach Hause gegangen war. Wenn er mit ihm sprechen wollte – selbst wenn es sich um ein vertrauliches Gespräch handelte –, würde er trotzdem zuerst versuchen, ihn anzurufen, nur um herauszufinden, wo Cliff zur Zeit steckte.

Also war es ziemlich unwahrscheinlich, daß er den Mann geschickt hatte. Vermutlich steckte McKay dahinter, was bedeutete, daß der NSA-Agent ihn genau im Auge behalten hatte. Höchstwahrscheinlich über das Netz.

»Na schön, nur noch einen kurzen Moment«, sagte Cliff und kramte in einem Ablagekorb herum, als würde er etwas suchen. Er versuchte ein wenig Zeit zu gewinnen, während er überlegte.

McKay hatte ihm über das FBI verbieten lassen, sich weiter mit den Daten des zwei Jahre zurückliegenden Shuttlefluges zu beschäftigen, aber er hatte kein Wort über ein Projekt *GhostRider* verloren. Auch Paul hatte geleugnet, daß es überhaupt existierte. Also konnte man Cliff auch nicht dafür belangen, wenn er in dieser Richtung nachforschte.

Und mittlerweile *wußte* er, daß ein Geheimprojekt dieses Namens existierte. Leider hatte die Zeit nicht ausgereicht, um herauszufinden, worum es sich dabei konkret handelte. Er hatte eine Weile gebraucht, bevor er überhaupt die korrekte Schreibweise entdeckt und den richtigen Codeschlüssel gefunden hatte, und er stand erst am Anfang seiner Nachforschungen.

Alles, was Cliff zu diesem Zeitpunkt wußte, war, daß es eine geradezu gigantische Menge an Querverweisen im Zusammenhang mit *GhostRider* gab, und wie er vermutet hatte, gehörte der bewußte Shuttleflug dazu. Das verblüffendste aber war, daß viele der Querverweise uralte Daten aus der Zeit der Geminiflüge in den 60er Jahren betrafen. Und wie er sich erinnerte, hatte Neville einmal in gehobener Stimmung damit geprahlt, schon als junger Spund – damals noch in der Air Force – am Gemini-Projekt beteiligt gewesen zu sein.

Es lag auf der Hand, daß es einen Zusammenhang gab, auch wenn Cliff nicht hätte sagen können, wie der aussah.

Ein geheimes Waffenprojekt? Spionage? Militärische Forschung? Was war so wichtig, daß es innerhalb von zehn Tagen drei Männer, die alle alt genug gewesen waren, um schon in den 60er Jahren in irgendeiner Form in der Raumfahrt involviert zu sein, das Leben gekostet hatte? Wer hatte sie getötet? Und – ein noch beunruhigenderer Gedanke – begab er sich nicht selbst in Lebensgefahr, wenn er seine Nase zu tief in diese Sache hineinsteckte?

Bestimmte Dinge zu wissen bringt nur Ärger und Schwierigkeiten, ging ihm Pauls ausweichende Bemerkung wieder durch den Kopf. Noch vor kurzem hatte er sich darüber geärgert, doch auf einmal erschien es ihm wie eine wohlgemeinte Warnung.

Er registrierte das leise Klicken nur am Rande, während er weiter in seinem Ablagekorb herumkramte. Als ihm bewußt wurde, daß es sich um das Zuschnappen des Türschlosses handelte und er den Kopf hob, war es beinahe schon zu spät.

Der Unbekannte schoß mit einer beängstigenden Geschwindigkeit und in einer einzigen fließenden Bewegung auf ihn zu, die Arme ausgestreckt. Cliff sah irgend etwas zwischen den Händen des Mannes glitzern und riß in einer instinktiven Abwehrgeste die Hände hoch.

Noch bevor Cliff aus seinem Stuhl aufspringen konnte, hatte der Mann ihn erreicht, ließ die ausgestreckten Arme über seinen Kopf fallen, glitt hinter die Stuhllehne und zog die Hände blitzschnell zurück.

Nur Cliffs erhobene Arme verhinderten, daß die hauchdünne Kunststoffsehne die Haut und das Gewebe seines Halses durchschnitt.

Er bekam die Handgelenke des Angreifers zu fassen, doch der Fremde war sehr viel stärker, als es seine hagere Gestalt vermuten ließ. Cliffs Arme wurden mit unerbittlicher Gewalt nach hinten gezogen. Er sah, wie sich die Sehne unaufhaltsam seiner Kehle näherte, stemmte die Füße gegen seinen Schreibtisch und stieß sich mit aller Kraft ab.

Der Bürostuhl prallte gegen den Unterleib des Attentäters und neigte sich zur Seite. Cliff verdrehte den Körper und trat noch einmal verzweifelt nach dem Schreibtisch.

Wieder spürte er, wie sich die Rückenlehne in den Bauch des Attentäters bohrte. Einen Sekundenbruchteil lang ließ der Zug der Arme nach, und er konnte sich aus dem Stuhl winden. Jetzt lag er seitlich auf dem Boden und spürte die Knie des Angreifers in seinem Rücken.

Der Zug der Arme wurde wieder stärker. Cliff spürte, wie die Sehne seine Haut berührte. Er zog die Knie an und versuchte, sich weiter nach hinten zu schieben, den Mann aus dem Gleichgewicht zu bringen, aber die Sehne grub sich immer tiefer in seinen Hals und schnürte ihm die Luft ab.

Ich hätte wenigstens um Hilfe rufen sollen! schoß es ihm viel zu spät durch den Kopf, als die Sehne wie ein Skalpell durch seine Haut schnitt. Es fühlte sich wie ein scharfes Brennen an, wie die Berührung einer glühenden Klinge. Seine Armmuskeln verkrampften sich.

Das ist das Ende, dachte er seltsam betäubt. In diesem Moment empfand er nicht einmal Angst, nur eine tiefe Traurigkeit, das Gefühl eines großen Verlustes. *Da ist noch so viel, was ich nie gemacht habe …*

Blut sickerte warm und klebrig seinen Hals hinab. In seinem Kopf schwoll ein dumpfes Dröhnen an, und in das Dröhnen mischte sich ein scharfer Knall. Und noch einer.

Seine Sicht trübte sich, aber aus den Augenwinkeln heraus erkannte er, daß die Tür aufflog und sich eine Gestalt zeitlupenhaft in das Büro schob, die von einer leuchtenden Aura umgeben schien. Er vernahm eine laute, unverständliche Stimme, wie von einem zu langsam abgespielten Tonband.

Der Todesengel kommt, um mich zu holen, dachte er zusammenhangslos und wollte sich schon in sein Schicksal ergeben, als erneut ein scharfer Knall aufpeitschte und sich der erbarmungslose Druck auf seinem Hals lockerte.

Seine Arme spannten sich wie von allein an. Die Sehne löste sich aus seinem Fleisch, schnellte nach oben und rasierte ihm einen Hautfetzen vom Kinn.

Ein weiterer Knall ließ seine Ohren dröhnen, und der Engel – *der Engel?* – sprach erneut mit seiner ehrfurchtgebietenden Stimme. Cliff sog gierig die Luft in seine Lungen und kippte nach hinten weg, als der Mann zur Seite wich und sich seinem Retter näherte.

»… stehen, oder der nächste Schuß ist tödlich!« rief eine bekannte Stimme. Cliff stemmte sich vom Boden hoch. Mit jedem Atemzug wurden seine Sinne klarer. Plötzlich arbeitete sein Verstand wieder, und er erfaßte die Situation mit einer merkwürdig distanzierten Präzision wie ein unbeteiligter Zuschauer.

Judy Davenport hielt ihre Pistole in beiden Händen und wich einen Schritt zurück, als sich ihr der Attentäter scheinbar unbeeindruckt näherte. Cliff sah das Hochrucken des Laufs, bevor er den nächsten Schuß hörte, sah den Mann kurz zusammenzucken – und dann weitergehen. Judy schoß erneut, wich noch einen Schritt zurück, schoß wieder, und noch immer rückte der Mann vor!

Schließlich hatte sie sich so weit zurückgezogen, daß nur noch ihre ausgestreckten Arme mit der Pistole durch die Türöffnung in das Büro hineinragten. Cliff sah das Mündungsfeuer, als sie den letzten Schuß abgab und der Kopf des Mannes zurückflog.

Einen scheinbar endlosen Moment lang stand der Unbekannte stocksteif aufgerichtet da, dann gaben seine Knie beinahe widerwillig nach, und er stürzte schwer zu Boden.

Cliff kam schwankend auf die Beine und schüttelte benommen den Kopf. Irgendwo ganz in der Nähe schien ein mächtiger Wasserfall zu rauschen.

Er hatte das Gefühl, als hätte sich sein Verstand geteilt. Der eine Teil schien unter schweren Drogen zu stehen, der andere arbeitete mit messerscharfer emotionsloser Klarheit und ließ ihn zu seinem Schreibtisch eilen und wie wild auf die Tastatur einhämmern. Er sah nicht einmal auf den Bildschirm, um die Korrektheit der Systemabfragen und Befehlseingaben zu überprüfen. Er wußte nur, daß er so schnell wie noch nie im Leben – seinem *Leben!* – sein mußte, bevor die anderen hier auftauchten.

»Cliff?« hörte er Judys besorgte Stimme. »Cliff, was um alles in der Welt machst du da?«

Er gab eine unartikulierte Antwort von sich und fuhr damit fort, alle Spuren seiner letzten Operationen zu löschen und eine falsche Fährte zu legen. Er spürte Judys Hand auf seinem Arm, als er zum letztenmal auf die Enter-Taste schlug, drehte sich mit einem idiotischen Grinsen zu ihr um und sagte: »Kein Wort davon, Judy.« Er deutete auf den Monitor. »Kein Wort davon«, wiederholte er beschwörend mit lallender Stimme.

Das letzte, was er am Rande seines Blickfelds sah, waren verschwommene Gestalten mit schimmernden Waffen in den Händen. Dann wurde es um ihn herum dunkel, und er kippte mit einem zufriedenen Grunzen um.

Charlton Hotel
Houston, Texas, 11. September, 2 Uhr 45

Jeremy McKay war unzufrieden. Er hatte schon immer ein Gespür dafür besessen, Menschen einzuschätzen, und dieses Talent im Laufe der Jahre weiterentwickelt. McKay teilte die Menschen in zwei generelle Kategorien ein: in die, die Ärger machten, und in die, die es nicht taten.

Cliff Conroy und Judy Davenport gehörten eindeutig in die erste Kategorie.

Was hatte Conroy um diese Zeit in seinem Büro getan? Gearbeitet, hatte er gesagt, nachdem er wieder zu sich gekommen war. Ein harmloses Virus im riesigen Netzwerk der NASA gesucht. Mitten in der Nacht, nachdem zwei seiner Leute umgekommen waren? Eine Arbeit, die jeder Hilfsprogrammierer hätte erledigen können?

Er hatte vorgegeben, unter Schock zu stehen, was in Anbetracht der Umstände ganz natürlich war, aber McKay hatte gesehen, daß Cliff Conroy *nicht* unter Schock gestanden hatte. Der Mann war erstaunlich zäh, und er hatte etwas zu verbergen. Was?

Was hatte Judy Davenport im Kontrollzentrum getan? McKay hatte dafür gesorgt, daß sie ihm direkt unterstellt wurde, und er hatte ihre Arbeit am gestrigen Abend für beendet erklärt. Sie hatte behauptet, auf Paul Batista zu warten.

In Ordnung, das klang glaubwürdig; die beiden hatten eine Beziehung. Aber wieso war sie genau zum richtigen Zeitpunkt in Conroys Büro erschienen, um ihm das Leben zu retten? Wieso hatte sie das Türschloß zerschossen, nur weil sie ein undeutliches Geräusch aus dem verschlossenen Büro gehört hatte?

Weil ein Unbekannter ihr ausgerichtet hatte, daß Conroy ihre Hilfe benötigte, hatte sie gesagt. Ein Unbekannter, den sie nicht einmal richtig beschreiben konnte. Sie, eine Polizistin und geschulte Psychologin. Er wußte, daß sie ebenfalls etwas vor ihm verbarg. Was?

Die Frage nach dem Warum stellte sich ihm dagegen nicht. Die Antwort war offensichtlich. Conroy und Davenport gehörten zu der Sorte Menschen, die sich nicht so einfach abservieren ließen. Ihre Motivation lag in ihrem Charakter begründet, nicht in äußeren Zwängen. Sie blieben am Ball, weil sie Antworten auf ihre Fragen haben wollten, auch wenn sie dadurch in Schwierigkeiten geraten konnten. McKay hätte sie gern für sich eingespannt, aber er wußte, daß sie sich nicht so leicht würden manipulieren lassen. Jedenfalls nicht, solange sie die Manipulation bemerkten. Sie würden immer eher ihrem Gewissen als irgendwelchen Anordnungen folgen.

Nun, es gab Mittel und Wege, auch solche Menschen für sich arbeiten zu lassen ...

Er hatte sich ihre Dossiers besorgt und arbeitete sie methodisch in seinem Hotelzimmer durch. Obwohl er seit zwanzig Stunden auf den Beinen war, fühlte er sich nicht müde. McKay benötigte nicht viel Schlaf.

CLIFFORD MICHAEL CONROY. 36 Jahre alt, 1 Meter 82 groß, 72 Kilo schwer. Dunkelbraunes Haar, graue Augen. Geboren in San Antonio, Texas. Vater und Mutter gebürtige Amerikaner. Ein Bruder, eine Schwester. Besondere Kennzeichen: Eine gebrochene Nase, nicht besonders auffällig. Universitätsabschluß in Informatik und Elektronik. Zwei Jahre Dienst bei einer Fernmeldeeinheit der US Army, seither für die NASA tätig. Ledig, nicht vorbestraft. Politisch nicht aktiv. Sportlich und musikalisch. Zwei Fremdsprachen: Spanisch und Französisch. Heterosexuell. Keine außergewöhnlichen Hobbys oder Vorlieben bekannt.

McKay las schnell, aber aufmerksam. In Conroys Biographie deutete nichts darauf hin, daß er in irgendeiner Form ein Sicherheitsrisiko für die USA darstellen könnte. Der perfekte Schwiegersohn für jede amerikanische Mutter.

JUDITH SABITHA DAVENPORT. 30 Jahre alt, 1 Meter 69 groß, 60 Kilo schwer. Schwarzes Haar, dunkelbraune Augen.

Geboren in Boston, Massachusetts. Vater gebürtiger Amerikaner im auswärtigen Dienst, Mutter Jemenitin, kurz nach Geburt der Tochter gestorben. Keine Geschwister. Besondere Kennzeichen: Keine. Blitzstudium, Universitätsabschluß in Psychologie. Zwei Jahre als Betriebspsychologin für Simcon Inc. tätig, danach Eintritt in den Polizeidienst. Auch hier Blitzkarriere. Lieutenant in der Mordkommission. Ledig, nicht vorbestraft. Politisch nicht aktiv. Heterosexuell. Sportlich. Zwei Fremdsprachen: Spanisch und Arabisch. Keine außergewöhnlichen Hobbys oder Vorlieben bekannt.

Auch in ihrem Fall gab es keine Hinweise darauf, daß sie ein Sicherheitsrisiko darstellen könnte. Allerdings bestand durch den Beruf ihres Vaters eine gewisse Wahrscheinlichkeit, daß sie Kontakt zu ausländischen Geheimnisträgern gehabt haben könnte. Ansonsten war Judy Davenport eine Musterbürgerin und Vorzeigeamerikanerin. Fast schon ein bißchen *zu* perfekt.

Wie Cliff Conroy. Zwei Menschen ohne erkennbare Flecken in ihrer Biographie. Gute Noten während der Schule und des Studiums, guter Leumund, ausgezeichnete Arbeitspapiere, Belobigungen. Allerdings hatte bisher auch noch kein Anlaß bestanden, sie wirklich *gründlich* unter die Lupe zu nehmen.

McKay war sich noch nicht ganz sicher, ob er sie genauer überprüfen lassen sollte. Das würden die nächsten Tage zeigen. Auf jeden Fall aber würde er sie im Auge behalten. Fürs erste hatte er sie zurückgepfiffen, und in Conroys Fall reichten die Umstände aus, ihn eine gewisse Zeit von der Arbeit fernzuhalten.

Das Telefon neben seinem Bett klingelte zweimal, verstummte und klingelte kurz darauf erneut. Ein bemerkenswert schlichtes Signal, aber manchmal waren einfache Lösungen die besten. McKay nahm den Hörer ab. »Ja?«

»McKay, Sie schießen mal wieder mit Kanonen auf Spatzen«, klang eine sonore, ruhige Stimme auf. »Obwohl ich zugeben muß, daß ich mir nicht einmal sicher bin, auf welcher Seite der Kanone Sie eigentlich stehen.«

»Wo stecken Sie?« fragte McKay.

Ein verhaltenes Lachen antwortete ihm. »Sie sind nicht der

einzige, der seine Spielchen spielen kann, McKay. Ich wollte Ihnen nur mitteilen, daß ich Ihre Bemühungen mit großem Interesse verfolge. Treiben Sie es nicht zu weit.« Der Mann beendete die Verbindung, ohne sich zu verabschieden.

Jeremy McKay legte den Hörer auf die Gabel zurück, schloß die Augen und dachte nach. Es überraschte ihn nicht sonderlich, *daß* der Anruf erfolgt war, aber er war verblüfft, wie *schnell* es dazu gekommen war. Vielleicht war er nicht der einzige, der seine Quellen innerhalb der NASA hatte.

Houston Control Center
Houston, Texas, 11. September, 10 Uhr 45

»Mein Gott, Cliff!« rief Paul Batista überrascht aus. »Was suchst du denn hier? Ich dachte, du würdest noch im Krankenhaus liegen oder zumindest zu Hause sein.«

Cliff Conroy wirkte ein wenig blaß, doch davon abgesehen verriet lediglich der Verband um seinen Hals, daß er am gestrigen Abend nur knapp einem Mordanschlag entgangen war.

Er hatte das Krankenhaus gegen den Rat der Ärzte verlassen, aber letztendlich war seine Halsverletzung relativ harmlos. Ein etwa fünf Zentimeter langer und kaum zwei Zentimeter tiefer Schnitt. Man hatte ihm geraten, sich wenigstens nach Hause zu begeben und sich gründlich auszuruhen, doch Cliff wußte, daß er in seinem Apartment keine Ruhe finden würde.

Und er hatte das unangenehme Gefühl, daß er weder herausfinden würde, was der Grund für den Anschlag auf ihn gewesen war, noch, was es mit diesem Projekt *GhostRider* auf sich hatte, wenn er nicht so schnell wie möglich die Nachforschungen fortsetzte, die gestern so unsanft unterbrochen worden waren. McKay würde ihm dabei garantiert nicht weiterhelfen.

»Ich bin wieder auf dem Damm, Paul«, sagte er. »Wie ich gesehen habe, ist mein Büro noch versiegelt. Wer führt eigentlich die Ermittlungen in diesem Fall? Judy?«

»Du kannst erst mal Andrews Büro benutzen, wenn es dich

nicht zu Hause hält«, erwiderte Paul hastig. »Er ist immer noch im Urlaub.«

Cliff runzelte die Stirn. »Das war nicht meine Frage, Paul. Wer führt die Ermittlungen? Wo ist Judy?«

»Auf dem Revier, nehme ich an.« Batista kramte zwischen den Unterlagen auf seinem Schreibtisch herum, und Cliff war überzeugt, daß das lediglich ein Vorwand war, um ihm nicht in die Augen blicken zu müssen. »Und die Ermittlungen in deinem Fall hat das FBI übernommen.«

»Das FBI? Du meinst McKay – und damit die NSA.« Cliff stützte sich auf Batistas Schreibtisch und beugte sich vor. »Ist das Houston Police Department jetzt völlig aus dem Spiel? Paul, das ist doch absurd! Mord und Mordversuch fallen eindeutig in den Zuständigkeitsbereich der lokalen Polizei, und niemand war so dicht am Geschehen wie Judy. Selbst wenn das FBI und meinetwegen auch die NSA die *Leitung* in diesem Fall übernehmen, macht es doch keinen Sinn, die Polizei völlig auszuschalten.«

Endlich hob Batista den Kopf und sah Cliff kurz an. Sein Blick flackerte. »Hör zu, Cliff, ich habe eine Menge zu erledigen, mir schwirrt der Schädel. Wenn du unbedingt darauf bestehst zu arbeiten, anstatt dich zu Hause zu erholen, dann verzieh dich in Gottes Namen in Andrews Büro, aber hör auf, dich in Dinge einzumischen, die dich nichts angehen.«

Cliff fuhr sich unbewußt mit der Hand über den Hals. *Dinge, die ihn nichts angingen!* Er starrte Batista an, bis der andere den Blick senkte, drehte sich wortlos um und verließ das Büro.

Houston Police Department
Houston, Texas, 11. September, 10 Uhr 50

»Ich soll *was* getan haben?« fragte Judy fassungslos. »Welcher Idiot hat die Obduktion durchgeführt, Captain? Jeder Medizinstudent im ersten Semester könnte Ihnen sagen, daß der Kopfschuß der letzte gewesen ist.«

Halloway schob ihr den Bericht über den Schreibtisch zu. Judy blätterte ihn schnell durch. Tatsächlich, da stand es schwarz auf weiß: Der Täter war von fünf Kugeln aus ihrer Waffe getroffen worden. In beide Oberschenkel, in die rechte Schulter, mitten in die Brust und in die Stirn direkt über der Nasenwurzel. Das war soweit korrekt. Aber laut den Autopsie-Ergebnissen war der tödliche Kopfschuß gleich als erster abgegeben worden!

Sie schlug die letzte Seite auf und suchte die Unterschrift des Arztes. Snyder. Ein absoluter Routinier mit dreißig Jahren Berufserfahrung, der kurz vor der Pensionierung stand. Wie konnte Snyder nur einen solchen Blödsinn verzapfen?

»Wo ist der Doc, Captain?« fauchte sie. »Ich muß sofort mit ihm sprechen. Er muß da irgend etwas durcheinandergebracht haben.«

»Ganz ruhig, Judy«, sagte Halloway sanft. »Regen Sie sich nicht auf. Snyder ist zur Zeit im Einsatz.«

»Dann lassen Sie die Leiche von einem anderen Pathologen obduzieren, Captain«, verlangte Judy. »Wieso hätte ich mein Magazin in den Körper eines Mannes leeren sollen, wenn schon der erste Schuß tödlich gewesen wäre? Das ergibt doch überhaupt keinen Sinn!«

Halloway hob beschwichtigend eine Hand. »Eine Überreaktion, Lieutenant«, erwiderte er etwas formell. »Eine Panikreaktion. Das ist schon ganz anderen Leuten passiert, und Sie haben Ihre Waffe bisher nur auf dem Schießstand benutzt. Und finden Sie, daß *Ihre* Aussage sehr glaubwürdig klingt? Daß ein Mann mit vier Kugeln im Leib, von denen eine sogar das Herz gestreift hat, Sie immer noch angreifen konnte? Der Mann hat geblutet, und es war ganz normales *rotes* Blut. Wir sprechen hier von einem *Menschen*, Lieutenant, nicht von einem Zombie, Frankensteins Monster oder einem Roboter.«

Einen Moment lang fehlten Judy die Worte. Sie wußte, wie unglaubwürdig ihre Aussage klang; sie hatte es selbst kaum glauben können, als es passiert war. »Ich nehme an, daß der Mann unter Drogen gestanden oder unter einem starken posthypnotischen Befehl gehandelt hat. Was ist mit Cliffs ... Mr. Conroys Aussage?«

»Mr. Conroy stand nach eigener Aussage kurz davor, das Bewußtsein zu verlieren«, sagte Halloway langsam, »und natürlich befand er sich in einer extremen Streßsituation. Sie können sich selbst ausmalen, welchen Wert seine Aussage hat. Und was Drogen betrifft: Im Blut des Toten konnten keine nachgewiesen werden.«

Judy schloß kurz die Augen und atmete einmal tief durch. »Bitte, Captain«, drängte sie, »lassen Sie eine zweite Obduktion durchführen. Irgend etwas hier ist faul. Sie müssen mir glauben, daß ich nicht durchgedreht bin.«

»Ich wäre ja durchaus bereit dazu, nur gibt es da ein kleines Problem.« Halloway zögerte, und Judy registrierte sein Unbehagen. »Die Leiche befindet sich leider nicht mehr in unserem Besitz.«

»Nicht mehr … in unserem Besitz?« Judys Augen wurden groß. »Wo ist sie dann? Nein, warten Sie. Ich wette, McKay hat sie einkassieren lassen, richtig?«

Halloways Schweigen war Antwort genug.

»Und wie geht es jetzt weiter?« fragte Judy. »Was soll ich jetzt tun?«

»Erst einmal erwarte ich von Ihnen einen ausführlichen und detaillierten Bericht, Lieutenant«, sagte der Polizeicaptain. »Lassen Sie sich Zeit, überlegen Sie genau, was gestern geschehen ist. Rekonstruieren Sie das ganze Geschehen. Vielleicht fällt Ihnen etwas ein, das Licht in diese Sache bringt, irgend etwas, das Sie der Abteilung für Innere Angelegenheiten erzählen können.«

Judy schnappte nach Luft. Dabei hätte ihr klar sein müssen, daß genau das geschehen würde. Schließlich gehörte es zu ihrem Aufgabenbereich, sich um Kollegen zu kümmern, die es mit der polizeiinternen Untersuchungskommission zu tun bekamen. »Wird ein Disziplinarverfahren gegen mich eingeleitet?«

»Soweit ist es noch nicht.« Halloway war sichtlich bemüht, es ihr so schonend wie möglich beizubringen. »Aber natürlich müssen Sie damit rechnen. Wir müssen erst einmal abwarten, was die interne Untersuchung zutage fördert.«

Was wohl? dachte Judy wie betäubt. Mit einem getürkten Autopsiebericht und ohne die Leiche. Man wird mich zur schießwütigen Psychopathin erklären, zu einer Gefahr für die Öffentlichkeit, untragbar für den Polizeidienst.

Sie erhob sich wie betäubt. »Kann ich jetzt gehen, Captain?« fragte sie.

Halloway stand ebenfalls auf. »Natürlich, Lieutenant«, sagte er sanft. Er blickte sich schnell um, als müßte er sich vergewissern, daß niemand in der Nähe war, der sie belauschen konnte. »Ganz unter uns, Judy«, fügte er leise hinzu, »ich glaube Ihnen. Sie sind eine hervorragende Polizistin, und ich werde mich bemühen, Ihnen zu helfen. Aber hier ist irgendeine große Schweinerei im Gange. Dieser McKay ...« Er winkte ab. »Schreiben Sie Ihren Bericht, gehen Sie spazieren, gehen Sie meinetwegen nach Hause.«

»Bin ich vom Dienst suspendiert?« erkundigte sich Judy bitter.

Der Captain schüttelte hilflos den Kopf. »Nein, Judy. Aber wir wissen beide, daß das nur noch eine Frage der Zeit ist. Hoffen wir, daß wir Sie mit einem blauen Auge durch diese Geschichte bringen können.«

»Danke, Captain«, sagte Judy. Sie verließ das Büro ihres Vorgesetzten, und erst als sie auf den Telefonhörer in ihrer Hand starrte, wurde ihr bewußt, daß sie vor ihrem eigenen Schreibtisch saß.

»Büro von Direktor Paul Batista«, meldete sich eine Frauenstimme. »Was kann ich für Sie tun?«

Judy zuckte überrascht zusammen. Sie konnte sich gar nicht daran erinnern, Pauls Nummer gewählt zu haben. War sie tatsächlich dabei, überzuschnappen? Hatte sie den Angreifer in Cliffs Büro vielleicht wirklich mit dem ersten Schuß getötet und dann noch *viermal* auf die Leiche geschossen? Sie schüttelte den Gedanken schnell ab und riß sich zusammen. Wenn sie an ihrem eigenen Verstand zu zweifeln begann, würde die interne Untersuchungskommission leichtes Spiel mit ihr haben.

»Hi, Miranda«, sagte sie und mußte sich räuspern. »Hier ist Judy. Würden Sie mich bitte zu Paul durchstellen?«

»Oh, hallo, Judy. Ich fürchte, daß Mr. Batista im Moment nicht zu sprechen ist. Soll ich ihm etwas ausrichten? Soll er Sie zurückrufen?«

»Könnten Sie bitte versuchen, ihn zu erreichen?« Judy wußte, daß Paul und Miranda einander mit Vornamen ansprachen, aber ihr gegenüber benutzte Miranda stets das formelle Mr. Batista, das sich durch ihren leichten spanischen Akzent immer wie der Titel eines mexikanischen Liedes anhörte. »Es ist wirklich äußerst wichtig.«

»Ich werde sehen, was ich tun kann«, erwiderte Miranda. »Bitte warten Sie.«

Es dauerte beinahe fünf Minuten, bis es endlich in der Leitung klickte und Pauls unwirsche Stimme aufklang. »Ja, Judy? Was ist los? Mach es kurz, ich habe eine Menge zu tun.«

Ihr stockte beinahe der Atem. »Paul, ich stecke bis zum Hals in Schwierigkeiten«, sprudelte sie hervor. »Es könnte sein, daß ich meinen Job verliere.«

Paul schwieg eine Zeitlang, bevor er fragte: »Was hast du ausgefressen?«

Judy berichtete ihm von dem Gespräch mit ihrem Vorgesetzten. Wieder schwieg Batista eine Weile. »Und was kann *ich* dagegen tun?« fragte er schließlich.

Es traf Judy wie ein Schlag ins Gesicht. »Nun ... ich ...«, begann sie. »Ich wollte einfach mit dir sprechen, nur deine Stimme hören. Paul, ich fühle mich hundsmiserabel. Ich weiß einfach nicht ...«

»Hör zu, Judy«, unterbrach Batista sie mühsam beherrscht. »Ich bin auch nicht gerade in Hochstimmung, und im Augenblick habe ich wirklich keine Zeit. Also beiß die Zähne zusammen und sei ein tapferes Mädchen. Es wird schon nicht so schlimm werden. Wir können uns heute abend darüber unterhalten.«

Er beendete das Gespräch ohne ein weiteres Wort. Judy ließ den Hörer langsam sinken. Ihr war plötzlich schwindlig, und sie hatte am ganzen Körper eine Gänsehaut. Wie, zum Teufel, konnte Paul nur derart gefühllos sein? War das wirklich der Mann, den sie liebte?

Er steckt selbst bis zum Hals in Schwierigkeiten, dachte sie, aber das war nur eine müde Entschuldigung. Das rechtfertigte nicht diese rüde Art. Sie spürte Zorn in sich aufsteigen und war beinahe froh darüber, denn die Wut riß sie aus ihrer Lethargie.

War es vielleicht das, was Paul bezweckt hatte? Nein, beantwortete sie sich ihre Frage selbst. Paul war alles andere als ein Psychologe. Sie würde ihm heute abend ein paar deutliche Worte sagen. Manchmal wünschte sie sich, daß er etwas mehr wie Cliff wäre, ruhig, beherrscht und ausgeglichen.

Cliff! Sie kramte ihren Notizblock hervor, wählte die Nummer des Krankenhauses, in das er eingeliefert worden war, und erfuhr, daß er es schon wieder verlassen hatte. In seinem Apartment meldete sich nur der Anrufbeantworter. Schließlich rief sie ohne große Hoffnung erneut Miranda an, die ihr mitteilte, das Cliff tatsächlich wieder bei der Arbeit erschienen war. Sie ließ sich zu ihm durchstellen und verspürte eine große Erleichterung, als sie seine Stimme hörte.

»Cliff, ich bin's, Judy«, sagte sie schnell. »Ich muß unbedingt mit dir reden, aber nicht am Telefon. Ich komme rüber zu dir.«

Houston Control Center
Houston, Texas, 11. September, 13 Uhr 15

Das Kontrollzentrum wimmelte von FBI- und NSA-Agenten, die zusammen mit der örtlichen Polizei Gebäude für Gebäude, Stockwerk für Stockwerk und Büro für Büro durchkämmten, unauffällig und dezent, aber trotzdem ständig präsent. Was Cliff aber mehr beunruhigte, war, daß sie nicht nur die Räume durchsuchten, sondern bereits im Computernetzwerk herumschnüffelten.

Er hatte kurz überlegt, sich bei Paul darüber zu beschweren, daß man ihn einfach überging, dann aber doch lieber darauf verzichtet. Offiziell war er gar nicht im Dienst, und mittlerweile war er überzeugt davon, daß es das klügste war, sich unauffällig zu verhalten.

Schritt für Schritt verschwanden die Querverweise zu dem Projekt *GhostRider* aus den Speichern, hier und da auch ganze Dateien. Und Cliff ließ es widerstandslos geschehen.

Er erschrak ein wenig, als Judy sein Ausweichbüro betrat.

Die Polizistin war blaß unter ihrer gebräunten Haut, ihre dunklen Augen waren gerötet, und obwohl sie ihm zulächelte, war sie sichtlich verstört. Er überraschte sich selbst damit, sie kurz in die Arme zu nehmen.

»Was ist los?« fragte er besorgt, nachdem sie sich wieder voneinander gelöst hatten. »Du siehst aus, als hättest du ein Gespenst gesehen.«

»Man will mich mattsetzen, Cliff«, erwiderte sie. »McKay hat die Leiche des Kerls, der dich umbringen wollte, weggeschafft, und mir steht ein Disziplinarverfahren bevor. Ich kann von Glück sagen, wenn ich mit einem blauen Auge davonkomme und meinen Job behalten kann.«

Cliffs Stirn legte sich in Falten. »Wieso ein Disziplinarverfahren? Du hast mir gestern abend das Leben gerettet und dich sogar noch bemüht, den Angreifer nur kampfunfähig zu schießen. Wieso sollte man dir daraus einen Strick drehen?«

Judy erzählte ihm von ihrem Gespräch mit Captain Halloway, und Cliffs Stirnrunzeln vertiefte sich. »Alles, was hier geschieht, hängt irgendwie mit diesem mysteriösen *Ghost-Rider*-Projekt zusammen«, murmelte er. »Allmählich frage ich mich, ob ich nicht lieber doch die Finger davon lassen sollte ...«

»Ghost Rider?« unterbrach ihn Judy. »Paul hat den Begriff mir gegenüber gestern erwähnt, ganz inoffiziell, versteht sich. Was verbirgt sich wirklich dahinter?«

Cliff zuckte die Achseln. »Wenn wir das wüßten«, sagte er, »wären wir schon einen bedeutenden Schritt weiter. Auf jeden Fall gibt sich irgend jemand verdammt viel Mühe, alle Spuren zu verwischen, die auf diese Geschichte hindeuten.«

»Wenn man vom Teufel spricht ...«, flüsterte Judy leise.

McKay betrat unangekündigt das Büro. Er kam allein, aber er hätte auch mit einem Platoon Marines nicht bedrohlicher wirken können.

»Davenport und Conroy, wieder vereint«, sagte er ruhig. Es lag kein Spott und keine Ironie in seiner Stimme, es war lediglich eine nüchterne Feststellung. »Was haben Sie hier zu suchen?« Die Frage galt ihnen beiden.

»Was geht Sie das an?« brauste Judy auf. »Das hier ist kein Tatort und kein Sicherheitsbereich.«

Cliff legte ihr beschwichtigend eine Hand auf den Arm. »Ich arbeite hier, McKay«, sagte er, »und Lieutenant Davenport hat noch ein paar Fragen wegen des gestrigen Vorfalls an mich.«

»Sie sind krank, Mr. Conroy, und gehören ins Bett«, erwiderte McKay ungerührt. »Gehen Sie nach Hause. Und Sie, Miss Davenport, haben nichts mehr mit den laufenden Ermittlungen zu tun. Kehren Sie auf Ihr Revier zurück und schreiben Sie Ihren Bericht.«

Judy schluckte hörbar. Sie hatte noch nie einen Menschen gesehen, der so selbstsicher wie McKay war und so wenige Emotionen erkennen ließ. Der Mann wirkte irgendwie … unmenschlich, und auf einmal fragte sie sich, ob auch er einfach weitermarschieren würde, wenn sie das Magazin ihrer Dienstwaffe in ihn hineinpumpen würde, solange sie ihm nicht das Hirn zu Brei zerschoß. Der Gedanke erschien ihr geradezu verlockend. Sie löste ihren Arm aus Cliffs Griff.

»Wer zum Teufel sind Sie eigentlich, McKay, daß Sie sich wie der liebe Gott aufführen? Was gibt Ihnen das Recht, sich in alles einzumischen und Menschen wie Spielsteine zu dirigieren?«

»Ich bin ein Mann, der seine Arbeit tut und seine Pflicht erfüllt«, sagte der NSA-Agent, ohne seine Stimme zu heben. »Sind Ihnen drei Tote und ein Mordversuch allein in dieser Abteilung nicht genug? Kommen Sie mir nicht in die Quere, Miss Davenport. Tun Sie Ihre Arbeit und lassen Sie mich die meine tun, und alles ist in Ordnung.«

»Nichts ist in Ordnung, *McKay*«, zischte Judy, und so, wie sie seinen Namen aussprach, klang er wie ein Schimpfwort. »Sie wissen verdammt genau, daß ich meine Arbeit bald nicht mehr tun kann, und *Sie* sind derjenige, der dafür gesorgt hat!«

»Sie brauchen nur zu tun, was ich Ihnen sage«, gab McKay gelassen zurück, »und Sie werden Ihren Job behalten. Sie können natürlich auch den Aufstand proben und Ihren Job verlieren. Die Entscheidung liegt allein bei Ihnen.«

»Soll das eine Warnung sein?« fragte Judy leise.

»Es ist eine Tatsache«, erwiderte McKay nüchtern. »Gehen Sie nach Hause, ruhen Sie sich aus.«

»Ich glaube, das ist tatsächlich ein vernünftiger Rat«, meldete sich Cliff zu Judys Überraschung zu Wort. Sie sah ihn fassungslos an. »Laß uns gehen, Judy.« Er zog sie mit sich, und sie folgte ihm vor Verblüffung widerstandslos mit steifen Bewegungen.

McKay sah den beiden hinterher, bis sie verschwunden waren. Conroy konnte ihn nicht täuschen. Der Mann würde nicht locker lassen, und die Frau ebensowenig. Die beiden waren wie zwei Spürhunde, die Witterung aufgenommen hatten. Sie würden der Fährte folgen, bis sie das Wild gestellt hatten. Sie würden ein gutes Team abgeben. Nun, vielleicht sollte man ihnen ein bißchen Hilfestellung leisten. Sie aus dem einen Spiel nehmen und ihnen ein anderes eröffnen.

Es wurde Zeit, daß er den nächsten Schritt unternahm.

Apartment 17 a, 2209 Columbus Avenue
Houston, Texas, 11. September, 15 Uhr 30

Cliff schloß die Wohnungstür hinter sich. Er hatte Judy das wenige erzählt, was er bisher über *GhostRider* in Erfahrung gebracht hatte, und ihr versprochen, sie zu informieren, sobald er mehr wußte. Judy war nach Hause zurückgekehrt, um an dem von Captain Halloway angeforderten Bericht zu arbeiten. Sie würde vorerst nichts von einer Akte oder einem Projekt *GhostRider* erwähnen, denn sie war überzeugt, daß dort der Schlüssel zu ihrer Rehabilitierung lag.

McKay saß eindeutig am längeren Hebel, und wenn sie sich erfolgreich gegen ihn zur Wehr setzen wollte, brauchte sie mehr als einen Verdacht, den er garantiert problemlos unter den Teppich würde kehren können. Sie brauchte *Fakten*.

In gewisser Weise hatte McKay Cliff sogar einen Gefallen getan, als er ihn nach Hause schickte. Wie vorsichtig er sich auch verhielt, im NASA-Kontrollzentrum bestand immer die Gefahr, daß einer von McKays Lakaien Cliffs Büro betreten und von seinen Operationen erfahren würde.

Auf das Netzwerk der NASA konnte Cliff auch von seinem Apartment aus zugreifen. Er hatte alle erforderlichen Codeschlüssel und Paßwörter in seinem Laptop, und es war kein großes Problem, über ein paar Umwege in das Netz der NASA einzudringen, so daß es fast unmöglich war, seine Spur zu verfolgen.

Er hatte sich kaum an die Arbeit gemacht, als das Telefon klingelte.

»Conroy«, meldete er sich.

»Guten Tag, Mr. Conroy«, klang eine sonore, höfliche Stimme auf. »Darf ich davon ausgehen, daß Sie an Informationen über *GhostRider* interessiert sind?«

Cliff setzte sich ruckhaft kerzengerade auf. »Wer sind Sie?« fragte er lauernd.

»Das ist vorläufig uninteressant, solange ich nicht weiß, ob Sie an einer Zusammenarbeit interessiert sind«, erwiderte die Stimme. Sie war tief, volltönend und kultiviert. Cliff vermutete, daß der Mann aus dem Mittelwesten stammte. »Nennen Sie mich einfach Buzz.«

»Ich habe keine Ahnung, wovon Sie reden …, Buzz«, sagte Cliff ausweichend. Seine Gedanken rasten. Er hatte seinen Rechner so modifiziert, daß er nach menschlichem Ermessen nicht angepeilt werden konnte, weder über elektromagnetische Streustrahlung noch über das Leitungsnetz, aber es war nicht unwahrscheinlich, daß sein Telefon mittlerweile abgehört wurde.

Vermutlich war der Anruf eine Falle, wahrscheinlich steckte McKay dahinter und wollte nur herausfinden, wieviel Cliff bereits wußte. Und selbst wenn der Anruf nicht getürkt war, bestand die Gefahr, daß McKay ihm sofort eine potentielle Informationsquelle verstopfen würde. So oder so, er mußte mehr als vorsichtig sein.

»Natürlich haben Sie das nicht, Mr. Conroy«, sagte Buzz verständnisvoll. »Trotzdem könnte ich mir vorstellen, daß Sie vielleicht an einem Treffen interessiert sind. Wir könnten ganz unverbindlich ein wenig plaudern.«

»Und wo wollen Sie sich mit mir treffen?« fragte Cliff.

»An keinem konkreten Ort, Mr. Conroy. Ich möchte dieses Gespräch aus Gründen, die ich Ihnen vermutlich nicht näher erläutern muß, nicht in die Länge ziehen. Lassen Sie sich meinen Vorschlag durch den Kopf gehen. Setzen Sie sich auf Ihr

Motorrad, fahren Sie ein wenig in der Gegend herum, gehen Sie spazieren. Ich bin sicher, daß sich eine Gelegenheit ergeben wird, einander etwas besser kennenzulernen.«

»Ich finde, das hört sich ziemlich grotesk an«, sagte Cliff. »Bestellen Sie McKay einen schönen Gruß von mir und sagen Sie ihm, daß ich etwas mehr Finesse von ihm erwartet hätte.«

»Ich glaube kaum, daß ich das tun werde, Mr. Conroy«, gab Buzz zurück. »Aber ich bin mir sicher, daß wir uns bald wieder sprechen werden. Auf Wiederhören, Mr. Conroy.«

Es klickte in der Leitung, dann klang das Freizeichen auf.

Cliff legte den Hörer langsam auf die Gabel zurück und fuhr sich mit den Fingern durch das Haar. Verdammt, wenn McKay ihn verunsichern wollte, war es ihm gelungen.

Nennen Sie mich Buzz.

Er schüttelte den Kopf, doch dann erinnerte er sich an den Unbekannten, von dem ihm Judy erzählt hatte. Der Unbekannte, der sie zu ihm geschickt und ihm damit letztendlich das Leben gerettet hatte. Gehörte das alles zu irgendeinem undurchsichtigen Spiel, das McKay trieb?

Wenn ja, dann war es ein äußerst riskantes und kompliziertes Spiel. Warum sollte McKay ihm einen Killer auf den Hals schicken und ihn dann trotzdem retten lassen? Wäre Judy fünf Sekunden später eingetroffen, wäre er wahrscheinlich tot gewesen. Hätte sie nicht das Türschloß zerschossen, wäre er jetzt garantiert tot.

Nein, das konnte McKay einfach nicht vorausgesehen haben, *so* gut war auch er nicht. Vielleicht war der Plan gewesen, daß der Killer ihn umbrachte und Judy hinterher den Killer erschoß, damit er nicht plaudern konnte. Das würde auch die unmenschliche Zähigkeit des Täters erklären. Judy hatte ihn nicht einfach kampfunfähig schießen können – ihr war nichts anderes übriggeblieben, als ihn zu töten.

Cliff stand auf, ging ruhelos auf und ab, blieb vor dem kleinen Aquarium stehen und starrte hinein. Die Erklärung klang zwar etwas abenteuerlich, war aber in sich logisch.

Frage: Warum hatte er sterben sollen? Antwort: Weil er von dem Projekt *GhostRider* wußte. Was wußte er darüber? So gut wie nichts, außer daß es existierte. War das schon Grund genug, einen Menschen zu töten? Dann mußte es sich dabei um eine verdammt heiße Sache handeln. War das der Grund für den Tod von Gruber, Neville und Saltzman gewesen? Hatten auch sie von *GhostRider* gewußt, und wenn ja, wieviel?

Plötzlich fiel ihm etwas anderes ein, und er erstarrte. Auch Paul *wußte* irgend etwas über das Projekt. Also war auch er in Gefahr!

Cliffs erste spontane Idee war, ihn anzurufen und zu warnen, doch dann zögerte er. Der Anschlag auf ihn war erfolgt, *nachdem* er Paul mit dem geheimnisvollen Begriff konfrontiert hatte. War Paul viel tiefer in diese Sache verwickelt, als er bisher geglaubt hatte? War Paul zumindest indirekt für den Tod seiner eigenen Leute mitverantwortlich? War er nicht nur von McKay eingeschüchtert worden, sondern machte er gemeinsame Sache mit der NSA?

Halt! Er war dabei, sich in eine Sache zu verrennen. Wenn er in dieser Richtung konsequent weiterdachte, mußte er davon ausgehen, daß McKay nicht nur versuchte, irgend etwas zu vertuschen, sondern daß er für die Morde selbst verantwortlich war. Dieser Gedanke war mehr als nur beunruhigend, und Cliff stellte ihn vorläufig zurück.

Es kamen also drei Möglichkeiten in Frage, was diesen ›Buzz‹ und den geheimnisvollen Fremden betraf, der Judy gewarnt hatte. Die beiden konnten *für* McKay und die NSA arbeiten und für die Morde verantwortlich sein, sie konnten *gegen* McKay arbeiten und – aus welchen Gründen auch immer – im Verborgenen als Schutzengel agieren ... oder aber sie waren es, die die Morde begangen hatten, und McKay tat nichts anderes, als sie mit allen Mitteln zu jagen.

In letzterem Fall wäre es das vernünftigste, schon in meinem eigenen Interesse, McKay über den Anruf zu informieren, dachte Cliff.

Trotzdem zögerte er wieder. Wenn er McKay informierte, würde er gezwungen sein zuzugeben, daß er von *GhostRider* wußte, und dann würde er garantiert nie erfahren, worum es eigentlich ging. Wie Judys Fall gezeigt hatte, kämpfte McKay mit harten Bandagen. Auch wenn er kein Mörder war, schien er doch bereit zu sein, aus Gründen, die nur er kannte, die berufliche Existenz eines Unschuldigen zu vernichten.

Cliff schob die Entscheidung auf und kehrte an seinen Laptop zurück. Zuerst mußte er herausfinden, wohin die Daten geschickt wurden, die aus den Archiven der NASA verschwanden. Danach sollte er sich vielleicht wirklich auf seine Kawasaki setzen und ein wenig in der Stadt herumfahren. Wenn der große Unbekannte ihn umbringen wollte, würde er es kaum in der Öffentlichkeit vor Hunderten von Zeugen tun. Vielleicht würde Buzz tatsächlich Licht in diese verworrene Angelegenheit bringen können. Cliff war entschlossen, das Risiko einzugehen.

Die übertragenen Daten waren verschlüsselt, aber im Moment ging es ihm nicht so sehr um die Inhalte, sondern um die Empfängeradresse. Seine Augen wurden groß, als er sie schließlich geknackt hatte, und gegen seinen Willen mußte er lachen.

Auf dem Monitor leuchtete ihm das CIA-Emblem entgegen, und darunter stand die freundliche Mitteilung: HERZLICH WILLKOMMEN BEI DER CIA. Cliff fragte sich einen Moment lang ernsthaft, ob er versuchen sollte, sich *da* hineinzuhacken.

»FBI, Air Force, NSA, CIA«, murmelte er vor sich hin. »Wer kommt als nächstes? Die Nationalgarde? Die Heilsarmee? Die Pfadfinder?«

Es war das FBI, und es kam auf eine gänzlich unerwartete Art.

Plötzlich wurde die Eingangstür aus den Angeln gerissen, und mehrere Gestalten stürmten in sein Apartment. Cliff fand nicht einmal mehr die Zeit, den Bildschirm zu löschen und die Verbindung abzubrechen, als ein FBI-Agent mit gezogener Waffe auf ihn zutrat und rief: »FBI! Bleiben Sie sitzen und bewegen Sie sich nicht! Cliff Conroy, ich verhafte Sie wegen des dringenden Verdachts der Spionage und des Datendiebstahls. Sie haben das Recht ...«

Apartment 6 b, 1994 Lexington Drive
Houston, Texas, 11. September, 16 Uhr 20

Es viel Judy schwer, sich auf ihren Bericht zu konzentrieren. Sie hatte mehrfach versucht, den Polizeiarzt zu erreichen, dessen Obduktionsbefund ihr berufliches Ende bedeuten konnte, aber Snyder war unauffindbar.

Also war sie dazu übergegangen, Zeichnungen des Tathergangs anzufertigen, aus denen deutlich hervorging, an welchen Punkten in Cliffs Büro sie und der Täter sich während der Schußabgabe befunden hatten. Es wunderte sie, wie deutlich sie sich daran erinnern konnte, und die Skizzen gaben ihr wieder Zuversicht. Auch wenn die Leiche selbst verschwunden blieb, würden die Blutspuren und die Einschußlöcher in den Wänden ihre Version der Geschehnisse belegen.

Sie hatte einen Warnschuß abgegeben, und zwei Kugeln hatten den Körper des Mannes durchschlagen und waren in die Wand eingedrungen. Die Positionen und die Einschlagswinkel mußten eindeutig beweisen, daß sich der Mann bei der Abgabe der Schüsse nach vorn bewegt hatte.

Sie spannte gerade ein Blatt Papier in ihre Schreibmaschine ein, als das Telefon klingelte. Judy griff hastig nach dem Hörer. Vielleicht hatte Cliff irgend etwas herausgefunden, oder Paul rief an, um sich für sein unmögliches Verhalten zu entschuldigen.

Statt dessen meldete sich eine ihr unbekannte sonore Männerstimme. »Guten Tag, Miss Davenport«, sagte der Mann höflich. »Ich soll Ihnen Grüße von Andrej Garbatschow ausrichten.«

»Gorbatschow?« fragte Judy verwirrt. »Wer ist das? Wer sind Sie?«

»Garbatschow mit einem a«, korrigierte der Mann. »Wir kennen uns nicht, aber Sie können mich Buzz nennen. Ich wollte Ihnen nur versichern, daß Sie sich keine Sorgen zu machen brauchen. Sie haben nicht nur Feinde.«

»Ich habe keine Ahnung, wovon Sie sprechen«, sagte Judy. »Ich kenne keinen ...«

»Ich muß jetzt leider auflegen, Miss Davenport«, unterbrach sie der Mann. »Wir werden bestimmt noch einmal miteinander sprechen. Machen Sie sich keine Sorgen. Auf Wiederhören.«

»Warten Sie, ich ...!« rief Judy, aber da war die Verbindung bereits unterbrochen, und im selben Moment begriff sie. Andrej Garbatschow war der Mann, der sie in Cliffs Büro geschickt hatte. Aber wer, um Christi willen, war Buzz?

Ein Klingeln an der Tür ließ sie zusammenzucken. Judy stand auf und lugte durch den Spion. Sie erblickte eine Hand mit einem Polizeiausweis und öffnete die Tür.

»Miss Judy Davenport?« fragte der Mann.

»Ja«, sagte Judy. Sie erinnerte sich undeutlich, den Polizisten früher schon einmal gesehen zu haben, einen Lieutenant der Drogenfahndung. »Was wollen Sie?«

Und dann ging alles ganz schnell. Mindestens ein halbes Dutzend weiterer Polizisten drängte sich an ihr vorbei durch die Tür, während der Lieutenant der Drogenfahndung sagte: »Miss Davenport, ich habe hier einen Durchsuchungsbefehl und einen Haftbefehl gegen Sie. Ich nehme Sie hiermit wegen des Verdachts des Verstoßes gegen das Betäubungsmittelgesetz fest. Sie haben das Recht ...«

Houston Police Department
Houston, Texas, 12. September, 3 Uhr 45

Cliff war noch nie in seinem Leben verhaftet worden und hatte sich nicht die Mühe gemacht, sich über die Standardprozeduren zu informieren, aber *dieses* Vorgehen erschien ihm trotzdem höchst ungewöhnlich. Das FBI hatte ihn in das Untersuchungsgefängnis des Police Departments gebracht und war verschwunden, ohne ihn zu verhören. Man hatte ihm den obligatorischen Anruf gestattet, und Cliff hatte seinen Anwalt angerufen, der auch gekommen war. Danach war überhaupt nichts mehr geschehen. Es hatte kein Verhör gegeben. Man ließ ihn einfach schmoren.

Gegen 19:00 Uhr hatte er ein passables Abendessen bekommen und danach ungeduldig gewartet. Wieder war stundenlang nichts passiert, und irgendwann war er sogar eingenickt.

Dann, vor rund einer Stunde, hatte ihm ein schweigsamer Polizist einen zweiseitigen vorläufigen Untersuchungsbericht ausgehändigt, auf den sich die Anklage gegen ihn stützen würde.

Man hatte in seinem Apartment ein Dutzend Disketten mit vertraulichen Informationen über diverse Raumfahrtprogramme und Sicherheitseinrichtungen der NASA gefunden. Und diese Disketten wiesen seine Fingerabdrücke auf.

Cliff war sich unschlüssig, ob das FBI schlichtweg log, oder ob die Beamten tatsächlich etwas gefunden hatten, das ein anderer dort deponiert hatte. Er tippte auf die zweite Möglichkeit, denn er konnte sich beim besten Willen nicht vorstellen, daß ein halbes Dutzend FBI-Agenten Falschaussagen zu Protokoll geben würde.

Disketten mit seinen Fingerabdrücken gab es wie Sand am Meer, und diese mit vertraulichen Daten zu überspielen, war eine Sache von Minuten. Trotzdem verblüffte es ihn, wie schnell McKay gehandelt hatte. Daran, daß McKay hinter diesem Komplott steckte, zweifelte er nicht eine Sekunde lang.

»Mr. Conroy?«

Er hob überrascht den Kopf. Ein Polizist stand vor seiner Zelle und schloß die Tür auf. »Bitte folgen Sie mir.«

Cliff erhob sich von seiner Pritsche und verließ die Zelle mit gemischten Gefühlen. »Werde ich jetzt standrechtlich wegen Hochverrats erschossen?« fragte er trocken.

Der Polizist antwortete nicht, führte ihn durch mehrere Gänge, stieß eine unbeschriftete Tür auf und forderte ihn mit einer knappen Geste auf, einzutreten.

Der Raum war bis auf einen schlichten Tisch und mehrere Stühle leer, und auf einem dieser Stühle saß Judy. Ihr volles schwarzes Haar war zerzaust. Sie saß vornübergebeugt, die Ellbogen auf die Oberschenkel gestützt, das Gesicht in den Händen vergraben. Sie mußte gehört haben, daß jemand den Raum betreten hatte, aber sie blickte nicht einmal auf.

»Hallo, Judy«, sagte Cliff leise. Es überraschte ihn überhaupt nicht, sie hier vorzufinden. Es wunderte ihn nur, daß man sie beide zusammenführte und allein ließ. Aber natürlich würde jedes Wort, das in diesem Raum gesprochen wurde, abgehört werden, und hinter den beiden großen Spiegeln an den Wänden waren garantiert Videokameras installiert. Nicht, daß es jetzt noch darauf ankam …

Judy hob den Kopf. Ihre Augen weiteten sich. Dann sprang sie auf, lief auf Cliff zu und klammerte sich an ihm fest. Cliff erwiderte die Umarmung. Es tat gut, sie in den Armen zu halten. Ihm wurde auf einmal bewußt, daß sie der einzige Mensch war, dem er noch vertraute. Er spürte, wie sie zitterte.

»Du also auch«, stellte sie fest, als sie sich voneinander gelöst hatten. Cliff strich ihr eine Haarsträhne aus der Stirn.

»Datendiebstahl und Spionage«, sagte er. »Und du?«

»Besitz illegaler Drogen. Dreißig Gramm reinstes Kokain mit meinen Fingerabdrücken auf dem Beutel. Und als ob das noch nicht genug wäre, waren meine Blut- und Urinproben positiv.«

Cliff verzichtete darauf, sie zu fragen, ob das Kokain ihr tatsächlich gehörte. Genausogut hätte er sie fragen können, ob sie John F. Kennedy erschossen hatte.

»Sieht so aus, als würden wir bis zum Hals in der Scheiße stecken«, sagte er. »Weiß Paul schon Bescheid?«

Judy senkte den Kopf, ihre Schultern sackten herab.

»Was ist los, Judy?« Er legte ihr eine Hand unter das Kinn und zwang sie, ihn anzusehen. Sie blinzelte ein paarmal. Ihre Augen schimmerten feucht.

»Ich habe mit ihm telefoniert«, brach es schließlich aus ihr hervor. »Man hat mich viermal telefonieren lassen, Cliff. *Viermal!* Und ich weiß auch ganz genau, warum McKay es mir erlaubt hat, denn ich bin mir sicher, daß er die Genehmigung dazu erteilt hat. Er wollte mir zeigen, daß ich ganz allein bin, daß ich alles verloren habe.«

Sie schüttelte wild den Kopf, zog ein Taschentuch hervor und schneuzte sich lautstark. Cliff wartete geduldig.

»Paul wollte nicht kommen«, fuhr sie etwas gefaßter fort. »Er wollte nicht einmal mit mir sprechen. Er hat nur gesagt, daß er mir den besten Anwalt besorgen würde und daß ich verstehen müßte, warum er ein paar Tage lang keinen Kontakt mit mir haben könnte.« Ihre Augen blitzten zornig auf.

»Soweit es mich betrifft, ist der Kontakt für immer abgebrochen. Es ist nicht so sehr, *was* er gesagt hat. Ich könnte ja noch verstehen, daß er nervös und ängstlich ist. Ich kann mir vorstellen, daß McKay ihn ebenfalls unter Druck setzt und ihn mit irgend etwas erpreßt, das er ihm in die Schuhe geschoben hat. Aber die Art, *wie* er es gesagt hat ... Wie habe ich mich nur so sehr in ihm täuschen können?«

»McKay schafft uns alle«, sagte Cliff, und es hörte sich fast so an, als wollte er Batista verteidigen. »Er hat uns gründlich mattgesetzt. Und ich wette, wenn diese Tür das nächste Mal aufgeht, wird er hereinmarschieren.« Als hätte er nur auf dieses Stichwort gewartet, öffnete sich die Tür, und McKay betrat den Raum.

»Das ist also mein Angebot«, sagte McKay. »Sie unterzeichnen beide Ihre Kündigung und halten sich von Ihren ehemaligen Arbeitsplätzen fern, und alle Anklagepunkte gegen Sie werden fallengelassen. Ihre Arbeitspapiere bleiben sauber, und Sie erhalten sechs Monate lang weiter Ihre vollen Gehälter. Das dürfte Ihnen ausreichend Zeit geben, sich einen neuen Job zu suchen. Aber vergessen Sie nicht, ich habe die Möglichkeit, die Anklagen jederzeit wieder aus der Tasche zu ziehen, sollten Sie mir noch einmal dazwischenfunken.«

»Warum tun Sie das, McKay?« fragte Judy. »Warum lassen Sie uns wieder frei, nachdem Sie uns so gründlich kaltgestellt haben?«

»Ich habe keine Veranlassung, Ihnen etwas Böses zu wünschen«, erwiderte McKay ruhig. »Sie werden es mir wahrscheinlich nicht glauben, aber ich bin nicht Ihr Feind.«

»Warum dann das ganze Theater?« wollte Cliff wissen, obwohl er die Antwort schon kannte. »Warum konnten Sie uns nicht einfach erklären, worum es hier geht, uns meinetwegen drohen, anstatt zu solchen drastischen Maßnahmen zu greifen?«

»Weil Sie nie Ruhe gegeben hätten«, erklärte McKay. »Ich habe eine wichtige Aufgabe zu erledigen, und ich kann es mir nicht leisten, bei der Arbeit behindert zu werden. Es ist nicht meine Absicht, Menschen wie Ihnen zu schaden, aber bestimmte Dinge müssen einfach getan werden, und ich nehme mir die Freiheit, selbst zu entscheiden, welche Maßnahmen dazu erforderlich sind.« Er griff in die Innentasche seines Jacketts und zog einen Füllfederhalter hervor. »Sie kennen mein Angebot. Ich rate Ihnen, zu unterschreiben.«

Cliff und Judy sahen einander an. Was hatten sie schon zu verlieren? Selbst wenn es ein weiterer Trick von McKay war, was würden sie von ihren Jobs haben, wenn sie im Gefängnis saßen?

»In Ordnung, McKay, Sie haben gewonnen«, sagte Cliff. Er unterschrieb seine Kündigung und reichte Judy den Füllfederhalter. »War das alles?«

»Das war alles«, bestätigte McKay. »Sie können jetzt gehen. Sie sind frei.«

Apartment 17 a, 2209 Columbus Avenue
Houston, Texas, 12. September, 17 Uhr 30

»Bitte sorgen Sie dafür, daß die restlichen Sachen an diese Adresse geschickt werden«, bat Cliff den Hausmeister und reichte ihm einen Zettel und die Schlüssel. »Das Geld müßte reichen.«

»Es ist mehr als genug, Mr. Conroy«, versicherte der Mann. »Schade, daß Sie uns verlassen. Ich wäre froh, wenn wir mehr Mieter wie Sie hätten.«

»Sie werden schon einen passenden Ersatz für mich finden.« Cliff schüttelte dem Hausmeister die Hand, warf einen letzten Blick in sein Apartment und ging. Er hatte nicht geschlafen, seit McKay ihn überraschend aus den Klauen gelassen hatte, das Nötigste eingepackt und es in seinem geräumigen Campingmobil verstaut. Sein geländegängiges Motorrad hing an der Halterung am Heck. Das Aquarium mit den Fischen hatte er der alten Mrs. Foster geschenkt, alle Daueraufträge und Abonnements gekündigt. Es gab nichts mehr, was ihn hier hielt.

Er hatte gerade den Schlüssel in das Zündschloß gesteckt, als sein Autotelefon klingelte. »Conroy«, meldete er sich.

»Ich bin's, Mr. Conroy«, klang eine sonore Stimme auf. *Buzz!* »Bitte sehen Sie unter dem Beifahrersitz nach.« Es klickte in der Leitung.

Cliff bückte sich, tastete unter dem Sitz herum und zog einen dicken gefütterten Umschlag hervor, auf dem ein Zettel klebte.

BETÄTIGEN SIE DREIMAL DIE LICHTHUPE UND FAHREN SIE LOS, stand auf dem Zettel. ÖFFNEN SIE DEN UMSCHLAG NOCH *NICHT*. ÄUSSERSTE VORSICHT! WARTEN SIE WEITERE ANWEISUNGEN AB UND VERNICHTEN SIE DIESE NOTIZ.

Eine Bombe! war Cliffs erster Gedanke, doch er verwarf ihn sofort wieder. Wenn ihn jemand in die Luft jagen wollte, bräuchte er keine solchen Spielchen zu spielen. Wer ihm das Päckchen trotz der Alarmanlage in das Campingmobil geschmuggelt hatte, hätte auch leicht einen Sprengsatz mit dem Anlasser verbinden können.

Er riß den Zettel ab, verbrannte ihn im Aschenbecher, betätigte dreimal die Lichthupe und fuhr los, ohne ein bestimmtes Ziel im Auge zu haben. Irgendwo nach Westen, vielleicht nach Kalifornien.

Ungefähr zehn Minuten später winkte ihm ein dunkelhäutiger Mann in einem weißen Sportwagen vor einer roten Ampel zu. Cliff kurbelte die Seitenscheibe hinunter.

»Öffnen Sie den Umschlag nicht an der Lasche!« rief der Mann. »Schneiden Sie ihn auf der Rückseite auf! Öffnen Sie ihn von hinten. Haben Sie das verstanden?«

Cliff nickte. Die Ampel sprang auf Grün, der Sportwagen schoß mit quietschenden Reifen vor und bog in eine Seitenstraße ab.

Hinter ihm hupte ein ungeduldiger Autofahrer. Cliff fuhr weiter und behielt dabei den Rückspiegel im Auge. Falls er verfolgt wurde, konnte er davon jedenfalls nichts bemerken. Er fand einen öffentlichen Parkplatz, von dem aus er die Umgebung gut im Auge behalten konnte, parkte den Wagen und kramte eine Schere aus einer Werkzeugtasche.

Der Umschlag wirkte gerade durch seine Unscheinbarkeit

bedrohlich. *Nicht an der Lasche öffnen!* Cliff stach behutsam mit der Schere durch das Papier und begann langsam zu schneiden. Er spürte, wie ihm der Schweiß auf die Stirn trat und unter den Achselhöhlen kribbelte.

Nachdem der Schnitt groß genug war, zog er das dicke Papier mit spitzen Fingern vorsichtig auseinander.

Der Umschlag enthielt einen Schnellhefter und eine Diskette. An der Vorderseite, direkt unterhalb der Lasche, befand sich eine Batterie, die mit einem Metallstab versehen war. Ein primitiver Elektromagnet, der die Daten auf der Diskette gelöscht hätte, wenn er die Lasche aufgerissen hätte. Außerdem war der Umschlag mit feinen silbrigen Metallsplittern gefüllt, vermutlich Magnesium. Wahrscheinlich war irgendwo ein kleiner Zünder versteckt. Das Päckchen wäre zwar nicht explodiert, wenn Cliff es auf normalem Weg geöffnet hätte, aber mit einer höllischen Hitzeentwicklung verbrannt. Wahrscheinlich hätte er schwere Verbrennungen an den Händen erlitten.

Er legte den Umschlag vorsichtig auf den Beifahrersitz, sah sich wieder um, schlug den Schnellhefter auf und begann zu lesen. Sein Herz schlug schneller.

Projekt ›GhostRider‹ stand auf der ersten Seite. Cliff blätterte die Seiten mit fliegenden Fingern durch. Dann schloß er einen Moment lang die Augen und stieß einen tiefer Seufzer aus.

Das also war es. Er griff nach dem Autotelefon und wählte Judys Nummer. Sie hatte ein Recht darauf, die Wahrheit zu erfahren.

Apartment 6 b, 1994 Lexington Drive
Houston, Texas, 12. September, 18 Uhr

Cliff hatte sie gerade noch erreicht, bevor sie ihr Apartment verlassen konnte. Judy hatte das Taxi wieder abbestellt und wartete jetzt mit ihren Koffern am Straßenrand. Sie hatte keine Ahnung, warum Cliff sie unbedingt noch einmal sehen wollte. Bestimmt nicht, um sie zum Flugplatz zu fahren. Aber obwohl er nichts Konkretes gesagt und sich um einen ruhigen Tonfall bemüht hatte, hatte er aufgeregt und angespannt geklungen.

Sie hatte nicht gewußt, daß Cliff ein Campingmobil fuhr, deshalb war sie etwas überrascht, als der große Kasten neben ihr anhielt und Cliff heraussprang. Er ergriff ihre Koffer und schleuderte sie beinahe in den Wagen, öffnete die Beifahrertür, schob Judy hinein, lief um den Wagen herum und kletterte hinter das Lenkrad. Sein Gesicht war gerötet und schien regelrecht zu glühen.

»Was ist los, Cliff?« fragte Judy verblüfft, als er mit einem Ruck anfuhr, sich in den laufenden Verkehr einfädelte und schnell beschleunigte. Sie bemerkte, daß er sich ständig umsah und immer wieder in den Rückspiegel blickte.

»Im Handschuhfach«, sagte er nur.

Judy öffnete die Klappe, entdeckte einen Schnellhefter und zog ihn hervor. Der Schriftzug auf dem ersten Blatt sprang ihr sofort ins Auge. Sie stieß ein Keuchen aus, begann zu lesen und vergaß alles andere um sich herum.

Es handelte sich offensichtlich nur um einen Auszug einer umfangreicheren Akte, und alle Berichte drehten sich um UFO-Sichtungen, die meisten im Zusammenhang mit Raumflügen. Einige andere beschrieben Beobachtungen aus Flugzeugen oder von der Erde aus.

UFOs!

Judy stöhnte. Neben den Berichten enthielt der Schnellhefter mehrere Fotos. Die meisten zeigten mehr oder weniger undeutliche Scheiben vor verschiedenen Hintergründen, wie man sie aus zahlreichen einschlägigen Publikationen kannte. Ein Bild erregte ihre besondere Aufmerksamkeit.

Es war die Aufnahme einer Außenkamera an Bord eines Space Shuttle. Die harten Schatten zeigten deutlich, daß das Bild im Weltraum aufgenommen worden war. Zu sehen war ein Astronaut, der sich in der Ladebucht an einer Art Metallzylinder zu schaffen machte. Es hätte fast nach Routine ausgesehen, wäre da nicht ein Gasstrahl gewesen, der aus dem Zylinder schräg nach oben in den Raum entwich. Und das verzerrte, erschrocken wirkende Gesicht des Mannes im Raumanzug.

Laut dem beiliegenden Text hatte der Astronaut einen wandernden Lichtpunkt wie von einer Laserzielerfassung gesehen, ohne die Quelle ausmachen zu können. Der Lichtpunkt hatte schließlich auf dem Zylinder verharrt und war gleißend hell geworden. Und dann war genau an dieser Stelle ein Loch in der Hülle entstanden, und flüssiger Stickstoff war in einer Dampffontäne ins Vakuum geschossen.

Eine spätere Untersuchung der Hülle hatte ergeben, daß das Loch weder in das Metall hineingebrannt noch herausgeschnitten worden war. Die Ränder waren absolut glatt gewesen und wiesen keinerlei Spuren auf, die auf Hitzeentwicklung oder irgendeine mechanische Einwirkung hindeuteten.

Die Auswirkungen des Gasstrahls hatten beinahe in einer Katastrophe gegipfelt. Durch den unverhofften Schub war das Shuttle aus seiner Bahn gedrückt worden. Nur mit Hilfe der unteren Steuerdüsen hatte der Pilot geistesgegenwärtig die Kursänderung abfangen und eine Kollision mit einem Satelliten verhindern können, zu dessen Reparatur der Flug unternommen worden war.

»Das Bild, das du gerade betrachtest, wurde während eines Shuttlefluges vor ziemlich genau zwei Jahren aufgenommen«, erklärte Cliff. »Es ist genau dieser Flug, auf den ich mehr durch einen glücklichen Zufall gestoßen bin – obwohl ich mir mittlerweile gar nicht mehr so sicher bin, daß es wirklich ein Zufall gewesen ist.« Er berichtete ihr von dem Virus. »*Santa Claus*, eine freudige Überraschung. Offensichtlich hat dieser Buzz einen merkwürdigen Sinn für Humor.«

»Buzz?« fragte Judy überrascht. »Er hat dich auch angerufen?«

Jetzt war es an Cliff, überrascht zu sein. »Dich auch?«

»Kurz bevor ich verhaftet worden bin«, sagte sie.

Judy las die Akte zu Ende und ließ sie dann sinken.

»Das ist übrigens noch nicht alles«, sagte Cliff. Er wirkte immer noch aufgeregt. »In dem Umschlag war auch eine Diskette. Allerdings soll ich mir die erst dann ansehen, wenn Buzz mir das Paßwort verrät. Ansonsten würde der gesamte Inhalt sofort gelöscht. Vielleicht könnte ich sie knacken, aber ich will das Risiko nicht eingehen.«

»Ich will es einmal so ausdrücken, Cliff«, sagte Judy langsam. »Ich glaube nicht an UFOs.«

Cliff warf ihr einen kurzen Blick zu. »McKay scheint daran zu glauben. Sonst hätte er nicht diesen ganzen Aufwand betrieben, um uns auszuschalten.«

»McKay ist ein gerissener Hund«, stellte Judy grimmig fest. »Ist dir nicht der Gedanke gekommen, daß dies ein weiterer Trick von ihm sein könnte? Daß er uns damit nur auf eine falsche Spur locken will, weg von der Wahrheit?«

»Möglich«, räumte Cliff ein. »Wenn es nur die typischen UFO-Bilder wären. Es ist die Sache mit diesem Shuttleflug, die mich ins Grübeln kommen läßt. Wenn ich nicht darauf gestoßen wäre, wäre das alles gar nicht passiert. Ich kann mir einfach nicht vorstellen, was McKay mit einem derart komplizierten Manöver bezwecken sollte. Das ergibt keinen Sinn, es sei denn, er wollte sich einen sehr aufwendigen Spaß machen. Aber McKay ist alles andere als ein Spaßvogel.«

»In dem Punkt sind wir einer Meinung«, pflichtete Judy ihm aus tiefster Seele bei. »Wohin fährst du eigentlich?«

»Zum Flugplatz. Wenn ich mich richtig erinnere, geht deine Maschine in einer Stunde. Du willst zurück nach Boston, nicht wahr?«

»Ich glaube, ich habe gerade umdisponiert.« Judy sah sich in dem Campingwagen um. Offensichtlich hatte Cliff sich hier einen mobilen Arbeitsplatz eingerichtet. Der Wagen war mit modernster Elektronik ausgestattet: Computer, Drucker, Fax- und Funkgerät. Trotzdem wirkte er immer noch geräumig. »Sieht recht gemütlich aus. Ich denke, hier könnte man es auch zu zweit eine Weile aushalten. Außerdem wollte ich mir immer schon einmal das Mount Rushmore National Memorial ansehen.«

Sie tippte auf die letzte Seite des Schnellhefters, die aus einem stark vergrößerten Kartenausschnitt von South Dakota bestand. In der Nähe der Black Hills war ein kleines Städtchen namens Uncton mit rotem Filzstift eingekreist. Daneben hatte Buzz – oder wer auch immer – die Worte ›Leuchtender Vogel‹ geschrieben. »Das heißt, wenn du mich mitnimmst.«

»Ich dachte, du glaubst nicht an UFOs«, sagte Cliff grinsend. »Aber du bist herzlich eingeladen.« Übergangslos wurde er wieder ernst. »Ich hoffe, du bist dir bewußt, daß McKay uns wahrscheinlich im Auge behalten wird. Und ich nehme seine Drohungen sehr ernst.«

»Ich weiß«, erwiderte Judy genauso ernst. »Und gerade deshalb möchte ich herausfinden, was es mit diesen *Ghost-Rider* wirklich auf sich hat.«

»Conroy und Davenport haben Houston gemeinsam verlassen, Sir«, sagte der NSA-Agent.

Jeremy McKay nickte. »Ich weiß. Damit war zu rechnen.«

»Wir können sie immer noch aufhalten, Sir.« McKay winkte ab. »Nein, wir lassen sie fahren. Sie tun genau das, was sie tun sollen.«

»Sir?«

»Sie werden weiter herumschnüffeln«, erklärte McKay geduldig. »Sie sind nicht dumm. Vielleicht werden sie der Wahrheit ein Stückchen näher kommen, und vielleicht werden wir davon profitieren. Sie können gehen.«

»Jawohl, Sir«, erwiderte der NSA-Agent und verließ das Büro. Er würde wohl nie begreifen, was im Kopf seines Chefs vorging, und er hatte den Versuch auch längst schon aufgegeben.

Jeremy McKay griff nach dem Telefon und wählte eine Geheimnummer.

»McKay hier«, sagte er, als die Verbindung zustandegekommen war. »Geben Sie mir den Präsidenten.«

ENDE DES ERSTEN BUCHES

ZWEITES BUCH

FLUG 19: VERSCHOLLEN

von Carter Jackson

Ellsworth Air Force Base
Deadwood, South Dakota, 19. Juli 1973, 21 Uhr 12

Der matte grüne Schein des Radars verlieh dem unauffälligen Allerweltsgesicht des diensthabenden Fluglotsen Sullivan Walsh einen eigentümlichen Glanz, als er die beiden weißen Punkte, die sich knapp fünfundfünfzig Meilen von der Ellsworth Air Force Base entfernt befanden, auf dem Schirm aufmerksam verfolgte.

Es handelte sich dabei um zwei Jets vom Typ Lockheed F-18, ungemein schnelle Mehrzweckjagdbomber, die Ende der sechziger Jahre von der McDonnell-Douglas Corporation für das US-Militär entwickelt worden waren und sich mit einer Geschwindigkeit von sechshundertfünfzig Knoten über den Black Hills in Richtung Norden bewegten, wie das Trainingsprotokoll es vorschrieb.

In exakt zweieinhalb Minuten sollten die Maschinen über dem Sektor G3 in einer Höhe von dreitausendfünfhundert Metern eine scharfe Rechtskurve fliegen, für kurze Zeit auf die Spitzengeschwindigkeit Mach 1.2 beschleunigen und anschließend zum Stützpunkt zurückkehren.

Alles lief genau wie geplant – zumindest bis zu dem Moment, als knapp vierzig Meilen südlich der Jets mit einemmal sechs weitere weiße Punkte auf dem Radarschirm auftauchten, die in strikter Dreiecksformation flogen und sich rasch den beiden F-18 näherten.

Walsh zog überrascht die Brauen hoch. Die hohe Stirn des Zweiunddreißigjährigen legte sich verwirrt in Falten. »Was zur Hölle ...«, murmelte er halblaut. »Wo kommen diese Babies denn so plötzlich her?«

Die sechs Maschinen waren von einer Sekunde zur anderen in einer Höhe von dreitausend Metern auf dem Schirm erschienen, ohne daß das Radar ihren Anflug registriert hatte. Als ob sie aus dem Nichts aufgetaucht wären ...

Obwohl Walsh diesen Job bereits seit sieben Jahren machte, hatte er so etwas noch nicht erlebt. Er hatte zwar bereits von diesen sogenannten Stealth-Jets gehört, die derzeit entwickelt wurden und sich angeblich bei Bedarf für das Radar ›unsichtbar‹ machen konnten, doch irgendwie bezweifelte er, daß die Punkte vor ihm auf dem Schirm irgendwelche Testflugzeuge waren. Der Luftraum im G-Sektor war allgemein gesperrt; lediglich Militärjets der Ellsworth Air Force Base durften dort fliegen.

Also, was um alles in der Welt hatte das zu bedeuten?

Walsh wandte sich um und winkte den Commander-on-duty Frank Garrett zu sich, der gerade dabei war, auf der Luftkarte die Routen von Flug 19 zu kontrollieren.

»Sir«, sagte Walsh. »Ich schätze, das sollten Sie sich mal ansehen.«

Garrett, ein hagerer, kahlköpfiger Mann in mittleren Jahren, der eine Brille mit einem altmodischen Stahlgestell und die gestärktesten weißen Hemden trug, die Walsh jemals gesehen hatte, kam zu ihm herüber und blieb neben der Radarkonsole, die beinahe die gesamte Westfront des Towers einnahm, stehen. »Was gibt's, Walsh?«

»Sir«, sagte Walsh, um eine korrekte Meldung bemüht, »vor ein paar Sekunden ist im Sektor G1 eine Sechserformation unbekannter Flugobjekte aufgetaucht, die sich mit großer Geschwindigkeit unseren F-18 nähert.«

Garrett beugte sich vor und nahm das Radar in Augenschein, auf dem die sonderbare Punkteansammlung zügig zu den Lockheeds aufschloß. »Haben sich die Objekte per Funk identifiziert?«

Wegen der jüngsten Kürzungen im Wehr-Etat, die Präsident Nixon, dieser republikanische Mistkerl, im Parlament durchgesetzt hatte, nur um bei den nächsten Wahlen in zwei Jahren gut dazustehen, war der Tower nachts nur noch von zwei statt von fünf Männern besetzt. Daher mußte der Fluglotse neben der Radarkontrolle außerdem die Funküberwachung übernehmen.

Walsh schüttelte den Kopf. »Nein, Sir. Die Maschinen haben sich nicht identifiziert.«

Commander Garrett grunzte mißbilligend. »Haben Sie schon versucht, Kontakt mit ihnen aufzunehmen?«

Wieder verneinte Walsh. »Noch nicht. Ich wollte erst Ihre Meinung zur Situation hören, Sir.«

Garrett nickte. »Okay, Walsh«, erwiderte er. »Dann holen

Sie das umgehend nach. Ich will wissen, wer zur Hölle diese Idioten sind, die unbefugt in den G-Sektor eingedrungen sind.«

Der Fluglotse nickte, schaltete von den Kopfhörern auf den Konsolenlautsprecher um, damit der Commander mithören konnte, ging auf den allgemeinen CB-Rufkanal 19 und drückte die Sprechtaste des Funkgeräts vor sich.

»Achtung, unbekannte Flugobjekte auf 70-13-70!« sprach er überdeutlich ins Mikrophon. »Hier Ellsworth Mission Control. Sie befinden sich in gesperrtem Militärluftraum! Ich wiederhole: Sie befinden sich in gesperrtem Militärluftraum! Identifizieren Sie sich, unbekannte Flugobjekte auf 70-13-70! Over.«

Walsh erhielt keine Antwort. Aus den Lautsprechern drang lediglich verhaltenes atmosphärisches Rauschen.

Er versuchte es erneut. »Achtung, unbekannte Flugobjekte auf 70-13-70! Sie befinden sich in gesperrtem Militärluftraum! Erbitte sofortige Identifizierung! Over.«

Wieder keine Reaktion.

Nur das leise Knistern und Rauschen im Äther ...

Commander Garrett schnaubte ärgerlich. »Sieht ganz so aus, als wollten diese Schwachköpfe uns nicht antworten«, meinte er. »Können Sie feststellen, um welchen Flugzeugtyp es sich handelt?«

»Ich werd's versuchen, Sir«, sagte Walsh und tippte mit der Spitze seines kugelschreiberähnlichen Lightpen auf einen der Punkte, die sich nach wie vor in strikter Dreiecksformation in Richtung Norden bewegten.

Doch der Computer konnte die Maschinen nicht zuordnen. Die Daten waren mit keinem der dreitausendvierhundert gespeicherten Flugzeugtypen identisch.

»Negativ«, erklärte Walsh und schüttelte den Kopf. »Keine Klassifizierung möglich, Sir.«

»Verflucht!« Langsam wurde der Commander nervös. Die Sache gefiel ihm nicht, *ganz und gar nicht.* »Wie weit sind die Objekte noch von unseren Jets entfernt?«

»Etwa dreißig Meilen, Sir«, sagte Walsh. »Abnehmend.«

»Höhe?«

»Dreitausenddreihundert Yards. Steigend.«

»Geschwindigkeit?«

»Neunhundertfünfzig Knoten. Zunehmend.«

»Neunhundertfünfzig Knoten?« echote Garrett verblüfft. »Sind Sie sicher, Walsh?«

Sullivan Walsh überprüfte die Daten auf dem Radarschirm und nickte.

»Okay«, brummte Garrett verdrossen. »Das bedeutet, daß es sich bei den Maschinen nicht um Hubschrauber oder irgendwelche Privatjets handeln kann. Das sind Jagdflieger. Und zwar keine von Uncle Sam, sonst hätte der LOC-Computer sie identifizieren müssen, oder nicht?«

Walsh stimmte ihm zu. »Ja, Sir.«

Garretts Gesicht verdüsterte sich wie der Himmel über dem Lake Moulder in Colorado bei einem aufziehenden Sommergewitter. »Haben unsere Jungs die Störenfriede schon bemerkt?«

Walsh nickte. »Sie müßten die Maschinen ebenfalls auf dem Radar haben. Allerdings haben sich weder Haggard noch Morrell bis jetzt gemeldet, um sich die Ortung von uns bestätigen zu lassen.«

Die Lieutenants Jack Haggard und Hank Morrell waren die Piloten der beiden F-18, beides Männer mit langjähriger Flugerfahrung, die eigentlich wissen mußten, daß es Vorschrift war, sich unidentifizierte Radarkontakte in einem Radius von vierhundert Meilen von der Mission Control absegnen zu lassen.

»Das gefällt mir nicht«, sagte Garrett. »Irgendwas läuft da ganz gewaltig schief.«

Walsh nickte. Das Gefühl hatte er auch. Er schaltete auf Kanal 32 um, den codierten Militärkanal, drückte die Sprechtaste des Funkgeräts und rief die F18-Lockheeds, die laut Trainingsorder in knapp einer Minute umkehren würden, um zur Basis zurückzukehren.

Die unbekannten Flugobjekte befanden sich mittlerweile auf dreitausendfünfhundert Metern und damit auf gleicher Höhe mit den F-18. Wenn die Piloten der Lockheeds die Objekte, die bis auf fünfzehn Meilen an die F-18 herangekommen waren, aus irgendeinem Grund nicht orten konnten, konnte es zu einer Katastrophe kommen …

»Flug 19, hier Ellsworth Mission Control«, sagte Walsh. »Flug 19, bitte kommen. Over.«

Der Lautsprecher rauschte und knackte wie ein Fernsehgerät nach Sendeschluß, wenn bloß noch grauer Schnee über den Bildschirm rieselt.

Dann meldete sich Jack Haggard, der bei diesem Übungsflug die Führung übernommen hatte. »Hier Flug 19, Mission Control. Wir befinden uns vierzig Sekunden vor Turning Point. Over.«

»Flug 19«, sagte Walsh und versuchte, sich seine Spannung nicht anmerken zu lassen. »Wir haben Radarkontakt mit unbekannten Flugobjekten auf 70-13-75. Können Sie bestätigen? Over.«

»Negativ, Mission Control«, sagte Haggard. »Keine Peilung im G-Sektor registrierbar. Vielleicht sind es Wetterballons oder so was? Over.«

Bevor Walsh darauf etwas erwidern konnte, nahm ihm Garrett das Mikrofon aus der Hand.

»Hier Commander Garrett«, sagte er mit fester, autoritärer Stimme. »Hören Sie, Flug 19. Das Bodenradar zeigt sechs Flugobjekte an, die sich Ihnen mit einer Geschwindigkeit von über neunhundertfünfzig Knoten auf dreifünfnull Yards von Norden her nähern. Identifikation und Klassifizierung negativ. Entfernung beträgt weniger als zehn Meilen. Over.«

»Verdammt!« fluchte der Pilot. »Auf meinem Radar ist im Umkreis von sechshundert Meilen nicht mal 'ne mickrige Cessna zu sehen! Was schlagen Sie vor, Mission Control? Over.«

»Gehen Sie runter auf zweinullnull Yards«, sagte Garrett. »Ich wiederhole, Flug 19: Gehen Sie runter auf zweinullnull Yards ...«

»Und zwar umgehend!« rief Walsh aufgeregt dazwischen. »Die Maschinen sind auf Mach 1.4 und legen weiter an Geschwindigkeit zu! Entfernung: noch acht Meilen. Geschätzter Kontakt in weniger als einer Minute!«

»Wiederholen Sie, Mission Control!« sagte Haggard. »Habe Ihre letzten Ausführungen wegen atmosphärischer Störungen nicht verstanden. Over.«

»Gott*verdammt*!« Commander Garrett verdrehte fassungslos die Augen. »Atmosphärische Störungen? Wie können die *atmosphärische Störungen* haben? Die Nacht ist klarer als der Honigtopf einer Jungfrau! Was zur Hölle …«

»Sir«, sagte Walsh gehetzt. Kalter Angstschweiß perlte auf seiner Stirn wie flüssige Diamanten. »Die Objekte haben weiter beschleunigt! Aktuelle Geschwindigkeit: Mach 2.3. Zunehmend. Entfernung: noch fünf Meilen. Geschätzter Kontakt in dreißig Sekunden!«

»Heilige Scheiße!« flüsterte Garrett. Er hatte noch nie von einem Flugzeug gehört, daß in dieser Höhe auf Mach 2.3 kam. Das war zweifache Schallgeschwindigkeit!

»Hören Sie, Flug 19!« bellte er ins Mikrophon. »Gehen Sie umgehend auf zweinullnull Yards runter! Auf zweinullnull Yards! Over.«

»Wiederholen Sie, Mission Control«, verlangte Haggard. »Ich kann Sie nicht verstehen! Nur Rauschen und Statikgeräusche. Was ist bei euch da unten los, zum Teufel? Over.«

»Das würde ich auch gerne wissen«, murmelte Garrett.

»Entfernung: zwei Meilen«, meldete der Fluglotse mit vor Aufregung zitternder Stimme. »Geschwindigkeit: Mach 3.1. Weiter zunehmend!«

»*Mach 3.1?*« brauste der Commander auf. »Verdammt, das kann nicht stimmen!« Er weigerte sich, diese Daten zu akzeptieren. Seine Hände zitterten wie die eines Alkoholikers auf Entzug. »Kein Flugzeug auf der Welt schafft Mach 3.1!«

»Diese schon«, erwiderte Walsh trocken. Kalter Schweiß lief seine Wangen hinab und färbte den Kragen seines Hemdes dunkel. »Entfernung: eine Meile. Kontakt in zehn Sekunden!«

Der Commander schluckte schwer und drückte die Sprechtaste des Funkgeräts, obwohl er genau wußte, daß nur noch ein Wunder die Katastrophe verhindern konnte – und an Wunder glaubte er schon lange nicht mehr.

»Zur Hölle, sehen Sie zu, daß Sie und Morrell sofort verschwinden, Haggard!« brüllte Garrett ins Mikrofon. Alle Funkdisziplin war vergessen. »Was auch immer da angerauscht kommt, es tritt Ihnen gleich in den Arsch, Mann!«

»Kontakt in fünf Sekunden«, sagte Walsh. »Vier. Drei …«

»Verdammt, ich kann Sie nicht verstehen, Ellsworth Mission Control!« sagte Haggard verärgert. »Beim besten Willen nicht! Ich weiß nicht, was ...« Dann stockte er mit einemmal, bevor er eine Sekunde später aufgeregt rief: »Mist! Verdammter Mist! Das gibt's doch nicht! Was zum Teufel ist *das*?«

»Was?« bellte Commander Garrett in das Mikrofon. »Was sehen Sie, Haggard? Was ist da oben los?«

Als ob er den Commander diesmal verstanden hätte, sagte der Pilot: »Lichter! Hier sind überall rotierende Lichter! Grell und weiß, aber nicht blendend. Etwa ein halbes Dutzend davon. Sie bewegen sich mit einer irrsinnigen Geschwindigkeit neben uns her. *Was zum Teufel ist das?*«

»Hören Sie, Haggard!« rief Garrett. »Sehen Sie zu, daß Sie und Morrell endlich da verschwinden! Kehren Sie umgehend zur Basis zurück! Das ist ein verdammter Befehl!«

Haggard reagierte nicht auf die Anweisungen, sondern sprach weiter über die sonderbaren Lichter. Es klang nicht danach, als ob er Angst vor ihnen hätte; eher im Gegenteil.

»Ich hab' so was noch nie gesehen«, kam seine Stimme aus dem Lautsprecher. »Diese Lichter ... manövrieren schneller als jedes mir bekannte Flugzeug! Jetzt umkreisen sie unsere Jets. Immer rundherum, mit dieser wahnsinnigen Geschwindigkeit! Sie sind so nahe, daß ich das Gefühl habe, nur die Hand ausstrecken zu müssen, um sie zu berühren. Ich kann ... *Aaarrrrrrgggghh!*« Haggard kreischte wie am Spieß, als würde ihm die Haut bei lebendigem Leib abgezogen ...

Der Konsolenlautsprecher begann überlastet zu pfeifen. Dann war ein dumpfes Grollen zu hören, wie von anschwellendem Donner oder einer Explosion – und der Jet von Jack Haggard verschwand vom Radarschirm, auf dem die sonderbaren sechs Punkte sich wie die Pferdchen eines Kinderkarussels im Kreis drehten, genau wie der Pilot gesagt hatte.

Die Lockheed F-18 stürzte ab!

»*O Scheiße!*« brüllte Walsh. »*Verfluchte Scheiße!*«

»Was ist mit Morrell?« rief Garrett. »Seine Maschine ist noch auf dem Radar! Versuchen Sie ihn ...«

Er kam nicht dazu, den Satz zu beenden, denn einen Moment später war auch die zweite F-18 nicht mehr zu erfassen. Wie Haggards Jet war sie von einer Sekunde zur anderen vom Radarschirm verschwunden – und mit ihr die sechs Flugobjekte, die für dieses ganze elende Schlamassel verantwortlich waren.

Sie waren einfach fort.

Als hätte es sie nie gegeben ...

Black Hills Uncton County,
South Dakota, 19. Juli 1973, 21 Uhr 54

Keine halbe Stunde nachdem die beiden Lockheed-Jets vom Radarschirm der Ellsworth Air Force Base in Deadwood verschwunden waren, trafen die ersten sensationsgierigen Schaulustigen aus dem nahe gelegenen Dreitausend-Seelen-Städtchen Uncton bei jener Stelle in den Black Hills ein, wo die Flugzeuge abgestürzt waren.

Der Unglücksort wurde vom flackernden rotgoldenen Schein der Flammen markiert. Die über ein Gebiet von knapp einer Meile verstreuten Wrackteile waren nur mit großer Mühe als ehemalige Bestandteile zweier F-18 zu erkennen. Es konnte kein Zweifel daran bestehen, daß die Piloten der Lockheeds, sofern sie sich nicht in letzter Sekunde mit den Schleudersitzen gerettet hatten, nicht mehr am Leben waren.

Zu den ersten Personen, die an der Unglücksstelle ankamen, die lediglich zu Fuß durch den Wald zu erreichen war, gehörte die zweiundzwanzigjährige Ruth Osage. Ruth arbeitete in Uncton als Kellnerin bei *Halloran's Bar & Grill*, dem einzigen Imbiß der Stadt, und hatte heute ihren freien Abend.

Eigentlich hatte sie zusammen mit ihren Freunden Burt, Wilbur und Melody nach Fishkill ins Kino fahren wollen. Doch als Wilbur ihr erzählte, daß der momentan laufende Streifen ein Horrorschocker mit dem verheißungsvollen Titel *Jaws* war, den ein junger unbekannter Regisseur aus Cincinnati gedreht hatte, überlegte sie es sich anders.

Sie gehörte nicht zu den Menschen, die drei Dollar dafür bezahlten, um mit ansehen zu müssen, wie ahnungslose Badende von einem Hai in kleine Stückchen gerissen wurden.

Diese Art von Unterhaltung war nichts für sie. Statt dessen hatte sie es sich zu Hause vor dem Fernseher bequem gemacht und sich zum x-ten Mal *Casablanca* angesehen – bis sie gegen Viertel nach neun Uhr schließlich ein ohrenbetäubendes Krachen ans Fenster ihrer kleinen Zwei-Zimmer-Wohnung gelockt hatte.

Im ersten Moment glaubte Ruth, einen Donnerschlag gehört zu haben, der ein aufziehendes Gewitter ankündigte. Die Nacht war zwar klar und mild, aber unerwartete Wetterumschwünge gehörten in dieser Gegend zum Alltag. Als sie jedoch die hellen Lichter sah, die über den Black Hills am Himmel schwebten und sich wie spielende Kinder im Kreis drehten, wurde ihr klar, daß sich die Angelegenheit nicht so einfach erklären ließ.

Das dort am Horizont war kein drohendes Unwetter.

Ganz und gar nicht ...

Etwas Seltsames ging da draußen vor.

Wenige Sekunden später wurde die Sache noch sonderbarer, als Ruth beobachtete, wie nacheinander zwei Militärjets aus dem Zentrum der wirbelnden Lichter auftauchten und abstürzten, wobei sie sich wie Kreisel um die eigene Achse drehten. Dann schlugen die Flieger im Wald auf, und zwei gewaltige Explosionen, begleitet von sprühendem Funkenregen und dichtem schwarzem Rauch, stiegen aus den Black Hills auf wie Atompilze nach einem Nuklearangriff.

Als die Detonationen die Sommernacht zerrissen, hatte Ruth erschrocken aufgeschrien und war entsetzt zwei Schritte zurückgetaumelt. Einen Augenblick später hatte sie sich jedoch wieder gefangen und kehrte ans Fenster zurück, um zu sehen, was mit den weißen Lichtern war.

Sie waren verschwunden gewesen. Fort. So plötzlich, als ob jemand den Stecker des Weihnachtsbaums herausgezogen hätte. Nur noch der matte rotgoldene Feuerschein der abgestürzten Jets in den Wäldern hatte den nächtlichen Horizont erhellt.

Mittlerweile allerdings zuckten die Scheinwerfer diverser Militärhubschrauber auf der Suche nach einem brauchbaren Landeplatz über das Gebiet. Die grellen Lichtkegel glitten über den Boden und die Stämme der Bäume ringsum, als

Ruth zusammen mit drei, vier anderen Bewohnern von Uncton aus dem Unterholz kam und sich inmitten der brennenden Trümmer der abgestürzten Jets wiederfand. Überall ringsum loderten kleinere Feuer, und der Gestank von brennendem Metall, Hartgummi und Plastik lag schwer in der Luft.

Die junge Frau blieb stehen und sah sich um.

Es herrschte vollkommenes Chaos. Die Wrackteile der beiden Flugzeuge waren kaum mehr als solche zu erkennen. Auf dem Boden verstreut lagen völlig verbogene, teilweise sogar geschmolzene Metallstücke.

Einige Bäume waren mit scharfkantigen Eisensplittern gespickt wie ein Akupunktierter mit Nadeln, und ein paar Büsche, die von umherfliegenden brennenden Trümmern getroffen wurden, loderten knisternd vor sich hin. Ein solches Szenario kannte Ruth bislang nur aus Kriegsfilmen.

Während sie sich langsam wieder in Bewegung setzte und sich einen Weg zwischen den Wrackteilen hindurch bahnte, donnerte ein Militärhubschrauber nach dem anderen über das Gebiet hinweg, um auf einer kleinen Lichtung am Ufer des Uncton River eine halbe Meile entfernt zu landen.

In wenigen Minuten würden die ersten Uniformierten an der Absturzstelle auftauchen, und aus irgendeinem Grund hatte Ruth das Gefühl, daß es besser war, zu diesem Zeitpunkt bereits von hier verschwunden zu sein, um lästigen Fragen aus dem Weg zu gehen.

Denn obgleich Ruth nicht unbedingt zu den gebildetsten Frauen in South Dakota gehörte und nie ein College besucht hatte, war ihr doch klar, daß diese Sache mit den sonderbaren rotierenden weißen Lichtern am Nachthimmel nichts für die Öffentlichkeit war. So was lief bei den Behörden unter »geheime Verschlußsache«. Deshalb war es vermutlich besser, wenn sie nicht lauthals ausposaunte, was sie vor einer halben Stunde über den Black Hills beobachtet hatte.

Sie schritt zwischen den Wrackteilen der abgestürzten Jets dahin, während der Rauch der brennenden Trümmer ihre Schleimhäute reizte, und sie fragte sich, was um alles in der Welt hierfür verantwortlich sein mochte.

Sicher, sie hatte zeit ihres Lebens immer wieder das eine

oder andere Merkwürdige über die Black Hills gehört, und auch die alten Mythen über die ›Fliegenden Lichter‹, die zur Essenz ihres Stammes, der Sioux, gehörten, waren ihr nicht unbekannt. Allerdings hatte sie diese Dinge als intelligente, moderne junge Frau, die mit beiden Beinen fest auf dem Boden der Tatsachen stand, stets mit einer gesunden Portion Skepsis betrachtet.

Bis jetzt.

Denn was hier heute nacht vorgefallen war, ließ sich nicht so leicht erklären – wenn überhaupt. Der laute Knall, der sie ans Fenster gelockt hatte. Die rotierenden weißen Lichter über den Wäldern. Die beiden Jets, die aus den kreisenden Lichtern aufgetaucht waren. Die weit verstreuten Wrackteile der Maschinen, die teils wirkten, als wären sie Temperaturen ausgesetzt gewesen, die man höchstens in einem Industrieschmelzofen erreichte ...

Wer alle diese sonderbaren Dinge erklären wollte, mußte entweder ein Universalgenie oder ein Lügner sein – und ein Gefühl sagte Ruth, daß es sich bei den Männern, die sich vom Uncton River her der Absturzstelle näherten, eher um Vertreter der zweiten Gruppe handelte.

Als die Soldaten mit hin und her schweifenden Taschenlampenkegeln im Laufschritt durch das Unterholz brachen, wurde es für die junge Frau Zeit, zu verschwinden.

Ruth zog sich in den Schatten der Bäume zurück und beobachtete aus der Deckung heraus, wie ein Mann mit kurzgeschorenem schneeweißen Haar und einem makellosen grauen Anzug seinen uniformierten Begleitern Befehle erteilte, die daraufhin wie Ameisen davonschwärmten und die Unfallstelle abzusichern begannen. Lediglich ein junger Bursche mit braunem Haar und markanten, irgendwie kalten Gesichtszügen, der ebenfalls einen konservativen dunklen Anzug trug, blieb bei ihm. Anscheinend handelte es sich um den Assistenten des Weißhaarigen.

Obwohl Ruth die Männer noch nie gesehen hatte, flößten sie ihr auf den ersten Blick Angst ein. Das selbstsichere Auftreten des Weißhaarigen zeigte deutlich, daß er es gewohnt war, seinen Willen durchzusetzen.

Allerdings war es besonders der Jüngere, der ihr eisige

Schauder über den Rücken jagte. Seine imposante, muskulöse und trotzdem schlanke Gestalt, die Art, wie er den Blick mit abschätzend-distanziertem Interesse über die Trümmer der abgestürzten Jets wandern ließ, während die Uniformierten die persönlichen Daten der Schaulustigen, die zusammen mit Ruth an der Unglücksstelle eingetroffen und so dumm gewesen waren, den Männern direkt in die Arme zu laufen, notierten ...

Ruth verspürte beim besten Willen kein Verlangen danach, von dem braunhaarigen Kerl verhört zu werden. Nicht bloß sein Anzug und sein Äußeres, sein *ganzes Wesen* schien dunkel, düster und feindselig zu sein. Von ihm ging eine Aura der Gewalt aus, die die junge Frau bis ins Mark erschauern ließ.

Dennoch blieb Ruth, wo sie war. Ein innerer Drang, der mit Neugierde nur wenig zu tun hatte, bannte sie an Ort und Stelle. Gespannt beobachtete sie, wie eine zweite Gruppe Uniformierter aus dem Wald auftauchte, von dem Weißhaarigen kurz eingewiesen wurde und den anderen Soldaten anschließend dabei half, das gesamte Areal abzusperren und die Wrackteile zu untersuchen.

Die beiden Anzugträger standen am Rande der Szenerie und behielten alles mit souveräner Gelassenheit im Auge. Irgendwie wirkten sie, als ginge sie dies alles nicht das Geringste an, obwohl genau das Gegenteil der Fall zu sein schien.

Hin und wieder rief einer der schätzungsweise sechzig Uniformierten, die das Absturzareal durchkämmten, ihnen etwas zu, das Ruth halbwegs gut verstehen konnte, obgleich sie sich knapp hundert Meter von ihnen entfernt befand.

Dann antwortete der Weißhaarige mit kalter, autoritärer Stimme und sprach danach weiter in gedämpfter Lautstärke mit seinem Assistenten.

Es hatte den Anschein, als würde es sich bei den beiden Abstürzen um eine streng vertrauliche Regierungsangelegenheit handeln. Dieser Eindruck wurde noch durch den Umstand verstärkt, daß abgesehen von Ruth inzwischen alle neugierigen Zivilisten von den Soldaten aus dem Gebiet ›entfernt‹ worden waren.

Ruth war die ganze Sache irgendwie unheimlich.

»Bis jetzt nichts gefunden, Sir!« rief einer der Soldaten, der mit einem Gerät, das wie eine Kamera mit einem großen Teleobjektiv aussah und vermutlich ein Strahlungsmesser war, durch die Trümmer schritt, den beiden Anzugträgern entgegen.

»Suchen Sie weiter!« erwiderte der Weißhaarige ruhig. »Ich will, daß die Männer gefunden werden! Sie *müssen* hier irgendwo sein!«

Der Soldat nickte und machte sich wieder an die Arbeit.

Daß die Männer auf der Suche nach den Insassen der beiden abgestürzten Maschinen waren, verwirrte Ruth ein wenig. Bislang hatte sie angenommen, daß sich Piloten im Falle eines Absturzes mit dem Schleudersitz aus dem Flugzeug katapultierten. Andererseits hatte sie vorhin keine Fallschirme bemerkt, die unweit der abstürzenden Jets zu Boden geschwebt wären.

Irgendwie wurde die Sache immer mysteriöser.

Als einer der Soldaten, der ganz in Ruths Nähe einen Haufen verbogener Wrackteile untersucht hatte, die beiden Anzugträger aufgeregt zu sich rief, wollte sich Ruth gerade zurückziehen. Sie war der Meinung, genug gesehen zu haben. Darüber hinaus wollte sie ihr Glück, unentdeckt zu bleiben, nicht noch weiter strapazieren.

Jetzt allerdings blieb sie, wo sie war, und beobachtete, wie der Weißhaarige und sein Assistent zügig zu dem Soldaten gingen. Da die Männer kaum zwölf Meter von ihr entfernt waren, konnte Ruth jedes einzelne Wort verstehen, das gesprochen wurde.

»Was gibt's, Sergeant?« wollte der Weißhaarige wissen.

»Sir«, sagte der Soldat. »Ich denke, das sollten Sie sich ansehen.« Er hielt ein faustgroßes Metallstück in den Händen, das er dem Weißhaarigen reichte, nachdem dieser sich ein Paar graue Gummihandschuhe übergestreift hatte.

Der Weißhaarige betrachtete das Fundstück aufmerksam. Dann sah er auf und fragte: »Ist das ein Teil des Gurtverschlusses?« Er schien sich nicht ganz sicher zu sein.

Der Soldat nickte. »Richtig, Sir.«

»Verdammt!« Der Weißhaarige fluchte wütend. »Das

bedeutet wohl, daß der Pilot sich nicht mit dem Schleudersitz in Sicherheit gebracht hat.«

Wieder nickte der Soldat.

»Verdammt!« wiederholte sich der Weißhaarige. »Packen Sie das ein, McKay.« Er reichte das Metallstück seinem Assistenten, der es in einem Plastikbeutel verstaute und einsteckte. Dann wandte er sich wieder an den Sergeant und fuhr fort: »Ich werde weitere Männer aus Deadwood anfordern. Ich will, daß das gesamte Areal in einem Radius von fünf Meilen so gründlich durchforstet wird, wie es nur irgend geht. Drehen Sie jeden verfluchten Stein und jedes Blatt um, wenn es sein muß! Wenn sie sich nicht mit den Schleudersitzen in Sicherheit gebracht haben, sind sie tot. Und dann müssen wir ihre Leichen finden. Unbedingt. Haben Sie verstanden, Soldat?«

Der Sergeant nahm Haltung an. »Jawohl, Sir!« Obwohl er dem Weißhaarigen offensichtlich Respekt entgegenbrachte, salutierte er nicht vor ihm, woraus Ruth schloß, daß die Anzugträger nicht vom Militär waren. Vermutlich waren es Beamte des FBI oder irgendeiner anderen Regierungsbehörde. Aber was hatte das FBI mit dem Absturz zweier Militärjets zu tun?

Ruth kam zu dem Schluß, daß sie jetzt genug gehört und gesehen hatte, um für einige Zeit hinter Gittern zu landen, wenn diese Männer sie hier erwischten. Deshalb wartete sie ab, bis der Weißhaarige und sein Assistent in Richtung Lichtung davongingen, bevor sie sich aus dem Staub machte. So unauffällig wie möglich schlich sie sich davon. Niemand bemerkte sie.

Niemand hielt sie auf.

Die Leichen der beiden abgestürzten Piloten wurden trotz einer intensiven, ausgedehnten dreitägigen Suche, an der mehr als dreihundert Soldaten teilnahmen, nicht gefunden, obwohl das Militär später etwas ganz anderes behaupten sollte ...

Interstate Highway 90, nahe Box Elder
Rapid County, South Dakota, 13. September 1995, 10 Uhr 02

Das große, in Grünmetallic lackierte Winnebago-Wohnmobil, das auf dem Interstate Highway 90 in westlicher Richtung durch Rapid County brauste, war zwar alles andere als unauffällig. Dafür besaß das langgestreckte Gefährt aber genug Platz und Komfort, um Cliff Conroy und Judy Davenport auf der tausendvierhundert Meilen langen Strecke von Houston, Texas, nach Uncton trotz ihrer enormen inneren Anspannung nicht die Nerven verlieren zu lassen. Schließlich befanden sie sich in gewisser Weise auf der Flucht.

Nicht vor dem Gesetz oder den Steuerbehörden, sondern vor einem Burschen namens Jeremy McKay, dem Mann, der dafür gesorgt hatte, daß sie beide vor kurzem ihre Jobs verloren hatten. Cliff bei der NASA und Judy beim Houston Police Department.

McKay war der personifizierte Inbegriff eines kaltblütigen Bundesbeamten, der selbst vor illegalen Mitteln nicht zurückschreckte, um zu bekommen, was er wollte.

Im Fall von Cliff und Judy hieß das, daß er ihnen Kokain und streng vertrauliche Akten untergeschoben hatte, um einen Grund zu haben, sie feuern zu lassen. Und obwohl sie sich nicht sicher sein konnten, daß er ihnen auf den Fersen war, lag die Vermutung doch nahe. Schließlich waren sie dank des geheimnisvollen ›Buzz‹ im Besitz von einer Menge Aktenmaterial, das als *›top secret‹* einzustufen war.

Aktenmaterial, das offiziell gar nicht existierte …

Dabei konnten weder Cliff noch Judy besonders viel mit den Unterlagen anfangen, die ihnen ›Buzz‹ unmittelbar vor ihrer übereilten Abreise aus Houston hatte zukommen lassen. Das hatte nichts damit zu tun, daß sie nicht in der Lage gewesen wären, die Texte zu lesen.

Vielmehr war es der *Inhalt* des Materials, der ihnen schwer im Magen lag.

Es ging hauptsächlich um UFOs.

Um Außerirdische.

Das Projekt ›GhostRider‹ – so der Name der Akte – war

eine Sammlung von Berichten über UFO-Sichtungen in den Vereinigten Staaten aus den letzten fünfzig Jahren.

Hinzu kamen eine Palette mehr oder weniger phantasievoller Berichte über angebliche Begegnungen mit Außerirdischen und zahlreiche Notizen über sonderbare Ereignisse überall in den Staaten, die gleichfalls mit UFOs und/oder deren Insassen in Verbindung zu stehen schienen.

Dabei schien der Papierstapel, den *›Buzz‹* ihnen zugespielt hatte, nur ein Bruchteil der gesamten Akte zu sein. Cliff vermutete, daß sie in Dateiform auf der beigefügten 3,5-Zoll-Diskette abgelegt war. Nur hatte ›Buzz‹ davor gewarnt, diese Disk in einen Computer einzulegen, bevor er sein ›Okay‹ gegeben hatte.

Cliff respektierte den Wunsch vorbehaltlos. Der Gedanke an den Umschlag, in dem sich Ausdruck und Diskette befunden hatten, ließ noch jetzt ein unangenehmes Gefühl in seinem Magen entstehen. Hätte man ihn an der falschen Seite geöffnet – an der Klebefalzung nämlich – wäre der Datenträger augenblicklich von einem Magnetfeld gelöscht worden und der Umschlag dank einer Magnesiumfüllung in Flammen aufgegangen.

Der Teufel mochte wissen, welche unliebsamen Überraschungen die Disk bereithielt. Cliff wollte lieber nicht seinen Computer aufs Spiel setzen.

Zudem hielten die ausgedruckten Akten samt der beigelegten Fotografien genug Überraschungen bereit.

Eines der brisanten Dokumente war ein Dossier über den erst kürzlich stattgefundenen achtzehnten Shuttleflug der *Columbia*. Darin wurden die sieben Astronauten zitiert, die an der Mission teilgenommen hatten, darunter erfahrene alte Hasen wie J. L. Ross, Franklin Williams und Peter C. Levin, denen man schwerlich psychische Instabilität vorwerfen konnte.

Alle Astronauten hatten übereinstimmend berichtet, daß sie bei ihrer dritten Erdumkreisung eine Ansammlung unbekannter Flugobjekte beobachtet hatten, die sie jedoch nicht näher beschreiben konnten, weil sie sich mit rasender Geschwindigkeit entfernt hatten.

Sowohl Cliff als auch Judy waren gewillt, Astronauten wie

Ross und Williams mehr zu glauben als irgendwelchen altjungferlichen Hausfrauen aus North Carolina, die den ganzen Tag lang nichts anderes zu tun hatten, als sich im Fernsehen irgendwelche schwachsinnigen Gameshows anzusehen, am Telefon zu hängen oder von kleinen grünen Männchen in deren Raumschiffe entführt zu werden.

Was allerdings nicht bedeutete, daß die beiden die Existenz von UFOs ohne weiteres anerkannten. Dafür standen sie mit den Beinen zu fest auf der Erde.

Allerdings schien klar, daß es – sowohl innerhalb der NASA als auch auf Seiten der US-Regierung – Personen gab, die diesen absonderlichen Berichten wesentlich mehr Glauben schenkten, was sich allein schon daran erkennen ließ, daß ihnen Jeremy McKay an den Hacken klebte. Grund genug für Cliff und Judy, diese Sache nicht auf die leichte Schulter zu nehmen. Die Kräfte, die hier im Spiel waren, würden sie gnadenlos zermalmen, wenn es sein mußte.

Und das war ganz und gar nicht in ihrem Sinne …

Deshalb waren sie auf dem Weg nach Uncton, South Dakota, jenem Ort inmitten der Black Hills, der auf der Landkarte markiert war, die sie ebenfalls bei den Akten gefunden hatten. Dort hofften sie die Antworten auf eine Menge Fragen zu finden.

Judy hatte sich während der knapp dreitägigen Fahrt von Texas nach South Dakota eingehend mit den ›UFO-Akten‹ beschäftigt, während Cliff fast ununterbrochen hinter dem Lenkrad saß und fuhr.

Gestern morgen hatten sie sich in einer Buchhandlung in Salina, Kansas, mit einer ganzen Reihe populärwissenschaftlicher Bücher zum Thema ›UFO‹ eingedeckt, in denen Judy jetzt las.

Um kurz nach zehn Uhr am Freitag morgen passierte der Winnebago ein Schild, das verkündete, daß sie sich nunmehr in Rapid County, South Dakota, befanden.

»Noch fünfzig Meilen«, sagte Cliff, ohne den Blick von der Straße zu nehmen. »Uncton liegt etwa zwanzig Meilen südöstlich von Rapid City. Wir werden gegen Mittag ankommen.«

Judy ließ das Buch in den Schoß sinken und nickte. »Wunderbar. Glaubst du, daß es in dem Ort so was wie ein Motel gibt? Nichts gegen deinen Campingwagen, aber für ein ›richtiges‹ Bett und eine Dusche, die größer als ein Katzenklo ist, würde ich im Augenblick meine Seele verkaufen.«

Cliff grinste. »So schlimm?«

Judy zuckte die Schultern. »Wie man's nimmt. Ich schätze, ich bin es einfach nicht gewohnt, mit jemandem auf derart engem Raum zusammenzuleben.« Sie lächelte ein wenig gequält.

Cliff ging nicht näher darauf ein, zum einen, weil es ihn absolut nichts anging, und zum anderen, weil er jede Anspielung auf Judys Ex-Freund Paul Batista – seinen Ex-Vorgesetzten – vermeiden wollte, der Judy nach der Sache mit den dreißig Gramm Kokain, die McKay ihr untergeschoben hatte, einfach wie eine heiße Kartoffel fallengelassen hatte. Wenn Judy mit ihm darüber sprechen wollte, würde sie es von sich aus tun.

Um das Schweigen, das nach ihren letzten Worten eingetreten war, nicht unangenehm werden zu lassen, fragte Cliff nach einem Blick in den Rückspiegel: »Was liest du gerade? Wieder irgendwas über gelbrote Riesenkarotten mit Stielaugen, die auf einer Farm in Montana Hühner gestohlen haben?«

Judy lachte leise. »Nein. Diesmal geht es um einen angeblichen UFO-Absturz in der Wüste von New Mexico im Juli 1947, bei dem das Militär mehrere außerirdische Leichen geborgen haben soll. Die Regierung hat die Sache natürlich vertuscht, um eine Panik in der Bevölkerung zu vermeiden, aber neben einigen Bürgern, die noch vor dem Militär bei der Absturzstelle eintrafen, soll selbst Holm Bursum, der zu dieser Zeit Senator von New Mexico war, bestätigt haben, daß an der Angelegenheit was dran ist.«

»Klingt bekannt«, meinte Cliff. »Der Roswell-Zwischenfall, oder? Das steht doch auch in den Akten unseres geheimnisvollen Kumpels Buzz, nicht?«

Judy nickte. »Trotzdem – die meisten anderen Fälle in den Unterlagen finden sich in keinem dieser Bücher. Ist nicht gerade Dynamit, was uns dein geheimnisvoller ›Buzz‹ da überlassen hat; meist sind es ganz unspektakuläre Vorfälle. In jedem Werk von Charles Berlitz oder Samuel Johnson stehen ein Dutzend, die wesentlich dramatischer und spektakulärer sind.«

»Möglicherweise ist genau das der Grund, warum die Akten als *top secret* klassifiziert sind«, überlegte Cliff, während er den Winnebago über den nur mäßig frequentierten Interstate Highway steuerte. »Während Charly Berlitz und seine Kumpels Sensationshascherei betreiben, zieht die Regierung es vor, eher den unscheinbareren Berichten Glauben zu schenken. Vielleicht haben sie die Fälle auch überprüft und sind dabei zu dem Schluß gekommen, daß an ihnen mehr dran ist als an den publizierten.«

Judy legte den Kopf schief. »Du klingst, als würdest du die Existenz von UFOs durchaus für möglich halten.«

»Nun«, sagte Cliff, »zumindest ziehe ich die Möglichkeit in Betracht, daß wir nicht alleine im Kosmos sind. Warum sollten wir die einzigen intelligenten Lebewesen in einem Universum sein, das aus unendlich vielen Sonnensystemen besteht? Ich behaupte nicht, daß es kleinwüchsige grüne Männchen mit Köpfen so groß wie Basketbälle sind, die uns seit Tausenden von Jahren studieren. Aber zu denken, wir wären ganz allein im Kosmos, wäre doch ziemlich anmaßend, findest du nicht?«

»Vermutlich«, seufzte Judy. »Trotzdem tue ich mich mit dem Gedanken, daß es tatsächlich außerirdisches Leben geben könnte, ziemlich schwer.«

»Wie auch immer«, sagte Cliff. »Es gibt offenbar Personen in höchsten Stellen, die das nicht tun und zumindest fest genug von der Existenz fremder Intelligenzen überzeugt sind. Abteilungen wie Blue Book, die sich ausschließlich mit der Aufklärung außerirdischer Phänomene befassen, wurden schließlich nicht aus purer Langeweile gegründet. Und wenn dann auch noch NSA-Leute wie dieser McKay im Spiel sind … Wir sollten auf keinen Fall den Ernst dieser Sache unterschätzen.«

»Tun wir ja auch nicht«, erwiderte Judy. »Sonst wären wir wohl kaum hier, inmitten der Einöde von South Dakota, um einer Stadt einen Besuch abzustatten, von der ich bis vor drei Tagen noch nicht einmal etwas gehört habe.«

Cliff nickte.

»Glaubst du, daß wir in Uncton erfahren werden, was das alles zu bedeuten hat?« fuhr Judy fort. »Von diesem ›Leuchtenden Vogel‹, mit dem wir uns in Verbindung setzen sollen?«

Cliff zuckte die Schultern. »Ich hoffe es«, erwiderte er. »Darauf wetten würde ich allerdings nicht. Wie auch immer, wir werden es herausfinden. In etwa zwei Stunden. Bis dahin müssen wir uns wohl oder übel weiterhin in Geduld fassen.«

Uncton County,
South Dakota, 13. September, 13 Uhr 41

Sie erreichten Uncton mehr als anderthalb Stunden später als geplant, was zum einen daran lag, daß die Straßen in diesem Teil der Black Hills kaum als solche zu bezeichnen waren, und zum anderen daran, daß in den hoch gelegenen Wäldern bereits der erste Schnee dieses Winters lag, zum Teil einen halben Yard hoch.

Und da der Winnebago Sommerreifen hatte, zog Cliff es vor, langsamer zu fahren, um den Rest des Tages nicht im Straßengraben oder in irgendeiner Werkstatt zu verbringen. So gut gefiel ihm diese Gegend auch wieder nicht – was allerdings eher an seiner psychischen Verfassung als an der Landschaft lag, die genaugenommen überaus reizvoll war.

Der Black Hills National Forest, an den sich im Südosten das Buffalo Gap National Grassland, im Westen das Thunder Basis National Grassland und im Nordosten der Badlands National Park anschlossen, erstreckte sich über ein Gebiet von vierhundert Quadratmeilen. In diesem gewaltigen Areal gab es nicht nur eine knappe Handvoll Straßen, die ein Dutzend verstreute kleine Ortschaften mit so ungewöhnlichen Namen wie Mystic, Fishkill und Bethlehem sowie die beiden Indianerreservationen Pine Ridge und Buffalo Springs miteinander verbanden.

Die Menschen in den Black Hills, deren Bevölkerung zu sechzig Prozent aus Indianern bestand, lebten in erster Linie vom Holz der riesigen Wälder, vornehmlich Pinien, Fichten und Tannen, das in den Sägewerken in Fishkill zu Baumaterial verarbeitet wurde.

Diese Gegend war nicht reich, und Fremde, die sich in die Black Hills verirrten, fanden die Orte, durch die sie auf dem Weg nach Wyoming oder Montana kamen, oftmals heruntergekommen und ärmlich. Aber die Menschen, die hier lebten, hatten meistens ihr Auskommen, und damit waren sie zufrieden.

Die Straße, die nach Uncton führte, war laut Landkarte der Provincial Highway 365 und besaß eine Menge mehr Schlaglöcher als ein Schweizer Käse, was neben dem Schnee ein weiterer Grund für Cliffs und Judys Verspätung war. Als sie schließlich um Viertel vor zwei Uhr die Ortsgrenze überquerten, waren sie aus begreiflichen Gründen ziemlich erleichtert.

Uncton, dessen Ortsschild stolz verkündete, daß hier exakt zweitausendachthundertsiebzehn Seelen zu Hause waren, entpuppte sich als der Inbegriff eines hinterwäldlerischen Holzfällerkaffs.

Sämtliche Gebäude des Ortes, darunter eine Kirche, ein Schnellrestaurant mit dem klangvollen Namen *The Uncton Manger*, ein Barbierladen, eine Videothek, in deren Schaufenster Poster für Filme warben, von denen bereits die Fortsetzungen auf dem Markt waren, und ein Drugstore waren aus Pinienholz errichtet und anschließend durchweg weiß gestrichen worden, was der Stadt ein seltsam einförmiges, um nicht zu sagen eintöniges Aussehen verlieh.

Auf der Straße hielten sich nur wenige Menschen auf, zumeist Männer in gefütterten Overalls, die gerade Mittagspause machten. Über dem Ort lag nebelhafter gelber Rauch, der aus den Schornsteinen der Häuser drang wie Geister, die ihre sterbenden Körper verließen, was Uncton ein seltsam ›vergilbtes‹ Äußeres verlieh. Die kleine Stadt wirkte so blaß und verschwommen wie eine Postkarte aus dem letzten Jahrhundert, wie die Kulisse für einen düsteren, trostlosen Spätwestern, in dem die Helden zum Schluß nicht das hübsche Saloongirl flachlegten, sondern eine Kugel in den Kopf bekamen.

Während sie durch den Ort fuhren, um sich erst einmal ein

Bild davon zu machen, sagte Judy: »Wenn ich ehrlich sein soll, hier möchte ich nicht mal begraben sein. Dieses Kaff ist halb so groß wie der Friedhof von Houston – und mindestens doppelt so tot.«

Cliff nickte, antwortete aber nicht. Irgendwie schien das nicht nötig zu sein.

Sie brauchten keine zwei Minuten, um den gesamten Ort zu durchfahren. Dann bog Cliff von der Straße auf einen Waldweg ab, wendete und fuhr zurück. Jetzt, wo sie sich einen ersten Eindruck von dem Ort verschafft hatten, mußten sie sich auf die Suche nach dem ominösen ›Leuchtenden Vogel‹ machen.

Während Cliff den Winnebago in den Ort zurücklenkte, fragte Judy: »Hast du eine Ahnung, um wen es sich bei diesem komischen Vogel handeln könnte?«

»Nun«, meinte Cliff, »in dieser Gegend leben ziemlich viele Indianer. Vielleicht ist ›Leuchtender Vogel‹ ein indianischer Name, so wie ›Tapferes Wiesel‹ oder ›Schlauer Wolf‹.«

Judy nickte. »Wäre möglich. Aber wo sollen wir anfangen zu suchen?«

»Na, wo schon?« sagte Cliff, während er den Winnebago in eine breite Parklücke vor dem Barbiergeschäft im ›Zentrum‹ des Ortes lenkte. »Beim Friseur natürlich! Nirgends wird mehr getratscht. Der Friseur ist in einem Kaff wie diesem der Mann, der jeden kennt und alles über alle weiß.«

»Du scheinst dich mit Kleinstädten auszukennen.«

Cliff schüttelte den Kopf. »Eigentlich nicht. Ich bin in San Antonio aufgewachsen. Ein Großstadtkind. Allerdings habe ich mal einen Aufsatz über die Psychologie und Mentalität von Kleinstädtern gelesen.«

Judy grinste. »Soso. Ein richtiger Fachmann!«

Cliff schaltete den Motor aus, zog den Zündschlüssel ab und öffnete die Fahrertür des Winnebago. »Möchtest du warten oder mitkommen?«

»Ich komme mit«, entschied sie.

»Dann los.« Cliff schwang sich aus dem Campingwagen und schlug die Tür hinter sich zu, während Judy um den Winnebago herumkam.

Zusammen gingen sie die zwei Stufen zur Eingangstür des

Friseurgeschäfts hoch; die hölzernen Stiegen knarzten laut unter ihren Absätzen. Eine altmodische Glocke bimmelte über der Tür, als sie den Laden betraten, in dessen Schaufenster antike Barbierutensilien allmählich unter einer dicken grauen Schicht Staub verschwanden.

Der Friseur, ein toupierter Bursche Ende Vierzig, der seinen Bauch wie einen Riesenkürbis vor sich hertrug, hatte gerade einen Kunden, der vor ihm im einzigen Barbierstuhl saß und sich rasieren ließ. Der Mann hatte ein weißes Tuch um den Hals. Von seinem nach hinten geneigten Gesicht war wegen des flockigen Rasierschaums nicht viel zu erkennen.

Als die Glocke über der Tür anschlug, sah der Friseur auf, ohne mit der Rasur innezuhalten. Er musterte Cliff und Judy mit unverhohlenem Mißtrauen und grummelte lustlos: »Ja?« Allem Anschein nach hielt er nicht viel von Fremden.

»Hallo«, sagte Cliff und trat drei Schritte in den kleinen Laden hinein, in dem es nach kaltem Zigarettenrauch, Haarfett und Raumspray mit Veilchenduft roch. »Bitte verzeihen Sie die Störung, Sir. Wir sind auf der Suche nach jemandem, der hier in Uncton leben soll.«

»Was Sie nicht sagen«, erwiderte der Friseur vollkommen desinteressiert.

»Ja«, sagte Cliff. »Wir suchen jemanden namens Leuchtender Vogel.«

»Das tun viele.« Mit professioneller Gelassenheit rasierte der Friseur seinen Kunden weiter und wischte den Schaum von der scharfen Klinge des Rasiermessers an seiner Schürze ab. »Was wollen Sie von ihr?«

»Von *ihr*?« fragte Judy. »Leuchtender Vogel ist eine Frau?«

Der Friseur nickte. »Als ich sie zum letztenmal gesehen habe, war sie's zumindest noch.«

»Wo können wir sie finden?« fragte Cliff.

»Ihr gehört der Drugstore ein Stück die Straße runter«, sagte der Friseur. »Sie können den Laden nicht verfehlen. Ist das einzige Haus hier in Uncton mit einer Markise.«

Cliff nickte. »Haben Sie vielen Dank, Sir. Sie haben uns sehr geholfen.«

»War nicht meine Absicht«, erwiderte der Friseur, der nicht eine Sekunde von seiner Tätigkeit aufgesehen hatte.

Erst als Cliff und Judy den Laden verließen und die Tür mit einem leisen Bimmeln hinter ihnen ins Schloß fiel, trat der Barbier mit dem Rasiermesser in der Hand zum Fenster und beobachtete durch die leicht angegilbten Vorhänge, wie die beiden Fremden in Richtung Drugstore die Straße hinabgingen. Die Frage, was zum Teufel zwei völlig Fremde von einem Bewohner von Uncton wollten, stand ihm wie mit einem Rasiermesser auf die Stirn tätowiert.

Dies hier war nicht New York City oder Chicago. Dies war Uncton, ein Dreitausend-Seelen-Kaff im Herzen der Black Hills, ganz in der Nähe des Little Bighorn River, wo Sitting Bull und Crazy Horse am 25. Juni 1876 einer ganzen Abteilung der US-Kavallerie den Marsch geblasen und General Custer kräftig in den Arsch getreten hatten.

Hier kannte jeder jeden, und wenn Mrs. Sawyer eines einsamen Abends den Verführungskünsten des Mannes vom Pizza-Service aus Fishkill erlag, während ihr Mann sich beim Nachbarn zum Footballgucken aufhielt, wußte abgesehen von Mr. Sawyer spätestens am nächsten Mittag jeder Bürger von Uncton, was bei dem Schäferstündchen so gelaufen war.

In Orten wie diesen gab es kaum Geheimnisse, die wirklich im Verborgenen blieben, wo sie hingehörten, und Nachrichten machten schneller die Runde als ein Buschfeuer in Afrika. Und das bedeutete, daß der Friseur bald erfahren würde, was die beiden Fremden, die mit einem großen Campingwagen mit Texas-Nummernschild im Ort eingetroffen waren, von Ruth Sekada alias ›Leuchtender Vogel‹ wollten.

So war das Leben in einer Kleinstadt nun einmal.

Sekada's Drug & Household
Uncton, 13. September, 13 Uhr 56

Cliff und Judy gingen dreihundert Meter die Straße hinab und blieben vor dem Drugstore *Sekada's Drug & Household* stehen.

Der Laden besaß tatsächlich eine blaue Markise, die sich

wie ein großer halber Regenschirm über dem Eingang spannte. Allerdings konnte Cliff sich nicht vorstellen, was jemand in dieser Gegend mit einem Sonnenschutz wollte. Von der Sonne, die hinter dicken Wolkenbänken verborgen lag, war nichts zu erkennen, und selbst durch den dicken Rollkragenpullover, den er trug, spürte Cliff die Kälte.

Wenn es hochkam, dann waren es vielleicht fünf Grad über Null, und wenn man wie Cliff aus Texas kam, wo praktisch das ganze Jahr über sengende Hitze herrschte, erschien einem das wie ein arktischer Hauch.

In den beiden Schaufenstern des Drugstores, die im Gegensatz zu denen des Friseurs blitzsauber waren, standen Haushaltsartikel und einige Campingausrüstung; Kochtöpfe und Propangasbrenner und dergleichen. Zwei Stufen führten zur Tür des Ladens hoch. Über dem Geschäft schien sich die Privatwohnung der Besitzerin zu befinden. Alles in allem machte der Drugstore einen weniger verwahrlosten Eindruck als der Rest der Stadt.

»Was hältst du davon?« fragte Judy. Sie trug eine von Cliffs gefütterten Steppjacken, die ihr zwar ein paar Nummern zu groß war, ihr eindrucksvolles Äußeres aber dennoch betonte.

Obwohl Judy keineswegs eines dieser genmanipulierten Zuckermodels wie Claudia Schiffer oder Naomi Campbell war, war sie dennoch von einer ungezwungenen, natürlichen Schönheit. Die schulterlangen, leicht gelockten, fast schwarzen Haare, die rehbraunen Augen, über denen sich feine, sichelförmige Brauen wölbten, die schmale Nase und der volle, von Natur aus rote Mund ...

Judys Ex-Freund Paul Batista mußte wirklich dumm wie Bohnenstroh sein, eine solche Frau einfach abzuschieben – oder es war ihm aus irgendeinem Grund wichtiger gewesen, seinen eigenen Hintern zu retten. Cliff wußte noch nicht, welche dieser beiden Hypothesen zutraf, aber er nahm an, daß sich das irgendwann klären würde.

Jetzt allerdings gab es andere Dinge, mit denen er sich beschäftigen mußte. Wie es aussah, hatten sie den mysteriösen ›Leuchtenden Vogel‹ gefunden, von dem in ›Buzz'‹ Notiz die Rede gewesen war. Cliff hoffte von ihr zu erfahren, was Judy und er hier in Uncton sollten – und darüber hinaus auch noch etwas über ›Buzz‹ selbst in Erfahrung zu bringen.

Allerdings würde ihm das nicht gelingen, wenn sie weiterhin draußen vor dem Laden standen und stumm vor sich hin froren. Deshalb nahm er Judy sanft am Arm und führte sie die Stufen zur Eingangstür hinauf, ganz Gentleman.

Judy öffnete die Tür des Drugstore.

Diesmal wurden sie nicht vom Bimmeln einer Glocke, sondern nur von Schweigen empfangen. Das einzige Geräusch, das zu hören war, als sie den Laden betraten, war das Klacken ihrer Absätze auf den zerkratzten Bodendielen. Nachdem sie eingetreten waren, schloß Cliff die Tür hinter sich. Dann sah er sich um.

Sekada's Drug & Household war die Art von Drugstore, wie es sie bis in die fünfziger Jahre überall in Amerika gegeben hatte – bis irgendein geschäftstüchtiger Bursche auf die Idee kam, Supermärkte zu bauen, in denen viele Waren für weniger Geld zu bekommen waren; das schnöde Ende der Tante-Wilma-Drugstores.

Das hier allerdings war ein Laden, der die letzten vierzig Jahre unbeschadet überdauert hatte. Der Verkaufsraum maß ungefähr zweihundert Quadratmeter. An den Wänden befanden sich alte Holzregale, in denen sich Lebensmittel und Haushaltswaren drängten. Nahe der Westfront stand ein Tisch, auf dem Kettensägen der Marke *Blackwood & Snyder* arrangiert worden waren, und daneben türmte sich eine hüfthohe Pyramide aus Cherry-Coke-Dosen.

Von der Decke hing ein großer Ventilator mit vier Messingflügeln herab, der aussah, als wäre er seit dem Zweiten Weltkrieg nicht mehr in Betrieb gewesen. Neben dem Tresen, auf dem eine alte mechanische Registrierkasse und diverse Ständer mit Süßwaren untergebracht waren, standen zwei Drehsäulen mit Taschenbüchern. Überall im Raum hingen getrocknete Blumen und Wurzeln. An der Decke flackerte eine Neonröhre und verbreitete mattes gelbes Licht. Es roch irgendwie angenehm nach Gewürzen, Stoffballen, Holz und Maschinenöl.

Judy fühlte sich unwillkürlich an den Drugstore in Hidden Place, Connecticut, erinnert, wo ihr Großvater ein Blockhaus an einem See besessen hatte, in dem das Wasser so klar war, daß Scooter, der Jagdhund ihres Opas, keine Schwierigkeiten damit hatte, sich hin und wieder den einen oder anderen Barsch zu fangen.

In den Ferien war Judy oft bei ihm gewesen, wenn ihr Vater, ein Diplomat, in den Ländern des Nahen Ostens unterwegs war. Sie hatte diese Zeit geliebt und war in gewisser Weise traurig gewesen, als sie erwachsen geworden war, da sich ihre Besuche in Hidden Place nach dem Beginn ihres Psychologiestudiums in Boston sehr in Grenzen gehalten hatten.

Mittlerweile war ihr Großvater gestorben. Allerdings befand sich die Hütte noch immer im Besitz ihrer Familie. Vielleicht, überlegte sie, schaffte sie es ja, sich für einige Wochen dort zu erholen, wenn diese Sache aufgeklärt war.

Schließlich war sie arbeitslos. Sie hatte genug Rücklagen, um sich eine Zeitlang über Wasser zu halten, ohne am Hungertuch zu nagen, und Hidden Place mit seinen ausgedehnten Wäldern und dem malerischen Hidden Lake schien dafür der ideale Ort zu sein.

Cliff unterbrach ihre Gedanken. »Nicht gerade wie bei *Wallaby's* in Houston, was?« sagte er in die Stille hinein.

Bevor Judy darauf etwas erwidern konnte, kam eine Antwort aus den Schatten jenseits der Theke: »Hatten Sie das etwa erwartet, Mister?« Die Stimme war tief und melodisch und konnte ebensogut zu einem Mann wie zu einer Frau gehören.

Cliff wandte den Kopf in Richtung Tresen. »Eigentlich nicht«, sagte er. »Aber schließlich sind wir hier ja auch nicht in Houston, oder?«

»Nein«, sagte der geheimnisvolle Sprecher und trat aus den Schatten ins gelbe Licht der Neonröhre. »Und für meinen Teil ist das auch verdammt gut so.«

Die sonderbar androgyne Stimme gehörte einer Frau. Sie war fast so groß wie Cliff, stämmig, muskulös, kräftig gebaut, ohne jedoch dick oder mollig zu wirken, und wohl am ehesten mit dem wenig schmeichelhaften Begriff ›Mannweib‹ zu beschreiben.

Das zu einem Zopf gebundene rabenschwarze Haar, die dunkelblauen, beinahe schwarzen, leicht schrägstehenden

Augen und das große, breitflächige Gesicht mit der fleischigen Nase und den vollen Lippen machten deutlich, daß sie indianischer Abstammung war, auch wenn Cliff nicht sagen konnte, zu welchem Stamm sie gehörte.

Sie mochte Anfang bis Mitte Vierzig sein – so genau ließ sich das nicht sagen. Und obwohl die Gegenwart von Frauen dieser Art viele Männer unsicher machte, strahlte diese hier eine stoische, unerschütterliche Ruhe und eine seltsame Geborgenheit aus, die sie auf den ersten Blick sympathisch wirken ließ, auch wenn ihr distanziertes Auftreten darauf hindeutete, daß man nicht so leicht an sie herankam.

»Kann ich Ihnen helfen?« fragte sie, als sie um den Tresen herumgekommen und zwei Schritte von Cliff und Judy entfernt stehengeblieben war. Sie trug eine blaue Männerlatzhose, ein kariertes Baumwollhemd und feste Schuhe. Ein sonderbarer Geruch nach Gewürzen und getrockneten Kräutern, der fast wie ein Parfüm wirkte, ging von ihr aus.

Cliff nickte. »Das hoffe ich«, sagte er. »Mein Name ist Cliff Conroy, und das ist meine Begleiterin Judy Davenport.«

»Guten Tag«, sagte Judy.

»Auch so«, sagte die Frau.

»Wir suchen die Besitzerin dieses Ladens«, fuhr Cliff fort.

»Sie haben sie gefunden, Mister.«

»Dann sind Sie ›Leuchtender Vogel‹?«

Die Frau nickte. »Sie können mich auch Ruth nennen, wenn Sie wollen. Mit gutbürgerlichem Namen heiße ich Ruth Sekada.«

»Wunderbar!« sagte Cliff lächelnd – und feuerte unerwartet und ohne Vorwarnung eine seiner berüchtigten Überrumpelungsfragen ab. »Sie kennen Buzz?«

»Natürlich.« Ruth nickte. »Buzz ist ein guter Freund von mir.« Sie schien nicht im mindesten überrascht zu sein über diese Frage, was Cliff ein wenig aus dem Konzept brachte.

Er hatte angenommen, daß jemand, der den geheimnisvollen ›Buzz‹ kannte, diese Beziehung geheimhalten würde. Daß er zumindest nicht jedem, der dahergelaufen kam und sich als Cliff Conroy oder Judy Davenport ausgab, auf die Nase binden würde, daß ›Buzz‹ tatsächlich existierte. Solch blindes

Vertrauen konnte sich hin und wieder als böser Fehler entpuppen.

»Äh – großartig!« sagte Cliff. »Dann können Sie uns sicherlich auch sagen, wo wir ihn finden.«

Ruth schüttelte den Kopf. »Bedaure«, entgegnete sie, »aber da kann ich Ihnen nicht helfen. Es tut mir leid.«

»Okay«, sagte Cliff. Er versuchte es langsam und behutsam anzugehen, da er aus Erfahrung wußte, daß allzu emotionsbetonte Ausbrüche sich meist negativ auf eine angespannte Situation auswirkten. »Aber Sie wissen, daß er uns beide herbeordert hat, nicht wahr? Und das sicher nicht nur, um die gute Landluft zu genießen, oder?«

»Auch dazu kann ich nichts sagen«, erwiderte Ruth.

»Ich habe eher den Eindruck, Sie *wollen* es nicht«, warf Judy kühl ein. Normalerweise war es nicht ihre Art, übertrieben emotional zu reagieren, aber nach allem, was sie in den letzten Tagen durchgemacht hatte, war ihr Nervenkostüm nicht mehr das beste.

Cliff bedeutete ihr mit einer Geste, sich zurückzuhalten. Er wollte die Frau nicht verprellen. »Sie werden Ihre Gründe haben«, sagte er daher an Ruth gewandt. »Trotzdem möchte ich Sie bitten, sich mit Buzz in Verbindung zu setzen. Er wird Ihnen wahrscheinlich andere Instruktionen geben.«

Ruth nickte. »Das werde ich.« Ihr breites Mondgesicht war ausdruckslos. Ihr war nicht anzusehen, was sie dachte. Vermutlich spielte sie ziemlich gut Poker.

»Wunderbar«, sagte Cliff übertrieben höflich. »Haben Sie vielen Dank, daß Sie uns Ihre Zeit geopfert haben, Mrs. Sekada. Einen schönen Tag noch.«

Ruth sah den beiden durchs Schaufenster nach, wie es zuvor der Friseur getan hatte, und murmelte halblaut, ein kleines, irgendwie geheimnisvolles Lächeln auf den Lippen: »Bis bald, meine Lieben. Bis bald …«

The Uncton Manger
Uncton, 13. September, 14 Uhr 01

Cliff ließ sich mit einem frustrierten Seufzen auf einen Stuhl an einem der freien Tische im *Uncton Manger* fallen und widerstand nur mühsam dem Drang, mit der Faust auf den Tisch zu schlagen, um seiner Enttäuschung über die Begegnung mit Ruth Sekada Luft zu machen. Statt dessen zog er einen Zahnstocher aus dem Gläschen neben dem Aschenbecher und brach ihn mit zwei Fingern entzwei.

»Donnerwetter«, sagte Judy, die sich ihm gegenüber auf die Bank sinken ließ. »Einen solchen Kraftakt hätte ich Dir ja gar nicht zugetraut.«

»Wie?« Cliff, vollkommen in Gedanken versunken, sah verwirrt auf. Dann begriff er, daß sie den Zahnstocher meinte, den er massakriert hatte, und rang sich ein gequältes Lächeln ab. »Ach so. Na ja, es ist sonst nicht meine Art, die Beherrschung zu verlieren, aber irgendwie ist das alles ganz schön frustrierend.«

»Kein Problem«, sagte Judy. »Mir geht's genauso.«

Cliff schwieg einen Moment. Dann beschloß er, das Thema für den Moment ruhen zu lassen. Es hatte keinen Sinn, sich aufzuregen, ohne die näheren Hintergründe zu kennen. Wahrscheinlich tat Ruth Sekada bloß das, was sie für richtig hielt. Daraus konnte man ihr keinen Vorwurf machen.

Allerdings gab er die Hoffnung nicht ganz auf, etwas aus ihr herauszubekommen. Wenn sie in ein, zwei Stunden noch einmal zu ihr gingen, hatte sie es sich vielleicht anders überlegt – oder mit ›Buzz‹ gesprochen. Und wenn dieser geheimnisvolle Bursche auch nur halb soviel Interesse an einer Zusammenarbeit mit Cliff und Judy besaß, wie seine bisherigen Aktionen es nahelegten, dann würde er bald auf ihre Ankunft hier in Uncton reagieren. Bis dahin konnten sie nichts anderes tun als zu warten.

Um die Zeit sinnvoll zu nutzen, sagte Cliff: »Ich habe einen Riesenhunger. Wie wär's – möchtest du etwas essen?«

Judy nickte. »Und ob! In den letzten drei Tagen hatte ich mehr Fastfood als in den dreißig Jahren davor. Für ein ordentliches T-Bone-Steak mit gebackenen Bohnen würde ich meine Seele verkaufen.«

»Du scheinst nicht besonders an deiner Seele zu hängen«, sagte Cliff amüsiert. »Allein heute hast du sie bereits für eine Dusche, ein Bett und jetzt für ein Steak verscherbeln wollen ...«

Judy lächelte. »Du hast ein gutes Gedächtnis.«

Wie auf einen geheimen Befehl hin erschien eine Kellnerin am Tisch, um ihre Bestellung entgegenzunehmen. Das Mädchen war Anfang Zwanzig, groß, üppig und so blond, wie man es dank einer Haartönung nur werden konnte. Unter ihren müde blickenden blauen Augen lagen dunkle Ringe, und erste Falten furchten ihre Stirn.

Trotz ihrer Jugend wirkte sie arg mitgenommen, woran auch eine dicke Schicht Schminke nichts änderte. Anders als Ruth Sekada wirkte dieses Mädchen hier so fehl am Platze wie der Papst in einem Freudenhaus.

»Tach«, quetschte die Blonde hervor, ihren Notizblock in der einen, einen Bleistiftstummel in der anderen Hand. »Was soll's sein?«

»Was können Sie uns denn empfehlen?« erkundigte sich Cliff.

»Weiß nich«, sagte die Kellnerin. »Was Sie woll'n. Chilli, Truthahn auf Roggenbrot, gebackene Bohnen, Eintopf ... Schmeckt alles ziemlich gleich hier.«

Cliff zog die Augenbrauen hoch, überrascht von soviel Antiwerbung.

»Soso«, sagte er und tauschte mit Judy einen kurzen, amüsierten Seitenblick. »Na, wenn das so ist, werde ich wohl den Truthahn auf Roggenbrot nehmen.«

»Für mich dasselbe«, schloß Judy sich an. »Und dazu bitte ein gutes Bier.«

»Wir ham nur das aus der Brauerei drüben in Fishkill«, erklärte die Kellnerin. »Ob's gut ist, kann ich nich sagen.«

»Egal«, sagte Judy. »Ich nehm's trotzdem.«

Die Kellnerin nickte und notierte die Bestellung auf ihrem Block. »Un Sie, Sir?«

»Bringen Sie mir einen Kaffee«, sagte Cliff. »Schwarz und heiß. Ohne Milch und Zucker.«

Die Kellnerin nickte, kritzelte erneut auf ihrem Block herum und verschwand in Richtung Theke, um die Bestellung an den Koch weiterzugeben.

Cliff folgte ihr mit Blicken und nutzte die Gelegenheit, um sich in dem Restaurant umzusehen.

Das *Uncton Manger* fügte sich in jeder Hinsicht nahtlos in das übrige Szenario des Ortes ein. Alles in dem Schankraum, in dem sich vielleicht zehn, zwölf Gäste aufhielten, wirkte grau und trostlos. Selbst die knallroten Papiertischdecken, die auf den Tischen längs der zur Straße hinausgehenden Fensterfront lagen, wirkten angestaubt.

An den Wänden, die mit verblaßten Blümchentapeten tapeziert waren, hingen Bilder mit Wald- und Jagdmotiven, von deren Rahmen die Goldfarbe langsam abblätterte. In einer Ecke stand eine altersschwache Musikbox von der Größe einer Gefriertruhe, die irgendeinen alten Song von Little Richard plärrte.

Wie im Friseurgeschäft oder dem Drugstore hatte man das Gefühl, als hätte die Erde sich hier seit den fünfziger Jahren nicht weitergedreht. Es war fast, als wären sie zu einem dieser mysteriösen Orte gelangt, in die die zweifelhaften Helden in Rod Serlings Fernsehserie *Twilight Zone* immer wieder gerieten und wo die gesamte Bevölkerung aus außerirdischem Gemüse oder zum Leben erwachten Schaufensterpuppen bestand.

Während sie auf ihr Essen warteten, sagte Cliff: »Kann ich dir eine persönliche Frage stellen, Judy?«

Sie sah ihn über den Tisch hinweg an und schien zu überlegen, was das für eine Frage sein könnte. Dann zuckte sie die Schultern und sagte: »Schieß los.«

»Du brauchst nicht zu antworten, wenn du nicht willst«, sagte Cliff. »Ich würde dich niemals drängen.«

»Das weiß ich«, entgegnete Judy und nickte.

»Nun ...« Cliff überlegte, wie er die Frage, die ihm bereits seit einer Weile auf den Nägeln brannte, formulieren konnte, ohne Judy zu nahezutreten.

»Wie du ja weißt, habe ich bei der NASA eine ganze Zeit unter Paul gearbeitet«, begann er schließlich, »und ich frage mich nicht erst seit den letzten Ereignissen, wie eine kultivierte, intelligente und humorvolle junge Frau mit einem … nun ja, mit einem knochentrockenen Paragraphenreiter wie ihm auskommen konnte. Bitte versteh mich nicht falsch, Judy! Das soll keine Anmache oder dergleichen sein. Es würde mich einfach nur interessieren, das ist alles.«

»Ist schon in Ordnung«, sagte Judy. »Allerdings fürchte ich, daß ich deine Frage nicht beantworten kann. Um ehrlich zu sein, habe ich mich seit unserer Abreise aus Houston immer wieder selbst gefragt, was mir an Paul so gefallen hat. Ich nehme an, daß es seine distanzierte, überlegte Art und sein weltmännisches Auftreten waren. Vielleicht habe ich nach meinem Umzug nach Houston auch nur jemanden gesucht, der mir in der fremden Stadt Sicherheit und Geborgenheit geben würde, und dafür schien Paul der Richtige zu sein. Mittlerweile weiß ich, daß die Sache so oder so nicht gehalten hätte – dafür sind wir einfach zu verschieden.«

Cliff nickte. »Dachte ich mir«, sagte er wortkarg, inzwischen von der Forschheit seiner Frage selbst unangenehm berührt. Die Kellnerin, die mit ihrem Essen zurückkam, enthob ihn weiterer Peinlichkeiten.

Eine Zeitlang aßen sie schweigend, während Little Richard in der Musikbox erst von Chuck Berry, dann von Elvis Presley und schließlich von Jimmy Waters abgelöst wurde.

Mit einemmal verspürte Cliff einen seltsamen Drang, sich im Raum umzusehen. Er konnte nicht genau sagen, warum, aber irgendwie wurde er den Eindruck nicht los, daß sie beobachtet wurden. Doch die Gäste (die allesamt irgendwie nach Holzfällern aussahen) schienen mit ihren Mahlzeiten beschäftigt zu sein. Niemand schaute in ihre Richtung.

Er mußte sich getäuscht haben.

Als die Eingangstür des Restaurants aufschwang, eine Frau in einem verwaschenen braunen Armeeparka hereinkam und ohne zu zögern auf ihren Tisch im hinteren Teil des Schankraums zuging, wußte Cliff, daß ihn sein Gefühl nicht getrogen hatte. Anscheinend hatte die Frau sie durch das Fenster beobachtet.

Sie mochte zwischen fünfzig und sechzig Jahre alt sein. Das schulterlange, dunkelblonde Haar fiel ihr in fettigen Strähnen ins Gesicht, und nur wenn man ganz genau hinsah, konnte man erkennen, daß sie vor zwanzig Jahren recht attraktiv gewesen sein mußte.

Davon konnte allerdings schon lange nicht mehr die Rede sein. Was auch immer sie einmal gewesen war, jetzt war sie nur noch eine heruntergekommene, verwahrloste Frau, wie man sie in viel zu vielen Städten Amerikas auf der Straße traf, wo sie die Passanten um einen Dollar anbettelten, weil sie zu alt waren, um ihre Körper zu verkaufen.

Als die Frau direkt neben ihrem Tisch stehenblieb, hatte Judy, die gedankenversunken auf ihrem Truthahnbrot herumkaute, sie noch nicht bemerkt. Erst als Cliff ihr unter dem Tisch einen leichten Tritt versetzte, sah sie auf – und hielt angesichts des üblen Gestanks, der von den Kleidern der Frau ausging, den Atem an.

Bevor einer der beiden die Frau fragen konnte, was sie wollte, begann sie mit einer hohen, unangenehm quietschenden Stimme auf sie einzureden.

»Sie hätten nicht herkommen sollen!« krächzte sie, und ihre Augen, die von einem extrem wäßrigen Blau waren, funkelten wild. »Nicht hierher. Nicht nach Uncton. Dies ist ein böser Ort! Böse Dinge gehen hier vor, schreckliche Dinge. Fliegende Dinge. Leuchtende Dinge.« Sie rollte dramatisch mit den Augen und wiederholte dann: »Sie hätten nicht herkommen sollen ...«

Cliff legte sein Besteck aus der Hand und sah die Frau an. »Wie meinen Sie das?« fragte er.

Sie beugte sich mit blitzenden Augen vor und senkte ihre Stimme zu einem verschwörerischen Flüstern. »Sie sind überall!« zischte sie. »Sie sehen alles. Sie hören alles. Sie wissen alles. Alles! Einfach alles.«

»Wen meinen Sie?« fragte Judy.

Die Frau sah sie an, als hätte sie die Frage nicht verstanden. »Sie sind überall«, sagte sie wieder. »Sie haben ihn geholt. Und mich auch!« Ihr Atem ging schnell und stoßweise. Dann zog sie unvermittelt den Reißverschluß ihres Parkas herunter und ihren verwaschenen Pulli hoch. »Sehen Sie!« rief sie und deutete auf ihren entblößten Bauch. »Sehen Sie! Sie haben mich geholt!«

Etwas schräg unterhalb des Bauchnabels der Frau befand

sich eine kleine Narbe, rund, vom Durchmesser eines Bleistifts.

»Sehen Sie doch!« Mittlerweile war die Frau vollkommen hysterisch. Tränen quollen ihr aus den Augen. »Sehen Sie! Bitte, sehen Sie doch!«

Von einer morbiden Neugierde erfaßt beugte Judy sich vor und sah sich die Narbe näher an. Das Gewebe war knotig und grau und ein wenig gewuchert, was die Vermutung nahelegte, daß die Frau daran herumgekratzt hatte.

Allerdings war nicht zweifelsfrei zu erkennen, woher die Narbe rührte. Die kreisrunde Form deutete auf eine Operation hin – eine der modernen Art, bei der Sonden durch kleine Löcher in den Körper eingeführt werden. Aber wer würde hier, am verlängerten Rückgrat der Welt, einen solchen Eingriff durchführen?

Möglicherweise hatte die Frau sich auch verbrannt – oder war verbrannt worden. Dem Umfang nach konnte die Narbe von einer Zigarette stammen.

Judy wollte die Frau gerade fragen, woher die Wunde stammte, als plötzlich der Koch aus der Küche hervorstürmte.

Der Mann war mittelgroß, schwarzhaarig und unrasiert; eine fettgesprenkelte, ehemals weiße Schürze spannte sich über seinem Wanst. Er kam an den Tisch, packte die Frau kurzerhand am Kragen ihres Parkas und schleifte sie hinter sich her in Richtung Tür.

»Verdammt, ich hab' dir schon tausend Mal gesagt, du sollst meine Gäste in Ruhe lassen!« schnauzte er sie an. »Tausend Mal, verflucht!« Er öffnete die Tür und stieß sie hinaus. Cliff und Judy sahen durchs Fenster, wie die Frau zu Boden stürzte und mit schmerzverzerrtem Gesicht im Dreck liegenblieb.

»Laß dich hier nicht noch mal blicken!« rief der Koch ihr nach und knallte die Tür zu. Dann kam er zu Cliff und Judy an den Tisch, schaltete sein freundlichstes Lächeln ein und sagte: »Bitte verzeihen Sie die Störung. Eigentlich soll Hattie dafür sorgen, daß die Alte hier nicht reinkommt, aber sie war gerade in der Küche. Ich hoffe, die Frau hat Ihnen nicht den Appetit verdorben?«

Cliff und Judy wechselten einen kurzen Blick. Dann sagte

Cliff mit einem ebenfalls freundlichen Lächeln: »Nein, mein Bester, die Frau nicht. Dafür aber um so mehr die Art und Weise, wie Sie sie behandelt haben.« Er zog einen Zwanziger aus der Hosentasche, warf ihn auf den Tisch und stand auf.

»Schönen Tag noch«, fügte Judy hinzu, dann schloß sie sich Cliff an, der zur Tür ging. Dem Koch quollen vor Verblüffung die Augen aus den Höhlen, als sie unter den Blicken der restlichen Gäste das Lokal verließen und die Tür mit einem satten ›Wump!‹ hinter ihnen ins Schloß fiel.

Draußen erwarteten sie dicke grauschwarze Regenwolken, die über den Black Hills in Richtung Osten zogen. Und ein leerer Gehsteig. Die alte Frau mit dem Parka war verschwunden.

Sie sahen sich um, doch nirgends war eine Spur von ihr zu entdecken. Sie war wie vom Erdboden verschluckt.

Dafür entdeckten sie Ruth Sekada, die neben der Frontscheibe des Lokals an der Wand lehnte und Kautabak kaute. Sie hatte sich eine dunkelblaue Daunenjacke übergestreift. Als Cliff und Judy auf sie aufmerksam wurden, sagte sie: »Sie brauchen nicht nach ihr zu suchen. Sie ist weg.«

Cliff und Judy gesellten sich zu ihr.

»Wer ist sie?« fragte Judy.

»Ein armer Mensch«, erwiderte Ruth leise und schien eine Sekunde nachzudenken. Dann sagte sie: »Hat mir gefallen, daß Sie Konsequenz gezeigt haben und einfach gegangen sind. Wissen Sie, ich kenne Dick recht gut. Hab' vor Jahren selbst mal eine Zeitlang in dem Laden gearbeitet, bevor ich geheiratet habe und erwachsen wurde. Der Kerl ist ein tyrannischer Drecksack, dem nichts mehr Freude bereitet, als andere Menschen zu demütigen.«

Judy nickte. »Das haben wir gemerkt.«

»Weshalb sind Sie hier?« wechselte Cliff das Thema. Obwohl ihm die Sache mit der alten Frau und der sonderbaren Narbe unter ihrem Bauchnabel nicht aus dem Kopf ging, gab es im Moment andere Dinge, die wichtiger waren. »Haben Sie es sich anders überlegt?«

Ruth schüttelte den Kopf. »Tut mir leid, aber ich kann Ihnen beim besten Willen nicht sagen, wo sich Buzz aufhält. Männer wie er haben viele Feinde.«

»Na, prima«, sagte Cliff. »Nette Aussichten. Allerdings haben Sie meine Frage nicht beantwortet. Weshalb sind Sie hier, Mrs. Sekada?«

»Um Ihnen etwas zu zeigen«, antwortete sie. »Wissen Sie, auch wenn Sie es vielleicht nicht glauben, aber ich stehe auf Ihrer Seite. Ich will Ihnen keine Steine in den Weg legen, sondern Ihnen helfen. Ich wußte, daß Sie kommen würden, doch bevor ich vertraulicher mit Ihnen werden konnte, mußte ich mir erst ein Bild von Ihnen machen. Sie sind Menschen, die wissen, was sie wollen. Menschen, die sich ihr Mitgefühl für andere bewahrt haben. Das imponiert mir.« Dann fügte sie wie nebenbei hinzu: »Außerdem ist Wakanda Ihnen sehr wohlgesonnen.«

Judy legte die Stirn in Falten. »Wakanda?«

»Wakanda ist in der Sprache der Sioux die Bezeichnung für den Großen Geist«, klärte Cliff sie auf. »Vermutlich kennst du ihn unter dem Algonkin-Begriff Manitu.«

»Ich bin beeindruckt«, sagte Ruth und nickte.

»Ich auch«, sagte Judy verblüfft. »Woher um alles in der Welt weißt du das?«

Cliff zuckte die Schultern. »Ich hab' irgendwann mal darüber gelesen«, erwiderte er und fuhr, an Ruth gewandt, fort: »Was meinen Sie damit, Wakanda sei uns wohlgesonnen? Woher wollen Sie das wissen? Sind Sie so eine Art ... Schamanin?«

Ruth nickte. »So nennt man es wohl.« Damit schien das Thema für sie erledigt. »Sie haben mich im Drugstore gefragt, was Sie hier in Uncton sollen«, sagte sie. »Wenn Sie mir folgen, werde ich es Ihnen zeigen.«

Cliff und Judy wechselten einen raschen Blick.

»Was wollen Sie uns zeigen?« fragte Judy neugierig.

»Das werden Sie sehen, wenn wir da sind«, sagte Ruth. »Es ist etwa anderthalb Meilen von hier. Sollen wir zu Fuß gehen oder Ihren Wagen nehmen?«

»Wir nehmen den Wagen«, entschied Cliff.

St.Alamos Memorial Church
Nahe Uncton, 13. September, 14 Uhr 54

Etwas mehr als fünf Minuten später rollte der grünlackierte Winnebago vom Provincial Highway auf den Schotterplatz vor der *St. Alamos Memorial Church*, knapp anderthalb Meilen südlich von Uncton. Die Black Hills waren in dieser Gegend ausgesprochen baumreich, und die aus Holz errichtete und weiß angestrichene kleine Kirche mit ihrem fünfzig Meter hohen Glockenturm wirkte inmitten all der Fichten und Rottannen ein wenig deplaziert, ungefähr wie der Eiffelturm im Südpazifik.

Cliff brachte den Winnebago auf dem leeren Parkplatz zum Stehen und schaltete den Motor aus, während Ruth bereits die Beifahrertür öffnete und hinauskletterte. Auf der Fahrt hierher hatte sie wenig gesprochen, so daß Cliff und Judy nicht die geringste Ahnung hatten, was sie hier erwartete.

Aber wie es aussah, würden sie es bald erfahren.

Während Judy der Drugstorebesitzerin folgte, kletterte Cliff nach hinten in den Campingwagen und öffnete die Tür des Einbauschranks, in dem seine Kleidung hing. Er räumte einige Paare Schuhe beiseite und legte eine quadratische Bodenklappe frei, die mit einem Zahlenschloß gesichert war. Er stellte die Kombination ein, öffnete die Klappe und entnahm dem darunterliegenden Metallfach eine .357 Magnum vom Typ Smith & Wesson Modell 13.

Der Revolver hatte einen verchromten Drei-Inch-Lauf, einen innenliegenden Hahn, Double-Action, und faßte im Gegensatz zu den üblichen Fabrikationen dieser Art nicht fünf, sondern acht Kugeln.

Cliff hatte sich die Smith & Wesson vor Jahren besorgt, um bei seinen Campingausflügen gegen eventuellen Ärger gewappnet zu sein. Er hatte die Waffe bislang bloß einige Male auf dem Schießstand in Houston abgefeuert, weil er bis dato gottlob keine Verwendung dafür gehabt hatte.

Jetzt allerdings ließ er die Trommel aufschnappen, überprüfte, ob die Magnum geladen war, und steckte sie unter seinem Pullover in den Hosenbund. Er wußte nicht, warum, aber irgendwie hatte er das ungute Gefühl, daß er sie vielleicht brauchen würde.

Als er aus dem Winnebago kletterte, waren Judy und Ruth bereits bei der Kirche. Sie standen vor dem Portal und warteten auf ihn.

»Wo bleibst du denn?« fragte Judy.

»Bin schon da«, sagte Cliff mit einem entschuldigenden Lächeln. »Mußte nur noch mal für kleine Jungen.«

»Kommen Sie«, sagte Ruth und drehte den Knauf der linken Türhälfte. »Wir sollten uns beeilen.« Sie drückte die Türhälfte auf und verschwand ohne ein weiteres Wort im Innern der Kirche. Cliff und Judy folgten ihr.

Drinnen war es nur unwesentlich wärmer als im Freien. Der Atem kondensierte zu weißen Wölkchen, sobald er die warme Höhle des Mundes verließ, um sich nur eine Sekunde später in Wohlgefallen aufzulösen.

»So was wie eine Heizung gibt es hier wohl nicht«, sagte Judy, als sie den schmalen Mittelgang auf den Altar zugingen.

»Doch«, sagte Ruth. »Aber die ist ausgeschaltet. Sie werden gleich sehen, warum.«

Sie führte Cliff und Judy zwischen den zehn Bankreihen hindurch zum Altar, auf dem eine aufgeschlagene Bibel und ein Gesangbuch lagen. Dicke weiße Wachskerzen ragten wie groteske Finger in die Höhe. Hinter dem Altar hing ein großes Holzkreuz an der Wand. Ansonsten gab es keinen Schmuck, keine Darstellungen religiöser Heiliger oder dergleichen. Nicht einmal ein Taufbecken. Alles war sehr schlicht gehalten. Selbst eine Kanzel fehlte.

Schräg hinter dem Altar befand sich eine Tür, die allem Anschein nach in die Kapelle führte. Dort schien sich Ruths Ziel zu befinden.

Sie zog einen Schlüssel aus der Jackentasche und machte sich damit am Türschloß zu schaffen. Einen Moment später klackte es leise, und die Tür schwang lautlos ein Stück auf.

Aus dem Innern der Kapelle, in der es noch kälter als im Rest der Kirche zu sein schien, wehte ihnen ein leichter Modergeruch entgegen. Als sie eintraten, bildete sich auf Judys Armen trotz der dicken Jacke eine prickelnde Gänsehaut.

»So«, sagte Ruth, als sie die Tür hinter ihnen geschlossen hatte. »Da wären wir.«

Die Kapelle war ebenso spartanisch eingerichtet wie die Kirche. Es gab weder religiösen Wandschmuck noch irgendwelche anderen Glaubensuntensilien. An der Rückwand befand sich eine Tür, die vermutlich nach draußen ins Freie führte.

Bis auf einen Tisch in der Mitte des knapp zwanzig Quadratmeter messenden Raumes war die Kapelle leer. Das Möbel war mit einem großen weißen Leinentuch abgedeckt, unter dem sich die vagen Umrisse einer menschlichen Gestalt abzeichneten.

Ohne ein weiteres Wort trat Ruth ans Kopfende des Tisches und schlug das Laken mit einem Ruck beiseite.

»Guter Gott«, murmelte Judy entsetzt. Sie wußte nicht, was sie erwartet hatte, aber ganz sicherlich nicht das, was sich ihren weit aufgerissenen Augen nun offenbarte.

Auf dem Tisch lag die Leiche eines schwarzhaarigen, etwa ein Meter siebzig großen Mannes, der einen grünen Overall trug und um die vierzig Jahre alt gewesen sein mußte, als er starb – so genau ließ sich das beim besten Willen nicht sagen, da der Körper aus irgendeinem Grund vollkommen mumifiziert war.

Die Haut der Körperteile, die zu sehen waren – das Gesicht, der Hals, die Hände –, war rotbraun und wirkte ledrig. Sie spannte sich so stramm über den Knochen, daß sie wirkte, als würde sie jeden Moment einreißen, was die Schädelform verstärkte.

Um den Mund und die geschlossenen Augen herum war das Fleisch extrem faltig, die Wangen sanken stark nach innen ein. Die Haare waren strähnig und schulterlang, und auch die Fingernägel waren nach dem Tod des Mannes aufgrund der postmortalen Epidermisfunktion, die vor allem bei Toten besonders ausgeprägt ist, die in salzreicher Erde bestattet werden, noch etwa ein Inch gewachsen.

Das deutete darauf hin, daß der Mann bereits seit mehr als drei Monaten tot sein mußte. Von Verwesung jedoch fehlte jede Spur. Tatsächlich wies die Leiche noch nicht einmal die typischen braunen Verwesungsflecken auf, die bereits kurz nach Einsetzen der Leichenstarre auftreten. Auch fehlte der Verwesungsgestank völlig. Lediglich ein leichter Geruch nach trockenem Leder und Moder lag in der Luft.

Judy besah sich die Leiche mit professionellem Interesse; schließlich hatte sie als ehemalige Polizeipsychologin in medizinischer Hinsicht mehr Erfahrung als Cliff.

Ruth sah zu, wie sie den Toten oberflächlich untersuchte, seine Haut berührte, versuchte, die Finger zu bewegen und ihm in die Nase und die Ohren schaute.

Schließlich fragte Ruth: »Nun, was halten Sie davon?«

»Ich weiß nicht recht«, entgegnete Judy. »Der Körper scheint vollkommen dehydriert zu sein, wie bei einer ägyptischen Mumie. Allerdings ist die Haut zu weich, um mit Wachs oder Harz behandelt worden zu sein, und auf den ersten Blick sind weder in den Nasenlöchern noch in den Gehörgängen Spuren von Torf zu entdecken, was auch ausschließt, daß der Mann einige Zeit im Moor gelegen hat. Um ehrlich zu sein, ich habe keine Ahnung, warum die Leiche derart mumifiziert ist.«

»Da sind Sie nicht die einzige«, sagte Ruth.

»Wer ist der Mann?« fragte Judy.

»Dem Uniformoverall nach zu urteilen ein Jetpilot der Army«, mutmaßte Cliff. »Allerdings habe ich diese Ausführung seit Mitte der siebziger Jahre nicht mehr gesehen. Auf seiner linken Brusttasche steht der Name J. Haggard.«

»Das steht für Jack«, ergänzte Ruth. »Der Name dieses Mannes ist Jack Haggard. Er war in der Ellsworth Air Force Base in Deadwood stationiert. Während eines Trainingsflugs im Juli 1973 sind er und sein Flügelmann mit ihren F-18 über den Black Hills abgestürzt. Das Militär hat damals behauptet, sie hätten die Leichen der beiden abgestürzten Piloten geborgen, doch das war eine Lüge. Sie konnten keine Spur von den Männern finden, obwohl sie sich nachweislich nicht mit den Schleudersitzen aus den abstürzenden Jets gerettet haben.

Bislang fehlte jede Spur von ihnen – bis zwei Holzfäller aus Uncton Haggards Leiche vor zwei Wochen in der Nähe des Fishkill River gefunden haben. Da sie nicht wußten, was sie machen sollten, haben sie Bud Welsh, den Bürgermeister von

Uncton, Dr. Strieber und mich geholt, damit wir uns die Sache ansehen.

Die meisten Bürger von Uncton haben in den Black Hills ihr gesamtes Leben verbracht, deshalb wußten wir alle, was es mit dem Piloten auf sich hatte und daß man uns eine Menge unangenehme Fragen stellen würde, wenn wir die Sache an die große Glocke hängten. Deshalb haben wir beschlossen, die Leiche hierher in die Kapelle zu schaffen und die Sache vorerst für uns zu behalten.

Wissen Sie, die Leute in dieser Gegend haben etwas gegen das Militär, die Polizei oder die Regierung, weil der größte Teil der Bevölkerung indianischer Abstammung ist. Außerdem können sich die meisten noch ziemlich gut daran erinnern, was nach dem Absturz der Jets hier in Uncton los war. Die Soldaten, die Leute vom FBI, die von Haus zu Haus gingen und jeden verhörten, den sie in die Finger bekamen, selbst Kinder …

Sie wollten wissen, ob wir irgendeine Ahnung davon hatten, was den Absturz herbeigeführt hatte. Sie gaben vor, es würde darum gehen, die Umstände des Unglücks aufzuklären, aber in Wirklichkeit wollten sie bloß sichergehen, daß keiner mitbekommen hatte, was sich in jener Nacht über den Black Hills abgespielt hat.«

»Und was *hat* sich abgespielt?« fragte Judy.

»Lichter«, sagte Ruth. »Rotierende weiße Lichter waren am Himmel zu sehen. Es sah aus wie ein Karussell aus Licht. Die beiden Jets sind direkt aus dem Zentrum des Lichts gestürzt.«

»Moment mal«, sagte Cliff und winkte kopfschüttelnd ab. »Ganz langsam, okay? Sie meinen, daß dieser Mann hier, der wegen irgendwelcher weißen Lichter abgestürzt ist, bereits seit knapp *dreiundzwanzig Jahren* tot ist? Und daß die Regierung die wahren Umstände des Absturzes der beiden Jets vertuscht hat, weil sie der Ansicht war, daß die Wahrheit nicht für die breite Öffentlichkeit bestimmt war?«

Ruth nickte.

»Verdammt!« fuhr Cliff auf. »Verlangen Sie im Ernst, daß ich Ihnen diese abenteuerliche Geschichte abkaufe?«

»Sie haben Ihrer Regierung schon ganz andere Geschichten abgekauft«, sagte Ruth nüchtern.

Cliff schüttelte ungläubig den Kopf.

Ein Datenfile oder einen Schnellhefter mit Berichten von UFO-Begegnungen oder unerklärlichen Phänomenen zu sichten war eine Sache. Einem dieser Phänomene *vis-à-vis* gegenüberzustehen, eine gänzlich andere. Sein logisch funktionierender Verstand weigerte sich schlichtweg, es zu akzeptieren.

Andererseits ... was hatte er eigentlich erwartet? Wenn an dem Projekt »GhostRider« nichts dran wäre, würde man sich bestimmt nicht soviel Mühe geben, es geheimzuhalten ...

Judy riß ihn aus seinen Gedanken. »Was war das?«

»Was?« fragte Cliff. »Ich habe nichts gehört.«

»Aber ich«, sagte Ruth. »Es klang, als würden Wagen vor der Kirche halten. Mindestens drei. – Ich werde nachsehen.«

Damit schlüpfte sie aus der Kapelle, um zehn Sekunden später wieder zurückzukommen. Ihr Gesicht hatte einen gehetzten Ausdruck angenommen.

»Es ist die State Police!« sagte sie. »Und einige Männer in Zivil. Schnell, Sie müssen verschwinden!« Sie drängte Cliff und Judy zur Hintertür der Kapelle. »Wenn die Sie hier entdecken, bedeutet das ziemlichen Ärger!«

Der Schlüssel steckte. Cliff schloß auf und schlüpfte ins Freie. Judy folgte ihm.

»Lassen Sie sich nicht erwischen!« warnte Ruth. »Und nehmen Sie sich vor dem Wald in acht! Gehen Sie nicht zu weit hinein!«

Damit schlug sie die Tür zu und sperrte Cliff und Judy aus – gerade noch rechtzeitig, denn einen Moment später stürmte ein halbes Dutzend Männer in die Kapelle. Stimmen wurden hinter der Tür laut, von denen sie eine sofort erkannten.

Jeremy McKay!

»Zur Hölle!« zischte Cliff durch die Zähne. »Wie hat der Mistkerl uns gefunden?«

Judy zuckte die Schultern.

In der Kapelle verhörte McKay, dessen markantes Organ die Stimmen der anderen Männer übertönte, Ruth Sekada, die seine Fragen kurz und knapp beantwortete.

Sie erzählte, zwei Holzfäller hätten die Leiche am Morgen

in der Nähe des Fishkill River gefunden und nach Uncton gebracht, wo Bürgermeister Bud Welsh und der örtliche Mediziner Dr. Strieber entschieden hätten, den Leichnam in der Kapelle aufzubewahren, bis am späten Nachmittag der tägliche Krankentransport aus Rapid City durch Uncton kam.

Ja, sie sei hier, um auf die Leiche achtzugeben. Nein, sie hätte keine Ahnung, was mit der Leiche nicht stimmte. Natürlich würde sie kein Wort über diesen Vorfall verlieren, wenn es im Sinne der nationalen Sicherheit war.

Es hatte den Anschein, als ob sie damit gerechnet hätte, daß es Ärger mit der Regierung geben würde. Deshalb ging Cliff davon aus, daß die Leute, die Ruth dem NSA-Agenten namentlich nannte, ihre Geschichte in allen Punkten bestätigen würden. Wie bereits ›Buzz‹ überließ Ruth nichts dem Zufall – was vermutlich auch verdammt gut so war, denn mit Typen wie diesem McKay war nicht zu spaßen.

Nachdem McKay mit Ruth fertig war, ließ er sie von einem Polizisten hinausbringen. Es war offensichtlich, daß er sie aus dem Weg haben wollte, um sich in aller Ruhe um die sonderbare Leiche des Piloten Jack Haggard zu kümmern, ohne daß ihm dabei ein Zivilist auf die Finger sah.

Cliff und Judy waren hin und her gerissen von der Sorge einerseits, hier am hinteren Kirchenportal entdeckt zu werden, und der Chance andererseits, endlich etwas mehr über McKays Ziele zu erfahren, wenn sie noch blieben und das Gespräch belauschten. Sie entschieden sich fürs Bleiben.

»Was werden Sie mit der Leiche machen?« fragte einer der Beamten von der State Police.

»Das FBI transportiert sie in die Gerichtsmedizin von Rapid City«, erklärte McKay. »Dort wird man eine Autopsie vornehmen. Bleiben Sie bei der Leiche, bis der Transporter vom FBI eintrifft. Lassen Sie niemanden ohne meine Erlaubnis in die Nähe des Toten. Verstehen Sie? Niemanden!«

»Jawohl, Sir«, sagte der Beamte. »Sie können sich voll und ganz auf mich verlassen.«

»Gut«, meinte Jeremy McKay, und die Art, wie er es sagte, jagte Cliff und Judy kalte Schauder über den Rücken. »Sehr gut …«

McKay verstummte. Dann hörte man Schritte in der

Kapelle, gelassen und langsam, die sich ... der Hintertür näherten!

Cliff und Judy sahen sich erschrocken an und reagierten ohne Zögern. So leise und so schnell wie möglich verließen sie ihren Lauschposten an der Rückwand der Kirche und schlugen sich in das dichte Unterholz des Waldes.

Sie hatten Glück. Als die Hintertür sich öffnete und Jeremy McKay, in einem taubengrauen Anzug mit einer perfekt geknoteten schwarzen Krawatte bekleidet, im Türrahmen erschien, knieten sie zwanzig Meter entfernt hinter einer Ansammlung dichter Holunderbüsche, die sie vor seinen Blicken verbargen.

Er konnte sie nicht sehen – und dennoch schien er genau zu wissen, daß sie hier draußen waren, ganz in seiner Nähe. Man sah es seinem Gesicht an. Dieser überlegene, ein wenig überhebliche Zug um die Mundwinkel ...

McKay *wußte*, daß sie hier draußen waren. Er *wußte* es, ebenso wie er gewußt hatte, daß er in der *St. Alamos Memorial Church* in Uncton, South Dakota, nach ihnen suchen mußte.

Er war über jeden Schritt informiert, den sie taten. Wohin sie gingen, mit wem sie sich trafen ... Er wußte es, und er nutzte sein Wissen aus, um mit ihnen zu spielen. Um sie hierhin und dorthin zu schieben wie Bauern auf einem Schachbrett.

Er spielte mit ihnen – und wenn sie sich nicht verdammt vorsahen, würden Cliff und Judy die Verlierer dieses Spiels sein ...

In den Black Hills
Nahe Uncton, 13. September, 15 Uhr 06

Die Frau in dem fast knielangen graugrünen Parka kauerte im Schutz einer Krüppelkiefer und beobachtete, wie drei Wagen der State Police und ein Zivilfahrzeug, ein dunkelbrauner Lincoln Continental mit getönten Scheiben, auf den Schotterplatz vor der St. Alamos Memorial Church fuhren, und zog sich tiefer in das dichte Unterholz des Waldes zurück, um nicht entdeckt zu werden.

Sie sah zu, wie die Autos neben dem großen grünen Campingwagen hielten, mit dem die beiden Fremden und Ruth Sekada gekommen waren, und wie die Männer ausstiegen, alles in allem zehn Männer, von denen zwei keine Uniformen der Polizei, sondern elegante Anzüge trugen, wie sie diese Typen in der Fernsehserie am Dienstag abend auch immer anhatten, und die waren vom FBI.

Sie wußte zwar nicht mehr, was FBI bedeutete, obwohl sie sich ziemlich sicher war, es irgendwann einmal gewußt zu haben. Doch sie glaubte sich zu erinnern, daß die Männer vom FBI so was wie Oberpolizisten waren, die sich darum kümmerten, daß Amerika nicht von Mördern und Einbrechern und Japanern kaputtgemacht wurde.

Aber wenn das so war, was hatten die Männer in den Anzügen dann hier in Uncton zu suchen? Und was wollten sie bei der Kirche? Gottesdienst war doch erst übermorgen.

Sie konnte es nicht sagen, doch möglicherweise, so überlegte sie, waren sie aus demselben Grund hier wie die beiden Fremden und Ruth – und sie selbst. Möglicherweise hatten sie auch gespürt, daß mit der Kirche irgend etwas war, so wie sie es gespürt hatte, jedesmal, wenn sie in den letzten Tagen hier vorbeigekommen war.

Aber sie hatte sich nie getraut, nachzusehen, was das sein konnte; schließlich hatte sie im Spätprogramm genug Filme gesehen, in denen neugierige Leute von Männern in Hockeymasken mit Macheten erschlagen wurden. Und wenn ihr Verstand auch ›ganz schön im Arsch‹ war, wie Sully immer sagte, wenn er zuviel Wodka getrunken hatte – sterben wollte sie wegen irgendeines komischen Gefühls, das sie hatte, bestimmt nicht.

Jetzt allerdings sah es so aus, als wäre es nicht bloß ein komisches Gefühl gewesen. Erst die Fremden mit dem Campingwagen, und jetzt die Polizei und die beiden Männer vom FBI, die als erste im Innern der Kirche verschwanden …

Es hatte den Anschein, als ginge tatsächlich irgend etwas in der Kirche vor, und Wilma wollte wissen, was das war. Schließlich tauchte der Typ mit der Hockeymaske immer erst auf, wenn es dunkel war, und auch nur dann, wenn man allein war, darum hielt sich Wilmas Furcht in Grenzen.

Als die FBI-Männer und sechs normale Polizisten im Inneren des Gebäudes verschwunden waren, schlich sie im Schutz der Büsche auf die Kirche zu, um besser sehen zu können, was dort vor sich ging. Sie mußte verdammt leise sein und sich gut im Dickicht verstecken, um von den beiden uniformierten Beamten von der State Police nicht entdeckt zu werden, die auf dem Parkplatz zurückgeblieben waren, um die Autos und den Vordereingang der Kirche zu bewachen.

Dann hatte sie eine geeignete Stelle etwa fünfzig Meter von der Kirche entfernt gefunden, von der aus sie sowohl die Vorder- als auch die Rückseite der *St. Alamos Memorial* im Auge behalten konnte. Sie war früher zusammen mit ihrem geliebten Mann, Gott hab' ihn selig, praktisch jeden Sonntag in der Kirche gewesen – nicht in dieser, weil sie damals in Seven Pines in der Nähe von Deadwood gelebt hatten, mehr als fünfzig Meilen von hier entfernt.

Seit dieser schlimmen Sache damals, nach der alles anders geworden war, hatte sie allerdings niemals wieder eine Kirche besucht, denn sie wußte, daß eine Kirche ein Ort des Glaubens und der Hoffnung war, und beides hatte sie schon vor Jahren für immer verloren.

Sie war ein Mensch ohne Hoffnung, Glauben und Ziel.

Kein Mensch für die Kirche.

Wie auch immer, sie saß da und beobachtete das Gotteshaus, ohne eine Ahnung davon zu haben, was im Inneren vor sich ging. Für einen Augenblick, dreißig Sekunden oder so, regte sich nichts.

Dann sah sie, wie die Hintertür geöffnet wurde und die beiden Fremden, der Mann und die Frau, die mit dem grünlackierten Campingwagen in die Stadt gekommen waren, herauskamen. Offenbar hatten sie es ziemlich eilig. Die Tür wurde hinter ihnen geschlossen, und dann standen die Fremden da und lauschten anscheinend, was in der Kapelle vor sich ging.

Wilma wußte nicht recht, was sie davon halten sollte. Also wartete sie ab, was weiter geschehen würde.

Als die Fremden sich nach einer kleinen Weile eilig in die

Büsche schlugen und einen Moment später die Hintertür aufging und einer der FBI-Männer herausschaute, nahm die Sache eine neue Wendung.

Warum versteckten die Fremden sich vor dem FBI-Mann? Hatten sie irgendwas verbrochen?

Jedenfalls schien der FBI-Mann nicht sonderlich daran interessiert zu sein, sie zu schnappen, weil er nach einem kurzen Moment wieder im Inneren der kleinen Flachdachkapelle, die hinten an die Kirche angebaut war, verschwand.

Wilma wußte nicht, warum, aber der FBI-Mann war ihr sehr unsympathisch, obwohl sie ihn gar nicht kannte. Irgend etwas war an ihm, das ihr angst machte. Etwas, das ihr irgendwie *bekannt* vorkam ...

Sie war froh, als sich die Tür wieder geschlossen hatte und von dem Mann nichts mehr zu sehen war.

Die beiden Fremden waren allerdings noch da. Sie hatten sich etwa siebzig Meter entfernt hinter den Büschen versteckt und schlichen nach dem Verschwinden des FBI-Mannes weiter in den Wald hinein, in nördlicher Richtung, in Richtung Uncton.

Es sah aus, als wollten sie auf jeden Fall vermeiden, daß sie dem Mann in dem Anzug und den anderen Leuten in die Arme liefen. Daß ihr Wohnmobil noch immer vor der Kirche parkte, schien sie nicht weiter zu interessieren – und die beiden Beamten, die bei den Polizeiwagen geblieben waren, auch nicht, da sie viel zu beschäftigt damit waren, ihre Zigaretten zu rauchen und sich über das letzte Spiel der *Lakers* zu unterhalten.

Irgendwie kam dies alles Wilma schrecklich verwirrend vor.

Als die beiden Fremden schon beinahe im Dickicht des Waldes verschwunden waren, beschloß sie, ihnen zu folgen. Sie wußte nicht, warum, aber irgendwie schien ihr das eine gute Idee zu sein, vor allem, weil der Mann und die Frau weit sympathischer als der FBI-Mann wirkten.

Und hatten sie sich nicht auch im Restaurant sehr anständig benommen? Die meisten Leute, denen sie ihre Geschichte erzählte, starrten sie nur angewidert an und riefen gleich den Wirt oder die Kellnerin oder sonstwen. Die Fremden hatten ihr zugehört und sie nicht verjagt; das hatte der alte Bastard Dick Halloran dann besorgt, ohne daß sie irgend etwas dafür konnten. Nein, die Fremden waren in Ordnung.

Wilma verließ ihren Platz hinter den Büschen und schlich ihnen nach, wobei sie sich bemühte, so leise wie möglich zu sein. Schließlich sollten die Fremden nicht wissen, daß sie ihnen folgte.

In einem Abstand von hundert, hundertfünfzig Metern schlich Wilma hinter dem Mann und der Frau her. Die Büsche und Farne, die in diesem Teil des Waldes wild wucherten, waren eine gute Deckung.

Die Fremden bewegten sich nach Norden, schnurgerade auf Uncton zu, und sie unterhielten sich dabei, doch Wilma konnte nicht verstehen, was sie sagten; dafür war sie zu weit hinter ihnen. Möglicherweise ging es um das, was in der Kirche geschehen war, oder über den FBI-Mann, den Wilma nicht leiden konnte.

Etwa zehn Minuten vergingen, in denen Wilma den Fremden unbemerkt und ungesehen auf den Fersen blieb, ohne daß ihr klar war, warum sie das eigentlich tat.

Dann jedoch geschah etwas, das Wilma stehenbleiben ließ.

Zuerst war es nur so ein Gefühl, wie ein unangenehmes Kribbeln unter den Zahnfüllungen, als würde die Luft sich wie vor einem Gewitter statisch aufladen, und Wilmas Nackenhaare richteten sich auf, als würden sie unter Strom stehen.

Einen Augenblick später spürte sie ein dumpfes Pochen unter ihrer Schädeldecke, als ob ihr Gehirn pulsieren würde wie ein riesiges Herz, das sich allmählich in einen schmerzenden Klumpen Fleisch verwandelte.

Tränen schossen ihr in die Augen. Sie konnte die beiden Fremden, die jetzt etwa zweihundert Meter weiter vorne waren, nur noch durch einen verschwommenen Tränenschleier erkennen, als ob sie durch eine mit Seife eingeschmierte Fensterscheibe blicken würde. Gleichzeitig hörte sie ein schrilles Pfeifen, das mit jeder Sekunde mehr anschwoll und die ganze Welt zu erfüllen schien.

Und dann kam das Licht.

Das Licht! Mit einemmal war es da. Es flammte um sie

herum auf wie ein gewaltiges Blitzlicht, grell und weiß und so rein wie die Gedanken eines Säuglings.

Es strahlte so hell wie eine Million explodierender Sonnen und blendete Wilma, so daß sie nichts mehr sehen konnte, nur diese gleißende Helligkeit, die im Rhythmus ihres pochenden Hirns pulsierte.

Doch diesmal war das Licht nicht wegen ihr gekommen. Nicht sie war es, die heute von der unendlichen weißen Helligkeit verschlungen wurde.

Nicht sie ...

Als sie aus dem Licht vor sich mit einemmal die Umrisse eines Mannes auftauchen sah, dachte sie im ersten Moment, es wäre der Fremde, der sie entdeckt hatte.

Doch dann erkannte sie, daß der Mann kein Fremder war. Es war jemand, den sie kannte, auch wenn sie seit vielen Jahren nichts mehr von ihm gehört oder gesehen hatte.

Doch im Gegensatz zu Wilma, mit der es das Schicksal nicht gut gemeint hatte, sah der Mann genauso aus, wie sie ihn in Erinnerung hatte: jung, frisch und voller Leben. Ein sanftes Lächeln lag auf seinen Zügen, als er die Hand zum Gruß hob.

Der Mann war groß, schlank, dunkelhaarig und trug eine grüne Fliegermontur der US-Air Force. Seine Schulterklappen wiesen ihn als Lieutenant aus, und der Name auf seiner linken Brusttasche lautete ...

In den Black Hills
Nahe Uncton, 13. September, 17 Uhr 05

»... und dann diese Leiche!« sagte Judy, während sie auf einem ausgetretenen Trampelpfad in nördlicher Richtung durch die Black Hills nach Uncton marschierten. »Herrgott, wenn Ruth recht hat und der Mann tatsächlich vor über zwanzig Jahren bei einem Flugzeugabsturz ums Leben kam ... Er sah aus wie Tutanchamun nach dreieinhalbtausend Jahren in mit Natronsalz getränkten Leinenbinden, und das ohne jeden Hinweis auf irgendeine Form von natürlicher Mumifizierung!«

»Ganz ehrlich? Ich weiß nicht, was ich davon halten soll«, antwortete Cliff, der einen abgebrochenen Ast aufgehoben hatte und damit die in den Pfad ragenden Zweige beiseite schlug. »Ich weiß nur, daß es gut wäre, die Ergebnisse der Autopsie in Rapid City zu kennen, die McKay angeordnet hat. Das würde immerhin zeigen, ob es sich um ein natürliches Phänomen oder um irgendeine Art von Manipulation handelt.«

»Manipulation?« wiederholte Judy. »Warum sollte jemand auf die Idee kommen, eine Leiche zu mumifizieren?«

»Um uns zu ködern«, sagte Cliff knapp.

Judy verharrte und sah ihn an. »Wer sollte so was tun wollen?« fragte sie. »Und warum?«

»Unser Freund Buzz zum Beispiel«, sagte Cliff, ohne stehenzubleiben. Judy setzte sich wieder in Bewegung und schloß zu ihm auf. »Nach allem, was wir bislang über ihn wissen«, fuhr Cliff fort, »scheint er fest an die Existenz dieser Dinge zu glauben, und er will, daß wir das ebenfalls tun. Aber dazu muß er uns erst einmal davon überzeugen, und sei es mit mumifizierten Leichen. Das ist immerhin origineller als eine Fliegende Untertasse, die an einem Stück Angelschnur über den Bäumen schwebt.«

Judy ließ sich die Sache durch den Kopf gehen. »Möglich ist es«, sagte sie nach einer Weile, in der sie stumm nebeneinander hergegangen waren. »Trotzdem halte ich es für recht unwahrscheinlich, vor allem wegen McKays Auftritt. Er schien die Sache ziemlich ernst zu nehmen, und er ist bestimmt nicht der Typ, der auf irgendwelche billigen Jahrmarkttricks hereinfällt.«

»Hört, hört«, sagte Cliff grinsend. »Miss Davenport hält große Stücke von Jeremy McKay.«

»Unsinn!« schimpfte Judy und knuffte ihn in die Seite. »McKay ist ein Hundesohn – allerdings hat er Ahnung von seinem Job.«

»Wie wär's, wenn du ihm das persönlich sagen würdest?« amüsierte sich Cliff. »Ich bin sicher, er würde ...«

Er brach ab und blieb plötzlich so abrupt stehen, als wäre

er gegen eine unsichtbare Wand gelaufen, die vor ihnen quer durch den Wald verlief. »Was zur Hölle ...«, murmelte er fassungslos.

»Was ist los?« Judy sah ihn irritiert an. Ihr Bedarf an Überraschungen war für heute bereits gedeckt.

»Sieh nur«, sagte Cliff und deutete voraus zum Horizont, an dem die Sonne, gelb und blaß, langsam tiefer wanderte.

Judy war verwirrt. »Was meinst du?«

»Die Sonne«, sagte Cliff. »Sie geht unter.«

»Ja«, erwiderte Judy. »Ziemlich früh.« Cliff sah auf seine Uhr. »Nein«, sagte er. »Pünktlich.«

»Wie meinst du das: pünktlich?« Judy starrte ihn an, als hätte er den Verstand verloren.

Cliff zeigte ihr das Ziffernblatt seiner Uhr. Die Zeiger standen auf kurz nach fünf. »Es ist später Nachmittag«, sagte er mit ausdrucksloser Miene.

Judy starrte erst die Uhr und dann sein Gesicht an. »Wir sind um kurz nach drei Uhr von der Kirche weggegangen«, sagte sie. »Da stand die Sonne noch hoch am Himmel. Meinem Gefühl nach sind seitdem aber erst zehn, fünfzehn Minuten vergangen.«

Cliff nickte zustimmend. »Noch etwas ist sonderbar. Die Sonne steht nicht nur viel tiefer, sondern sie befindet sich auch in der falschen Richtung. Von der Kirche aus betrachtet liegt Uncton im Norden, und in diese Richtung sind wir auch gegangen. Das bedeutet, daß sie knapp rechts von uns war ...«

»Und jetzt ist sie direkt vor uns«, beendete Judy den Satz.

Cliff nickte. »Irgend etwas stimmt hier nicht«, murmelte er beklommen. »Irgendwas stimmt hier ganz und gar nicht.«

Es konnte kein Zweifel daran bestehen, daß ihnen während des Marsches irgendwie zwei Stunden ›abhanden gekommen‹ waren – und daß sie sich an einer Stelle des Waldes befanden, an der sie eigentlich gar nicht sein durften – was spätestens in dem Moment deutlich wurde, als sie dem Pfad durch einen dichten grünen Unterholzgürtel folgten und mit einemmal die *St. Alamos Memorial Church* vor ihnen in den blaßblauen Himmel ragte ...

Sekada's Drugstore
Uncton, 13. September, 17 Uhr 27

Als Cliff und Judy eine knappe halbe Stunde später zum zweitenmal an diesem Tag *Sekada's Drugstore* einen Besuch abstatteten, wurden sie von Ruth bereits ungeduldig erwartet.

»Großer Gott, wo sind Sie gewesen?« fragte sie und eilte den beiden entgegen. »Nachdem dieser McKay mich entlassen hat, habe ich im Wald nach Ihnen gesucht! Wo waren Sie?«

»Gute Frage«, sagte Cliff, öffnete die Tür des Eisschranks, in dem Tiefkühlpizzas und Getränke aller Art lagerten, und nahm eine Dose Bier heraus. »Können Sie uns darauf vielleicht eine Antwort geben?« Er riß die Dose mit einem Ruck auf und nahm einen großen Schluck.

Ruth zog verwirrt die Stirn kraus. »Ich fürchte, ich habe keine Ahnung, wovon Sie reden ...«

»Irgend etwas ist im Wald passiert«, erklärte Judy. »Es hat den Anschein, als hätten wir zwei Stunden ›übersprungen‹. Als wir aus der Kirche verschwanden, war es kurz nach drei, und als wir eine Viertelstunde später auf die Uhr sahen, war es nach fünf und die Sonne ging bereits unter. Außerdem befanden wir uns an einer ganz anderen Stelle des Waldes.«

Ruth schien nicht im mindesten überrascht. »Ich hatte Sie vor dem Wald gewarnt.« Das war alles, was sie zu sagen hatte, bevor sie das Thema wechselte: »Woher wußte dieser McKay, wo er Sie finden würde?«

»Das haben wir uns auch schon gefragt«, entgegnete Cliff. »Vielleicht hat er uns beschatten lassen, seit wir aus Houston losgefahren sind.«

»Schon möglich«, sagte Ruth. »Was auch immer der Grund dafür ist ... er ist hier, und er hat die Leiche von Jack Haggard beschlagnahmt. Aber ich bin mir sicher, daß er nicht von ihr gewußt hat. Es war ein Glückstreffer für ihn, nicht mehr und nicht weniger. Allerdings bedeutet das, daß wir die Leiche abschreiben können. Er wird sie verschwinden lassen, sobald er die Gelegenheit dazu hat.«

»Warum sollte er das tun?« fragte Judy.

»Weil das sein Job ist, Schätzchen«, erwiderte Ruth Sekada nüchtern. »Falls Sie es noch nicht mitbekommen haben sollten: Jeremy McKay kümmert sich um Fälle, von denen die Regierung nicht will, daß sie an die große Glocke gehängt werden. Er hat mehr Vollmachten und Befugnisse als ein FBI-Agent, und die nutzt er rigoros für seine Ziele.«

Cliff trank einen weiteren Schluck Dosenbier, obwohl das Zeug unangenehm bitter schmeckte. »Sie scheinen gut über McKay informiert zu sein.«

Ruth zuckte die Schultern. »Wie man's nimmt«, sagte sie. »Buzz hat mir von ihm berichtet, aber heute bin ich ihm das erstemal persönlich begegnet. Für meinen Geschmack kann es ruhig auch das letztemal gewesen sein. McKay ist gefährlich. Ein Rat: Was auch immer passiert, Sie sollten sich so weit wie möglich von ihm fernhalten.«

Cliff und Judy schwiegen.

Sie wußten beide, daß Ruth recht hatte. McKay *war* gefährlich. Darüber hinaus befand er sich in einer Position, die es ihm erlaubte, seinen Willen auch gegen große Unternehmen wie die NASA durchzusetzen. Es war zweifellos nicht besonders karrierefördernd, ihm in die Quere zu kommen.

»Wie auch immer«, sagte Ruth einen Augenblick später. »Auch wenn er die Leiche von Haggard hat, bedeutet das nicht, daß wir bereits am Ende der Fahnenstange angelangt sind. Da gibt es jemanden, mit dem Sie sich unterhalten sollten. Sein Name ist Sullivan Walsh. Er hat früher als Fluglotse bei der Ellsworth Air Force Base in Deadwood gearbeitet, bis sie ihn entlassen haben – gleich nach dem Absturz von Haggard und seinem Kollegen Morrell, die dort ebenfalls stationiert waren. Seitdem lebt er ziemlich zurückgezogen in einem kleinen Häuschen etwa zwei Meilen nördlich von hier, zusammen mit Haggards Witwe.«

Judy zog fragend die Brauen hoch. »Haggards Witwe?«

Ruth nickte. »Sonderbarer Zufall, nicht?«

»Ich glaube nicht an Zufälle«, sagte Cliff zum zweitenmal an diesem Nachmittag. »Zumindest nicht an solche.« Ruth nickte. »Sie haben recht, Cliff. Es ist kein Zufall. Für Mrs. Haggard ist zusammen mit ihrem Mann alles gestorben, was ihr Leben lebenswert machte. Als sie dann auch noch erfuhr, daß die Leichen ihres Mannes und des anderen Piloten entgegen den Behauptungen des Militärs nicht gefunden worden waren, ging es mit ihr endgültig bergab. Sie zog nach Uncton, um von hier aus nach ihrem Mann zu suchen. Sie mietete sich ein Häuschen und durchkämmte monatelang die Wälder, bis sie wohl selbst begriffen hat, daß es keinen Sinn hat.

Danach fing sie zu trinken an und landete schließlich auf der Straße. Irgendwann Anfang der Achtziger lernte sie Sully Walsh kennen, mit dem sie neben der Sucht nach Alkohol auch das Geheimnis um den Tod ihres Mannes verband. Seitdem leben die beiden zusammen – wenn man das Leben nennen will ...«

»Klingt, als ob Sie die Frau gut kennen würden«, sagte Judy, die neben dem Zeitschriftenregal an der Wand lehnte.

»Jeder in Uncton kennt sie«, sagte Ruth. »Sie haben sie auch schon getroffen.«

»Die alte Frau aus dem Restaurant?«

Ruth nickte. »Nur daß sie noch gar nicht so alt ist. Mitte Vierzig. Erst das Schicksal nach dem Tod ihres Mannes hat sie alt gemacht.«

Judy schwieg. Sie wußte nicht, was sie sagen sollte.

Cliff knüllte die leere Bierdose mit einer Hand zusammen und warf sie in einen Mülleimer. »Ich denke, wir sollten diesem Walsh einen Besuch abstatten, bevor McKay auf dieselbe Idee kommt.«

Judy nickte. »Du hast recht.«

»Können Sie mir sagen, wo genau sich das Haus des Burschen befindet?« wandte sich Cliff an die Drugstorebesitzerin.

Sie erklärte es ihm.

Bevor sie Ruth Sekada verließen, drehte sich Cliff noch einmal um. »Sie werden von uns hören.« Und nach einem kurzen Zögern fügte er hinzu: »Danke für die Hilfe.«

Sie gingen zum Winnebago, den sie ein Stück die Straße hinab geparkt hatten, um McKay, falls er sie beschatten ließ, nicht mit der Nase auf ihre Verbindung zu Ruth Sekada zu stoßen. Dabei sah sich Cliff so unauffällig wie möglich nach eventuellen Verfolgern um, doch er konnte keine entdecken.

»Zwei Meilen nach Norden, richtig?« vergewisserte sich

Cliff, nachdem er und Judy im Führerhaus Platz genommen hatten.

»Richtig«, bestätigte Judy. »Black Lake Road. Rechts neben dem Highway.«

Cliff nickte, schob den Zündschlüssel ins Schloß – und hielt plötzlich mitten in der Bewegung inne.

Hatte er da nicht gerade ein Geräusch aus dem hinteren Teil des Wagens gehört? Einen verhaltenen, kratzenden Laut, als ob sich da hinten jemand verstohlen bewegte?

Cliff wandte den Kopf und signalisierte Judy, daß etwas nicht stimmte. Er griff unter seinen Pullover und zog den Revolver aus dem Hosenbund.

Die gesicherte Waffe in der rechten Hand, erhob er sich aus dem Fahrersitz und ging nach hinten. Links befand sich das ›Speisezimmer‹, rechts die Kochnische mit Kühlschrank, Mikrowellenherd und Kochplatten.

Er ging weiter, bereit, den Smith & Wesson jederzeit zu entsichern, wenn es nötig sein sollte.

Links von Cliff befand sich jetzt sein Arbeitsbereich, eine Nische, die mit modernster Technik angefüllt war: Es gab einen Computer samt Modem, Laserdrucker und Flachbettscanner, ein Mobiltelefon in einer Halterung an der Wand. Ein kleiner Farbfernseher inklusive Videorecorder rundeten das technische Equipment des Winnebago ab.

Cliff ließ seinen Blick über die Geräte schweifen und stellte fest, daß noch alles an seinem Platz war. Das bedeutete, daß sie den Dieb entweder überrascht hatten, bevor er sich mit dem Zeug aus dem Staub machen konnte – oder daß es der Unbekannte, der sich irgendwo im hinteren Teil des Wagens verborgen hielt, gar nicht darauf abgesehen hatte – eine Möglichkeit, die Cliff noch weniger gefiel als die mit dem Einbrecher.

Er warf Judy über die Schulter einen kurzen Blick zu und signalisierte ihr, daß soweit alles in Ordnung war.

Sie nickte zum Zeichen, daß sie verstanden hatte, und sah ihm gespannt zu, wie er weiterging und den Kleiderschrank auf der rechten Seite kontrollierte.

Er war von außen verschlossen.

Also weiter.

Den Rest des Campers nahmen der Wohn- bzw. Schlafbereich und das ›Badezimmer‹ ein – wenn man die winzige Kammer mit der Duschkabine, in der man selbst aufrecht stehend gegen die Wände stieß, als solches bezeichnen wollte. Und anscheinend war der Wohnbereich leer, so daß als Versteck nur noch die Toilette in Frage kam, deren Tür sich links neben dem Arbeitsbereich befand.

Cliffs Puls begann schneller zu schlagen, als er sich mit leisen Schritten der geschlossenen Tür näherte. Schweißperlen glänzten auf seiner Stirn, liefen seinen Hals hinab und näßten den Kragen seines Pullovers. Er stellte sich schräg neben der Tür auf, hob die Hand und klopfte.

»Hören Sie«, sagte er und versuchte, seiner Stimme einen festen Klang zu verleihen. »Ich weiß, daß Sie da drinnen sind, und ich bin bewaffnet. Deshalb rate ich Ihnen, mit hinter dem Kopf verschränkten Händen herauszukommen. Verstanden?«

Keine Antwort. Nur ein verhaltenes Stöhnen von jenseits der Toilettentür. Wer auch immer sich da drinnen aufhielt, er war allem Anschein nach nicht in der Stimmung, zu antworten.

Cliff fluchte leise. Dann streckte er die freie Hand nach dem Knauf aus und entsicherte gleichzeitig mit dem Daumen seinen Revolver. Sein Atem ging kurz und stoßweise. *Also gut*, dachte er.

Also gut …

Er wartete zwei Sekunden, atmete tief durch, dann drehte er den Knauf mit einem Ruck nach links und stieß die Tür wuchtig nach innen auf, während er gleichzeitig in den Türrahmen sprang und den Lauf der Smith & Wesson in den winzigen Raum richtete.

»Hände hoch!« rief er. »Sofort!«

Uncton, 13. September, 17 Uhr 36

Die Frau in dem knielangen graugrünen Parka, die vor der Toilette auf dem Boden kauerte wie ein verängstigtes Tier, begann leise zu wimmern, wie ein kleines Kind, das im Schlaf weint. Man sah auf den ersten Blick, daß sie vollkommen verängstigt war. Von ihr ging keine Gefahr aus.

»Verdammt«, murmelte Cliff, sicherte die Waffe und steckte sie in den Hosenbund zurück.

»Was ist?« rief Judy nervös.

»Es ist die Frau aus dem Restaurant«, gab er zurück. »Mrs. Haggard.«

»Wilma«, sagte die Frau, ohne den Blick zu heben. Sie sprach so leise, daß man sie kaum verstehen konnte. »Ich heiße Wilma.«

Cliff ging neben ihr in die Hocke. »Es ist alles okay, Wilma«, sagte er. »Alles in Ordnung.« Er versuchte ihr in einer beruhigenden Geste eine Hand auf die Schulter zu legen, doch sie zuckte panisch vor ihm zurück.

»Sie brauchen keine Angst zu haben, Wilma«, sagte Judy, die nach hinten gekommen war und neben Cliff in die Knie ging. »Sie sind hier in Sicherheit. Niemand wird Ihnen etwas tun. Haben Sie verstanden? Niemand wird Ihnen etwas tun.«

Offenbar verstand die Frau diese Worte, denn sie hob den Kopf und starrte Cliff und Judy aus tränenverschleierten Augen an, unter denen dunkle Ringe lagen. Trotzdem hatte es nicht den Anschein, als würde sie die beiden erkennen oder auch nur wahrnehmen. Das Haar hing ihr in wirren Strähnen ins totenbleiche Gesicht. Rote Kratzer, wie von Zweigen, liefen kreuz und quer über ihre Wangen, und Dreckspuren verunstalteten ihre Züge. Speichel rann aus ihrem linken Mundwinkel. Sie schien nicht ganz bei sich zu sein.

Es war ein erbärmlicher Anblick.

»Was wollen Sie hier, Wilma?« fragte Cliff und beugte sich zu ihr vor. »Wie sind Sie in den Wagen gekommen?«

Die Frau sah ihn aus glasigen und gleichzeitig seltsam fiebrigen Augen an, und dabei schien es, als ob sie durch ihn hindurchsehen würde. Sie wirkte völlig apathisch, teilnahmslos – bis sie sich mit einemmal ruckartig im Sitzen aufrichtete, Cliff am Kragen seines Pullovers packte und mit sich kreischender Stimme rief: »Sie waren da! Die Lichter! All die Lichter! So grell, so strahlend ... Ich hab's gesehen! Sie waren da!«

Ihre Stimme wurde immer schriller, überschlug sich beinahe. Gleichzeitig begann Wilma so schnell zu atmen, daß es beinahe wie ein Hecheln klang. Das Blut schoß ihr in den Kopf. Der Glanz ihrer von Tränen aufgequollenen Augen wurde hysterisch.

»Ich hab' sie gesehen!« kreischte sie aus voller Kehle. »Ich hab' sie gesehen! Die Lichter! Die Maschinen! So hell ...« Sie würde jede Sekunde anfangen zu hyperventilieren. Speichelbläschen standen auf ihren rissigen Lippen. »Und *ihn* hab' ich auch gesehen! Inmitten der Lichter!«

»Nun beruhigen Sie sich doch, Wilma!« sagte Cliff energisch. Man brauchte kein Mediziner zu sein, um zu erkennen, daß diese Frau am Rande eines völligen Nervenzusammenbruchs stand. »Es ist alles in Ordnung, hören Sie? Hier sind keine Lichter!«

Entweder verstand Wilma nicht, was er sagte, oder aber es spielte für sie keine Rolle. Sie stammelte weiter wirres Zeug und sprach dabei immer schneller, so daß ihre Worte allmählich ineinander übergingen und zu einem unverständlichen Kauderwelsch wurden, während sich immer mehr Blasen auf ihren Lippen bildeten und ihr Gesicht rot wie eine überreife Fleischtomate wurde.

Und dann wurde sie mit einem Schlag still.

Von einer Sekunde zur anderen sagte sie nichts mehr. Gleichzeitig verschwand jeder Glanz aus ihren weit aufgerissenen Augen. Starr und stumm kauerte sie da und starrte ins Nichts, vollkommen apathisch, vollkommen teilnahmslos.

Es war, als hätte jemand die Frau einfach abgeschaltet, wie einen Dampfkessel, der wegen Überhitzung in die Luft zu gehen drohte ...

»Großer Gott«, murmelte Judy entsetzt. »Was ist mit ihr? Was hat sie?«

»Ich weiß es nicht«, erwiderte Cliff. Er beugte sich vor und zog mit zwei Fingern Wilmas rechte Augenlider auseinander. Die Pupillen waren geweitet und blutunterlaufen.

»Sieht aus, als stünde sie unter einem starken Schock.«
»Weshalb?«
Cliff zuckte die Achseln. »Was weiß ich? Sie war schon vorher geistig verwirrt. Möglicherweise hat sie irgend etwas gesehen oder gehört, das ihren angeschlagenen Verstand völlig aus der Bahn geworfen hat. So was soll vorkommen, vor allem bei labilen Menschen. Man nennt so was ein anaphylaktisches Trauma.«
»Und was sollen wir jetzt mit ihr machen?«
»Bringen wir sie zu Walsh«, entschied Cliff nach kurzem Überlegen. »Er wird sich um sie kümmern. Das nächste Krankenhaus ist in Rapid City, und wenn wir sie dort einliefern, wird es nur eine Frage der Zeit sein, bis man sie in eine psychiatrische Klinik überführt.«
Judy nickte bedächtig. »Du hast recht. Nehmen wir sie mit.«
Cliff richtete sich auf, griff Wilma unter die Arme und zog sie aus dem Raum. »Hilf mir, sie aufs Bett zu legen«, ächzte er unter dem Gewicht der Frau. Judy packte deren Beine.
Wilma Haggard ließ alles mit sich geschehen, ohne zu protestieren. Tatsächlich zuckte sie nicht einmal mit den Wimpern, obwohl ihre Augen die ganze Zeit über weit geöffnet waren.
Es schien, als ob sie in eine andere Welt blicken würde; eine Welt, in der sie vor ›ihnen‹ sicher war – um wen auch immer es sich dabei handeln mochte.
Nachdem Cliff und Judy die Frau auf eines der beiden schmalen Betten gelegt hatten, ging Cliff nach vorne und setzte sich hinters Steuer, während Judy bei Mrs. Haggard blieb, um sie im Auge zu behalten. Der Dieselmotor des Winnebago erwachte eifrig brummend zum Leben.
Cliff wendete und fuhr in Richtung Ortsausgang. Dabei behielt er ständig den Rückspiegel im Auge, um eventuelle Verfolger auszumachen.
Es waren keine zu sehen.
Cliff wußte nicht genau, ob er darüber erleichtert oder enttäuscht sein sollte, denn ein unauffälliger Chevy, der ihnen folgte, wäre zumindest etwas Konkretes gewesen, etwas, das man sehen, hören und anfassen konnte.

Etwas, mit dem man klarkommen konnte – was man von mumifizierten Leichen toter Air Force-Piloten, ominösen zeitlichen Blackouts, einer vollkommen durchgedrehten, geistig labilen Frau und irgendwelchen Lichtern, die sich wie Karussellpferde am Nachthimmel drehten, nicht so ohne weiteres behaupten konnte …

Sully Walshs Hütte, Black Lake Road
Nahe Uncton, 13. September, 17 Uhr 58

Die Hütte des ehemaligen Fluglotsen Sullivan Walsh lag einsam und abgeschieden unweit des Black Lake, etwa eine Viertelmeile vom Provincial Highway entfernt. Eine holperige Schotterpiste führte zu dem eingeschossigen Flachdachhaus, das Ende der sechziger Jahre erbaut worden war, aber bereits wirkte, als ob es ein Jahrhundert alt wäre.

Die Hütte war ziemlich verkommen. Löcher im Dach markierten Stellen, an denen die Herbststürme, die in dieser Gegend mitunter ziemlich heftig tobten, Ziegel abgedeckt hatten, die Walsh nie ersetzt hatte. Zwei der Fenster an der Frontseite waren zersprungen und ebenfalls nicht wieder erneuert worden; statt dessen hatte man die leeren Fensteröffnungen von innen mit Plastiktüten vernagelt.

Unkraut wucherte ungehemmt in den Ritzen der bröckelnden Steinplatten, die von der rostigen Wellblechgarage zum Haus hinaufführten, und auch durch die Lücken zwischen den Verandabrettern wuchsen Farne, Brennesseln und Löwenzahn. Es war offensichtlich, daß sich schon seit sehr langer Zeit niemand mehr darum bemüht hatte, das Haus in Ordnung zu halten.

Cliff und Judy hatten Wilma Haggard, die sich noch immer nicht rührte, sondern nur wie ein toter Zackenbarsch vor sich hin starrte, in die Mitte genommen und *schleiften* sie mehr oder weniger zur Veranda hinauf, deren Dielen besorgniserregend zu knirschen begannen, als sie zur Tür gingen.

Da es keine Klingel gab, klopfte Cliff an.

Zunächst geschah nichts. Erst als Cliff erneut pochte, wurden jenseits der verschrammten Tür, von der die grüne Farbe in großen Fladen abblätterte, schlurfende Schritte laut. Dann war zu hören, wie drinnen ein Riegel zurückgezogen wurde, und ein Schlüssel drehte sich im Schloß.

Einen Augenblick später wurde die Tür einen Spaltbreit geöffnet, und ein Mann um die fünfzig, mit speckigem graugelbem Haar, Stirnglatze, grauen Augen und einem ungepflegten, stoppeligen Dreitagebart streckte seinen Kopf heraus. Er trug ein fettiges Unterhemd und eine weite Cordhose mit Hosenträgern und schaute ziemlich grimmig drein.

Im ersten Moment sah es so aus, als würde er die ungebetenen Besucher anschnauzen wollen, doch als er Wilma Haggard sah, die wie ein nasser Mehlsack zwischen Cliff und Judy hing und sich nicht rührte, änderte sich sein Gesichtsausdruck, und eine Spur Besorgnis trat in seinen Blick, wenn auch nicht übermäßig viel.

»Verdammt, Wilma!« sagte er. »Wie oft hab' ich dir gesagt, daß du dich nur zu Hause vollaufen lassen sollst?« Er ging zu ihr, packte sie unter der Schulter und schleifte sie zur Tür. »Haben Sie vielen Dank, daß Sie sie hergebracht haben«, sagte er über die Schulter hinweg zu Cliff und Judy. »Wilma kann einfach nicht mit Alkohol umgehen. Also, vielen Dank und auf ...«

»Warten Sie!« sagte Cliff. »Ich fürchte, Sie verstehen nicht. Ihre Freundin ist nicht betrunken; sie hat einen Schock.«

»Einen Schock?« wiederholte der Mann. »Unsinn. Sie braucht nur etwas Schlaf, das ist alles. Ich kenne das! – Und nun entschuldigen Sie uns bitte ...« Er wollte die Tür schließen.

»Einen Moment!« Cliff stellte kurzerhand seinen Fuß in den Spalt. »Nur eine Minute, okay? Mein Name ist Cliff Conroy, und das ist meine Kollegin Judy Davenport.«

»Hallo«, sagte Judy.

»Schön und gut«, sagte der Mann, mehr überrascht als verärgert. »Aber das gibt Ihnen noch lange nicht das Recht, meine Tür zu blockieren. So was nennt man Hausfriedensbruch, wenn ich nicht irre!«

Cliff ging nicht darauf ein. »Sind Sie Sullivan Walsh?«

»Wer will das wissen?« kam die Antwort. »Steuerfahndung, Finanzamt, Militärüberwachung oder Polizei?«

»Weder noch«, sagte Judy. »Wir sind von keiner Behörde. Wir sind hier, weil wir erfahren haben, daß Sie vor zwanzig Jahren als Fluglotse bei der Ellsworth Air Force Base in Deadwood gearbeitet haben, und wir möchten Ihnen hierzu ein paar Fragen stellen.«

»Fragen?« echote Walsh mißtrauisch. »Was für Fragen?«

»Fragen bezüglich des Absturzes der beiden F-18 im Juli '73«, sagte Cliff.

Mit einem Schlag wurde Walsh so verschlossen wie eine Auster, und der grimmige Ausdruck kehrte in seine Züge zurück. »Hören Sie, ich weiß nicht, wer Sie schickt und was Sie von mir wollen, aber ich will nicht weiter von Ihnen belästigt werden! Wenn Sie nicht auf der Stelle mein Grundstück verlassen, werde ich die Polizei rufen! Ist das klar?«

»Man hat vor einigen Tagen die Leiche von Jack Haggard gefunden«, sagte Cliff, ohne auf Walshs Drohung einzugehen. »In der Nähe des Fishkill River. Wir wissen, daß das Militär nach dem Absturz der F-18 versucht hat, die Sache zu vertuschen. Wir sind hier, um Licht in diese Angelegenheit zu bringen. Und Sie können uns dabei helfen.«

Walsh dachte einen Moment nach. Schließlich nickte er. »Okay«, sagte er. »Kommen Sie rein.« Er trat beiseite, um Cliff und Judy einzulassen.

Im Innern des Hauses sah es fast noch schlimmer als draußen aus. Als Walsh, Wilma im Arm, sie einen kurzen Gang ins Wohnzimmer entlangführte, entdeckten sie auf dem fleckigen Teppich leere Bierdosen, Zigarettenkippen, zerbröselte Kartoffelchips und die zerfledderten Überreste einer alten *Penthouse*-Ausgabe. Die Luft war abgestanden und roch nach kaltem Zigarettenrauch, verschüttetem Bier und Schweiß, als wäre seit Monaten kein Fenster mehr geöffnet worden – was vermutlich sogar den Tatsachen entsprach.

»Bitte verzeihen Sie die Unordnung«, rang sich Walsh ab, nachdem er Wilma auf einer fleckigen, durchgesessenen Couch ›plaziert‹ hatte, wo die Frau so steif wie eine Schaufensterpuppe saß und aus leeren Augen ins Nichts starrte. Sie schien von dem, was um sie herum vorging, nicht das Geringste mitzubekommen. »Aber Wilma ist meist nicht in der Lage, sich um den Haushalt zu kümmern, und mir selbst macht es nicht soviel aus, daß es hier wie in einem Saustall aussieht. Ich hab' mich in den letzten zwanzig Jahren dran gewöhnt.«

Walsh ließ sich in einen geblümten Ohrensessel fallen, der weder mit der Couch noch mit irgendeinem anderen der vollkommen verschiedenen Möbelstücke im Raum harmonierte, und bedeutete seinen Gästen, irgendwo Platz zu nehmen.

»Wissen Sie, als ich noch beim Militär war, war ich der penibelste Mann der Welt. Immer ordentlich gekämmt, immer glattrasiert, die Hemden gestärkt und gebügelt ... Aber nach meinem Rauswurf wurden diese Dinge immer unwichtiger. Was spielt es schon für eine Rolle, wie ich herumlaufe oder wie es hier aussieht, wenn nie jemand kommt, der es sehen könnte?

Wilma stört es nicht; tatsächlich stört sie kaum irgendwas, weil ihr Oberstübchen seit dem Tod ihres Mannes nicht mehr richtig funktioniert. Sie ist ziemlich daneben, ohne daß sie selbst auch nur ahnt, daß mit ihr etwas nicht stimmt.

Ich schätze, deshalb habe ich sie aufgenommen: Weil sie der einzige Mensch ist, den ich kenne, dem es noch beschissener als mir geht.« Er grinste zynisch. Dann sagte er: »Also, was wollen Sie von mir wissen?«

»Was in jener Nacht im Juli 1973 passiert ist, als die beiden F-18 über den Black Hills abstürzten«, sagte Cliff, der sich auf einem altersschwachen Klappstuhl niedergelassen hatte, während Judy mit der apathischen Wilma die Couch teilte.

»Nun«, sagte Walsh und griff nach der halbleeren Bierflasche, die neben dem Sessel auf dem Fußboden stand. »In der Nacht hatte ich zusammen mit Frank Garrett, dem Commander-on-duty, Dienst im Tower der Base. Wir hatten relativ wenig zu tun, da nur der Testflug Flug 19 draußen war, zwei F-18 Lockheeds, die von den Piloten Jack Haggard und Hank Morrell gefolgen wurden.

Ich war für die Flugüberwachung per Radar und Funk zuständig. Die erste Hälfte des Tests lief ohne Probleme, doch kurz nach neun Uhr tauchten plötzlich eine Reihe unidentifizierbarer Flugobjekte auf dem Radar auf, erschienen einfach auf dem Schirm, als wären sie aus dem Nichts gekommen, und flogen in Dreiecksformation mit einem Affenzahn auf unsere Jungs zu. Zuerst hatten sie nur sechs-, siebenhundert Knoten drauf, doch dann wurden sie immer schneller, bis sie schließlich fast Mach 3 flogen, was damals ein Ding der Unmöglichkeit war.

Tja, und diese Dinger, ich glaube, es waren sechs oder sieben, die rasten auf unsere Jets zu, und da sie sich auf gleicher Höhe mit unseren Jungs befanden, versuchten wir sie zu warnen. Sie sollten runtergehen, damit die anderen über sie hinwegflogen. Doch aus irgendeinem Grund gab es einseitige statische Störungen, und sie verstanden uns nicht. Tja, und dann waren die Dinger da, und es passierte ...«

Walsh legte eine Pause ein und trank einen Schluck Bier. Er machte einen sehr aufgewühlten Eindruck. Die Sache schien ihn stark zu belasten.

»Was passierte?« fragte Judy. »Die Jets stürzten ab?«

Walsh schüttelte den Kopf. »Nein«, sagte er. »Nicht gleich. Denn die Objekte kollidierten nicht mit unseren Maschinen, wie wir angenommen hatten, sondern umkreisten sie. Können Sie sich das vorstellen? Bei einer derartigen Geschwindigkeit *umkreisten* sie die F-18! Auf dem Radar sah es aus wie ein Karussell, und Haggard sagte, daß da irgendwelche Lichter draußen waren, und dann fing er mit einemmal an zu schreien und stürzte ab. Einen Moment später verschwand auch Morrells Jet vom Radarschirm.« Walsh verstummte. Die Erinnerung daran schien sehr schmerzhaft zu sein.

Cliff beugte sich auf dem Klappstuhl vor. »Was geschah mit den unbekannten Flugobjekten, nachdem die Jets abgestürzt waren?«

Walsh zog geräuschvoll die Nase hoch und trank einen großen Schluck Bier. Dann sagte er: »Sie verschwanden. Einfach so. Von einer Sekunde zur anderen waren sie nicht mehr auf dem Radar zu sehen. Als hätten sie sich unsichtbar gemacht oder in Luft aufgelöst.«

»Meine Güte«, murmelte Cliff. Langsam begann diese Sache Dimensionen anzunehmen, die über irgendwelche Spinnereien weit hinausgingen, vor allem, wenn neben der NSA auch das Militär seine Finger im Spiel hatte.

»Diese Radarkontakte«, sagte er, »werden doch normalerweise auf Magnetbändern gespeichert.«

Walsh nickte. »Schon«, sagte er. »Aber wenn Sie vorhaben sollten, sich die Aufzeichnungen jener Nacht anzusehen, muß ich Sie enttäuschen.«

Cliff war verwirrt. »Wie meinen Sie das, Mr. Walsh?«

»Nun«, sagte er. »Erst mal können Sie mich Sully nennen. Das tun alle. Und was die Bänder vom Radar und die Aufzeichnungen des Funkverkehrs mit Flug 19 anbetrifft ... Keine Stunde nach dem Absturz sind zwei Typen in der Flugüberwachung aufgetaucht. Irgendwelche Arschgeigen von der Regierung. Trugen dunkle Anzüge und Krawatten und taten so, als könnte der Präsident ohne ihre Zustimmung nicht mal aufs Klo gehen. Sie zeigten uns wichtig aussehende Ausweise und beschlagnahmten sowohl die Radarmagnetbänder als auch die Funkaufzeichnungen von Flug 19, angeblich aus Gründen der ›nationalen Sicherheit‹. Dann verdonnerten sie uns, über alles, was wir an diesem Abend möglicherweise gesehen oder gehört hatten, den Mund zu halten, und verschwanden wieder.«

»Diese Männer«, sagte Judy. »Können Sie sich an ihre Namen erinnern?«

Sully schüttelte den Kopf. »Beim besten Willen nicht. Aber ich kann mich daran erinnern, daß der eine ganz kurze weiße Haare hatte, so kurz wie Streichholzköpfe. Er war ungefähr Mitte Fünfzig. Ziemlich grimmiger Bursche, aber nicht halb so schlimm wie der jüngere Kerl, der ihn begleitete. Hatte braune Haare, 'n kantiges Gesicht und sah aus, als würde er Reißnägel essen. Ehrlich, der hat mir echt Angst eingejagt. Blicke wie ein Röntgenstrahl ... Moment, so ähnlich hieß er auch; Mac Ray, oder so!«

Judy und Cliff sahen sich verblüfft an.

»Meinen Sie vielleicht Mc*Kay*?« fragte Cliff.

»McKay, hm?« Sully runzelte die Stirn und dachte einen Moment nach. Dann hellte sich sein Gesicht auf, und er nickte eifrig. »Ja, genau, McKay! So hieß der Kerl! Kennen Sie den vielleicht?«

»Könnte man sagen«, erwiderte Cliff. »Aber erzählen Sie bitte weiter. Was ist passiert, nachdem McKay und der ältere Mann mit den Bändern verschwunden waren?«

Sully nahm einen tiefen Schluck aus der Flasche. »Zunächst

mal gar nichts«, sagte er. »Der ganze Stützpunkt tat so, als ob es nie einen Absturz gegeben hätte. Und wenn ich einem Pressefritzen gegenüber nicht das Maul zu weit aufgerissen hätte, wäre die Angelegenheit so gründlich vertuscht worden wie eine Menge anderer Fälle. Einige Tage lang gab es ziemlichen Wirbel, doch dann legte sich der Sturm allmählich.

Tja, und dann wurde ich gefeuert. Unehrenhaft aus der Armee entlassen, weil irgendein Arschgesicht von einem Offizier in meinem Spind Drogen gefunden hat. Dabei habe ich niemals andere Drogen als Alkohol und Nikotin genossen, wie Millionen anderer Menschen auch!«

»Denen scheint auch nichts Neues mehr einzufallen«, murmelte Judy und schüttelte den Kopf.

»Bitte, was?« Sully hatte nicht verstanden.

»Nichts«, sagte Judy. »Bitte, reden Sie weiter, Sully.«

»Na, mehr gibt's da eigentlich nicht zu erzählen«, sagte Walsh. »Nach dem Rausschmiß war die Sache für mich gelaufen.«

»Was ist mit dem Commander, der in der Absturznacht ebenfalls im Dienst war?« fragte Cliff. »Vielleicht können wir von ihm mehr erfahren.«

»Glaube ich kaum«, sagte Sully. »Der ist nämlich zwei Tage nach dem Absturz ums Leben gekommen. Hat zu Hause gebadet und dabei Radio gehört, tja, und dummerweise ist das Ding irgendwie in die Badewanne gefallen. Zssssssch, und Sendeschluß ...«

Er verstummte, nahm einen weiteren Schluck aus der Bierflasche und stemmte sich aus dem Sessel hoch. »Ich fürchte, Sie müssen mich mal 'n Augenblick entschuldigen. Der Ruf der Natur, Sie verstehen? Das billige Zeug fließt schneller durch einen durch, als man es saufen kann. Bin gleich wieder da ...«

Cliff nickte. »Okay.«

Sully stellte die Bierflasche auf dem riesigen Schwarzweißfernseher ab, der unweit seines Sessels stand, und verschwand durch einen Vorhang aus bunten Plastikperlen, hinter dem sich ein Gang befand, der offenbar zu den anderen Räumen des Hauses führte. Das letzte, was sie von ihm hörten, bevor er die Klotür hinter sich schloß, war ein zufriedenes Rülpsen.

Sully Walshs Hütte
13. September, 18 Uhr 44

»Also, langsam könnte unser Freund ruhig wiederkommen«, sagte Cliff mit einem Blick auf seine Armbanduhr. Seit Sully Walsh auf der Toilette verschwunden war, waren beinahe fünf Minuten vergangen. »Der Bursche scheint eine Blase wie ein Flußpferd zu haben. Am besten, ich sehe mal nach, wo er bleibt.«

Judy nickte. Wenn sie ehrlich war, wurde ihr die Sache auch seltsam.

Cliff verließ das Wohnzimmer und folgte dem Gang, in dem Sully verschwunden war. Links und rechts zweigten Türen ab, insgesamt zwei auf jeder Seite. Bis auf die Tür am Ende des Ganges, auf die er geradewegs zuging, standen alle offen und offenbarten ein heilloses Chaos aus herumliegenden Kleidungsstücken, leeren Wein- und Schnapsflaschen, zerdrückten Bierdosen, Zeitschriften und Kartoffelchipskrümeln, die überall auf dem verschlissenen grünen Teppich zu finden waren. Unter der geschlossenen Tür hindurch wehte Cliff so penetrant der Geruch nach Urin und WC-Steinen mit Fichtennadelaroma entgegen, daß er unwillkürlich durch den Mund zu atmen begann.

Er klopfte an das rissige Holz der Tür.

»Sully? Alles okay?«

Keine Antwort.

Er klopfte erneut, ein wenig heftiger als zuvor. »Sully? Ist da drinnen alles in Ordnung?«

Keine Reaktion. Jenseits der Tür blieb alles still.

Jetzt wurde Cliff wirklich unruhig. »Verdammt!« Er tastete nach dem zerkratzten Messingknauf und versuchte ihn zu drehen, doch die Tür war verschlossen.

Was tun?

Cliff entschied sich, nicht erst lange herumzuprobieren. Ihm war klar, daß Sully aus irgendeinem Grund nicht antworten *konnte*. Kurzentschlossen ging er zwei Schritte zurück und trat mit dem rechten Fuß kraftvoll dicht unter dem Knauf gegen die Tür.

Das Holz um das Schloß herum zersplitterte. Die Tür schwang wuchtig nach innen und krachte gegen die Wand, wo der Messingknauf ein Loch in die vergilbte Blümchentapete stanzte.

»Cliff?« rief Judy im Wohnzimmer. »Was war das für ein Lärm?«

Cliff konnte nicht antworten, selbst wenn er es gewollt hätte. Sein Körper war wie erstarrt. Der Anblick von Sully Walsh, der mit bis zu den Knöcheln heruntergelassenen Hosen auf der Toilette saß und mit leicht zur Seite geneigtem Kopf aus blicklosen graublauen Augen zur Decke starrte, lähmte ihn.

»Cliff?« rief Judy hinter ihm wieder. Ihre Stimme zitterte leicht. Offenbar ahnte sie, daß etwas Schreckliches vorgefallen war. »Was ist da los?«

Es dauerte einen Moment, bis Cliff sich soweit gefangen hatte, daß er antworten konnte. »Walsh ist tot!« rief er.

»O Gott!« Judy kam den Gang herauf und blieb neben ihm im Türrahmen stehen. »Wie ist das passiert? Hatte er einen Infarkt?«

Statt zu antworten, trat Cliff vor und drehte Sullys Kopf ein Stück zur Seite. »Nach einem Infarkt sieht das nicht aus«, sagte er trocken.

Knapp oberhalb des linken Ohres befand sich ein Einschußloch, aus dem ein kleiner roter Blutfaden rann. Die Wunde hatte kaum den Durchmesser einer Viertelcentmünze.

»O mein Gott!« murmelte Judy wieder.

Nach dem sonderbar mumifizierten Leichnam des Piloten Jack Haggard war dies schon die zweite Leiche, mit der sie sich heute konfrontiert sahen. Es schien wirklich nicht ihr Tag zu sein ...

Mittlerweile hatte Cliff sich soweit erholt, daß er imstande war, sich einen genaueren Überblick über die Lage zu verschaffen. Er wandte sich dem Toilettenfenster zu und entdeckte ein fingergroßes Loch in dem halbblinden Glas, wo das Geschoß das Fenster durchschlagen hatte. Davor auf dem Boden lagen nur wenige kleine Splitter.

Cliff sah aus dem Fenster. Erst später wurde ihm bewußt, daß er sich dem Killer, falls der noch irgendwo da draußen gelauert hätte, wie auf einem Präsentierteller darbot.

Verfolgte man den Schußwinkel anhand des Lochs in der Scheibe und der Wunde in Sullys Kopf, schien nur der nahe Waldrand als Ausgangspunkt in Frage zu kommen. Offenbar hatte sich jemand von hinten an das Haus angeschlichen, auf eine günstige Gelegenheit gewartet und zugeschlagen, als sie sich ihm bot.

Aber wer auch immer Sully Walsh ermordet hatte, er schien sich aus dem Staub gemacht zu haben.

Grübelnd wandte sich Cliff vom Fenster ab und zog Judy den Gang ins Wohnzimmer hinter sich her, wo Wilma noch immer so auf der fleckigen Couch saß, wie sie es seit einer halben Stunde tat.

Sie hatte sich keinen Zentimeter bewegt. Wie eine Puppe hockte sie da, steif, die Hände zwischen den Knien eingeklemmt, den Kopf gesenkt, und starrte auf die Spitzen ihrer Stiefel, ohne sie wirklich zu sehen.

Wilma Haggard war innerlich weit, weit weg, an einem Ort, an den ihr niemand folgen konnte. Wo ›sie‹ sie nicht fanden. Und möglicherweise würde sie den Weg zurück in die Wirklichkeit niemals wiederfinden.

Während Cliff zum Telefon ging, das neben der Couch auf einem kleinen Tischchen stand, fand auch Judy ihre Stimme wieder: »Warum sollte jemand Walsh umbringen wollen? Ich meine, das war schließlich kein Raubmord ...«

»Nein«, sagte Cliff, der ein Stofftaschentuch aus der Tasche gezogen und damit den Hörer abgehoben hatte, um keine Fingerabdrücke auf dem fettigen gelben Plastik zu hinterlassen. »Es ging ganz offensichtlich darum, Walsh zum Schweigen zu bringen. Irgend jemand war wohl der Ansicht, daß er zuviel redet.« Er wählte die Nummer des Polizeinotrufs.

»Aber wer, zum Teufel?« wollte Judy wissen. »Und *warum*?«

Cliff zuckte die Schultern. Er wollte ihr antworten, doch dann klackte es in der Leitung.

»Notrufzentrale Rapid City«, sagte der Mann am anderen Ende der Leitung. »Sergeant Ritter, mein Name. Wie heißen Sie, und wie kann ich Ihnen helfen?«

»Hören Sie«, sagte Cliff. »Ich möchte einen Mord melden. Das Opfer heißt Sullivan Walsh. Uncton County Road 181, etwa zwei Meilen außerhalb von Uncton. Verständigen Sie die Polizei.« Und mit einem Seitenblick auf die apathische Wilma fügte er hinzu: »Und schicken Sie einen Krankenwagen mit einem Psychologen an Bord. Für eine geistig verwirrte Frau, die unter Schock steht.«

»Mord?« wiederholte der Beamte. »Würden Sie das bitte noch einmal bestätigen, Sir? Und wie lautet Ihr Name?«

»McKay«, sagte Cliff. »Ich bin Special Agent Jeremy McKay, NSA. Bitte, beeilen Sie sich.« Dann legte er den Hörer auf.

»Warum hast du dich als McKay ausgegeben?« fragte Judy irritiert.

Cliff sah sie ernst an. »Verdammt, Judy, was glaubst du, wer hinter dieser ganzen elenden Scheiße steckt?« fragte er. »Kommt es dir nicht seltsam vor, daß immer dann etwas passiert, wenn wir gerade dabei sind, den nächsten Puzzlestein auszugraben? Woher wußte McKay, daß wir hier in Uncton sind?«

»Vielleicht ein Zufall«, sagte Judy, obwohl sie selbst nicht recht daran glauben konnte. »Vielleicht hat er irgendwie von der Leiche erfahren, ohne daß er wußte, daß wir hier sind.«

Cliff schüttelte verdrossen den Kopf. »Ich glaube nicht an Zufälle – zumindest nicht an solche. Aber wie auch immer, wir müssen verschwinden, bevor McKay oder die Polizei hier eintreffen.«

Judy nickte.

Sie gingen zur Tür. Cliff öffnete mit dem Taschentuch, um Fingerabdrücke zu vermeiden, und warf über die Schulter einen letzten Blick auf Wilma Haggard auf der Couch. Wenn man nicht genau hinsah und bemerkte, daß sich ihre Brust gleichmäßig hob und senkte, hätte man denken können, es befänden sich zwei Leichen im Haus.

Vielleicht, überlegte Cliff, als er die Tür hinter ihnen schloß und Judy zum Winnebago folgte, war das in gewisser Weise ja auch so …

In den Black Hills
Uncton County, 13. September, 18 Uhr 56

Judy Davenport öffnete die Tür und kletterte auf den Beifahrersitz des Winnebago, während Cliff um den Wagen herum zur Fahrertür ging. Er hatte vor, so schnell wie möglich von hier zu verschwinden, da er kein Verlangen danach verspürte, der State Police oder McKay und seinen Leuten in die Arme zu laufen und eine Menge lästiger und kaum zu beantwortender Fragen über sich ergehen lassen zu müssen.

Doch als er am Kühlergrill des Winnebago vorbeiging, in dem sich die letzten Sonnenstrahlen des Tages spiegelten, blieb er plötzlich stehen. Mit einem nachdenklichen Gesicht ging er in die Knie und sah sich den Kühlergrill und die vordere Stoßstange des Campingwagens genauer an.

Judy hatte bemerkt, daß irgend etwas nicht zu stimmen schien, und beugte sich über den Beifahrersitz zum Fahrerfenster, das mit einem leisen elektronischen Summen nach unten glitt.

»Was ist los?« fragte sie. »Ist was mit dem Wagen? Mein Bedarf an bösen Überraschungen ist für heute nämlich schon gedeckt ...«

»Wie man's nimmt«, sagte Cliff, stand auf und hielt Judy ein zigarettenschachtelgroßes schwarzes Plastikkästchen mit einer kleinen Antenne vor die Nase. »Möglicherweise wird es eher für unseren Freund McKay eine böse Überraschung, denn das hier ist ein Peilsender. So also hat er uns gefunden! Ruth hatte recht: McKay wußte, daß wir ihm in die Quere kommen würden, deshalb wollte er sichergehen, daß wir ihm nicht durch die Lappen gehen. Er wollte uns im Auge behalten. Aber damit ist jetzt Schluß.«

»Wie hast du ihn gefunden?« erkundigte sich Judy.

Cliff hielt ihr die rechte Hand entgegen. Seine Finger waren schmutzig. »Ölschmiere«, sagte er. »An der Stoßstange und dem Kühlergrill. Wer immer den Sender installiert hat, er hat es versäumt, sich die Finger abzuwischen.«

»Und – willst du ihn zerstören?« fragte Judy.

»Zerstören?« echote Cliff mit einem verschmitzten Lächeln. Er öffnete die Fahrertür, warf den Sender in die Ablage zwischen den Sitzen, schwang sich hinter das Steuer und ließ mit einem vergnügten Grinsen den Motor des Winnebago an. »Wo denkst du hin? Ich zerstöre doch kein Regierungseigentum!«

Peterson's Motel
Fishkill, Rapid County, South Dakota,
13. September, 18 Uhr 58

Das Motel lag am Stadtrand von Fishkill, direkt am Provincial Highway 365, und war die einzige mietbare Unterkunft, die es im Umkreis von fünfzig Meilen gab.

Was auch der Grund dafür war, weshalb Jeremy McKay und sein Assistent Randall Baxter sich hier einquartiert hatten. Sie wollten so nahe wie möglich bei Conroy und Davenport sein, um sofort reagieren zu können, falls sich irgend etwas Neues ergeben sollte, das ein Eingreifen von seiten der NSA erforderlich machte.

Obwohl Baxter im Grunde nichts gegen Kleinstädte hatte, weil er selbst aus einer stammte und ihre Vorzüge durchaus zu schätzen wußte, hatte er sich in den drei Jahren, die er nun schon in McKays Team war, an den relativen Luxus gewöhnt, den sein Job mit sich brachte. Erstklassige Mietwagen, gutes Essen, Zimmer in den besten Hotels, ein sattes Gehalt ... Von so was konnten normale Staatsdiener bloß träumen!

Da war es sicher kein Opfer, mal einige Zeit in einem Motel zu verbringen, in dem die Badezimmerwände voller Wasserflecken und der Teppich von den Brandspuren auf dem Boden ausgetretener Zigaretten übersät war.

Außerdem würden sie sowieso bald wieder von hier verschwinden, weil McKay diesen beiden Zivilisten unbedingt auf der Spur bleiben wollte, vor allem jetzt, wo sie Haggards Leiche entdeckt hatten. McKay war der Meinung, daß es sich lohnen könnte, weiterhin ein Auge auf Conroy und seine

Begleiterin mit dem hübschen Schmollmund zu haben, und McKay irrte sich nur höchst selten.

Als das Peilgerät mit einemmal zu piepen begann und der kleine grüne Punkt sich mit hoher Geschwindigkeit in südlicher Richtung aus Uncton County fortbewegte, kam Baxter so schnell aus seinem Sessel hoch, daß er beinahe hintenüber gefallen wäre. Etwa eine halbe Stunde lang hatte sich das Signal nicht gerührt. Jetzt aber bewegte es sich mit einer Geschwindigkeit von knapp fünfzig Meilen ... von Uncton weg!

»Verdammt!« murmelte Baxter, sprang auf und schnappte sich das Peilgerät vom Tisch. Wo wollten Conroy und Davenport hin? Er mußte sofort McKay verständigen!

Baxter eilte aus dem Zimmer, den schummrigen Gang entlang, in dem es nach Krautsuppe und altem Zigarettenrauch roch, blieb vor der Tür von Zimmer 16 stehen und klopfte an.

»Die Tür ist offen«, ließ sich McKay vernehmen. Baxter öffnete und trat ein, während sich das Signal auf dem kleinen Bildschirm des Peilgeräts weiter in Richtung Süden bewegte.

McKay saß auf dem durchgelegenen Doppelbett und sah einige Papiere durch, die Washington ihm vorhin zugefaxt hatte. Neben ihm auf der verblaßten Decke stand ein aufgeklappter Laptop, an den ein kabelloses Modem angeschlossen war, mit dem man jederzeit und von jedem Ort aus online gehen konnte.

»Sir«, sagte Baxter und schwenkte aufgeregt das Peilgerät. »Das Signal bewegt sich nach Süden.«

»Nach Süden?« wiederholte McKay und sah von seinen Papieren auf. »Weg von Uncton?«

Baxter nickte.

»Nun gut«, sagte McKay, schaltete den Laptop aus und erhob sich. Er hatte zwar damit gerechnet, daß sich Conroy und Davenport nach der Sache mit Walsh aus dem Staub machen würden, nicht jedoch, bevor sie mit dieser Ruth Sekada aus dem Drugstore gesprochen hatten.

Trotzdem war das kein Grund, sich graue Haare wachsen zu lassen. Schließlich war Conroys Wohnmobil wegen des Peilsenders so leicht zu finden wie ein Elefant auf einem Footballfeld.

»Dann sollten wir ihnen vielleicht ein bißchen Gesellschaft leisten«, knurrte McKay.

In den Black Hills, Provincial Highway 365
13. September, 19 Uhr 16

Als die Schmerzen in ihrem Unterleib einsetzten, saß Judy hinten im Winnebago am Eßtisch und studierte zum x-ten Mal in den letzten drei Tagen die Unterlagen von ›Buzz‹.

Sie suchte nach einer Akte, einer Notiz oder einem Memo, die sich auf den mysteriösen Absturz der beiden Militärjets über den Black Hills im Juli 1973 bezog und vielleicht etwas Licht ins Dunkel der jüngsten Geschehnisse bringen würde. Dabei war ihr jedoch klar, daß sie auf die schnelle vermutlich nichts finden würde, weil die Unterlagen einfach zu umfangreich waren.

Die Schmerzen kamen so plötzlich, daß Judy Davenport ein überraschtes Stöhnen entfuhr. Sie sank gegen die Lehne der Sitzbank zurück und preßte eine Hand auf ihren Unterleib, in dem ein Feuer zu wüten schien. Rote Flammen des Schmerzes züngelten unterhalb ihrer Taille und trieben ihr kalten Schweiß auf die Stirn.

Judy konnte sich beim besten Willen nicht daran erinnern, schon einmal solche Unterleibsschmerzen gehabt zu haben, und das, obwohl sie seit ihren Mädchentagen während ihrer Periode meistens schmerzhafte Beschwerden hatte.

Vielleicht hatte sie etwas Verdorbenes gegessen?

Das war zwar möglich, aber nicht sehr wahrscheinlich, da sie genau dasselbe gegessen hatte wie Cliff, und dem schien es blendend zu gehen.

Also was zum Henker war los?

Judy hoffte inständig, daß die Schmerzen bald aufhören würden. Sie versuchte sich zusammenzureißen und schloß für einen Moment die Augen, während der Winnebago mit fünfzig Meilen in der Stunde über den Provincial Highway 365 nach Süden brauste, Rapid City entgegen.

Aber die Schmerzen hörten nicht auf.

Nicht nach einer Minute.

Nicht nach zwei Minuten.

Nicht nach fünf Minuten.

Als Judy sich schließlich stöhnend und schweißüberströmt aus der Sitzbank hochdrückte, um sich auf der Toilette ihren Bauch anzusehen, hatte sie das Gefühl, jemand würde ihr in Abständen von vier, fünf Sekunden unsichtbare rotglühende Stricknadeln in den Unterleib bohren. Sie mußte sich zusammenreißen, um ihrer Qual nicht lautstark Luft zu machen, da sie Cliff auf keinen Fall beunruhigen wollte. Sie hatten schon genug Probleme am Hals.

Zusammengekrümmt schlüpfte Judy in die enge Kabine, in der sie knapp anderthalb Stunden zuvor die bedauernswerte Wilma Haggard gefunden hatten. Sie schaltete das Licht an, sperrte hinter sich die Tür zu und knöpfte stöhnend die unteren fünf Knöpfe ihrer Leinenbluse auf, um ihren festen, schlanken Bauch zu entblößen.

Auf den ersten Blick schien alles in Ordnung zu sein, doch als die junge Frau den Bund ihrer Jeans ein wenig herunterzog, entdeckte sie etwas, das ihr Herz vor Furcht rasen ließ. Kalter Angstschweiß perlte auf ihrer Stirn.

»O nein«, murmelte sie fassungslos. »Gott im Himmel ...«

Eine kleine runde, graue Narbe, die wirkte, als ob sie bereits einige Jahre alt und vollständig verheilt wäre, zierte rechts unterhalb ihres Bauchnabels ihren Unterleib – und das, obwohl Judy abgesehen von ihrer Blinddarmnarbe niemals eine andere auf dem Bauch gehabt hatte.

Es war eine Narbe, wie sie heute schon einmal eine gesehen hatte.

Eine Narbe, wie sie Wilma Haggard besaß ...

Herb's Gas Station, Provincial Highway 365
Rapid County, 13. September, 19 Uhr 28

»Wie sieht's aus?« fragte McKay, der hinter dem Steuer des braunen Lincoln Continental saß und die Limousine mit einer Geschwindigkeit von fünfundsechzig Meilen in der Stunde in südlicher Richtung über den Provincial Highway 365 steuerte. »Haben wir sie bald?«

»Noch anderthalb Meilen«, sagte Baxter, der mit dem Peilgerät im Schoß auf dem Beifahrersitz hockte und das Signal auf dem Bildschirm verfolgte. »Sie gehen mit dem Tempo runter. Sieht aus, als würden sie halten wollen. Ja, sie halten! Gleich neben der Straße! Eine knappe Meile vor uns!«

McKay nickte und jagte den Lincoln weiter über den Highway. Zwei Minuten später hatten sie das Peilsignal eingeholt. Als auf der rechten Straßenseite ein Truck Store in Sicht kam, ging McKay vom Gas und fuhr langsam an der Tankstelle, auf deren Parkplatz zwei große Holzlastzüge und eine Reihe schwerer Motorräder parkten, vorbei.

Doch von dem grünen Winnebago war nichts zu sehen.

»Verdammter Mist!« fluchte McKay. »Wir haben sie verloren!«

»Aber das Signal«, sagte Baxter. »Es kommt von diesem Truck Stop! Sie *müssen* hier sein!«

»Sie haben was gemerkt«, sagte McKay und zog den Wagen in eine enge Linkskurve, um zu der Tankstelle zurückzufahren. »Der Sender ist irgendwo auf dem Truck Stop.« Er fuhr auf den Parkplatz des Truck Stops und hielt neben den Holzlastzügen. »Holen Sie das Ding! Ich will nicht, daß irgendwer auf die Idee kommt, daß wir damit irgendwas zu tun haben könnten. Man weiß nie, was diesen zurückgebliebenen Dorfpolizisten einfällt, wenn sie die Chance haben, Columbo raushängen zu lassen.«

Baxter nickte, öffnete die Beifahrertür und stieg aus, das Peilgerät in der Hand wie einen dieser Minifernseher, bei denen man eine Lupe brauchte, um irgendwas zu erkennen. Er ging an den Lastzügen vorbei und näherte sich den Motorrädern, von denen das Signal zu kommen schien.

Als er vor einer erstklassig erhaltenen Harley Davidson vom Typ ›Easy Rider‹ stehenblieb, piepte das Gerät ununterbrochen, so daß er es ausschaltete. Dann ging er neben der Harley in die Knie und suchte nach dem Peilsender.

Er entdeckte ihn vorne am Tank der Maschine.

»Hab' ich dich, du Scheißding«, murmelte er, schnappte sich den Sender und ließ ihn in der Innentasche seiner Anzugjacke verschwinden.

»Hey!« grollte hinter ihm plötzlich eine Stimme auf. »Hey, du Arsch! Nimm sofort die Finger von meiner Maschine, oder ich reiß' sie dir einzeln ab!«

Baxter wirbelte erschrocken herum.

Vor ihm, keine fünf Meter entfernt, stand der Besitzer des Motorrads. Der Kerl trug eine schwarze Lederkluft, war breit wie ein Bulldozer, hatte das dazu passende Gesicht und überragte den Agenten um fast einen Kopf. In der linken Hand hielt er einen Sixpack Bier, in der Rechten den Hintern seiner Braut, die ihre üppigen Körperformen in eine knallrote Lederkombi gezwängt hatte, deren Nähte über der Brust die Pracht kaum halten konnten.

Und als ob Godzilla und seine Alte nicht schon gereicht hätten, tauchten just in diesem Moment auch die anderen Gangmitglieder aus dem Truck Stop auf, alles in allem sechs Mann, von denen keiner weniger als zweihundertfünfzig Pfund wog.

Baxter schluckte.

Das roch nach Ärger!

»Was hattest du mit meiner Maschine vor, du Sack?« grollte der Oberbiker. »Wolltest sie dir wohl klemmen, was?«

»Oh, nein!« versuchte Baxter den Mann zu beschwichtigen. Schweiß stand ihm auf der Stirn. »So was würde ich niemals tun! Nein, ich wollte mir das Baby nur mal ansehen! So eine schöne Maschine sieht man schließlich nicht alle Tage, nicht?«

»Da hast du verdammt recht«, nickte Godzilla, doch es klang nicht so, als würde er Baxter das abkaufen. »Und deshalb mag ich es nicht, wenn sich irgendwelche dahergelaufenen Sackgesichter wie du daran zu schaffen machen! Wirklich, Mann, das hättest du nicht tun sollen!«

Der Biker nahm die linke Hand vom Gesäß seiner Begleiterin, schnellte vor und packte Baxter mit seiner Pranke zwischen den Beinen, bevor der Agent die Chance hatte, zu reagieren.

Godzillas Kumpels lachten glucksend.

Baxter lief der Schweiß in Strömen übers Gesicht. Er war nicht der Typ für den Kampf Mann-gegen-Mann, sondern eher einer von der Sorte, der im Gebüsch wartete, bis der Gegner vorbeikam.

»So, Freundchen«, grinste Godzilla. Sein Atem stank nach Bier und Pfefferminzpastillen. »Du hast dich an meinem besten Stück zu schaffen gemacht, und jetzt ist deins dran!« Er lachte und schickte sich an, zuzudrücken.

Baxter konnte nur gequält stöhnen.

»An deiner Stelle würde ich das nicht tun, Kumpel«, sagte mit einemmal eine Stimme, die Baxter trotz ihres kalten, sachlichen Tonfalls wie der Gesang eines Engels erschien. »Es sei denn, du willst, daß ich dir die Kniescheibe wegschieße.«

»Was zur Hölle ...«, grunzte Godzilla wütend und wandte sich zu McKay um, der aus dem Wagen gestiegen war. Beim Anblick der Beretta, die der Agent über das Dach des Lincoln auf ihn gerichtet hatte, ließ er umgehend von Baxter ab.

»He, Mann«, sagte er und hob abwehrend die Hände, während Baxter sich zur Limousine flüchtete. »War nur Spaß, ehrlich! Ich hätte dem Burschen nie weh getan! Ich bin ungefährlich, echt!«

»Schon möglich«, sagte McKay mit einem kalten Lächeln. »Von mir kann ich das allerdings nicht behaupten ...«

Und obwohl Godzilla nicht die geringste Ahnung hatte, wen er da eigentlich vor sich hatte, glaubte er dem braunhaarigen Mann aufs Wort ...

Rastplatz am Provincial Highway 365
Jackson County, nahe Wilmington,
13. September, 20 Uhr 01

Der Winnebago parkte auf einem Rastplatz abseits des Highways, fünf Meilen südlich von Wilmington, und wurde von den großen Fichten am Straßenrand vom Highway abgeschirmt, so daß Jeremy McKay und seine Männer den Wagen selbst dann nicht entdecken würden, wenn Cliffs kleines Ablenkungsmanöver sie nicht wie gewünscht aufgehalten hätte. Um die Tarnung perfekt zu machen, war es inzwischen so dunkel geworden, daß der grüne Campingwagen perfekt mit den immergrünen Nadeln der Bäume verschmolz.

Cliff hatte gehalten, weil es langsam an der Zeit war, sich nach Jack Haggard zu erkundigen. Wenn sie wußten, was die Autopsie ergeben hatte, die McKay angeordnet hatte, würde sich das Dunkel, das diesen Fall umgab, möglicherweise ein wenig lichten.

Er zog die Antenne aus seinem Handy, tippte die Nummer der Auskunft ein und ließ sich mit der Gerichtsmedizin von Rapid City verbinden.

Bereits nach dem zweiten Läuten wurde abgehoben.

»Gerichtsmedizinisches Institut Rapid City«, erklärte eine sterile Frauenstimme am anderen Ende der Leitung lustlos. »Sie wünschen?«

»Jeremy McKay, NSA«, sagte Cliff. »Ich habe Ihnen heute nachmittag den Leichnam eines gewissen Jack Haggard zukommen lassen, der in der Nähe von Uncton in den Wäldern gefunden wurde, mit der Bitte, umgehend eine Autopsie durchzuführen. Nun würde ich gerne wissen, was die Obduktion ergeben hat.«

»Wie, sagten Sie, hieß der Verblichene?« fragte die Frau.

»Haggard«, sagte Cliff. »Jack Haggard.«

»Einen Moment, bitte«, sagte die Telefonistin. Man hörte, wie sie in Papieren herumblätterte. Nach einer knappen Minute sagte sie: »Tut mir leid, Sir, aber ein Jack Haggard wurde uns heute nicht überstellt.«

»Oh«, sagte Cliff und tat so, als wäre er überrascht. »Na so was! Da scheint einer meiner Assistenten irgendwas verbockt zu haben! Bitte entschuldigen Sie die Störung.« Er unterbrach die Verbindung, ohne sich zu verabschieden.

»Was ist?« fragte Judy, die neben ihm auf dem Beifahrersitz saß. Ihre Unterleibsschmerzen hatten sich mittlerweile zum Glück wieder gelegt, doch die dunklen Gedanken, die die Narbe auf ihrem Bauch in ihr heraufbeschworen, waren im Grunde noch viel schmerzhafter.

Cliff schob die Antenne ins Handy zurück. »Ein Jack Haggard wurde ihnen heute nicht zugestellt«, sagte er. »Sieht so aus, als hätte unser Kumpel McKay die Leiche verschwinden lassen. Vermutlich ist der Tote bereits auf dem Weg nach Washington oder Langley oder sonstwohin. Wie auch immer; wenn ich McKay richtig einschätze, dann wird die Leiche vermutlich nie wieder auftauchen, und niemand wird weiter an der alten Geschichte von damals kratzen.«

»Das gefällt mir nicht«, sagte Judy. »Wenn man nicht mal mehr der Regierung trauen kann, wem dann?«

»Ich weiß es nicht«, sagte Cliff, und eine Spur Traurigkeit klang in seinen Worten mit. »Vermutlich niemandem ...«

Ein unangenehmes, irgendwie unheilvolles Schweigen trat ein, das nach einer kleinen Weile vom hohlen Piepen des Handys unterbrochen wurde.

Cliff zog die Antenne aus dem Gerät und meldete sich. »Ja?«

»Buzz hier«, sagte eine tiefe, melodische Männerstimme am anderen Ende der Leitung.

»Na, sieh mal einer an«, sagte Cliff sarkastisch. »Wenn das nicht der Mann im Hintergrund ist! Wie fühlt man sich als großer Unbekannter, der dabei zuschaut, wie wir von einer Leiche zur nächsten stolpern?«

»Ich verstehe Ihren Unmut«, sagte Buzz. Er schien von Cliffs Formulierung nicht überrascht zu sein; offenbar war er über alles informiert, was im Laufe des Tages geschehen war. »Die Sache mit Sullivan Walsh tut mir leid. Ich glaubte nicht, daß McKay so weit gehen würde. Aber nun wissen Sie wenigstens, daß Ihr Gegner nicht irgendein Hinterhofganove ist. Sie spielen jetzt in der Oberliga. Hier gibt es andere Spielregeln.«

»Das haben wir gemerkt«, quetschte Cliff hervor. »Und wenn noch Zeit wäre, aus der Sache auszusteigen ...«

»Daß es dafür zu spät ist, wissen Sie nur allzu gut«, unterbrach ›Buzz‹ ihn. »Seit Sie im Besitz der GhostRider-Akten sind, befinden Sie sich sozusagen auf einem fahrenden Schnellzug. Natürlich könnten Sie versuchen, während der Fahrt abzuspringen, aber ich an Ihrer Stelle würde das nicht versuchen. Sie stecken schon zu tief in der Sache drin.«

»Warum haben Sie uns nach Uncton geschickt?« fragte Cliff. »Damit wir uns eine mumifizierte Leiche ansehen?«

»Sie sollten darauf achten, was Sie sagen«, erwiderte Buzz, doch es war nicht als Drohung gemeint. »Glauben Sie nicht, daß diese Funktelefone abhörsicher sind! Die NSA hat Mittel, die andere noch für Science-fiction halten!«

Cliff verstand den Hinweis, aber dies war nicht der passende Moment, darauf einzugehen.

»Sie haben meine Frage nicht beantwortet«, beharrte er. »Warum das alles?«

Eine Weile herrschte Schweigen am anderen Ende der Leitung. Cliff widerstand dem Drang, zu fragen, ob sein Gesprächspartner noch am Apparat war.

Nach einer halben Minute sagte ›Buzz‹ knapp: »Damit Sie zu *glauben* lernen. Das Paßwort der beigelegten Diskette lautet ›Roswell‹.« Damit legte er auf, und nur noch das dumpfe Tuten des Besetztzeichens drang an Cliffs Ohr.

Er ließ das Handy sinken und schob die Antenne ein. Dann sagte er zu Judy: »Er hat mir das Paßwort für die Diskette genannt. Mehr nicht.«

»Worauf warten wir dann noch?« sagte Judy und schwang sich nach hinten in den Wohnbereich des Winnebago. »Sehen wir uns an, was das Ding für Überraschungen zu bieten hat.«

Cliff nickte und folgte ihr. Er ließ sich auf den Schreibtischstuhl sinken, der mit der Computeranlage des Wohnmobils verschraubt war, damit er während der Fahrt nicht hin und her rollte. Er schaltete den Rechner ein, wartete, bis er gebootet hatte, und steckte dann die unscheinbare graue Dreieinhalb-Zoll-Diskette in das Laufwerk.

Als er die einzige auf dem Datenträger befindliche Datei aufrufen wollte, erschien eine Mitteilung auf dem Monitor:

BITTE PASSWORT EINGEBEN

»Okay, Baby«, murmelte Cliff. »Dann wollen wir mal ...«

Er tippte den Code ein, den ›Buzz‹ ihm genannt hatte.

ROSWELL

Eine Sekunde lang geschah nichts, abgesehen davon, daß die Buchstaben auf dem Monitor zu blinken begannen. Dann jedoch meldete der Computer:

ZUGRIFF GESTATTET

»Ja!« entfuhr es Cliff, und er ballte die Faust. »Jetzt wird die Sache langsam interessant!« Er beugte sich erwartungsvoll über die Tastatur und öffnete die Datei mit Hilfe eines Texteditors.

Der Inhalt des Files erschien auf dem Schirm, schwarze Schrift auf weißem Grund.

»Das darf doch nicht wahr sein«, murmelte Judy, die Cliff über die Schulter sah, fassungslos. Sie wußte nicht, was sie erwartet hatte, aber mit Sicherheit nicht das, was sie jetzt vor sich sah. »Ist das etwa alles?«

Auf dem Monitor standen lediglich zwei Zeilen Text – ein Name und eine Telefonnummer.

JAMES VICTOR CAMPBELL

0114-55527566

Unspektakulärer hätte der Inhalt der Datei wahrhaftig nicht sein können. Nur ein Name und eine Zahlenkombination; vermutlich eine Telefonnummer!

»Sieht so aus, als sollten wir mit diesem Herrn Kontakt aufnehmen«, sagte Cliff.

»Hast du eine Ahnung, um wen es sich dabei handelt?«

Cliff wiegte den Kopf. »James Victor Campbell. Den Namen habe ich schon gehört. Ein Senator, soviel ich weiß«, sagte er. »Demokrat. Promovierter Wirtschaftswissenschaftler. Soll ein guter Freund von Präsident Clinton sein, wenn man der Regenbogenpresse Glauben schenken darf.«

»Und was hat dieser Typ mit den GhostRider-Akten zu tun?« fragte Judy.

Cliff zuckte die Schultern. »Ich weiß es nicht«, sagte er. »Aber wie es aussieht, ist er unsere nächste Anlaufstelle. Denn wenn ich ehrlich bin, glaube ich, daß Buzz recht hat: Es ist zu spät, um vom Zug abzuspringen. Wir können nur versuchen, uns so lange wie möglich darauf zu halten.«

Judy nickte ernst. »Du hast vermutlich recht«, sagte sie. »Wir haben keine andere Wahl, als mitzuspielen und das Beste daraus zu machen.«

Cliff nickte. »Also los. Suchen wir uns ein Telefon.«

»Aber …« Judy deutete auf das Handy.

Cliff sah sie ernst an. »Du kannst keinem vertrauen«, faßte er zusammen, was ›Buzz‹ ihm vorhin eingetrichtert hatte. »Die Funkfrequenz könnte überwacht werden. Benutzen wir lieber einen öffentlichen Fernsprecher.«

Er stand auf und ging nach vorn zur Fahrerkabine.

Judy blieb wie betäubt sitzen. Als wäre ihr erst jetzt mit ganzer Konsequenz klargeworden, was in ihrer beider Leben sich verändert hatte.

ENDE DES ZWEITEN BUCHES

DRITTES BUCH

DER TUNNEL

von Uwe Voehl

Er lebte seit zehn Jahren in den Tunneln, kannte sich wie kein anderer in diesem Labyrinth aus stillgelegten U-Bahnschächten und stinkenden Abwasserkanälen aus. In den letzten Jahren hatte er sich hier unten sogar wirklich geborgen gefühlt. Das schreckliche Erlebnis, vor dem er geflüchtet war, hatte er verdrängt, und die allgegenwärtige Angst, die er dort oben verspürt hatte, war nach und nach gewichen.

Er hatte immer weniger das Bedürfnis gehabt, überhaupt noch an die Oberfläche zu gehen. Manchmal war es unumgänglich, um sich Nahrung oder neue Decken zu beschaffen, aber er versuchte diese Aufenthalte in der Zivilisation so kurz wie möglich zu gestalten. Abgesehen von der Angst, die ihn jedesmal empfing, und den Erinnerungen, die ein Blick in den Himmel mit sich brachte, kotzte ihn das Leben dort oben einfach an.

Man war dort oben nie sicher, in einem unachtsamen Moment nicht ein Messer in den Rücken oder zumindest einen Tritt in die Rippen zu bekommen. Heutzutage gab es dort oben Gangs, die selbst jemanden wie ihn nicht in Ruhe ließen. Früher hätte man einen Bettler in Frieden gelassen oder ihm sogar ein paar Cents hingeworfen. Heute töteten sie dort oben aus purer Lust.

Nein, er fühlte sich hier unten viel geborgener. Es war friedlich hier. Und wenn er eines Tages sterben würde, dann würde es ein natürlicher, friedlicher Tod sein. Er spürte, daß dieser Tag nicht mehr allzu fern war.

Wenigstens hatte er bis vor ein paar Tagen so gedacht.

Dann war er auf ein Graffito gestoßen. Hier unten in den Schächten gab es mehr Graffiti als oben auf den Straßen. Und mehr Graffitikünstler. Zumeist erzählten die Bilder von einem besseren Leben und einer heileren Welt.

Aber das Graffito, auf das er gestoßen war, war anders gewesen. Es hatte ihn an etwas erinnert, das er tatsächlich längst verdrängt zu haben glaubte.

Das Graffito erinnerte ihn an die Bilder seines Freundes Steinway. Auch Steinway hatte damals, vor seinem Tod, diese merkwürdigen biomechanischen Wesen an die Wände gesprüht. Aber Steinway war tot, und jetzt tauchte ein Graffito auf, das seinen so ähnlich war. Es mußte nicht wirklich etwas zu bedeuten haben. Ebensogut konnte irgendein Künstler Steinways Stil von damals kopiert haben …

Der Künstler besaß unzweifelhaft Talent: Der Schrecken auf den Gesichtern der Menschen, die von den biomechanischen Wesen bedroht wurden, war so lebensecht dargestellt, daß man glaubte, im nächsten Moment ihre Schreie zu hören. Aber was noch viel erschreckender war:

Er selbst war auf diesem Graffito abgebildet! Und er kannte auch die anderen Personen! Es war eine Tunnelszene, und einige der Leute waren ihm vertraut. Sie lebten wie er hier unten. Wer immer dieses Graffito gesprüht hatte, er mußte sich auskennen.

Die Menschen, die er darauf abgebildet hatte, waren in Gefahr. *Er* war in Gefahr! Das spürte er. Seine Instinkte waren in all den Jahren geschärft worden. Auf sie konnte er sich mehr verlassen als auf sein Gehör oder seine Augen. Und jetzt meldete sein Instinkt GEFAHR.

Er war zurück in seine Behausung gelaufen, eine fünfzehn Quadratmeter große Nische, die er seit zehn Jahren bewohnte und an deren Wänden alle möglichen Rohrleitungen verliefen. Er wußte nicht, was es für Rohre waren. Ab und zu hörte er ein Gluckern in ihnen, manchmal ein Zischen. Aber es hatte ihn auch nie interessiert.

Seine Nische war fast komfortabel eingerichtet. Es befand sich sogar eine richtige Matratze darin. In all den Jahren hatte er sich nach und nach alles vom Sperrmüll besorgt und hier herunter geschafft.

Schon vor Jahren hatte er Fallen angelegt. Damals war es öfters vorgekommen, daß Jugendbanden von oben hier unten rumgestöbert und Jagd auf die Tunnelmenschen gemacht hatten. Es war wohl eine Art Sport gewesen, und nach einiger Zeit war man dieser Freizeitbeschäftigung anscheinend wieder überdrüssig geworden. Jedenfalls war es immer seltener vorgekommen, daß sich jemand von oben hier herunter traute.

Aus jener Zeit stammten jedenfalls die Fallen. Sie waren

nicht aktiviert, aber das holte er nun nach. Er kannte Techniken, die ihm auch hier unten das Leben sicherten.

Eine davon nannte er ›Den Weg der Fallen‹. Wer immer sich seiner Behausung nun heimlich näherte, würde sich wundern. Eine erste Falle würde den Eindringling nur erschrecken, ihm symbolisieren: *Halt! Bis hierher und nicht weiter!* Wenn er dennoch weiterging, würde eine zweite Falle zuschnappen. Ließ er sich auch davon nicht abhalten ... Ab der dritten Falle begann es wirklich ernst zu werden. Und die letzte wäre tödlich.

Beruhigt war er in jener Nacht eingeschlafen. Dennoch verfolgte ihn das schreckliche Graffito bis in seine Träume. Aber was noch schlimmer war, das waren die Stimmen, die sich in seinem Kopf einnisteten.

Und die er nie wieder loswurde.

Alle guten Präsidenten waren am Anfang ihrer Karriere gute Senatoren. –
Ronald Reagan

Maine, genauer Aufenthaltsort geheim
23. September 1995, 21 Uhr 47

»Ein Rendezvous mit einem Senator habe ich mir immer irgendwie anders vorgestellt«, sagte Judy Davenport.

»Du meinst mit Kerzenschein und einer Einladung zum Dinner?« grinste Cliff Conroy.

»Nein, ich meine, nicht in einer so gottverlassenen Gegend wie dieser hier.«

Sie fuhren seit zwei Stunden. Die Dämmerung war allmählich in Dunkelheit übergegangen und die Felder in immer dichter werdende Wälder. Die letzten richtigen Häuser hatten sie vor einer Stunde hinter sich gelassen. Seitdem waren sie nur auf einige Hochsitze und Jagdhütten gestoßen. In diesem Teil Maines schien kaum eine Menschenseele zu hausen. Nirgendwo ein Anzeichen dafür, daß sie noch auf dem richtigen Weg waren.

»Eine Nacht in den Wäldern von Maine«, sagte Cliff. »Das wär' doch auch mal was. Wir könnten ein Zelt aufschlagen und durch die Baumwipfel den Sternenhimmel betrachten.«

»Nur den Sternenhimmel? Oder noch mehr?«

Cliff ging nicht auf die Andeutung ein, daß da oben *etwas anderes* sein könnte als nur die Sterne und der zunehmende Mond, und auch Judy schwieg, als ihnen beiden der Ernst ihres Ausflugs wieder bewußt wurde.

Der Weg wurde zunehmend holpriger und schmaler, und Cliff hatte alle Mühe, den großen Winnebago-Campingwagen sicher in der Spur zu halten.

»Vielleicht hätten wir doch vorhin an der Abzweigung links fahren müssen«, gab Judy zu bedenken.

»Die Einsicht, wenn sie denn richtig ist, kommt leider zu spät«, sagte Cliff. »Ich kann hier nirgends wenden.«

Äste und Zweige strichen wie Gespensterhände über die

Windschutzscheibe. Der Weg war so schmal geworden, daß höchstens noch eine Zeitung zwischen den Winnebago und die links und rechts aufragenden Bäume gepaßt hätte. Aus dem Radio erklang Neil Youngs ›Song X‹: *Hey ho away we go – we're on the road to never …*

»Irgendwie passend«, bemerkte Judy.

»Immerhin besser als *Highway to Hell*«, antwortete Cliff sarkastisch.

»Ich würde jetzt mehr für *Island in the Sun* plädieren.«

Die Flachserei, mit der sie beide die Atmosphäre ein wenig auflockern wollten, wollte nicht recht wirken. Es war, als würde sie jeder neue Meter hinein in diesen Wald stimmungsmäßig weiter nach unten ziehen. Aber es hatte nicht wirklich etwas mit dem Wald zu tun. Sondern mit dem, was sie erwartete …

Der Song im Radio wurde von einem störenden Knistern überdeckt. Judy drückte den Sendersuchlauf, was zur Folge hatte, daß plötzlich nur noch Knistern zu hören war.

»Seltsam«, sagte sie. »Als ob hier irgendein Störsender in der Nähe wäre …«

Cliff warf ihr einen skeptischen Seitenblick zu. Judy versuchte es per Handeinstellung, aber nach wie vor waren nur Rauschen und Knistern zu hören.

»Ich glaube, ich höre was«, sagte sie plötzlich.

»Ich nicht«.

»Das Rauschen ist zu laut.« Sie preßte ein Ohr gegen den Lautsprecher. »Ich höre eine Stimme.«

Cliff sah sie noch skeptischer an. Was sonst sollte aus dem Radio kommen? Er konzentrierte sich wieder auf den Weg vor ihnen und fluchte. »Es hat keinen Zweck. Wenn wir weiterfahren, bleiben wir womöglich ganz stecken.« Er brachte den schweren Winnebago zum Halten.

»Jetzt kann man es besser verstehen«, sagte Judy. »Hörst du mir überhaupt zu?«

»Du meinst die Stimme? Wahrscheinlich ein Nachrichtensprecher«, sagte Cliff. Noch immer war er mit seinen Gedanken eher bei dem Problem, ob sie weiterfahren sollten oder nicht.

»Kein Nachrichtensprecher«, sagte Judy, und dann hörte es

auch Cliff. Aus dem Rauschen und Knistern bahnte sich deutlich eine Stimme den Weg an die Oberfläche der Wahrnehmung.

»Er sagt, daß wir weiterfahren sollen«, flüsterte Judy, die noch immer ihr Ohr an den Lautsprecher gepreßt hielt. »Daß wir auf dem richtigen Weg sind ...«

Dann war die Stimme ganz deutlich zu hören, und was sie sagte, klang wie ein eindeutiger Befehl:

»Fahren Sie weiter geradeaus. Nach einer Meile werden sie auf einen Wegweiser stoßen. Ende.« Damit schien die Durchsage beendet. Auch das Rauschen und die atmosphärischen Störungen verstummten, und es war wieder Musik zu hören.

»Was hat das zu bedeuten?« fragte Judy.

Cliff zuckte die Achseln. »Offensichtlich ein kleiner Trick, um uns zu beeindrucken, schätze ich.«

Er war sich immer noch nicht sicher, ob sich hinter diesem Treffen nicht eine Falle verbarg.

Es war im Grunde ein Witz! Eine Diskette, die den ›Ghost-Rider‹-Akten beilag und die sie erst auf ›Buzz'‹ Anweisung in Cliffs Computer hatten einlegen dürfen, hatte lediglich den Namen und die Telefonnummer eines US-Senators beinhaltet.

Okay, es mochte ein Fingerzeig gewesen sein, aber ebensogut war eine weitere Finte möglich. ›Buzz‹ hatte sich bei den Vorgängen in Uncton jedenfalls nicht als sehr hilfreich erwiesen – nachdem er sie mit der UFO-Akte in dieses Schlamassel erst hineingeritten hatte.

Allerdings war die Telefonnummer in Washington D.C. echt gewesen. Zwar hatte sich der Senator nicht direkt gemeldet – damit hatte Cliff auch nicht wirklich gerechnet –, aber jemand aus seinem Vertrautenkreis hatte ihnen diesen gottverlassenen Ort als Treffpunkt genannt.

»Vielleicht will man uns auch nur ermutigen, nicht aufzugeben«, sagte Judy. Sie dachte generell positiver als ihr Partner. Insofern waren sie ein Gespann, das sich auch in dieser Hinsicht optimal ergänzte. Überhaupt hätte man Judy Davenport und Cliff Conroy auf den ersten Blick für ein gut harmonierendes Paar halten können – allein vom Aussehen her:

Cliff war Mitte Dreißig und 1 Meter 80 groß, schlank und

drahtig. Seine Figur, sein dunkelbraunes Haar und vor allem seine grauen Augen mochten auf viele Frauen sehr attraktiv wirken. Selbst seine vor langer Zeit gebrochene Nase paßte in dieses Gesicht und gab ihm eine interessante, individuelle Note.

Judy war Anfang Dreißig und reichte Cliff bis zur Schulter. Sie war 1 Meter 69 groß und von schlankem Wuchs, hatte fast schwarze Haare und braune Augen. Man sah ihr die arabischen Vorfahren deutlich an. Vielleicht war es das, was die meisten Männer besonders an ihr reizte.

»Ich werde mit dem Motorrad weiterfahren und auskundschaften, ob der Weg überhaupt irgendwohin führt«, entschied Cliff.

»Ich komme mit«, sagte Judy spontan. »Kommt nicht in Frage, mich hier allein zurückzulassen!«

»Aber ...«

»Keine Widerrede!«

Cliff seufzte. In diesem Fall lohnte es kaum, einen Streit zu beginnen. Bevor sie ausstiegen, verstaute er die ›GhostRider‹-Akten samt der Diskette in dem kleinen Safe im Boden des Kleiderschranks, in dem auch seine .357 Magnum untergebracht war. Für einen Moment überlegte er sich, den Revolver mitzunehmen, dann entschied er sich dagegen.

Außer der Strecke, die von den Scheinwerfern aus der Dunkelheit gerissen wurde, herrschte draußen stockfinstere Nacht. Der dunkle, endlose Wald rings um sie her erinnerte Cliff an eine Mauer, die langsam näherrückte und sie irgendwann unweigerlich erdrücken mußte. Sie waren die einzigen Menschen weit und breit ...

Judy schlug die Arme um sich, als friere sie. Bei den hier herrschenden Temperaturen – um die zehn Grad Clesius – nur zu verständlich, aber es war wohl mehr ein innerlicher Schauer, der sie frösteln ließ. Im Innern des Wagens war sie sich sicherer vorgekommen. Es war zwar eine scheinbare Sicherheit gewesen, aber immerhin ...

Hier draußen fühlte sie sich, als würde man sie beobachten.

Sie trat dicht an Cliff heran.

»Ich hoffe, wir machen keinen Fehler«, flüsterte sie. Natürlich hatten sie darüber diskutiert, ob sie der ominösen Einladung folgen sollten oder nicht. Aber ›Buzz‹ hatte bislang kein falsches Spiel mit ihnen getrieben. Und im Grunde hatten sie keine andere Wahl, als ihm zu vertrauen.

Wie ›Buzz‹ gesagt hatte: Sie saßen in einem fahrenden Zug, und es war längst zu spät, auszusteigen. Die NSA war auf ihrer Spur, auch wenn sie ihren Spürhund Jeremy McKay zwischenzeitlich abgehängt hatten – oder dies zumindest hofften.

Cliff schüttelte den Kopf. »Wir müssen Campbell vertrauen – eine andere Chance haben wir nicht. Aber vielleicht hat noch jemand von unserem Treffen Wind bekommen. Ich habe ein ungutes Gefühl.«

Sie lauschten in die Nacht hinein, aber außer den natürlichen Geräuschen des nächtlichen Waldes und seiner Bewohner war nichts zu hören.

Cliff trat zum Heck des Winnebago, wo die Kawasaki befestigt war. Ursprünglich war sie fürs Vergnügen gedacht gewesen, aber auch in einer Situation wie dieser konnte sich das geländegängige Motorrad bewähren.

Cliff löste die Befestigungen, während Judy aus dem Wageninneren die Helme holte und die Sicherheitsverriegelung des Winnebagos betätigte.

Innerhalb von zwei Minuten waren sie startbereit. Judy nahm hinter Cliff Platz. Sie hielt sich nicht an ihm fest, sondern am Bügel des Sitzes.

Cliff startete. Aufröhrend setzte sich die Kawasaki in Bewegung. Trotz der guten Federung war es eine Fahrt wie auf dem Rodeo-Bullen.

Bereits nach wenigen Metern konnte man nicht mehr von einem Weg sprechen. Es war ein nur mit Mühe der Wildnis entrissener Pfad, holprig und voller tückischer Löcher. Äste und Zweige schlugen gegen die Visiere ihrer Helme. Ein im Weg liegender Stein ließ die Kawasaki fast einen halben Meter in die Luft hüpfen, so daß Judy ihre ursprüngliche Zurückhaltung aufgab und beide Arme um Cliff klammerte.

»Geht es nicht noch ein bißchen schneller?« schrie sie ironisch, aber Cliff antwortete nicht. Er mußte seine sämtliche Konzentration aufbringen, um nicht vom Weg abzukommen. Außerdem war es müßig, Judy erklären zu wollen, daß sie auf dieser Strecke und bei diesem Tempo die Löcher und Unebenheiten sicherer überfuhren, als wenn er sich im Schneckentempo vorgetastet hätte.

Der Pfad wurde noch schmaler, und schließlich standen sie vor einem undurchdringlichen Gebüsch, das jedes Weiterkommen unmöglich machte.

»Soviel zum Thema ›Botschaften aus dem Radio‹!« knurrte Cliff.

Da sah er plötzlich das Signal. Es war ein rotes, blinkendes Licht irgendwo im Gehölz des Waldes.

»Wir müssen zu Fuß weiter«, sagte Cliff. Er schaltete den Motor der Kawasaki aus und stieg ab.

Langsam gingen sie auf den Lichtschein zu und bahnten sich den Weg durch dichtes Buschwerk.

Plötzlich hörten sie einen Ruf aus Richtung des Lichts.

»Hierher!«

Irgendwie war es beruhigend, in dieser Einsamkeit eine menschliche Stimme zu hören; ganz gleich, wem sie gehören mochte. Sekunden später hatten Cliff und Judy den Mann erreicht. Er stand auf einer kleinen Lichtung und hielt das rote Signallicht von sich gestreckt. Es malte gespenstische Schemen in sein bärtiges Gesicht.

»Miss Davenport? Mr. Conroy?« Es war mehr eine Feststellung als eine Frage.

»Wer sind Sie?« fragte Judy.

»Keine Fragen. Nicht jetzt. Folgen Sie mir einfach.«

Ohne eine Antwort abzuwarten, drehte der Mann sich um, leuchtete mit einer starken Taschenlampe den Boden ab und folgte dann einem Trampelpfad, der zwischen den hohen Bäumen hindurchführte. Cliff und Judy folgten ihm schweigend.

Im Widerschein der Lampe gelang es Cliff, ihren Führer genauer zu betrachten. Er trug legere Kleidung, unter der sich Muskelpakete abzeichneten. Außerdem war er offensichtlich bewaffnet; Cliff konnte deutlich eine Ausbeulung unter seiner Jacke in Höhe der linken Achsel ausmachen. Der Haarschnitt des Mannes war militärisch kurz, sein Bart kurz und sauber ausrasiert.

Nach kurzer Zeit öffnete sich der Pfad unvermittelt zu

einer zweiten Lichtung, an deren Rand sich eine vom Mond beschienene Jagdhütte duckte. Hinter den Fensterscheiben brannte Licht.

Ihr Führer hielt auf die Hütte zu, während sich das mulmige Gefühl in Cliffs Bauch verstärkte. Alles hier schien perfekt inszeniert zu sein. Er kam sich vor wie eine Marionette, an deren Fäden man beliebig ziehen konnte. Hilflos.

Dieser Eindruck verstärkte sich, als zwei weitere Männer aus dem Schatten des Gebäudes traten. Sie waren vom gleichen Kaliber wie der Mann, der sie hierhergeführt hatte. Leibwächtertypen, mit denen im Falle einer Auseinandersetzung nicht zu spaßen sein würde.

»Parole?« klang eine dunkle Stimme auf – zusammen mit dem Klacken, das entsteht, wenn man einen Revolverhahn spannt.

Ihr Führer blieb stehen. »Nightwatch.«

»Okay.«

Die beiden Muskelmänner gaben den Weg frei.

In der Blockhütte hatte man offensichtlich ihr Kommen registriert. Die Tür schwang auf, und ein weiterer Leibwächter ließ sie passieren.

Im ersten Moment schlossen Cliff und Judy geblendet die Augen. Im Innern der Jagdhütte herrschte eine fast gleißende Helligkeit.

»Willkommen in meiner bescheidenen Hütte!« sagte eine Stimme. Cliff schätzte den Mann, zu dem sie gehörte, auf Ende Vierzig. Er trug das graumelierte Haar sauber gescheitelt und ein strahlendes Lächeln zur Schau. Seine Zähne waren eine Spur zu weiß und sein Gesicht eine Spur zu braun, um natürlich zu wirken. Sein Holzfällerhemd und seine Jeans konnten nicht darüber hinwegtäuschen, daß es sich um teure, wohlkalkulierte Designerkleidung handelte.

Unter anderen Umständen hätte dieser Mann vielleicht sogar natürlich oder sympathisch gewirkt. Im gleißenden Licht der Blockhütte kam Cliff alles an ihm seltsam unecht vor.

Es war der erste Politiker, den Cliff aus dieser Nähe zu Gesicht bekam – und er entsprach genau dem Bild, das er sich von einem solchen Mann zurechtgelegt hatte. Nicht, daß er ihm von Grund auf unsympathisch gewesen wäre. Vielleicht verbarg sich unter dieser publikumswirksamen Maske sogar ein ganz passabler Bursche.

Neben ihm hielt sich eine Frau im Raum auf. Sie war für diese Umgebung seltsam unpassend gekleidet. Ihr Kostüm hätte in einer prominenten Anwaltskanzlei oder auf der 5th Avenue weitaus passender gewirkt. Als einzigen Schmuck trug sie eine dezente Perlenkette, die wahrscheinlich ein Vermögen gekostet hatte. Das blonde Haar trug sie nach hinten gebunden, was ihrem Gesicht einen strengeren Ausdruck verlieh, als es wahrscheinlich war.

Der Mann trat ein paar Schritte auf Cliff und Judy zu und streckte ihnen jovial die Hand entgegen. »Mein Name ist James Victor Campbell. Vielleicht haben Sie schon einmal von mir gehört. Wie auch immer, ich freue mich, daß Sie hier sind und ich die Gelegenheit finde, Sie kennenzulernen.«

Er reichte zunächst Judy die Hand, dann Cliff. Sein Händedruck war erstaunlich fest.

»Senator Campbell?« Cliff nickte. »Ich hatte es schon vermutet. Ich habe Sie einige Male im Fernsehen gesehen ...«

»Das ist meine Frau Barbara.« Auch die Frau reichte ihnen die Hand. Dann gab der Senator seinen Leibwächtern mit einem Wink zu verstehen, daß sie den Raum verlassen sollten.

»Setzen Sie sich, bitte.«

Cliff sah sich im Raum um. Es war eine typische Jagdhütte, mit Trophäen an den Wänden, gemütlichen Sesseln und natürlich einer rustikalen Bar. Vier Stühle umstanden einen Holztisch in der Mitte des Raumes, auf dem eine schwarze Aktentasche lag. Dort nahmen sie Platz.

»Darf ich Ihnen etwas zu trinken servieren?« bot Campbell an.

»Nein, danke.« Es klang wie aus einem Mund.

»Sie sind vorsichtig, verstehe.« Er schüttete sich und seiner Frau je ein Glas Bourbon ein. »Und vielleicht haben Sie auch allen Grund dazu.«

Der Senator seufzte, stand für einen Moment fast unschlüssig im Raum und setzte sich dann ebenfalls an den Tisch, vor die Aktentasche. Cliff hatte das überraschende Gefühl, daß der sonst so wortgewandte Politiker Schwierigkeiten hatte, die rechten Worte zu finden – ein sehr menschlicher Zug, der die künstliche Fassade bröckeln ließ.

»Wir haben leider nicht soviel Zeit, wie ich mir wünschte«, fuhr Campbell schließlich fort. »Trotzdem hoffe ich, daß wir in der Kürze der Zeit das Wesentliche regeln können …«

Judy setzte zu einer Frage an, aber der Senator unterbrach sie mit einer Handbewegung. »Bevor Sie Ihre Fragen stellen, muß ich Ihnen sagen, daß ich nicht in der Lage bin, Ihnen weitreichende Erklärungen zu geben. Ich befinde mich in … nun, sagen wir, in einem politischen Drahtseilakt, bei dem mich jede Unachtsamkeit, jedes bißchen Vertrauen *zuviel* abstürzen lassen kann. Bitte haben Sie dafür Verständnis.«

Cliff war wider Willen beeindruckt. Natürlich wußte er, daß Männer wie der Senator auf Überzeugungsarbeit gedrillt waren, aber er konnte sich des Gefühls nicht erwehren, daß jedes seiner Worte von großer Ernsthaftigkeit und Ehrlichkeit zeugte.

»Zunächst einmal …«, fuhr Campbell fort und griff in die Brusttasche seines Hemdes, »möchte ich Ihnen dies hier überreichen.« Er zog zwei Ledermäppchen hervor.

»Ausweise?« fragte Judy verblüfft.

»Ich ernenne Sie hiermit zu Bundesmarshals. Verbunden damit sind sämtliche Vollmachten gegenüber anderen Behörden, Privatpersonen und Firmen. Sie sollten die Macht, die Ihnen diese Ausweise garantieren, nicht unterschätzen. Und den Schutz, den sie Ihnen bieten.«

»Meinen Sie das im Ernst?« fragte Judy. »Glauben Sie, daß wir noch irgendwelchen Papieren vertrauen?«

»Es wird Ihnen nichts anderes übrigbleiben«, entgegnete James Campbell. »Natürlich steht Ihnen frei, weiterhin nur Ihren eigenen Weg zu gehen – aber der wird Sie unzweifelhaft ins Verderben führen. Mit diesen Ausweisen haben Sie offizielle, überregionale Befugnisse. Sie sind allein meinem Büro im Justizministerium verantwortlich. Die Ausweise sind übrigens rückwirkend auf den 1. September datiert. So wird die NSA Sie wegen der manipulierten Vergehen, die zu Ihrer Kündigung führten, nicht mehr belangen können. Allerdings muß ich Sie bitten, die Abzeichen, soweit es geht, nicht öffentlich zu tragen. Sie werden inkognito operieren.«

»Was soll das für einen Sinn machen?« fragte Cliff skeptisch.

»Wir wissen, daß innerhalb der NSA Kräfte am Werk sind, die hochbrisante Informationen über extraterrestrische und paranormale Vorfälle verschweigen, Beweismaterial verschwinden lassen und gezielte Desinformation selbst der Regierung gegenüber betreiben. Solange wir nicht genau wissen, wer dahintersteckt und welche Ziele verfolgt werden, wäre es leichtsinnig, eine Konfrontation mit diesen Kräften zu provozieren.«

»Was verlangen Sie von uns?« fragte Cliff.

»Nicht mehr, als Sie ohnehin zu tun vorhatten. Sie sind neugierig – und Sie sind intelligent. Versuchen Sie, soviel wie möglich über unsere Gegner herauszufinden. Wer sind sie? Über welche Macht verfügen sie? Wer steht hinter ihnen? Wie lauten ihre Pläne?«

»Was genau sind *Ihre* Pläne?« ließ sich Judy vernehmen.

Der Senator schüttelte wieder den Kopf. »Keine Erklärungen, bitte. Zum einen wäre es zu früh, zum anderen zu gefährlich. Es ist die Möglichkeit nicht auszuschließen, daß eine Verbindung zu einer außerirdischen Macht besteht.«

»Außerirdische?« Cliff schüttelte ungläubig den Kopf. »Hier auf der Erde? Unter uns?« Er rang sich ein Grinsen ab. »Ich dachte, E. T. wäre wieder nach Hause geflogen.«

Wenn er halbwegs erwartet hatte, James Campbell würde unwirsch oder eingeschnappt reagieren, so sah er sich getäuscht. Der Senator blickte ihn ernst an.

»Wenn es wirklich nur kleine freundliche Gnome aus dem All wären, müßte ich mir keine Sorgen machen«, erwiderte er. »Leider spricht einiges dafür, daß dem nicht so ist.«

Er griff zur Aktentasche, öffnete sie und entnahm ihr eine Plastikhülle. »Auf dieser CD-ROM finden Sie das komplette Projekt ›GhostRider‹, von dem unser gemeinsamer Freund Buzz Ihnen ja bereits einige Seiten hat zukommen lassen«, sagte er und reichte die Hülle Cliff.

Der klappte sie auf und betrachtete die darin eingebettete CD. Fast hätte er aufgelacht. Die Silberscheibe trug einen Aufdruck, der sie als Johnny-Cash-CD auswies. Einer der im Index aufgeführten Songs war ›Ghost Riders in the Sky‹.

»Wenn Sie sie in einen normalen CD-Player einlegen, werden Sie sogar drei Lieder abspielen können«, erklärte der Senator. »Die restlichen Tracks bestehen aus Text- und Bilddateien, die nur über einen bestimmten Code zugänglich sind. Merken Sie ihn sich gut: Er lautet ›NCC-1701‹. Mit einem Bindestrich nach den drei Buchstaben.«

Irgendwie kam Cliff diese Kombination bekannt vor. Dann hatte er es: »Sind Sie Star-Trek-Fan, Senator?«

»Mein Sohn ist es.« Ein leises Lächeln huschte über Campbells Gesicht, dann wurde er übergangslos wieder ernst. »Also: Ihr Auftrag wird es sein, Berichten über UFOs und Außerirdische nachzugehen; nicht nur den aktenkundigen ›GhostRider‹-Fällen, sondern auch aktuellen Geschehnissen. Außerdem werden Sie sich allgemein mit Grenzphänomenen befassen, da die NSA offenbar gezielt PSI-begabte Menschen abzufischen oder zu diskreditieren versucht. Wir kennen den Grund dafür noch nicht, aber wir haben Anlaß zu höchster Sorge.«

Cliff Conroy und Judy Davenport ließen die Erklärungen des Senators auf sich einwirken. Eigentlich war das alles zu phantastisch, um wahr zu sein, und noch vor wenigen Tagen hätten sie es als reine Hirngespinste abgetan. Doch die Umstände ihrer Entlassung und Flucht und das, was sie danach erlebt hatten, machten Campbells Ausführungen glaubhaft.

»Warum sind Sie so sicher, daß wir uns auf diese Sache einlassen?« fragte Cliff trotzdem.

»Man hat Sie lange genug überprüft – auch dies ein Grund dafür, Sie erst einmal nach Uncton zu schicken, anstatt Ihnen gleich reinen Wein einzuschenken. Sie sind exakt die Personen, auf die das Justizministerium gewartet hat.«

Der Gedanke, heimlich beobachtet und von Psychologen oder Computerprogrammen hinsichtlich irgendeiner ominösen Eignung getestet worden zu sein, behagte Cliff nicht im geringsten. Aber der Senator hatte recht: Es blieb ihnen keine andere Möglichkeit, als sich auf dieses Spiel einzulassen.

»Wir haben einige Konten für Sie eröffnet«, sprach Campbell weiter. »Bei den wichtigsten Banken und Kreditkarten-Unternehmen. Barbara?«

Zum erstenmal trat die Frau des Senators in Aktion. Sie überreichte Cliff und Judy jeweils ein Kartenetui.

»Chase Manhattan, American Express, Diner's Club ... Sie haben an alles gedacht«, sagte Judy. Mit dieser Auswahl an Plastikgeld würden sie nicht nur in den USA, sondern praktisch weltweit über ausreichende Mittel verfügen.

»Last not least sollten Sie Ihre Telefongewohnheiten ein wenig umstellen«, sagte der Senator. »Analoge schnurlose Telefone sind längst nicht mehr sicher, was das Abhören anbelangt. Bitte tauschen Sie Ihr altes Handy gegen dieses hier aus!« Er holte ein kleines Handtelefon aus der Aktentasche und reichte es Cliff.

»Aber das *ist* meins!«

»Vom Äußeren her ist es identisch. Die Nummer stimmt auch noch. Allerdings haben wir einen Zerhacker einbauen lassen, der jeglichen Abhörversuch unmöglich macht. Unter den eingespeicherten Nummern befindet sich eine, mit der Sie mich in Zukunft erreichen können, wenn Sie Hilfe brauchen. Ich meine *wirkliche* Hilfe. Drücken Sie die Raute, Null, Raute. Des weiteren ...«

»James?« Die Frau des Senators unterbrach ihn.

Campbell sah auf seine Uhr.

»Es wird leider Zeit«, sagte er. »Wir müssen aufbrechen. Wußten Sie eigentlich, daß Sie verfolgt wurden?«

Cliff und Judy sahen sich erstaunt an. Der Senator machte eine abschätzende Handbewegung. »NSA-Leute. Es ist vielleicht nicht der Rede wert, aber wir dürfen uns nicht den geringsten Fehler leisten.«

Die Tür wurde aufgerissen, und ein Leibwächter kam hereingestürzt. Von draußen war das Geräusch eines landenden Hubschraubers zu vernehmen.

»Tut mir leid, Senator, aber wir müssen ...«, übertönte der Muskelmann das Flappen der Rotoren.

Der Senator nickte. »Eine Minute noch!«

Er wandte sich wieder Cliff und Judy zu: »Ich ahnte, daß es kein Abend für lange Erklärungen sein würde«, entschuldigte er sich.

Cliff konnte die Nervosität förmlich spüren, die plötzlich in der Luft lag.

»Ich hoffe«, fuhr der Senator fort, »daß wir demnächst mehr Zeit füreinander haben werden. In jedem Fall haben wir alle einen weiten Weg vor uns. Die Zukunft wird zeigen, ob wir dabei richtig handeln oder nicht.«

»Ist das nicht ein wenig pathetisch, Senator?« fragte Cliff.

Campbell hob eine Braue. »Ich weiß, was dort draußen vorgeht, Conroy. Vielleicht haben wir alle seit ein paar Jahrzehnten die Augen einfach vor den Tatsachen verschlossen. Aber jetzt ...«

»James!« Ein weiterer, diesmal energischer Ruf seiner Frau.

»Die Minute ist um; ich weiß. Kommen Sie mit raus, sonst werden Sie hier wie zwei Spießbraten geröstet.«

Er schob Cliff und Judy vor sich her. Draußen lärmten die Rotoren eines Militärhubschraubers.

»Ich wünsche Ihnen viel Glück!« rief der Senator. »Ach ja, beinahe hätte ich noch das Wichtigste vergessen. Suchen Sie auf der CD nach dem Stichwort ›Unterwelt‹. Es ist der jüngste Eintrag, noch brandheiß, sozusagen. Dort sollten Sie ansetzen.« Er sah noch einmal zum Jagdhaus zurück. »Schade, ich war immer ganz gerne hier. Wissen Sie, daß gleich dort drüben ein Bach fließt, in dem sich die dicksten Forellen von ganz Maine tummeln?«

»Was haben Sie vor, verdammt?« schrie Cliff gegen den Lärm an.

»Ich sagte es schon: Wir dürfen kein Risiko eingehen. Keine Spuren, keine Beweise. Unsere Unterredung hat niemals stattgefunden. Denken Sie daran!«

Damit hastete er zum Hubschrauber, während in der Blockhütte plötzlich Flammen aufloderten. Jemand half dem Senator und seiner Frau in den Hubschrauber hinein, und einen Moment später hob die Maschine vom Boden ab. Der Lärm der Rotorblätter verlor sich in der Nacht.

Nach zwei Minuten war der Spuk vorbei.

Die Lichtung war nun hell erleuchtet vom lodernden Feuer.

»Ich glaube, wir sollten dem Rat des Senators folgen«, sagte Cliff. »Machen wir, daß wir von hier wegkommen.«

Sie hasteten durch das Unterholz und fanden auf Anhieb den richtigen Weg. Die Kawasaki stand noch immer dort, wo sie sie zurückgelassen hatten.

Sie saßen auf. Cliff startete die schwere Maschine. Während er sie wendete und die schmale Holperpiste zurückfuhr, erwartete er in jedem Moment, daß irgend etwas Unerwartetes passieren würde. Alles war derartig schnell gegangen, daß er Mühe hatte, das Erlebte zu verdauen.

Aber es passierte nichts mehr.

Jedenfalls nicht in dieser Nacht.

Deep Forest
Maine, 23. September, 23 Uhr 23

»Dann wollen wir mal ...«, sagte Cliff. Seine Augen waren rotgerändert. Schmale Schlitze, die nur der Wille noch offenhielt, nicht einzuschlafen. Als sie den Winnebago erreicht hatten, war offensichtlich gewesen, daß jemand versucht hatte, ihn zu öffnen. Entweder hatte er es nicht geschafft, oder er war gestört worden. Der kleine Safe im Boden des Kleiderschranks war jedenfalls unberührt ...

Cliff hatte den Wagen zurückgesetzt, so lange, bis er endlich eine Stelle gefunden hatte, an der er wenden und von dort an vorwärtsfahren konnte. Schließlich hatten sie wieder eine befestigte Straße und schließlich auch Hinweisschilder erreicht. Seitdem war er gerast, als wäre der Teufel hinter ihm her. Jedesmal zuckte er zusammen, wenn Scheinwerfer im Rückspiegel auftauchten, und ebenso merklich atmete er auf, wenn die Scheinwerfer ihn überholt hatten und die roten Rückscheinwerfer in der Ferne vor ihnen verschwunden waren.

Erst in Deep Forest hatte er es gewagt, anzuhalten.

»Warum hier?« fragte Judy.

»Warum nicht?« war alles, was er zustande brachte. Deep Forest – der Name hatte ihm gefallen. Es klang wie ein sicheres Versteck.

Cliff öffnete die CD-Hülle und nahm die Silberscheibe behutsam mit drei Fingern heraus.

»Und was nun?« fragte Judy. »Hören wir Johnny Cash, oder schauen wir uns langweilige Daten an?«

»Erst mal in den Computer damit«, antwortete Cliff und fügte grinsend hinzu: »Wer weiß; vielleicht sind ja noch ein paar Ballerspiele darauf. Space Invaders ...«

Der Winnebago war technisch bestens ausgerüstet: Die Anlage umfaßte einen Computer samt Modem, Laserdrucker und Flachbettscanner, ein Mobiltelefon, das Cliff bereits gegen das von Senator Campbell erhaltene ausgetauscht hatte, und einen kleinen Farbfernseher inklusive Videorecorder.

Cliff setzte sich vor den Computer, während Judy ihm gespannt über die Schulter schaute. Dann schob er die CD-ROM ins Laufwerk. Im Gegensatz zu einer normalen Diskette, die lediglich 1440 Kilobyte faßte, konnte man auf eine CD bis zu 650 Megabyte abspeichern – Platz genug für sämtliche Telefonbücher der USA. Die Bilddateien fraßen dabei noch den meisten Speicherplatz.

Eine Eingabemarke erschien auf dem Bildschirm, darüber die Aufforderung: BITTE CODE EINGEBEN

Cliffs Finger huschten über die Tastatur: NCC-1701

Eine Weile blieb der Bildschirm dunkel, dann jedoch startete eine grafische Benutzeroberfläche.

»Faszinierend«, entfuhr es Judy.

Da hatte sich tatsächlich jemand die Mühe gemacht, die Geheimakten in einer ansprechenden Form zu präsentieren! Wahrscheinlich, so vermutete Cliff, weil sonst nur Generäle, Admiräle oder andere ranghöchste Offiziere diese Daten zu Gesicht bekamen – und die wollten sich gewiß nicht mit einer komplizierten Programmsteuerung abgeben.

Neben einzelnen Themenbereichen war ein Button mit der Beschriftung ›SUCHE‹ zu sehen. Cliff steuerte den Mauspfeil mit seinem Trackball an diese Stelle und klickte sie an.

Das Bild wechselte; ein Eingabefeld erschien.

BITTE SUCHBEGRIFF EINGEBEN

Cliff beugte sich über die Tastatur, tippte ›UNTERWELT‹ ein und bestätigte mit der Return-Taste.

Es dauerte nur Sekunden, dann wechselte das Bild erneut. Diesmal lautete die Auswahl ›BILD‹ und ›TEXT‹. Eingedenk seiner müden Augen rief Cliff die Bilddateien auf.

Wieder dauerte es einen Moment, bis sich ein Foto aufbaute, das den ganzen Bildschirm füllte. Darauf war eine typische Straßenszene vor gigantischen Häuserschluchten zu sehen. Der Eingang zu einer U-Bahnstation.

»New York«, stellte Judy fest.

»Unverkennbar«, sagte Cliff und setzte den Cursor über ein Pfeilsymbol, welches das nächste Foto aufrief.

Diesmal war eine offensichtlich stillgelegte U-Bahnstation zu sehen. Brüchige, mit Graffiti verschmierte Wände, mit Müll und Glasscherben übersäte Schienen und allgegenwärtig scheinende Schwärze.

»Brrr«, schüttelte sich Judy. »Ein ungemütlicher Ort. Aber gut getroffen.«

»Stimmt«, pflichtete ihr Cliff bei. »Das ist nicht einfach nur ein Schnappschuß. Offensichtlich war hier ein Profi am Werk.«

Die nächsten Bilder untermauerten seine These: Weitere U-Bahnschächte, verlassene Abwasserkanäle, unterirdische Auffangbecken, unergründliche Löcher. Und jedes Bild zog in seiner Trostlosigkeit Cliff und Judy ein Stück weiter hinab in die Tiefe.

Dann wurden die Fotos ... *seltsamer*. Menschen waren darauf zu erkennen, zumeist vernachlässigt aussehende Personen jeden Alters und Geschlechts, die mit nachtblinden Augen in die Kamera starrten.

»Meinst du, die hausen dort unten?« fragte Judy.

Das nächste Foto zeigte ein kaum schulpflichtiges Kind, mit Lumpen bekleidet, strähnigen Haaren, ausgemergelten Gesichtszügen und erschrockenen Augen.

»Ich habe mal etwas darüber gelesen«, sagte Cliff betroffen. »Obdachlose, die in verlassenen U-Bahnschächten und Abwasserkanälen ihr Leben fristen, weil sie es aus irgendeinem Grund oben nicht mehr aushalten. Aber wenn man das hier sieht, ist es ... kaum zu ertragen.«

»Wer hat die Bilder gemacht? Und warum? Weshalb hat uns der Senator darauf hingewiesen?«

Das nächste Foto beantwortete Judys Frage – und traf sie wie ein Schock. Es zeigte eine seltsame Kreatur, die mit weitaufgerissenen, blinden Augen in die Linse starrte.

»Ein Säugling!« entfuhr es Judy. »Er ist blind.«

»Ja, ihm fehlen die Pupillen«, stimmte Cliff zu. »Die Augäpfel sind weiß und ungewöhnlich groß. Oder sie haben sich der Dunkelheit dort unten angepaßt. Auch seine Haut ist schneeweiß. Vielleicht ein Albino?«

»Da ist noch etwas ...«, flüsterte Judy und deutete auf den Unterkörper des Säuglings. Ihr Finger zitterte leicht. »Es ist ein Hermaphrodit«, erklärte sie. »Ein zweigeschlechtiges Wesen! Es wirkt so – fremd.«

»Wie aus einer anderen Welt«, pflichtete Cliff ihr düster bei. Das Foto berührte ihn zutiefst. Dieses Wesen, so anders es war, erweckte keinen Abscheu, sondern tiefes Mitleid und – Interesse.

»In der griechischen Mythologie war Hermaphrodit der Sohn des Hermes und der Aphrodite«, sagte Judy leise. »Er galt als göttliches Wesen ... also als Wesen aus dem Himmel ...«

»Anders ausgedrückt: als Besucher aus dem All«, ergänzte Cliff. »Und damit hätten wir wohl den Grund, warum dieses Material angelegt wurde.«

»Es gibt noch einen Aberglauben, der ins Schema paßt«, sagte Judy. »Angeblich verfügen Hermaphroditen über seherische Fähigkeiten. Sie sind PSI-begabter als normale Menschen.«

Cliff straffte sich. »Wenn es einen Zusammenhang gibt zwischen diesen ganzen Tunnelsystemen, den Fotos von Obdachlosen und diesem Kind, dann nur den einen ...«

»Es lebt irgendwo dort unten«, führte Judy die Überlegung zu Ende.

»Oder jemand hält es dort versteckt«, ergänzte Cliff.

Nun war er hellwach, obwohl seine Augen nach wie vor brannten. Er ging wieder zum Eingangsmenü der Akte zurück und wählte diesmal TEXT.

Doch diesmal war die Ausbeute enttäuschend. Eine kurze Notiz, mehr nicht.

Der Senator hatte gesagt, die Akte wäre die jüngste der

Sammlung, noch brandheiß. Vielleicht hatte man bislang keine weiteren Informationen sammeln können.

Cliff überflog den Text. »Nicht einmal eine genaue Ortsangabe«, knurrte er. »Wenn wir alle U-Bahnhöfe in New York abklappern müssen, sind wir nächstes Jahr noch …«

»Ist das eine Telefonnummer?« unterbrach ihn Judy und deutete auf eine Zahlenreihe neben der Zeile ›Bildnachweis‹, die mit den Buchstaben ›CW‹ begann.

»Könnte sein«, sagte Cliff nachdenklich. Dann hellten sich seine Züge auf. »Bingo! Ich weiß zwar nicht, was ›CW‹ zu bedeuten hat, aber 212 ist die Vorwahl von New York!«

Interstate Maine
New Hampshire, 24. September, 6 Uhr 34

Vielleicht waren sie *zu* vorsichtig. Vielleicht rettete sie diese Vorsicht aber auch davor, erneut zur Zielscheibe der NSA oder eines anderen Geheimdienstes zu werden …

Cliff und Judy waren übereingekommen, den Anruf nicht mit dem Handy zu tätigen, obwohl Senator Campbell ihnen versichert hatte, es sei nunmehr abhörsicher. Solange sie nicht einmal Campbells eigene Rolle in diesem Spiel einschätzen konnten, war ein gesundes Mißtrauen wohl angebracht. Aus diesem Grund standen sie jetzt dicht zusammengedrängt in aller Herrgottsfrühe in einer öffentlichen Telefonzelle an der Interstate Maine.

Sie hatten sich nur vier Stunden Schlaf gegönnt; was sie aus der ›Unterwelt‹-Akte erfahren hatten, war einfach zu aufrüttelnd gewesen, um ruhig schlafen zu können. Als Cliff aus einem unruhigen Traum hochschrak und feststellen mußte, daß Judy bereits aufgestanden war und sich einen Kaffee brühte, hatte es auch ihn nicht länger in der Koje des Campingwagens gehalten.

Sie waren in Richtung New Hampshire weitergefahren, bis Cliff irgendwann auf die Bremse trat, weil Judy eine einsame Telefonzelle am Straßenrand entdeckt hatte.

Es war ein fast grotesker Standort für eine öffentliche Fernsprecheinrichtung. Sie stand mitten in der tiefsten Einöde. Das endlose Band der Interstate, das man bei dem herrschenden Dämmerlicht nur erahnen konnte – der Mond war bereits untergegangen –, erstreckte sich von Horizont zu Horizont. Und dazwischen lagen die bereits abgeernteten, ebenso endlosen Felder.

Cliff warf ein paar Dollarmünzen in den Apparat, während Judy die Nummer wählte. Es schien endlos lange zu dauern, dann war ein hektisches Tuten zu hören.

»Besetzt«, sagte Judy. »Oder verwählt.«

Sie startete einen zweiten Versuch.

Draußen fuhr ein Truck vorbei, dessen Fahrer aufheulend die Sirene betätigte, sich aus dem Fenster lehnte und sie mit einer obszönen Geste grinsend grüßte. So beruhigend es war, in dieser Einöde auf ein menschliches Wesen zu stoßen – jemand vom Typ Neandertaler hätte es nicht unbedingt sein müssen.

»Es funktioniert!« flüsterte Judy dann. »Die Verbindung geht durch!«

Wieder Warten. Dann: »Es hebt jemand ab!«

Mit einer hektischen Handbewegung bedeutete sie Cliff, ruhig zu sein, während sie den Hörer an ihr Ohr gepreßt hielt und lauschte. Schließlich legte sie auf.

»Es war ein Anrufbeantworter. Eine weibliche Stimme, die sich als Catherine Walker vorgestellt hat. Sie ist nicht zu Hause.«

»Oder will nicht abheben.« Cliff grinste. »Vielleicht eine Langschläferin.«

»Nicht alle Menschen sind solche Frühaufsteher wie wir. Ich kenne Leute, die jeden bei lebendigem Leibe häuten würden, der sie um diese Zeit aus dem Bett holt.«

Cliff zuckte mit den Schultern. »Okay, fahren wir weiter und versuchen es später noch mal.«

Eilig stiegen sie in den mit laufendem Motor wartenden Winnebago. Die Wärme drinnen tat gut. Der Herbst zeigte sich so früh am Morgen von seiner grimmigen Seite. In einer Stunde erst würde die Sonne über dem Horizont erscheinen und die Felder und Wälder New Hampshires in ein mildes, warmes Licht tauchen. Es war die Zeit des Indian Summer, in der die Blätter sich zu färben begannen und die gesamte Ostküste in ein seltsam verwunschenes Paradies verwandelten.

Cliff glaubte nicht, daß er diesen Frieden würde genießen können. Nicht in diesem Herbst ... Wieder tauchten vor seinen Augen die seltsamen Fotos auf.

Und während er durch die herbstlich getünchte Landschaft fuhr, war er in Gedanken an dunklen, tief verborgenen Orten.

New York City
New York, 24. September, 15 Uhr 12

Es gab genau siebenundfünfzig Catherine Walkers oder Personen mit ähnlicher Schreibweise in New York. Der Einblick ins Telefonbuch der Stadt war auf den ersten Blick deprimierend gewesen. Dafür hatte ihnen das Branchenverzeichnis den entscheidenden Tip gegeben: Nur *eine* Catherine Walker war auch Fotografin. Hatte sie die Fotos auf der CD-ROM geschossen?

Ein zweiter und dritter Versuch, sie telefonisch zu erreichen, waren gescheitert; stets meldete sich nur der Anrufbeantworter.

Die Adresse ihres Ateliers lag in einer der eher verrufenen Bezirke von New York, in Park Slope. Es war ein Mietshaus mit mehreren Parteien. Die Fassade war heruntergekommen, aber die vielen Blumenkästen auf der Verandatreppe schufen eine freundliche Atmosphäre.

Trotzdem beschlich Judy ein merkwürdiges Gefühl, als sie nun die Treppen zum Hauseingang hochgingen. Hinter den Gardinen der zahlreichen Fenster sah sie ab und zu Gesichter, die ihr Kommen genau beobachteten.

Es wohnten acht oder neun Parteien in dem Haus. Es gab zwei Klingelknöpfe, neben denen in einer künstlerischen Frauenhandschrift ›Catherine Walker‹ geschrieben stand, einmal mit dem Zusatz ›Fotoatelier‹. Cliff drückte auf beide

Knöpfe, aber es tat sich nichts. Sie warteten zwei Minuten, dann gaben sie es auf.

»Hat keinen Zweck«, sagte Cliff. »Sie scheint noch immer nicht da zu sein.«

»Vielleicht können uns die Nachbarn weiterhelfen?« meinte Judy.

Cliff schien mit sich zu kämpfen. »Man könnte uns später identifizieren.«

»Du meinst, falls sie tot ist?«

Cliff nickte düster.

»Was haben wir zu befürchten – als frischgebackene Bundesmarshals? Außerdem könnten wir die Wirkung unserer Ausweise testen«, schlug Judy vor.

»Einverstanden.«

Cliff betätigte eine weitere Klingel. Eine ganze Weile tat sich nichts, dann hörten sie, wie über ihren Köpfen in der zweiten Etage ein Fenster aufging. Eine ältere Frau beugte sich heraus.

»Was wollen Sie?« rief sie herunter. Auf ihrem Gesicht lag ein mißtrauischer Ausdruck.

»Wir möchten zu Catherine Walker. Aber sie scheint nicht da zu sein.«

»Warten Sie einen Augenblick.« Das Fenster wurde geschlossen, und wenige Augenblicke später hörten sie, wie jemand hinter der Haustür die Treppen herunterkam. Dann wurde ihnen geöffnet. Offensichtlich hatten sie auf die Frau einen vertrauenswürdigen Eindruck gemacht.

»Was wollen sie von ihr?« fragte sie nun.

»Wir sind mit ihr bekannt.«

»So? Merkwürdig, daß ich Sie dann hier noch nie gesehen habe ...« Der Ausdruck von Mißtrauen schlich sich wieder auf ihr Gesicht.

»Wir kannten sie bislang nur aus Briefen«, sagte Judy rasch.

»Also gut, kommen Sie rein«, sagte die Frau und ging voran. »Ich bin Mrs. Randell; mir gehört dieses Haus. Miss Walker schuldet mir seit vierzehn Tagen die Monatsmiete. Sie müssen wissen, daß ich immer in bar kassiere. Ist mir lieber so.«

Sie brabbelte weiter, während sie voranging. Das Treppenhaus machte einen hellen, freundlichen Eindruck, wenngleich auch hier der Putz von den Wänden blätterte.

Schließlich hielt sie vor einer Wohnungstür, an der ein Firmenschild befestigt war.

»Dies ist ihr Atelier«, sagte Mrs. Randell. Dann wurde ihr Gesichtsausdruck ernst. »Sie beide sehen nicht so aus, als wären Sie zufällig hier. Sie sind von der Polizei, nicht wahr?«

Cliff und Judy wechselten einen überraschten Blick.

»Park Slope ist eine ziemlich verrufene Gegend«, sagte Mrs. Randell. »Ich wohne seit fünfzig Jahren hier und wäre wahrscheinlich schon zehnmal umgebracht worden, wenn ich mich nicht auf meine Menschenkenntnis verlassen könnte.«

Cliff mußte sich beherrschen, um nicht breit zu grinsen. Mrs. Randells Menschenkenntnis schien wohl in Direktverbindung mit dem Justizministerium zu stehen, sonst hätte sie in ihm nur einen Computerfachmann der NASA erkennen dürfen. Nun, zumindest bei Judy hatte sie einen Volltreffer gelandet; sie war bis vor kurzem Polizeipsychologin beim Houston Police Department gewesen.

»Also gut«, sagte er. »Angenommen, Sie haben recht ...«

»Ich hatte sowieso vor, in den nächsten Tagen die Cops zu verständigen«, fuhr die alte Dame fort. »Nicht wegen der Miete. Catherine war immer ein tüchtiges Mädchen. Ich konnte mich auf sie verlassen. Ehrlich gesagt, ich mache mir Sorgen um sie ...«

»Wie lange ist sie fort?« fragte Judy.

»Ich habe sie seit drei Wochen nicht mehr gesehen, und das ist ungewöhnlich. Sie war immer mal wieder für einige Tage oder sogar eine ganze Woche fort, um zu fotografieren, aber so lange ist sie noch nie fortgeblieben.«

»Können Sie uns die Tür öffnen?« bat Judy.

»Ich habe es allein nicht gewagt«, flüsterte Mrs. Randell. »Ich habe mir immer vorgestellt, daß sie dort drinnen liegt, als gräßlich entstellte Leiche.«

»Schließen Sie uns auf«, sagte Cliff. In seiner Stimme lag eine Autorität, die keinen Widerspruch duldete.

»Warten Sie hier«, sagte Mrs. Randell. Sie schlurfte davon

und kehrte nach eine Weile mit einem Schlüsselbund zurück. »Ich schließe Ihnen auf«, sagte sie, »aber zeigen Sie mir erst noch Ihre Ausweise. Ich möchte nicht gegen das Gesetz verstoßen.«

Den Gefallen taten ihr Cliff und Judy gern.

Mrs. Randell trat vor und steckte den passenden Schlüssel ins Schloß. »Das Atelier und die Wohnung sind miteinander verbunden«, erklärte sie. »Meist hat sie nur diesen Eingang benutzt.«

Cliff registrierte, daß sie von der Fotografin bereits in der Vergangenheitsform sprach.

Die Tür schwang auf. Ein leichter Geruch von Chemikalien schlug ihnen entgegen, aber nichts deutete darauf hin, daß hier ein Mord geschehen war.

Das Atelier war sauber und aufgeräumt, ebenso die Wohnräume. Die meisten Fenster gingen auf den begrünten Hinterhof hinaus, und ein Hauch dieser Idylle war auch in der Wohnung zu spüren. Durch die lichtdurchfluteten, hohen Fenster schien die herbstliche Sonne herein, und glitzernde Stäubchen tanzten in den Strahlen.

Die dünne Staubschicht, die auf allem lag, war auch der einzige Hinweis darauf, daß seit einigen Wochen niemand mehr diese Wohnung betreten hatte.

»Schauen wir uns ein wenig um«, sagte Cliff. Sie gingen systematisch vor. Während Judy die Wohnräume durchsuchte, sah sich Cliff im Atelier um.

»Sie nehmen doch nichts mit?« fragte Mrs. Randell mit neu erwachter Sorge.

»Aber nein«, beruhigte Cliff sie. »Wir versuchen nur einen Hinweis darauf zu finden, wohin Miss Walker verschwunden ist. Es muß nicht unbedingt eine Gewalttat dahinterstecken. Vielleicht ist sie nur für ein paar Wochen in Urlaub gefahren ...«

»Ohne jemandem im Haus Bescheid zu geben? Das hätte sie nie getan.«

»Wo könnte sie Ihrer Meinung nach stecken? Sie sagten, sie sei des öfteren für ein paar Tage weg gewesen.«

Mrs. Randell überlegte angestrengt. Die Augen hinter den dicken Brillengläsern zuckten nervös. »Sie hat diese Obdachlosen fotografiert«, sagte sie. »Manchmal war sie tagelang fort, und wenn sie wiederkam, dann sah sie genauso aus wie eine von denen.«

»Sie meinen, wie eine Obdachlose?«

Mrs. Randell nickte. »Sie war schmutzig und stank, und sie war furchtbar bleich. Wenn sie in diesem Zustand wiederkam, dann hat es immer einige Tage gedauert, ehe sie wieder bei Kräften war ...«

»Also hat sie wahrscheinlich selbst in dem Milieu gelebt, wenn sie Fotos machte.« Cliff begann zu ahnen, weshalb die Bilder von der CD-ROM derart intensiv gewesen waren.

Unter den wachsamen Augen Mrs. Randells begann er sich im Atelier umzusehen. Offensichtlich hatte Catherine Walker kaum Privataufträge angenommen. Außer einigen Aktfotos schien sie nur ihrer Leidenschaft für Motive aus dem Obdachlosenmilieu zu frönen.

Aber auf den Fotos, die Cliff sah, waren nicht nur Menschen abgebildet. Im Archiv der Fotografin fand er bergeweise Aufnahmen, auf denen Abwasserkanäle, unterirdische Rohrleitungen und U-Bahnschächte zu sehen waren. Die Bilder waren ordentlich abgeheftet, und die Hängeordner, in denen sie sich befanden, säuberlich mit Stadtteil- und Straßennamen beschriftet.

»Sie scheint fast ganz New York unterirdisch fotografiert und katalogisiert zu haben«, stellte Cliff fest.

Judy kam aus den Privaträumen und schüttelte den Kopf. »Nichts deutet darauf hin, daß sie verreist ist. Die Schränke sind voll mit Kleidern, und Koffer sind auch noch da. Aber ich habe das hier gefunden ...«

Sie hielt ein kleines, in Kunstleder gebundenes Tagebuch hoch. Es war rissig und voller undefinierbarer Flecke. Während Cliff gespannt näher kam, begann sie darin zu blättern.

»Vorwiegend berufliche Aufzeichnungen«, stellte Judy fest. »Von ihren Begegnungen mit den Obdachlosen. Moment, hier ist eine Beschreibung, wie sie in die Kanalisation hinabgestiegen ist. Und hier schreibt sie von regelrechten Gemeinden, die dort unten in der Erde leben. Sie nennt sie die Tunnel- oder Maulwurfmenschen ...« Atemlos blätterte Judy weiter bis zur letzten Eintragung.

»Hier ist ein Datum, das fünf Wochen alt ist. Sie schreibt, daß sie für weitere Recherchen abermals in den Untergrund steigen wird. Sie hat dort unten etwas gesehen ...«

»Das Kind?«

»Davon steht hier nichts. Nur, daß sie eine Spur verfolgt, die zu unglaublich ist, daß sie sie in Worte fassen kann ... Und hier ist eine letzte Eintragung: ›Er hat mich angerufen, mitten in der Nacht. Er weiß jetzt, wo es versteckt gehalten wird.‹«

»Also ist sie jetzt irgendwo dort unten«, stellte Cliff fest. Er rieb sich wieder die rotgeränderten Augen. Irgendwann in den nächsten Stunden würde er Schlaf brauchen. *Wirklichen* Schlaf, nicht nur ein kurzes Nickerchen zwischendurch.

Aber etwas hielt ihn davon ab: Er hatte das unbestimmte Gefühl, daß er sich keinen Schlaf gönnen durfte. Zeit war ein zu kostbarer Luxus. Das Foto mit dem Albino-Kind verschwand keinen Augenblick aus seinen Gedanken.

Catherine Walker war auf einer Spur gewesen, von der sie nicht wirklich ahnen konnte, welche Dimensionen sie hatte. Oder doch? Letztlich würde die Frage lauten, ob das Kind auf dem Foto menschlich war oder nicht . .

New York Obdachlosenkoalition
New York City, 24. September, 16 Uhr 35

»Sie sind verrückt!« Der Mann, der Ihnen diesen Satz entgegenschleuderte, hatte sich ihnen als M. C. Gerrold, ehemaliger Streetworker, vorgestellt. Jetzt war er Sekretär der New Yorker Obdachlosenkoalition, der größten Institution in New York, die sich um das Nichtseßhaften-Problem kümmerte. Cliff und Judy saßen ihm an seinem Schreibtisch gegenüber.

»Sie wissen ja gar nicht, wovon sie sprechen!« fuhr Gerrold erregt fort. »Das mit den sogenannten Tunnelmenschen ist ein ausgemachter Blödsinn, eine Erfindung der Boulevardpresse. Gut, ich will nicht abstreiten, daß es vor allem in den Wintermonaten immer mal wieder Obdachlose gibt, die in irgendwelchen stillgelegten U-Bahntunneln Zuflucht vor der Kälte suchen. Aber deswegen gleich von einer organisierten Gesellschaft zu sprechen, von einer ›Stadt unter den Straßen‹, das ist doch reinste Science-fiction.«

»Kennen Sie Catherine Walker?« fragte Cliff betont nüchtern. Gerrold hatte das seltene Kunststück vollbracht, ihm schon nach einer Minute derart auf die Nerven zu gehen, daß er sich bemühen mußte, seine Abneigung dem Mann gegenüber nicht allzu deutlich zu zeigen.

»Sie ist uns allen gut bekannt«, sagte Gerrold höhnisch. »Mir ist klar, daß *sie* Ihnen diesen Floh mit den Maulwurfmenschen ins Ohr gesetzt hat. Soviel ich weiß, arbeitet sie an einem Buch darüber. Bei uns hat sie Hausverbot. Ich sage noch einmal: Alles reine Spekulation. Humbug!«

»Sie ist verschwunden«, erklärte Cliff. »Das letzte, was sie hinterlassen hat, war die Nachricht, daß sie sich nach unten begeben wollte.«

Gerrold entgegnete nichts darauf. Er überlegte. Dann: »Was erwarten Sie von mir? Unsere Organisation basiert auf dem Glauben, daß wir etwas bewirken, daß wir wirkliche Hilfe leisten. Dieser Glaube gibt uns nicht nur Kraft, sondern ermöglicht auch unser Überleben. Kaum jemand würde mehr spenden wollen, wenn die wirklich Hilfsbedürftigen sich unserer Hilfe entzögen. Würde ich an den Unsinn glauben, den Sie mir erzählen, dann würde ich meinen Job und meine Aufgabe hier ernsthaft in Frage stellen.«

Cliff unterbrach ihn mit einer Handbewegung. »Wir erwarten, daß Sie sich umhören. Vielleicht weiß einer Ihrer Streetworker mehr. Vielleicht gibt es irgendwelche Gerüchte in der Obdachlosenszene ...«

»Tut mir leid«, sagte Gerrold. »Sie werden mich zu nichts zwingen. Alles, was ich von dieser Sache halte, habe ich Ihnen gesagt.«

»Einen einzigen Tip!« bat Judy. »Denken Sie daran, daß dort unten vielleicht jemand unsere Hilfe benötigt!«

Gerrold überlegte wieder. Dann sagte er: »Central Station. Dort lungern eine ganze Menge Typen herum. Versuchen Sie es dort. Und jetzt muß ich Sie bitten, mein Büro zu verlassen, ich habe noch eine Menge zu tun.«

Texas Steak House
New York City, 24. September, 19 Uhr 12

»Keine Chance!« knurrte Cliff. »Es ist, als würde man gegen Beton anrennen.«

Sie hatten sich noch bei einigen anderen Obdachlosen-Organisationen vorgestellt, aber überall waren sie auf die gleiche ablehnende Haltung gestoßen. Jetzt saßen sie in einem kleinen Restaurant und aßen zu Abend. Judy hatte sich nur einen Salat bestellt, während Cliff ein riesiges Steak verspeiste.

»Vielleicht sieht morgen alles ganz anders aus«, ermunterte ihn Judy.

»Morgen? Du willst heute nichts mehr unternehmen?«

»Du solltest dich einmal im Spiegel sehen«, sagte Judy. »Ich spreche nicht davon, daß du mal wieder eine Rasur und ein Bad nötig hättest. Sondern Schlaf. Richtigen Schlaf, Cliff. Wahrscheinlich sehe ich nicht viel besser aus, aber ich habe wenigstens ein paarmal die Augen zumachen können, während du gefahren bist. Was treibt dich so?«

»Ich weiß es nicht. Es ist nur eine Ahnung. Daß wir vielleicht zu spät kommen werden ...«

»Zu spät? Was meinst du damit?«

Er schüttelte den Kopf. »Wenn ich das wüßte ... Mir geht das Foto nicht mehr aus dem Kopf. Ich frage mich die ganze Zeit, was passieren wird, wenn jemand dieses Kind findet. Ich meine, wenn uns jemand zuvorkommt.«

»Und ich frage mich, was wir unternehmen, wenn *wir* es finden. Wenn wir feststellen, daß es vielleicht nicht menschlich ist ...«

Wieder schüttelte Cliff den Kopf. »Soweit denke ich nicht. Ich denke nur einfach ...«

»Ich denke, daß alles, was wir als nächstes unternehmen, bis morgen Zeit haben muß. Nach dem Essen suchen wir uns ein Hotel. Keine Widerrede!«

»Eins nur: Ich werde mich weder rasieren noch sonstwie Wert auf übertriebene Reinlichkeit legen. Und von dir erwarte ich das gleiche.«

»Du meinst …?«

Cliff nickte. »Wenn wir bei den offiziellen Stellen nicht weiterkommen, werden wir es bei den Obdachlosen selbst versuchen. Wir werden es wie Catherine Walker machen: Mimikry. Nur so können wir ungestört recherchieren.«

»Dann ist dies wahrscheinlich unser letzter Restaurantbesuch für längere Zeit?«

Cliff grinste. »Ich schätze, in ein paar Tagen sehen wir so heruntergekommen aus, daß man uns überall vor die Tür setzen wird!«

Blake's Inn
New York City, 24./25. September

Sie deponierten den Winnebago in einer privat überwachten Tiefgarage, anschließend mieteten sie sich in einem abbruchreifen Hotel nahe der Grand Central Station ein.

Der Mann an der Rezeption sah sie schief an, als sie statt eines Doppelzimmers zwei Einzelzimmer für die nächsten Tage verlangten. Vermutlich war er andere Kunden gewöhnt.

Cliff schleppte sich auf sein Zimmer, zog die Schuhe aus und warf sich auf das Bett. Eine Minute später war er eingeschlafen. In seinen Träumen erschienen ihm seltsame Wesen von einem anderen, weit entfernten Stern. Sie sahen entfernt aus wie der Säugling auf dem Foto.

Als er erwachte, schien die Morgensonne ins Zimmer. Jetzt erst war die ganze Scheußlichkeit des Raums zu erkennen. Die lose von der Decke baumelnde Glühbirne, die feuchten, mit Schimmel überwucherten Tapeten, die mottenzerfressenen Vorhänge …

Er trat ans Fenster. Grand Central Station lag genau in seinem Blickfeld. Dann sah er auf die Uhr und stellte fest, daß es fast Mittag war.

Erst ein Blick in den Spiegel versöhnte ihn wieder mit dem Tag: Er sah genau so aus, wie er es vorgehabt hatte. Mit seinem stoppelbärtigen Gesicht, den strähnigen Haaren und den noch immer rotgeränderten Augen wirkte er, als hätte er seit Tagen keine Matratze mehr unter sich gehabt. Unwillkürlich mußte er grinsen.

Cliff öffnete die Tür und trat in den Gang hinaus. Judys Zimmer lag gleich gegenüber. Er klopfte. Als auch beim zweiten Mal niemand öffnete, drückte er die Klinke nieder.

Die Tür war verschlossen. Er probierte es mit Rufen, aber Judy antwortete nicht. Vielleicht war sie ja nur beim Frühstück – beziehungsweise beim Mittagessen –, aber trotzdem ... Cliff hatte plötzlich ein mulmiges Gefühl in der Magengrube. Warum hatte sie ihn nicht geweckt?

Er stürmte nach unten. Hinter der Rezeption saß nun ein junges Mädchen, eine Puertorikanerin, die ihn kaugummikauend ansah.

»Wissen Sie, wo die Frau von Zimmer 103 hingegangen ist?«

»Sie sind Mr. Conroy?«

Cliff nickte ungeduldig.

»Ich soll Ihnen diesen Zettel geben.«

Cliff riß dem Mädchen den Zettel förmlich aus den Fingern. Dann las er:

Ich wollte dich nicht aufwecken. Habe vielleicht eine Spur. Bin bis Mittag wieder zurück. Grüße, Judy.

Cliff fluchte. Es *war* längst Mittag, und Judy war noch nicht wieder zurück.

»Hat sie gesagt, wohin sie gegangen ist?« fragte er das Mädchen.

»Keine Ahnung, Mister.« Sie sah ihn eigentümlich an, als befürchtete sie, er könne vielleicht gewalttätig werden.

Cliff knüllte den Zettel in seiner Faust zusammen und steckte ihn achtlos in die Hosentasche. Mit finsterem Gesicht verließ er das Hotel.

Wohnung von Henry F. Morgan
New York City, 25. September, 10 Uhr 12

»Ja, es gibt sie, die Stadt unter New Yorks Straßen«, sagte der alte bärtige Mann. »Nachdem ich im *New Yorker* darüber berichtet hatte, hab' ich selbst zwei Jahre dort unten gelebt ...« Sein zerfurchtes Gesicht verzog sich zu einer Maske des Schmerzes, als die Erinnerung in ihm erwachte. »Ist seltsam, daß Sie mich danach fragen«, fuhr er fort. »Fünf Jahre lang hat sich niemand dafür interessiert. Letzte Woche kamen diese beiden Männer und fragten danach, und die Burschen sahen verdammt unfreundlicher aus als Sie, Ma'am.«

Judy war plötzlich ganz Ohr. »Was waren das für Männer? Auch von der Zeitung?« Sie hatte sich dem alten Mann als Zeitungsreporterin vorgestellt, die über die Maulwurfmenschen recherchierte.

»Keine Ahnung. Hab' sie rausgeworfen. Hab' ihnen gedroht, daß ich um Hilfe rufe, wenn Sie mich nicht in Ruhe lassen würden. Seitdem hab' ich das Gefühl, daß ich einen Fehler gemacht habe. Glaube nicht, daß sie sich auf Dauer abwimmeln lassen. Sahen verdammt ungemütlich aus.«

Der Mann hatte Angst. Wer waren die Männer gewesen?

Mehr denn je zweifelte Judy, ob der Fund, der ihr nach dem Frühstück im Hotel geglückt war, auf purem Zufall beruhte. Sie hatte in der letzten Zeit zuviel erlebt, um an Zufälle zu glauben:

In der Eingangshalle des Hotels war sie in der Leseecke auf eine uralte Ausgabe des *New Yorker* gestoßen. Darin hatte sie einen Artikel über die Tunnelleute gefunden. Der Verfasser des Artikels hieß Henry F. Morgan.

Ein Telefonanruf beim *New Yorker* hatte sie nicht weitergebracht. Niemand schien sich dort an Morgan zu erinnern. Also hatte Judy schlicht und einfach ins Telefonbuch geschaut. Es gab tatsächlich einen Henry F. Morgan in New York. Sie hatte seine Nummer gewählt und all ihren Charme aufgebracht, um ihn zu einem Treffen zu überreden. Morgan wohnte in einer billigen Zwei-Zimmer-Mietwohnung. Die

Einrichtung schien vom Sperrmüll zusammengesucht. Überall stapelten sich Berge alter Zeitungen.

»Zu meiner besten Zeit rissen sich sämtliche Tageszeitungen um meine Artikel«, behauptete Morgan. »Dann kam dieser Artikel über die Tunnelleute dazwischen. Danach haben sie mich fertiggemacht.«

»Wer hat Sie fertiggemacht?« fragte Judy.

»Die Regierung. Haben mir etwas ins Trinkwasser getan, damit ich keinen klaren Gedanken mehr bekomme. Konnte nicht mehr schreiben, bekam keine Aufträge mehr. Schließlich sah ich keine andere Möglichkeit, als selbst dort unten zu leben. Dort konnten sie mich nicht aufstöbern, und ich hatte meine Ruhe ...«

Offensichtlich glaubte Morgan an das, was er da erzählte. Judy ließ sich ihre Irritation nicht anmerken.

»Ihr Artikel im *New Yorker* hat mich sehr beeindruckt«, sagte sie.

»Wenn ich ihnen einen Rat geben darf: Vergessen Sie's, Ma'am. Wenn Sie darüber berichten, machen die Sie genauso fertig wie mich.«

»Wie viele Leute, glauben Sie, leben dort unten?«

Morgan sah sie an. »Als ich dort unten war, waren es nur einige hundert. Heute werden es vielleicht ein- oder zweitausend sein. Einige Stellen sprechen von fünftausend. Ist aber völlig bedeutungslos. Dort unten bist du allein. Die Kanäle und Tunnel würden die Bevölkerung von ganz New York in sich aufnehmen. Ist genügend Platz vorhanden. Einige Tunnel gehen 21 Etagen in die Tiefe. Die tiefste Stelle, an der ich war, liegt unter der Grand Central Station. Wegen der Treppen ist es schwer zu sagen, wo man sich befindet. Scheinen vier oder fünf Ebenen zu sein, aber dann sagt man dir, daß du schon zehn Etagen unter der Erde bist.«

»Erinnern Sie sich: In Ihrem Artikel schreiben Sie von einem Mädchen, das Ihnen erstmals von den Tunnelleuten erzählt hat ...«

Morgan lachte auf. »Ja, die kleine Catherine. Ihre Eltern wohnten damals in dem gleichen Haus wie ich. Fand sie eines Abends weinend auf der Treppe sitzen, und als ich sie fragte, was passiert sei, erzählte sie mir eine völlig abgefahrene Story von bleichhäutigen Menschen mit rotglühenden Augen, die es auf sie abgesehen gehabt hätten. Ich nahm die Kleine damals ernst, und sie führte mich zur Grand Central Station. Dort recherchierte ich eine Weile herum, bis ich Leute aus den Tunneln traf ...«

»Catherine Walker hat ihr Kindheitserlebnis nie vergessen«, sagte Judy. »Sie ist bis heute als Fotografin in den Tunneln tätig. Vor drei Wochen ist sie wieder hinabgestiegen, weil sie einer bestimmten Sache auf der Spur war. Seitdem ist sie verschwunden.«

Morgan nickte. »Wer einmal in den Tunneln war, der kann sie nie wieder abstreifen. Er wird immer wieder zu ihnen zurückkehren ... Bei mir war's damals ein strahlend schöner Tag, als ich das erstemal hinabgestiegen und in diese totale Finsternis eingetaucht bin. Wissen Sie, in New York ist es sogar in der Nacht strahlend hell, aber dort unten war es einfach nur schwarz. Ständig rasten Züge an mir vorüber, ich mußte höllisch aufpassen.

Aber je tiefer ich stieg, um so größer wurde meine innere Ruhe. Es war der Schoß der Erde, in dem ich mich geborgen fühlte. Das einzige, was mich irritierte, waren die ständigen Geräusche. Es klang überhaupt nicht nach New York, verstehen Sie? Nach einer Weile nahm ich auch die Geräusche in mich auf, so wie ein Fötus die glucksenden Geräusche im Mutterleib erlebt. Es war so friedlich, und ich konnte plötzlich verstehen, warum viele die Straße verließen und in den Tunneln lebten. Als ich diesen Artikel schrieb, kam ich mir vor wie ein Messias, aber niemand wollte meine Botschaft hören.«

»Ich will sie hören. Und ich höre Ihnen gerne zu!« sagte Judy. Es war die Wahrheit.

Morgan sah sie irritiert an, dann erhob er sich. »Ich mache uns einen Tee. Habe eine verdammt trockene Kehle, und es gibt so viel zu erzählen ...«

Judy blieb bis zum späten Nachmittag. Als sie Morgan verließ, wußte sie alles über die Tunnelleute. Der alte Mann hatte Tränen in den Augen, als er sie an der Tür verabschiedete.

Als Judy wieder auf der Straße stand, atmete sie durch. Die Erzählungen des Mannes hatten sie in eine völlig andere

Wirklichkeit versetzt. Sie kam sich vor, als hätte sie tatsächlich den Staub der Tunnel geatmet.

Aber nun hatte die Wirklichkeit sie wieder.

Cliff hatte ihr ebenfalls eine Nachricht hinterlassen. Er wartete auf sie vor der Grand Central Station. Sein stoppelbärtiges Gesicht und seine zerzausten Haare erinnerten sie tatsächlich an einen der zahlreichen Obdachlosen, die sich überall auf den Straßen hier aufhielten. Als er sie sah, warf er ihr einen mißbilligenden Blick zu.

»Ich habe mir Sorgen gemacht«, sagte er.

»Es hat sich aber gelohnt«, entgegnete Judy. In raschen Worten erzählte sie ihm von ihrer Begegnung mit Morgan.

»Also schon der zweite Hinweis auf die Grand Central«, sagte Cliff schließlich. »Hat er nicht gesagt, wo einer der Eingänge liegt?«

Judy schüttelte den Kopf. »Es ist Jahre her, daß Morgan unten gewesen ist. Die Eingänge wechseln, weißt du? Manche werden von heute auf morgen verbarrikadiert, Tunnel werden zugeschüttet oder stürzen von selbst ein. Du mußt dir die Welt dort unten als einen ständig in Veränderung befindlichen Organismus vorstellen.«

»Also müssen wir jemanden finden, der sich heute dort auskennt. Jemanden, der uns den Weg weist ...«

Und so vergingen die nächsten Tage. Judy lungerte tagsüber vor der Grand Central Station herum. Auch sie verzichtete schweren Herzens darauf, sich die Haare zu waschen und zu kämmen. Außerdem kleidete sie sich in einem Second-hand-Shop möglichst unansehnlich ein.

Der Erfolg stellte sich bald ein: Sie merkte, wie ihr die normalen Passanten aus dem Weg gingen und sie mit eher mitleidigen Blicken bedachten, während es ihr jeden Tag leichter fiel, mit Obdachlosen oder anderen vor dem Bahnhof Herumlungernden ins Gespräch zu kommen. Sie kam sich seltsam unehrlich dabei vor, als sie begann, in die Welt der Nichtseßhaften einzutauchen.

Und sehr schnell stellte sie fest, daß es keineswegs nur verlorene Existenzen, Alkoholiker, Drogensüchtige oder Kriminelle waren. Manche unter ihnen hätten sicherlich die Wahl gehabt, aber sie hatten sich für die Freiheit entschieden ...

Während Judy tagsüber die Straßen erforschte, schlief Cliff in seinem Hotelzimmer. Er ging erst hinaus, wenn es dunkel geworden war. Es war der gefährlichere Part, aber Cliff mußte sich eingestehen, daß auch eine seltsam morbide Faszination darin lag, Nacht für Nacht unterwegs zu sein.

Fünf Nächte lungerte er bereits vor der Grand Central Station herum, versuchte Gespräche zu führen, doch alles in allem hatte er weniger Erfolg als Judy. Seine Gesprächspartner schienen seine Ungeduld unbewußt zu spüren, so daß sie eher eingeschüchtert als ermutigt waren.

In der fünften Nacht hatte Cliff es sich in einer Nische draußen auf dem Bürgersteig bequem gemacht. Er saß auf einem Gitterrost, während die warme Abluft aus den U-Bahnschächten die kälter werdende Nacht um ihn herum vergessen machte.

Er schaute hoch zum sternenfunkelnden Himmel. Es war selten genug, daß der dunstige Schleier aus Abgasen sich lichtete und den Blick auf die Sterne freigab. Die Wahrheiten lagen nicht nur dort oben. Sie lagen ebenso hier unten. Und vielleicht sogar tief unter der Erde verborgen.

Das Foto mit dem Hermaphroditen war präsenter denn je in seinen kreisenden Gedanken. Das Ziel, seine Aufgabe und vielleicht auch der Schlüssel zu seinen vielen Fragen und Zweifeln mochten in der Existenz eines Wesens liegen. Eines göttlichen Wesens? Oder eines Wesens, das über PSI-Kräfte verfügte? Wie auch immer, er mußte es finden.

Hastig näher kommende Schritte rissen ihn aus seinen träumerischen Gedanken. Ein junger, langhaariger Mann kam direkt in seine Richtung gelaufen. Er drehte sich immer wieder hastig um. Offensichtlich wurde er verfolgt. Tatsächlich waren bald weitere Schritte zu hören.

Der Flüchtende hatte Cliff noch nicht entdeckt, weil der halb im Schatten verborgen saß. Plötzlich tauchte vor dem Mann ein weiterer Verfolger auf. Der Langhaarige blieb resigniert mit heruntergesackten Schultern stehen und wartete darauf, daß seine Verfolger ihn erreichten. Cliff duckte sich noch tiefer in den Schatten. Die ganze Szene spielte sich kaum zehn Meter von ihm entfernt ab.

»Warum so eilig?« hörte Cliff einen der Verfolger höhnisch fragen. Er war zwergenhaft klein und trug einen Nadelstreifenanzug. »Du hast doch nicht etwa ein schlechtes Gewissen?«

Die Angst des Mannes war fast greifbar. Er schlotterte.

»Ich habe das Geld nicht dabei«, brachte er abgehackt heraus. »Aber ich gebe es euch – morgen.«

Inzwischen war auch der zweite Verfolger herangekommen. Es handelte sich um einen farbigen Riesen, dessen Hände wie zwei Schraubstöcke wirkten.

»Ehrenwort!« stammelte der junge Mann. »Oder wenn euch morgen zu spät ist – gebt mir eine Stunde!«

»Zweitausend in einer Stunde? So viele Schwänze kannst du gar nicht lutschen.«

»Machen wir ihn fertig«, schlug der hünenhafte Schwarze vor. »Ich glaube, er verarscht uns.«

Ein Tritt in die Seite ließ den jungen Mann wimmernd zu Boden gehen. Schützend hielt er die Hände über seinen Kopf.

Noch hielt Cliff sich zurück. Meinten es die beiden ernst, oder wollten sie dem jungen Mann nur einen Denkzettel verpassen?

Sie verpaßten ihm noch einige weitere Tritte, als es wirklich ernst wurde. Der Zwerg zog ein Messer und setzte es dem Mann an die Kehle. Cliff hielt es für höchste Zeit, einzugreifen.

»Laßt den Mann in Frieden!« rief er und löste sich aus seinem Versteck. Die beiden Angreifer ließen von ihrem wimmernden Opfer ab und wandten sich Cliff zu. Sie schienen sich nicht ganz sicher, was sie von ihm zu halten hatten.

Cliff trat in den Lichtschein, und der Schwarze verzog den Mund zu einem spöttischen Lächeln. »Verschwinde, Penner!«

Cliff kam langsam näher. Auch er lächelte nun. »Zwei gegen einen. Ziemlich unfair, nicht wahr?«

»Hau ihm eine aufs Maul!« blaffte der Zwerg, und der Hüne holte zu einem kurz angesetzten Schwinger aus. Cliff fing den Schlag ab und steppte einen Schritt seitwärts.

»Haut ab, und wir vergessen die Sache«, schlug er vor. Der Zwerg wedelte mit dem Messer. Das eigentliche Opfer war längst Nebensache.

Hau endlich ab! dachte Cliff. Er wußte nicht, wie lange er die beiden Schläger beschäftigen konnte. Außerdem hatte er nicht vor, hier den Helden zu spielen. Es würde sich schnell herumsprechen, wenn er irgendwelchen Gangs in die Quere kam, und dann konnte er sein Vorhaben vergessen.

Als hätte der am Boden liegende Mann seine Gedanken erraten, sprang er plötzlich auf und rannte davon.

»Laß ihn laufen«, sagte der Zwerg. »Der kommt morgen wieder. Und zwar mit dem Geld. Aber der Penner hier hat eine Abreibung verdient!«

Sie nahmen Cliff von zwei Seiten in die Zange, bevor er den Rückzug antreten konnte.

Dann drangen sie auf ihn ein, schlugen und traten ihn, während Cliff versuchte, die härtesten Schläge abzufangen. Er schmeckte Blut auf seinen Lippen und ging zu Boden, als ein Hieb seine Schläfe traf. Ein harter Tritt gegen die Rippen ließ ihn aufschreien. Er spürte, wie er ohnmächtig zu werden drohte, und kämpfte dagegen an.

Schließlich ließen sie von ihm ab. Der Zwerg verpaßte ihm noch einen letzten gemeinen Tritt in den Unterleib und beugte sich zu ihm herunter. Er riß Cliffs Kopf an den Haaren zurück und flüsterte drohend: »Komm uns nie wieder in die Quere. Sonst lernst du uns von unserer ungemütlichen Seite kennen! Kapiert?«

Cliff brachte ein Nicken zustande, dann sackte sein Kopf zurück auf den Boden. Nacht umfing ihn.

Grand Central Station
New York City, 30. September, 21 Uhr 55

Das nächste, was Cliff bewußt wahrnahm, waren sich nähernde Schritte. Kamen die beiden zurück, um ihn noch weiter zu malträtieren? Er spürte, wie sein Körper herumgerollt wurde. Jemand schlug ihm sanft auf die Wangen, so daß er die Augen öffnete.

»Alles in Ordnung, Kumpel?« Cliff schaute in ein schmales, von huschenden Augen beherrschtes Gesicht. Der junge Mann war zurückgekommen. »Warum bist du nicht einfach abgehauen?« fragte er. »Ganz schön dumm von dir, dich da einzumischen. Trotzdem: Vielen Dank!«

Cliff brachte nicht mehr als ein Stöhnen zustande.

»Die haben dich ganz schön zugerichtet. Kannst du trotzdem aufstehen?«

Cliff versuchte sich aufzurichten. Die Rippen schmerzten, aber sie schienen nicht gebrochen zu sein. Der junge Mann zog ihn hoch und ließ ihn aufstützen.

»Ich bring' dich an einen Platz, wo du dich erst mal richtig hinlegen kannst«, versprach er. »Keine Angst.«

Sie gingen nur wenige Minuten, dennoch kam es Cliff endlos vor, als sie endlich stehenblieben.

»Hier ist es gleich«, sagte der Mann und zog einen Vierkantschlüssel aus der Tasche. Auf dem Bürgersteig befand sich eine unscheinbare Eisenklappe, die er mit dem Werkzeug geschickt öffnete. »Dort runter! Ist am Anfang ein bißchen eng, aber dafür sind wir dort unten sicher!«

Er half Cliff, sich in den Schacht zu zwängen. Innen gab es Streben, an denen er sich beim Hinabsteigen festhalten konnte. Über ihm zwängte sich nun auch der Mann in den Schacht und verschloß die Klappe wieder. Völlige Finsternis umgab sie. Plötzlich spürte Cliff festen Boden unter seinen Füßen. Er tastete um sich und fühlte Decken und Kissen. Erleichtert ließ er sich niederfallen.

Sein Führer entzündete ein Feuerzeug und kramte eine Kerze hervor. »Lauschiges Plätzchen, nicht wahr?«

Cliff sah sich um. Sie befanden sich auf einer rund zehn Quadratmeter großen Plattform, von der weitere Treppen in die Tiefe führten. Die Plattform selbst war halbwegs wohnlich eingerichtet.

»Nicht schlecht, was?« Der Mann zeigte nach oben. »Zehn Meter über uns brandet der Verkehr hinweg. Und keiner ahnt, wie gemütlich es hier unten ist.« Er zog eine Flasche mit billigem Rotwein hervor. »Ich heiße Pete. Prost!« Er setzte die Flasche an und nahm einen gierigen Schluck. Dann reichte er sie Cliff.

»Danke, Pete. Mein Name ist Cliff.« Er prostete Pete zu und trank einen winzigen Schluck. Seine Lippen begannen zu brennen.

»Wenn's nach mir ginge, würde ich immer hier unten bleiben«, sagte Pete. »Aber der verdammte Stoff, den gibt's nur dort oben ... Hier unten lassen sie dich in Ruhe!« Er nahm einen weiteren Schluck aus der Flasche.

»Lebst du schon lange hier?« fragte Cliff.

Pete zuckte die Achseln. »Keine Ahnung. Weißt du, im Obdachlosenheim war es mir zu gefährlich. Die ganzen Junkies dort warten nur darauf, dir eins über die Rübe zu hauen und dich abzukassieren. Außerdem kann ich hier in Ruhe meiner Kunst frönen.«

Cliff sah ihn fragend an, und Pete wies auf eine Kiste, die in einer Ecke stand.

»Dort drin befindet sich mein ganzes Werkzeug. Sprühdosen. Ich bin Graffiti-Künstler. Hier unten gibt es eine ganze Menge von uns, weißt du. Es gibt so viel Elend hier unten, daß unsere Kunst willkommener als oben ist. Allerdings ...«

Als er zu verstummen schien, forderte ihn Cliff zum Weiterreden auf.

»Na ja«, sagte er. »Es gibt hier einige ziemlich durchgeknallte Typen. Genau wie oben, verstehst du? Ich glaube, wer zu lange hier unten lebt, wird automatisch verrückt.« Er wies nach unten. »Dort unten habe ich einige echt merkwürdige Graffiti gefunden. Und einen Typen, der mir nicht mehr ganz richtig im Kopf zu sein scheint.«

»Dann leben noch mehr dort unten?« fragte Cliff.

»Mehr als du glaubst.«

Cliff hätte ihn gern weiter ausgefragt, aber er spürte, wie seine Kräfte allmählich schwanden. Erschöpft schloß er die Augen. Petes Stimme vernahm er wie hinter einer Wand aus Watte.

Dann gab er sich der Dunkelheit hin, dem Gefühl, seinem Ziel ein Stück näher gekommen zu sein. Er hatte die Grenze überschritten. Er war nun in den Tunneln. Der nächtliche Verkehr drang nur als leises, monotones Summen bis hier herunter. Hier unten gab es andere Geräusche.

Cliff versuchte sie zu identifizieren: Das weit entfernte Rattern einer U-Bahn, das metallische Knacken von Leitungen, in denen es gluckerte, und schließlich das Ächzen der Erde selbst. Morgan, der Zeitungsreporter, hatte davon gesprochen. Cliff spürte, wie allmählich ein großer Frieden über ihn kam, verbunden mit dem Wunsch, immer hier liegenzubleiben, in ewiger Dunkelheit, den Geräuschen zu lauschen und den Frieden weiter in sich eindringen zu lassen.

Und zu sterben, sagte eine realistische Stimme in ihm.

Trotzdem, er wünschte sich, er könnte sich diesem Gefühl länger hingeben. Zumindest eine Nacht. Wenn nur das Flackern der Kerze nicht gewesen wäre. Es gehörte nicht hierher. Hier unten regierte die Dunkelheit.

»Mach sie aus!« flüsterte er, aber Pete verstand ihn nicht in seinem Rausch. Irgendwann ging die Kerze von selbst aus, und als Cliff die Augen öffnete, war nur Dunkelheit um ihn herum.

Dunkelheit und Stille.

Selbst die Geräusche der Erde waren verstummt.

»Pete? He, Pete?« rief er leise. Er lauschte, aber er vernahm nirgendwo Petes Atemzüge. Langsam tastete er um sich, aber er fühlte nur die Decken und Kissen. Pete war verschwunden.

Kein Grund zur Panik, dachte Cliff. Ich muß eingeschlafen sein. Wahrscheinlich ist er noch einmal hochgestiegen.

Er lauschte weiter, aber die Abwesenheit jeglicher Geräusche beunruhigte ihn. Irgendwo mußten doch noch Kerzen liegen! Er tastete umher, vorsichtig, um nicht über die Abgrenzungen der Plattform zu geraten und in die Tiefe zu fallen. Nach einigen Minuten gab er die Suche auf. Er stieß weder auf Kerzen noch auf ein Feuerzeug. Auch die Flasche, aus der sich Pete bedient hatte, war mit ihm verschwunden.

Ich bleibe einfach liegen und warte ab, bis es Morgen wird, dachte Cliff, aber er war zu beunruhigt, um sich diesem Gedanken ganz hinzugeben. Seine innere Stimme warnte ihn, daß irgend etwas nicht in Ordnung war. Er tastete weiter umher und machte eine ganz und gar erschreckende Entdeckung: Die Streben, mit deren Hilfe er hier heruntergestiegen war, waren ebenfalls verschwunden!

Eigentlich eine Unmöglichkeit, aber es war Tatsache!

Dort, wo die Streben zur rettenden Oberfläche hinaufführen sollten, war nur blanke, grob verputzte Wand zu spüren. Cliff tastete mit seinen Händen nach unten. Dort führten die Streben tatsächlich weiter – hinab in die Tiefe. Nach wie vor war nicht das geringste Geräusch zu hören – nur das Pochen seines eigenen Herzens.

Mehr denn je hatte er plötzlich das Gefühl, daß dort unten etwas auf ihn wartete. Es war kein beängstigendes Gefühl, nicht etwa die Furcht, daß etwas dort lauerte. Er horchte in sich hinein, um seine Gefühle zu ergründen. Ja, es schien ihm, als würde irgendwo dort unten die Lösung zu seinen vielen Fragen zu finden sein.

Vorsichtig begann er den Abstieg.

Einige Streben waren alles andere als fest in der Wand verankert und lockerten sich. Er konnte nur hoffen, daß sie auch hielten, wenn er gezwungen sein sollte, wieder hier hochzusteigen.

Eine Strebe brach unter seinen tastenden Schuhen ganz aus der Wand und fiel in die Tiefe. Cliff konnte keinen Aufprall hören, nur das verebbende Klirren, wenn sie an der Wand vorbeischrappte. Wie tief mochte der Abstieg sein? Und wohin mochte er wirklich führen?

Bereits nach wenigen Minuten waren Cliffs anfängliche Sicherheit und Zuversicht verschwunden. Seine Hände schmerzten bereits. Je tiefer er kam, desto schlechter wurde der Zustand der Streben. Manche saßen nun völlig locker in der Wand; die meisten waren verrostet und bröckelten unter seinem festen Griff einfach weg oder schnitten sich in sein Fleisch.

Auch seine Blessuren machten sich wieder stärker bemerkbar. Vor allem die Rippen schmerzten mehr als zuvor. Cliff schloß die Augen, und bunte wirbelnde Kringel kreisten davor. Irgend etwas war hier unten mit der Luft nicht in Ordnung. Sein Atem wurde immer keuchender. Vielleicht war das der Grund für seine Schwäche: die Luft war zu wenig sauerstoffhaltig und enthielt zu viele Stickoxide.

DURCHHALTEN!

Der Gedanke erreichte ihn wie ein telepathischer Befehl. Nicht als Wort, sondern als Bild. Vor seinem geistigen Auge sah er sich weiter hinabklettern, tiefer und tiefer ... Er hatte keine Kraft, darüber nachzudenken, woher das Bild kam und wieso es überhaupt möglich war, daß etwas (jemand?) seine Gedanken beeinflussen konnte. Aber instinktiv ahnte Cliff, daß es seine einzige Chance war, sich daran zu klammern. Er spürte, wie neue Kräfte seinen Körper durchfluteten.

Er hatte recht gehabt: Etwas wartete dort unten auf ihn, verborgen in den Tiefen der Erde, und es sandte seine Fühler nach ihm aus ...

Cliff kletterte tiefer und hatte dabei das Gefühl, daß er selbst die Streben nicht mehr benötigte. Wenn er wollte, so würden seine tastenden Finger und Füße von selbst an der Wand hinabgleiten. Es war ein verlockender Gedanke. Er spürte eine Art von Schwerelosigkeit und war versucht, einfach loszulassen, aber sein Verstand übernahm im letzten Moment wieder das Kommando über seine Gedanken und hielt ihn davon ab.

Nach und nach wich auch die Stille. Es waren noch fremdartigere Geräusche als zuvor. Klangseen, in denen sein Verstand abermals zu versinken drohte. Gleichzeitig tauchte ein weiteres Bild vor seinen Augen auf: ein Tunnelgang, bloßes Gestein, von hellen Kalkadern durchzogen. Er wußte nicht, was er von dieser Vision halten sollte, aber sie war seltsam real und schien ihm das Ziel seines Abstiegs zu weisen.

Dann, ganz unvermittelt, berührten seine Füße plötzlich festen Boden. Er merkte mit einemmal, wie erschöpft er war. Erleichtert sank er zu Boden. Es war bloßer, glatter Fels; er konnte das kalte Gestein unter seinen Händen spüren. Vorsichtig, auf allen vieren, kroch er weiter. Jeden Moment rechnete er damit, irgendwo anzustoßen. Aber dann merkte er, daß es sich um einen regelrechten Gang handeln mußte, der sanft geneigt weiter nach unten führte.

Die völlige Schwärze wich einer diffusen Dunkelheit. Die Felswände selbst schienen für die kaum wahrnehmbare Helligkeit verantwortlich zu sein. Je weiter er vorwärtskroch, um so besser gewöhnten sich seine Augen daran.

Er befand sich tatsächlich in einem schmalen Höhlengang. Jetzt sah er auch, woher die ständige Lichtquelle kam: Das Gestein war mit weißen, fluoreszierenden Adern durchzogen, wahrscheinlich mit Quarz versetzten Kalkadern. Cliff kam plötzlich der bizarre Gedanke, daß sich diese Adern irgendwann in grauer Vorzeit mit Licht vollgesogen und einen Abglanz davon bis heute bewahrt hatten.

Der Gang zweigte sich, so daß Cliff die Wahl hatte, rechts oder links weiterzukriechen. Er entschied sich für den linken Gang, weil dieser höher war. Cliff konnte hier sogar aufrecht stehen, ohne mit dem Kopf an die Decke zu stoßen. Die diffuse Helligkeit, die von den fluoreszierenden Adern ausging, war hier noch größer.

Cliff ging weiter, während die Bilder in seinem Kopf klarer und gleichzeitig verstörender wurden. Mehr denn je hatte er das Gefühl, daß jemand ihm auf telepathischem Wege etwas mitteilen wollte. Aber die Gedanken hatten etwas so Fremdes an sich, daß er sie nicht verstand.

Sein rechter Arm begann zu schmerzen. Gleichzeitig machte der Gang plötzlich einen Knick, und die Flut der Bilder, die auf seine Gedanken einschlugen, ließ ihn fast zu Boden sinken.

In der Ferne, vom anderen Ende des Ganges her, kam ihm etwas entgegen. Es war heller als die ganze Umgebung ringsum. Alles in ihm schrie danach, zu flüchten, aber er konnte es nicht. Wie angenagelt blieb er stehen und sah, wie dieses *Etwas* näher kam.

Und dann konnte er erkennen, um was es sich handelte.

Es war der Hermaphrodit. Er schwebte zwanzig Zentimeter über dem Boden und hatte die Arme nach ihm ausgestreckt, während die weißen Augäpfel wie in Trance hin und her rollten.

Etwas in Cliff schrie auf, sträubte sich gegen das, was da passierte. Die Gedanken, die auf ihn einströmten, waren so fremd, daß sie seinen Verstand wahrscheinlich in den Wahnsinn treiben würden, wenn er sich ihnen vollends hingab. Und mit jedem Meter, den der Hermaphrodit auf ihn zuschwebte, wurden sie unerträglicher.

Mit einem letzten Aufbäumen seines freien Willens warf

Cliff sich herum und lief davon. Das Bett aus Dunkelheit ließ ihn straucheln, und mehr als einmal schrammte er an den scharfen Kanten der Wände vorbei. Er sah sich nicht um, aber er spürte, daß das Wesen hinter ihm herkam. Er spürte dessen beruhigende Gedanken, so als wolle es ihm die Furcht nehmen.

Aber die Furcht war das einzige, was ihm noch geblieben war. Das einzige, was ihn davor rettete, mit diesem Wesen in Kontakt zu kommen. Er lief, als ginge es um sein Leben.

Und er war überzeugt: Es ging um nichts anderes.

Endlich erreichte er die Stelle, an der die Abzweigung begonnen hatte. Von dort ging es nur noch geradeaus, und nach einigen Minuten hatte er die Stegen erreicht. Schmerzhaft machte er mit der Wand, die das Ende des Ganges markierte, Bekanntschaft.

Er tastete panikerfüllt nach den Streben, während der Schmerz in seinem rechten Arm fast unerträglich wurde. Er hatte kein Gefühl mehr darin und konnte nur noch den linken benutzen, um sich in die Höhe zu ziehen. Mehr als einmal glaubte er, den Halt zu verlieren. Und ebensooft glaubte er, tief unter sich die hellen Umrisse des Hermaphroditen zu sehen, der ihm hinterherschwebte.

Dann erreichte er die Plattform. Aber was wollte er hier? Die Stegen waren doch verschwunden gewesen. Jetzt saß er in der Falle!

Er schrie auf, als sich von hinten eine Hand auf seine Schulter legte. In seiner Panik schüttelte er sie ab und schlug um sich.

»Ruhig! Ganz ruhig, Kumpel!« hörte er eine vertraute Stimme sagen.

Er schaute sich um – und blickte in Petes besorgte Augen.

»Du hast verdammt schlecht geträumt. Um ein Haar wärst du in die Tiefe gestürzt.«

Cliff sah ihn ungläubig an. Es war tatsächlich Pete. Der flackernde Kerzenschein zuckte über sein Gesicht.

»Mein Gott, ich dachte, du wärest fort, und ich käme nicht mehr hoch ...«

»Du hast geschrien wie am Spieß! Ich war die ganze Zeit hier und habe versucht, dich zu beruhigen.«

Cliff rieb sich den schmerzenden Arm. Wenigstens der war real. Wahrscheinlich hatte er darauf gelegen. Dann schaute er in die Höhe und vergewisserte sich, daß die Stegen nicht verschwunden waren.

»Wie lange habe ich geschlafen?« fragte er Pete.

»Ich schätze, zehn Stunden.«

»Ich muß nach oben«, sagte Cliff.

R.T. King's
New York City, 01. Oktober, 09 Uhr 41

Judy hörte sich an, was Cliff ihr zu erzählen hatte. Danach schwieg sie einige Augenblicke, bevor sie ihren Kommentar dazu abgab. Sie frühstückten in einer kleinen Snack-Bar, die einen ebenso heruntergekommenen Eindruck machte wie sie selbst. Trotzdem hatte sie der Wirt eher naserümpfend bedient.

»Es könnte einer der Eingänge in die Tunnelsysteme sein«, vermutete Judy. »Es wäre einen Versuch wert. Aber was hat dein Traum zu bedeuten?«

Cliff schüttelte den Kopf. »Je mehr ich darüber nachdenke, um so mehr habe ich das Gefühl, daß es nicht bloß ein Traum war. Diese fremdartigen Bilder schwirren auch jetzt noch in meinem Kopf herum. Nehmen wir einmal an, es war der Hermaphrodit, und er verfügt über PSI-Kräfte. Vielleicht steckt er irgendwo dort unten und hat auf diese Weise mit mir Kontakt aufnehmen wollen.«

»Aber im Traum bist du davongelaufen.«

»Weil er seine eigenen telepathischen Möglichkeiten nicht kontrollieren kann. Oder weil er keine Ahnung hat, welchen Schrecken er bei einem anderen Menschen damit auslöst. Ich glaube nicht, daß er mir bewußt Schaden zufügen wollte.«

»Findest du den Eingang wieder?«

»Kein Problem. Wir müssen uns nur einen Vierkantschlüssel besorgen und abwarten, bis es dunkel wird.«

»Wie wär's mit Taschenlampen?« schlug Judy vor. »Und Kreide, damit wir uns nicht verlaufen.«

»Keine schlechte Idee.«

Sie erledigten noch einige Besorgungen und warteten den Tag geduldig ab. Als es dunkel wurde, verließen sie ihr Hotelzimmer und begaben sich zur Grand Central Station. Schließlich standen sie vor der Eisenklappe.

»Was ist, wenn sich dein Freund dort unten aufhält? Glaubst du, er macht uns Schwierigkeiten?« fragte Judy.

»Ich sage ihm, daß ich einen Platz für die Nacht suche und dich gleich mitgebracht habe.«

Sie sahen sich um und warteten auf einen günstigen Augenblick, als kein Passant in der Nähe war.

Der Schlüssel paßte nicht so perfekt wie Petes. Cliff fluchte, aber schließlich gelang es ihm, die Klappe zu lüften.

»Ladies first!« grinste er einladend, und Judy beeilte sich, ihren schlanken Körper in das Loch zu zwängen. Cliff sah sich noch einmal hastig um, aber noch immer war kein Passant zu sehen. Dann schlüpfte er selbst in die Röhre und schloß die Klappe über seinem Kopf. Er hatte das unbestimmte Gefühl, jederzeit erneut in einen Alptraum geraten zu können.

Unter ihm hatte Judy die Plattform erreicht, und wenige Augenblicke später spürte er selbst festen Boden unter den Füßen.

»Wie wär's mit Licht?« fragte Judy – und im nächsten Moment schrie sie gellend auf.

Im Lichtkegel der Taschenlampe lag eine Leiche.

Sie war blutüberströmt und wies am ganzen Körper Stiche und Kratzer auf. Das Groteske war jedoch der Kopf, der nach hinten gedreht war. Erloschene Augen starrten weitaufgerissen zur Decke hinauf.

»Pete!« flüsterte Cliff. Er kniete sich neben dem Leichnam nieder und untersuchte ihn kurz. »Er muß schon stundenlang tot sein. Es kann nicht lange, nachdem ich hinaufgestiegen bin, passiert sein.«

»Glaubst du, daß es die Typen waren, die es gestern abend auf ihn abgesehen hatten?«

Cliff zuckte die Achseln. Natürlich war es die wahrscheinlichste Möglichkeit. Der Zwerg und der Hüne hatten nicht danach ausgesehen, als würden sie sich an der Nase herumführen lassen. Sein Instinkt jedoch sagte ihm etwas anderes.

Mit der Taschenlampe leuchtete er hinab in die Tiefe. Er spürte förmlich das Grauen, das ihm von dort unten entgegensprang. Oder war es nur die Auswirkung seines Alptraums?

Nein, er war sich sicher, daß jemand (*etwas*?) von dort unten hochgestiegen war und Pete getötet hatte.

»Wir können im Moment nichts für ihn tun«, sagte er mit mattem Tonfall. »Also gehen wir weiter.«

In den Tunneln
New York City, 01. Oktober, 19 Uhr 46

Diesmal war es Cliff, der den Anfang machte. Genau wie in seinem Traum führten die Stegen weiter hinab. Nach ungefähr zehn Metern erreichten sie jedoch eine weitere Plattform. An den Wänden verlief ein Gewirr von tropfenden Rohren und summenden Kabeln, die in der Tiefe verschwanden. Auch diese Plattform wies Spuren auf, daß jemand hier ein Lager aufgeschlagen hatte. Jetzt jedoch war es verlassen.

»Weiter!« drängte Cliff.

Sie stiegen tiefer hinab und erreichten schließlich einen engen Gang. Anders als in seinem Alptraum waren die Wände mit Rohrleitungen besetzt. Cliff und Judy hatten gerade soviel Platz, daß sie sich hindurchzwängen konnten. Für jemanden, der unter Klaustrophobie litt, wäre es die reine Hölle gewesen.

Schließlich ging es nur noch weiter vorwärts, indem sie sich auf alle viere niederließen. Nach einer Weile stießen sie auf ein Gewirr von Abzweigungen.

»Welchen Weg jetzt?« fragte Cliff. Für einen Moment beschlich ihn Enttäuschung. Diese Gänge waren so völlig anders als in seinem Traum. Er zweifelte plötzlich, daß sie auf irgend etwas stoßen würden. Zumindest in diesen engen Gängen lebten keine Tunnelleute.

»Den kürzesten«, flachste Judy. »Ich habe keine Lust, noch stundenlang so weiterzukriechen.«

»Also gut«, sagte Cliff und entschied sich für den linken. Wie in seinem Traum.

Nach einer Weile wurde der Tunnel tatsächlich breiter und höher, so daß sie schließlich sogar aufrecht gehen konnten.

»Dieser Gang scheint tatsächlich irgendwohin zu führen«, stellte Judy fest. »Spürst du den Luftzug?«

Sie gingen weiter, stießen auf weitere Abzweigungen und markierten ihren Weg mit Kreide. Zuweilen vibrierte die Erde von vorüberfahrenden Zügen. Es war ein Zeichen, daß sie sich immer noch irgendwo unter der Grand Central aufhielten.

»Wer weiß, ob wir nicht sogar im Kreis laufen«, sagte Cliff. »Wir hätten einen Kompaß mitnehmen sollen.« Mehr denn je wurde ihm bewußt, daß sie reichlich unvorbereitet hinabgestiegen waren. Er traf eine Entscheidung. »Ich glaube, wir sind für heute weit genug gegangen. Wir kehren besser um, kümmern uns um den Toten und kehren noch einmal zurück, wenn wir uns besser vorbereitet haben. Wir brauchen einen Kompaß, stärkere Lampen, Seile, Schlafsäcke und Proviant.«

»Einverstanden. Also hast du vor, länger hier unten zu bleiben?«

Cliff nickte. »Ich spüre, daß wir hier unten auf der richtigen Fährte sind. Früher oder später werden wir auf weitere Tunnelmenschen stoßen. Es ist nur eine Frage der Zeit.«

Er stutzte, als seine Taschenlampe plötzlich eine Entdeckung zutage förderte.

»Schau dir die Wände an!« verlangte er. »Fällt dir etwas auf?«

»Sie sind mit Kalkadern durchzogen«, stellte Judy nüchtern fest.

»Schalte mal die Taschenlampe aus«, verlangte Cliff und löschte die seine.

»Sie fluoreszieren leicht!« erkannte Judy, nachdem sich ihre Augen der Dunkelheit angepaßt hatten. »Also enthalten sie Quarze oder Erze.«

»Wie in meinem Traum«, sagte Cliff leise und schaltete das Licht wieder ein.

Der Gedanke an Umkehr war vergessen. Langsam gingen sie weiter. An der nächsten Abzweigung folgten sie einem

Gang, in dem kaum noch Rohrleitungen verliefen, aber dafür um so mehr Kalkadern vorhanden waren.

»Du glaubst, daß sie dich irgendwohin führen werden?« fragte Judy.

»Ich weiß es nicht.« Der Gang wurde wieder niedriger und enger, und Cliff hatte das Gefühl, daß auch die Atemluft knapper wurde. Schweißperlen bildeten sich auf seiner Stirn.

»Halt mal einen Moment an!« hörte er Judy hinter sich schnaufen. Erschöpft ließ er sich zu Boden sinken. Neben ihm lehnte sich Judy an die Wandung des Tunnels. »Fällt dir nichts auf?« fragte sie.

»Die Luft ist verdammt schlecht.«

»Noch etwas?«

Er lauschte. »Du meinst die Stille?«

»Genau wie in deinem Traum. Ich habe schon seit geraumer Zeit keinen Zug mehr gehört. Es ist völlig still hier unten.«

Eine Weile schwiegen sie; nur ihre Atemzüge und das Pochen ihrer Herzen waren zu hören.

»Ich glaube, wir sollten jetzt wirklich umkehren«, sagte Judy schließlich. »Es kommt mir vor, als wären wir bereits eine halbe Ewigkeit hier unten.«

»Du hast recht. Also los!« Er drehte sich um, und sie gingen den Gang zurück, den sie gekommen waren. Als sie die Abzweigung erreichten, stutzte Cliff. Er leuchtete die Wand ab, aber das Kreidezeichen, das sie hinterlassen hatten, war verschwunden.

»Wir sind von links gekommen«, sagte Judy.

Mit einem unguten Gefühl gingen sie weiter. An der nächsten Abzweigung war ebenfalls keine Spur mehr von ihrem Kreidekreuz zu erkennen.

»Ist es möglich, daß die Kreide nicht an den Wänden hält?« fragte Cliff zweifelnd. Judy zog die Kreide hervor und malte ein Kreuz an die Wand. Es ließ sich nur schwer wieder abwischen.

»Jemand hat es entfernt«, stellte Cliff nüchtern fest. »Von wo sind wir gekommen? Ehrlich gesagt, ich habe mich auf die Kreuze verlassen, aber ich würde mal sagen, daß wir von links gekommen sind.«

»Und ich würde sagen, von rechts!«

Sie diskutierten eine Weile und wählten schließlich den rechten Weg. Nach hundert Metern endete er plötzlich vor einer Felswand.

»Also schön, du hattest recht!« gab Judy zu. Sie kehrten um und krochen in den nach links führenden Tunnel.

Nach der nächsten Abzweigung hatten sie sich endgültig verirrt. Ratlos verharrten sie und lehnten mit den Rücken gegen die kalten Felswände.

»Irgend jemand ist uns gefolgt«, stellte Judy fest. »Jemand, der sich hier unten auskennt. Ich würde auf deinen Freund Pete tippen, aber der scheidet ja wohl aus.«

»Er war definitiv tot«, bestätigte Cliff. »Es sei denn, du glaubst an Zombies.«

»Natürlich nicht«, sagte Judy. »Ich tippe darauf, daß unser Verfolger die gleiche Person ist, die auch Pete umgebracht hat.«

»Kein beruhigender Gedanke«, sagte Cliff. Der gräßlich zugerichtete Tote tauchte vor seinem geistigen Auge auf. »Es gibt aber noch eine dritte Möglichkeit. Kein Zombie, kein Mörder, sondern jemand von den Tunnelmenschen.«

»Aber aus welchem Grund?«

»Vielleicht einfach nur, um uns zu verscheuchen. Vielleicht sind wir hier in seinen Bezirk eingedrungen, und er wird nervös. Wie gesagt, es ist jemand, der sich hier sehr gut auszukennen scheint.«

»Eigentlich ist es müßig, darüber zu diskutieren«, sagte Judy. »Die entscheidende Frage ist, wie kommen wir hier wieder raus?«

»Gute Frage!« stimmte Cliff ihr zu.

Sie gingen weiter, aber mit jeder neuen Abzweigung wuchsen ihre Zweifel, je wieder an die Oberfläche zu gelangen. Dafür stießen sie nach einer endlos scheinenden Weile auf ein weiteres, von Menschen hinterlassenes Zeichen.

»Ein Graffito!«

An einer Wand prangte ein zwei mal zwei Meter großes Sprühbild. Im Licht der Taschenlampen wirkte es auf den ersten Blick wie ein Relikt aus der Steinzeit. Wie eine Höhlenmalerei.

»Sieht scheußlich aus!« stellte Judy fest.

»Es erinnert mich an diesen Schweizer Maler, H. R. Giger«, stimmte ihr Cliff zu.

Das Bild bestand aus merkwürdigen abstrakten Strukturen, in denen so etwas wie Tentakel und Roboterarme zu erkennen waren. »The Mystery of Madness«, las Judy schaudernd. »Muß ein ganz schön verwirrter Geist gewesen sein.«

»Oder ein Genie«, entgegnete Cliff. »Jedenfalls entfaltet das Bild hier unten erst so richtig seine morbide Wirkung. Es scheint nur auf uns gewartet zu haben.«

Sie marschierten weiter und stießen auf weitere Bilder des offensichtlich gleichen Künstlers. Je tiefer sie stiegen, desto kränker wurden die Bilder. Sie verloren auch ihre Abstraktheit und zeigten halb menschliche, halb technoide Wesen, die entweder in grauenvoll anzusehenden Verrenkungen vereint waren oder entsetzliche Praktiken an Menschen vollzogen.

Selbst Cliff, dessen Job es erfordert hatte, nüchtern und logisch zu denken, konnte sich dem Grauen, das von den Bildern auf ihn überzuspringen drohte, nicht völlig entziehen. Die Bilder waren wie Magie, die ihnen wie ein Tor zur Unterwelt von den Wänden entgegensprang.

»Es wird immer entsetzlicher!« flüsterte Judy. Sie zwang sich weiterzugehen, ohne sich die Bilder noch weiter im Detail anzusehen.

Dennoch war die Frage allgegenwärtig: Wer hatte diese Bilder gesprüht? Pete? Und warum hier unten, wo sie kaum ein Mensch je zu Gesicht bekommen würde?

Während sie weitergingen, schweiften Cliffs Gedanken immer wieder zu den Bildern. Ihre unterschwellige Botschaft von nichtmenschlichen Wesen brachte ihn ins Grübeln. Gab es hier unten irgendwelche Wahrheiten, die zu grausam waren, um sie im Hellen zu verbreiten? Hatte der Künstler ganz bewußt die Geborgenheit in den Tunneln gesucht, um hier seine Sicht der Welt zu verbreiten und seine Botschaften zu verkünden?

Während er noch grübelte, explodierte plötzlich die Kalkwand rechts von seinem Kopf. Winzige Splitter und Staub regneten auf ihn nieder.

Reaktionsschnell ließ Cliff sich fallen, während er die Taschenlampe ausknipste und seine Pistole zog. Das war ein Schuß gewesen – aber er hatte keinerlei Detonation gehört, nicht einmal das Ploppen einer Waffe mit Schalldämpfer! Er war von vorn gekommen, aus der Finsternis, und hatte ihn nur knapp verfehlt!

Hinter sich hörte er Judy aufschreien. Auch sie löschte ihre Lampe.

Ein zweites Geschoß sirrte über ihre Köpfe hinweg – und wieder wurde es von keinem anderen Geräusch begleitet. Eng an den Boden gepreßt, blieb Cliff liegen und versuchte seine Augen an die Dunkelheit zu gewöhnen.

Ihr Gegner benutzte keine Pistole; es mußte eine Steinschleuder oder dergleichen sein. Cliff glaubte einen Schatten zu sehen, aber er schoß nicht. Wenn er nicht beim ersten Mal traf, würde das Mündungsfeuer dem Gegner seinen Standort verraten.

Zentimeter um Zentimeter zog er sich lautlos zurück, bis er Judy erreichte.

»Bist du verletzt?« flüsterte er besorgt.

»Ein Splitter hat mich am Kopf erwischt, aber es ist nicht schlimm«, flüsterte sie zurück.

Schweigend warteten sie in der Dunkelheit. Ihr Gegner gab mit keiner weiteren Aktion zu erkennen, ob er noch irgendwo dort lauerte oder längst geflüchtet war.

»Noch weiter zurück!« flüsterte Cliff. Langsam krochen sie rückwärts, bis sie endlich eine Biegung erreichten, wo sie es wagen konnten, wieder Licht zu machen.

»Was zum Teufel war das?« fragte Judy. Cliff sah sie erschrocken an. Ihre linke Gesichtshälfte war blutüberströmt. Er untersuchte die Wunde und konnte sie beruhigen.

»Sieht schlimmer aus, als es ist. Nur ein Kratzer. Wahrscheinlich wirst du nicht mal eine Narbe zurückbehalten. Hier.« Er reichte ihr sein Taschentuch.

»Danke. Autsch!« Judy verzog schmerzhaft das Gesicht, als sie sich das Tuch auf die Wunde preßte.

Cliff lauschte wieder in die Dunkelheit hinein, die hinter den Lichtkegeln ihrer Taschenlampen lag. Sie warteten weitere Minuten, ehe er vorschlug, weiterzugehen.

»Wer immer der Mistkerl war, glaubst du, er wird es bei diesem einen Versuch belassen?« fragte Judy zweifelnd.

Cliff schüttelte den Kopf und wies auf seine Pistole. »Er wird uns nicht ein zweites Mal so leicht überraschen können. Jetzt sind wir gewarnt, und das weiß er genau.«

Trotzdem hatte er das vage Gefühl, als würden sie beobachtet. Er zwang sich zu rationalem Denken und verscheuchte die aufkommende Furcht. Vorsichtig ging er bis zur nächsten Kurve, aber auch dahinter lag allein die Schwärze des Tunnels. Ihr Gegner schien über alle Berge zu sein.

So war es auch. Sie marschierten unbehelligt weiter, Stunde um Stunde. Längst hatten sie eine der Taschenlampen gelöscht, um Batterien zu sparen, doch schließlich wurde auch die zweite Lampe immer schwächer, bis nur noch ein schwaches Glühen von ihr ausging. Schließlich glaubten sie, selbst ein Teil der Dunkelheit zu sein.

Doch dann wurden die Geräusche lauter.

»Wir sind wahrscheinlich wieder direkt unter der Grand Central«, sagte Judy hoffnungsvoll.

»Ich habe noch etwas anderes gehört!« flüsterte Cliff. »Schritte.«

Sie warteten in der Dunkelheit. War ihr Angreifer noch einmal zurückgekommen?

Im nächsten Moment konnten sie weit entfernt im Gang einen Lichtschein sehen, der sich langsam in ihre Richtung bewegte. Hastig suchten sie Deckung hinter der letzten Biegung.

Dann war das Licht so nah heran, daß Cliff handeln konnte.

Wie eine Sprungfeder schnellte er aus seiner Deckung hervor und hatte mit wenigen Schritten den Lichtschein erreicht.

Es war eine Laterne, die von einem Mann gehalten wurde. Cliff stürzte sich auf ihn, riß ihn mit sich zu Boden und hatte ihn mit wenigen Griffen überwältigt.

Doch als er merkte, daß der Fremde sich gar nicht wehrte, ließ er von ihm ab. Der Schrecken stand dem Mann ins Gesicht geschrieben. Er stammelte etwas, das Cliff nicht verstand.

Im Schein der Laterne konnte er ihn nun deutlich sehen. Es

war eine in Lumpen gehüllte, ausgemergelte Gestalt, das Gesicht mit Geschwüren und alten Narben verunstaltet. Trotzdem kamen Cliff die Gesichtszüge des Mannes irgendwie bekannt vor.

»Also los, raus mit der Sprache«, sagte er grimmig. »Wer bist du? Hast du vorhin auf uns geschossen?«

»Ich ... lebe hier.«

Cliff und Judy sahen sich an. Der Mann sah tatsächlich aus, als würde er seit Jahren hier unten hausen. Seine Haut war kreidebleich.

»Hat er eine Waffe bei sich?« fragte Judy.

Cliff tastete den Mann ab, brachte aber außer einem Schlagring nichts zum Vorschein. Er konnte sich auch nicht vorstellen, daß es sich um die gleiche Person handelte, die auf sie geschossen hatte.

»Ich glaube, er ist harmlos, Cliff«, bestätigte Judy seine Gedanken. Sie wandte sich an den Mann. »Wie heißt du?«

Der Verwahrloste sah sie an und schien angestrengt zu überlegen. Dann sagte er: »Clapton.«

Jetzt wußte Cliff, warum ihm der Mann so bekannt vorgekommen war. Er sah dem berühmten Gitarristen erstaunlich ähnlich. Wahrscheinlich war Clapton sein Spitzname.

»Also gut, Clapton«, sagte Judy. »Friede?«

Clapton sah sie mißtrauisch an. Offensichtlich hatte er den unverhofften Angriff noch nicht richtig verdaut. Schließlich nickte er. »Okay, Friede.«

Sie reichten sich die Hände, und Cliff und Judy stellten sich vor.

»Wir irren seit Stunden hier unten herum«, sagte Cliff. »Irgend jemand hat auf uns geschossen, deswegen sind wir ein wenig nervös. Du weißt nicht zufällig, wer das gewesen sein könnte?«

Clapton schüttelte den Kopf. »Keiner von uns.«

»Von euch? Also bist du nicht alleine?«

Clapton biß sich auf die Lippen, so als hätte er zuviel verraten. Schließlich sagte er: »Wenn ihr wollt, zeige ich euch den Ausgang.«

Cliff und Judy sahen sich an. »Eigentlich haben wir es gar nicht eilig, wieder nach oben zu kommen. Uns würde es reichen, erst mal ein paar Stunden irgendwo unsere Ruhe zu haben.«

»Also gut. Kommt mit!«

Clapton hob seine Laterne auf. Sie war bei dem Angriff heil geblieben. Dann ging er voran, so daß Cliff und Judy Mühe hatten, ihm zu folgen. Er führte sie durch ein verwinkeltes Gewirr von weiteren Gängen und Tunneln.

Einmal kamen sie an einem Loch vorbei, aus dem ein kühler Luftzug wehte. Cliff wollte gerade den Kopf hindurchstecken, als plötzlich ein fürchterlicher Lärm ertönte. Cliff zuckte zurück, und nur Zentimeter vor seiner Nase raste eine U-Bahn vorbei.

Clapton verzog amüsiert das Gesicht. »Neugier ist der Katze Tod!« spottete er, während Cliff nach Luft rang und sich setzen mußte. Seine Knie wollten den Körper plötzlich nicht mehr tragen.

Judy beugte sich besorgt über ihn. »Alles in Ordnung?«

»Ich bin okay.« Cliff atmete schwer. »Habe mich nur erschreckt.«

Von nun an waren sie auf der Hut. Clapton schien sich hier bestens auszukennen, aber das bedeutete offensichtlich nicht, daß er sie vor Gefahren warnte.

Die Geräusche von Zügen waren so laut, daß man sich kaum verständigen konnte. Wahrscheinlich war die Erde hier wie ein Schweizer Käse von U-Bahn-Tunneln durchzogen. Die Wände vibrierten.

Schließlich erreichte Clapton eine Metall-Leiter, die etwa fünfzehn Meter in die Höhe führte. Geschickt kletterte er hinauf und schaute von einem Gitterrost auf sie hinab. Dann war er verschwunden. Cliff leuchtete in die Höhe. Er hatte plötzlich ein komisches Gefühl, aber sie hatten keine andere Wahl.

Während ihm Judy mit der Taschenlampe leuchtete, kletterte Cliff hinauf. Als er auf dem Gitterrost stand, war auch Clapton wieder zu sehen. Er befand sich weitere zehn Meter über dem Gitter und machte eine einladende Geste. »Willkommen in meinem Heim.«

Cliff fragte sich, wie Clapton dorthingelangt war. Er hörte, wie Judy die Leiter hinaufkletterte. Noch immer war ihm die Sache nicht geheuer. Vielleicht wäre es besser, überlegte er, wenn Judy erst einmal unten warten würde. Aber im nächsten Moment stand sie schon neben ihm.

»Wie kommen wir zu dir rüber?« rief Cliff.

»Gar nicht!« sagte Clapton. Im gleichen Moment hörte Cliff das metallische Geräusch der in die Tiefe stürzenden Leiter. Der Rückweg war ihnen versperrt!

»Was soll das bedeuten?« rief Judy. Sie begutachtete skeptisch das Gitterrost. Es wurde nur von vier schweren Eisenketten gehalten, die sich irgendwo oben in der Dunkelheit verloren. Die einzige Treppe, die sie mit dem Boden verbunden hatte, war in die Tiefe gestürzt. Clapton hatte sie in eine perfekte Falle gelockt.

»Das heißt, daß ihr dort bleibt, bis ihr verdurstet seid. Oder den Mund aufmacht!«

»Was meinst du damit?«

»Wer seid ihr wirklich?« fragte Clapton. »Glaubt ihr, ich lasse mich reinlegen? Polizei?«

Um seiner Frage Nachdruck zu verleihen, spielte er an einem Hebel, und das Gitterrost begann zu schwanken.

»Also gut!« rief Cliff. »Wir sind hier, weil wir jemanden suchen. Aber wir sind nicht von der Polizei.«

»Und wen sucht ihr?«

»Eine Fotografin, Catherine Walker.«

Einen Augenblick lang schwieg Clapton. Es war offensichtlich, daß er den Namen schon einmal gehört hatte.

»Kennst du sie?« bohrte Judy nach. »Sie muß öfter hier unten gewesen sein.«

»Warum sucht ihr sie? Was habt ihr mit ihr zu schaffen?«

»Es gibt einige Leute, die sich Sorgen machen. Sie ist vor über drei Wochen verschwunden.«

»Noch einmal: Was geht das euch an?« Wieder spielte er an dem Hebel herum, und diesmal schwankte das Gitterrost so sehr, daß sich Cliff und Judy festhalten mußten, um nicht hinabzustürzen.

»Verdammt, hör auf damit!« schrie Cliff. »Wir haben gute Gründe, uns Sorgen zu machen: Ich bin Catherines Bruder, und Judy ist ihre Schwester!«

Es war das erstbeste, was ihm einfiel. Mit der Wahrheit konnte er Clapton nicht kommen; der Tunnelmensch hätte sich von seinem Marshal-Ausweis gewiß nicht beeindrucken lassen.

»Warum habt ihr das nicht gleich gesagt?« ließ Clapton sich vernehmen. »Wartet, ich werfe euch ein Seil zu!«

Zwei Minuten später hatten sie es geschafft.

Zumindest in einem Punkt hatte Clapton nicht gelogen: Hier oben befand sich tatsächlich sein Zuhause. Oder das, was er darunter verstand.

Es war im Grunde ein riesiges Loch in der Wand, mit weiteren Durchbrüchen, die in unergründliche Gänge führten. Auf dem Boden lag eine zerschlissene Matratze, davor war eine Feuerstelle, und überall stapelten sich Sperrholzkisten mit allerlei Kram darin. Es gab sogar einen Teppich. Eine große Schabe kroch behäbig darüber hinweg. Judy schüttelte sich, und Cliff sagte: »Gemütlich.«

»Setzt euch«, bot Clapton an und schnippte die Kakerlake mit seinem Zeigefinger davon. Wirbelnd verschwand sie in der Tiefe. »Dann erzähle ich euch, wie ich hergekommen bin, damals ...«

Claptons Geschichte:

San Diego. Californien. Wieder einmal war buchstäblich die Hölle los. ABC sendete von morgens bis abends Katastrophen- und Horrorfilme, und im Local Channel gaben sie durch, daß ein Amokschütze mit einer MP drei Leute vor McDonalds erschossen hätte. Wahrscheinlich ein Whopper-Fan ...

Clapton schaute auf seine Uhr. Sie war stehengeblieben.

Um zehn mußte er wieder im Hotel sein. Er freute sich auf Naomi, die Beleuchterin des Teams, und dachte darüber nach, wie er es am besten anstellte, sie nach der Halloweenparty allein zu erwischen. Es war ihr schwarzer Leib, der ihm so begehrenswert erschien.

Von einer Terrasse hämmerte gnadenloser Death Metal aus einem Radio. Bevor er außer Hörweite war, schnappte er noch die Ansage des Djs auf, als wäre sie nur für ihn bestimmt: »Ist die Stimmung nicht gut heute nacht? But beware of the Surfing Pumpkins, you know?«

Den ganzen Tag über hatte er bereits Andeutungen vernommen. Jeder hier in San Diego schien zu wissen, was es mit den *Surfing Pumpkins* auf sich hatte, nur er nicht. Er mußte Naomi danach fragen. Sie kannte San Diego wie ihre Westentasche und wußte über folkloristische Besonderheiten Bescheid.

Endlich hatte er die Strandpromenade erreicht. Irgend etwas braute sich zusammen, und es war nicht nur der Nebel, der von La Jolla, dem exclusiven Küstenvorort San Diegos, herüberzog.

Surfing Pumpkins in the night,
make you laugh and bring you fright!

Von irgendwoher hörte er das Kind diesen Refrain singen. Dann war es wieder still. Das Meer lag schwarz und verlassen da. Selbst die hartnäckigsten Surfer hatte der heraufziehende Nebel nun vertrieben. Nur die weißen Bohlen der Pier durchschnitten die Schwärze wie bleiche Rippenknochen.

Clapton ging weiter – und irgendwann war er allein. Die Radios waren längst nicht mehr zu hören, die vereinzelten Stimmen und lärmenden Partygesellschaften verstummt. Wieder fiel ihm ein, daß er eigentlich zurück ins Hotel mußte. Am besten, bevor der Nebel den Strand erreicht hatte.

Da hörte er die Schritte vom Brandungsstreifen her. Es hörte sich nach nackten Füßen an, die in matschigem Sand schmatzend versanken. Aber der Nebel war dichter, als er geglaubt hatte. Er hörte nur die Schritte und sah nichts.

Wahrscheinlich nur ein Schwimmer oder Surfer, dachte er. Aber in diesem Nebel war Rationalität die eine Sache, während ihm seine Phantasie etwas anderes zuflüsterte. Es konnte ebensogut das Monster der Schwarzen Lagune oder die verweste Zombieleiche oder der psychopathische Harpunenmörder sein.

Wer immer es auch war, er schien keinen Wert darauf zu legen, Claptons Bekanntschaft zu machen. Er schlurfte vorbei, ohne daß Clapton etwas erkennen konnte, und die Schritte verschwanden in Richtung der dunklen Felsenklippen.

Clapton zwang sich, an Naomi zu denken und an das, was sich zwischen ihnen an diesem Abend entwickeln mochte. Trotzdem konnte er nicht anders reagieren, als dem Unsichtbaren zu den Klippen zu folgen. Er suchte nach Fußspuren, aber konnte keine entdecken. Der feuchte Sand lag jungfräulich da. Dahinter türmten sich die Klippen auf. Sie glänzten so schwarz wie riesige Walfische.

Er mußte hier hochgeklettert sein. Es war nicht allzu schwierig, denn es gab genügend Vorsprünge und Vertiefungen. Wenn Flut war, kamen die Wellen bis hierher und wuschen die Felsen weiter aus.

Ohne sich noch einmal umzudrehen, erklomm Clapton die Klippen. In etwa fünf Metern Höhe stieß er auf die Höhle. Es war ein schwarzes, unergründliches Loch, das tief in den Fels hineinzuführen schien. Er zwängte sich in die Höhle hinein und bekam im ersten Moment Platzangst.

Im zweiten Moment spürte er die Geborgenheit, die ihm dieser Ort bescherte. Der Gang war gerade so hoch, daß er auf allen vieren kriechen konnte. Es roch nach Meer und Fisch und vergifteten Algen. Er kroch weiter und kam sich vor wie in einem Sarg. Aber es war nach wie vor ein zutiefst beruhigendes Gefühl.

Er schloß die Augen und ...

»Es war das erste Mal, daß ich die Geborgenheit der Erde fühlte«, erzählte Clapton. Sie saßen sich gegenüber, er, Cliff und Judy. Sie tranken warmen Tee, den Clapton über der Feuerstelle bereitet hatte, und hörten ihm weiter zu:

»Aber es war wie ein Traum. Denn als ich erwachte, lag ich auf dem Bett meines Hotelzimmers und fühlte mich wie zerschlagen. Neben mir lag eine halbleere Southern Comfort-Flasche. Daneben fand ich einen winzigen Kürbiskopf aus Zucker.«

Jetzt wußte er, wovon er aufgewacht war. Es klopfte an der Tür. Er öffnete und ließ Steinway herein.

Es war ihre vierte oder fünfte Tour zusammen, und wahrscheinlich war er der einzige von der ganzen Gesellschaft aus Musikern, Künstlern und Groupies, mit dem sich Clapton noch ernsthaft unterhalten konnte. Die anderen waren nur auf Spaß aus. Sex & Drugs & Rock'n'Roll, wie es so schön hieß.

Aber er und Steinway hatten erkannt, daß ihnen ihre Kunst mehr verschaffte: in den besten Momenten eine spirituelle Verbundenheit mit dem Kosmos. Jedem auf seine Art. Während Clapton seinem Synthesizer die göttlichsten Klänge entlockte, sprühte Steinway dazu seine Visionen auf riesige Leinwände.

Es waren auf den ersten Blick erschreckende Bilder. Biomechanische Wesen, die seinen Alpträumen entsprungen schienen. Aber sie waren auf groteske Art glaubhaft. Steinway schwor, daß es sie wirklich gab. Und dabei schaute er jedesmal hinauf zu den Sternen …

An diesem Abend sollten sie wieder zusammen auftreten. Es war ein Überraschungsgig, so geheim, daß Clapton noch nicht einmal selbst wußte, wo er stattfinden sollte. Hauptsache, die Crew hatte den ganzen Technikkram gut vorbereitet.

»Mein Gott, siehst du aus!« entfuhr es Steinway. Sein Blick wanderte zur Flasche.

»Ich habe keinen Tropfen getrunken!« entschuldigte sich Clapton. »Das Zeug muß ausgelaufen sein.«

»Wahrscheinlich direkt in deinen Magen«, konterte Steinway.

Der Teppich war trocken, aber Clapton konnte schwören, tatsächlich nichts getrunken zu haben.

»Du hast noch zwei Minuten«, sagte Steinway. »Alle anderen warten bereits an der Rezeption auf dich.«

»Ich wollte mich doch noch verkleiden! Ich kann doch nicht in meiner ganzen ungeschminkten Schäbigkeit vor Naomi stehen!«

»Wie wär's damit?« fragte Steinway und drückte ihm eine Maske in die Hand. Es schien sich um eine von ihm selbst entworfene Latexmaske zu handeln. Eine biomechanische Fratze, die direkt aus *Alien* hätte stammen können. Sie fühlte sich irgendwie glitschig an.

»Bitte nicht!« stöhnte Clapton. »Dann gehe ich lieber als Michael Jackson. Ich werde einen grauenhaften Eindruck hinterlassen!«

»Nur heute«, beruhigte ihn Steinway. »Denk daran, es ist Halloween, die Nacht der Monster. Also keine Widerrede. Und jetzt ins Bad!«

Clapton steckte seinen Kopf unter den Wasserhahn und versuchte mit der Zahnbürste, den pelzigen Geschmack aus seinem Mund zu kratzen.

Wenn er sich nur erinnern könnte, was geschehen war! Die letzte Empfindung vor dem Blackout war das zutiefst beruhigende Gefühl in der Höhle gewesen. Es war wie Sterben, aber auf eine wunderbar friedliche, in den Kosmos eingehende Weise …

Er war sich sicher, daß er es tatsächlich erlebt hatte. Daß dieser Fremde, der aus dem Meer gestiegen war, ihn bewußt zu diesem Ort geführt hatte, um diese Erfahrung zu machen. Aber wenn es wirklich geschehen war, wieso war er dann erst wieder in seinem Bett zu sich gekommen?

»Hey, Steinway?« fragte er. »Hast du schon mal was von Blackouts gehört?«

»Nee, die Whiskymarke kenn' ich nicht.«

»Kein Flaps, Steinway«, ermahnte ihn Clapton und betrachtete sein Gesicht im Spiegel. »Ich habe das Gefühl, als fehlten mir ein paar Stunden. Ein paar sehr wichtige Stunden.«

Steinway steckte seinen Kopf ins Badezimmer. »Verzapf keinen Blödsinn. Um acht warst du mit uns unten an der Bar, stimmt's?«

Clapton erinnerte sich vage daran.

»Und das ist jetzt zwei Stunden her. Auch okay?«

Clapton nickte.

»Dann sind wir zusammen in den zwölften Stock gefahren, und ich habe dich in dein Zimmer gehen sehen. Wahrscheinlich hast du die Flasche leergemacht und bis jetzt geschlafen.«

»Ich kann das Zimmer ebensogut wieder verlassen haben«, warf Clapton ein. Bis zum Strand waren es nur wenige hundert Meter. Vielleicht war es aber wirklich der Southern Comfort gewesen. Aber, zum Teufel, er verabscheute Whisky! Er hatte keine Ahnung, wie die Flasche in sein Zimmer gelangt war.

»Okay, du hast wahrscheinlich recht«, sagte er schließlich, aber es klang nach wie vor zweifelnd. »Vielleicht bin ich nur etwas im Stress.«

»Oder du hast Lampenfieber. Dagegen weiß ich ein gutes Mittel. Ich hab' ein paar Groupies eingeladen, sich uns anzuschließen. Die wollen heute nacht an Halloween mal so richtig über die Stränge schlagen. Und wir werden sie dabei tatkräftig unterstützen. Nach dem Konzert natürlich.«

»Wo findet es eigentlich statt?« fragte Clapton.

»Keine Ahnung. Irgendwo am Strand.«

Am Strand ... Augenblicklich mußte Clapton wieder an sein merkwürdiges, traumhaftes Erlebnis denken.

Dann zog er sich die Maske über. Er sah darin tatsächlich wie ein Alien aus. Zum Fürchten. Die Maske klebte mörderisch auf der Haut, und er spürte, wie ihm sofort der Schweiß das Gesicht herunterrann. Wie warmes Blut.

Dann fiel ihm plötzlich noch etwas ein. »Surfing Pumpkins, Steinway – sagt dir das irgendwas?« Clapton drehte den winzigen Kürbiskopf aus Zucker in seiner Hand. Er hatte keine Ahnung, wo das Ding hergekommen war. Vielleicht hatte ihn der Room-Service als kleine Halloween-Aufmerksamkeit dagelassen.

»Kann sein«, antwortete Steinway. Er schien zu überlegen. »Naomi hat heute morgen beim Frühstück was darüber erzählt. Irgendein bizarrer mexikanischer Aberglaube? Oder so eine verrückte Metal-Combo? Irgendwas hat sie erzählt, aber ich hab' nichts davon behalten. Hing auf jeden Fall irgendwie mit Halloween zusammen. Frag sie am besten gleich selbst.«

Unten an der Rezeption wartete mindestens ein Dutzend Leute. Die Gesellschaft sah zum Fürchten aus.

Mona, eines der Groupies aus L. A., hatte sich unter Naomis geschickten Händen in eine schwarze Witwe verwandelt. Katja und Wendy, zwei andere Groupies, gingen als grauenvoll anzusehende, biomechanische Zwillinge. Es war offensichtlich, daß Steinway bei ihnen selbst Hand angelegt hatte. Stan, der Soundingenieur, hatte es endlich gewagt, seine wahre Identität offenzulegen: Er ging als Folterknecht.

»Noch eine Minute länger, und ich hätte dir Daumenschrauben angelegt«, drohte er Clapton.

Clapton lächelte nur müde. Er suchte Naomi, und erst auf den zweiten Blick erkannte er sie. Sie war neben der Beleuchtung auch fürs Make-up zuständig und besaß darin eine enorme Begabung. An diesem Abend sah sie aus wie eine schwarzhäutige Sharon Tate – aber *nachdem* Charles Manson sie ermordet hatte!

»Hi, Clapton!« sagte sie und grinste unergründlich.

»Die Cabs sind da!« rief Steinway. »Es geht los!«

Erst jetzt fiel Clapton auf, daß Steinway als einziger der Gruppe nicht verkleidet war …

Clapton goß ihnen Tee nach. Gebannt hatten Cliff und Judy ihm zugehört. Sie wußten noch nicht, auf was er hinauswollte, aber die Geschichte faszinierte sie.

»Steinway?« fragte Cliff jetzt. »Ist es der Künstler, dessen Graffiti wir in den Gängen gesehen haben?«

Clapton nickte, und dann erzählte er weiter, während das kleine Feuer, das er entfacht hatte, groteske Schatten an die Wände seiner Behausung warf.

Im Taxi saß er eingequetscht zwischen Naomi und Steinway. Die anderen fuhren in mehreren Wagen voraus.

Plötzlich fiel Clapton wieder ein, daß er Naomi hatte fragen wollen: »Du hast heute morgen etwas über Surfing Pumpkins erzählt …«

»Willst du es wissen?« Aus ihrem Mund klang es, als handelte es sich um eine verbotene Frucht.

»Natürlich.«

»Zu früh«, sagte sie geheimnisvoll. »Laß dich überraschen.«

Trotz der auf vollen Touren laufenden Klimaanlage begann Clapton zu schwitzen. Im Radio verkündete ein Nachrichtensprecher, daß es sich bei den Toten vor McDonalds um Mexikaner handelte und daß ein vierter Mann noch immer im Koma lag.

An der nächsten Ampel mußten sie stoppen. Neben ihnen sprang eine Horde Jugendlicher aus einem Cabrio und zerrte den Fahrer des vor ihnen haltenden Wagens heraus, um ihn zu verprügeln. Anscheinend hatte er ihr Mädchen beleidigt, das sich das Schauspiel nur gelangweilt anschaute. Vielleicht gab es auch keinen Grund.

»Hey, da müssen wir doch eingreifen!« sagte Clapton. Die Ampel schaltete auf Grün, und der Taxifahrer gab Gas. Durch das Rückfenster sah Clapton, daß sich bereits eine Polizeistreife um die Angelegenheit kümmerte. Sie schienen ihm wie Falken, die sich auf ihre Beute stürzten.

Er war sich plötzlich nicht ganz sicher, vor wem er sich in dieser Nacht mehr in acht nehmen mußte. Vor den Gejagten oder den Jägern.

»Die Cops erledigen das schon« sagte der Taxifahrer. Wahrscheinlich erlebte er Situationen wie diese jede Nacht. Die Sitzpolster waren zerfetzt, und das billige Schaumgummi quoll aus allen Ritzen. Seine Fahrgäste schienen nicht immer so friedfertig zu sein.

Sie fuhren den gesamten Pacific Boulevard hinunter, bis sie fast in La Jolla waren. Kurz vor dem noblen Vorort, im Niemandsland zwischen San Diego und La Jolla, hielt das Taxi. Steinway bezahlte an die zwanzig Dollar, und dann standen sie in fast völliger Dunkelheit, während die Rücklichter des Taxis in der Ferne verschwanden. Irgendwie fühlte sich Clapton plötzlich gar nicht mehr wohl in seiner Haut. Steinway und Naomi kamen ihm vor wie ein verschworenes Gangsterpärchen, das etwas ganz Bestimmtes mit ihm vorhatte.

»Da vorn geht's lang«, sagte Naomi.

Zwischen einer weißgetünchten Mauer und einer Hecke verlief ein unscheinbarer Pfad. Naomi ging voran. Sie schien sich trotz der Dunkelheit bestens zurechtzufinden. Clapton folgte ihr und spürte trotz seiner Maske Steinways Atem in seinem Nacken.

Der Pfad führte hinunter zum Strand, und ihm fiel sein verrückter Traum wieder ein. Traum – oder was auch immer es gewesen war.

Dann hörte er die Stimmen. Irgendwo dort unten am Strand schien ein mittelgroßes Volksfest stattzufinden.

In seiner Hosentasche stießen seine Finger auf eine klebrige, krümelige Masse. Ganz in Gedanken hatte er den Kürbiskopf eingesteckt. Er fragte sich, ob es sich wirklich um Zucker handelte. Er wollte an seinen Fingern lecken, aber die Maske war ihm im Weg.

Vor ihnen erhellte sich die Nacht. Überall flackerten Feuer am Strand.

»Ist das nicht wahnsinnig?« strahlte Naomi.

Clapton stimmte ihr bei. Hunderte von Menschen hatten sich dort unten versammelt. Selbst auf die Entfernung spürte er die entspannte, zufriedene Atmosphäre, die von dort unten ausging.

Nackte, braungebrannte Collegeboys und -girls lagen im Sand, dazwischen einige Uralt-Hippies, die die Sechziger überlebt hatten. Und sie alle ließen sich vom Mond bescheinen, der so pockennarbig war, daß er in dieser Nacht tatsächlich an einen Halloweenkürbis erinnerte.

Aus unzähligen Transistorgeräten erklangen Surf- und Heavy-Metal-Songs. Einige Leute spielten auf ihren Instrumenten oder sangen dazu. Irgend jemand hatte eine provisorische Strandbar errichtet, vor der sich eine Traube von Menschen gebildet hatte.

Niemand schien Clapton und seine Begleiter zu beachten. Dabei waren er und Naomi die einzigen, die verkleidet waren. Steinway bahnte ihnen einen Weg durch die halbnackten Leiber hin zur Bar.

»Was findet hier statt?« fragte Clapton, aber bevor Steinway antworten konnte, waren sie schon dran, und der Mann hinter der Bar fragte sie nach ihren Wünschen. Er trug Bermudas und ein Grateful-Dead-Shirt, das aussah, als sei es seit 1975 nicht mehr gewaschen worden. Trotz der Dunkelheit trug er eine Sonnenbrille, in deren runden Gläsern sie sich spiegelten.

»Mir ein Corona«, sagte Steinway. »Aber eiskalt.«

Der Barkeeper griff unter die Theke und zauberte eine Flasche Corona hervor. Mit nicht gerade professioneller Geschwindigkeit öffnete er sie, holte von irgendwoher noch eine Lemonscheibe und klemmte sie an den Rand.

Naomi verlangte eine Margherita. Clapton haßte es, Bier mit dem Strohhalm zu trinken, also bestellte er ebenfalls eine Margherita. Denn da war die verdammte Maske, die mittlerweile wie festgewachsen an seinem Gesicht klebte. Er zerrte versuchsweise an ihr, aber es tat höllisch weh. Wahrscheinlich lag es daran, daß er so schwitzte, also ließ er weitere Versuche bleiben.

Außerdem hatte die Maske auch ihre guten Seiten. Er konnte seine Blicke ungeniert umherhuschen lassen. Der einzige Nachteil war, daß er nicht aus der Flasche trinken konnte. Also lieber eine Margherita mit Strohhalm.

Der Barkeeper mixte mit atemberaubender Langsamkeit aus Wodka und ein paar anderen Zutaten zwei Drinks. Clapton trank das Zeug wie ein Verdurstender.

Danach sagte Naomi: »Komm, legen wir uns irgendwo dazu!« Sie streifte ihre Kleidung ab und legte sich nackt in den Sand. Steinway zog sich ebenfalls aus, aber Clapton hatte nur noch Augen für Naomis schwarzen, perfekt gebauten Körper, ihre kleinen festen Brüste und die schmale Taille.

Er zog sich ebenfalls aus. Als er noch einmal versuchen wollte, die Maske abzustreifen, hielt Naomi seine Hand fest. »Laß sie auf. Sie gefällt mir«, sagte sie.

Clapton kam die Welt plötzlich seltsam unwirklich vor. Er hatte das Gefühl, daß in seinem Drink noch etwas anderes als Alkohol gewesen war.

»Warum?« fragte er. Es hörte sich lallend an.

»Du wirst phantastisch aussehen bei deinem Auftritt«, antwortete Naomi.

Clapton sah sie entgeistert an. Sein Auftritt! Er hatte es tatsächlich vergessen. Er schaute sich um, konnte aber nirgendwo eine Bühne entdecken. Aber sein Blickfeld reichte nicht allzu weit. Vor seinen Augen verschwamm die Realität immer mehr. Er spürte, wie Naomi seine Hand nahm und sie zu ihrem weichen Schoß führte.

Das nächste, was er bewußt wahrnahm, war Naomi, wie sie nackt zum Strand hinunterlief. Er hatte Mühe, mit ihr Schritt zu halten. Dann erreichten sie das Ufer. Die hohen schwarzen Wellen brachen sich am Strand. Ihm fiel sein Traum wieder ein, in dem irgend etwas aus dem Meer ans

Ufer gekommen war. Naomi zog ihn mit sich, hin zu einem Stapel von Surfbrettern, die mit seltsamen Graffiti bemalt waren.

»Das hier nehmen wir. Es ist wie für uns gemacht«, sagte sie.

Clapton half ihr, das Surfbrett zum Ufer zu tragen. Sie ließen es vorsichtig in die Flut gleiten. Die Gischt war kalt wie Eis. Immerhin war es der letzte Tag im Oktober. Clapton tauchte unter, und einen Augenblick lang hatte er das Gefühl, nicht mehr atmen zu können. Er wollte sich die Maske vom Kopf reißen, aber sie war wie festgewachsen.

Endlich erreichte er wieder die Oberfläche, bekam das Surfbrett zu fassen, und gemeinsam mit Naomi ließ er sich aufs Meer hinaustreiben. Der Strand lag weit entfernt wie ein anderer, fremder Kontinent. Im flackernden Schein der vielen Lagerfeuer wirkten die winzigen schwarzen Gestalten wie kultische Tänzer.

Sie erreichten eine Stelle inmitten der Wellen, an der das Meer spiegelglatt war. Kein Windhauch ließ das Wasser kräuseln, und keine Strömung verriet, wo das Ufer war. Um sie herum war nur Dunkelheit und das scheinbar endlose Meer.

Naomi legte sich auf den Rücken und sagte: »Komm!«

Clapton tauchte in sie ein und vergaß alle Fragen.

Um sie herum trieben andere Surfbretter. Es waren Kultobjekte. Kürbisse klebten auf ihnen und flackerten von innen heraus. Das ganze Meer war von ihnen beleuchtet.

Naomi stieß einen ekstatischen Schrei aus, und als hätte etwas im Meer auf diesen Ruf gewartet, brodelte und zischte es aus der Tiefe, und wie aus dem Nichts erhoben sich mannshohe Wellen, die sie mit sich rissen. Naomi schrie verzückt und stand wie festgewachsen auf dem tanzenden Surfbrett, während sich Clapton wie in Todesangst daran festklammerte.

Naomi war die Hohepriesterin der Brandung in dieser Nacht. Ihr nackter, vollendeter Körper glänzte wie der Leib eines dunklen, geschmeidigen Fisches und erschien Clapton begehrenswerter denn je. Sie glitt auf den Wellen, als sei sie darin geboren. Und für einen kurzen Augenblick hatte er eine Vision: Er sah ihren nackten Körper, aber ihr Kopf sah aus wie ein Kürbis ...

»Drogen«, mutmaßte Judy. »Man hat dich mit Drogen vollgepumpt.«

»Allerdings«, sagte Clapton. »Wißt ihr, diese kleinen Kürbisköpfe waren definitiv nicht aus Zucker. Ich weiß bis heute nicht, was das alles zu bedeuten hatte. Es war ein Halloween-Kult, und diese ganzen Leute hatten sich dort unten am Ufer versammelt.

Irgendwann erreichte ich zum Glück wieder den Strand. Steinway wartete auf mich. Er wußte die ganze Zeit Bescheid. Er zeigte mir die Bühne. Dort waren riesige monolithische Lautsprecher aufgebaut. Sie gaben ein dunkles, tiefes, unheilverkündendes Brummen von sich. Es war ein Ton, der meine Nerven vibrieren ließ.

›Es ist unsere Bühne, Clapton. Sie gehört uns allein!‹ sagte Steinway und zog mich mit sich. Ich war wie in Trance. Oben war bereits alles aufgebaut: Mein riesiger Synthesizer und seine Leinwand. Ich begann zu spielen, und alle Leute wandten sich uns zu.

Wißt ihr, es war ein seltsamer Ort, und dazu kam die Energie all dieser Leute. Es war – magisch. Ich spielte Melodien, die ich nie zuvor gekannt hatte. Es strömte einfach aus mir heraus, und es wurde von der Menge dort unten begierig eingesogen. Es war pure Magie, die eine andere Form von Energie freisetzte. Ich sah immer wieder auf Steinway, der wie im Rausch seine Visionen auf die Leinwände sprühte. Und ich spürte, wenn ich weiterspielte, würde ich damit irgend etwas hervorlocken ...«

Clapton schwieg betroffen.

»Was hervorlocken?« bohrte Judy.

»Es hatte nichts mit diesem Kürbiskult zu tun«, sagte Clapton. Es fiel ihm nun sichtlich schwer, die richtigen Worte zu finden. »Ich spürte, daß etwas im Himmel über uns war, das wir mit unserer Musik und all der Energie anlockten.

Steinway war stets der medial Begabtere von uns. Wißt ihr, deswegen mochten wir uns so: Wir waren beide telepathisch begabt. Na ja, ich ein bißchen, während Steinway in dieser Hinsicht ein Genie war. Irgend etwas dort oben hatte ihn angezapft und ihn dazu gebracht, an diesem Abend die Energie freizusetzen ...«

»Was geschah weiter?« bohrte Cliff.

»Es gab einen Punkt, an dem mir das bewußt wurde. Ich meine, daß wir im Begriff standen, irgend etwas anzulocken. Ich hörte von einem Moment zum anderen auf zu spielen und zog Steinway mit mir. Ich flüchtete, aber ich spürte, daß ich schon zuweit gegangen war ...«

»Inwiefern?« fragte Judy. Sie mußten Clapton nun fast jeden Satz aus dem Mund ziehen.

»Ich kann es nicht erklären. Es war, als hätten wir eine Tür einen Spaltbreit geöffnet und wären nun nicht mehr in der Lage, sie wieder zu schließen.

Seitdem waren wir auf der Flucht. Wir sind über den ganzen Kontinent geflüchtet, bis wir endlich hier unten in den Tunneln unseren Frieden fanden.«

Sie schwiegen eine Zeitlang. Claptons Geschichte, so phantastisch sie geklungen hatte, übte eine beängstigende Wirkung auf sie aus. Zumindest in dieser Umgebung.

»Es gibt viele wie uns hier unten«, sagte Clapton schließlich. »PSI-Leute, die spüren, daß dort oben irgend etwas hinter ihnen her ist. Eure Schwester Catherine hat es gewußt. Es war nicht bloß ihre berufliche Neigung, die sie immer öfter ihre Zeit hier verbringen ließ.«

»Wo ist sie jetzt?« fragte Judy.

Clapton zuckte mit den Achseln. »Ich habe sie das letztemal vor ein paar Wochen gesehen. Keine Ahnung, ob sie noch lebt.«

»Was soll das heißen?« fragte Cliff.

Clapton sah sie mit seinen intelligenten Augen an. »Ich lebe seit zehn Jahren hier unten. Wißt ihr, daß man mich den ›Meister der Gänge‹ nennt? Und warum? Weil ich alle überlebt habe. Selbst Steinway hat es nur ein paar Jahre ausgehalten, bevor er an einer Lungenentzündung starb.

In den Kanälen kann man vielleicht fünf Jahre überleben. Und das ist noch eine ziemlich optimistische Schätzung. Die meisten der Tunnelleute sind nach ein paar Jahren hier unten geisteskrank oder drogenabhängig oder beides. Die meisten sterben an harmlosen Krankheiten wie Schnupfen oder einem verschleppten Husten. Andere bekommen Tuberkulose oder holen sich bei ihren Ausflügen nach oben Aids. Die meisten wollen nicht behandelt werden. Sie wollen nicht wieder zurück nach oben ...«

»Was hat das mit Catherine zu tun?«

»Seit ein paar Monaten ist die Lebenserwartung hier unten rapide gesunken. Es hat einige ziemlich gräßliche Morde gegeben.« Er sah, wie Judy erbleichte. »Keine Angst«, sprach er schnell weiter. »Bei mir seid ihr in Sicherheit. Hier kommt keiner hin, ohne daß ich es bemerke. Ich habe noch ein paar andere Fallen auf Lager!«

»Ich denke an Catherine«, sagte Judy. »Wenn du sie vor ein paar Wochen das letztemal gesehen hast, dann ist das eine ziemlich lange Zeit. Was, wenn sie dem Mörder in die Hände gefallen ist?«

»Es wäre möglich«, sagte Clapton nachdenklich. »Seitdem diese Morde passieren, arbeitet unser Nachrichtensystem hier unten nicht mehr allzu präzise. Die meisten von uns haben regelrecht Panik. Sie haben die Tunnel als einzig sicheren Zufluchtsort kennengelernt, und jetzt müssen sie erkennen, daß sie selbst hier unten nicht in Ruhe gelassen werden.«

Cliff trank noch einen Schluck Tee. Er überlegte, ob er Clapton noch mehr anvertrauen sollte. Aber er hatte keine andere Wahl.

»Ich glaube, ich weiß, was Catherine hier unten gesucht hat«, sagte er. Er erzählte Clapton von dem Foto mit dem Hermaphroditen. »Sie hat ihn fotografiert, und ich glaube, dieser Säugling hat sie danach so beschäftigt, daß sie noch einmal hier heruntergestiegen ist.«

Clapton sah ihn lange an. Dann sagte er: »Ich habe gewußt, daß ihr danach fragt. Deswegen habe ich versucht, euch meine Geschichte begreiflich zu machen.«

»Was hat das mit dem Kind zu tun?«

»Es ist Naomis Kind.«

Er ließ seine Worte einige Sekunden wirken, ehe er fortfuhr: »Im Gegensatz zu Steinway und mir blieb Naomi damals in San Diego. Erst vor ein paar Monaten tauchte sie plötzlich in New York auf und fragte überall nach mir. Ich ließ ihr schließlich ausrichten, wo sie mich finden würde. Nun, sie kam zu mir, und seitdem hat sie diese Tunnel nicht mehr verlassen.«

»Wieso? Was war mit ihr?« bohrte Judy.

»Sie war auf der Flucht. Und sie war nicht allein. Sie brachte dieses Kind mit, den Säugling. Es war ihr Kind, wie sie mir versicherte, obwohl es unglaublich war. Ich meine, sie war fast schwarz, und dieses Kind war schneeweiß. Aber alles andere an dem Balg war ebenso sonderbar: Es war blind, aber trotzdem hatte ich immer das Gefühl, daß es mich ansah und erkennen konnte. Und es war weder Junge noch Mädchen. Es war wie diese zweigeschlechtigen Pflanzen, die sich selbst befruchten ... Naomi schwor mir, daß sie die Mutter war. Aber zum Teufel, ich möchte den Vater nicht kennenlernen!«

»Vor wem war sie auf der Flucht?«

Clapton schüttelte den Kopf. »Sie hat nur Andeutungen gemacht. Vielleicht flüchtete sie aus dem gleichen Grund wie damals Steinway und ich. Aber ich glaube, sie hatte noch einen weiteren Grund: Irgend jemand war hinter dem Baby her.«

Weil es über PSI-Begabung verfügt! fuhr es Judy durch den Kopf. Es war nur ein Gedanke, eine Vermutung, aber sie setzte sich in ihrem Kopf fest. Irgend jemand wollte die PSI-Kräfte des Säuglings für sich nutzen. War es das gewesen?

»Sie hat aber selbst hier unten keine Ruhe gefunden«, fuhr Clapton fort. »Sie hat nach wie vor geglaubt, daß jemand ihr das Baby wegnehmen wollte. Und als dann diese Morde losgingen, war sie nicht mehr zu halten, obwohl ich nicht glaube, daß das Töten wirklich in Zusammenhang mit ihrem Baby stand. Was hätte das für einen Sinn gehabt?«

»Höchstens den, sie so in Panik zu versetzen, daß sie wieder nach oben gekommen wäre«, mutmaßte Cliff.

»Das tat sie nicht«, widersprach Clapton. »Das Gegenteil war der Fall: Sie ist seitdem noch weiter hinab in die Tiefe gestiegen. Ich habe keine Ahnung, wo sie ist. Und ehrlich gesagt, ich möchte es auch gar nicht wissen.«

In den Tunneln
New York City, 03. Oktober, 12 Uhr 06

Sie blieben einen Tag und eine Nacht in Claptons Behausung. In dieser Zeit erfuhren sie noch eine ganze Menge über die Tunnelleute. Einige schienen tatsächlich überdurchschnittliche geistige Kräfte zu besitzen, die meisten von ihnen unbewußt. Aber was Clapton ihnen erzählte, war beeindruckend genug. Wichtiger war jedoch, daß Clapton schließlich einwilligte, sie auf der Suche nach Catherine zu begleiten.

Natürlich war es für Cliff und Judy oberstes Ziel, Naomis Baby zu finden. Aber Catherine mochte eine wichtige Station auf dieser Suche sein. Sie war ebenso wie sie auf der Spur des Säuglings.

Sie deckten sich mit Proviant und Gerätschaften ein, mit denen sie notfalls einige Tage würden überleben können. Dann marschierten sie los.

Es war eine Reise ins Erdinnere. Je tiefer sie stiegen, um so spärlicher wurden die Spuren menschlicher Zivilisation. Die Leitungen an den grob verputzten Wänden wichen wieder dem nackten, von fluoreszierenden Kalkadern durchsetzten Fels. Es war unergründlich, wer oder was diese Stollen geschaffen hatte. Waren sie von Menschenhand aus dem Felsgestein gehauen worden, oder handelte es sich um natürliche Höhlen?

Für beide Thesen gab es Indizien. Wahrscheinlich war jedoch eine Mischung aus beiden: Vielleicht hatte es dieses weitverzweigte, tief ins Erdinnere reichende Höhlensystem schon immer gegeben. Und vielleicht hatten bereits in grauer Vorzeit Menschen in diesen Höhlen Zuflucht gesucht und sie für ihre Zwecke ausgestaltet.

Sie marschierten stundenlang, und mehr als einmal fragte sich Cliff, woher Clapton die Sicherheit nahm, auf dem richtigen Weg zu sein. Wußte er vielleicht mehr, als er zugeben wollte? Kannte er den genauen Aufenthaltsort von Naomi?

Und da war noch etwas: Je tiefer sie kamen, um so mehr nahm Cliff eine Art Pochen in seinem Kopf wahr. Es erinnerte ihn an sein alptraumhaftes Erlebnis. Wieder hatte er das

Gefühl, daß etwas nach seinen Gedanken tastete. Das Gesicht des Hermaphroditen tauchte immer öfter vor seinem geistigen Auge auf.

War es das, was Clapton spürte? Cliff fragte ihn danach.

»Ja, ich spüre seine Anwesenheit«, gab Clapton zu. »Es sind ... fremde Gedanken, aber ich spüre sie.«

»Glaubst du, daß dieses Kind seine Gedanken bewußt aussendet?« hakte Judy nach.

Clapton zuckte die Achseln. »Keine Ahnung. Ich weiß nur, daß es der einzige Anker ist, der uns zu Catherine oder Naomi führen wird.«

Während sie weitergingen, fragte sich Cliff mehr als einmal, ob er sich noch in der Realität befand. War dies bereits ein weiterer Alptraum, und würde als nächstes der Hermaphrodit auftauchen, über dem Boden schwebend und mit den Händen nach ihm greifend?

Judy gab plötzlich zu verstehen, daß sie etwas gehört hatte. Rasch löschten sie ihre Lampen und horchten in die Dunkelheit hinein.

Nun hörten es auch die anderen. Es waren eigenartige Heullaute, deren Echos in den kahlen Gängen gespenstisch nachhallten.

»Was ist das?« fragte Cliff, aber auch Clapton wußte keine Antwort.

Sie schlichen weiter und gelangten zu einer riesigen unterirdischen Höhle. Das Heulen war hier noch deutlicher zu hören. Es hallte von schwach leuchtenden Wänden wider, in denen phosphoreszierende Kalkadern verliefen.

Und in dem diffusen, kaum wahrnehmbaren Licht

– bewegte sich etwas!

Cliff richtete seine Taschenlampe auf die vage Bewegung und schaltete sie ein.

Was sie im Lichtkegel sahen, ließ sie zusammenzucken.

Es war ein menschliches Wesen, das diese Laute von sich gab und nun mit vor Panik geweiteten Augen in das Licht starrte!

Ein Mann, dessen Kleidung nur noch aus Fetzen bestand. Seine Haare reichten bis zur Hüfte, und seine Fingernägel waren lang wie Krallen.

»Er … er scheint hier unten zu leben«, flüsterte Judy. »Aber wovon?«

Clapton deutete auf die Wände. »Wasser tropft hier genug herunter, und auch Getier gibt es hier unten«, führte er sachlich aus, als würde ihn die Begegnung keineswegs überraschen.

»Du meinst, er lebt hier von Sickerwasser und irgendwelchen Käfern?«

Clapton nickte, während die mitleiderregende Kreatur in einer Felsspalte verschwand. »Er ist nicht der einzige hier unten«, sagte er. »Das sind die wahren Tunnelmenschen. Wir oben haben Angst, daß wir eines Tages so enden wie sie. Die Angst treibt sie hier herunter. Die Angst und der Wahnsinn.«

»Wir müssen ihnen helfen«, sagte Judy. »Wenn wir wieder oben sind, werden wir die Behörden benachrichtigen und …«

Clapton lachte höhnisch. »Die Behörden? Die nehmen doch selbst uns in den oberen Tunneln nicht wahr. Meinst du im Ernst, die würden euch glauben?«

Er hatte natürlich recht. Sie hatten mit genügend sogenannten öffentlichen Vertretern gesprochen und kannten deren Meinung.

Sie schauten sich in der Höhle um, aber der Mann blieb verschwunden. Auch das Heulen war verstummt. Erst als sie einen weiteren Höhlengang erreichten, setzten hinter ihnen die klagenden Laute wieder ein. Schaudernd versuchten sie es zu überhören und nicht daran zu denken, wer sie ausstieß.

Nach einigen Minuten, in denen sie dem Gang gefolgt waren, verlangsamte Clapton plötzlich das Tempo.

»Ich glaube, wir sollten langsam umkehren«, sagte er nachdenklich.

Cliff sah ihn fassungslos an. »Es kann nicht mehr weit sein«, erwiderte er. »Es wäre falsch, jetzt aufzugeben! Catherine und auch Naomi – wir müssen sie unbedingt hier herausholen!« Er wies in die Richtung, aus der sie gekommen waren. »Oder möchtest du, daß sie so enden wie diese Kreaturen dort? Niemand hat so ein erbärmliches Leben verdient!«

Clapton schüttelte den Kopf. »Ich ertrage es nicht länger«, sagte er. »Ihr spürt nicht, was ich spüre. Ihr seht nicht die Bilder, die ich sehe.«

»Aber wir spüren es *auch*!« widersprach Judy. »Es ist das Kind – es weist uns den Weg, das ist alles.«

Wieder schüttelte Clapton den Kopf. »Es ist mehr als das. Ich kann einfach nicht weiter. Wer weiß, was wir noch sehen werden, wenn wir noch tiefer hinabsteigen? Wer weiß, ob ich danach je wieder ruhig schlafen kann? Vielleicht werde ich dann so wie *sie*!«

»Ich glaube nicht, daß wir ohne dich eine Chance haben«, sagte Cliff. »Aber wir können dich nicht zwingen.«

»Ganz richtig, das könnt ihr nicht«, bekräftigte Clapton. »Ich spüre den Wahnsinn da unten, und deswegen gehe ich nicht weiter.« Er schien zu lallen, so daß sie einen Moment glaubten, er würde tatsächlich wahnsinnig werden. Aber dann sprach er wieder normal. »Ich werde hier auf euch warten. Sagen wir, zwei Stunden.«

Sie hatten keine andere Wahl, als darauf einzugehen, wollten sie nicht, daß der bisherige Weg vergebens war – und wer konnte sagen, ob sie eine zweite Chance haben würden? Also ließen sie den Rest der kärglichen Ausrüstung zurück und nahmen nur die Lampen und eine Feldflasche mit Wasser mit.

Es war ein Fehler, den sie bereuen sollten.

Nach einer Stunde – sie hatten den Weg bis hierher sorgfältig markiert – waren sie weder auf Catherine noch auf Naomi oder das Kind gestoßen.

Schließlich blieb Cliff resigniert stehen. »Also gut, ich bin dafür, daß wir umkehren«, schlug er vor. »Die Gefahr, daß wir uns doch noch verirren, wird immer größer.«

Judy stimmte ihm zu, und sie machten kehrt.

Keiner von ihnen sprach es aus, aber insgeheim hatten beide befürchtet, daß die Kreidezeichen wieder auf rätselhafte Weise verschwunden waren. Dies war zum Glück nicht der Fall, und so erreichten sie zügig den Punkt, wo Clapton auf sie warten wollte. Dort allerdings bewahrheitete sich eine zweite, ebenfalls unausgesprochene Befürchtung.

»Er ist verschwunden«, sagte Cliff bitter.

»Wie finden wir jetzt hinaus?« fragte Judy. Ihre Stimme zitterte leicht. Das Grauen, abermals tagelang in diesen Tunnelsystemen herumzuirren, stand ihr im Gesicht geschrieben.

»Ich sehe nur eine Chance«, sagte Cliff leise. »Wir *müssen* den Hermaphroditen finden. Ich bin sicher, daß er uns den Weg nach draußen weisen kann.«

»Du meinst also wirklich, daß er über telepathische Fähigkeiten verfügt?«

»Du spürst sie doch auch«, entgegnete Cliff. »Diese Bilder, die sich immer wieder in unsere Gedanken zu drängen versuchen.«

»Nur schwach«, gab Judy zu. »Und ich bin mir auch nicht sicher, ob ich es mir nicht nur einbilde.«

Sie gingen weiter, Stunde um Stunde, folgten nur ihrem Instinkt. Das Wasser aus der Feldflasche ging zur Neige, denn die Luft war trocken hier unten und der Durst wuchs schnell an.

Nach einer Weile machten sie eine weitere unangenehme Entdeckung – als ob das Schicksal sie noch nicht genug geschlagen hätte.

Irgend jemand schien sie zu verfolgen.

Mehr als einmal hörten sie Schritte, aber wann immer sie angestrengt danach lauschten, verstummten sie. Sie versuchten sich einzureden, daß es nur ein Echo ihrer eigenen Schritte war, glaubten aber keinen Moment wirklich daran.

Immerhin: Wer auch immer sie verfolgte, noch schien er sich damit zufriedenzugeben, ihnen einfach hinterherzuschleichen.

Im Grunde war es trotz allem ein irgendwie beruhigendes Gefühl zu wissen, nicht allein hier unten zu sein. Vielleicht war es ja sogar Clapton, der sie auf diese Weise im Auge behielt.

Clapton – oder der Mörder, der in den Gängen sein Unwesen trieb …

Irgendwann waren ihre Kräfte aufgebraucht, und sie sanken erschöpft nieder. Der Gang machte hier einen scharfen Knick, so daß sie bei Gefahr zumindest kurzzeitig in Deckung gehen konnten.

»Schlaf du zuerst«, schlug Judy vor, »ich passe derweil auf. Danach wechseln wir uns ab, okay?«

Cliff nickte dankbar, lehnte sich sitzend an die grobe Wand, bettete, so gut es ging, den Kopf auf der linken Schulter – und war ein paar Atemzüge später bereits eingenickt.

Als er aufwachte, war Judy verschwunden.

Aber ... das war unmöglich! Er mußte sich wieder in einem Traum befinden, wie er ihn schon einmal erlebt hatte, an dem Tag, als er glaubte, Pete wäre plötzlich verschwunden gewesen. Es war das gleiche Gefühl. So, als stünde er neben seinem eigenen Körper.

Ich werde nicht darauf hereinfallen, dachte er mit wacher Klarheit, die seinen Überlegungen Hohn sprach. Nicht noch einmal! Ich werde einfach hier sitzenbleiben und darauf warten, daß ich aufwache.

Die diffuse, nur durch den Phosphorglanz erhellte Dunkelheit verschwamm vor seinen Augen. Und plötzlich spürte er, wie sich eine Hand auf seinen Arm legte.

Wenn er sich jetzt umdrehte, würde er wahrscheinlich Pete sehen. Pete, wie er ihn mit toten Augen anstarrte und seinen verdrehten Kopf bewegte.

Es war Judy.

»Entschuldige«, sagte sie. »Habe ich dich erschreckt?«

»Wo warst du?« fragte er müde. Also war er wach! Oder träumte er nur, Judy wäre zurückgekehrt? Das Ganze war so irreal, daß er ernsthaft an seinem Verstand zweifelte – und wahrscheinlich tat er recht daran.

»Ich dachte, ich hätte etwas gehört, und bin den Gang ein Stück hinuntergelaufen.«

Langsam fand Cliff in die Wirklichkeit zurück. Zumindest in das, was er dafür hielt.

»Und ich dachte schon, ich hätte wieder geträumt«, sagte er. »Wie lange habe ich geschlafen?« Er fühlte sich ausgeruht wie schon lange nicht mehr.

Judy sah auf ihre Uhr. »Vier Stunden.«

»Das genügt. Willst du dich jetzt hinlegen?«

Judy nickte. Er sah, wie erschöpft sie war, und legte seine Jacke um sie.

»Schlaf gut«, sagte er, aber da hatte sie die Augen schon

geschlossen und war ins Reich der Träume hinübergeglitten. Schönere Träume hoffentlich als seine …

Cliff saß neben ihr in der Dunkelheit und versuchte, seine Gedanken zu ordnen. Es gelang ihm nicht. Immer wenn er versuchte, seinen Kopf freizubekommen, kam im letzten Moment das Bild des Hermaphroditen dazwischen. Warum rief das Kind nach ihm? Warum ließ es ihn nicht endlich in Frieden?

Bei diesem Gedanken wurde ihm bewußt, wie unehrlich er sich selbst gegenüber war. Ja, er hatte sich auf die Suche nach diesem Wesen begeben, aber tief in seinem Innersten fürchtete er sich davor, es wirklich zu finden. Er ließ nicht wirklich zu, daß es in seine Gedanken eindringen konnte.

War es das?

Er versuchte sich zu öffnen, und sofort drangen wieder diese fremden Gedanken in ihn ein. Diesmal gab sich ihnen hin, versuchte alles um sich herum zu vergessen – und dann traf es ihn wie ein Blitz.

Er sah den Hermaphroditen abermals vor sich. Wieder schwebte er über dem Boden und streckte die Arme nach ihm aus.

Nur daß es diesmal kein Traum war! Es war Realität!

Der Hermaphrodit näherte sich, aber es war nichts Bedrohliches an seinem Näherkommen. Diesmal geriet Cliff nicht in Panik. Es gab keinen Grund, davonzulaufen.

Cliff erhob sich und ging dem Hermaphroditen entgegen. Er hatte ihn fast erreicht, als ihn ein Ruf innehalten ließ.

»Cliff!«

Es war Judy, aber auch sie konnte ihn jetzt nicht mehr aufhalten. Er ging weiter, ohne sie zu beachten.

Dann hatte er das Wesen erreicht. Er berührte es – und spürte, wie seine Hand durch es hindurchglitt. Zugleich war da ein Gefühl des Verschmelzens, des Einswerdens.

Er konnte sich nicht mehr selbständig bewegen, war nun ein Teil dieses Wesens. Widerstandslos ließ er sich mitziehen und genoß es, dahinzuschweben. Er wünschte nur, es würde ewig andauern.

Aber plötzlich, unvermittelt, war es zu Ende. Er sank zu Boden, ermattet, enttäuscht, und über ihm kniete Judy und sprach beruhigend auf ihn ein.

Cliff spürte, wie ihm Tränen in die Augen schossen. »Warum hast du es zerstört ...?« flüsterte er.

Judy sah ihn ruhig an.

»Da war nichts, Cliff«, sagte sie leise. »Da war überhaupt nichts. Du hast mit offenen Augen geträumt.«

Eine Halluzination? Cliff schüttelte ungläubig den Kopf. Aber sie war so ... *real* gewesen!

Als er sich beruhigt hatte, gingen sie weiter. Sie wußten nicht, woher sie noch die Kraft nahmen, aber das Erscheinen des Kindes – wenn auch nur in Cliffs Vorstellung – hatte ihnen wieder Hoffnung gegeben.

Die Monotonie der immer gleichen Felswände legte sich schwer auf ihr Gemüt. Sie hatten längst nicht mehr das Gefühl, voranzukommen, sondern sich immer wieder im Kreis zu drehen. Mehrmals hörten sie wieder die Schritte, die sie verfolgten, und einmal konnte Cliff sich nicht mehr beherrschen und schoß blind in die Dunkelheit hinein.

»Zeig dich endlich!« brüllte er, und das Echo des Schusses und seiner Stimme vermengte sich zu einer kakophonischen Symphonie. Judy sah ihn besorgt an, als würde sie befürchten, er könne jeden Moment überschnappen.

Nun, vielleicht war es ja bald soweit. Wenn nicht bald etwas passierte. Wenn sie nicht bald auf irgendein Lebenszeichen stießen. Und dann – stießen sie auf das genaue Gegenteil.

Die Leiche lag in einer Höhle, die sich vor ihnen öffnete. Ihre Gliedmaßen waren seltsam grotesk verzerrt, und der Kopf war auf den Rücken gedreht. Es war eine Frau.

»Die gleiche Handschrift wie bei Pete«, flüsterte Cliff.

Judy kniete sich nieder und untersuchte die Tote. »Sie ist schon seit mehreren Wochen tot«, sagte sie.

Nicht unweit der Leiche lag ein zerschmetterter Fotoapparat.

»Catherine Walker, die Fotografin«, sagte Cliff.

Judy nickte düster. »Ja. Wir scheinen auf der richtigen Spur zu sein.«

Mehr als zuvor mußten sie sich zum Weitergehen überwinden. Die Dunkelheit schien ihre Angst förmlich aufzusaugen und sie mit doppelter Wucht zurückzuschleudern.

Sie nahmen die Schritte, die sie verfolgten, nun noch ernster als zuvor. Der Verdacht, daß es der Mörder von Pete und Catherine Walker war, drängte sich geradezu auf.

Einmal blieb Cliff allein zurück, während Judy weiterging. Er hoffte, den Verfolger so vielleicht täuschen zu können, aber der schien den Trick zu durchschauen und ließ vorerst nichts mehr von sich hören.

Dafür stießen sie auf weitere Anzeichen, daß auch hier jemand hauste. Sie fanden leere Konservenbüchsen, Reste von Mahlzeiten, leere Medikamentenschachteln und schließlich ...

Windeln.

»Der Beweis, daß wir keinem Hirngespinst hinterherjagen!« flüsterte Cliff.

Sie spürten beide, daß sie der Entdeckung nun ganz nahe waren.

Kurz darauf sahen sie vor sich einen davonhuschenden Schatten, gerade noch rechtzeitig, bevor er wieder in der Finsternis verschwand.

»Stehenbleiben!« rief Cliff. »Wir wollen Ihnen helfen.«

Sie stürmten dem Schatten hinterher, und schon nach wenigen Schritten hatten sie ihn eingeholt.

Judy leuchtete auf die Gestalt, die sich wimmernd auf dem Boden wand und die Augen vor dem Licht zu schützen versuchte.

Sie war schwarzhäutig. Einstmals mußte es sich um eine attraktive Frau gehandelt haben, aber entweder hatte der Wahnsinn oder der Aufenthalt in diesen Tiefen ihren Körper verwelken lassen.

»Naomi«, sagte Judy. Als die Frau ihren Namen hörte, horchte sie auf. »Können Sie uns verstehen?« sprach Judy weiter.

Die Frau nickte.

»Und können Sie sprechen?«

Sie gab ein paar krächzende Laute von sich.

»Mein Gott«, entfuhr es Judy. »Sie ist völlig entkräftet und verängstigt. Sie näherte ihre Rechte vorsichtig dem Kopf der Frau und strich sanft über ihr verfilztes Haar. »Wir sind Freunde, Naomi! Wir helfen Ihnen hier raus!«

Naomi schüttelte entsetzt den Kopf.

»Nein?« fragte Judy. »Sie wollen hierbleiben?«

Die Frau nickte energisch. In ihren Augen lagen Grauen und Wahnsinn.

»Sie haben nichts zu befürchten«, redete Judy weiter. »Wir helfen Ihnen – und Ihrem Baby.«

Naomi schrie auf, wollte aufspringen und davonlaufen, aber Cliff hielt sie fest. Sie kratzte, biß und schlug um sich, und erst Judy konnte sie zur Vernunft bringen.

»Ihr Baby ist in höchster Gefahr!« sagte sie energisch. »Ich glaube nicht, daß es hier unten sicher ist.«

Naomi schüttelte abermals wild den Kopf. Dann brachte sie mühsam einige krächzende Worte heraus: »Es – ist – oben – nicht – sicher. Nur hier!«

»Wer ist hinter Ihrem Baby her?« fragte Judy. »Wird es verfolgt, weil es ... anders ist?«

Naomi antwortete nicht.

»Lassen wir sie in Ruhe«, schaltete sich Cliff ein. »Ihr Baby muß irgendwo in der Nähe sein. Ich glaube nicht, daß sie es lange allein lassen würde.«

Naomi hatte seine Worte gehört. Sie schien sämtliche Gegenwehr fallenzulassen. Kraftlos zeigte sie in eine Richtung.

»Haben Sie es dort versteckt?« fragte Cliff, und Naomi nickte schicksalsergeben.

In diesem Moment überstürzten sich die Ereignisse auf grauenvolle Weise.

Ein scharfes Sirren war zu hören.

Dann ein dumpfer Schlag.

Naomis Kopf flog zurück. In ihrer Stirn war von einer Sekunde zur anderen ein Loch, aus dem das Blut hervorsprudelte. Kraftlos sackte sie nach hinten weg. Sie schrie nicht einmal.

Cliff und Judy waren herumgewirbelt und richteten ihre Taschenlampen in die Richtung, aus der der heimtückische, lautlose Schuß gekommen war.

In den Lichtkegeln erkannten sie eine Gestalt, die ihnen nur allzu vertraut war.

Clapton!

Er grinste sie an, als hätte er nun vollends den Verstand verloren, und Cliff wußte plötzlich, daß er schon die ganze Zeit über wahnsinnig gewesen war. Er hatte ihnen etwas vorgespielt.

Clapton zielte erneut. Er hielt eine Schleuder und Stahlkugeln in den Händen.

Cliff war um den Bruchteil einer Sekunde schneller. Sein Smith & Wesson krachte und spie eine Feuerlanze in Claptons Richtung.

Clapton schrie auf, aber er war nicht tödlich verwundet. Er warf sich zurück und war von einem Moment zum anderen wieder in der Dunkelheit verschwunden.

Judy beugte sich zu Naomi hinab.

»Sie ist tot«, sagte sie leise. »Jetzt werden wir wohl nie erfahren, wer der Vater ihres Babys ist.«

»Aber wir können es hier herausbringen«, entgegnete Cliff bestimmt.

Sie erhoben sich und gingen weiter, Judy voran, während Cliff nach hinten sicherte.

Und dann hörten sie es.

Es klang wie das Weinen eines Babys, aber es lag ein so fremdartiger Ton darin, daß es ihnen beiden kalt den Rücken hinabrieselte. Naomi mußte das Kind irgendwo hier in der Nähe verborgen haben.

Sie folgten den Lauten zu einer Nische, die Naomi offensichtlich als Behausung gedient hatte. Decken und Müll lagen wahllos auf dem Boden verstreut.

Und mittendrin lag das schneeweiße Baby. Es hatte die Augen geschlossen und weinte vor sich hin. Es war in einen Strampelanzug gewickelt und warm verpackt.

Trotz aller Fremdartigkeit; bei dem Anblick erwachten in Judy mütterliche Instinkte. Sie beugte sich nieder und hob das schreiende Bündel hoch. Nach ein paar Momenten hörte es auf zu weinen.

»Wahrscheinlich hat es Hunger«, sagte Judy. Sie blickte sich in der Nische um. »Ich sehe hier nirgendwo Babynahrung. Wahrscheinlich hat Naomi es gestillt. Wir müssen so schnell wie möglich hier raus.«

»Wem sagst du das?« entgegnete Cliff. »Die Frage ist, wie.«

Er leuchtete mit der Lampe und ging vorsichtig voran. Jeden Moment mußten sie damit rechnen, daß Clapton wieder angreifen würde. Offensichtlich tat er alles, um Fremde von Naomi fernzuhalten. Catherine Walker hatte sie aufgespürt – und ihre Entdeckung mit dem Leben bezahlt. Und Pete hatte den tödlichen Fehler begangen, Cliff einen Tunnelzugang zu zeigen.

Die einzige Frage, die blieb: Warum hatte Clapton ihnen so lange etwas vorgespielt und sie nicht gleich umgebracht? Wollte er, daß sie irgendwo in diesen Tunneln verhungert und verrottet wären?

Sie erreichten die tote Naomi.

»Wir können nichts für sie tun«, sagte Cliff. »Es wäre viel zu schwierig, sie mit uns zu nehmen.«

Der Hermaphrodit schlug die Augen auf. Es waren keine Pupillen darin, die Augäpfel waren schneeweiß, aber Cliff hatte plötzlich den Eindruck, daß er alles andere als blind war. Daß er mit diesen merkwürdig großen, weißen Augen *sehen* konnte.

Er schaute auf seine Mutter nieder, und dann wandte er seinen Blick Cliff und Judy zu. Auf seinem Gesicht lag ein Ausdruck von intelligentem Verstehen, der sie beide zutiefst verunsicherte. Cliff mußte wieder an seine merkwürdigen Wachträume denken, in denen ihm der Hermaphrodit entgegengeschwebt war.

»Laß uns weitergehen«, sagte Cliff, und Judy preßte den Hermaphroditen an ihre Brust.

Cliff leuchtete den Boden ab. Der Strahl der Lampe glitt über rote Farbtupfer: Blut.

»Du hast ihn tatsächlich erwischt«, sagte Judy. »Er blutet, und es scheint sich nicht nur um einen Kratzer zu handeln.«

Cliff leuchtete weiter in den Gang hinein. Die Blutspur war deutlich auf dem hellen Kalkbelag zu sehen. Er stutzte.

»Hänsel und Gretel!« entfuhr es ihm.

Judy blickte ihn an, als hätte er den Verstand verloren. »Was?«

Cliff deutete auf die Blutspur. »Schau doch! Wohin wird Clapton wohl gehen, wenn er verletzt ist?«

Judys Miene hellte sich auf. »Nach oben!«

»Genau. Und wir müssen nur seiner Spur folgen, so wie Hänsel und Gretel den Brotkrumen. Vielleicht ist das unsere Chance!«

Sie eilten weiter. Immer mehr rote Flecken säumten den Weg.

»Er verliert ziemlich viel Blut«, stellte Cliff fest. »Hoffentlich schafft er es bis nach oben.«

Aber Clapton schien zäh zu sein. Weiter und weiter wand sich die Spur durch die labyrinthischen Tunnel. Die Gänge führten leicht bergauf, und nach einer Weile wich der nackte, von den Kalkadern durchzogene Fels wieder den eindeutig von Menschenhand angelegten Gängen. Die Rohrleitungen und Kabel waren vertraute Wegweiser zur Wirklichkeit. Der Weg war viel kürzer als der, den Clapton mit ihnen gegangen war.

»Er hat uns in die Irre geführt«, sagte Judy. »Wir müssen weite Umwege gegangen sein. Es kommt mir vor, als seien wir tagelang hier unten mit ihm herumgeirrt.«

Dann hörten sie die Musik. Sie klang gespenstisch und seltsam unirdisch in diesen Gängen, als würde ein Wahnsinniger wahllos auf die Tasten seiner Orgel hämmern. Dennoch lag so etwas wie Melodie und Struktur darin.

Clapton!

Cliff mußte plötzlich daran denken, was Clapton ihnen erzählt hatte, damals, von seinem Konzert am Strand von San Diego. Als er gespürt hatte, daß seine Musik etwas bewegte. Daß sie etwas aus dem Himmel hervorlockte.

War Clapton so wahnsinnig, daß er glaubte, er würde die Tür ein Stück weiter öffnen können? Vielleicht, um dem Tod ein Schnippchen zu schlagen?

Aber was, wenn Clapton gar nicht wahnsinnig war? Wenn seine seltsame Musik tatsächlich *irgend etwas* anlockte.

Wenn er den Schlüssel zu den Sternen besaß?!

Cliff und Judy beschleunigten ihre Schritte. Sie wußten nun genau, wo sie sich befanden. Nach einigen Minuten hatten sie die Leiter erreicht, die zu Claptons Behausung führte. Er hatte sich noch nicht einmal die Mühe gemacht, den Weg hinter sich zu versperren.

»Bleib du hier unten«, raunte Cliff und wies auf den Hermaphroditen. »Paß gut auf ihn auf.«

»Paß gut auf *dich* auf!« entgegnete Judy ebenso leise.

Dann kletterte Cliff die Leiter empor.

Oben saß Clapton vor einem kleinen Synthesizer, an den er tragbare Aktivboxen gekoppelt hatte. Er beachtete Cliff gar nicht, sondern hämmerte wie in Trance auf die Tasten, während das Blut aus seiner Halswunde strömte.

Die Verletzung war schlimmer, als Cliff angenommen hatte. Es grenzte an ein Wunder, daß Clapton sich noch so weit hatte schleppen können. Nein, von diesem Mann ging keine Gefahr mehr aus. Außer ...

Cliff trat zu ihm hin und nahm Claptons Hände von der Tastatur. Einen Moment lang glaubte er, Clapton würde sich wehren können. Ein Blick, in dem unbändige Wut und Wahnsinn lagen, funkelte ihm entgegen.

»Laß mich!« stöhnte Clapton. »Es ist zu spät. Ihr könnt nichts mehr machen. Sie sind hier. In meinem Kopf! Sie sind HIER!«

Dann sackte er zusammen.

Cliff beugte sich nieder und fühlte nach seinem Puls.

Nichts.

Der einzige Mensch, der außer Naomi vielleicht noch gewußt hatte, was wirklich geschehen war, war tot. Cliff spürte, wie ihn eine große, tiefe Leere überkam.

Fragen statt Antworten. Ungewißheit statt Tatsachen. Angst statt Hoffnung.

Wie betäubt stieg er wieder die Leiter hinab. Judy sah ihm fragend entgegen.

»Er ist tot«, sagte Cliff düster. »Er hätte uns bestimmt viel zu erzählen gehabt.«

»Eines Tages werden wir dennoch Antworten finden.« Judy legte ihm die Hand auf die Schulter. »Jetzt müssen wir dafür sorgen, daß wir das Kind in Sicherheit bringen.«

Draußen
New York City, 04. Oktober, 03 Uhr 34

Eine knappe Stunde später hatten sie das Labyrinth der Tunnel hinter sich gelassen. Es war erstaunlich, wie zielgerichtet ihr Instinkt plötzlich, so dicht vor der Freiheit, funktionierte. Zum Schluß krochen sie durch ein schmales Rohr, das in einem Loch zweieinhalb Meter hoch in einer Wand endete. Cliff hangelte sich hinab und fand sich auf einem Hinterhof wieder. Es war stockfinstere Nacht.

Er hob die Arme, und wartete darauf, daß Judy ihm das Baby reichte. Es war ein Augenblick, vor dem er sich gefürchtet hatte.

Aber dann durchströmte ihn ein Gefühl des Glücks. Es fühlte sich an wie jedes andere Baby auf der Welt. Weich und warm. Und es strahlte plötzlich eine Energie und Hoffnung aus, die ihn an eine Szene aus Goethes »Faust« erinnerte: »Ich fühle Lust, mich in die Welt zu wagen, der Erde Glück, der Erde Weh zu tragen ...«

Der Hermaphrodit öffnete die Augen und strahlte ihn an.

Blake's Inn
New York City, 04. Oktober, 03 Uhr 46

Sie waren unweit der Grand Central an die Oberfläche gelangt, sogar ganz in der Nähe ihres Hotels. Das Mädchen an der Rezeption musterte sie noch mißtrauischer als sonst. Kein Wunder; nach den Strapazen der letzten Tage mußten sie wie die letzten Menschen aussehen. Glücklicherweise war sie viel zu müde, um dem Bündel, das Judy eng an sich gedrückt hielt, Beachtung zu schenken.

Sie suchten Cliffs Zimmer auf, und er holte das präparierte Handy aus seinem Gepäck. Dann sah er Judy an. »Soll ich ...?«

Judy überlegte nur einen Moment. Sie hatte sich die Frage

schon tausendmal auf dem Weg ins Hotel gestellt und wußte nur eine Antwort darauf.

»Wenn sich jemand um das Baby kümmern kann, dann er«, sagte sie. »Wir müssen darauf vertrauen, daß es nicht als Versuchsobjekt in irgendeinem Labor endet.«

Cliff nickte und drückte die Tasten nieder, die ihn mit James Victor Campbell verbanden.

Trotz der frühen Stunde wurde augenblicklich abgehoben. Es war sogar der Senator persönlich. Cliff erkannte sofort seine Stimme wieder.

»Mr. Conroy? Ich bin froh, daß Sie sich endlich melden. Ich hatte mir schon Sorgen gemacht.«

»Die letzten Tage waren ... recht turbulent, Senator«, sagte Cliff. Seine Stimme ließ erkennen, daß er nicht übertrieb. »Aber dafür hatten wir Erfolg. Wir haben hier ein reizendes Baby ...«

Einige Augenblicke herrschte Stille, dann antwortete Campbell: »Also haben Sie es geschafft! Gott sei Dank! Hören Sie, Conroy, rühren Sie sich nicht von der Stelle! Wir kümmern uns darum! Wo sind Sie?«

»New York. Eine Absteige gegenüber der Grand Central Station. Nennt sich ›Blake's Inn‹.«

Judy nahm Cliff das Telefon aus der Hand. »Was haben Sie mit dem Kind vor?« fragte sie.

»Vertrauen Sie mir bitte, Miss Davenport«, kam Campbells Antwort. »Wir haben Vorsorge getroffen, daß es vor seinen Verfolgern in Sicherheit gebracht wird.«

»Also wird es irgendwo eingesperrt!«

»Aber nein. Niemand hat mehr Interesse als wir, alle seine Fähigkeiten zu fördern und es so unbeschadet wie nur möglich aufwachsen zu lassen.«

»Keine Versuche? Keine Experimente?« fragte Judy.

»Wir werden uns um Adoptiveltern bemühen, die Verständnis und Liebe für Ihren Schützling aufbringen. Darauf gebe ich Ihnen mein Wort!«

Dann war die Verbindung unterbrochen.

Während der Morgen langsam in das Zimmer kroch, warteten Cliff und Judy schweigend. Sie genossen die letzten Momente, die ihnen in der Nähe dieses Wesens verblieben. Wer war sein Vater?

War es ein Mensch? Würde es zu einem PSI-begabten Wesen heranwachsen, zu einem Bindeglied mit einer ganz anderen, unirdischen Macht?

Die Sonne ging gerade auf, als es an der Tür klopfte und man ihnen das Baby wegnahm. Für einen Moment hatten sie das Gefühl, als würde man ihnen ihr eigenes Kind entreißen ...

ENDE DES DRITTEN BUCHES

VIERTES BUCH

LICHTER DES TODES

von Arndt Ellmer

Flagstaff National Airport
Flagstaff, Arizona, 14. Oktober 1995, 14 Uhr 00

Eine Brise aus Herbst und Kerosin fuhr in den Raum und wirbelte die Blätter auf dem Schreibtisch durcheinander, als die Tür zum Flughafenbüro aufschwang.

»Hallo Tom. Komm rein! Bist du schon lange hier?«

Tom Cunnings schüttelte den Kopf. »Ein paar Minuten erst. Die Cessna, die vorhin einen Looping durch die Abfertigungshalle gezogen hat – das war ich.«

Jake Bloomingdale grinste breit und machte eine einladende Handbewegung zu dem abgenutzten Ledersessel. »Setz dich. Die Überführungspapiere für den Helikopter sind so gut wie fertig. Ein feines Teil. Da wird der Typ mit seiner alten Schrottkiste Augen machen. Sag mal, kann sich dieser Dexter Barnaby so ein Gerät überhaupt leisten?«

»Klar doch. Ich kenne Dex schon seit Jahrzehnten. Wenn jemand den Titel ›König der Lüfte‹ verdient, dann ist er es ... gleich nach dem Weißkopfadler. Warum fragst du?«

Jake schnaufte und lehnte sich über den Schreibtisch. Er griff nach einem Bündel Papiere, ordnete sie und blätterte darin.

»Weil der Kerl mir nicht besonders zuverlässig vorkommt. Er hat sich sogar bei der Angabe seines Geburtsdatums geirrt. Das steht was von 1914.«

»Das ist korrekt. Dexter ist knapp über Achtzig.«

Jake blieb der Mund offenstehen. »Moment mal, ich habe mich wohl verhört. In diesem Alter erneuert ihm kein Mensch seine Fluglizenz.«

»Dex hat eine Sondergenehmigung, weil er den Flugdienst fürs Navajo-Reservat erledigt.«

Wieder schnaufte Bloomingdale und kratzte sich am Kopf.

»Seine Dokumente sind allerdings in Ordnung«, gab er zu.

»Na denn ... Nimm den Helikopter also mit. Und guten Flug.«

»Runter komme ich immer.«

Die beiden Männer reichten sich die Hand, und Bloomingdale händigte Cunnings die Papiere aus. Draußen schüttelte Tom den Kopf und lachte leise.

»Kennt nicht einmal den alten Dexter«, murmelte er. »Als nächstes wird er mich fragen, wer die Gebrüder Wright waren ...«

Draußen, ein wenig abseits vom Flugfeld, stand ein nagelneuer Packard-Bell-Helikopter. Seine Rotoren machten nicht mehr Lärm als der Lüfter eines herkömmlichen PCs, und die Flugeigenschaften stellten alles in den Schatten, was Barnaby von seiner alten Rostlaube, die er liebevoll ›Miss Ellie‹ getauft hatte, gewohnt war. *Vielleicht hat Jake ja gar nicht so unrecht,* dachte Tom, während er in die Kanzel kletterte und die Energiezufuhr einschaltete. *So eine moderne Maschine ist Dex gar nicht gewohnt. Bevor er vor lauter Übermut die nächstbeste Felswand küßt, sollte ich ihm ein paar Flugstunden geben.*

Er setzte den Kopfhörer auf und schaltete das Funkgerät ein.

»Cunnings auf Parkfeld 7 an Tower«, sagte er. »Ich bitte um Startfreigabe.«

»Wird hiermit erteilt«, klang die ruhige Stimme des Dienstleiters auf. »Wohin fliegen Sie diesmal, Cunnings?«

»Flagstaff–Gallup, die Wüstenroute.«

»Roger. Der Himmel über der Painted Desert ist hell und klar. Viel Spaß. Genieße den Ausblick.«

»Thanks!«

Ein leises Sirren kündete vom Anlaufen des Motors. Zwei Minuten später hob der Packard-Bell-Leisetreter fast geräuschlos ab und huschte quer über das Flugfeld in den Himmel über dem Nordosten von Flagstaff hinein.

Eine gute Flugstunde lag vor ihm, und Tom Cunnings befolgte den Rat des Flugleiters. Als er die Painted Desert erreichte, ließ er die Staub- und Felswüste mit all ihrer pastellfarbenen Pracht auf sich wirken.

Nur aus der Vogelperspektive konnte man diese wunderbare Laune der Natur richtig würdigen. Auf dem Landweg erschien dieser Teil der Wüste des Großen Beckens eher unwirtlich. Tom ließ sich von dem Anblick gefangennehmen, während er den Helikopter mit leichter Hand steuerte.

Das leise Blinken an der Armaturentafel wäre ihm ums Haar entgangen. Automatisch wanderte sein Blick zur Magnetnadel des Kompasses.

Ein unterdrückter Fluch kam über seine Lippen.

Das fehlte ihm noch! Der Kompaß spielte verrückt! Bei einem Helikopter mit einer halben Flugstunde auf dem Tacho durfte so etwas nicht passieren.

»Verdammt!« knirschte er. »Wird doch wohl hoffentlich keine Montagsmaschine sein.« Er kippte einen Schalter am Funkgerät.

»Cunnings an Flagstaff National Tower«, meldete er sich. »Ich habe hier ein Problem mit dem Kompaß. Nichts Schlimmes, aber ich muß mich anderweitig orientieren.«

Erst klang nur ein Rauschen aus dem Lautsprecher, dann kam leise die Stimme des Flugleiters durch:

»Ich kann Sie kaum verstehen, Cunnings. Wir haben ...«

Der Rest des Satzes kam überhaupt nicht mehr an.

»Das darf ja wohl nicht wahr sein!« wetterte Cunnings. »Was ist los mit diesem Scheißding?«

Aber alles Schimpfen und Klopfen half nichts. Die Funkverbindung existierte nicht mehr. Nicht einmal ein Rauschen drang mehr aus den Lautsprechern. Dafür blinkte an der Armaturentafel ein zweites Rotlicht.

Diesmal fluchte der Lieferant für Luftfahrzeuge aller Art deutlich lauter. Gleichzeitig schob er den Steuerknüppel ein wenig nach vorn. Wenigstens reagierte die Maschine darauf und sank langsam tiefer.

In Sichtweite und keine zehn Kilometer vom Little Colorado entfernt tauchte eine Felsformation mit einem Canyon auf, der sich in Jahrmillionen in das Gestein gegraben hatte.

Cunnings kramte die Karte des Gebiets hervor, verglich die Landmarken und wußte, wo er sich befand. Es handelte sich um den Ort, von dem Dex immer wieder erzählt hatte. Es war sozusagen sein Lieblingsthema, und er machte ein ziemliches Brimborium darum.

In dem Canyon sollte ein uraltes Heiligtum der Anasazi-Indianer existieren, ein Indianerstamm, der vor über sechshundert Jahren spurlos verschwunden war. Barnaby glaubte an Gespenster und machte jedesmal einen weiten Bogen um die Region.

Tom war froh, daß er diese Orientierungsmarke entdeckt hatte. Bei strahlendem Sonnenschein und wenig Wind bereitete es ihm keine Schwierigkeiten, von hier aus auch ohne Kompaß den Weg nach Gallup zu finden. Ein Funkgerät benötigte er dazu auch nicht.

Im nächsten Augenblick entschied er sich gegen Gallup. Zwei Sekundärgeräte, die innerhalb kurzer Zeit ihren Geist aufgaben, waren exakt zwei zuviel. Zumindest bei einer nagelneuen Maschine wie dieser. Schon um seines guten Rufes willen konnte Tom es sich nicht erlauben, einem Kunden so etwas zuzumuten.

Obwohl die Warnlampe noch immer brannte, versuchte er es erneut mit dem Funkgerät.

»Flagstaff, könnt ihr mich hören?«

Es war sinnlos. Cunnings entschloß sich endgültig, die Maschine nach Flagstaff zurückzufliegen und Barnaby anzurufen, um ihn zu vertrösten. Der Hersteller mußte den Helikopter zurücknehmen und ein einwandfreies Modell liefern.

Der Packard Bell beschrieb eine langgestreckte Kurve über der Hügelformation und ging dabei erneut tiefer. Als Tom am Steuerknüppel zog, um höher zu gehen, geschah ... nichts!

Die Maschine zeigte keine Reaktion!

Tom drückte den Knüppel nach links und versuchte sie wieder auf geraden Kurs zu bringen. Statt dessen wurde die Kurve enger, und der Helikopter legte sich gefährlich zur Seite. Der dunkle Einschnitt in der Hügelformation befand sich jetzt unmittelbar unter ihm, und Tom erkannte ein helles Licht, das einen Teil des Canyons ausfüllte.

Was zum Teufel war das? Hatte jemand Flutlichtstrahler in dem Felseinschnitt installiert? Höchst unwahrscheinlich ...

Tom Cunnings gab den Versuch auf, die Maschine aufrichten zu wollen. Selbst Gasgeben brachte nichts. Die Motoren für die Rotorblätter sirrten unbeeindruckt in gleichbleibender Geschwindigkeit weiter.

Cunnings griff hinter den Sitz, wo für alle Fälle der Fallschirm hing. Bei dieser geringen Flughöhe von höchstens dreihundert Metern über Grund würde er zwar nicht viel nutzen, aber besser das als gar nichts.

Tom zog sich den Sack aus Polyamid über und legte die linke Hand auf das Gurtschloß des Sessels. Mit einem raschen Blick fand er den Notschalter, mit dem er den Rotor kurz vor dem Ausstieg absprengen konnte. Er klappte die Plastikabdeckung zurück, betätigte den Knopf aber noch nicht.

Zuvor versuchte er noch einmal, den Helikopter zu irgendeiner Reaktion zu bewegen.

Es war aussichtslos. Mit notorischer Eigensinnigkeit schraubte sich die Maschine abwärts auf den Canyon zu, und in Tom Cunnings keimte der furchtbare Verdacht auf, daß das Licht dort drunten vielleicht etwas mit dem Zustand der Steuerung zu tun hatte.

Okay, dann eben springen.

Er beugte sich zur Seite und wollte die Tür aufstoßen. Es gelang ihm nicht. Der Öffner des Magnetschlosses reagierte nicht!

Sämtliche Farbe wich aus seinem Gesicht, als er endlich erkannte, wie tief er in der Scheiße steckte.

»Komm endlich!« stieß er hervor. »Mach keinen Mist!«

Wie ein Verrückter trat er gegen die Tür und riß am Steuerknüppel herum. Der Helikopter ignorierte alle Bemühungen und trudelte in immer enger werdenden Kreisen weiter abwärts.

In dem Licht da unten begann es wie Nebel zu wogen. In seinem Zentrum bildete sich ein greller Fleck, der sich blitzartig ausdehnte.

»Mayday, Mayday!« brüllte Cunnings ins Kopfhörermikrofon und versuchte es erneut mit der Tür, dann mit dem Fenster. Aber wenn auch alles andere in diesem Teufelsding zu Bruch ging – das Fenster hielt!

Die Maschine befand sich noch höchstens hundert Meter über dem Canyon. Die Leuchterscheinung dehnte sich weiter aus, zuckte wie reinweiße Lava aus dem Schlund hervor nach oben.

Und der Packard Bell raste exakt auf das Zentrum des Leuchtens zu!

Als die Kanzel in den ›Nebel‹ eintauchte, tanzten bunte Schlieren in allen Farben des Regenbogens über die Scheiben. Übergangslos wurde es im Innern der Maschine eiskalt. Cunnings begann zu frieren. Ein Stich in seinem Schädel ließ ihn aufschreien. Etwas wie eine glühende Nadel bohrte sich in sein Gehirn.

Nur noch undeutlich erkannte er draußen die wild wirbelnde Spirale, in der der Hubschrauber zu Boden stürzte. Gleichzeitig spürte er Schwerelosigkeit, die seinen Körper nach oben gegen die Gurte treiben ließ. Der Helikopter raste in das zuckende Licht hinein, und das Cockpit um Tom Cunnings herum löste sich auf.

Sein letzter Eindruck war, reglos in einem Eisblock zu stecken und einen Vulkan in sich zu tragen.

Dann erlosch sein Bewußtsein.

Painted Desert, Arizona
Navajo Indian Reservation, 14. Oktober 1995, 18 Uhr

Ihre Augen brannten vom Schweiß und Staub. Die bis über die Nase hochgezogenen Halstücher verschafften ihnen einen nur unzureichenden Atemschutz in dieser menschenfeindlichen Umgebung.

Aus zusammengekniffenen Lidern starrten die vier Reiter dorthin, wo sich als verschwommene Linie der Horizont abzeichnete. Die sengende Hitze ließ die Konturen der Wüste verschwimmen und zauberte geisterhafte Bilder in die Luft.

»Schneller, Leute!« rief Wilbur Mansfield. Dumpf klang seine Stimme hinter dem Tuch hervor. »Ich kann es kaum erwarten!«

Pete Russell ritt auf gleicher Höhe mit Mansfield und schüttelte den Kopf. »Nimm Rücksicht auf dein Pferd, Mann. Der Leichteste bist du nun wirklich nicht.«

Und das war maßlos untertrieben. Die fast hundertdreißig Kilo des Fettkloßes aus Virginia schwabbelten bedrohlich und irgendwie unwirklich im Sattel hin und her. Nach bewährter Westernmanier ritt auch Mansfield einhändig, aber im Unterschied zu seinen Gefährten blieb ihm vermutlich nichts anderes übrig. Er mußte sich mit der freien Hand unweigerlich am Knauf des Westernsattels festhalten.

Der Dritte im Bunde, John Ferguson, murmelte in einem fort vor sich hin und hörte nicht auf, sie mit seinem Wissen über Halluzinationen, Fata Morganas und die Tücken verschiedener Wüsteneien zu nerven. Dazwischen kam er immer wieder auf die Schätze der Inkas zurück, und hätte nicht das Halstuch sein Gesicht zum größten Teil verdeckt, wäre bestimmt ein überirdisches Strahlen darauf zu sehen gewesen.

»Schluß jetzt mit dem Unfug«, krächzte Jeff Lynch. Der Boß der Gruppe deutete mit dem Kopf in Richtung Sonne. »Sobald sie untergeht, wird es erträglicher. Seht ihr den dunklen Streifen im Nordwesten? Dort beginnt der Kakteenwald. Dort suchen wir uns einen Rastplatz für die Nacht.«

Zum ungezählten Mal tastete er mit der rechten Hand zur Brusttasche seiner Lederweste und vergewisserte sich, daß der Plan noch da war. Das kleine Stück Hirschleder sollte sie reich und glücklich machen.

Unermeßlich reich, wenn die Schriftzeichen und Symbole stimmten, die kundige Hände vor vielen Jahrhunderten in das Leder eingeritzt und gefärbt hatten.

Nur deshalb nahmen sie die Strapazen dieses Rittes in Kauf. Natürlich hätten sie alles viel einfacher haben können. Es wäre kein Problem gewesen, einen Jeep zu mieten und über die Straßen Arizonas zu gondeln. Länger als einen Tag hätten sie bis ans Ziel nicht gebraucht.

Aber ein solches Vorgehen hatte auch Nachteile – zumindest für sie. Man mußte sich den Wagen irgendwo leihen. Man brauchte Sprit. Man mußte sich auf den ausgefahrenen Wegen halten, wollte man keinen Reifen- oder Motorschaden riskieren. Und verließ man doch die Straße, zog man eine deutliche Spur hinter sich her. Alles Dinge, die ihrem Plan zuwider liefen.

Also quälten sich die vier Männer seit drei Tagen auf Schleichwegen durch das zerklüftete Gelände, durchquerten ehemalige Kohleabbaugebiete, stapften mit den Pferden am Zügel Abraumhalden hinauf, versteckten sich im spärlichen Bewuchs der Steppe am Rand des Navajo-Reservats und legten pro Tag nicht mehr als dreißig Kilometer zurück.

Sie hielten sich abseits der Straßen und Siedlungen, lebten von ihren Vorräten und schliefen im Freien bei ihren Pferden. Begegnungen mit Menschen oder Fahrzeugen wichen sie aus.

Für die Welt existierten sie nicht mehr, seit sie sich auf den Weg gemacht hatten. Früher hätte man sie als Wegelagerer bezeichnet. Heute nahmen sie nichts von den Lebenden, sondern von den Toten.

Ihr Ziel war ein heiliger Ort in der Painted Desert, der ›Angemalten Wüste‹. Ein Stück Land, das die Natur mit ihrem schöpferischen Farbenpinsel reichhaltig verziert hatte. Staub und Steine in roten, blauen, grünen, grauen, braunen und gelben Farben bestimmten das Bild.

Außer den vier Männern wußten nur noch zwei Menschen über das Unternehmen Bescheid: Mandy und Mona, die Freundinnen von Jeff und Pete. Zwar kannten sie das Ziel der Reiter, nicht aber den Grund für die Exkursion.

Daß sie die zwei Frauen eingeweiht hatten, entsprang einer so einfachen wie wichtigen Überlegung: Wenn sie sich nach Ablauf von sechs Tagen nicht meldeten, würden die beiden zur Polizei gehen und eine Vermißtenanzeige aufgeben. Die Wüste war kein Ort, wohin man sich ohne eine Lebensversicherung wagen sollte …

Doch bisher lief alles nach Plan. Ein Tag noch bis zum Erfolg, und ein zweiter zum Bergen und Sichern der unermeßlichen Schätze des alten Heiligtums.

Der Erfolg war greifbar nahe, und auf Jeff Lynchs Gesicht zeichnete sich bereits unverhohlene Gier ab. Bald jedoch verwischte der Schweiß diesen Ausdruck wieder. Er fuhr sich mit dem Hemdsärmel über die Stirn und den Nasenrücken.

»Los«, sagte er und trieb seinen Braunen an. »Die paar Meter schaffen wir noch.«

Sie hatten Glück. Inmitten der Saguaros entdeckten sie einen verlassenen Hogan, eine typische Rundhütte der Navajo. Die indianischen Eigentümer hatten das Domizil verlassen, um erst kurz vor dem Winter zurückzukehren.

Die Tür stand weit offen. Im Innern befand sich ohnehin nichts, was sich zu stehlen gelohnt hätte. Neben dem Hogan lag eine eingefaßte Wasserstelle.

Die vier Männer sattelten ab und hobbelten die Pferde neben der Wasserstelle an. Sofort begannen die Tiere das spärliche Gras abzuweiden. Zusätzlich warfen die Reiter ihnen ein paar Handvoll Hafer und Mais hin.

»Und nun zu dir, du Großmaul und Dauerredner«, knurrte Lynch und wandte sich Ferguson zu. »Du gehst mir schon den ganzen Tag auf den Keks.«

Übergangslos trat absolute Stille ein. Selbst die Pferde schienen den Atem anzuhalten. Aufmerksam äugten sie zu den Menschen herüber.

Lynch und Ferguson standen sich gegenüber. Lynch spreizte die Beine und lehnte den Oberkörper leicht nach vorn. Er war von kleiner, drahtiger Statur und trug eine rote Narbe dicht unter dem schwarzen Haaransatz auf der Stirn

»Pete, du paßt auf«, sagte er zu Russell, ohne den Blick von Ferguson zu wenden. »Wir ermitteln den Sieger nach Punkten.«

Ferguson grinste. Er überragte Lynch um mehr als einen Kopf, wirkte grobknochig und ein wenig unbeholfen. Die blonden Locken hingen ihm in die Stirn. Jetzt warf er seinen Hut weg und zuckte mit den Schultern.

»Wenn du dir einen Satz heiße Ohren einfangen willst«, sagte er in gleichgültigem Tonfall.

Jeff Lynch ließ ein Knurren hören, machte einen Ausfallschritt und hob gleichzeitig die Arme vor das Gesicht. Damit hoffte er den Gegner abzulenken, um mit dem rechten Fuß sein Schienbein zu treffen und ihn aus dem Gleichgewicht zu bringen.

Doch der Tritt ging ins Leere, und wie aus dem Nichts heraus traf ein Schlag sein linkes Ohr.

Lynch taumelte benommen zur Seite. Sein Ohr klingelte wie verrückt, doch er bemühte sich, nicht darauf zu achten. Zwischen seinen Fäusten raste ein Schatten heran und zwang ihn zu einer heftigen Bewegung nach hinten. Im nächsten Moment belehrte ihn ein Tritt gegen den rechten Fußknöchel, daß er auf eine Finte hereingefallen war.

»He, Jeff!« grölte Wilbur Mansfield. »Sieh dich vor, sonst fliegt dir noch dein Kopf davon!«

Lynch sparte sich eine Antwort. Aus verkniffenen Augen starrte er auf Ferguson. Dieser tänzelte herausfordernd hin und her.

»Willst du mir Tanzstunden geben?« höhnte Lynch, der langsam wieder die Fassung zurückgewann und herausfordernd grinste. »Wir sind hier aber nicht auf der High School, du Travolta für Arme.«

Der Angriff Fergusons kam blitzartig, aber Lynch hatte damit gerechnet. Er beugte sich seitlich aus der Schlaglinie.

Der Zusammenprall kam jedoch völlig unerwartet. Ferguson hatte seine Bewegung mitgemacht und bekam ihn an den Oberarmen zu fassen. Er riß Lynch mit zu Boden und begrub ihn unter sich. Jeff versuchte noch, einen Leberhaken anzubringen, doch das Gewicht seines Gegners drückte ihm den Unterarm zur Seite.

»Selbst schuld«, grölte wieder Mansfields Stimme. »Wie kann man sich auch mit John anlegen?«

»Halt den Mund«, wies Pete Russell ihn zurecht. »Heb dir deine Kommentare für später auf.«

Jeff versuchte sich unter seinem Kontrahenten hervorzuwinden, doch Ferguson nagelte ihn allein mit seiner Körpermasse am Boden fest.

Dann hob er die rechte Faust und bog den Arm weit zurück. Jeff Lynch schloß in Erwartung eines fürchterlichen Treffers die Augen.

Und dann – tätschelte Fergusons flache Hand seine Wange, daß es klatschte.

Der Hüne bog sich vor Lachen, als er sich von Lynch erhob, der völlig perplex am Boden liegenblieb.

»Los, steh auf«, forderte Ferguson ihn auf. »Oder willst du dein Lager gleich da einrichten?«

Jeff kam taumelnd hoch. Aus brennenden Augen starrte er den Kontrahenten an.

»Okay, du hast gewonnen«, knirschte er. »Lassen wir es gut sein. Wir dürfen uns nicht verausgaben.« Er wandte sich an die beiden anderen. »Wir essen eine Kleinigkeit, danach wird geschlafen. Je früher wir morgen aufbrechen, desto besser ist es für uns.«

Lynch deutete zu den rotbraunen Felszacken am Rand des Kakteenfeldes hinüber. Wie mahnend erhobene Finger von versteinerten Riesen ragten sie aus dem Boden empor, Zeugen der Jahrtausende. Wenn Indianer diese Gegend durchwanderten, verbeugten sie sich mit Ehrfurcht vor diesen ›Fingern Manitus‹ und opferten ihnen einen kleinen Schluck des wertvollen Wassers, das sie in Beuteln mit sich führten.

Ferguson streckte Lynch die Hand entgegen. »Also, Jeff, nichts für ungut. Wenn ich wieder mal zuviel rede, sag mir das einfach. Ich halte dann meinen Mund, okay?«

»Okay.« Jeff griff zu und erwiderte den kraftvollen Druck. »Ich wollte nur wissen, ob bei dir mehr dahintersteckt als eine große Klappe. Jetzt weiß ich es.«

»Fein. Du bist der Chef. Du bestimmst die Methoden selbst, mit denen du etwas herausfinden willst.«

Wie an jedem Abend verzichteten sie auch diesmal auf das romantische Lagerfeuer. Es wäre meilenweit zu sehen gewesen und hätte womöglich Neugierige angelockt. Sie verpflegten sich aus Konservendosen und zogen sich in das Innere des Hogans zurück. Dort rollten sie die Schlafsäcke aus und machten es sich so bequem wie möglich. Und wie an jedem Abend nahm Jeff das Stück Hirschleder aus der Brusttasche, faltete es sorgfältig auseinander und musterte es im letzten Tageslicht, das durch die offene Tür hereinfiel.

»Anasazi«, murmelte er. »Ein merkwürdiges Wort.«

»Es ist Navajo.« John Ferguson grinste unter dem Hutrand hervor. »Und es heißt ›Die, die vorher da waren‹. Die Navajo bezeichnen damit das uralte Volk, das zwischen achthundert und dreizehnhundert nach Christus in diesem Gebiet siedelte. Wir rühren an einem uralten Heiligtum, wenn wir erst am Ziel sind.«

»Howgh. Der Professor hat gesprochen«, unkte Wilbur Mansfield. »Merkt es euch. Die Anasazi sind mitten unter uns. Träumt schön von ihnen.«

Jeff steckte die Karte weg und warf einen letzten Blick hinaus zu den Pferden. Dann rollte er sich neben seinem Sattel zusammen und schloß die Augen.

»Wir wachen in der üblichen Reihenfolge«, hörten sie ihn noch murmeln. Wenig später zeigte sein gleichmäßiger und ruhiger Atem, daß er eingeschlafen war.

Police Office
Window Rock, Arizona, 14. Oktober, 22 Uhr

Das Quietschen von Reifen auf dem Asphalt riß Lieutenant Mulligan aus der Geruhsamkeit seines Nachtdienstes. Er hielt mit dem Lesen inne, klappte das Buch zu und schob es in die Schublade seines Schreibtisches. Mit zwei Fingern drückte er die Lamellen der Jalousie auseinander und entdeckte die Lichtkegel der beiden Scheinwerfer. Sie tanzten wild über das Gelände und bissen sich schließlich am Office fest.

»Bill, komm hoch«, murmelte Mulligan. »Das gilt uns. Wir kriegen Besuch. Vermutlich wieder einer dieser Besoffenen, die Gespenster gesehen haben.«

In den vergangenen drei Wochen war es viermal vorgekommen, daß hysterische Bürger unbekannte Flugobjekte ausgemacht haben wollten. Zeitlich ließ es sich eindeutig dem Start und der Landung des Spaceshuttles ATLANTIS zuordnen. Nach über dreißig Jahren Raumfahrt, so fand Lieutenant Mulligan, war es erstaunlich, daß jeder Routineflug in den Erdorbit noch immer die Phantasie der Zuschauer an den Bildschirmen beflügelte und sie verrücktes Zeug am Himmel sehen ließ.

Mit einem Brummen schloß er die Jalousie wieder. Wenn es sich um den ersten Flug zum Mars gehandelt hätte, wäre es was anderes gewesen. Nachsehen, ob es dort nicht doch irgendwann mal intelligentes Leben gegeben hatte.

Mulligan war selbst fasziniert von dem Gedanken. Handelte es sich zum Beispiel bei den Pyramiden und Gesichtern auf dem vierten Planeten um eine optische Täuschung oder um einen Hinweis, daß dort vor langer Zeit Baumeister am Werk gewesen waren – vielleicht gar die Stammväter der alten Ägypter?

Mulligan hätte viel darum gegeben, wenn er persönlich hätte nachsehen können. Für den Besuch der Universität hatten seine Noten aber nicht gereicht, und darum verbrachte er den Rest seines Lebens in Polizeistationen wie dieser, ohne jede Chance, jemals an einer Ausbildung für Astronauten teilzunehmen.

Im Nebenraum polterte es. Bill Warthorpe, seines Zeichens Sheriff von Window Rock, erhob sich von seiner Pritsche und schleppte seine zweieinhalb Zentner Lebendgewicht schlaftrunken zum Fenster.

»Die übliche Schrottklapperatur«, hörte Mulligan ihn murmeln. »Der alte Keeve ist es nicht. Der fährt einen ähnlichen Wagen, allerdings ohne Stoßstangen. – He, das darf ja wohl nicht wahr sein.«

Er stieß einen Pfiff aus und kam herüber ins Büro. Hastig zupfte er sich das Uniformhemd zurecht und zerrte an der Hose. Er wischte mit dem Ärmel über das blanke Abzeichen an seiner Brust, prüfte den Sitz des Holsters und der Waffe darin und zog schließlich den Bauch ein.

Lieutenant Mulligan kannte dieses Ritual. Es bedeutete, daß im nächsten Augenblick ein holdes weibliches Wesen das Office betreten mußte.

Auf das Klopfen an der Tür wartete er allerdings vergeblich. Dafür knallte es, als jemand die Tür mit Wucht ins Innere und gegen die Wand stieß. Ein Turm aus roten Haaren tauchte auf, darunter eineinhalb Kilogramm Schminke, abwärts begrenzt durch einen geblümten Mantel, der stark an einen Morgenrock erinnerte.

»Uih«, seufzte Bill Warthorpe und ließ den Bauch fahren. Er nahm neben Mulligan Aufstellung. »Mandy Warner. Welche Überraschung. Und nicht einmal allein.«

»Na und?« Rauh und rauchig und voller Trotz klang es den beiden Cops entgegen. »Mona ist meine Freundin.«

Hinter der fülligen Frau Mitte Dreißig fiel die zierliche, schlanke Person namens Mona kaum auf. Sheriff Warthorpe musterte sie eindringlich und zog die Stirn kraus – und den Schmerbauch wieder etwas ein.

»Mandy, du bist stadtbekannt. Aber deine Begleiterin sieht nicht aus, als wäre sie bereits volljährig. Junge Dame, würde es Ihnen etwas ausmachen, mir Ihren Ausweis zu zeigen?«

Das schmale Persönchen von höchstens einem Meter sechzig schlug die Augen nieder.

»Nein, natürlich nicht«, wehte der Hauch einer Antwort durch den Raum.

Sie war, laut ihrer ID-Card, dreiundzwanzig, sah aber aus

wie fünfzehn und schminkte sich im Gegensatz zu ihrer Begleiterin ausgesprochen dezent. Nie wäre jemand auf den Gedanken gekommen, daß sie demselben Gewerbe wie Mandy nachging.

Im Schlepptau von Mandy Warner allerdings blieb nur dieser eine Schluß.

»Eine junge Kollegin also.« Warthorpe gab ihr die Identitätskarte zurück. »Mandy arbeitet Sie wohl ein, Miss Fletcher.«

»Mona ist keine Nutte«, polterte Mandy Warner und stützte sich am Schreibtisch ab. Das Holz knarrte in allen Fugen. »Unsere Beziehung ist rein freundschaftlich. Ihr Freund arbeitet eng mit meinem zusammen.«

»Ach, den Miederwarenvertreter gibt es noch? Sieh an. Unsere Mandy wird solide.«

»Man muß sehen, wo man bleibt. Man ist nicht mehr die Jüngste«, lautete die lapidare Antwort.

»Na schön.« Lieutenant Mulligan vermied es, zustimmend zu nicken, und drehte unschlüssig den Bleistift zwischen den Fingern. »Was können wir also für euch beide tun?«

»Wir wollen eine Vermißtenanzeige aufgeben.«

»Wen meldet ihr als vermißt?«

»Jeff Lynch und Pete Russell. Pete ist Monas Lover. Wenn du so willst, hat er sie bei mir untergebracht, solange die beiden unterwegs sind.«

»Okay, okay. Seit wann sind sie verschwunden, und wohin wollten sie?«

Mandy Warner redete wie ein Wasserfall. Sie erzählte etwas von einem Ritt durch die Painted Desert, von einem Abenteuer, einer Art Herrenpartie, die die beiden begeisterten Reiter zusammen mit zwei Kumpels unternehmen wollten.

»Wir sollten sechs Tages abwarten. Wenn wir bis dahin nichts von ihnen gehört hätten, sollten wir uns an die Polizei wenden. So hat Jeff es uns aufgetragen.«

»Aha. Und die sechs Tage sind um.«

»Nein, erst drei Tage. Aber ich mache mir Sorgen, daß Jeff nicht wenigstens einmal angerufen hat.«

Warthorpe grinste breit. »Tja, das ist wirklich seltsam,

wenn ich an die vielen Notrufsäulen und Telefonzellen denke, die überall in der Painted Desert herumstehen.«

Mandy brauchte einen Moment, bis sie begriff, daß er sie verscheißerte. Aber falls sie nun rot anlief, kam die Farbe nicht durch die dicke Schminke auf ihrem Gesicht.

»Ich habe trotzdem ein ungutes Gefühl bei der Sache«, beharrte sie.

Der Sheriff stützte sich mit beiden Fäusten auf den Tisch. »Für Gefühle sind wir nicht zuständig. Lynch wird sich melden, sobald er Gelegenheit dazu findet, da bin ich sicher. Bis dahin …«

»Entschuldigen Sie, Sir.« Lieutenant Mulligan nahm den verbalen Dienstweg, wie immer, wenn sie Publikumsverkehr hatten. »Die Painted Desert ist nicht besonders groß. Da kommt man normalerweise in weniger als drei Tagen durch. Und die Wetterlage verheißt nichts Gutes für die Region.«

»So? Aha. Okay, Sie haben vielleicht recht, Lieutenant. Aber wer weiß, wo sich die Kerle herumtreiben.« Warthorpe baute sich vor Mandy auf und verschränkte die Arme vor der Brust. »Nur ein Ausflug, sagtest du? Nichts sonst? Sechs Tage Reiterurlaub in der Wüste?« Er deutete auf ein Plakat an der Wand. Es zeigte irgendeine Wüstenlandschaft und mitten drin einen ausgetrockneten Bachlauf. Darunter stand in großen fetten Buchstaben DON'T CAMP IN A WASH – KAMPIERE IN KEINEM FLUSSBETT.

»Das klingt mir verdammt nach gefährlichem Leichtsinn«, fuhr er fort. »Hoffentlich wissen die Jungs genug über die Wüste, um den Ritt zu überstehen. Okay, Mädels, ich mache euch einen Vorschlag. Wenn sie sich bis morgen abend nicht gemeldet haben, geben wir sie in den Computer. Dann wissen alle Polizeistationen Arizonas innerhalb von wenigen Minuten Bescheid.«

»Das sind noch fast vierundzwanzig Stunden!« brauste Mandy auf. »Nicht mit mir! Wer weiß, was bis dahin alles passiert sein kann. Ich muß wissen, wo Jeff steckt. Auf der Stelle.«

»Leih dir einen Geländewagen und geh ihn suchen.« Warthorpe drängte sie sanft in Richtung Tür. »Morgen abend sehen wir uns wieder. Gute Nacht, die Damen.«

Mandy Warner schnappte nach Luft. »Typisch Bul… Polizei!« schimpfte sie. »Unternimmt erst dann etwas, wenn es zu spät ist! Mal sehen, was die Medien dazu sagen!« Damit rauschte sie hinaus. Ihre zierliche Begleiterin folgte hastig.

Die beiden Beamten beobachteten sie, bis sie mit dem Wagen die Straße erreichten und in Richtung Downtown fuhren.

»Jeff Lynch, Pete Russell und zwei weitere Männer also.« Der Sheriff blickte seinen Untergebenen durchdringend an. »Gib sie in die Fahndung, Lester. Dieser Lynch war mir noch nie geheuer. Wer weiß, was für ein Ding die drehen. Herrenpartie – *ha*!««

»Meinst du wirklich, Bill?«

»Sicher ist sicher. Irgendwie hatte ich den Eindruck, daß Mandy ihre Schminke heute besonders dick trägt. Sie ist eine schlechte Lügnerin, weißt du? Man sieht es ihr gleich an. Deshalb versucht sie es hinter diesem Gips zu verstecken. Und selbst wenn sie nicht gelogen hat, war es garantiert nur die halbe Wahrheit. Mich interessiert aber die ganze. Also beeil dich.«

»Wird gemacht.«

Lieutenant Mulligan schwenkte den Sessel um hundert achtzig Grad und begann auf die Tastatur des Computers einzuhauen, als gelte es, in dieser Nacht ein Dutzend Mammutbäume zu fällen.

Colorado National Monument, Besucherparkplatz
Grand Junction, Colorado, 15. Oktober, 2 Uhr

Ein leises Kratzen weckte Judy Davenport. Sie lauschte eine Weile und spürte dem Kitzeln an ihrem Mundwinkel nach. Haare hatten sich bis zur Zunge verirrt und trugen nun dazu bei, daß sich die junge Frau recht schnell aus der bleiernen Schwere nächtlicher Müdigkeit löste. Umständlich wischte sie die Störenfriede weg und drehte sich auf die andere Seite.

Da war wieder dieses Kratzen; kaum hörbar, aber in der absoluten Stille der Nacht doch deutlich zu vernehmen. Und es kam nicht aus dem vorderen Teil des Winnebago-Campingmobils, wo Cliff Conroy auf einem provisorischen Lager zu nächtigen pflegte.

Irgendein Tier vermutlich. Es kam schon mal vor, daß sich ein Marder oder ein Waschbär auf das Dach eines Wagens verirrte.

Ein leichter Luftzug strich über Judys Gesicht, als habe jemand ein Fenster geöffnet. Ein leichtes Nachgeben des Bettes nach unten vermittelte ihr einen irrealen Eindruck einsetzender Schwerelosigkeit.

Übergangslos war Judy hellwach. Sie öffnete ein Auge und versuchte die Dunkelheit im Innern des Wohnmobils mit Blicken zu durchdringen. Der Luftzug kam vom Heckfenster, und das hatte sie vor dem Schlafengehen ausgestellt und arretiert.

Ihre Nackenhärchen richteten sich auf. Mit der Erfahrung von etlichen Jahren Polizeidienst zog sie die richtigen Schlüsse.

Jemand macht sich am Heckfenster zu schaffen! schoß es ihr durch den Kopf. *Er hat es bereits geöffnet und steigt ein!*

Einer von McKays Leuten? Sie hielt es für durchaus möglich, daß die Agenten der NSA immer noch auf ihrer Spur waren, obwohl sie sich alle Mühe gegeben hatten, diese zu verwischen.

Wieder schwankte der Untergrund ein wenig, und Judys empfindliche Ohren vernahmen das Rascheln von Stoff.

Ihr Körper versteifte sich. Sie atmete flach und schnupperte unmerklich. Wer immer in den Wagen eindrang, er würde versuchen, die Insassen an einer Gegenwehr zu hindern. Und das beste Mittel dafür hieß Chloroform.

Der Geruch verbrauchter Luft änderte sich nicht.

Judy drängte den Gedanken zur Seite und konzentrierte sich auf das Wesentliche. Sie zog das rechte Bein ein wenig an und faßte die Wolldecke fester.

Die Überlegung, daß es einer dieser unüberwindlichen Killer sein konnte, die man nur durch einen gezielten Schuß in den Kopf los wurde, machte ihr den Aufenthalt im Bett nicht gerade angenehmer.

Wieder entstand ein Luftzug, diesmal ganz nah bei ihr.

Jeden Augenblick, so schätzte sie, mußte das Licht einer Taschenlampe aufflammen. Mit angehaltenem Atem wartete sie darauf, doch es blieb dunkel.

Cliff bewegte sich. Sie hörte das Knarren seiner Federkernmatratze, als er sich im Schlaf umdrehte.

Sie mußte etwas tun!

Jetzt, bevor es zu spät war!

Judy explodierte regelrecht, ohne Rücksicht auf das enge, hauchdünne Negligé zu nehmen, das sie trug. Mit den Schultern stützte sie sich an der Matratze ab, während sie die Hüften hochbrachte und mit dem angewinkelten Bein in die Finsternis trat.

Ihr Fuß streifte etwas! Blitzschnell trat sie nach, und ihr zweites Bein erwischte das Hindernis, das nicht an diesen Platz im Winnebago gehörte, voll.

»Cliff!« schrie sie und wich hastig zur Seite. Da, wo sie soeben noch Kopf und Schultern gehabt hatte, schlug etwas auf das Bett.

Judy warf sich in Richtung des Heckfensters. Sie spürte ein Bein oder einen Fuß, der nicht zu ihr gehörte. Ein zweiter fehlte, aber das wollte nichts heißen.

Für den Bruchteil einer Sekunde tauchte das Bild eines einbeinigen, außerirdischen Ungeheuers in ihren Gedanken auf.

Reiß dich zusammen, rief sie sich zur Ordnung, während sie endlich in die Senkrechte kam. *Nur nicht hysterisch werden!*

Etwas prallte gegen sie. Judy vollführte mit den Handkanten einen Befreiungsschlag, der dem unbekannten Eindringling einen unmenschlichen, blubbernden Laut entlockte.

»Cliff!« versuchte sie es erneut, so laut es ging.

Endlich erwischte sie den Lichtschalter. Das schummrige Gelb der winzigen Wandleuchte riß aus der Finsternis, was sich bisher darin verborgen hatte.

Als erstes sah Judy eine schwabbelige Masse aus Grün und Violett, an deren oberem Ende eine Art Schwamm mit pechschwarzen Tentakeln saß. Darunter glitzerte es rötlich, und dieselbe Farbe fand sie an ihrem Fuß.

Judy Davenport keuchte. Sie hielt sich am Griff des Wandschranks fest und trat erneut zu. Diesmal klang das Jaulen ziemlich menschlich, und der kreolische Fluch im Anschluß hörte sich überhaupt nicht an, als käme er aus dem Sprachorgan eines Außerirdischen.

Die Tentakel entpuppten sich als kunstvoll geknüpfte Haartracht, wie sie in Teilen der Karibik bei den Ureinwohnern üblich war. Und darunter saß ein dunkelhäutiges, menschliches Gesicht, das sie verkniffen und gleichzeitig protestierend anstarrte. Aus einer Platzwunde am Mundwinkel lief ein wenig Blut.

»Schon gut, schon gut«, schrillte eine jungenhaft klingende Stimme. »Tun Sie mir nichts. Ich gebe mich geschlagen.«

»Los, hoch mit dir«, kommandierte Judy und blieb in Schlagstellung mit leicht vorgebeugtem Körper stehen. »Und nimm die Arme hinter den Kopf.«

Der Kerl war fünfzehn, höchstens sechzehn, und mager wie eine Bohnenstange. Er trug einen schlabberigen Trainingsanzug aus Kunststoff in den Farben Grün und Violett. Die Füße steckten in ausgelatschten Turnschuhen. Er sperrte Mund und Augen auf. Ganz offensichtlich hatte er nicht damit gerechnet, für sein Eindringen auch noch mit dem Anblick einer wohlproportionierten, leichtbekleideten Dame belohnt zu werden.

Als Judy ihm mit der Faust drohte, starrte er hastig zu Boden. »Schon gut, Ma'am. Tut mir leid. Ich habe mich im Wagen geirrt. Wollte Pete einen Schrecken einjagen.«

»Ach ja? Das kannst du deiner Großmutter erzählen.« Judy angelte sich eine ihrer Sandalen, die neben der Pritsche lagen, und warf sie gekonnt zu Cliff Conroys Lager hinüber. Sie traf ihn voll am Hinterkopf.

Wie von einer Tarantel gebissen fuhr Conroy in die Höhe, blickte wild um sich – und riß die Augen auf, als er die Situation erfaßte.

»Guten Morgen!« knirschte Judy sarkastisch. »Gut geschlafen?«

»Was ist?« Cliff grunzte und schüttelte den Kopf, dann erhellte sich sein Gesichtsausdruck, und er pulte zwei Wattekugeln aus seinen Ohren. »Was hast du gesagt?« fragte er noch einmal und fügte gleich hinzu: »Wer ist der Kerl?«

»Wozu trägst du denn diese Dinger?« Judy verzog das

Gesicht. »Kein Wunder, daß gleich neben dir die Welt untergehen kann, ohne daß du was davon mitkriegst!«

Cliff legte die Wattekugeln beiseite und erhob sich. »Damit ich überhaupt einschlafen kann. Ich liege hier direkt neben dem Generator, und das Ding brummt die ganze Nacht. – Wer ist der Kerl?«

»Du hättest ruhig etwas sagen können«, warf ihm Judy vor. »Wenn ich gewußt hätte –«

»Ähh – Ma'am?« Der Kreole neben ihr hob zaghaft die Hand, als würde er sich an seine Lehrerin wenden. »Kann ich dann gehen?«

»Du bleibst schön hier, Bürschlein!« fuhr Judy ihn an, daß er zusammenzuckte. »Und wage nicht noch einmal, mich zu unter...«

»Verdammt, *wer ist der Kerl*?« Cliff hatte sich seinen Morgenmantel übergeworfen und stapfte, inzwischen hellwach, heran.

»Der Kerl ist hier eingestiegen«, gab Judy endlich Auskunft. »Wollte uns vermutlich ausrauben. Besser, du verständigst den Sheriff.«

Während Cliff das Funktelefon aus der Halterung an der Wand nahm, befahl Judy dem Eindringling, sich ans Bettende zu setzen und sich nicht zu rühren. Mit einer Hand fischte sie den Morgenmantel aus dem Schrank und zog ihn sich über. Die andere deutete unentwegt in Richtung des Jugendlichen und gab ihm zu verstehen, daß mit ihr nicht zu spaßen war.

»Ob ich weiß, wieviel Uhr es ist?« hörte sie Cliff fragen. »Natürlich, Deputy. Es ist kurz nach zwei. Gegenfrage: Wozu haben Sie Nachtdienst? Wir stehen hier mit einem Wohnmobil auf dem Parkplatz am Monument und haben einen Einbrecher auf frischer Tat ertappt. – Ja, das wäre sehr freundlich. – Nein, es ist *kein* Scherz. – Okay, in fünfzehn Minuten.«

Er legte auf.

»Typischer Beamtenarsch«, meinte er schlecht gelaunt und strich sich das T-Shirt glatt. »Na, dann wollen wir das Bürschchen mal genauer unter die Lupe nehmen.«

Es dauerte genau zwanzig Minuten, bis das Wabern des Blaulichts die Ankunft eines Streifenwagens ankündigte. Die Beamten kamen zu zweit, und sie hatten es nicht besonders eilig. Mit dem Fernlicht strahlten sie den Winnebago an und umrundeten ihn erst einmal in sicherer Entfernung, bevor sie sich dazu entschlossen, das Fahrzeug näher in Augenschein zu nehmen. Endlich hielten sie an, und der Fahrer stieg aus und näherte sich mit vorgehaltener Waffe.

Cliff Conroy schaltete die Festbeleuchtung ein und öffnete die Tür.

»Hier sind wir, Officer. Im Halbdunkel vermochte er die Rangabzeichen des Mannes nicht zu erkennen. Der Cop näherte sich mit dem Finger am Abzug. Sein Gesicht wirkte starr, irgendwie maskenhaft. Einen Augenblick lang erinnerte es Cliff an den unerbittlichen Ausdruck des Killers, der ihm beinahe die Kehle durchgeschnitten hatte.

Vorsicht! warnte ihn eine innere Stimme. *Laß dich von der Uniform nicht täuschen. Es könnten McKays Leute sein.*

»Deputy Sheriff Billings, Sir«, durchbrach eine Stimme die Stille. »Kommen Sie heraus und treten Sie zur Seite.« Er zückte seinen Dienstausweis und hielt ihn Cliff vor die Nase.

»In Ordnung.« Cliff Conroy kam der Aufforderung nach. Der Deputy trat zur Tür und warf einen Blick ins Wageninnere.

»Alies okay«, signalisierte er seinem Begleiter und steckte die Waffe weg. Sein Blick schien Cliff zu sezieren. »Darf ich?«

»Natürlich. Immer hinein in die gute Stube.«

Der Beamte kletterte ins Innere des Wohnmobils. Er grüßte Judy höflich und baute sich vor dem Jungen auf.

»Sieh an. Rodriguo Mendez.« Der Deputy grinste schräg. »Hatten wir dich nicht abgeschoben?«

»Das ist ein Irrtum, Sir. Ich bin *Pablo* Mendez, der jüngere Bruder.«

»Ach so. Dann bist du wohl in die Klamotten deines Bruders reingewachsen und siehst aufs Haar so aus wie er.« Er wartete eine dramatische Sekunde, dann brüllte er los, daß dem Jungen die Ohren klingeln mußten: »Versuch mich nicht zu verscheißern, du Windei! Es gibt einen Gerichtsentscheid vom vorigen Herbst, der deiner Familie verbietet, erneut in den Staat Colorado einzureisen. Nie was davon gehört, stimmt's?«

»Aber sicher doch, Sir.« Der Junge strahlte über das ganze Gesicht. »Ich wohne derzeit bei meinem Onkel in Florence. Er wird Ihnen bestätigen, daß ich zusammen mit einem Schulkameraden und dessen Eltern auf Campingurlaub in dieser Gegend bin.«

Billings sah aus, als hätte er sich an seiner Zunge verschluckt. Aber er rang seinen Ärger nieder. »Das werden wir nachprüfen. Vorerst nimmst du mit einer unserer Zellen vorlieb.« Er wandte sich an Cliff und Judy. »Danke, daß sie uns gerufen haben.« Er nickte ihnen zu. »Ma'am. Sir. Entschuldigen Sie bitte die Störung. Weiterhin eine gute Nacht. Es steht Ihnen frei, Anzeige gegen den Jungen zu erstatten.«

Judy und Cliff hatten sich über diesen Punkt schon verständigt.

»Das wird nicht nötig sein«, sagte Judy. »Er hat nichts gestohlen, und Schaden am Fahrzeug ist auch keiner entstanden. Bringen Sie ihn zu seiner Familie zurück, wo immer die sein mag.«

»Das könnte schwierig werden.« Der Deputy tippte sich an die Mütze und verließ den Winnebago. Er packte den Jungen am Kragen und schleppte ihn zum Streifenwagen.

Sie blickten dem Fahrzeug nach, bis es außerhalb der *parking area* hinter den Kiefern verschwand.

»Ein Glück, daß du mich hast, Schlafmütze«, sagte Judy und musterte Cliff von der Seite. »Der Kerl hätte dir den ganzen Wagen ausgeräumt, ohne daß du etwas davon bemerkt hättest. Wahrscheinlich wärst du morgen früh mitsamt deiner Matratze draußen unter den Bäumen erwacht und hättest dich gewundert, wo das Fahrzeug abgeblieben ist.«

Conroy mußte wider Willen grinsen.

»Ich werde dir einen Arbeitsvertrag als Wachhund ausstellen«, gab er zurück, wurde dann aber übergangslos wieder ernst. »Aber der Vorfall hat mir gezeigt, daß wir viel zu sorglos waren. Wir sollten uns Gedanken über ein paar zusätzliche Sicherheitsmaßnahmen machen.«

»Meinst du, das hilft gegen McKay und seine Bande?« fragte Judy skeptisch.

»Wohl kaum«, gab Cliff zurück. »Aber erstens fühle ich mich dann etwas besser, und zweitens ist es ja nicht nur McKay, der sich für uns interessiert.«

»Wen meinst du?«

»Na, dieser Garbatschow zum Beispiel. Für wen arbeitet er? Für die NSA? Je länger ich die Ereignisse im NASA-Kontrollzentrum Revue passieren lasse, desto ungereimter erscheint mir alles. Und dann dieser Killer ...« Mit den Kuppen zweier Finger massierte er sich den Hals. Noch war die hauchdünne Narbe gut zu sehen, ein roter, fünf Zentimeter langer Strich dort, wo die Sehne die Haut bis aufs Fleisch durchgeschnitten hatte. »Ich kann nicht glauben, daß er einem der Geheimdienste angehört. Der Kerl war kein Mensch, da bin ich sicher.«

»Komm, jetzt geht deine Phantasie mit dir durch!« warf Judy ein. »Gut, du nimmst an, daß die beiden nichts miteinander zu tun hatten, der Killer und McKay. Da könntest du richtigliegen. Wer aber steckt dann dahinter?«

»Alles, was ich weiß, ist, daß man die Leiche hat verschwinden lassen. Und daß die Reihenfolge der Schüsse verfälscht wurde. Deine Waffe hatte sechs Schuß. Zwei hast du auf das Türschloß abgegeben, drei auf seinen Körper, die völlig wirkungslos blieben. Erst der sechste traf seinen Kopf und schaltete ihn aus.«

Judy seufzte. »Es spielt keine Rolle mehr. Wir werden nie erfahren, was für ein Kerl das war. Er war konditioniert, oder wie immer du es nennen willst. Aber er *war* ein Mensch, Cliff.«

»Wenn du meinst. Ich will mich jetzt nicht mit dir streiten. Gehen wir lieber wieder rein, sonst holen wir uns hier draußen noch den Tod.«

Sie zogen sich in den Winnebago zurück. Judy wies auf die Ausbuchtung über ihrer Schlafstatt, wo ein zweites Klappbett in die Wand eingelassen war. Bislang hatte Cliff es vorgezogen, auf der anderen Seite des Wagens zu schlafen, um Judy ein Höchstmaß an Privatsphäre auf diesem beengten Raum zu verschaffen.

»Willst du nicht doch lieber ...?« fragte sie.

Cliff zuckte die Schultern und lächelte. »Ab morgen. Heute lasse ich mich noch vom Generator in den Schlaf summen.«

Er streifte den Morgenmantel ab und warf sich auf die Matratze, und auch Judy schlüpfte wieder ins Bett. Sie legte sich so, daß sie den vorderen Teil des Winnebago im Auge behalten konnte, und schloß die Augen.

Alles in ihr wehrte sich dagegen, das bisher Erlebte als Einwirkung *von außen* zu akzeptieren. Es gab natürliche Gründe für die körperliche Verfassung des Killers, für die Mumifizierung des abgestürzten Piloten und für die Zeitanomalie im Wald von Uncton. Und auch für das zweigeschlechtliche Kind in den Tunneln unter New York existierten fundierte medizinische Erklärungen.

Es *mußte* ganz einfach so sein.

Also Schluß mit den haltlosen Spekulationen!

Entschlossen drehte Judy sich zur anderen Seite und zählte Schäfchen. Aber sie veränderten bald ihre Gestalt, wurden zu Wolken und später zu untertassenförmigen UFOs.

Cliff wälzte sich unruhig im Bett, und er tat es auch noch nach drei Stunden. Judy hatte längst aufgehört zu zählen.

»Cliff?« flüsterte sie. Es war kurz vor sechs.

»Mmh?«

»Wollen wir frühstücken?«

»Mmja.«

Entschlossen erhob sie sich und wischte sich den Schlaf aus den Augen. Sie ging hinüber zum kleinen Eßtisch, klappte ihn aus und schaltete den Fernseher ein, der neben dem Fenster in die Schrankwand eingebaut war.

»Guten Morgen«, verkündete eine gräßlich fröhliche, ausgeruhte Männerstimme, noch ehe der Schirm richtig hell wurde. »NBC Superchannel präsentiert Ihnen die neuesten Nachrichten.« Es war John Ingram, der Chefmoderator der Frühschicht. »Neues vom Ausland: Auf den Geheimdienstchef des Iran wurde ein Bombenattentat verübt. Nähere Einzelheiten sind noch nicht bekannt. Meldungen vom Inland: In der Painted Desert im Bundesstaat Arizona werden seit gestern vier Männer vermißt. In Idaho hat ein Brandstifter mehrere Farmen angezündet. Die Suche nach ihm ist im Gange ...«

Das Trällern des Telefons ließ Judy zusammenzucken. Cliff fuhr im Bett auf.

»Bitte nicht um diese Uhrzeit«, seufzte er, als wüßte er genau, wer der Anrufer war. Er kämpfte sich hoch, schwankte zur Halterung an der Wand und bekam den Hörer schon im zweiten Anlauf zu fassen.

»Hallo?«

Der Anrufer meldete sich mit Namen. Es reichte, um Cliff endgültig wach werden zu lassen.

»Hallo, Senator«, grüßte er und deutete hektisch auf den Hörer. Judy war mit zwei Schritten bei ihm. »Sie sind schon wach?« Er tippte auf eine Taste und aktivierte die Mithörvorrichtung.

»... die Meldung gehört?« krächzte die Stimme von Senator James Victor Campbell aus dem kleinen Lautsprecher. »Vier Männer werden in der Painted Desert vermißt. Das an sich wäre noch nichts, worum Sie beide sich kümmern müßten. Aber da gibt es ... Vorkommnisse, die mit ihrem Verschwinden zusammenhängen könnten. Die Luftwaffe hat in dieser Gegend seit Monaten immer wieder merkwürdige Leuchterscheinungen beobachtet. Ich wollte eigentlich auf weitere Informationen warten, aber nachdem das Leben der vier Männer akut auf den Spiel steht ...«

»Und wo genau liegt diese Painted Desert?« fragte Cliff.

»Ungefähr fünfhundert Kilometer von Ihrem derzeitigen Standort entfernt«, gab der Senator zurück. Er räusperte sich. »Da ist noch etwas, das Sie wissen sollten. Laut den Zeugenaussagen von zwei Freundinnen der Vermißten sollte der Weg der Männer durch einen Teil der Wüste führen, wo sich ein altes Heiligtum der Anasazi-Indianer befindet.«

»Lassen Sie mich raten«, sagte Cliff. »Genau dort kam es zu den Leuchtphänomenen. Richtig?«

»Korrekt. Sie sind mit der Geschichte um die Anasazi vertraut?«

Cliff nickte, aber synchron dazu schüttelte Judy den Kopf. Da Senator Campbell beide Bewegungen nicht hatte sehen können, verneinte Cliff einfachheitshalber die Frage.

Der Senator zögerte einen Moment, dann sagte er:

»Sie verschwanden. Spurlos. Schon vor Jahrhunderten.« Judy blickte fragend drein, aber Cliff bedeutete ihr, nichts zu sagen.

»Okay«, wandte er sich an Campbell, »wir brechen sofort auf.«

»Gut. Fahren Sie zunächst nach Farmington in New Mexiko und warten Sie auf dem Parkplatz des San-Juan-Motels. Jemand wird Sie dort aufsuchen.«

»In Ordnung.«

Es knackte in der Leitung. James Victor Campbell hatte aufgelegt.

»Sie *verschwanden*? Ein ganzer Stamm?« Judy schüttelte ungläubig den Kopf.

»Ich erzähle dir die Geschichte während der Fahrt.« Cliff schlüpfte in seine Jeans und trat zum Durchgang ins Führerhaus.

Wenn Campbell sich einschaltete, handelte es sich bei den Leuchterscheinungen garantiert nicht um Polarlichter. Und der Gedanke an die möglichen Zusammenhänge mit dem spurlosen Verschwinden der Anasazi war gut dazu angetan, innere Unruhe in Cliff zu wecken. Aber nicht nur das allein …

»Wir erhalten Gelegenheit, eine weitere Person in diesem Spiel kennenzulernen«, fuhr er fort, während er sich hinter das Steuer des Wohnmobils klemmte. »Schon dafür lohnt sich der Weg. Brühst du mir bitte einen verdammt guten Kaffee?«

»Und dazu ein Stück Kirschkuchen, was?« Judy grinste.

Eine halbe Minute später verließ der Winnebago in Grünmetallic seinen Standort am National Monument und rollte in Richtung Süden.

Painted Desert
Navajo Indian Reservation, Arizona, 15. Oktober, 6 Uhr

Das unruhige Schnauben der Pferde weckte Ferguson. Er schob den Hut in den Nacken und blinzelte in den sich langsam erhellenden Himmel hinein. Der Braune, der Falbe und die beiden Apachen-Pintos hüpften mit ihren gefesselten Vorderbeinen wie Karnickel im Kreis. Ferguson erlebte das zum erstenmal, und er fragte sich, was es zu bedeuten hatte.

Er erhob sich und trat ins Freie. Rings um den Hogan war alles still. Die vier Reittiere beruhigten sich bei seinem Anblick ein wenig, doch das hielt nicht lange an. Mit den Nüstern witterten sie in östlicher Richtung.

Von den vier Männern des geheimen Unternehmens besaß John Ferguson mit Abstand das meiste Wissen. Es hielt ihn nicht davon ab, jetzt den größten Fehler seines Lebens zu machen.

Um seine Blase zu erleichtern, verließ er die Nähe des Hogans und schritt zwischen den Kakteen hindurch in Richtung Sonnenaufgang. Ein grelles Lichtband lag über dem Horizont und kündete vom baldigen Aufgang der herbstlichen Sonne. Sechs, sieben Reihen Saguaros brachte er hinter sich, bis ihm der Wind den scharfen Geruch eines Tieres in die Nase trieb.

Einen Geruch, den er nicht kannte und der ihn alarmierte.

Im nächsten Augenblick sah er den dunklen Schatten zwischen den grünen Pflanzen. Ein Fauchen und Grollen kündigte an, daß Ferguson den Fluchtabstand des Tieres bereits unterschritten hatte. Der schwarze Panther duckte sich, krümmte sich zusammen und spannte alle Muskeln seines Körpers an.

Und sprang. Er schnellte sich Ferguson entgegen, der nicht einmal Zeit fand, das Messer aus der Tasche zu ziehen.

»Hilfe!« brüllte er und warf sich zur Seite. Es brachte ihn aus der Reichweite der Pranken, und gleichzeitig stieß sein linker Stiefel vor und traf das Tier seitlich an der Schnauze.

Wieder brüllte er aus Leibeskräften.

»Jeff! Pete!«

Der Panther krümmte sich noch in der Luft, und die Fangzähne blitzten John Ferguson entgegen. Er hechtete sich auf das Tier und versuchte es in den Schwitzkasten zu nehmen.

Wider Erwarten gelang es ihm sogar, doch beim Versuch, den Kopf des Panthers nach hinten zu biegen und ihm die Luft abzustellen, zuckte das Tier unter ihm und entwickelte eine Kraft, von der Ferguson nur träumen konnte.

»Helft mir!« japste er, so laut es ging. Seine Kräfte erlahmten. Der Griff, mit dem er die Raubkatze umklammert hielt, lockerte sich.

Der Panther wand sich hin und her. Einer der krallenbewehrten Hinterläufe streifte Fergusons Rücken. Das Fauchen klang plötzlich siegessicher, und John spürte, wie sich der Körper der Bestie bis in die letzte Muskelfaser anspannte.

Gleich! durchzuckte es ihn. *Gleich ist es vorüber.*

Der Panther bäumte sich mit aller Kraft auf und riß sich los. Geschmeidig krümmte sich sein Körper. Die Fänge klafften auseinander und zielten auf Fergusons Hals.

Der zog in einer blitzschnellen Bewegung die Beine an den Körper. Diesmal traf er die Schnauze von vorn und mit voller Wucht. Die Raubkatze heulte auf, wich jaulend zurück und setzte halb blind vor Schmerz zum nächsten Sprung an.

John stöhnte. Er versuchte auf die Beine zu kommen, schaffte es aber nicht mehr. Der Panther schnellte ihm entgegen.

Der scharfe Knall hinter seinem Rücken erschien dem Abenteurer wie ein Geräusch aus einer anderen Welt.

Etwas warf das Tier im Sprung zur Seite. Es prallte unkontrolliert auf den Boden. Staub wirbelte auf, und John brachte sich hastig mit einer Rolle seitwärts aus dem Bereich der Krallen.

Ein zweiter Knall ließ den schwarzen Körper ein letztes Mal erzittern, dann lag er still. Gebrochen und irgendwie vorwurfsvoll starrte der König der Steppe Ferguson an. Der zog endlich das Messer aus der Tasche. Es war nicht viel mehr als eine verzweifelte Geste.

»Du hast ein verdammtes Glück gehabt«, hörte er Jeff Lynch sagen. »Ein Fehlschuß von mir, und du könntest dich jetzt bei deinen Ahnen umsehen.«

Ferguson erhob sich und klopfte den Staub aus den Kleidern.

»Danke«, sagte er, und es kam aus tiefstem Herzen.

Lynch stiefelte gemächlich heran und schulterte die Winchester.

»Nanu?« fragte er mit gespieltem Erstaunen. »Du zitterst ja am ganzen Körper. Hast du so schlechte Nerven?«

Ferguson kämpfte mit sich. Nur langsam gewann er die Fassung zurück.

»Genügt es dir nicht, daß du mir das Leben gerettet hast? Mußt dich auch noch um mein Innenleben kümmern?«

Russell und Mansfield blinzelten verschlafen durch die Tür des Hogans. Als sei nichts geschehen, suchte Lynch ein paar trockene Kakteenreste für die Feuerstelle zusammen und kochte Kaffeewasser, während Ferguson sich bei den beiden niederließ und von dem Vorfall berichtete.

»Packt eure Klappspaten aus!« rief Jeff ihnen zu. »Wir können den Kadaver nicht einfach da liegenlassen. Er würde uns verraten.«

Der Aufbruch verzögerte sich um fast zwei Stunden. Als sie endlich aufsaßen, stand die Sonne bereits drei Handbreit über dem Horizont.

Wieder quälten sie sich durch die glühende Hitze, die innerhalb einer Stunde die Kälte der Oktobernacht vergessen machte. Mansfield ritt voraus, getrieben von einem unsteten Flackern in den Augen.

Zwei Stunden vor Mittag erreichten sie den Geländeeinschnitt nahe des Elephant Hill. Hart am Abgrund brachte Jeff Lynch den Braunen zum Stehen. Er lehnte sich aus dem Sattel und spähte hinab. Der Grund des Little Colorado befand sich gut dreißig Meter unter ihnen. Im Lauf von Jahrmillionen hatte der Fluß hier eine tiefe Schlucht in die Landschaft gegraben.

»Wenn jetzt dein Sattelgurt reißt, hast du keine Chance«, warnte Russell. »An deiner Stelle würde ich solche Kunststückchen nur mit Fallschirm machen.«

Jeff strafte ihn mit einem Blick voller Verachtung. »Man merkt, daß du an der Ostküste aufgewachsen bist, der Heimat der Hundezüchter und Elektroinstallateure.«

»Wenn du es sagst, wird's schon stimmen. Was sollen wir hier?«

Lynch richtete sich auf und ließ den Braunen ein paar Schritte rückwärts gehen.

»Oberhalb des Berges gelangt man hinunter ans Wasser. Bevor wir endgültig unser Ziel ansteuern, sollten wir ein letztes Mal die Pferde tränken.«

»Wie weit es ist denn noch?« erkundigte sich Mansfield.

»Knapp zwanzig Kilometer. Wir kommen also am Nachmittag an. Bis zum Sonnenuntergang haben wir einen Überblick. Wir graben das Zeug aus und bringen es in das vorbereitete Versteck südöstlich von Tuba City. All das schaffen wir bis zum Morgen des sechsten Tages. Danach telefonieren wir mit Mandy und Mona.«

»Und wenn es so viel ist, daß wir es nicht auf einmal schaffen?« Mansfield grinste verkrampft.

»Dann holen wir den Rest in einem zweiten Aufwasch«, erwiderte Ferguson.

Sie folgten Lynch den steilen Pfad hinab zum Ufer des Little Colorado. Fünf Minuten gaben sie den Pferden Zeit zum Saufen. Sie selbst begnügten sich damit, die Wasserflaschen aufzufüllen und die Köpfe abzukühlen.

»Du hast uns noch immer nicht erzählt, wo du die Karte herhast.« Pete Russell lehnte sich an den Hals seines Pferdes und gab sich betont entspannt.

»Das ist eine Geschichte für sich«, sagte Lynch leise. »Die Hopi hatten mich gerade aus ihrem Pueblo Old Oraibi gejagt. Sie hatten kein Interesse an Miederwaren. Na ja, vielleicht hätte ich dem roten Girl die Dessous nicht eigenhändig anziehen sollen ... Ihr Verlobter war ziemlich stinkig darüber.

Ich verduftete also, und da sie mich mit ihren Fahrzeugen verfolgten, zog ich es vor, meine Spur zwischen den Felsen der Black-Barriere zu verwischen.

Dort fand ich den Sterbenden. Der alte Schamane war von seinem heiligen Felsen gestürzt. Wahrscheinlich vor Altersschwäche; er war ziemlich senil. Er hielt mich für seinen ältesten Sohn und gab mir das Leder sowie den Segen des Großen Geistes.

Ein Transport ins nächste Krankenhaus hatte keinen Sinn. Also wachte ich bei ihm, bis er sein Leben aushauchte, und stapelte dann Steine über ihn, damit die Aasfresser nicht an ihn rankonnten. Tja, so war das, Leute.« Er klopfte seinem Gaul auf die Kruppe. »Und jetzt ist genug gequatscht worden. Machen wir, daß wir weiterkommen!«

Sie kehrten in die Painted Desert zurück, und Wilbur Mansfield galoppierte voller Elan voraus.

Er konnte den Vorsprung nicht einmal eine Viertelstunde halten. Sein Pinto war der Meinung, daß der Sack im Sattel für ein solches Tempo viel zu schwer sei. Es war schon ein

Wunder, daß er nicht kurzerhand unter Mansfield zusammenbrach. Danach ritten sie mit dem Dicken als Schlußmann.

»Und wir schaffen es doch noch bis eins«, meckerte Mansfield immer wieder. »Ich verwette meine Großmutter darauf.«

Ferguson hielt an und schüttelte den Kopf. »Die Wette verlierst du, Wilbur. Es ist noch nicht einmal sicher, daß wir heute überhaupt ankommen.«

Sie starrten ihn an wie einen Geist – und folgten seinem ausgestreckten Arm, als Ferguson zum westlichen Horizont deutete.

»Der ockergelbe Schimmer verheißt nichts Gutes«, kommentierte der ›Professor‹. »Wir sollten uns vorsehen. Am besten wäre, wir würden zum Fluß zurückkehren.«

»Nicht mit mir!« rief Mansfield und gab seinem Pferd die Sporen. »Wo wir das Ziel doch schon greifbar vor uns haben! Es sind keine zwanzig Kilometer mehr!«

Die drei anderen verständigten sich mit einem vielsagenden Blick und folgten ihm.

Der Horizont hellte sich immer weiter auf. Aus dem Ocker wurde schrilles Zitronengelb, und nach einer Weile mischte sich Purpur darunter. Die Farben tauchten die von Felsen durchbrochene Sandwüste in unwirkliches, gespenstisches Licht. Es weckte in den Reitern die Erinnerung an das, was sie aus Broschüren wußten: Die Painted Desert zählte als Bestandteil der Wüste des Großen Beckens zu den gefährlichsten Gegenden. Sie lullte mit ihrer Eintönigkeit die Menschen ein, wog sie in Sicherheit und schlug dann mit unbarmherziger Härte zu. Tausende hatten in dieser Einöde schon den Tod gefunden.

Die Painted Desert zeigte ihre ganze Hinterlist vor allem im westlichen Teil. Was wie eine meist ebene Sandfläche aussah, bestand in Wahrheit aus einem weitgestreckten Felsplateau, auf dem ein halber Meter Sand und Gesteinsstaub lag.

Das Plateau besaß unzählige Löcher, die der Wind mit Sand gefüllt hatte. Sie unterschieden sich lediglich durch eine etwas dunklere Farbe von der Umgebung. In diesen teilweise bis zu fünfzig Meter durchmessenden ›Säcken‹ gab es kein

Entkommen, wenn der Treibsand sich erst einmal an Pferd und Reiter klammerte.

Immer wieder mußte die Gruppe sich einen anderen Weg suchen. Ihre Spur durch die Painted Desert glich einer Mischung aus Schlangenlinie und Zickzacknaht.

Als sich das Pupur in grelles Violett verwandelte, begriff auch Jeff Lynch, was die Stunde geschlagen hatte. Er befeuchtete den Zeigefinger und hielt ihn nach oben. Anschließend gab er dem Braunen Schenkeldruck und schloß zu Ferguson auf.

»Wind aus Nordwesten, das ist ungewöhnlich!« rief er so laut, daß ihn alle verstanden. »Was sagst du dazu, John?«

»In einer Stunde haben wir hier einen Sturm, der sich gewaschen hat. Bis dahin müssen wir am Ziel sein.«

»Das schaffen wir vielleicht in der Prärie, aber nicht in diesem Gelände!«

»Egal. Holt aus den Pferden heraus, was geht. Ausruhen können sie sich später.«

Es erwies sich als Vorteil, daß die drei Stuten und der Wallach unbeschlagen waren. Sie trabten leichtfüßig dahin, als würden sie auf einem Luftkissen schweben. Ihre Hufe allerdings nutzten sich auf dem Ritt deutlich ab, denn der Sand wirkte wie Schmirgelpapier. Zwei Wochen Ruhe danach würden alles wieder ins Lot bringen. Die Natur half sich selbst.

Mansfield hing bald wieder heillos zurück.

Nach einer halben Stunde schälten sich die ersten Silhouetten einer typischen Felslandschaft aus dem Gelb und Braun der Wüste. Das war eine der sogenannten Barrieren. Näher schienen die vier Reiter ihrem Ziel dennoch nicht zu kommen.

Am Rand einer winzigen Kakteenoase machten sie halt und tranken einen Schluck aus ihren Feldflaschen, ehe sie die Tücher über die Nase zogen. Nur Ferguson verströmte noch Zuversicht.

»Teilen wir uns die Strecke in Etappen ein«, schlug der ›Professor‹ vor. »Seht ihr dort vorn die Erhebung mitten im Sand? Sie ist ungefähr vier Kilometer entfernt. Die nehmen wir als nächstes Ziel.«

Keiner hatte einen Einwand. Hintereinander preschten sie los.

Der Himmel verfärbte sich weiter. Helles Orange lag als dünner Streifen über der Wüste. Darüber loderte ein breites Band aus glühendem Purpur und einem Saum aus Schwarzviolett.

Übergangslos nahm der Wind zu und stemmte sich gegen die Reiter. Wie eine Mauer fegte er heran und drückte gegen die lebenden Hindernisse. Die Pferde scheuten, und die Männer wurden von der Wucht beinahe aus den Sätteln gerissen. Sie legten sich seitlich an den Hals ihrer Tiere und trieben sie an.

»Weiter, weiter«, keuchte Ferguson und hielt sich die Hand vor die Augen. »Hier können wir nicht bleiben.«

Innerhalb von zwei Minuten versank die Wüste um sie herum in Finsternis. Der Himmel verlor sein letztes Rot und Violett. Es war, als bräche innerhalb weniger Atemzüge die Nacht herein. Im Toben des Windes und durch den Vorhang aus aufgewirbeltem Sand sahen sie eine dunkle, unheilvolle Wand auf sich zurasen.

Ferguson trieb sein Reittier weiter. Lynch folgte ihm Kopf an Schweif. Die Pferde stemmten sich gegen die Naturgewalten und fielen bald vom Galopp in Trab und dann in Schritt. Kein Schenkeldruck und kein Zuruf konnte sie zu einer schnelleren Gangart bewegen.

»Was nun, Professor?« schrie Mansfield gegen das Heulen des Sturms an. »Wir schaffen es nicht.«

»Vor – uns – eine – Senke«, klang die vom Sturm zerfetzte Antwort herüber. »Letzte – Hoffnung – schnell.«

Die Pferde benötigten keine Befehle. Sie folgten ihrem Instinkt, stapften in die Senke hinein und blieben stehen.

»Runter an den Boden mit ihnen!« kommandierte Lynch. »Bedeckt ihre Nüstern, damit sie nicht am Sand ersticken.«

Dreißig Sekunden später lagen Pferde und Reiter am gegenüberliegenden Rand der Senke, über die der Sturm hinwegbrauste. Der Sand senkte sich wie ein dicker Teppich auf sie herab und deckte sie zu.

Mit meist zusammengekniffenen Augen schaufelte Lynch, was das Zeug hielt. Der Braune wieherte erbärmlich, wagte aber nicht, sich zu rühren. Jeff hing halb über ihm, schützte die Nüstern und Augen mit seinem Körper.

Kiloweise prasselte der Sand auf sie hernieder. Der Sturm füllte die Senke langsam, aber sicher an. Irgendwann mußten sie aus der tödlichen Falle fliehen.

Falls es dann noch möglich war …

In diesen Minuten begriffen die Abenteurer von eigenen Gnaden, daß es ein Fehler gewesen war, dem Sturm nicht großräumig auszuweichen oder zum Fluß zurückzukehren. Jetzt war es zu spät dazu.

Highway Richtung Farmington
New Mexiko, 15. Oktober, 11 Uhr

»Ich habe die Informationen über die Vermißten!« Cliffs Stimme mischte sich in das gleichmäßige Brummen des Motors. Judy hatte das Steuer des Winnebago übernommen. »He, da versucht mich jemand anzusprechen. Wahrscheinlich der SysOp*.« Cliffs Finger huschten über die Tastatur des Computers. Schnell leitete er eine Hardcopy der abgerufenen Informationen an den Laserdrucker weiter, der summend den Betrieb aufnahm.

»Bisher gibt es keine Hinweise auf den Verbleib der vier Männer«, berichtete Cliff. »Eine Beschreibung ist an alle Funkstreifen und Stationen rausgegangen.«

Eine halbe Stunde Arbeit hatte er investiert, um in den Fahndungscomputer des Staates New Mexico einzudringen und die Informationen abzurufen, die sie benötigten. Und es hatte nur zwei Minuten gedauert, bis der Zugriff entdeckt worden war.

Cliff schaltete ab. Der Bildschirm verdunkelte sich schlagartig.

»Das war's!« rief er zu Judy hinüber.

»Perfektes Timing«, klang ihre Stimme zurück. »Wir sind gleich da. Die Stadtgrenze von Farmington liegt hinter uns. Ich sehe bereits die Hinweistafel des Motels.«

* System Operator

Sie lenkte den Winnebago auf den staubigen, nicht asphaltierten Platz und parkte ihn in der Mitte zwischen ein paar Caravans.

Cliff nahm den Ausdruck, glitt neben Judy auf den Beifahrersitz und sichtete die Seite.

»Der Text stammt von der Dienststelle, in der die Vermißtenanzeige eingereicht wurde«, stellte er fest.

»Steht was über das Heiligtum der Anasazi drin?« erkundigte sich Judy. Cliff hatte ihr auf der Fahrt von diesem geheimnisvollen, hochentwickelten Indianerstamm erzählt.

Die Anasazi hatten in dörflichen und städtischen Gemeinschaften gelebt, in mehrstöckigen Häusern, was ein absolutes Novum in der Geschichte der Indianer Nordamerikas war. Von etwa 100 vor bis 1300 nach Christus hatten sie in dieser Gegend gesiedelt – und dann waren sie spurlos verschwunden, von einem Tag auf den anderen.

Woher sie ursprünglich stammten und wohin sie gegangen waren, das entzog sich der Kenntnis der heutigen Wissenschaft. Selbst der Name ihres Volkes war nicht bekannt. ›Anasazi‹ nannten die Navajo sie, und sie hüteten ihre heiligen Grabstätten, als seien es ihre eigenen.

Cliff überflog den Text noch einmal.

»Kein Hinweis darauf. Entweder hielten sie es nicht für wichtig, oder ...«

»Oder ...?«

»Jemand hat die Meldung zensiert«, fuhr Cliff fort.

»Aber wer sollte ...«, begann Judy, dann begriff sie. »Du denkst an McKay!«

»Immerhin möglich, daß er Wind von der Sache bekommen und dieselben Schlüsse wie der Senator gezogen hat. Die NSA hat überall ihre Mittelsmänner. Hoffentlich beeilt sich der Bote des Senators.«

Sie öffneten die Türen des Wohnmobils und sorgten mit Durchzug dafür, daß die angestaute Hitze aus dem Wageninnenraum entwich.

In einem der über fünfzig abgestellten Fahrzeuge schrie ganz erbärmlich ein Säugling. Drüben an der Hinterseite des Motels kläffte eine Promenadenmischung alles und nichts an, und auf der vierspurigen Hauptstraße hupte und quietschte es ununterbrochen. In dichten Kolonnen quälten sich die Fahrzeuge stadtein- und -auswärts.

Eine Viertelstunde lang ließen sie den Lärm auf sich einwirken, dann hielt es Judy Davenport nicht mehr auf ihrem Sitz.

»Ich suche jetzt die Rabenmutter, die ihren Sprößling so lange allein läßt.«

»Ich warte hier. Einer sollte beim Wagen bleiben.« Judy stieg aus und eilte davon. Cliff wechselte auf den Fahrersitz und schaute auf die Uhr. Es dauerte keine fünf Minuten, bis seine Partnerin zurückkehrte.

»Fehlanzeige«, berichtete sie. »Der Wohnwagen ist verschlossen. Außer dem Baby scheint sich niemand darin aufzuhalten. Als es meine Stimme hörte, hat es aufgehört zu weinen.«

Cliff Conroy schüttelte den Kopf und wischte sich anschließend eine dunkelbraune Strähne aus der Stirn.

»Lange scheint die Wirkung deiner Stimme aber nicht anzuhalten. Es geht schon wieder los.«

Judy zuckte die Achseln. »Ich habe nie behauptet, daß ich hypnotische Kräfte hätte.«

Zum gewohnten Lärm gesellte sich nun auch noch das Jaulen und Singen eines startenden Flugzeugs. Fast zum Greifen nah zog der silbrige Rumpf einer kleinen Passagiermaschine über den Dächern entlang und stieg in den blauen Himmel hinein.

»Natürlich«, sagte Cliff. »Wieso bin ich nicht gleich darauf gekommen? Die haben einen Flugplatz!«

»Dachtest du, unser Besucher käme zu Fuß?« spöttelte Judy.

Bevor er darauf antworten konnte, klopfte es an die Scheibe der Fahrertür. Cliffs Kopf ruckte empor.

Im nächsten Moment klappte sein Kinn herunter.

»Ruth!«

Judy beugte sich vor, um an ihm vorbeizusehen. »Ruth?« Im nächsten Moment erkannte sie die stämmige Gestalt mit den pechschwarzen Haaren. *»Ruth Sekada!«*

Ruth Sekada alias ›Leuchtender Vogel‹ war ohnehin eine beeindruckende Erscheinung, aber sie verstand es, noch zusätzlich aufzufallen. Einen Meter fünfundsiebzig groß und mit einem Körperbau wie eine Kugelstoßerin, betonte ihr weites, buntbesticktes Gewand den Eindruck körperlicher Breite noch. Die glänzenden Haare hatte sie zu zwei Zöpfen geflochten, die ihr bis auf die Brust hingen. Dunkelblaue, fast schwarze Augen leuchteten in dem breitflächigen Gesicht wie polierte Kugeln.

Sie hatten die Sioux in Uncton kennen und schätzen gelernt. Daß *sie* der von Campbell angekündigte Bote war, schien zu den unvorhersehbaren Winkelzügen des Schicksals zu gehören.

Obwohl – so weit hergeholt war es nicht. Immerhin ging es um ein uraltes indianisches Heiligtum, und Ruth war so etwas wie eine Schamanin.

»Der Große Geist zürnt«, sagte sie mit dumpfer Stimme, nachdem sie durch die Seitentüre in den Winnebago geklettert war. Neben dem Tisch blieb sie stehen und legte eine Hand auf die Resopalfläche.

»Sie meinen die Leuchterscheinungen in der Painted Desert?« fragte Judy.

»Nach den Legenden der Navajo sind es die Geister der Verstorbenen. Schon seit Jahrhunderten berichten sie über Lichter im Gebiet des Heiligtums. Die Geister der Ahnen manifestieren sich in ihnen.« Ruth senkte fast unmerklich den Kopf. »Die vier Männer werden gestraft werden.«

»Glauben Sie, daß es sich um Grabräuber handelt?« hakte Cliff nach.

»Worum sonst? Harmlose Touristen würden kein solches Geheimnis aus ihrer Tour machen; ganz im Gegenteil.«

Ruth öffnete den kunstvoll mit Stickereien verzierten Beutel an ihrer Hüfte.

»Das Heiligtum befindet sich auf Navajo-Gebiet«, fügte sie hinzu. »Die unmittelbaren Nachfahren der Anasazi sind aber wir Sioux. Die Hopi aus Old Oraibi, die sich dort niedergelassen haben und das Gebiet für sich beanspruchen, maßen sich die Rolle der Grabwächter lediglich an.«

Nacheinander legte sie eine abgegriffene Wanderkarte, ein Stück Papier mit einer Zeichnung, zwei kleine Stoffsäckchen an langen Schnüren und zwei graumelierte Wurzeln auf den Tisch. Sie wies auf einen Punkt der Karte.

»Der Canyon befindet sich hier. Die Zeichnung stellt das Heiligtum darin dar. Es ist tabu, sich ihm zu nähern, will man die Verstorbenen nicht erzürnen und herausfordern. So sagt es die Überlieferung.«

»Und diese Wurzeln?« fragte Judy.

»Ein alter Zauber«, entgegnete Ruth geheimnisvoll. »Er schützt euch gegen den Zorn der Geister. Es hat mich viele Tage und Nächte gekostet, um sie zu besprechen und den Segen des Großen Geistes in ihnen einzuschließen.«

Cliff hütete sich, seine wahre Meinung über solcherart Zauber auszusprechen. »Wenn die Sage stimmt, werden wir ihn gut gebrauchen können«, sagte er.

Ruth sah sich im Winnebago um. »Ist euer Wagen wüstentauglich?« erkundigte sie sich.

»Nein. Aber wir könnten auf das Motorrad umsteigen, wenn's mit dem Wagen nicht mehr weitergeht.«

Ruth legte die Stirn in Falten. »Versucht es durch die Luft. Vielleicht sind die Geister euch dann gnädig. Und vergeßt keinesfalls die Wurzeln! Man trägt sie um den Hals, in diesen Beuteln hier.«

Judy Davenport wechselte einen skeptischen Blick mit Cliff. Doch auch sie wagte es nicht, Ruth einfach geradeheraus zu fragen, ob sie tatsächlich an Magie glaubte. Ruth Sekada war eine resolute Frau, und daß sie schnell etwas in den falschen Hals bekommen konnte, hatten Cliff und Judy bereits in Uncton feststellen müssen.

›Leuchtender Vogel‹ nahm ihnen die Frage ab, als hätte sie ihre Gedanken gelesen.

»Manchmal ist es einfach wichtig, *daß* man glaubt!« sagte sie nachdrücklich, wandte sich um und öffnete die Tür. »Ich habe getan, was in meiner Macht steht. Der Rest liegt in den Händen einer höheren Macht. Viel Glück, ihr beiden!«

Painted Desert
Navajo Indian Reservation, Arizona, 15. Oktober, 13 Uhr

Der Gedanke, so kurz vor dem Ziel jämmerlich zu scheitern, verlieh Jeff Lynch ungeahnte Kräfte. Er krümmte den Rücken und stemmte sich mit den Knien gegen den Untergrund. Zum erstenmal in seinem Leben sah er sich mit derartigen Naturgewalten konfrontiert. Der Sand schlug unaufhörlich gegen seinen Körper, aber immer und immer wieder stemmte er sich dagegen, bis er endlich eine Sturmpause erwischte und wieder auf den Beinen stand.

Fast gleichzeitig mit ihm kam auch sein Brauner hoch. Er schüttelte sich heftig, und Jeff wickelte die Zügel um den linken Unterarm.

Jetzt bloß nicht das Pferd verlieren!

Er versetzte dem sandbedeckten Körper neben sich einen Tritt.

»Raus hier!« schrie er hinter vorgehaltener Hand gegen das Orgeln des Sturmes an. »Haltet euch an den Pferden fest.«

Im Zeitlupentempo krochen sie unter dem Sand hervor, Schatten in einem dichten Nebelvorhang, Schemen einer unwirklichen Welt. Sie klammerten sich an die Sättel und Mähnen und ließen sich von den Pferden aus der Senke hinausziehen.

Die Tiere schnaubten, ihr Atem rasselte. Sand setzte sich in ihre Nüstern und verklebte sie. Vor Anstrengung bildete sich Schaum um die Mäuler.

Der Sand peitschte auf Mensch und Tier ein, rieb auf Haut und Fell und schmirgelte alles wund, was nicht dicht behaart war.

Mehr tot als lebendig zogen sich die Männer in die Sättel und machten sich neben den Hälsen der Tiere lang. Irgendwie schafften es die Tiere, vorwärts zu kommen.

Jeff zog das Tuch vor dem Gesicht noch ein wenig höher und über seine entzündeten Augen. Er ließ den Braunen gegen die wirbelnde Wand ankämpfen, die der Sturm ständig neu vor ihnen aufbaute.

»Seid ihr noch da?!« krächzte Lynch heiser. Seine ausgetrocknete und brennende Kehle fühlte sich an, als wäre sie mit Sand gefüllt. Von irgendwo her vernahm er eine Antwort, verzerrt und unverständlich.

Die Finsternis um sie herum war nicht vollkommen. Immer wieder zuckten winzige Blitze – elektrische Entladungen, die durch die starke Reibung der Sandkörner aneinander entstanden.

Jeff verlor jedes Zeitgefühl. Er konnte nicht sagen, ob sie sich erst Minuten oder bereits Stunden im Sturm bewegten. Die Tiere ächzten vor Anstrengung und arbeiteten sich durch den Sand wie durch zähen Sirup. Die Männer konnten nur hoffen, daß ihr Instinkt sie in eine rettende Richtung lenkte.

Irgendwann spürte Jeff, wie den Braunen die Kräfte verließen. Seine Bewegungen wurden lahmer, er bekam kaum noch Luft. Lynch zog sich am Sattel ein Stück nach vorn, blinzelte über das Halstuch hinweg und reinigte mit bloßen Fingern die verklebten Nüstern, so gut es eben ging. Der Braune schnaubte dankbar und stapfte weiter.

Irgendwann hob Jeff den Kopf. Täuschte er sich, oder ließ der Sturm nach?

Der Braune ging noch ein paar Schritte und blieb dann stehen. Etwas Dunkles ragte vor ihm auf, und einen Augenblick lang erkannte Jeff in dem aufreißenden Vorhang aus Sand eine Felswand. Dann hüllte der Sturm erneut alles ein.

Jeff glitt aus dem Sattel und versuchte Luft zu holen. Die Luft war heiß, fast glühend, und seine Atemwege hatte jemand mit einem Lötkolben trockengelegt.

Eine Berührung an seinem Bein ließ ihn zusammenzucken. Es war Russell, der neben seinem Pferd zu Boden sank.

»Ein Licht!« krächzte er. »Da vorn ist ein Licht!«

Unsinn! dachte Jeff. Wo sollte in dieser Einöde und diesem Inferno ein Licht herkommen?

Dann sah er es selbst.

»Der Teufel soll mich holen«, entfuhr es ihm.

Die Sonne konnte es nicht sein, die stand nicht so dicht über dem Boden – aber es war definitiv ein helles Leuchten!

Er gab dem Braunen einen Klaps und hängte sich am Steigbügel unter, ließ sich einfach mitziehen. Der Gaul keuchte kaum noch. Seine Augen waren vom Sand blind, und die Zunge hing ihm seitlich aus dem Maul.

Als Jeff den Kopf hob und erneut das Licht suchte, war es verschwunden. Dafür schälte sich ein dunkler Streifen zwischen hellen Felswänden vor ihm aus den Sandböen. Der Eingang zu einem schmalen Canyon!

Jeff wollte rufen, aber die Stimme versagte ihm. Nur ein heiseres Röcheln kam über seine Lippen. Die Pferde steuerten den sicheren Unterschlupf auch ohne menschliche Befehle an. Sie drängten zwischen die aufragenden Felswände und hielten mit zitternden Flanken an.

Erleichtert starrte Jeff auf die drei zerlumpten Gestalten, die aus den tobenden Sandmassen wankten. Russell ließ die Zügel seines Pintos fahren und fiel wie ein Sack zu Boden. Mansfield und Ferguson waren so fertig, daß sie nicht einmal bemerkten, daß der Sturm nachgelassen hatte, und einfach weiterstolperten, bis sie gegen eine der Felswände stießen. Mit wunden Händen tasteten sie umher, suchten nach einem Halt und kippten nach erfolglosem Bemühen einfach um.

Auch die Pferde waren am Ende ihrer Kräfte. Nacheinander sanken sie nieder.

Jeff mobilisierte alle Reserven, die er noch besaß.

»Kümmert euch um die Pferde!« krächzte er und erkannte seine eigene Stimme nicht wieder. »Sie ersticken, wenn wir ihnen die Nüstern nicht säubern!«

Mit letzter Kraft versetzte er Russell einen Tritt und nötigte ihn zum Aufstehen. Bei Ferguson und Mansfield sparte er sich die Anstrengung. Er und Pete schleppten sich zu den Tieren und legten deren Nüstern frei. Zwanzig Meter über ihnen tobte noch immer der Sturm, aber langsam hellte der Himmel auf.

Dann war der Sturm vorüber, so plötzlich, wie er über sie hereingebrochen war.

Und ein Wunder geschah. Fast übergangslos ballten sich droben am Firmament dunkle Wolkenbänke zusammen. Sekunden später goß es wie aus Kübeln. Die vier Männer kämpften sich hoch und hielten die Gesichter in den Regen. Mit den Hüten fingen sie das Wasser auf und spülten sich den Sand aus den Kehlen.

Auch die Pferde kamen auf die Beine und genossen das lebenspendende Naß.

Mansfield fing an zu kichern.

»Wißt ihr was? Jetzt, wo wir den Weg durch die Hölle überstanden haben, schafft uns nichts mehr! Das Gold gehört uns! Sobald wir –«

Er stockte mitten im Satz, fuhr herum und starrte Jeff Lynch an.

»Was ist mit dem Plan? Sind wir in der Nähe des Ziels, oder hat uns der Sturm abgedrängt?«

»Schwer zu sagen«, erwiderte Lynch. »Wir suchen einen Canyon, vor dessen Zugang ein einsamer Felsen von der Gestalt eines Büffels steht.«

Mansfield rannte aus der Schlucht hinaus. Kurz darauf hörten sie ihn jubeln und schreien. Er kehrte zurück und führte einen Freudentanz auf – was angesichts seiner Körpermassen eher an einen Wackelpudding erinnerte, der in unkontrollierbare Bewegung geraten war.

»Wir sind da! Wir haben es geschafft! Mann, ich kann das Gold schon riechen! Wir sind reich, reich, reich!«

Ferguson zuckte mit den Schultern.

»Jetzt hat es ihn endgültig erwischt. Der Sturm war wohl zuviel für ihn. Was tun wir? Abwarten, bis er zur Vernunft kommt?«

Lynch winkte ab. »Laß ihm die Freude. Er kriegt sich schon wieder ein.«

Im Gänsemarsch drangen sie zwischen die engen Felswände vor, jeder sein Pferd am Zügel. Der Boden senkte sich zusehends. Die schmale Schlucht verbreiterte sich zu einem geräumigen Canyon, über dessen Felsboden das Regenwasser schoß. Noch immer goß es in Strömen, und von den Steilwänden stürzten ganze Bäche und verwandelten den Untergrund in eine einzige riesige Pfütze. Die Lederstiefel der Männer widerstanden dem Wasser nicht lange, und bald hallte das Schmatzen ihrer Füße von den Felswänden wider.

Die Pferde waren unruhig. Sie tänzelten nervös auf der Stelle und zerrten an den Zügeln. Irgend etwas schien sie zu irritieren, aber keiner der Männer hätte sagen können, was es war.

beobachteten die Kameraden sein Treiben. Als er sich auch noch in den Schlamm warf und dabei vorgab, im Schatz zu baden, konnte Jeff Lynch es nicht mehr ertragen und wollte sich in Bewegung setzen. Ferguson hielt ihn mit hartem Griff zurück.

»Laß ihn. Solange wir nicht genau wissen, was seinen Zustand ausgelöst hat, bleiben wir besser hier.«

»Du hast recht.« Jeff nickte. Möglich, daß dieses Licht den Anfall ausgelöst hatte. Dann durfte man ihm nicht zu nahe kommen. Er zog den Plan aus der Brusttasche seiner Jacke, faltete ihn auseinander und studierte ihn.

»Der Felszacken in der Wand da drüben markiert den Anfang des Weges«, erklärte er dann und starrte wieder zu Mansfield hinüber, der hin und her hüpfte und mit den Armen Figuren beschrieb, als würde er einen Indianertanz aufführen.

»Die Höhle mit den Gebeinen muß sich hinter dem Durchgang befinden«, fuhr Lynch fort. »Was mich nur stört: Die Felsen sind nicht korrekt eingezeichnet! Die Position des Totempfahls stimmt, nur diese Felsen ...«

John Ferguson blickte skeptisch drein. »Vielleicht eine Falle? Fast jeder Schatzplan beinhaltet Fallen.«

Lynch maß ihn mit finsterem Blick. »Du kennst dich wohl überall aus, Professor.«

»Hast du etwa nicht ›Jäger des verlorenen Schatzes‹ gesehen?«

»Sehr witzig!« knurrte Jeff Lynch und wandte sich wieder Mansfield zu.

»Wilbur, verdammt noch mal, komm endlich her!« brüllte er. »Hörst du denn nicht?«

»Nein«, sagte Ferguson an Mansfields Stelle. »Er hört uns tatsächlich nicht. Wilbur lebt in einer anderen Welt. Wir sollten uns vorsehen. Ich kann die Gefahr geradezu spüren!«

»Jetzt hat er auch noch Vorahnungen!« seufzte Lynch und verdrehte die Augen.

»Vielleicht wäre es besser, wir ließen den Schatz erst mal Schatz sein und würden uns um die Pferde kümmern«, warf Russell ein, der bis jetzt geschwiegen hatte.

»Das wäre es in der Tat«, bestätigte Ferguson.

Die Ablehnung in Jeffs Gesicht war mehr als deutlich. Er hatte den beschwerlichen Ritt und den lebensgefährlichen Sandsturm nicht auf sich genommen, um jetzt kurz vor dem Ziel umzukehren.

»Wartet hier!« Lynch setzte sich entschlossen in Bewegung und ließ sich diesmal nicht zurückhalten. Langsam ging er auf Mansfield zu. Nach jeweils fünf Schritten hielt er immer wieder an und versuchte den Kameraden anzusprechen.

Der Dicke reagierte nicht. Der Schweiß lief ihm in Bächen über das Gesicht, und sein Hut lag zertrampelt im Schlamm. Wilburs Augen waren unnatürlich geweitet, und er sah zweifellos Dinge, die den drei anderen Männern verborgen blieben.

Plötzlich stoppte Lynch, als sei er gegen eine unsichtbare Wand gelaufen.

»Was ist los?« rief Ferguson. »Brauchst du Hilfe?«

»Nein. Aber ich spüre etwas. Eine Strahlung ... oder eine elektrische Aufladung in der Luft. Wie eine Barriere!«

»Komm lieber zurück!« rief Russell.

»Nicht ohne Mansfield!« Lynch trat einen weiteren Schritt nach vorn.

»Mach keinen Blödsinn, Mann!« rief nun auch Ferguson. »Wir rühren hier an etwas, das eindeutig gefährlich ist. Wir sollten verschwinden!«

»Glaubst du immer noch an das Märchen mit den Geistern der Ahnen ...?« Jeffs Lachen klang längst nicht so überlegen, wie er es sich gewünscht hätte.

Das Licht hinter dem Felsdurchgang schien an Stärke zuzunehmen. Aber es veränderte seine Position nicht.

Lynch hob einen Stein auf, zielte und warf. Er traf Mansfield an der Schulter, aber der nahm noch immer nichts von seiner Umgebung wahr. Er bewegte sich tanzend auf den Totempfahl zu. Aber noch bevor er ihn erreichte, bückte er sich, und seine Hände schienen einen imaginären Gegenstand von beachtlicher Größe zu umfassen.

Mansfield bewegte sich nun, als trage er eine schwere Last mit sich – obwohl nichts davon zu sehen war. Vor dem Totempfahl blieb der Dicke stehen und legte den unsichtbaren Brocken vorsichtig auf den Boden. Vermutlich hielt er ihn für einen Klumpen Gold, den er den Ahnen nun als Geschenk überreichte.

Der Vorgang mutete gespenstisch an. Mansfield war völlig verdreckt. Hemd und Hose hingen ihm in Fetzen. Er kniete vor dem Pfahl nieder und senkte den Kopf. Jeff Lynch konnte sehen, wie sich seine Lippen bewegten, ohne daß ein Ton zu ihm herüberdrang.

Plötzlich sprang Mansfield auf und rannte auf den Felsendurchgang und die Leuchterscheinung zu.

Ein Blitz zuckte durch den Canyon und tauchte die Felsen in grelles Licht. Die drei Männer schlossen instinktiv die Augen, um nicht geblendet zu werden.

Als sie sie wieder öffneten, war Mansfield von einer Aura umgeben. Er leuchtete wie ein überirdisches Wesen.

Und dann fiel er zu Boden.

Aber dort kam er nie an. Was einmal Wilbur Mansfield gewesen war, sank als feiner, heller Staub nieder.

Jeff Lynch wich hastig ein paar Schritte zurück, dann wandte er sich um und rannte, so schnell ihn seine Beine trugen, zu den anderen zurück. Seine Hände zitterten, und sein Gesicht hatte die Farbe von Kalkstein angenommen.

»Was war das?« ächzte Russell. »Bei Gott, hast du das gesehen?«

»Dehydrierung«, murmelte Ferguson tonlos. »Schlagartige Dehydrierung. Seinem Körper wurde im Bruchteil einer Sekunde alles Wasser entzogen! Aber das ist ...«

Er stockte und starrte zum Engpaß hinüber. Alle Farbe wich aus seinem Gesicht.

Russell und Lynch fuhren herum – und starrten wie gebannt auf die Leuchterscheinung, die den Durchgang passierte und näher schwebte. Sie war jetzt schon auf der Höhe des Totempfahls. Nach einer weiteren Schrecksekunde reagierten die Männer.

Wie von Teufeln gejagt wandten sie sich zur heillosen Flucht durch den Canyon.

Die Leuchterscheinung folgte ihnen und holte rasch auf. Sie ähnelte einer fußballgroßen Kugel von milchiger Konsistenz mit diffusem Rand.

Das Licht holte Russell und Lynch ein und hielt sich genau

über ihren Köpfen. Noch bevor sie die Gefahr registrierten, dehnte es sich aus und sank blitzartig auf die beiden Männer herab.

Ferguson, der einen kleinen Vorsprung herausgeholt hatte, hörte den Aufschrei seiner Kameraden. Er blickte zurück, kam ins Stolpern und schlug schwer auf den Felsboden.

Hastig rollte er sich herum. Wie gebannt hing sein Blick an dem, was sich hinter seinem Rücken abspielte.

Die Erscheinung hatte auch Jeff Lynch und Pete Russell in eine leuchtende Aura gehüllt. Die beiden Männer waren mitten im Schritt erstarrt. Wie eingefroren standen sie da, mit einem Ausdruck nackter Panik auf ihren Gesichtern. Ihre Münder bewegten sich nicht, selbst das hektische Beben der Nasenflügel schien von Zeitlosigkeit erstickt.

Ferguson brachte einen Schrei zustande. »Jeff!«

Für den Bruchteil eines Augenblickes war er versucht, umzukehren und den Gefährten beizustehen. Lynch hatte ihm das Leben gerettet. Jetzt hätte er sich revanchieren können.

Aber die Situation war nicht vergleichbar. Es war kein wildes Tier, das sie bedrohte, und auch keine Naturgewalt. Es war eine übernatürliche Erscheinung, der sie nichts entgegenzusetzen hatten.

John Ferguson rappelte sich wieder hoch und rannte wie von Furien gehetzt weiter. Dabei warf er immer wieder hastige Blicke zurück.

Die beiden erstarrten Gestalten veränderten sich auf erschreckende Weise. Ihre Gesichter fielen ein, die Haut bekam Risse, bis sie uralten ägyptischen Mumien ähnelten, deren Stofflagen man entfernt hatte.

Es war derselbe Vorgang, wie sie ihn bei Mansfield beobachtet hatten, nur sehr viel langsamer. Und das Endresultat war nicht das gleiche. Steif kippten die beiden Körper zur Seite und schlugen zu Boden, ohne sich in Staub aufzulösen.

Die Leuchterscheinung aber schwebte weiter.

John Ferguson rannte um sein Leben. Er hatte nie viel von Religion gehalten, jetzt aber schickte er ein Stoßgebet nach dem anderen zum Himmel.

Dann war er aus dem Canyon heraus. Vor ihm lag die Wüste.

Seine Schuhsohlen sanken tief in den feuchten Sand ein und kamen nur widerwillig und mit einem schmatzenden Geräusch wieder frei. Ferguson taumelte, fing sich wieder und hastete weiter. Er spürte regelrecht, wie das Licht hinter seinem Rücken näher kam.

»Nein«, ächzte Ferguson. »Weg mit dir! Laß mich in Ruhe!«

Da lag etwas Dunkles, Längliches im Sand! Ferguson rannte darauf zu, bis er es erkannte.

Ein irreales Gefühl der Hoffnung durchzuckte ihn.

Mansfields Rifle!

Sie mußte dem Pinto bei seiner Flucht aus dem Scabbard gerutscht sein.

Er riß das Gewehr an sich und warf sich herum.

Ein einziger Blick genügte. Genau vor ihm, keine zehn Meter entfernt, hing die Leuchterscheinung freischwebend in der Luft, ein jetzt wild waberndes Ding mit dem Durchmesser eines aufgespannten Regenschirms. Ferguson schien es, als sei das Licht schwächer geworden. Ja, als würde es auseinanderdriften. Ein weiterer Grund zur Hoffnung?

Die Rifle war geladen. Ferguson zog durch und legte auf das strahlende Gebilde an.

Und schoß.

Gleichzeitig mit dem harten, kurzen Knall glühte die geisterhafte Kugel auf, so hell, daß Ferguson geblendet die Augen schloß.

Aber das war auch die einzige Reaktion.

Die Kugel schwebte weiter!

John Ferguson wartete nicht ab, bis sie ihn erreichte, sondern hetzte weiter, das Gewehr fest umklammert.

So sah er nicht, wie sich die Leuchterscheinung immer mehr aufblähte und dabei von ihrer Leuchtkraft verlor – als hätte das kurze Aufglühen Energien verbraucht, die sich nicht mehr regenerieren ließen.

Ferguson blieb auch nicht stehen, als sich die Leuchtkugel hinter ihm längst in nichts aufgelöst hatte.

Wer jetzt in seine Augen geblickt hätte, der hätte ein Funkeln darin entdeckt, das seinen Blick irrlichtern ließ.

Daß Ferguson sich nicht mehr umwandte, hatte einen so simplen wie erschreckenden Grund.

Er hatte das unheimliche Licht vergessen. Er kannte auch nicht den Grund, warum er immer weiter in die todbringende Wüste hineinrannte. Er wußte nicht einmal mehr seinen Namen.

John Ferguson hatte den Verstand verloren ...

Bens Cross Area

Gallup, New Mexiko, 15. Oktober, 17 Uhr

Alles an Dexter Barnaby war wettergegerbt, das Gesicht, die Arme, die Kleidung. Sogar der Sikorsky wies trotz seiner weißen Lackierung etliche braune Flecken auf, die allerdings mehr auf dem Prinzip ›Rost als Schutz gegen Korrosion‹ beruhten. Nur der Schriftzug ›Miss Ellie‹ an seiner Flanke sah aus wie frisch geleckt.

»Und Sie behaupten allen Ernstes, daß die Maschine flugtauglich ist, Mr. Barnaby?« fragte Judy skeptisch.

»Nenn mich Dex, Kindchen. Tun alle hier.« Dexter Barnaby spuckte ungeniert Priem in den Sand. »Und frag einen alten Luftpiraten nie, ob sein Schiff auch fliegt. Bringt Unglück.«

»Nun ja, Mr. ... Dex«, warf Cliff Conroy ein. »Schließlich wollen wir ja keinen Schiffbruch erleiden, irgendwo da oben in den Wolken.« Er wies mit dem Daumen himmelwärts.

Barnaby grinste übers ganze Gesicht, sichtlich erfreut, daß das ›Greenhorn‹ die nautische Terminologie aufgegriffen hatte. Mit seinem grauen Rauschebart hätte er wahrlich besser auf einen Krabbenkutter gepaßt als auf das Flugfeld eines Hubschrauber-Flugdienstes.

Er lachte rauh. »Und welchen Kurs wollt ihr setzen?«

»Wir wollen uns an der Rettungsaktion beteiligen. Vielleicht haben Sie schon davon gehört ...?«

»Lebe schließlich nicht hinterm Deich, Jungchen. Klar weiß ich Bescheid. Vier Typen gelten als vermißt. Aber ihr kommt ein wenig spät, Leute. Der Sheriff von Tuba hat schon einen Suchtrupp auf den Weg geschickt, nachdem ein Sportflieger vier herrenlose Pferde auf dem Weg nach Norden gesichtet hat. Ihr kommt also auf alle Fälle zu spät. Außerdem ...« Er druckste herum. »Die Gegend, wo diese vier Landratten verschwunden sind, ist nicht ganz geheuer. Da spukt der Klabautermann, wenn ihr mich fragt!«

»Angst vorm Fliegenden Holländer, Dex?« konterte Cliff.

»Angst?« Barnaby spie wieder kraftvoll aus. »Kenn' ich nicht. Aber ich will meine gute Miss Ellie auf ihre alten Tage nicht aufs Spiel setzen. Eigentlich sollte ich ja gestern einen neuen Heli geliefert bekommen, aber die Überführung hat sich wohl verzögert. Wenn das kein Wink des Schicksals ist ...«

»Zweihundert Dollar und das Benzin, Dex«, half Cliff bei der Entscheidung. Und fügte sicherheitshalber hinzu: »Falls Ihr Helikopter überhaupt vom Boden hochkommt.«

»Hölle, Tod und Teufel.« Barnaby riß sich den Stetson vom Kopf und warf ihn in den Staub des betonierten Landeareals. »Willst du mich beleidigen? Mit dem Ding transportiere ich einen Panzer auf nüchternen Magen! Mit fünf Generälen drin!«

»Sie brauchen uns und die Ausrüstung nur abzusetzen«, sagte Judy. »Wir melden uns über Funk, wenn Sie uns wieder abholen sollen. Ist das ein Angebot?«

Vorsicht und harte Dollars rangen sichtlich in Dexter Barnaby miteinander. Schließlich siegten die finanziellen Aussichten. »Aye. Wann stechen wir in See?«

Cliff atmete auf. Es war schwierig genug gewesen, eine Fluggelegenheit in die Painted Desert zu finden. Hätte Barnaby auf stur geschaltet, hätten sie sich mit dem Winnebago auf den Weg machen müssen, was ungleich länger dauerte.

»Am besten gleich«, entgegnete er. »Wir brauchen eine Viertelstunde, um die Ausrüstung und das Motorrad in den Helikopter zu schaffen.«

»Okay. Ich muß noch mal kurz weg, Phil Bescheid geben, daß ich drauf und dran bin, meinen Kopf zu verlieren.« Wer dieser Phil sein sollte, erklärte er nicht. Dafür bot er an: »Kannst den Campingbus dann in den Hangar stellen, Junge. Ich paß drauf auf.«

Es dauerte eine halbe Stunde, bis Barnaby zurückkehrte und beim Festzurren der Kawasaki half. Anschließend warf er sich mit einem Seufzer in den Pilotensessel, zog die Tür zu und führte den Check durch.

»Das eine kann ich euch sagen«, murrte er. »Wenn auch nur das Geringste passiert, schmeiße ich euch eigenhändig über Bord!«

Der Sikorsky begann erst zu sirren, dann zu dröhnen. Und schließlich hob sich das alte Ding mit Rumpeln und Knattern in die Höhe.

Die Bleche der Außenverkleidung knirschten bedenklich, hielten der Belastung aber stand.

Der Helikopter keuchte und kletterte auf seine Flughöhe hinauf.

»Was ist das eigentlich für ein Spuk, den Sie vorhin erwähnten, Dex?« schrie Cliff gegen den Lärm an.

»Na ja ... Spuk eben!« brüllte Barnaby wenig informativ zurück, wurde dann aber konkreter. »Ein paar Kumpels von mir haben dort draußen seltsame Lichter gesehen, und vor einem Vierteljahr ist Lance Milton, ein Farmer aus der Nähe von Tuba City, spurlos verschwunden. Er hatte ein Leuchten in der Wüste gesehen und den Behörden Meldung gemacht. Die haben ihn in die Ausnüchterungszelle gesteckt, und das hat ihn wohl gewurmt. In der nächsten Nacht ist er selbst losgezogen und nie mehr aufgetaucht.« Er spuckte eine Ladung Priem zielsicher durch das offene Cockpitfenster.

Cliff und Judy sahen sich an. Ihre Mienen waren alles andere als fröhlich.

Unter dem Sikorsky zog ein Teil des Großen Beckens vorbei. Hier, im Südteil des Navajo-Reservats, gab es noch keine Bagger, die sich tief in den Sand fraßen und jeden Tag hunderttausend Tonnen Kohle an die Oberfläche schaufelten. Dem Heiligtum der Anasazi waren die riesigen Abbaumaschinen noch nicht auf den Leib gerückt – so wie das droben im Nordwesten von New Mexiko geschah, wo die metallenen Ungetüme den Shiprock belagerten, den Heiligen Berg aller Navajo-Indianer.

Eine halbe Stunde lang redeten die drei Insassen des Helikopters kein einziges Wort – was bei dem Lärm auch schlecht möglich war, ohne sich die Lungen aus dem Leib zu schreien. Dann erwachte Dexter Barnaby aus seinem Brüten.

»Wir sind bald im Zielgebiet! Zeig mir mal die Karte, die du da mit dir rumträgst, Jungchen!«

Cliff faltete sie auseinander. Der Alte studierte sie einige Sekunden lang, dann deutete er auf einen Punkt der Karte und anschließend nach vorn, aus dem Cockpit.

»Seht ihr links vorn den dunklen Streifen am Horizont? Das ist der Einschnitt des Little Colorado. Irgendwo da unten muß es sein. Wo wollt ihr abgesetzt werden?«

Cliff besah sich die Karte kurz und wies auf den Ort, den Ruth Sekada bezeichnet hatte.

»Genau hier!«

»Aye, Steuermann!«

Fünf Minuten später entdeckten sie weit im Nordwesten einen Jeep und sechs Reiter, die sich nach Süden bewegten.

Judy kramte im Gepäck und reichte Cliff den Feldstecher.

»Sie führen vier Pferde am Strick mit sich, wahrscheinlich die der Vermißten!« schrie Cliff ihr ins Ohr. »Gar nicht dumm. Sie hoffen, daß die Tiere sie zu ihnen führen.«

»Zehn Kilometer südwestlich ist das Felsmassiv, wo ihr hinwollt!« rief Dexter und verringerte das Tempo des Helikopters. »Ich setze euch hier ab.«

»Warum schon hier?« gab Cliff zurück. »Geht's nicht wenigstens noch ein paar –«

Dexter Barnaby schnitt ihm mit einer Handbewegung das Wort ab. »Bis hierher und keine Seemeile weiter! Ich lande dort, wo der Sturm den Sand zu Dünen aufgeweht hat.«

Das war sein letztes Wort, und sie sahen ihm an, daß er durch nichts umzustimmen sein würde. Bei Menschen seines Schlages war es ratsam, eine solche Entscheidung zu akzeptieren.

Der Helikopter beschrieb einen Bogen in Richtung des Little Colorado und setzte zur Landung an. Der Suchtrupp im Norden geriet außer Sicht, und Cliff überschlug im Geiste, wie hoch der Vorsprung sein mochte, den sie vor den Polizisten hatten. Es konnte nicht mehr als eine halbe Stunde sein.

Dexter Barnaby hatte es eilig, sie abzusetzen. Was immer er auch behauptet hatte – der ›Spuk‹ nötigte ihm einen gehörigen Respekt ab. Er landete in einer Windhose aus Sand und stieß die Tür auf. Fast schneller als Cliff war er hinten beim Motorrad und zerrte es zum Ausstieg.

Sie hoben die Kawasaki vorsichtig in den Sand und verstauten in aller Eile die Ausrüstung. Cliff und Judy schlüpften in ihre Ledermonturen und setzten die Helme auf.

»Wir melden uns über Funk, Dex. Kanal 23, wie abgesprochen«, sagte Cliff zum Abschied und drückte dem Original die Pranke.

»Mast- und Schotenbruch!« erwiderte Barnaby. »Aber nun verschwindet endlich. – He, ihr habt was vergessen!«

Er warf ihnen eine Tasche zu, die unter einen der Sitze gerutscht war.

»Die Videokamera!« Judy hängte sich die Tasche auf den Rücken. »Danke, Dex!«

Ihre Worte gingen im Gebrüll der Kawasaki unter. Cliff bretterte los und jagte die Maschine über den Sand. Judy klammerte sich fest, um nicht wie von einem bockigen Esel abgeworfen zu werden.

Hinter ihnen stieg wenig später der Hubschrauber in die Höhe und donnerte nach Nordosten, als sei sein Pilot mit Mühe und Not einer tödlichen Gefahr entronnen.

»Ein Typ wie Ruth!« Judys Stimme klang dumpf unter dem Sturzhelm hervor. »Er weiß mehr, als er zugibt.«

»Es scheint in der Mentalität von komischen Kauzen zu liegen, daß sie Informationen entweder wie einen Wasserfall ablassen oder nur in winzigen Portionen von sich geben«, erwiderte Cliff. »Halt dich fest. Ich lege noch einen Zahn zu.«

Er drehte das Gas auf. Judy fand, daß es weniger ein Zahn war, sondern eher ein ganzes Gebiß.

Painted Desert,
Arizona, 15. Oktober, 18 Uhr 22

Laut Ruth Sekadas Plan hatten sie das Ziel ihrer Suche erreicht. Das Felsmassiv erhob sich rund zwanzig Meter über das Niveau der Wüste. Cliff fuhr dicht an der Felswand entlang und stoppte die Kawasaki an einer Stelle, wo das Massiv sich zu einem schmalen Canyon öffnete. Dort führte ein Weg leicht abwärts, den vor Tausenden von Jahren ein stetiger Strom in den Fels gewaschen hatte.

Sie stiegen ab, und Cliff bockte die Kawasaki auf. Zusammen gingen sie auf den Einschnitt zu.

Plötzlich stoppte Judy und umfaßte Cliffs Oberarm.

»Halt! Irgendwas stimmt nicht«, preßte sie hervor. »Ich sehe den Eingang irgendwie … verzerrt.«

Cliff Conroy blinzelte. »Du hast recht. Eine Luftspiegelung vielleicht?«

Aber die Luft um das Massiv herum war klar wie nach jedem größeren Regenguß. Die Verzerrungen wirkten eher, als läge das Felsmassiv dicht unter einer Wasseroberfläche.

Cliff rieb sich über die Augen, doch das Phänomen blieb. Vorsichtig näherten sie sich weiter dem Felseinschnitt und lauschten in den Canyon hinein. Alles war still. Der Wind trug ihnen Feuchtigkeit und leichten Modergeruch entgegen.

»Ich spüre einen leichten Druck im Kopf«, sagte Judy und blieb erneut stehen.

Cliff nickte. »Ich auch.« Es wunderte ihn nicht, daß auch dieses Phänomen sie beide betraf. Die Einflüsse strahlten ganz offensichtlich vom Canyon aus.

Judy massierte ihre Schläfen.

»Ein ausgesprochen ungastlicher Ort«, stellte sie fest. »Falls du beabsichtigst, einfach in den Canyon hineinzuspazieren, schlag es dir aus dem Kopf.«

»Die vermißten Männer haben es jedenfalls getan.« Cliff wies auf die deutlichen Spuren mehrerer Stiefelpaare, die geradewegs in die Felsschlucht hineinführten.

»Wahrscheinlich werden sie genau deswegen vermißt«, konterte Judy.

Cliff sah an den steil aufragenden Wänden empor.

»Wir versuchen es über die Flanke«, schlug er vor. »Hier sind die Felsen zu glatt und steil, aber vorhin sind wir an einer Stelle vorbeigekommen, wo wir aufsteigen könnten. Dort können wir auch die Maschine verstecken.«

»Apropos verstecken – was ist mit unseren Spuren?« fragte

Judy. »Wir sollten verdeckt operieren. Wenn uns der Suchtrupp aufspürt, ist es damit vorbei.«

Cliff nickte. »Du hast recht.« Er blickte zurück, wo sich die Reifenspur der Kawasaki schnurgerade am Felsrand entlangzog. »Der eine fährt, der andere fegt«, fuhr er fort. »Welchen Part willst du übernehmen?«

»Ich sehe schon, die Drecksarbeit bleibt wieder an mir hängen«, seufzte Judy.

Cliff bockte die Kawasaki ab, startete sie und wendete. Dicht neben der ersten Reifenspur fuhr er etwa zweihundert Meter bis zu einer Stelle zurück, wo es zerklüftete Vorsprünge im Gesteinsmassiv gab, die sich gut als Versteck eigneten. Mit elegantem Schwung steuerte er die Kawasaki zwischen die Felsen und stieg ab. Während er darauf wartete, daß Judy zu ihm aufschloß, holte Cliff die Ausrüstung von der Maschine und überprüfte sie auf Vollständigkeit.

Judy Davenport nahm sich Zeit, die Spuren der Räder einzuebnen. Als sie zehn Minuten später beim Versteck anlangte, hatte Cliff die beiden Rucksäcke bereits fertig gepackt. Zusätzlich hängte er sich die Tasche mit der Videokamera um. Selbst Ruths Zauberwurzeln vergaßen sie nicht, obwohl sie sich ein Grinsen nicht verkneifen konnten, als sie sich die beiden kleinen Stoffbeutel um den Hals hängten.

Hintereinander machten sie sich an den Aufstieg, Judy voraus. Das Unwetter hatte den feinen Flugsand zum größten Teil vom Untergrund gewaschen, so daß sie genügend Halt fanden. Meter um Meter arbeiteten sie sich die zerklüftete Wand empor bis zu den Zinnen der Formation.

Painted Desert
Navajo Indian Reservation, Arizona, 15. Oktober 18 Uhr 16

McClure kam nach vorn. Er ließ den Motor des Jeeps aufheulen und überholte die Gruppe der sechs Reiter. Er setzte den Wagen neben Tanners Pferd und paßte ihn der Geschwindigkeit des Tieres an.

»Sollte sich der Hubschrauber noch mal blicken lassen, verpaßt ihm ein paar blaue Bohnen!« rief er laut.

Tanner warf dem bulligen Fahrer einen verblüfften Blick zu.

»Warum denn das?« rief er zurück.

»Jede Wette, daß das Pressefritzen sind, die Blut gewittert haben!« rief McClure. »Ich kann diese Leichenfledderer nicht ausstehen!«

»Aber sie könnten uns bei der Suche helfen!«

»Helfen? Ha!« McClure vollführte eine abwertende Bewegung. »Die stürzen sich höchstens auf die Vermißten und machen Interviews, bis alle ihr Leben ausgehaucht haben! Auf diese Art Geier kann ich gut verzichten!«

Der Jeep wich ein Stück zur Seite, und Richard Tanner nahm mit einem Aufatmen zur Kenntnis, daß er sich von der Gruppe entfernte und ihnen voraus nach Süden raste.

»So ein aufgeblasener Typ«, klang Felipe Domingos Stimme auf. »Was will der überhaupt hier?«

»Keine Ahnung«, murmelte Tanner, seines Zeichens Sergeant und Anführer des Suchtrupps. »Der Chief hat uns nicht gesagt, warum uns McClure überhaupt begleitet. Dem Akzent nach scheint er aus El Paso zu kommen, oder von noch weiter südlich.«

Domingo lachte. »Hast du sein Hemd gesehen, Richard? Es platzt aus allen Nähten. Wahrscheinlich einer dieser Schreibtischtäter, die sich einbilden, überall ihre Finger reinstecken zu müssen.«

»Das sind die Schlimmsten«, bestätigte der Sergeant. »Auf alle Fälle sollten wir uns vorsehen. Mir ist der Kerl unheimlich. Seine Unterredung mit dem Chief scheint nicht gerade nach seinem Geschmack verlaufen zu sein. Als er aus dem Office kam, hat er aus Wut den eisernen Handlauf an der Treppe verbogen. Mit einer Hand, Felipe! Ich hab's vom Fenster meines Office aus gesehen.«

»Heilige Jungfrau Maria«, entfuhr es dem Polizisten. »Du meinst, er kommt von den Green Barrets oder einer anderen Spezialeinheit?«

»Eher einer anderen. Der Kerl hat Kräfte wie ein Grizzly. Also seht euch vor, Jungs. Mit dem Typen ist nicht zu spaßen.«

Er wandte den Kopf nach rechts, wo die vier eingefangenen Pferde am Lasso liefen. Die Polizisten hatten die beiden Pintos, den Braunen und den Falben getränkt und sie auf die eigene Spur zurückgeführt.

Da hatte der Wind die Fährte noch nicht völlig verweht gehabt. Inzwischen war sie längst von Sand zugedeckt worden, und sie konnten sich nur darauf verlassen, daß die Pferde ihrem Instinkt folgten und zu ihren Reitern zurückkehren würden.

Die Tiere hatten es längst nicht mehr so eilig wie zu Anfang. Immer öfter fielen sie vom Trab zurück in den Schritt, und die Beamten mußten sie antreiben.

Ein einziges Sattelholster war leer. In allen anderen steckten noch die Gewehre. In den Satteltaschen hatten sie den Proviant und die Wasserflaschen gefunden. Für jemanden, der sich ohne Reittier in der Wüste aufhielt, war das nicht unbedingt ein Vorteil. Eher ein Todesurteil.

Und dann war da noch der Sandsturm ... Nein, wenn die vier Vermißten zu dieser Zeit keine Deckung gefunden hatten, konnte man sie abschreiben. Sie würden nicht einmal ihre Leichen finden.

Der Braune wieherte plötzlich und brach aus. Er versuchte sich von der Gruppe zu entfernen, doch das Lasso hinderte ihn daran. Einer von Tanners Begleitern scherte mit seinem Pferd aus und drängte den Braunen wieder zu den anderen zurück. Eine Weile hielt er sich neben ihm, bis er sicher war, daß das Tier sich beruhigt hatte.

»Was war mit dem Gaul los?« fragte Domingo. »Ob er was gewittert hat?«

»Keine Ahnung«, entgegnete Tanner. »Die drei anderen Pferde haben jedenfalls nicht reagiert. Was es auch war ... He, Moment mal ...« Er richtete sich im Sattel auf und beschattete seine Augen mit der flachen Hand. »Da vorn ist etwas«, sagte er.

Sie verlangsamten das Tempo und kamen schließlich zum Stehen.

»Eine Fußspur«, stellte der Sergeant fest. »Sie kommt von Süden von dieser Felsengruppe und führt nach Osten. Am besten teilen wir uns in zwei Gruppen.«

Sie hörten das Jaulen des Jeeps bereits, bevor sie das Fahrzeug sahen. Es tauchte hinter mehreren Bodenwellen auf und näherte sich mit hohem Tempo. McClure hielt voll auf die Reiter zu und bremste erst wenige Meter vor ihnen in einer Sandfontäne.

»Reitet weiter auf die Felsen zu«, befahl der Typ hinter dem Steuer. »Immer der Spur nach.«

»Vielleicht sollten wir uns zunächst einmal darüber unterhalten, wer hier das Kommando führt, Sir«, erklärte Richard Tanner mit eisiger Stimme. »Mir wurde es von Chief Cody übertragen. Ihre Aufgabe ist mir nicht bekannt.«

McClure lachte abfällig.

»Das kann ich mir denken. Um es ein für allemal klarzustellen, Tanner: Sie führen das Kommando über Ihre Leute. Und ich gebe die Anweisungen, was *Sie* zu tun haben.«

»Und das soll Cody genehmigt haben, ohne mich zu informieren? Sehr unglaubwürdig, McClure.«

»Sie haben doch ein Funkgerät bei sich«, entgegnete der schwergewichtige Mann gelassen. »Fragen Sie einfach nach.«

Tanner ahnte Schlimmes. Er kramte das handliche Sprechfunkgerät aus der Satteltasche und rief das Office in Tuba City. Chief Cody meldete sich persönlich. Tanner trug ihm den Sachverhalt vor.

»Halte dich an seine Anweisungen«, erklärte der Sheriff mit matter Stimme. »Tut mir leid, Richard. Anweisung von ganz oben. Ich konnte dich leider nicht mehr vor eurem Aufbruch informieren, weil ich McClures Autorisation selbst noch überprüfen wollte. Aber sie ist wasserdicht.«

»Mist!« knirschte Tanner, aber so leise, daß der Mann im Jeep es nicht hören konnte.

»Ich kann's nicht ändern. Viel Glück.«

Tanner schaltete ab und starrte grimmig auf den Jeep und seinen Fahrer hinab.

»Ich weiß nicht, wie Sie es gedreht haben, aber es geht in Ordnung«, knurrte er heiser.

»Sie stehlen mir und sich selbst mit solchen Kompetenzrangeleien wertvolle Zeit«, zischte McClure. »Ich möchte kein Disziplinarverfahren gegen Sie anstrengen, Tanner. Ich hoffe, ich habe mich deutlich genug ausgedrückt.«

»*Ja, Sir.*« Tanners Tonfall ließ deutlich erkennen, daß er eigentlich etwas ganz anderes hatte sagen wollen. McClure ging nicht darauf ein. Er wies in die Richtung der Felsengruppe.

»Von dort kommen die Spuren. Dort liegt also auch Ihr Ziel, meine Herren.«

»Und was ist mit dem Mann, der hier langgegangen ist?« wagte einer der Reiter aufzubegehren. »Sollen wir ihn einfach seinem Schicksal überlassen?«

Plötzlich erschien ein Grinsen auf McClures Gesicht. Aber es war eindeutig nicht freundlich gemeint.

»Hier steht mehr auf dem Spiel als das Leben eines einzelnen Mannes. Ich benötige bei dieser Mission jeden einzelnen von Ihnen. Und ich dulde keine weitere Verzögerung!«

Mit diesen Worten legte er einen Gang ein, ließ die Kupplung kommen und raste in einer Staubwolke davon – nicht direkt auf die Felsen zu, sondern nach Südost.

Die Polizisten starrten dem Jeep nach.

»Was hat dieses aufgeblähte Arschgesicht gemeint?« Felipe Domingo spuckte geräuschvoll in den Sand. »Welche Mission? Wir sind hier, um Leben zu retten, nichts weiter.«

»Ich fürchte, das *waren* wir«, entgegnete Tanner düster. »McClure hat gerade unsere Befehle geändert.« Er schnalzte mit der Zunge und trieb sein Pferd an. »Also, los, Jungs! Ihr habt gehört, was Mr. Arschgesicht gesagt hat. Handeln wir uns keine unnötigen Probleme ein!«

Sie gaben ihren Pferden die Sporen. Auch die eingefangenen Tiere hielten unmittelbar auf die Felsbastion im Süden zu. Dann aber verweigerten sie plötzlich – und nicht nur sie, sondern auch die Pferde der sechs Beamten. Nur mit Mühe waren sie zu bewegen, sich den Felsen weiter zu nähern. Als würden sie etwas wittern, das ihnen eine höllische Angst einjagte …

Tanner entschied sich für eine Änderung der Formation.

»Wilson, Brady, Thomson und Fields, ihr nehmt die Pferde der Vermißten einzeln an die Leine. Bindet die Lassos am Sattelknauf fest.«

Auf diese Weise ging es ein, zwei Minuten besser. Dann bäumte sich der Braune auf und warf sich zur Seite. Er riß Wilsons Pferd mitsamt Reiter zu Boden.

Wilson konnte sich nur helfen, indem er das Messer zog und den Strick durchtrennte. Der Braune jagte nach Norden. Auch der Falbe und die beiden Pintos zerrten wie verrückt an ihren Stricken.

»Es hat keinen Sinn!« entschied Tanner. »Laßt sie rennen!«

Die Polizisten hatten alle Hände voll zu tun, ihre eigenen Pferde daran zu hindern, daß sie ebenfalls in wilder Flucht davonstoben. Sie ließen sie einige Zeit im Kreis traben und schlugen anschließend wieder die alte Richtung ein. Eine halbe Minute ging es gut, dann fingen die Tiere erneut zu bocken an. Mit Mühe hielten die Reiter sie unter Kontrolle.

»Da muß irgend etwas in der Felsbastion sein, das die Tiere wild macht.« Tanner deutete nach vorn. »Aber was kann so stark duften, daß sie es auf einen Kilometer Entfernung wittern? Ein Raubtier bestimmt nicht!«

Mit Mühe und Not schafften sie es bis in die Nähe des dunklen Einschnitts, dem Anhaltspunkt in der steinernen Wand, an dem sie sich orientierten. Mit Lederriemen und unter Zuhilfenahme der Zügel banden sie den Pferden die Beine zusammen, so daß sie sich kaum von der Stelle rühren konnten. Die Tiere ließen es widerstrebend geschehen und quittierten es mit hektischem Schnauben, Augenrollen und angstvollem Schmatzen.

Tanner zog sein Gewehr aus dem Sattelholster und machte es schußfertig. Dann begann er mit der Untersuchung der Spuren in allernächster Nähe. Sie deuteten auf mehrere Männer hin, nicht nur auf einen. Die Spur in die Wüste hinaus stammte jedoch eindeutig von einer einzigen Person.

Mit höchster Wahrscheinlichkeit befanden sich die anderen also noch in der Nähe.

Plötzlich winkte einer der Männer, die nahe der Felswand auf Spurensuche waren. »He, Sergeant!« rief er. »Kommen Sie doch mal her!«

Tanner lief zu ihm hinüber. »Was gefunden?«

Wilson deutete auf den Boden. »Hier. Sehen Sie es?«

Tanner war im Spurenlesen nicht geübt. Vor allem, wenn es gar keine Spuren zu sehen *gab*. Dann begriff er, daß genau das der Knackpunkt war!

»Sieht so aus, als hätte jemand den Sand verwischt«, stellte er fest.

»Genau«, bestätigte Wilson. »Aber warum? Verdurstende Männer dürften wenig Interesse daran haben, daß man sie *nicht* findet.«

»Ein weiteres Rätsel, das wir im Moment nicht lösen können«, entschied Tanner. »Wir dürfen keine Zeit verlieren. Für die Vermißten ist jede Minute kostbar. Wir kümmern uns später darum.«

Die Polizisten untersuchten den Einschnitt im Felsmassiv. Weiter hinten wichen die steilen Wände des Canyons auseinander, und der Boden senkte sich. Vermutlich hatte sich hier irgendein urzeitlicher Nebenfluß des Little Colorado in den Stein gegraben.

»Wollen wir auf McClure warten?« fragte Domingo. »Wer weiß, wo der sich herumtreibt.«

Sergeant Richard Tanner schüttelte den Kopf.

»Hat er befohlen, auf ihn zu warten? Nein. Also schauen wir nach, ob wir die Vermißten irgendwo da drinnen entdecken. Mit der gebotenen Vorsicht, das versteht sich von selbst. Los jetzt!«

Er ahnte nicht, daß er mit dieser Entscheidung dem Tod näher rückte als dem Leben ...

Heiligtum der Anasazi

Painted Desert, Arizona, 15. Oktober, 18 Uhr 40

Der Aufstieg zum Plateau des Felsmassivs war beschwerlicher, als Cliff und Judy es erwartet hatten. Einmal mehr mußten sie erkennen, daß eine Arbeit im Computerzentrum der NASA oder im internen Polizeidienst niemanden für das Leben ›da draußen‹ vorbereitete. Selbst wenn man nebenher fleißig Sport trieb.

Trotzdem – nach etwa zwanzig Minuten hatten sie den oberen Rand fast erreicht.

Doch plötzlich hielt Judy inne und klammerte sich an

einem Vorsprung fest. Ihre Finger krallten sich regelrecht in das Gestein.

»Mir wird schlecht«, stöhnte sie. »Und mein Gleichgewichtssinn ist durcheinander. Von einem Augenblick auf den anderen.«

»Ich komme!« Cliff beeilte sich, zu ihr aufzuschließen.

Es war, als würde er von unten in einen See von Übelkeit tauchen. Ein Stöhnen drang über seine Lippen. Blind griff er nach Judys Hand und zog sie mit sich ein Stück zurück. Sie klammerten sich aneinander und holten tief Luft. Der Anfall ebbte ab.

»Was war das?« ächzte Judy. »Es kam so plötzlich.«

»Keine Ahnung. Aber jetzt es ist wieder vorbei.«

»Es war ein seltsames Gefühl«, ließ sich Judy vernehmen. »Als wenn man eine Barriere durchstoßen würde.«

Auf Cliffs Stirn erschien eine tiefe Furche. Seine Hände umschlossen das Säckchen um seinen Hals, öffneten es und förderten die Wurzel zutage. Er roch daran.

»Was meinst du – ob sie auch gegen Übelkeit hilft?« fragte er. Die Skepsis in seiner Stimme hatte einer leisen Hoffnung Platz gemacht.

»Versuchen wir es«, schlug Judy vor.

Dicht hintereinander stiegen sie erneut bergan.

Und wieder überkam sie die Übelkeit, von einem Augenblick auf den anderen. In ihren Köpfen machte sich ein Schwindelgefühl bis hin zur Beeinträchtigung ihres Sehvermögens breit. Cliff schloß die Augen und schluckte mehrmals.

»Tief durchatmen«, ächzte er.

Die Wurzeln schienen nicht zu wirken. Sollte Ruth sich geirrt haben? Oder war dies einfach nur die falsche ›Medizin‹ gegen einen Zauber, den sie nicht erwartet hatte? Weil er nichts mit indianischer Folklore zu tun hatte.

»Zurück?« stieß Judy hervor. Ihr Gesicht war bleich.

Cliff biß die Zähne zusammen und schüttelte den Kopf.

»Die Alternative wäre der Canyon«, entgegnete er gepreßt. »Warten wir noch eine Weile; vielleicht wird es besser.«

Zwei, drei Minuten kämpften sie verbissen dagegen an, den Inhalt ihrer Mägen über die Felswand zu verteilen, dann ließ die Übelkeit allmählich nach. Vielleicht gewöhnten sich ihre Körper auch nur daran. Nach weiteren fünf Minuten waren die Symptome so in den Hintergrund getreten, daß sie sie kaum noch beeinträchtigten.

»Reine Gewöhnungssache«, kommentierte Cliff, schluckte noch einmal und kletterte dann weiter. Judy schloß sich ihm an.

Ständig darauf gefaßt, daß eine neuerliche Welle der Übelkeit über sie hereinbrach, erklommen sie vorsichtig die letzten Felsen und erreichten den höchsten Punkt des Massivs. Sie sanken in eine steinerne Kuhle, die der beständig streichende Wüstenwind hier oben geschaffen hatte. Der Rand des Canyons lag jetzt kaum mehr einen Steinwurf entfernt.

Cliff setzte die Fototasche ab und entnahm ihr die Videokamera. Er reichte sie Judy. »Bleib dicht bei mir und halte die Kamera auf Stand-by«, sagte er. »Wenn irgend etwas passiert, nimm es auf.«

Während Judy das Gerät einschaltete und auf Aufnahme/Pause schaltete, rollte Cliff sich auf den Bauch und robbte vorsichtig auf die Abbruchkante zu. Das flaue Gefühl in seinem Magen nahm zu. Er spürte fast körperlich die nicht faßbare Bedrohung.

Im Canyon herrschte Halbdunkel. Die hohen Wände ließen nur einen schmalen Streifen des allmählich verlöschenden Tageslichts ein.

Links unterhalb von Cliffs Position ragte ein Totempfahl auf, und auf der gegenüberliegenden Wand kündeten verwitterte Zeichen im Gestein von einer Kultstätte. Rechts verengte sich der Canyon zu einem schmalen Durchgang. Nach links ging es zum Ausgang der Schlucht.

Was immer Cliff auch erwartet hatte – nichts geschah.

Nach einer Weile winkte er seiner Partnerin, näher zu kommen. Judy robbte heran und lugte über den Rand.

»Ein Totempfahl?« fragte sie.

»Sieht ganz so aus. Mach ein paar Aufnahmen, solange es noch hell genug ist.«

Judy Davenport hatte gerade einen Kameraschwenk beendet und den Totempfahl per Zoom herangeholt, da stöhnte Cliff neben ihr auf.

»Um Himmels willen ...«

»Was ...?« Judy setzte die Kamera ab und drehte sich zu ihm um.

Cliff hatte sich ein Stück weiter über den Rand des Canyons gelehnt und blickte in Richtung des Ausgangs. Judy tat es ihm gleich. Im nächsten Moment sah sie es auch.

Die beiden Menschen hielten den Atem an. Ihre Blicke sogen sich an den reglosen Körpern der zwei Männer fest, die dort unten auf dem felsigen Boden lagen. Sie trugen Jeans und Wollhemden sowie Reitstiefel. Eidechsen huschten auf ihren Körpern hin und her.

Die Männer waren zweifellos tot. Ihre Gesichter starrten wie anklagend zum Himmel empor. Trotz der Feuchtigkeit, die nach dem Regen in der Schlucht herrschen mußte, waren die Körper mumifiziert. Wie Pergament spannte sich die Haut um die Knochen, und ihre Kleidung sah aus, als wäre sie ein paar Nummern zu groß.

»Sie sind ... vertrocknet!« flüsterte Cliff. Und dann sagte er etwas, das Judy einen eisigen Schauer über den Rücken laufen ließ: »Wie der Pilot in den Wäldern von Uncton!«

Die Konsequenz dieser Beobachtung raubte ihr schier den Atem. Wenn man die gleiche Todesart voraussetzte, dann hingen die Vorgänge hier mit denen in Uncton direkt zusammen!

»Los, nimm es auf!« drang Cliffs Stimme in ihre Gedanken und riß sie aus einem Zustand, der fast schon einer Paralyse gleichgekommen war.

Judy riß sich zusammen. Als Polizeipsychologin hatte sie schon etliche Leichen gesehen, und darunter waren einige gewesen, die schlimmer zugerichtet waren als diese hier.

Hastig brachte sie die Kamera in Position und bannte den Anblick aufs Magnetband.

»Okay, alles drauf«, meldete sie schließlich.

Vorsichtig schoben sie sich vom Rand zurück, bis sie es riskieren konnten, gefahrlos aufzustehen. Cliff streckte seine Glieder.

»Und was jetzt?« fragte Judy. Sollen wir hier oben übernachten?«

Dumpfes Hufgetrappel, das in der Ferne aufklang, vertagte die Entscheidung. Rasch liefen sie zwischen bizarren, vom Wind geschliffenen Felsformationen zum äußeren Rand des Massivs, wo der Canyon in die Wüste hinausführte, ließen sich erneut auf den Bauch hinab und spähten hinab.

Die Polizisten aus Tuba City hatten den Ort ebenfalls erreicht. Die Beamten banden die Läufe der unruhigen Reittiere zusammen und machten sich an die Untersuchung des Eingangs zum Canyon. Die beiden heimlichen Beobachter lauschten ihrer Unterhaltung.

»Merkwürdig«, sagte Judy. »Sie scheinen die optische Verzerrung gar nicht zu sehen. Ob sie verschwunden ist?«

»Vielleicht sind sie nur nicht aufmerksam genug. Schließlich erwarten sie keine ungewöhnlichen Phänomene«, gab Cliff zu bedenken.

»Sie dringen in den Canyon ein! Wir müssen sie warnen!«

»Damit verraten wir unsere Anwesenheit. Und außerdem: Wovor willst du sie warnen? Daß sie gleich auf zwei Mumien stoßen werden? Ich wette, sie nehmen uns als dringend Tatverdächtige gleich mit.«

Die ehemalige Polizeipsychologin wußte nur zu gut, daß er recht hatte.

Painted Desert

Navajo Indian Reservation, Arizona, 15. Oktober, 18 Uhr 52

Er kämpfte sich durch den Sand, ohne anzuhalten. Etwas in seinem Innern trieb ihn vorwärts. Unbarmherzig brannte die Sonne auf ihn herab. Sein Kopf glühte, und die rechte Faust hielt das Gewehr so fest umklammert, daß er schon kein Gefühl mehr darin hatte.

Irgendwann fiel er erschöpft zu Boden.

Lange Zeit lag er einfach da, hielt die Augen geschlossen und träumte von den sanften Wellen eines Ozeans, an dessen Ufer er als kleines Kind gespielt hatte. Es lag so unendlich weit zurück, und es kam ihm vor, als sei es nicht auf dieser Welt gewesen.

Hier gab es nur Sand und Wüste, und wahrscheinlich lebte er ganz allein hier.

Sein Hals war trocken wie Papier, aber er dachte nicht an die Notwendigkeit des Trinkens. Seine Füße schmerzten, aber er führte es nicht auf die Anstrengungen seines Marsches zurück. Er atmete flach und fragte sich immer wieder, ob das Luftholen überhaupt nötig war.

Ab und zu traf er auf Spuren, die von Größe und Tiefe her seinen eigenen glichen. Er änderte jedesmal die Richtung, denn er wollte mit niemandem zusammentreffen, schon gar nicht mit sich selbst.

Sich selbst? Wieder tauchte die Frage in seinem Kopf auf, wer er überhaupt war. Aber sie löste sich auf, bevor er sie festhalten konnte.

Der Sand unter ihm bewegte sich!

Wogte auf und nieder.

Und dann brach etwas aus dem Boden hervor und schloß sich mit festem Griff um seinen linken Fußknöchel.

Der Mann, der nicht wußte, daß er John Ferguson war, riß und zerrte an dem Ding, aber es ließ nicht los. Es ähnelte einer Baumwurzel, aber es war viel elastischer, ließ sich nach allen Richtungen biegen und brach einfach nicht ab.

Er packte das Ding mit beiden Händen, zog es aus dem Untergrund heraus und wickelte es neben sich zu einer regelrechten Taurolle auf. Wie viele Meter zusammenkamen, bis der Strunk nicht mehr nachgab, wollte er gar nicht wissen.

Als er genauer hinschaute, hielt er nichts mehr in den Händen, und auch die Rolle neben ihm war plötzlich wieder verschwunden. Hastig sprang er auf und machte einen Ausfallschritt zur Seite.

»Verdammt, was war das?« keuchte er. »Nichts wie weg hier!«

Er stolperte weiter, aber seine Beine waren schwer wie Blei. Mehr als ein Schlurfen wurde nicht daraus. Sein Blick klärte sich ein wenig, und er nahm die Umgebung mit schmerzhafter Schärfe wahr. Es tat in den Augen weh, und als er sie schloß und stehenblieb, war die Erinnerung an ein helles Licht in seinem Kopf.

Ein Licht?

Für ein paar Augenblicke bildete er sich ein, nicht in der Wüste zu stehen, sondern in einem großen ovalen Raum, dessen Wände silbrig schimmerten. An der Decke brannten Lampen, deren Form sich beständig änderte. Er starrte zu Boden auf seinen Schatten, aber dieser Schatten war nicht mehr der, den er kannte. Es war ein fremder Schatten!

Im nächsten Augenblick war der Eindruck vorbei, und er spürte wieder die Hitze der Sonne auf seiner Haut.

Er blinzelte, suchte seine Spur im Sand – und fand sie nicht. Die Sonne stand deutlich tiefer als zuvor, und der Untergrund bot sich ihm als eine spiegelnde, glatte Fläche dar.

Erneut tauchte der Schatten auf und wanderte an ihm vorüber. Er schnappte nach Luft und folgte ihm über den gleichmäßigen Untergrund.

»Wer bist du?«

Niemand gab ihm Antwort. Wind blies in sein Gesicht, und Sandkörner rieselten über seine Haut. Verzweifelt hielt er Ausschau nach irgend etwas, woran er sich orientieren konnte.

Doch überall, wohin er blickte, glitzerte nur der Sand. Die tiefstehende Sonne zauberte merkwürdige Reflexe auf die Körner und ließ jedes einzelne zum Leben erwachen. Es war, als verwandle sich die Wüste von einem Augenblick auf den anderen in einen riesenhaften Organismus.

Und er selbst stellte einen Teil dieses Organismus dar. Er gehörte dazu, und seine Wanderung über die wogende Landschaft war wie der Atem eines lebendigen Wesens.

Kurz bevor die Sonne den Horizont berührte, tastete er nach seinem Puls und verglich ihn mit der Atemfolge. Sie waren in unterschiedlichem Takt. Und das, so wußte er, durfte nicht sein. Er mußte weiterlaufen, bis sich Atem und Puls einander angeglichen hatten.

Als die Sonne hinter den Dünen verschwunden war und die Dämmerung einsetzte, verlor sich nach und nach das Gefühl, durch eine unsichtbare Nabelschnur mit der Wüste verbunden zu sein. Seine Augen paßten sich der zunehmenden Dunkelheit an, und als die Nacht hereinbrach, reichte ihm das Licht des Sternenhimmels, um den Weg zu finden. Den Weg irgendwohin, ohne Ziel.

Der Mann, der John Ferguson war, marschierte bis weit nach Mitternacht. Dann sank er in eine Kuhle im Sand und schlief übergangslos ein.

Heiligtum der Anasazi, Ostseite
Painted Desert, Arizona, 15. Oktober, 19 Uhr

McClure parkte den Jeep in Sichtweite des Canyons, brachte die Diebstahlsicherung an und vergewisserte sich, daß der Tankdeckel verschlossen war. Anschließend zog er den kleinen Koffer zwischen den Sitzen hervor und machte sich auf den Weg.

In der Einöde der Painted Desert mutete es komisch an, daß ein Mann in Polizeiuniform mit einem Aktenkoffer durch den Sand stapfte, als wäre er auf dem Weg ins Office. Hätte jemand McClures Miene sehen können, wäre er allerdings sofort zu der Überzeugung gelangt, daß der Mann sehr wohl wußte, was er tat, und das mit tödlicher Präzision.

McClures Augen bewegten sich unablässig hin und her. Sein fleischiges, großflächiges Gesicht spiegelte höchste Anspannung und Konzentration wider.

Zielstrebig schritt er den aufragenden Felsen entgegen. Er änderte geringfügig den Kurs, als er eine geeignete Stelle entdeckte, wo er das Massiv erklimmen konnte. Er löste ein Stück seines Gürtels, fädelte den Handgriff des Aktenkoffers ein und begann mit einer Geschicklichkeit, die seinem Körper Hohn sprach, zu klettern. Nach nur acht Minuten verschwand er oben zwischen den Gesteinsbrocken und Zinnen. Er hatte sich während des Aufstiegs nicht eine Verschnaufpause gegönnt.

Nun aber verharrte er mitten im Schritt. Die Anspannung auf seinem Gesicht verstärkte sich, als plötzlich Übelkeit in ihm aufstieg.

Er wankte, und für einen Moment sah es aus, als würde seine Körperbeherrschung einen schweren Schlag erleiden.

Doch das jahrelange Training siegte über den äußeren Einfluß. Er straffte sich, schloß die Augen und atmete ruhig durch die Nase ein und durch den Mund wieder aus.

Nach wenigen Minuten hatte er die Übelkeit so weit zurückgedrängt, daß sie seine Konzentration nicht weiter beeinflussen konnte. Mit fließenden Bewegungen löste er den Koffer vom Gürtel, ging er in die Knie und stellte ihn auf den Boden. Er betätigte einen verborgenen Schiebehebel, und die Verschlüsse schnappten auf. Hätte er den regulären Öffner benutzt, hätte ihn eine Explosion in Einzelteilen über das ganze Plateau verteilt.

McClure öffnete den schwarzen Behälter und nahm mehrere kleine Schachteln heraus. Er setzte sie im Halbkreis um sich herum zu Boden und verband sie mit dünnen Drähten. Ans Ende der Kette kam eine Batterie. Ganz zuletzt nahm er ein Meßgerät von der Größe einer Streichholzschachtel heraus und schnallte es sich ans linke Handgelenk. Die rechte Hand blieb frei, und mit ihr übte er ein dutzendmal das Ziehen der Waffe.

Sie war nur unwesentlich größer als ein herkömmlicher Revolver, obwohl es sich um ein vierzigschüssiges Modell mit Explosivmunition handelte. Eine Sonderanfertigung für Leute wie ihn.

McClure erhob sich und ging weiter. Noch immer huschten seine Blicke ununterbrochen hin und her. Die Videoüberwachung des Pentagon war vermutlich ein Dreck dagegen.

Sorgfältig jede Felszacke als Deckung ausnutzend, arbeitete er sich voran. Noch zeigte das kleine Meßgerät an seinem Handgelenk nichts an. Der gespannte Gesichtsausdruck des Mannes bewies jedoch, daß er jeden Augenblick damit rechnete.

McClures Gedanken funktionierten präzise und zielgerichtet. Jeder Fehler infolge einer Gefühlsregung wurde schon im Ansatz ausgeschlossen. Seine ganze Ausbildung hatte ausschließlich für Einsätze wie diesen abgezielt.

Nach Jahren der Vorbereitung war es endlich soweit.

Er befeuchtete mit der Zunge die Lippen und blinzelte ein paarmal, um die Netzhaut von Sandpartikeln zu befreien. Wenn der Ernstfall eintrat, brauchte er klare Sicht und ein blitzschnelles Reaktionsvermögen.

Flüchtig dachte er an die Beamten aus Tuba City, die vermutlich noch immer nach Spuren suchten und vielleicht die eine oder andere Leiche finden würden. McClure war überzeugt davon, daß die Vermißten längst tot waren.

Er ging langsam weiter. Hinter einer der obersten Zinnen des Felsmassivs kauerte er sich zu Boden. Der Zeiger des Meßgerätes schlug aus und bewirkte, daß seine Augen sich in einer unerwartet menschlichen Regung weiteten.

Das Potential war viel höher, als er oder sein Auftraggeber es jemals geahnt hatten!

Im nächsten Augenblick hatte er sich wieder unter Kontrolle und nahm die nächste Maßnahme in Angriff. Aus der Brusttasche seiner Uniform holte er eine Teleskopantenne hervor, zog sie auseinander und schob das jetzt einen Meter lange Teil in eine Bodenritze, bis nur noch die Spitze herausragte.

Dicht daneben ließ er seinen wuchtigen Körper zu Boden sinken.

Reglos saß McClure da und wartete auf den Augenblick, da ihm seine hochsensiblen Sinne eine Entdeckung von weitreichender Bedeutung machten.

Dämmerung legte sich über das Land, und der Canyon in unmittelbarer Nähe versank in Dunkelheit.

McClure wartete geduldig. Er wußte, daß irgendwann in dieser Nacht seine Stunde schlug.

Heiligtum der Anasazi
Painted Desert, Arizona, 15. Oktober, 19 Uhr 08

»Heilige Gottesmutter!« Felipe Domingo stützte sich an der Felswand ab und starrte auf die mumifizierten Leichen.

Richard Tanner schob sich neben ihn. Auch er hatte Mühe, seine Fassung zu bewahren.

»Was ist mit ihnen geschehen?« keuchte Domingo.

»Keine Ahnung.« Tanners Stimme war auf ein Flüstern herabgesunken, als befürchtete er, er könnte etwas wecken.

Etwas, das für den Tod der beiden Männer vor ihnen verantwortlich war ...

»Wir sollten von hier verschwinden. Und zwar sofort!« ließ sich Thomson vernehmen.

»Erst bergen wir die beiden Toten«, entschied Tanner, mit lauter Stimme, als er sich bewußt wurde, daß er nicht gerade ein leuchtendes Vorbild für seine Männer abgab. »Los, holt die Satteldecken.«

Drei der Polizisten kehrten zu den Pferden zurück. Tanner, Domingo und Wilson blieben im Canyon. Tanner bedeutete seinen Begleitern, zurückzubleiben, und ging langsam auf die Toten zu.

Die beiden vertrockneten Körper stießen ihn ab; gleichzeitig aber faszinierten sie ihn. Etwas Unfaßbares hatte sich an diesem Ort abgespielt. Es widersprach allem, was Tanner über physikalische Vorgänge wußte.

Dies war nicht der Ort, an dem Leichen vertrockneten, vor allem nicht in derart kurzer Zeit. Denn daß es die Vermißten waren, bewies allein schon ihre Kleidung. Sie entsprach der Beschreibung vom Fahndungsblatt.

Aber nicht einmal draußen in der Painted Desert mit den hohen Temperaturschwankungen zwischen Tag und Nacht wäre es möglich gewesen, daß eine Leiche mumifizierte. Die Orte in aller Welt, an denen Tote nicht verwesten, konnte man an zwei Händen abzählen.

Dieser Canyon gehörte einwandfrei nicht dazu.

Tanner näherte sich weiter den beiden Körpern. Die Luft roch nach Feuchtigkeit und leichtem Moder. Leichengeruch oder der typische Gestank von Aas mischten sich nicht darunter. Die freiliegenden Gesichter der beiden Toten wiesen auch weder Flecken noch andere Spuren der Fäulnis auf.

Gerade so, als habe der Prozeß der Austrocknung unmittelbar nach dem Tod eingesetzt.

Die drei Beamten kehrten mit den Satteldecken zurück. Tanner winkte sie und die beiden anderen zu sich.

»Fields, Wilson, Brady, ihr bergt diesen Toten«, kommandierte er und wies auf eine der Mumien. »Domingo und Thomson, ihr packt bei mir mit an. Seid vorsichtig, damit sie nicht gleich zu Staub zerfallen.«

Erst zauderten die Männer, dann aber machten sie sich ohne Widerspruch an die Arbeit. Zu zweit hoben sie die federleichten Toten an, während der jeweils dritte eine Satteldecke unterlegte. Dann senkten sie die Körper ab und schlossen die Decken. Domingo murmelte dabei ein Gebet auf mexikanisch.

Sie konnten nicht riskieren, die Leichen tragend zu transportieren, ohne Gefahr zu laufen, sie zu zerbrechen. Also zogen sie die Toten über den glatten Untergrund.

Sie konnten es kaum erwarten, den Canyon hinter sich zu lassen. Auf dem Rückweg saß jedem von ihnen ein leichtes Kribbeln im Nacken. Einbildung? Oder mehr als das?

Sie erfuhren es auf dramatische Weise, noch bevor sie den Ausgang erreicht hatten.

Übergangslos wurde es hell im Canyon, als hätte jemand eine Flutlichtanlage einschaltet. Geblendet schlossen die Männer ihre Augen. Wilson schrie vor Angst auf und geriet ins Taumeln.

Plötzlich war da ein merkwürdiges Bohren in ihren Köpfen, das immer schmerzhafter wurde, je mehr die Helligkeit um sie herum zunahm. Ein Wühlen, das ihre Gedanken zu verwirren begann!

»Vergeßt die Toten – lauft!« rief Tanner.

Sie rannten los, aber da es bergauf ging, kamen sie in ihrer Hektik nur schlecht voran.

Plötzlich stöhnte Brady auf und sackte in sich zusammen. Tanner fing ihn auf.

»Los ... weiter!« Etwas rührte wie mit einem Mixer in seinen Gedanken und brachte alles durcheinander.

Den anderen erging es nicht anders. Thomson und Fields, die voranliefen, schienen plötzlich die Orientierung zu verlieren und wollten umkehren. Die anderen prallten gegen sie. Felipe Domingo schob verzweifelt gegen die Männer an.

»Aus dem Weg!« brüllte er.

Hinter ihnen stieg eine Lichtkugel empor. Sie maß nur etwa einen Meter im Durchmesser, strahlte dabei aber wie mit zehntausend Watt. Dennoch nahm die Temperatur nicht zu. Es blieb kühl und feucht zwischen den steilen Wänden.

Sergeant Tanner versuchte das Chaos in seinem Kopf zu

ignorieren. Ein paar Sekunden gelang es ihm sogar. Doch dann senkte sich wieder ein dunkler Schleier über seine Gedanken. Er sah kaum etwas und klammerte sich an Felipe Domingo, der unmittelbar vor ihm war.

»Schnell raus hier!« keuchte er, ohne zu wissen, ob der andere ihn überhaupt verstand.

Sie stolperten vorwärts, prallten mit den Schultern immer wieder gegen rauhen Fels – und sahen endlich die Helligkeit der Wüste vor sich.

Das Licht in ihrem Rücken füllte inzwischen den Canyon in ganzer Breite aus. Unaufhaltsam kam es näher und näher. Und dann teilte es sich, zerstob in ein halbes Dutzend kleinerer Lichter!

Die Männer aus Tuba City erreichten den Sand der Wüste. In ihren Köpfen wetterleuchtete es. Sie schrien vor Schmerz und rannten ziellos in die Painted Desert hinaus.

Tanner wollte nach seinen Männern rufen, doch er brachte nur ein Röcheln zustande. Mit einem letzten klaren Gedanken erinnerte er sich der Pferde, die sie hier angebunden hatten und die ihre Fesseln nicht zerreißen konnten. Wenn es ihm gelang ...

Einen Augenblick später senkte sich eine der Leuchtkugeln auf ihn herab. Ein Dolch aus Licht schien sich in seinen Kopf zu bohren, und weißglühender Schmerz raste bis in seine Zehenspitzen. Überall begann es zu kribbeln. Als würden sich Tausende winziger Finger durch seinen Körper tasten und jede einzelne Faser auf ihre Belastbarkeit hin prüfen.

Der noch klare Rest seines Bewußtseins versuchte sich mit aller Macht dagegen zu wehren. Vergebens.

»Neeeeiiin!« Sein Schrei verhallte lautlos. Übergangslos endeten die Schmerzen. Sein Körper fühlte sich leicht wie eine Feder an, und plötzlich gewann auch sein Blick die gewohnte Klarheit zurück.

Tanner hatte das irreale Gefühl, den Boden unter den Füßen zu verlieren und nach oben zu schweben.

Und als er nach unten sah ... lag da sein Körper im Sand, mit verrenkten Gliedern und vertrocknet wie eine Mumie.

Eigentlich, so sagte ihm ein verschwindend kleiner Teil seines Bewußtseins, hätte er nun Schrecken empfinden müssen.

Aber das war nicht der Fall. Er sah auf seine Leiche hinab, wie ein Forscher ein seltenes Insekt unter dem Mikroskop betrachtet. Mit seinem Körper schien auch jede Emotion gestorben zu sein.

Tanners Blickfeld erweiterte sich über das normale Maß hinaus, und er sah die Körper seiner Begleiter, die von hellen Lichtern umhüllt waren. Etwas an ihnen veränderte sich. Ihre Haut begann sich zu straffen, bekam Falten und Risse. Die Augen sanken in ihre Höhlen, und das Haar verlor seinen Halt und rutschte an den Schläfen herab zum Boden.

Wieder wollte Sergeant Richard Tanner nach seinen Männern rufen, aber dieser Wunsch erlosch so schnell, wie er gekommen war. Weiter und weiter entfernte er sich von seinem toten Leib, und mit jedem Meter nahm die Helligkeit um ihn herum zu.

Sieht so der Tod aus? fragte er sich, verwundert, daß er diese Frage überhaupt stellen konnte. Und dann: *Werde ich Gott sehen?*

Der Gedanke hatte etwas Beruhigendes, unendlich Friedliches.

Aber tief in sich drin ahnte Richard Tanner, daß es nicht Gott war, der ihn zu sich holte. Daß dies kein Sterben war, zumindest nicht im üblichen Sinne.

Und daß es Dinge gab, die schlimmer sein mochten als der Tod …

Heiligtum der Anasazi
Painted Desert, Arizona, 15. Oktober, 19 Uhr 22

Die Luft brannte.

Der Sand schien zu glühen.

Alles war Schmerz.

Es war plötzlich und unerwartet über sie hereingebrochen, keine einfache Übelkeit mehr wie beim erstenmal, sondern ein Gefühl, als würde ihnen das Gehirn von einem kalten und gleichzeitig sonnenheißen Licht aus dem Schädel gebrannt.

Cliff Conroy und Judy Davenport waren zu der Stelle des Canyoneinschnitts zurückgekehrt, von wo sie auf den Totempfahl der Anasazi herabsehen konnten. Dort warteten sie auf die Ankunft der Polizisten.

Diesmal hielt Cliff die Videokamera. Als er das Blau der Uniformen erkannte, startete er die Aufnahme.

Dabei konnte er nicht einmal sagen, ob das Licht noch ausreichte, ein ausreichend helles Bild auf das Magnetband zu bannen. Doch er wußte aus Erfahrung, daß die Elektronik selbst dann noch brauchbare Bilder lieferte, wenn das Auge schon kapitulierte.

Vereinzelt drangen Worte aus dem Canyon zu ihnen herauf. Die Polizisten hatten die mumifizierten Leichen entdeckt und schienen zu beratschlagen, wie sie mit ihnen verfahren sollten.

Die beiden heimlichen Beobachter hielten sich dicht an der Steilkante, bereit, jederzeit zurückzuweichen, falls einer der Männer nach oben schauen sollte.

Und dann geschah es.

Innerhalb einer Sekunde stieg in ihren Köpfen ein Druck an, als wollten sie zerplatzen. Cliff stöhnte auf. Beinahe hätte er die Kamera fallen lassen; im letzten Moment schlossen sich seine Finger wieder fest um den Griff.

Auch von Judy kam ein gequältes Stöhnen. Sie krümmte sich zusammen und barg ihr Gesicht in den Händen.

Im Canyon wurde es hell. Als würde dort unten eine Sonne aufgehen. Gleichzeitig potenzierten sich die Schmerzen um ein Vielfaches.

Cliff kniff die Augen zusammen. Er war nicht mehr in der Lage, bewußt zu filmen oder die Szene auch nur zu beobachten. Aber er hielt die Kamera so, daß sie aufnehmen mußte, was am Grund der Schlucht vor sich ging.

Schreie hallten an ihre Ohren. Die Schreie der Polizeibeamten, die sich nun rasch entfernten.

Mit ihnen verblaßte auch das Licht. Und die Schmerzen.

Als Cliff die Augen wieder öffnete und den Tränenschleier wegblinzelte, der sich darübergelegt hatte, sah er einen letzten Widerschein des Leuchtens hinter einer Biegung des Canyons verschwinden.

»Schnell hinterher!« keuchte er und sprang auf.

Judy blieb am Boden. »Bist du verrückt?! Willst du dich umbringen?«

Im nachhinein wußte Cliff Conroy selbst nicht mehr, was ihn zu diesem Wahnsinn getrieben hatte. Er ließ seine Begleiterin zurück und eilte den Einschnitt des Canyons entlang auf den Ausgang zu – dem Licht hinterher, das einen hellen Schein nach oben in die anbrechende Nacht warf.

Er hörte, wie sich hinter ihm auch Judy aufrappelte und ihm fluchend folgte.

Dann sah er die Leuchterscheinung schräg unter sich – eine Kugel von mindestens zehn Meter Durchmesser. Sie trieb zwischen den Felswänden auf die Polizisten zu, die in panischer Angst flohen.

Gleichzeitig wallten wieder bohrende Kopfschmerzen in ihm auf und hinderten ihn, noch weiter heranzugehen. Cliff blieb stehen, hob die Videokamera ans Auge und begann zu filmen.

Nach wenigen Sekunden spürte er eine Berührung an der Schulter und fuhr zusammen, aber es war nur Judy, die zu ihm aufgeschlossen hatte.

Unten in der Schlucht zerfiel der riesige Lichtball in sechs kleinere, leuchtende Kugeln. Sie holten die Männer ein, gerade als diese den Canyon verließen und in die trügerische Sicherheit der Wüste hinausrannten, und senkten sich auf sie nieder.

Was dann geschah, ließ Cliff und Judy erstarren.

Es dauerte nur wenige Sekunden, dann sahen die sechs Männer aus, als hätten sie für Jahrtausende einbalsamiert in einer Pyramide gelegen. Ihre Körper trockneten aus, als würde ihnen alles Wasser blitzschnell entzogen – und wahrscheinlich war es genau das, was da unten geschah.

Judys Hand krallte sich schmerzhaft in Cliffs Schulter. Sie wollte ihn von der Steilkante wegziehen, aber er folgte ihr nur zögernd, in morbider Faszination gefangen. Die Kamera lief weiter und bannte das Unglaubliche auf Band.

Die Leuchterscheinungen vereinigten sich wieder. Die riesige Kugel trieb die Schlucht dorthin zurück, woher sie gekommen war. Als sie Cliff und Judy passierte, hielten die beiden den Atem an und wagten sich nicht zu rühren.

Es waren Sekunden, die Ewigkeiten zu dauern schienen, aber sie gingen vorüber. Das Licht bemerkte sie nicht. Es näherte sich dem Totempfahl, durchquerte einen Engpaß zwischen den Felswänden und verschwand so plötzlich, als hätte man eine Zehntausendwattbirne ausgeschaltet.

Dunkelheit schlug über den beiden zusammen wie eine Woge.

»Mein Gott, was war das?« flüsterte Judy heiser.

Cliff Conroy wußte keine Antwort darauf. Mit einer mechanischen Bewegung schaltete er die Kamera ab.

Wenige Minuten zuvor

McClure registrierte den Vorgang ohne innere Anteilnahme. Etwas drückte übergangslos auf seine Gedanken. Es ließ sich mit Kopfschmerz vergleichen, und doch war es irgendwie anders. Der dumpfe Druck schien aus den Tiefen seines Gehirns zu kommen, dort wo der Hypothalamus saß, der die tierischen Instinkte beim Menschen steuerte.

Mit aller Kraft wehrte der Hüne sich gegen die Einwirkung. Nach einer Weile hatte er sie, wie schon die Übelkeit zuvor, in hinterste Bereiche seines Gehirns verdrängt, wo sie ihn nicht mehr stören konnten.

Aus zusammengekniffenen Augen beobachtete er die winzigen Digitalanzeigen seiner Geräte. Sie zeigten jede Energieentfaltung im gesamten meßbaren Bereich an und gaben die Daten an die ringförmig ausgelegte Sendeanlage weiter, die sie an einen Spionagesatelliten in stationären Orbit weiterleiteten. Ob man diese Daten beim Empfänger auch gewinnbringend würde auswerten können, wußte McClure nicht. Seine Aufgabe war es, die Geräte möglichst nahe an den Ort des Geschehens heranzubringen und alle meßbaren Vorgänge aufzuzeichnen.

McClure hatte beobachtetet, wie die Polizisten aus Tuba

City in die Schlucht eindrangen. Alles lief nach Plan. Die Männer spielten Lockvögel und Versuchskaninchen in einem, ohne es zu ahnen.

Als nun ein Licht unten im Canyon aufgleißte, bestand McClures einzige Reaktion darin, sich hinter einen aufragenden Felsen zu ducken und seine Instrumente abzulesen. Im Unterschied zu den Beamten wußte er von der Gefahr, die hier lauerte. Derselbe Satellit, der nun seine Daten empfing, hatte vor Tagen interessante Aufnahmen von dem Gebiet hier geschossen. Aufnahmen, denen er seinen Einsatz verdankte.

Das tragische Schicksal der sechs Männer berührte ihn nicht, zumindest nicht jetzt. Er machte eine Beobachtung, die seine ganze Aufmerksamkeit in Anspruch nahm. Ein grelles Licht folgte den Windungen des Canyons bis zum Ausgang. Als es an McClures Standort vorbeikam, registrierte er sowohl einen Anstieg der Übelkeit, die er abermals erfolgreich zurückdrängte, als auch ein Ausschlagen der Instrumente noch über ihr absolutes Limit hinaus. Als die Leuchterscheinung vorüber war, erhob sich der Hüne aus seiner Deckung und trat näher an den Rand der Schlucht heran.

Da entdeckte er die beiden Gestalten auf der anderen Seite. Sie eilten dem Licht hinterher und hatten ihn offensichtlich nicht bemerkt.

Das mußten die Typen aus dem Helikopter sein, vermutlich Journalisten! McClure hatte damit gerechnet, daß sie ihm irgendwann begegnen würden. Sie trugen irgend etwas bei sich, vermutlich eine Videokamera, mit der sie Aufnahmen machten.

Es war klar, daß er dieses Material sicherstellen mußte. Später. Vorerst war er mit anderen, wichtigeren Dingen beschäftigt.

Wenig später kehrte das Licht zurück. McClure nahm erneut Deckung, auch um die beiden Personen – ein Mann und eine Frau, wie er jetzt erkannte – nicht auf sich aufmerksam zu machen. Sie folgten der Erscheinung in respektvollem Abstand zu deren Ausgangspunkt zurück.

McClure nahm noch eine Messung vor, dann schlug auch er diese Richtung ein. Nur kurz sah er zum Ausgang des Canyons hinüber. Er hatte den Anblick erwartet: Die sechs Männer lagen als Mumien im Wüstensand – wertvolle Studienobjekte für seine Dienststelle, die es zu sichern galt. Ebenfalls später.

Gerade überlegte McClure, ob er vielleicht mit einem Sprung über die schmalste Stelle des Canyons setzen sollte, um sich gleich hier und jetzt um die beiden Journalisten zu kümmern, da geschah etwas, mit dem auch er nicht gerechnet hatte und das seinen Auftrag zumindest in Einzelheiten änderte …

Unmerklich erst, dann immer spürbarer begann der Stein zu beben.

Es war noch keine Minute her, daß das Licht zwischen den Felsen erloschen war. Daß die mysteriösen Aktivitäten damit keinesfalls beendet waren, zeigte sich jetzt.

Aus dem Canyon drang ein leises Rauschen wie von Wasser. Nach einer Weile veränderte sich das Geräusch und wurde zu einem gleichmäßigen, durchdringenden Ton, der alles ringsum in sanfte Schwingungen versetzte.

Unter Cliff und Judy begann der steinerne Boden zu tanzen, erwachte zu vibrierendem, gespenstischen Leben. Von den Felszacken, die überall auf dem Plateau aufragten, brachen meterlange Stücke ab, zerplatzten regelrecht, als hätte jemand kleine Sprengsätze in ihrem Inneren gezündet, und überschütteten die beiden Menschen mit winzigsten Steinsplittern.

Cliff Conroy riß die Arme hoch, zog seine Jacke so über den Kopf, daß sie ein Schirmdach bildete, und drängte sich an Judy heran, um auch sie zu schützen. Unter anderen Voraussetzungen hätte er ihre körperliche Nähe gewiß genossen; jetzt aber war kein Platz für solcherlei Gedanken.

Das schrille Geräusch drang ihnen durch Mark und Bein. Judy preßte sich die Hände auf die Ohren.

Dicht aneinandergedrängt stolperten sie vom Abgrund weg. Felszacken krachten neben ihnen herab und zersplitterten in tausend Einzelteile. Ein regelrechter Schauer aus winzigen Messern deckte sie ein, und nur ihre Kleidung verhinderte, daß sie Hunderte kleiner Schnittwunden davontrugen.

Der Gesteinsregen verebbte; nicht weil der Ton aufgehört hätte – im Gegenteil, er schwoll weiter an und erreichte unerträgliche Frequenzen –, sondern weil es ganz einfach keine Steinformationen mehr gab, die noch zerstört werden konnten.

Cliff nahm die Arme wieder herunter. Die Kamera in seiner Rechten lief noch immer. Ihr leises Vibrieren deutete an, daß auch sie den Schwingungen ausgesetzt war. Cliff konnte nur hoffen, daß die Mechanik die Belastung überstand.

Schritt für Schritt wagte er sich wieder näher an den Canyonrand heran. Das Beben der Felsen – es konnte nur dort unten seinen Ursprung haben, wo das Licht erloschen war.

Sein Vorhaben war riskant. Das ständige Vibrieren wirkte auch auf seine Sehnerven ein. Er konnte den Boden um sich herum kaum erkennen.

Doch noch bevor er sich der Schlucht so weit genähert hatte, daß er hineinschauen konnte, überschlugen sich abermals die Ereignisse.

Wieder glühte das Licht auf – doch diesmal war es ungleich heller als zuvor.

Zugleich kam Wind auf, der binnen Sekunden zum Sturm anwuchs und Sand wie von einem heißen Gebläse aus der Schlucht herauswirbelte. Direkt vor Cliff schoß er in die Höhe wie eine Wasserkaskade und weit hinauf, bevor ihn die Schwerkraft zurückholte und auf das Plateau niederregnen ließ.

Mit dem Sand kam die Übelkeit zurück. Der schmerzhafte Druck in ihren Köpfen stieg wieder sprunghaft an.

Das Licht aus dem Canyon schien jetzt sogar die Felsen zu durchdringen. Der Ton erreichte Höhen, die menschliche Ohren nicht mehr wahrnehmen können, und verklang.

Das ganze Massiv, das sich zuvor wie ein lebendiges Wesen geschüttelt hatte, schien nun den Atem anzuhalten.

In absoluter Stille, geblendet von dem durchdringenden Licht, standen Cliff und Judy reglos da. Die Kamera zielte noch immer auf die Stelle, wo das grelle Leuchten seinen Ursprung haben mußte, doch Cliff war sich ihrer gar nicht mehr bewußt.

Er und Judy spürten mit jeder Phase ihres Körpers, ihres Seins, daß ihnen das *wahre* Inferno noch bevorstand.

Es war die Ruhe vor dem Sturm.

Und sie endete mit einer Druckwelle, die die beiden Menschen mit der Gewalt einer Titanenfaust traf und zurückschleuderte. Was ihnen das Leben rettete, denn im gleichen Moment explodierten die Ränder der Schlucht und ließen Myriaden von Gesteinstrümmern in hohem Bogen davonfliegen. Hätten Cliff und Judy noch dort gestanden, sie wären zerfetzt worden. So aber landeten sie unsanft etwa zwanzig Meter entfernt in einer Kuhle, die sich mit Sand gefüllt hatte und ihren Sturz halbwegs dämpfte, und der tödliche Gesteinsregen ging über sie hinweg.

Halb betäubt bekamen sie mit, was weiter geschah.

Ein leuchtender Ball, nicht vollkommen rund, sondern wie zu einem Oval zusammengepreßt, schoß aus dem Canyon. Mit einer Beschleunigung, die kein Düsenjet der Erde hätte erreichen können, raste das Ding wie ein Komet in umgekehrter Richtung in den Himmel hinauf.

Gleichzeitig wurde die Luft elektrostatisch aufgeladen. Cliff und Judy zuckten zusammen, als ihre Kleidung zu knistern begann, ihre Haare sich aufstellten und kleine, bläuliche Elmsflammen über die Metallteile der Videokamera huschten. Von Cliffs Armbanduhr löste sich ein Blitz und schlug in den Boden.

Das war seine letzte bewußte Wahrnehmung. Dann verlor er das Bewußtsein.

Auch Judy Davenport sank ohnmächtig zurück. Aber ihre letzte Empfindung war weitaus beunruhigender.

Ein Schmerz strahlte plötzlich von ihrem Bauch aus, der nichts mit der Übelkeit oder dem Sturz in die Kuhle zu tun hatte. Er ging von einer kleinen, kreisrunden Verletzung neben dem Bauchnabel aus, die sie vor Wochen erlitten hatte. Damals, als sie und Cliff im Wald von Uncton zwei Stunden ›verloren‹ hatten – Stunden, in denen irgend etwas mit ihr geschehen war, an das sie sich nicht erinnern konnte.

Sie hatte Cliff nichts von der Verletzung erzählt; vielleicht aus Angst vor den Konsequenzen. Daß man sie untersuchen würde. Daß etwas dabei festgestellt würde. Daß sie danach nie mehr dieselbe sein würde …

Aber der Schmerz war nur kurz. Er folgte Judys Geist in die Schwärze und wurde von ihr verschlungen.

Dann war da nur noch Stille ...

Police Office
Window Rock, Arizona, 16. Oktober, 20 Uhr 10

Lieutenant Mulligan sah immer wieder durch die Schlitze der Jalousie hinaus ins verlöschende Abendrot. Jeden Augenblick rechnete er damit, daß Mandy Warner ihre Androhung wahr machte und vorbeischaute. Im Halbstundentakt machte sie ihnen die Hölle heiß, weil sie noch immer keine Informationen über den Verbleib der vier Männer herausrückten.

Mulligan stand ihrem Drängen machtlos gegenüber. Tuba City hatte bisher keine Meldungen geliefert. Die vier Abenteurer galten nach wie vor als vermißt, und auch die Polizisten vom Suchtrupp hatten seit dem frühen Abend kein Lebenszeichen mehr von sich gegeben. Langsam begann sich die Zentrale Sorgen zu machen.

Da entdeckte Mulligan auch schon zwei Lichtkegel, die sich von Downtown heraufstahlen und einen Teil der Avenue in hellen Schimmer tauchten.

»Bill«, sagte er in Richtung Nebenzimmer, »wir kriegen Ärger. Mandy ist auf dem Weg.«

Die Liege krachte und knirschte, als Sheriff Warthorpe sein Lebendgewicht in die Senkrechte brachte und herüber ins Office stapfte. Seinem Gesicht nach zu urteilen hatte er wieder Rückenschmerzen bis zum Abwinken. Dennoch zeichnete sich in seiner Miene so etwas wie Betroffenheit ab.

»Das hat mir gerade noch gefehlt.« Er seufzte. »Verdammt, können die in Tuba sich nicht ein bißchen beeilen?« Lester Mulligan zwängte sich an seinem Chef vorbei und steuerte mit langen Schritten auf die Tür zu. Er öffnete und trat vor das Office hinaus.

Kühle Nachtluft wehte ihm entgegen und vermittelte ihm so etwas wie Wohlbefinden. Er konnte es gut gebrauchen.

Draußen geisterten noch immer die Lichtkegel über die Straße, aber sie näherten sich nicht weiter dem Office. Statt dessen schwenkten sie auf den Highway ab und nahmen Kurs stadtauswärts. Dabei taumelten sie ständig hin und her. Über den Daumen gepeilt hatte der Fahrer etwa zwei Promille.

Das paßte nun gar nicht zu Mandy, eher zum alten Keeve. Aber der machte gerade einen auf Entzug und befand sich nicht in der Stadt.

Das Motorgeräusch verklang; die Stille der Nacht kehrte zurück.

Lester Mulligan atmete tief durch, legte den Kopf in den Nacken und starrte zum klaren Himmel hinauf, wo schon die Sterne sichtbar wurden.

Plötzlich war da dieser Ton, ganz hoch und hell und kaum hörbar über dem Zirpen der Grillen.

Mulligan hätte nicht sagen können, warum, aber irgendwie beunruhigte ihn das Geräusch. Es klang wie das einer Turbine, die auf permanenter Überlastung lief und jeden Moment explodieren mochte.

Lester Mulligan blickte sich um.

Dann sah er es.

Drüben am südwestlichen Horizont raste eine Leuchterscheinung gen Himmel, wie ein Meteor, der sich in der Richtung geirrt hatte. Es geschah rasend schnell. Der Lieutenant verfolgte die Lichtspur eine Weile, bis sie hoch droben verblaßte. Und damit endete auch das durchdringende Geräusch.

Was um alles in der Welt war das gewesen?

»Bill«, krächzte Mulligan. Und ein paar Dezibel lauter: *»Bill!«*

Lester spürte Gänsehaut am ganzen Körper. In seinen Gedanken formulierte sich schon die Antwort auf seine Frage, aber er war zu sehr Realist, um sie zu akzeptieren.

»Was ist los?« Bill Warthorpe trat unter die Tür und starrte seinen Deputy aus zusammengekniffenen Augen an. »Kommt sie jetzt oder nicht?«

»Da drüben«, flüsterte Mulligan. Seine Stimme war ein Flüstern. »Ein Licht. Es flog senkrecht zum Himmel hoch. Kein Flugzeug; dafür war es viel zu schnell.«

»Wahrscheinlich kann da einer Halloween nicht erwarten.«

Mulligan fuhr herum.

»Du willst mich nicht verstehen. Das war garantiert keine Feuerwerksrakete.«

»Es wird ein Komet gewesen sein.«

»Ein Komet, der von unten nach oben fliegt?«

Lester Mulligan packte seinen Chef an den Armen. Zur Hölle mit der Logik!

»Verdammt, Bill, das war ein UFO!«

»Das wird ja immer schöner. Hauch mich mal an.«

Warthorpe schnüffelte eindringlich, doch das Ergebnis fiel nicht zu seiner Zufriedenheit aus. Mißtrauisch beäugte er seinen Untergebenen.

»Hast du dir vielleicht irgend so ein verdammtes Scheißzeug reingezogen?« fragte er lauernd.

»Drogen?« keuchte Mulligan. »Mach keine Witze, Bill. Du weißt doch, was ich davon halte!«

»Ich weiß aber auch, was du von UFOs und dem ganzen Kram hältst«, konterte Warthorpe. »Hast du selbst nicht immer behauptet, daß es keine UFOs gibt?«

»Ja, ja.« Mulligan trat von einem Bein auf das andere. »Habe ich. Aber jetzt weiß ich es besser.«

»Los, rein mit dir!« grollte Warthorpe. »Leg dich aufs Bett. Du mußt ja total übermüdet sein, wenn du schon am frühen Abend mit offenen Augen träumst.« Er wandte sich um und polterte ins Office zurück. »UFOs! So ein Quatsch! Als nächstes wird er mir weismachen wollen, daß die Außerirdischen sich Jeff und seine Spießgesellen geschnappt haben ...«

Painted Desert

Navajo Indian Reservation, Arizona, 16. Oktober, 6 Uhr

Er erwachte aus einem anderen Leben. Darin waren sie zu viert durch die Wüste geritten, auf der Suche nach einem Schatz. Sie fanden das Heiligtum, bargen das viele Gold und schafften es zu einem Versteck in der Nähe einer Stadt. Kurz darauf trennten sie sich, jeder mit seinem Anteil und einem schwerbeladenen Fahrzeug.

Doch damit endete dieses Leben, und er erwachte inmitten der Finsternis.

Im Traum hatte er eine Identität besessen. Ein Echo davon geisterte noch in seinem Kopf herum, aber er konnte es nicht festhalten.

Mechanisch erhob er sich, nahm das Gewehr, das neben ihm lag, und setzte seinen Weg fort. Der Horizont im Osten war ein Farbenmeer in Rot und Orange, das nach oben hin erst hell-, dann dunkelblau wurde und schließlich ins Schwarz des Weltraums überging. Während er vorwärts marschierte, ohne viel von seiner Umgebung wahrzunehmen – nicht, daß es viel wahrzunehmen *gab* –, verlor das Rot immer mehr an Kraft, und wenig später drängte ein gleißender, weißgelber Ball in den Himmel hinauf.

Geblendet und gleichzeitig fasziniert blieb er stehen und starrte auf das wabernde Gebilde.

Ein Licht!

Ein gleißendes, todbringendes Licht!

Ein scharfer Schmerz durchzuckte sein Gehirn, als die Erinnerung schlagartig zurückkehrte. Er sank in die Knie, die Arme um den Kopf geschlungen, krümmte sich zusammen und schrie.

Da hörte er einen scharfen Knall. Er fuhr hoch – und sah links neben sich einen Mann, der auf ihn zutaumelte. Der Knall stammte von einem Schuß aus dessen Gewehr.

Die Gestalt schien ihn nicht zu bemerken. Wieder legte sie an und schoß ... auf die Sonne! Auf das *Licht* ...

Da erkannte er den Mann.

»John!« rief er. »John Ferguson!«

Fassungslos registrierte er, daß die Gestalt dieselbe Kleidung trug wie er, Lederstiefel, ein rotes Hemd und blaue Jeans. Auch die Farbe des Haars stimmte mit der seinen überein.

Das bist du selbst! stach ein Gedanke durch seinen Kopf. *Ferguson! Du heißt John Ferguson!*

Die letzte Fessel in seinem Kopf zersprang endgültig und

mit einem schrillen Kreischen – und gleichzeitig löste sich der Mann vor ihm in nichts auf.

Wie vom Schlag getroffen stürzte Ferguson in den Sand.

Bilder des Entsetzens zogen vor seinem inneren Auge vorbei. Er war in einem Canyon. Er sah das Licht, das Wilbur Mansfield in ein Häufchen Staub verwandelte. Der Wind nahm es auf und verteilte es über den Boden der Schlucht.

Mansfield war der erste Tote.

Nur wenige Minuten später traf es Jeff Lynch und Pete Russell. Die unheimliche Lichtkugel hüllte sie ein und ließ sie erstarren.

John Ferguson stöhnte, während seine Finger im Sand wühlten. Das Grauen überwältigte ihn. Er keuchte. Sand rann in seinen Mund. Er spuckte und rang nach Luft.

Die Erinnerung lief wie in Zeitlupe ab. Die starren Körper von Jeff und Pete schienen im Licht zu tanzen, und während sie zu Boden fielen, veränderten sie sich auf schauderhafte Weise. Das Licht trocknete sie aus, in Sekundenschnelle, bis sie wie bizarre Mumien vor ihm lagen.

Ferguson schrie in Panik. Wie von Sinnen kämpfte er sich hoch und rannte weiter. Weg, nur weg von den Erinnerungen, denen er doch nicht entkommen konnte, weil sie tief in ihm waren, in seinem Kopf. Der kümmerliche Rest Speichel in seinem Mund schmeckte nach Blut, da er sich die Unterlippe durchgebissen hatte.

Als er eine Düne überquert hatte, lag vor ihm eine Felsengruppe. Eine steinerne Oase im Sand der Wüste, nur bekleidet von ein paar dürren, vertrockneten Sträuchern. Aber immerhin etwas, woran er sich orientieren, auf das er zulaufen konnte, auch wenn das Ziel keine Rettung versprach.

Ferguson hatte die Felsen fast erreicht, als er über ein paar Steine stolperte und das Gleichgewicht verlor. Wild ruderte er mit den Armen, verlor das Gewehr und schlug hart auf den Boden.

Sein Blick ging mehr zufällig als beabsichtigt in Richtung der aufgegangenen Sonne, die den oberen Rand der Felsengruppe berührte. Ungläubig blinzelte er gegen das grelle Licht. Er sah einen Schatten, und der Schatten … bewegte sich!

Der Wüstenwind blies ihm Sand ins Gesicht. Sand prasselte gegen die Felsen, die vor ihm emporragten. Es war das einzige Geräusch, das er hörte.

»Hilfe!« Er winkte mit beiden Armen, aber sie waren schwer wie Blei. »Helft … mir!« Seine Stimme war ein fast tonloses Krächzen, viel zu leise, um das Prasseln der Sandkörner zu übertönen, das überlaut in seinen Ohren dröhnte.

Der Schatten auf dem Felskamm bewegte sich wieder. Er schob sich weiter vor den gelben Sonnenball, und für einen Augenblick bildete John sich ein, daß es keine *menschliche* Silhouette war.

Er kniff die Augen zusammen und starrte ins Gegenlicht. Der Schatten war nicht mehr als ein heller Fleck inmitten der Sonnenglut. Aber je länger er den Fleck anstarrte, desto deutlicher schälten sich Konturen heraus. Ein übergroßer Kopf auf einem schmächtigen Körper …

»Hallo!« versuchte er es noch einmal. »Ich … brauche Hilfe!«

Der Fremde antwortete nicht. Wie eine Kerzenflamme, die man gegen das Sonnenlicht betrachtet, waberte sein Körper gestaltlos hin und her. Und dann – schien er näher zu kommen!

In John Ferguson wallte Panik auf. Das war nie und nimmer ein Mensch! Es mußte ein Trugbild sein, ein Produkt seiner Phantasie!

Er schloß die Augen, doch als er sie nach ein paar Atemzügen wieder öffnete, war die Gestalt immer noch da. Eine leuchtende Aura schien sie einzuhüllen – wie das Licht, das Wilbur, Jeff und Pete verzehrt hatte!

Die Erkenntnis gab Ferguson die Kraft, aufzuspringen. Er riß das Gewehr hoch, lud durch und legte an. Der Fremde machte keine Anstalten, aus- oder zurückzuweichen. Immer noch kam er beharrlich – *unaufhaltsam!* – näher.

Ferguson zog durch. Der peitschende Knall des Schusses betäubte seine Ohren, und der Rückstoß ließ ihn taumeln. Trotzdem hebelte er die nächste Patrone in die Kammer und schoß, so lange, bis die peitschenden Schüsse vom Klacken des Hammers abgelöst wurden. Als sich der Pulvergestank verzog, ließ Ferguson die Rifle sinken.

Die Gestalt war verschwunden. Als hätte es sie nie gegeben.

Also doch ein Trugbild?

Ferguson ließ das leergeschossene Gewehr einfach in den Sand fallen. Ein, zwei Minuten stand er da, mit hängenden Armen, und versuchte zu begreifen, was geschehen war.

Dann drehte er sich um und stapfte in seiner eigenen Spur davon, bis ihn die Hitze der Wüste erneut in den Sand zwang.

Ferguson hatte keinen Lebenswillen mehr. Er ließ sich einfach fallen, blieb erschöpft und ausgelaugt liegen und wartete auf den Tod …

Heiligtum der Anasazi
Painted Desert, Arizona, 16. Oktober, 7 Uhr

Wie aus einem tiefen See tauchte sein Bewußtsein der Oberfläche entgegen. Schwerelos trieb er dahin, und Dunkelheit umfing ihn.

Dann endlich durchstieß er die Grenze zur Wirklichkeit. Seine Augenlider öffneten sich flatternd. Vor sich sah er die Milchstraße: Milliarden kleiner leuchtender Punkte, jeder von ihnen ein Stern wie die Sonne.

Dann zerstob der Anblick in einer Explosion aus Licht. Die Dunkelheit wich und machte der Helligkeit eines beginnenden Tages Platz.

Erst jetzt spürte Cliff Conroy den harten Fels unter seinem Rücken. Mühsam wälzte er sich herum und stieß gegen den reglosen Körper Judy Davenports. Er richtete sich in eine sitzende Position auf und bettete ihren Kopf in seinem Schoß. Vorsichtig tätschelte er ihre Wangen, bis sie die Augen aufschlug – um sie geblendet sofort wieder zu schließen.

»Cliff?«

»Wir haben es überstanden«, sagte er. Seine Stimme klang, als hätte er die Nacht durchzecht.

Völlig müßig war es, darüber nachzudenken, welchem Umstand sie es zu verdanken hatten, daß sie noch lebten. Er warf einen Blick auf seine Uhr. Sie war um zehn Minuten nach acht stehengeblieben.

»Meine Knochen scheinen heil geblieben zu sein«, fuhr er fort. »Wie sieht es bei dir aus?«

Judy erhob sich und streckte ihre Glieder. »Danke der Nachfrage. Bis auf ein paar Prellungen fühle ich mich wie neugeboren.«

Ihr Blick fiel auf den Rand der Schlucht, der sich in eine Trümmerwüste verwandelt hatte.

»Schade«, sagte sie. »Ich hatte gehofft, das alles wäre nur ein Traum gewesen.«

Cliff entdeckte die Videokamera im Sand, hob sie auf und reinigte sie notdürftig. Die Bereitschaftslampe brannte nicht mehr. Das Gerät hatte sich am Bandende automatisch abgeschaltet.

Er überprüfte die Batterien. Sie waren völlig leer. Keine Möglichkeit also, nachzuprüfen, ob die Aufnahmen gelungen waren. In der Kameratasche waren zwei Ersatzakkus – aber er konnte die Tasche nirgends entdecken. Die Druckwelle mußte sie davongeschleudert haben.

Judys Blick ging noch immer zum Canyon hinüber. »Leuchterscheinungen, die Menschen in Mumien verwandeln«, sagte sie. »Ein Feld, das Übelkeit verursacht, wahrscheinlich zur Abschreckung gedacht. Und dann dieses ... Ding ...«

»Nenn es doch beim Namen!« forderte Cliff sie auf. »*UFO.* Oder hast du eine bessere Erklärung dafür?«

»Nein. Aber das muß nicht bedeuten, daß es keine gibt.«

»Und dann die Parallele zu Uncton!« fuhr Cliff fort. »Auch der verschollene Pilot dort war mumifiziert. Ich halte das nicht für einen Zufall. Wenn du meine Meinung hören willst: Langsam teile ich die Meinung des Senators. Die ›Ghost-Rider‹-Akten könnten Humbug sein, die Vorgänge in Uncton ein geschickt angelegtes Manöver, um uns zu täuschen. Ja, sogar der Hermaphrodit in den Tunneln unter New York muß nicht unbedingt mit Außerirdischen zusammenhängen. Aber wie erklärst du dir *das hier*?«

Judy schwieg. Er bückte sich und nahm mehrere Steinbrocken auf. Entschlossen warf er sie in den Abgrund. Sie prallten gegen die Felswand und polterten hinab. Sonst gab es keine Reaktion.

»Komm«, sagte er. »Laß uns nachsehen, was da unten passiert ist. Vielleicht finden wir Antworten auf unsere Fragen.«

Sie näherten sich vorsichtig dem Rand des Canyons. Noch immer geschah nichts. Mit dem Entschwinden der Leuchterscheinung waren auch Übelkeit und Kopfdruck gewichen.

Als sie die Bruchkante erreichten und hinabblickten, konnten sie beide ein Gefühl der Enttäuschung nicht unterdrücken.

Die Schlucht war verwüstet, aber wenn es Hinweise auf extraterrestrische Aktivitäten gab, so waren sie unter Tonnen von Abraum verschwunden. Die gegenüberliegende Felswand war auf einer Länge von etwa fünfzig Metern eingestürzt und füllte nun den Canyon bis zur halben Höhe aus. Keine Chance, etwas zu finden, das ihre Fragen beantworten konnte.

Sie kehrten zurück und suchten ihre Ausrüstung zusammen, die sich weit über das Plateau verteilt hatte. Als Judy die Kameratasche fand, wechselte Cliff den Akku der Kamera. Seine Finger zitterten vor Erregung, als er den Film ein Stück zurückspulte und auf Wiedergabe schaltete.

Im nächsten Moment versteinerten seine Gesichtszüge. Auf Judys Frage hin reichte er ihr die Kamera. Judy preßte ein Auge an das Okular.

Alles, was sie sah, war ein Flimmern wie von einem Fernseher, der kein Programm ausstrahlte.

»Gelöscht?« fragte sie tonlos.

Cliff schleuderte den verbrauchten Akku wütend zu Boden. »Das Elmsfeuer!« preßte er hervor. »Die elektrische Entladung muß das Band entmagnetisiert haben! Es war alles umsonst.«

Niedergeschlagen kehrten sie zum Versteck der Kawasaki zurück. Sie war unberührt. Sie verstauten ihre Ausrüstung. Cliff nahm das Funkgerät, zog die Antenne hervor und schaltete auf Kanal 23.

Es dauerte geschlagene drei Minuten, bis Dexter Barnaby auf den Funkruf reagierte. Auch seine Stimme klang, als hätte er die Nacht durchzecht – aber wahrscheinlich entsprach es bei ihm sogar der Wahrheit.

Trotzdem versprach er, so schnell wie möglich zu kommen, um sie abzuholen. Obwohl Cliff beteuerte, es gäbe keinen ›Spuk‹ mehr im Canyon der Anasazi, bestand Barnaby auf einem Treffpunkt zehn Kilometer vom Felsenmassiv entfernt.

Cliff verstaute das Funkgerät wieder. Gemeinsam schoben sie die Maschine ins Freie und saßen auf.

Ein Stück Fels neben Cliff explodierte. Ein Splitter zog eine schmerzhafte Spur über seine linke Wange.

Einen Bruchteil später hörten sie das Krachen des Schusses. Er kam von einer Stelle hoch über ihnen.

Judy schrie auf. Cliff reagierte.

»Festhalten!« schrie er. Er stampfte den Kickstarter der Kawasaki hinunter. Der Motor heulte auf. Die Maschine ruckte an, sprang aus dem Stand einen Meter nach vorn.

Wo gerade noch ihr Schatten auf dem Fels gelegen hatte, klaffte plötzlich ein Krater. Weitere Splitter prasselten auf sie ein.

Cliff gab Vollgas und jagte die Maschine um die Felsen herum und in den toten Winkel des Schützen. Dort hielt er sie für etwa fünfzig Meter, bevor er einen weiteren Schwenk vollführte und die Kawasaki in die Wüste hinauslenkte. Erst nach einem Kilometer stoppte er.

Judy zog sich den Helm vom Kopf. »Wer zum Teufel war das?«

»Jedenfalls keine Aliens«, gab Cliff zurück. »Die feuern nicht mit Explosivgeschossen. Ich tippe auf McKays Verein.«

»Die NSA?«

»Mußten wir damit nicht rechnen?« entgegnete Cliff. »Mich wundert nur, daß es so lange gedauert hat, bis einer dieser Hundesöhne aufgetaucht ist.«

Judy blickte unruhig zurück. Ihr gesamter Körper war von einer Gänsehaut überzogen.

»Vielleicht ist er ja schon länger da«, mutmaßte sie. »Ich habe mich ohnehin die ganze Zeit gefragt, wo der Jeep geblieben ist, den wir auf dem Hinflug bei den Polizisten gesehen haben.«

Cliff nickte. »Du hast recht. Und vielleicht ist das auch eine Erklärung dafür, warum das UFO den Canyon verlassen hat. Der Geheimdienst verfügt über die Mittel, einem Rätsel auf die Pelle zu rücken – bildlich gesprochen.«

Judy stülpte sich den Helm wieder über.

»Dann sollten wir – bildlich gesprochen – die Beine in die Hand nehmen«, sagte sie. »Ich habe keine Lust auf eine zweite Begegnung.«

Sie fuhren weiter Richtung Nordost, doch nach fünf Minuten stoppte Cliff erneut.

Da war eine Spur im Sand! Sie stammte von Cowboystiefeln und führte vom Canyon weg. Der Wind hatte sie teilweise verweht, aber noch ließ sich erkennen, in welche Richtung der einsame Wanderer gegangen war.

Einer der Vermißten? Immerhin hatten sie erst zwei Leichen von insgesamt vier Männern gefunden.

Sie folgten der Spur, fuhren dicht neben ihr her.

Acht Kilometer nordnordöstlich des Felsmassivs entdeckten sie den Körper im Sand. Er lag hinter einer ausgedehnten Düne auf der Seite und rührte sich nicht.

Das Gesicht und die nackten Unterarme des Mannes wiesen zahlreiche winzige Schnitte auf. Ein Teil war blutverkrustet.

Judy untersuchte den Mann, fühlte den Puls und kontrollierte die Pupillen auf Bewegung.

»Cliff, er lebt!«

Sie holte die Wasserflasche und versuchte dem Verletzten ein wenig davon einzuflößen. Es ging nicht. Zwar wollte er trinken, aber sein Schluckmuskel versagte.

Cliff zog das Funkgerät aus der Satteltasche und rief auf Kanal 23 nach Dexter. Der ›Kapitän der Lüfte‹ meldete sich sofort. Seine Stimme war kaum zu verstehen, weil sie vom Knattern der Rotorblätter übertönt wurde.

»Nur nicht drängeln, Jungchen!« polterte er. »Bin schon auf dem Weg!«

»Legen Sie einen Zahn zu, Dex«, rief Cliff ins Mikro des Gerätes. »Wir haben einen der Vermißten gefunden. Er lebt noch.«

»Miss Ellie tut, was sie kann!« kam die Antwort. »Wenn

mir kein Mastbruch dazwischenkommt, bin ich in zwanzig Minuten da! Over!«

»Over und aus.«

Cliff steckte das Funkgerät weg und kniete neben dem Verletzten nieder.

»Können Sie mich hören?« fragte er. »Rettung ist unterwegs.« Die Augenlider des Mannes zuckten, seine Lippen bebten.

»Das ... Licht«, ächzte der Verletzte. »Es hat sie ... ausge... trocknet ...«

Er atmete rasselnd, und wieder versuchte Judy, ihm etwas Wasser einzuflößen. Diesmal klappte es. Er schluckte zaghaft und begann zu husten. Besorgt blickte Judy Cliff an – und an ihm vorbei. Ihre Augen weiteten sich in plötzlichem Schrecken. Die Wasserflasche entglitt ihren Fingern und fiel in den Sand.

»Cliff!« formten ihre Lippen lautlos.

Sie brauchte es nicht auszusprechen. Das leise Knacken eines Sicherheitsbügels vom Kamm der Sanddüne her sprach eine überdeutliche Sprache.

»Nehmen Sie die Hände hoch und drehen sich langsam um«, klang eine harte, metallische Stimme auf.

Kein Zweifel, das war der Kerl aus dem Jeep. Cliff beschloß, eine Lebensversicherung abzuschließen.

»Falls Sie vorhaben, uns zu erschießen«, sagte er, während er sich langsam und mit ausgebreiteten Armen umwandte, »wir werden gleich abgeholt. Der Hubschrauber ist schon unterwegs.«

Der Hüne ging nicht darauf ein.

»Geben Sie mir die Kamera«, verlangte er.

Judy bückte sich nach der Tasche, die sie während der Fahrt auf dem Rücken getragen und nahe dem Verletzten abgestellt hatte.

»Werfen Sie sie zu mir rüber!« befahl der Mann in der schlechtsitzenden Polizeiuniform, die keinen Moment darüber hinwegtäuschen konnte, daß er viel mehr war als ein einfacher Polizist.

Judy tat, wie ihr geheißen. Der Fremde holte die Kamera aus der Tasche, öffnete sie und entnahm ihr die kleine Kassette. Cliff unterdrückte ein Schmunzeln, als er an das Gesicht denken mußte, das die Schnüffler von der NSA machen würden, wenn sie den Film überprüften.

»Wer seid ihr?« fragte der Mann.

»Reporter vom Gallup Observer«, erwiderte Judy. »Wir sollten einen Bericht über die Vermißten drehen. Können Sie uns sagen, was in dem Canyon los war? Ist da eine Bombe explodiert?«

Cliff befürchtete schon, daß Judy die Rolle der Naiven übertrieb, aber der NSA-Agent schnappte tatsächlich nach dem Brocken, den sie ihm hingeworfen hatte.

»Die vier waren Verbrecher«, sagte er. »Sie hatten Plastiksprengstoff aus Armeebeständen entwendet und wollten ihn hier verstecken. Offenbar konnten sie nicht allzugut mit dem Zeug umgehen.«

Mit seiner nächsten Frage betrat Cliff gefährlichen Boden, aber sie war unabdingbar, wollte er nicht unglaubwürdig wirken.

»Warum haben Sie auf uns geschossen?«

»Ich hielt sie für Komplizen der vier Männer«, sagte der Fremde und senkte nun auch die Waffe, wie um seine Worte zu unterstreichen. »Aber wie Sie ja bemerkt haben werden, habe ich Sie nicht getroffen. Ich wollte Sie nur aufhalten ... um das hier an mich zu nehmen.« Er wedelte mit der Kassette. »Ich beschlagnahme den Film im Interesse der nationalen Sicherheit.« Es hörte sich so an, als hätte er den Satz schon so oft von sich gegeben, daß er ihm in Fleisch und Blut übergegangen war. »Über die Vorgänge hier haben Sie absolutes Stillschweigen zu bewahren. Sollte etwas an die Öffentlichkeit dringen, werden Sie sich zu verantworten haben. Ich hoffe auf Ihr Verständnis.«

Das Geräusch ferner Rotoren unterbrach die Plauderstunde mit dem Killer. Cliff und Judy fiel ein Gebirge vom Herzen. Nun konnte er seine Meinung nicht mehr ändern und sie als lästige Zeugen beseitigen.

»Okay, bringen Sie den Mann nach Tuba City«, sagte er. »Ich werde meine Dienststelle benachrichtigen. Man wird sich um ihn kümmern.«

Cliff und Judy wußten nur zu gut, was das bedeutete. Der

Mann würde seine Geschichte nicht erzählen können. Entweder würde man ihn unter Verschluß halten oder ihm eine Gehirnwäsche verpassen. Und damit war auch diese Quelle versiegt, die ihnen Antworten hätte liefern können.

Der Agent zog sich zurück, noch bevor Barnabys Helikopter über dem Dünenmeer auftauchte.

Sie bargen den Verletzten, verstauten die Kawasaki und machten, daß sie wegkamen. Aus sicherer Höhe überflogen sie den Jeep des Fremden, dem angebunden die sechs Pferde der toten Polizisten folgten. Im Ladebereich des Fahrzeugs waren Zeltplanen ausgebreitet, unter denen etwas verborgen lag. Es war nicht schwer zu erraten, was.

»Die vertrockneten Leichen können wir auch vergessen«, knirschte Cliff. »Keine Beweise. Die NSA leistet ganze Arbeit. Wir können froh sein, daß der Kerl uns hat laufen lassen.«

»Wenn er gewußt hätte, wer wir wirklich sind ...« Judy ließ den Rest ihres Satzes offen.

Dexter Barnaby musterte sie kritisch. »Gibt's da was, das ich wissen sollte?« fragte er.

»Nichts wirklich Wichtiges, Dex«, antwortete Judy, aber Barnaby ließ so schnell nicht locker.

»Es hat nicht zufällig was mit der leuchtenden Kugel zu tun, die gestern nacht in den Himmel gerast ist, oder?«

»Eine Kugel?« fragte Cliff und grinste. »Dex, Sie wollen uns doch wohl nicht weismachen, Sie hätten ein UFO gesehen?«

»Ach, Unsinn.« Barnaby schüttelte den Kopf. »Wenn ihr mich fragt, das waren die Geister der Toten! Ihr habt sie in ihrer Ruhe gestört. Vielleicht sind sie jetzt ausgewandert und suchen sich ein ruhigeres Plätzchen.«

Dexter Barnaby sollte nie erfahren, wie dicht an der Wahrheit er mit seiner Vermutung lag. Und die Öffentlichkeit erfuhr auch nicht viel mehr.

Als Cliff und Judy Stunden später im Winnebago saßen und zusammen mit Dexter eine Flasche kalifornischen Rotweins leerten, verkündete der Nachrichtensprecher, daß drei der Vermißten in einen Sandsturm geraten und ums Leben gekommen wären. Ihre Leichen würde man vermutlich nie finden. Der einzige Überlebende sei in ein Militärhospital verbracht worden, aber noch nicht wieder bei Bewußtsein. Chief

Cody von der Polizeistation in Tuba City gab bekannt, daß die Männer des Suchtrupps ebenfalls vermißt wurden. Ihr Schicksal sei aber noch ungeklärt.

»Die Geister unserer Ahnen lassen sich ungern stören«, bekräftigte Dexter Barnaby und fühlte sich nach dem dritten Glas als hundertprozentiger Indianer.

Wenig später verabschiedete er sich von Cliff und Judy und sah ihnen nach, bis der Campingwagen in der Ferne hinter einer Staubwolke verschwunden war.

Sie informierten Senator Campbell vom wenig glücklichen Ausgang der Aktion und brachten möglichst viel Raum zwischen sich und dem Anasazi-Canyon. Erst zweihundert Kilometer nördlich von Bens Cross Area legten sie auf einem abgelegenen Parkplatz den nächsten Stopp ein. Die Ereignisse der letzten Nacht und die permanente Anspannung hatten sie völlig geschafft. Todmüde verkrochen sie sich in den Kojen des Winnebago, obwohl es erst später Nachmittag war.

Trotzdem lag Cliff noch lange wach. Was in seinem Kopf herumspukte, war nicht dazu angetan, ihn zur Ruhe kommen zu lassen. Einzig ein Gedanke vermochte ihn aufzuheitern: Was würde Jeremy McKay wohl sagen, wenn der NSA-Agent ihm die Personenbeschreibungen der beiden angeblichen Reporter gab, die er in der Wüste hatte laufen lassen?

Mit diesem Gedanken schlief Cliff ein.

ENDE DES VIERTEN BUCHES

FÜNFTES BUCH

GEJAGT!

von Timothy Stahl

Das kleine Mädchen versuchte an etwas Schönes zu denken, als das hornige Ding in sein Ohr kroch. Es dachte an das Zwitschern von Vögeln, um das dröhnende Knistern, mit dem das Ding sich tiefer in den Gehörgang schob, nicht hören zu müssen. Es dachte an das Klicken von Murmeln, als kleine Chitinzangen das Trommelfell zerschnitten.

Als winzige Zähne sich in das schwammige Etwas über der Wirbelsäule verbissen, fiel dem kleinen Mädchen nichts mehr ein, womit es sich ablenken konnte. Schließlich krabbelte das Ding durch die Nase und wurde von einem kleinen Blutschwall wieder herausgespült.

Das kleine Mädchen weinte nicht. Wenn es tapfer blieb, würde es bald wieder zu Mummy und Daddy dürfen.

Dann würden die Fremden es wieder nach Hause bringen ...

Druid Hill Sanatorium
Westbrook, Maine, 15. November 1995, 12 Uhr 32

»Hallo, Marisa. Wie geht's dir?«

Als das blonde Mädchen an Dr. Donald Nordheim vorüberging, verriet es mit keiner Regung, ob es seine Worte überhaupt gehört hatte. Einmal mehr erinnerte Marisa Truman ihn an eine dieser angeblich so seltenen Porzellanpuppen, für die in Antiquitätengeschäften horrende Preise verlangt und die in Fernost zu Hungerlöhnen in Serie gefertigt wurden. Nicht nur ihre blasse und fast tönern wirkende Haut ließ Dr. Nordheim immer wieder diesen Vergleich ziehen – manchmal hatte er auch den Eindruck, es würde nicht sehr viel mehr Leben in Marisa Truman stecken als in einer Puppe.

»Sie geben die Hoffnung wohl nie auf, Dr. Nordheim?«

Schwester Pearl hielt den Arm des Mädchens gerade so fest, daß sie Marisa in die gewünschte Richtung dirigieren konnte. Während sie den Arzt passierten, drehte sie den Kopf, so daß sie ihn im Blick behielt. Das Lächeln in ihrem dunklen

Gesicht war dabei keineswegs zynisch, wie es ihre Worte hätten vermuten lassen können, sondern – bewundernd.

Nordheim erwiderte es auf die ihm eigene Art, die sein jugendliches Gesicht zu dem eines kleinen Jungen machte.

»Wenn ich zum Aufgeben neigen würde«, sagte er, »dann hätte ich sicher meinen Beruf verfehlt, hm? Hoffnung zählt zu meinem Handwerkszeug.«

»Das ist es, was ich an Ihnen so mag, Doc«, entgegnete Schwester Pearl. Ihr Lächeln wurde ein wenig breiter, und ihre beinahe schwarzen Augen funkelten eine Sekunde lang vergnügt.

Dr. Nordheim sah es noch, als die Schwester mit Marisa Truman um die nächste Gangbiegung verschwunden war. Vergnügen, Hoffnung – all das waren Dinge, von denen es in Druid Hill viel zu wenig gab, als daß man sie gleich wieder hätte vergessen dürfen.

Trotzdem – immer wenn er im Zusammenhang mit Marisa Truman an Hoffnung dachte, kam es ihm vor wie Selbstbetrug.

Das heute achtzehnjährige Mädchen hatte seit dreizehn Jahren kein Wort mehr gesprochen. Mehr noch, sie hatte, so stand es in den Untersuchungsberichten, die mittlerweile ganze Ordner füllten, in dieser Zeit nicht einmal mehr wirkliche Lebenszeichen gezeigt.

Obgleich – physisch war das Mädchen kerngesund. Und im Grunde war das allein schon ein Wunder, bedachte man, daß sie aus eigenem Antrieb weder aß noch sich bewegte. Man mußte sie zwar zu all dem nicht zwingen, aber es bedurfte eben eines Anstoßes durch fremde Hand.

Dr. Nordheim hatte Marisas ›Krankheitsgeschichte‹ wieder und wieder durchforstet. Doch wie die Spezialisten vor ihm hatte auch er den Grund ihrer völligen Apathie nicht finden können.

Fest stand nur, daß die Veränderung im Alter von fünf Jahren mit Marisa vorgegangen war, und das im wahrsten Sinne des Wortes über Nacht: gestern noch ein munteres kleines Mädchen, heute kaum mehr als eine leere Hülle.

Niemand wußte, was geschehen war in dieser Nacht. Es schien, als hätte etwas in Marisa ›Drähte‹ gekappt, über die

die Medizin zu wenig wußte, als daß sie sie hätte reparieren können.

Seither hatte Marisa Truman ihr Leben in mehr als einem Dutzend verschiedener Kliniken zugebracht; die qualifiziertesten Fachärzte hatten sich ihres Falles angenommen, doch für jeden von ihnen war Marisa ein Rätsel geblieben, das sie nicht zu lösen imstande waren.

Und so war das Mädchen vor fast einem Jahr in Druid Hill gelandet – jenem Sanatorium, das in Fachkreisen den Beinamen ›Point of no return‹ trug, ›Ort ohne Wiederkehr‹. Das hieß nichts anderes, als daß man hier die hoffnungslosesten Fälle ›aufbewahrte‹ und entweder auf ein Wunder wartete oder darauf, daß eine höhere Macht ›den Fall zu den Akten legte‹...

Dr. Donald Nordheim hatte sich dafür entschieden, den Glauben an Wunder nie aufzugeben. Und er versuchte nach Kräften, daran mitzuwirken. Er hatte im Laufe der Zeit, die er nun schon in Druid Hill Dienst tat, eine Reihe von Heilverfahren entwickelt, die man ihm anderenorts vermutlich nie genehmigt hätte. Hier jedoch störte sich niemand an unkonventionellen Vorgehensweisen, die bisweilen allen festgeschriebenen Erkenntnissen der Psychiatrie wider- und bisweilen sogar hohnsprachen. Aber hier in Druid Hill durfte ein Mann wie Dr. Donald Nordheim seine Theorie, daß etwas im höchsten Maße Eigenwilliges und Hochkompliziertes wie die menschliche Psyche nur auf mindestens ebenso eigenwillige und komplizierte Art und Weise zu behandeln war, auch praktisch umsetzen.

Und seine wenn auch nur kleinen Erfolge hatten in der jüngsten Vergangenheit zumindest schon dafür gesorgt, daß man im Zusammenhang von Druid Hill nicht mehr nur vom ›Point of no return‹ sprach, sondern daß vereinzelt schon der Begriff ›Point of last hope‹ fiel ...

Mit dem Stöhnen des alten Mannes, als der er sich innerlich manchmal fühlte, stieß Nordheim sich von der Wand ab, an der er in Gedanken versunken gelehnt hatte, und ging langsam um die Ecke, hinter der vorhin Schwester Pearl mit ihrem ›Sorgenkind‹ verschwunden war.

Marisa war die womöglich schwerste Prüfung, die ihm je auferlegt worden war.

Nordheim fröstelte plötzlich.

Nicht zum erstenmal, wenn er an das Mädchen mit dem leeren Blick dachte.

Denn auf unerklärliche Weise *fürchtete* er sich vor dem Tag, da ein Wunder auch an Marisa Truman wirksam werden könnte.

Er fürchtete sich vor dem, was hinter ihren toten Augen lauern und erwachen könnte.

Bereitschaftsraum
Druid Hill Sanatorium, 15. November, 23 Uhr 19

... *»Wie gefällt dir das?« fragte sie zitternd, als sie mit der Zunge die Länge seines Schaftes befeuchtete – ihn darauf vorbereitete, in sie zu dringen. In den immer unerträglicher brennenden Schoß, der sich nach etwas sehnte, was ihm viel zu lange vorenthalten worden war.*

»Gut«, keuchte Philip. »Es ist ... gut ...«

»O ja. Und es wird noch besser!«

Wie im Fieber glitt sie über ihn und setzte sich auf seinen Pfahl. Sekundenlang ruhte sie in vollendeter Haltung in ihrem Sattel.

Dann eröffnete sie den feurigen Ritt, schloß die Augen und vergaß das heruntergewirtschaftete, kalt und lieblos eingerichtete Zimmer.

Philip gab ihr, was sie am meisten brauchte.

Und sie ihm ....

Vic Secares Uhr piepste den ›River-Kwai-Marsch‹.

Mit sichtlichem Widerwillen löste er sich aus dem Gespinst, in dem seine Gedanken sich verfangen hatten, und stellte das Piepsen ab. Brummend klappte er das Taschenheftchen, in dem er gerade gelesen hatte, zu und stopfte es in die Schublade zu den abgegriffenen Hochglanzgirls, die ihm schon so manche Nachtschicht in Druid Hill versüßt hatten.

23 Uhr 20 – Zeit für den nächsten Rundgang, der so langweilig sein würde wie der vorherige und alle nachfolgenden. So öde wie jede Nacht in Druid Hill.

Vic Secare stand auf und stöhnte. Die heiße Lektüre hatte Folgen gezeitigt. Unterhalb seiner Gürtellinie. Und, verdammt, Secare hätte eine ganze Menge dafür gegeben, wenn er die pochende Schwellung in seiner weißen Pflegerhose auf angenehme Weise hätte loswerden können ...

Hätte jemand Vic Secare in diesem Moment beobachtet, wäre er vermutlich erschauert. Im bläulichen Widerschein der Überwachungsmonitore wirkte jedes Gesicht ein klein wenig dämonisch. In Secares Züge allerdings schlich sich etwas Verschlagenes, fast Bösartiges, als sein mit einemmal glitzernder Blick an einem der Bildschirme klebenblieb.

Der Monitor zeigte ein Zimmer, das nicht so schlicht war, wie man es in einer Anstalt wie Druid Hill vielleicht erwartet hätte. Obwohl es jene kahlen Zellen mit den weichen Wänden natürlich auch hier gab.

Dieser Raum jedoch strahlte sogar fast Gemütlichkeit aus. Die Einrichtung war die eines Jungmädchenzimmers, und es wirkte nur deshalb ein bißchen steril, weil die persönliche Note fehlte. Nirgends lag oder stand etwas herum, das etwas über die Bewohnerin des Raumes verraten hätte. Nichts zumindest, was auf dem kleinen, schwarzweißen Abbild zu entdecken gewesen wäre.

Aber das war es ohnehin nicht, was Vic Secare interessierte.

Sein Interesse galt dem blonden Mädchen, das dort reglos auf dem Bett lag und dessen schlanke Silhouette sich unter dem dünnen Laken abzeichnete. Ein Anblick, der Öl auf das Feuer von Secares ohnehin schon erhitzter Phantasie war.

Marisa Truman würde sich weder wehren noch schreien, wenn er sein Mütchen ein wenig an ihrem schönen Körper kühlte.

Sie hatte seit dreizehn Jahren nicht mehr geschrien und würde nicht ausgerechnet heute nacht ihr Schweigen brechen ...

Vic Secare schnappte sich den schweren Schlüsselbund. Leise den ›River-Kwai-Marsch‹ pfeifend, verließ er den Kontrollraum. Niemand begegnete ihm, als er durch die Gänge schlenderte, die von der Notbeleuchtung in vages Zwielicht getaucht wurden. Obwohl er natürlich nicht allein in Druid Hill war. Aber die Leute, die nachts hier ihren Dienst versahen, ließen sich an zwei Händen abzählen. Und die ständigen ›Bewohner‹ der Anstalt schliefen tief und fest – dafür sorgte schon das Zeug, das man ihnen ins Abendessen mischte. Andernfalls wäre hier auch nachts die Hölle los gewesen, und entsprechend mehr Personal hätte eingesetzt werden müssen, was aber im Zuge der staatlichen Einsparungsmaßnahmen eine finanzielle Utopie war.

Still war es um Vic Secare herum dennoch nicht. Manche Stimmen verstummten nie in Druid Hill. Sie gerannen des Nachts allenfalls zu einem Wimmern, das dem Echo eines fernen Chores gleich durch die Gänge wehte.

Geräusche, die Vic Secare schauriger fand als die Schreie, die tagsüber oft zu hören waren …

Und sie rissen auch dann nicht völlig ab, als er den Trakt erreichte, in dem ›die Ruhigen‹ untergebracht waren. Gestaltlosen Geistern gleich fanden die Laute einen Weg durch verschlossene Türen und selbst durch Mauern, um jeden, der um diese Zeit durch die schattenerfüllten Flure schlich, auf Schritt und Tritt zu begleiten.

In dieser Nacht jedoch empfand Secare sie nicht als so unangenehm wie sonst. Weil er nur einen kleinen Teil seines Bewußtseins für die Stimmen reservierte. Den weitaus größeren beherrschten jene Gedanken, die sich um das drehten, was er mit Marisa Truman anzustellen gedachte. Und das Pochen in seiner Hose wurde zu etwas Glühendem, fast Schmerzhaftem.

Er lachte heiser, als er das Zittern seiner Finger bemerkte, während er nach den richtigen Schlüsseln suchte. Und er brauchte eine ganze Weile, bis er die drei Schlösser traf und schließlich öffnete.

Geräuschlos glitt die schwere Tür auf. Wie ein Schatten huschte Secare hindurch und drückte sie vorsichtig zu. Dann blieb er sekundenlang stehen – nicht zögernd, sondern von etwas wie abseitiger Ehrfurcht erfüllt.

Durch das Sicherheitsglas des Fensters fiel Mondlicht, das sich wie flüssig über das Bett ergoß. Das darin liegende Mädchen sah aus wie in silbern glimmende Gaze gehüllt – oder wie … nicht von dieser Welt.

Das Laken war herabgerutscht, seit Secare die junge Frau

auf dem Monitor beobachtet hatte. Der dünne Stoff ihres Nachthemds zeichnete ihre Figur gerade so weit nach, daß der Phantasie des Betrachters noch genügend Spielraum blieb.

Doch jetzt wollte Secare wissen, wie dicht Phantasie und Wirklichkeit nebeneinanderlagen.

Er trat an das Bett heran.

»Welche Verschwendung«, flüsterte er rauh. »Soviel Schönheit für einen im Grunde leblosen Körper. Es wird Zeit, sie zu nutzen.«

Er glaubte zu lachen, doch jeder andere hätte den Laut als etwas Gutturales, Animalisches empfunden. Dann beugte er sich vor und zog mit der einen Hand das Laken ganz von Marisa weg, während er mit der anderen ihr Nachtgewand hochschob.

Im Mondlicht war die Haut des Mädchens beinahe milchweiß. Feine Schattensicheln lagen um ihre kleinen festen Brüste, deren Warzen sich wegen der plötzlichen Kühle verhärteten. Doch Secare hatte keine Mühe, diese Reaktion seiner Gegenwart zuzuschreiben.

Wieder grunzte er, während er nervös an seiner Hose nestelte und sie schließlich über die Knie herabrutschen ließ.

Seine Finger fuhren in das dunkle Dreieck in Marisas Schoß, fühlten flaumweiche Löckchen.

Ein zutiefst widerwärtiger Laut ließ seine Lippen beben, als er sich über die junge Frau schob. Ihre Schenkel öffneten sich ihm nur scheinbar bereitwillig.

Mit der rechten Hand versuchte er dem Ziel seiner gemeinen Träume näher zu kommen, während er sich mit der linken abstützte.

Ganz kurz glitt sein Blick hin zu der Stelle über der Tür, die im herrschenden Dämmerlicht nur ein dunkler Fleck war. Dort oben befand sich, geschützt hinter Kunststoff, die Überwachungskamera. Secare schalt sich einen Narren, daß er sie vorhin nicht abgeschaltet hatte.

Aber jetzt war es zu spät.

Jetzt war etwas anderes wichtiger.

Jetzt war er –

– am Ziel!

Vic Secares Becken sank fast ruckartig herab.

Er wußte nicht, ob es an seinem kehligen Stöhnen lag, oder daran, daß das Mädchen vielleicht doch nicht ganz so ›empfindungsarm‹ war, wie alle glaubten.

Marisa Truman schlug die Augen auf.

Und vielleicht zum erstenmal seit dreizehn Jahren schienen ihre Augen zu *sehen*. Auch wenn Secare den zutiefst beunruhigenden Eindruck hatte, daß nicht er es war, den sie sahen. Sondern etwas ganz anderes …

Er grinste trotzdem.

»Na, das ist doch was, he?« keuchte er in der Bewegung. »Das tut …«

… weh!

Wie damals.

Und doch anders …

Eine Sturmflut von Empfindungen brach in Marisa ein wie in ein leeres Staubecken. Ein Staubecken, das viel zu klein für diese Massen war und dessen Mauern unweigerlich brechen mußten unter dem Ansturm solcher Gewalten.

Auf eine Weise, die sich ihrem seit einer Ewigkeit nicht mehr genutzten Bewußtsein entzog, filterte sie eine der Empfindungen heraus.

Schmerz …

Schmerz machte den allergrößten Teil dessen aus, was da die Leere in ihr fraß und gleichsam füllte.

Schmerz, der Erinnerung freilegte, die in der Leere versunken war.

Nun wurde sie befreit, und sie schien tausendfach schlimmer zu sein als die tatsächliche Ursache. Der vor einer Ewigkeit erlittene Schmerz schien sich im Laufe der Zeit potenziert zu haben. Und jetzt erreichte er ein Maß, daß es nur noch zweierlei Ventile gab, ihn abzulassen.

Das eine war Wahnsinn.

Marisa – oder etwas in ihr – öffnete das andere …

Das Mädchen starrte noch immer zu Vic Secare hoch – aber auch immer noch durch ihn hindurch. Auf einen Punkt vielleicht, den er – oder überhaupt andere – niemals würden sehen können.

Die ruckenden Bewegungen, die ihren Körper durchliefen, gingen nicht von ihr selbst aus. Und das Glimmen in ihrem Blick mochte eine Folge dieser Bewegungen sein, weil sich dadurch das Licht in ihren Augen unterschiedlich brach.

Dennoch konnte Secare sich nicht völlig des Eindrucks erwehren, daß Marisa ihn auf eine Weise musterte, wie ein bösartiges Kind einen Käfer betrachtete, dem es gleich die Flügel ausreißen würde ...

»Unsinn«, schnaufte er. »Vielleicht hast du sogar Spaß daran, he? Das ist doch mal was anderes, als nur draußen im Garten im Kreis herumgeführt zu werden, was?«

Er lachte häßlich.

Verdammt, warum war er nur nicht früher auf diese Idee gekommen? Er hätte eine Menge Geld sparen können, das er bislang in die abgetakelten Weiber investiert hatte, die in nicht minder abgewrackten Läden ihre abgenutzten Körper verkauften ...

»Sieh, das Gute liegt so nah«, keuchte er. Ein glitzernder Speichelfaden löste sich aus seinem Mundwinkel und traf Marisas Bauch. Schweiß lief Secare in dicken Tropfen von der Stirn und begann in seinen Augen zu brennen.

Brennen ...

Sein ganzer Körper schien allmählich zu brennen ...

»Verdammt, du heizt mir ein, Kleines«, knurrte er.

Früher, vor einer oder zwei Ewigkeiten, war Vic Secare mal ein recht passabler Sportler gewesen. Aber er konnte sich nicht daran erinnern, jemals so geschwitzt zu haben wie hier und heute.

Das war nicht normal ...

Wenn er es nicht besser gewußt hätte, hätte er geglaubt, auf seiner Haut würden winzige Flämmchen tanzen.

Flämmchen, die seine Haut röteten ...

»Was ist das, verflucht?«

Secare hielt inne. In den Geruch von Schweiß, der sich mit dem der antiseptischen Reinigungsmittel mischte, mit denen die Räume hier gesäubert wurden, mengte sich noch etwas anderes ...

... der Gestank von –

– schmorendem Fleisch?

– verbranntem Horn?

Genau eine Sekunde lang wunderte sich Secare noch, warum er nicht längst vor Schmerzen brüllte.

Dann tat er es.

Nachdem er diese eine Sekunde lang auf seine nackten Arme gestiert hatte, deren Haut längst nicht mehr nur gerötet war, sondern die sich dunkel zusammenzog und stellenweise aufplatzte, während sich dünne Rauchschlieren darüber schoben wie ätzender Nebel.

Als er sich schreiend vom Bett wälzte, leckten kleine Feuerzungen aus den aufgeschnappten Hautstellen, die sich nicht mehr nur auf seine Arme beschränkten.

Und einen Lidschlag später stand Vic Secare in Flammen.

Sein Körperfett brannte hörbar knisternd. Verbrennendes Fleisch löste sich unter schier unvorstellbarer Hitze von den Knochen, die – und Secare *spürte* es! – zu Asche wurden. Seine weiße Pflegerkleidung wehte in dunklen Flocken durch den Raum und legte sich wie schwarzer Schnee auf Marisas Bett.

Secare stürzte, und die Flammen, die seinen Körper fast schon verzehrt hatten, aber noch lange nicht satt waren, fanden ringsum neue Nahrung.

Seine Schreie waren längst erstickt.

Doch andere waren an ihre Stelle getreten.

Marisa schrie.

Vor Schmerz, vor Angst, vor Entsetzen.

Ihre Schreie folgten Marisa Truman wie eine Horde heulender Gespenster, als sie hinausrannte und eine feurige Spur nach sich zog. Was an Brennbarem ihren Weg markierte, ging in ihrer bloßen Gegenwart fast explosionsartig in Flammen auf.

Und ihre Schreie – oder *etwas darin* – weckten all jene, die Druid Hill in dieser Nacht bislang nur mit Wimmern und Stöhnen erfüllt hatten.

Gebrüll, von erwachtem Wahnsinn aus hundert Kehlen

getrieben, begleitete Marisa Truman auf ihrer Flucht, hinaus in eine Welt, die seit dreizehn Jahren nicht mehr die ihre war.

Das dunkle Augenpaar, das ihr nachsah, bemerkte sie nicht.

Druid Hill, 16. November, 00 Uhr 01

In dieser Nacht waren die Wälder des Druid Hill voller Gespenster, doch Eugene Loomis fürchtete sie nicht.

Nicht, solange sie unsichtbar blieben, solange sie nur die Finsternis für sich beanspruchten und ihm selbst fernblieben.

Vor einer Weile hatte es begonnen. Wimmernd und heulend hatten sie sich aufgemacht, die Nacht zu erobern. Und nun wehten ihre Schreie durch die Dunkelheit, hüllten Eugene Loomis wie in einen Kokon aus Lärm und Wehklagen.

Doch wie gesagt, es störte ihn nicht. Wenn es nur dabei blieb. Aber der Gedanke daran, daß sie *wirklich* zu ihm kommen könnten, ließ ihn frösteln.

Loomis zog den Kaninchenpelz fester um seinen hageren Körper und verbot sich jeden Gedanken an die Gespenster. Aber so ganz gelang ihm das nicht.

Oh, er wußte wohl, wer sie waren. Und daß sie gefangengehalten wurden, dort oben, in dem großen Haus hinter dem hohen Zaun.

Niemand konnte von dort entkommen. Wer einmal darin eingesperrt wurde, der kehrte nicht mehr in diese Welt zurück. Nein, Sir, nicht aus diesem Haus.

Eugene Loomis hatte es sich oft genug angesehen. Von draußen, versteht sich. Denn es gab genug Leute, die der Meinung waren, er selbst würde auch dort hineingehören. Und davor hatte er eine höllische Angst. Wenn er erst einmal einen Fuß hinter den hohen Zaun gesetzt hatte, so fürchtete er, würden sie ihn nie wieder herauslassen. Und dann … würde er so werden wie *sie* …

Hinter den Bäumen des Druid Hill hatte er sich versteckt

und das Haus hinter dem hohen Zaun beobachtet – und die Gespenster …

Oh, sie verstanden es, sich zu tarnen. Sie sahen ganz normal aus. Aber Eugene Loomis wußte, was in ihnen steckte. Es zeigte sich nur selten in ihren Gesichtern, aber es sprach aus ihnen. Mit fürchterlichen, schreienden, jammernden und kreischenden Stimmen. Es war furchtbar.

Eugene Loomis schüttelte sich. Nur nicht darüber nachdenken. Sonst wurde er am Ende noch wie sie.

In dieser Nacht jedenfalls waren die Gespenster wieder einmal erwacht. Eugene Loomis hörte sie toben und kreischen, und seit einigen Minuten mischte sich ein Heulen anderer Art in den Lärm, den sie verursachten.

Über den Wipfeln der Bäume gloste das nächtliche Firmament in blauem und rotem Licht, und schon zuvor war da ein grelles Flackern gewesen wie von einem sehr großen Feuer.

Vielleicht, überlegte Eugene Loomis, war ja irgendein kluger Mann auf die Idee gekommen, die Gespenster zu verbrennen. Das wäre nicht übel gewesen.

Darauf trank Eugene Loomis. Der billige Schnaps rann durch seine Kehle und suggerierte ihm Wärme, die ihn über die klamme Kälte, die in seinen Knochen steckte, für ein paar Minuten hinwegtäuschte.

Aber, ging es ihm weiter durch den Kopf, was war denn, wenn ein paar der Gespenster den Flammen entkamen? Wenn das Haus niederbrannte und einige der Geister, die darin gefangen waren, dadurch die Gelegenheit zur Flucht erhielten?

»Eine verdammte Scheiße wäre das«, krächzte Eugene Loomis und spuckte in den Schnee.

Er stieß einen leisen Pfiff aus. Atemwölkchen lösten sich dabei von seinen Lippen. Die Finsternis um ihn herum gebar drei Schatten, die fast lautlos und mit funkelnden Augen auf ihn zuglitten. Muffiger Geruch, dem seines Mantels nicht unähnlich, umwehte ihn.

»Gebt gut auf euren Daddy acht, meine Babys«, sagte Eugene Loomis. Er streckte die Hand aus und fuhr durch feuchtes, struppiges Fell. Die hageren Hunde blickten ihn aus treuen Augen an und hechelten.

Eine Sekunde später beglückwünschte sich Eugene Loomis zu seiner weisen Voraussicht.

Ein Gespenst kam!

Eugene Loomis wußte, daß es zu ihnen gehörte. Es schwebte auf ihn zu wie auf kleinen Wolken.

Aber dadurch, daß es wie ein Engel aussah, vermochte es ihn nicht zu täuschen!

Die Welt war dunkel, denn der Widerschein des Feuers versickerte dort, wo die schwarze Wand des Waldes begann.

Aber für Marisa Truman war sie doch voller Wunder.

Sie sah sie zum erstenmal *wirklich* wieder. Und sie hatte sie nie zuvor mit diesen Augen gesehen.

Der heulende Chor hinter ihr wurde leiser mit jedem Schritt, den sie sich von dem Sanatorium entfernte und weiter hineinging in den weitläufigen Garten.

Verharschter Schnee bedeckte den Boden unter ihren Füßen, doch sie fror nicht, spürte nicht einmal die Kälte. Der Schnee schmolz unter ihren Schritten, verwandelte sich in wässrige Wärme, verdampfte zu verwehendem Dunst.

Dann hielt sie inne.

Etwas wollte ihr den weiteren Weg versperren! Ein metallenes Geflecht, mehr als doppelt so hoch wie sie selbst.

Marisa rüttelte daran, doch der Maschendrahtzaun trotzte ihren Bemühungen. Sie sah nach oben. Es war nur ein kleines Stück; sie würde es schaffen.

Obwohl sich Marisa in der ganzen Zeit ihrer Apathie niemals sportlich betätigt hatte, gelang es ihr mühelos, mit Fingern und Zehen den Zaun zu erklimmen.

Bis nach ganz oben. Dort, wo ein einzelner, durch gelbe Kontakte vom Zaun getrennter Draht verlief.

Als Marisa den Draht berührte, traf sie ein Hieb wie von einer unsichtbaren Faust. Ein reißender Schmerz raste durch ihren Arm in die Schulter und explodierte in ihrem Kopf.

Sie verlor den Halt, wurde regelrecht zurückgeschleudert, fiel fünf Meter tief und schlug schwer zu Boden.

Als sie sich wieder erhob, schienen ihre Augen zu glühen. Als hätte der elektrische Starkstrom ein Licht in ihrem Kopf entzündet. Sie hielt sich den rechten Arm; der Schmerz verzerrte ihre Züge.

Sie starrte den Zaun wütend an.

Das Geflecht veränderte seine Farbe. Aus mattem Grau wurde dunkles Rot, das sich langsam aufhellte. Ein sonderbarer Geruch füllte die Luft, ein Zischen wurde laut – und dann war der Weg frei.

Glühendes Metall versengte ihr weißes Nachthemd und streifte ihre nackte Haut, als sie durch die Lücke im Zaun schlüpfte. Sie spürte es nicht einmal …

Marisa ging weiter, überwand den schmalen Streifen freien Geländes zwischen der Umzäunung des Sanatoriums und dem Waldrand, und wenig später nahmen die tiefen Schatten sie bereitwillig auf.

Wo kein Schnee lag, berührten ihre nackten Füße abgefallene Nadeln, welkes Laub und kleine Äste, die knisternd aufflammten und verglühten, kaum daß Marisa darüber hinweggelaufen war. Hätte jemand sie verfolgt, so hätte er ihren Weg anhand glosender Fußspuren gefunden.

Doch es folgte ihr niemand.

Noch nicht …

Tiefer und tiefer lief Marisa in die Wälder des Druid Hill hinein, und je weiter sie kam, desto schwächer wurde das Glühen in ihren Augen. Noch immer wehte der Lärm ihr nach, als zöge sie ihn mit sich in die Nacht.

Marisa lief unbeirrt in eine Richtung. Als folgte sie einem unsichtbaren Kompaß. Einem Kompaß, den nur sie verstand und der tief in ihr verankert war.

Nach einer Weile veränderte sich der Lärm hinter ihr. Neue Geräusche kamen dazu, neue Stimmen wurden laut, die nicht ihren Wahn und Schmerz in die Nacht schrien.

Marisa hörte sie, ohne sie wirklich wahrzunehmen oder gar zu verstehen. Was hinter ihr lag, zählte nicht.

Nur der Weg war wichtig. Und das Ziel …

Hätte Marisa etwas mit Entfernungen anzufangen gewußt, so hätte sie festgestellt, daß sie etwa zwei Meilen gelaufen sein mußte, als sie plötzlich nicht mehr allein war.

Jemand saß in ihrem Weg. Sie erkannte ihn als Schemen in dem wenigen Licht, das der Schnee reflektierte.

Und dieser Jemand war nicht allein. Andere Schatten waren bei ihm. Sie strichen um ihn herum, während sie Marisa aus gelben Augen musterten.

Und sie sprangen auf sie zu, als der andere es ihnen befahl.

Eugene Loomis rückte so dicht an den Baum in seinem Rücken heran, als wollte er in den Stamm hineinkriechen.

Aber das war nicht notwendig, beruhigte er sich. Er war nicht allein. Er hatte seine Beschützer um sich.

Und die gehorchten ihm. Aufs Wort.

»Faßt!«

Drei Schatten schnellten durch die Nacht. Sie entfernten sich voneinander, nahmen das Gespenst in die Mitte eines imaginären Dreiecks.

Die Schreie und der Lärm, die nach wie vor durch den Wald hallten, schienen leiser zu werden, als die hageren Hunde zu knurren begannen.

Das Gespenst war stehengeblieben. Und Eugene Loomis erkannte in dem schwachen Licht, wie seine Züge sich veränderten. Die Gleichgültigkeit, die er vorhin noch darin ausgemacht hatte, wich keimender Angst, und daraus wurde Entsetzen …

Die Augen in dem bleichen Gesicht der engelsgleichen Erscheinung flackerten. Doch sie taten es nicht vor Angst …

Eugene Loomis schluckte. Sein Blick trübte sich plötzlich, weil – ihm Schweiß in die Augen lief?

Er wischte sich hastig über die Stirn. Sie glühte wie im Fieber.

»Scheiße«, keuchte er kaum verständlich, weil seine Kehle mit einemmal wie ausgedörrt war. »Oh, Scheiße …«

Geisterhaftes Knacken und Knistern erfüllte die Nacht.

Mit einem Aufschrei löste Eugene Loomis sich von dem Baum, an dem er gelehnt hatte. Das Holz schien ihm plötzlich glühend heiß.

Er wandte kurz den Blick.

Es *war* glühend heiß! Und es begann zu brennen!

Auf allen vieren kroch er davon. Und schrie wieder auf.

Denn auch der Boden unter seinen Knien und seinen nackten Händen knisterte vor Hitze, versengte ihm die Haut.

»Gespenst«, winselte er, »verdammtes Gespenst ...« Das Winseln hörte nicht auf, als ihm die Stimme versagte. Es wurde lauter, und es wurde zu klagendem, schmerzerfüllten Jaulen.

Eugene Loomis drehte sich um.

Die Hunde, seine Babys ...

Sie hatten alles Bedrohliche verloren. Sie waren zu Boden gesunken, wanden sich in Agonie, während das Gespenst in ihrer Mitte am Boden kniete und aus schreckgeweiteten Augen verfolgte, was geschah. Als könnte es selbst nicht verstehen, was passierte. Als wüßte es, daß es selbst dafür verantwortlich war und daß es nichts, gar nichts dagegen tun konnte, um es zu stoppen ...

Die Dunkelheit wich, als drei Feuer aufloderten, so hell wie kleine Sonnen, die vom Himmel gefallen waren. Der Gestank von verbranntem Fell und verschmorten Fleisch ließ Übelkeit wie eine steinerne Faust in Eugene Loomis' Kehle emporschießen. Würgend erbrach er sich –

– und verbrannte sich dabei Mund und Lippen!

Kochend heiß war, was da aus seinem Magen hochkam.

Doch ihm blieb nicht mehr genug Zeit, sich darüber zu wundern oder nach dem Warum zu fragen.

Im Grunde spürte er nicht einmal mehr den Schmerz wirklich. Nicht sehr lange jedenfalls.

Sein Fellmantel ging in Flammen auf, und das grelle Licht blendete ihn. Trotzdem konnte er noch sehen, wie seine Finger und Handrücken sich blitzschnell röteten, wie die Haut aufplatzte und verbranntes Fleisch preisgab.

Dann zischte etwas, brodelte.

Meine Augen, ging es Eugene Loomis in der allerletzten Sekunde seines Lebens noch durch den Kopf.

Dann war er blind.

Und tot ...

Minuten vergingen.

Die Körper waren längst verbrannt, zu dunklen Klumpen geworden, von denen der Nachtwind feine Ascheschleier wehte. Nur ihren Gestank konnte er nicht vollends vertreiben.

Marisa Truman regte sich in all der Zeit nicht. Selbst wie tot, kauerte sie inmitten der verkohlten Körper.

Was geschehen war – was sie getan hatte! –, hatte ihre Kräfte aufgefressen, in dem gleichen Feuer, das sie entfacht hatte.

Etwas in ihr hatte es ausgelöst; etwas, das Marisa wohl spürte, das aber nicht wirklich Teil von ihr war und über das sie keine Kontrolle hatte.

Schließlich, als auch das letzte Glimmen um sie herum verloschen war, merkte sie, wie die Kraft in ihren Körper zurückkehrte. Als hätte sie nur so lange keinen Zugriff darauf gehabt, bis das vernichtende Werk vollendet war.

Dann erhob Marisa sich. Und ging weiter.

Tiefer in die Nacht hinein.

Immer in eine Richtung.

Zielstrebig.

Druid Hill Sanatorium, 16. November, 0 Uhr 11

Druid Hill war seit über dreißig Jahren ein Ort, an dem der Wahnsinn in all seinen Abarten zu Hause war. Doch nie hatte das große Gebäude im viktorianischen Baustil mehr dem gängigen Klischee eines Irrenhauses entsprochen als in dieser nebligen Novembernacht.

Flackerndes Feuer und das Zucken künstlichen Lichtes hauchten dem Szenario widernatürliches Leben ein, verbogen den Anblick sekündlich aufs neue. Umherrennende Menschen – uniformierte Helfer, Mitarbeiter des Sanatoriums und Zivilisten – ergänzten das Bild des Chaos. Und über allem mengten sich das Heulen der Sirenen und die Schreie der Patienten zu etwas, das unablässig in den Ohren schmerzte.

Die Feuerwehren aus Westbrook, Windham, Standish und Gorham hatten die Flammen zwischenzeitlich wenigstens einigermaßen unter Kontrolle gebracht, wenn auch noch nicht besiegt. Unter den Männern war keiner, der je ein Feuer von solcher Intensität erlebt hatte, wie sie nicht müde wurden zu beteuern. Diese Flammen schienen nicht einfach zu verbrennen; sie verwandelten alles, was sie berührten, binnen Sekunden in Asche!

Die Hand, die im Ärztetrakt den Telefonhörer abnahm, schien unberührt von dem Durcheinander, das nicht weit entfernt alles beherrschte. Sie zitterte nicht, und die Finger tippten ebenso schnell wie sicher eine sehr lange Rufnummer in die Tastatur.

Am anderen Ende wurde nach dem ersten Klingeln abgenommen.

Eine tiefe Männerstimme meldete sich mit einem knappen »Ja?«.

»Sir, hier spricht 31/MA. Ich melde einen S.O.T.R.-Vorfall.«

»S.O.T.R.«, erwiderte die Männerstimme langsam. »Wir kümmern uns darum, 31/MA.«

Es klickte; die Leitung war tot. Der andere hatte aufgelegt.

»Wen haben Sie denn angerufen?«

Dr. Nordheim hatte unbemerkt den Raum betreten.

Schwester Pearl wandte sich um.

»Niemanden«, sagte sie, und alles Fröhliche war aus ihren dunklen Augen verschwunden, als sie an Nordheim vorüberging und den Bereitschaftsraum verließ. Der junge Arzt wunderte sich nicht darüber. In einer Situation wie dieser war das schließlich nur zu verständlich.

In sich selbst spürte Donald Nordheim jedoch noch etwas anderes.

Sorge.

Denn Marisa Truman war unauffindbar.

Doch neben der Sorge nagte noch etwas anderes in ihm.

Jene Furcht, an die er vor knapp zwölf Stunden erst voller Unbehagen gedacht hatte.

Furcht vor dem, was in Marisa lauern könnte …

… und erwacht war?

Highway 30, zwischen Gettysburg und York
Pennsylvania, 16. November, 4 Uhr 32

Cliff Conroys Augen brannten, und wer ihn genauer ansah, mußte feststellen, daß seine Lider ein wenig entzündet waren. Nichts Ungewöhnliches für jemanden, der gerade dabei war, sich die zweite Nacht in Folge um die Ohren zu schlagen.

Doch aller Müdigkeit zum Trotz wollte Cliff nicht an Schlaf denken. Zu groß schien ihm die Gefahr, daß die Geister, die er geweckt hatte, ihn heimsuchten, wenn er auch nur wagte, die Augen zu schließen.

Geister, die sich hinter der Unscheinbarkeit einer simplen Silberscheibe verbargen, gebannt in den Speicher einer CD-ROM. Getarnt unter dem Begriff *Projekt ›GhostRider‹* …

Aus zusammengekniffenen Augen starrte er durch die Windschutzscheibe auf den Highway 30 hinaus, dessen Asphaltband von den Scheinwerfern Stück für Stück aus der nächtlichen Finsternis gerissen und dann auch schon von der Haube des Winnebago-Campingmobils verschlungen wurde.

Die CD-ROM befand sich noch nicht lange in Cliffs Besitz. Aber die Ereignisse hatten sich in dieser Zeit geradezu überschlagen, und so war ihm kaum Gelegenheit geblieben, sich mit den darauf gespeicherten Daten zu befassen. In der vorigen Nacht jedoch hatte er sich die Zeit genommen, um in den Text- und Bilddateien herumzustöbern –

– und im nachhinein wünschte er sich, es nicht getan zu haben.

Er hatte von Dingen gelesen und vor allem Dinge *gesehen*, die ihn noch jetzt in der bloßen Erinnerung daran schaudern ließen. Daß es all diese Dinge wirklich *gab*, daß sie sich *ereignet* hatten und nie geklärt worden waren, daran versuchte Cliff nicht zu denken. Aber es gelang ihm nicht. Ebensowenig brachte er es fertig zu vergessen, daß *sie* es waren, die diesen Dingen nachgehen und sie aufklären sollten.

Immerhin waren sie gerade auf dem Weg, einen dieser Fälle zu untersuchen.

Sie – das waren er und …

»Cliff, ich beginne mir ernsthaft Sorgen um dich zu machen. Du zeigst erste Anzeichen von Paranoia.«

Die Stimme kam aus der Schwärze hinter der Fahrerkabine des Winnebago. Cliff hatte nicht erwartet, angesprochen zu werden, und zuckte leicht zusammen. Spätestens seit der vorigen Nacht hatte er zumindest eine Ahnung von dem, was der Dunkelheit unvermittelt entspringen konnte. Eine sehr beunruhigende Ahnung ...

Judy Davenport versuchte ihre wahre Sorge unter einer Tünche aus Belustigung zu verbergen. Sie schlüpfte aus dem Wohnbereich des Winnebago ins Führerhaus und ließ sich in den Beifahrersitz fallen. Der Blick ihrer dunkelbraunen Augen ruhte während der Bewegung und auch jetzt noch unverwandt auf Cliff, bis er so bohrend wurde, daß er den Kopf schon allein deshalb drehte, um den unangenehmen Druck loszuwerden.

»Du solltest auch mal einen längeren Blick in diese Unterlagen werfen«, meinte er, mit einer Kopfbewegung in den rückwärtigen Bereich des Campers weisend, »dann würdest du wissen, warum ich mich plötzlich nicht mehr allzu wohl in meiner Haut fühle.«

Judy hatte ihm in der vergangenen Nacht am Computer nur eine halbe Stunde Gesellschaft geleistet. Auf die *wirklich* erschreckenden Sachen war er erst sehr viel später gestoßen, als Judy schon zu Bett gegangen war. Und er hatte die Daten noch längst nicht alle gesichtet gehabt, als sie am Morgen wieder aufgewacht war.

»Cliff, diese ›Dinge‹ hat es alle schon gegeben, bevor wir davon erfahren haben«, begann sie in beschwörendem Tonfall, »und sie haben weder dein noch mein Leben berührt. Und das tun sie auch jetzt nicht. Es besteht kein Anlaß, sich deshalb um den Schlaf zu bringen.«

Cliff grinste müde. »Sie *werden* unser Leben berühren. Es ist unser Job, mit ihnen in Berührung zu kommen. Und der Gedanke hat etwas ... nun ja, Beunruhigendes, verstehst du?«

»*Unser Job*«, echote Judy. »Schon seltsam, oder?«

»Hm?« brummte Cliff.

»Daß sich ein Leben in ein paar Wochen so gravierend ändern kann.«

Judy lächelte, aber es war vor allem Wehmut, die ihr hübsches Gesicht beherrschte. Cliff wußte, woran sie dachte. Er tat es ja selbst oft genug – sich erinnern an jenes andere Leben, das er bis zum September dieses Jahres geführt hatte. Er war als Computerspezialist für die NASA in Houston tätig gewesen, bis ... ja, bis er Zeuge von etwas geworden war, das er besser nicht gesehen hätte, und bis er angefangen hatte, seine Nase noch tiefer in diese Sache zu stecken, als es gut für ihn gewesen wäre. Bis er auf einen Mann namens Jeremy McKay von der *National Security Agency* getroffen war, der die Konsequenz aus seiner und auch Judys Einmischung gezogen und sie beide ihrer Jobs beraubt hatte ...

Zu diesem Zeitpunkt war das ›alte‹ Leben Cliff Conroys zu Ende gewesen.

Und er konnte von Glück reden, daß man ihm ein neues angeboten hatte. Andere Leute, die in dieser Angelegenheit mit dringesteckt hatten, wurde dieses Glück nicht zuteil. Sie lagen auf dem Friedhof von Houston.

Judy Davenport, die bis dahin als Psychologin beim Houston Police Department tätig gewesen war, hatte er ebenfalls – im nachhinein betrachtet auf unverantwortliche Weise – in diese Geschichte hineingezogen, und auch ihr bisheriges Leben war damit zu einem abgeschlossenen Kapitel geworden.

Ihr ›neues Leben‹ verdankten sie einem Senator, der Wind von der Angelegenheit bekommen hatte: James Victor Campbell, der eine hohe Position im Justizministerium der Vereinigten Staaten bekleidete. Er hatte die beiden durchleuchtet und für geeignet befunden, in seinem Auftrag zu handeln.

Campbell war genau den Dingen auf der Spur, die die NSA so rigoros und mit allen Mitteln zu vertuschen schien. Aber das konnte er nicht öffentlich, wollte er nicht zur Zielscheibe der Geheimdienste werden. Also brauchte er Leute, die für ihn im Wespennest stocherten.

Er hatte Cliff und Judy mit den Vollmachten von US-Bundesmarshals ausgestattet und ihnen auch sonst einiges in die Hand gegeben, was ihnen einen Neustart ermöglichte. Ob sonst noch jemand hinter Campbells Anliegen stand, darüber konnten Cliff und Judy nur rätseln. Namen waren Schall und

Rauch. Und auch über die Mächte, mit denen sie es seither zu tun hatten, wußten sie im Grunde noch immer nichts.

Von Campbell hatten sie jene CD-ROM erhalten, die das sogenannte Projekt ›GhostRider‹ enthielt: Informationen über UFO-Sichtungen (dafür stand die Bezeichnung ›Ghost Rider‹), über das angebliche Wirken von Außerirdischen, ungewöhnliche Phänomene und dergleichen mehr. Ihre Aufgabe war es ebenso, diesen Berichten auf den Grund zu gehen, wie auch aktuelle Vorkommnisse dieser Art zu untersuchen.

Cliff Conroy hatte sich nun also eingehender mit den Unterlagen befaßt.

Er hatte stets allem, was mit UFOs, Aliens und Grenzphänomenen zu hatte, skeptisch gegenübergestanden. Und auch die Erlebnisse der vergangenen Wochen hatten seine Einstellung nicht wirklich ändern können; dafür war sein bisheriges Leben zu sehr von Logik und kühlem, analytischen Denken geprägt gewesen. Was er und Judy erlebt hatten, von frisch mumifizierten Toten bis zum Start einer flachgedrückten Kugel in einem Wüstencanyon – sein Verstand bemühte sich, einleuchtende Erklärungen dafür zu finden. Er wollte sich noch nicht eingestehen, daß es keine Erklärungen gab; es sei denn, sie liefen auf die Existenz der Außerirdischen hin.

Aus diesem Grund hatten ihn auch die Berichte und Bilder auf jener CD-ROM so sehr erschüttert. Sein zuvor trotz allem noch festgefügtes Weltbild hatte Risse bekommen. Und es würde nur dann nicht vollends in Scherben gehen, wenn er bereit war *zu glauben*. Wenn er akzeptierte, daß Dinge möglich waren, die er bisher für unmöglich gehalten hatte.

Unmöglich – das war genau das Wort, das er aus seinem Vokabular streichen mußte, wenn er nicht irgendwann in gar nicht ferner Zukunft verrückt werden wollte. Und er war dabei, dieses Wort auszulöschen. Erst wenn er das geschafft hatte, würde er auch wieder Schlaf finden …

»Du solltest den nächsten Parkplatz anfahren und wenigstens versuchen, dich ein bißchen auszuruhen. Und vorher auf keinen Fall in den Spiegel sehen. Du könntest dich zu Tode erschrecken.«

Judys Stimme riß Cliff mit einem fast spürbaren Ruck

zurück in die Wirklichkeit. Sie mußten minutenlang schweigend nebeneinandergesessen haben, und Judy hatte sicher genügend Zeit gehabt, ihn zu beobachten und seine körperliche Verfassung richtig einzuschätzen. Dazu hätte es vermutlich nicht einmal eines Universitätsabschlusses in Psychologie bedurft …

»Vielleicht hast du recht«, erwiderte er gähnend. »Wenigstens ein bißchen langlegen.«

Judy lächelte und zwinkerte ihm von der Seite her zu.

»Sehr vernünftig. Es kann nämlich nicht mehr weit bis zu dem Punkt sein, an dem du anfängst, selbst UFOs zu sehen. Du …«

Was sie noch sagen wollte, blieb ihr im Hals stecken. Die Fliehkraft packte sie, riß sie aus dem Sitz und schleuderte sie gegen die Ablage. Unsanft prallte sie mit der Stirn gegen die Windschutzscheibe.

Cliff nahm endlich den Fuß vom Bremspedal, und gleichzeitig rutschte sein Fuß von der Kupplung. Der Winnebago machte noch einen ruckenden Satz, dann erstarb der Motor mit einem letzten Husten.

»Was ist …?« setzte Judy an.

Cliff starrte geradeaus. »Ich glaube, ich habe diesen Punkt schon erreicht. Es sei denn, du siehst es auch …«

Judy rieb sich die schmerzende Stirn, folgte seiner Blickrichtung – und erstarrte.

»Jesus, was ist das?« Ihre Worte waren ein bloßer Hauch.

Weit vor ihnen tanzte etwas in der Schwärze des nächtlichen Himmels. Etwas Weißes, Grelleuchtendes, das sich ruckartig hin und her bewegte, immer wieder die Richtung änderte und trotzdem immer näher kam und größer wurde …

»Man soll den Teufel wohl doch nicht an die Wand malen«, meinte Cliff lahm.

»Du meinst, das ist ein …«

Judy beendete den Satz nicht, als wollte ihr das letzte Wort partout nicht über die Lippen.

Cliff zuckte die Schultern. So langsam, als hingen zentnerschwere Gewichte an seinen Armen.

»Wir werden es gleich wissen«, sagte er.

Dann ergoß sich eine Flut blendender Helligkeit über das Campingmobil.

Und die Welt um sie herum begann ganz sacht zu beben.

Interstate Highway 95, zwischen Portland und Portsmouth
Maine, 16. November, 4 Uhr 56

Es gab nicht sehr viele Dinge, die Terence Orville Bucker, von Freunden T. O. genannt, noch nicht per Truck transportiert hatte.

Lebende Hummer gehörten dazu.

Und er fühlte sich, das Getier hinter der Zugmaschine im Kühlcontainer wissend, verdammt unwohl in seiner ebenholzschwarzen Haut.

Weil ihm nun einmal alles, was über mehr als vier Gliedmaßen verfügte, suspekt war.

Nicht etwa, daß er fürchtete, die Biester – deren Verzehr ungefähr so klingen mußte, als würde man eine Dachrinne am Stück verspeisen – könnten sich mit ihren Scheren einen Weg zu ihm in die Kabine des Peterbilt 359 Conventional bahnen, um sich dann mit ihren schwarzen Knopfaugen nach einem leckeren Abendessen umzusehen … nein! Aber andererseits … T. O. hatte in diesen B-Filmen aus den fünfziger und sechziger Jahren eine ganze Menge Dinge gesehen, die auf den ersten Blick mindestens genauso harmlos aussahen wie eine Horde wildgewordener Hummer …

»Alter, mit dir nimmt es noch ein übles Ende«, grinste der hünenhafte Trucker, und einem Beifahrer wäre es vorgekommen, als hinge das strahlende Lächeln des schwarzen Riesen mutterseelenallein in der Dunkelheit, die das Cockpit des Trucks füllte.

T. O. bedauerte, daß er wieder einmal allein auf dem Bock der ›Louisiana Lady‹ saß, wie das CB-*handle* des Peterbilt lautete. Seine Frau Sheila konnte ihn nur noch selten begleiten, weil mütterliche Pflichten sie mehr und mehr an Heim und Herd banden, je älter ihr gemeinsamer Sohn wurde.

»Kein Wunder, daß ich allmählich überschnappe«, murrte T. O. mit seiner Baßstimme, die allein schon ehrfurchtgebietend war. Im Zusammenspiel mit seinen Boxerfäusten war sie fast waffenscheinpflichtig.

Er suchte im Radio einen Sender, der halbwegs genießbare Countrymusik spielte, aber da blieb ihm hier an der Ostküste der Mund trocken. Statt dessen bekam er WZON Bangor herein. Der moderne Rock 'n' Roll war zwar nicht unbedingt T. O.s Wellenlänge, aber er lenkte ihn zumindest ab und hielt ihn wach. Nach fast zehn Stunden am Steuer nicht unbedingt eine unerwünschte Nebenwirkung.

Denn wach bleiben mußte er noch eine ganze Weile. Die Scherenbiester, die im Auflieger auf Eis lagen, waren Terminfracht, und T. O. mußte sie bis zum späten Nachmittag nach Charleston, Westvirginia, kutschiert haben. Ein Blick auf die Uhr im Armaturenbrett verriet ihm zwar, daß er gut in der Zeit lag, aber in diesem Job mußte man mit allen möglichen und vor allem *un*möglichen Zwischenfällen rechnen, die einen im Fahrplan um Stunden zurückwerfen konnten ...

Beispielsweise mit Zwischenfällen wie *diesem*!

T. O. Bucker stieg in die Eisen!

Reifengummi blieb pfundweise auf dem Asphalt des Interstate kleben, als das schwere Gespann röhrend wie eine Dampflok aus der Gründerzeit widerwillig langsamer wurde.

Nicht schnell genug langsamer wurde, fürchtete T. O.!

Gleich mußte es passieren!

Was er eben noch vor dem Truck auf der Straße gesehen hatte, war bereits im toten Winkel der langen Haube verschwunden!

Nur noch der leere Interstate lag im gleißenden Scheinwerferlicht ...

... das Licht!

Wie damals.

Und doch anders ...

Stunde um Stunde war Marisa Truman durch die Nacht gerannt. Nur Finsternis, Kälte und Nebel waren ihre Begleiter gewesen. Meile um Meile war sie gelaufen.

Ziellos ...

Oder nicht?

Sie wußte es nicht. Wußte so vieles nicht. Wußte – fast nichts ...

Aber sie kannte das Licht.

Weiß, grell, blendend.

Marisa warf sich zu Boden, ignorierte den Schmerz, der damit einherging. Er war nichts im Vergleich zu dem Schmerz, der hinter dem Licht lauerte.

Fremde Hände griffen nach Marisa.

Wie damals.

Und doch anders ...

T. O. glaubte seinen Augen nicht zu trauen.

Was er da vor sich sah, schien geradewegs dem typischen Traum eines einsamen Truckers entsprungen. Wenn er selbst diesen Traum auch noch nie gehabt hatte. Er war schließlich glücklich verheiratet ...

Ein Mädchen kauerte vor ihm auf dem Interstate, blond und – fast nackt! Die wenigen Fetzen, die ihren gertenschlanken Körper umflatterten, waren kaum der Rede wert.

Die Stoßstange des Peterbilt befand sich höchstens eine Handspanne von der Kleinen, die kaum älter als siebzehn oder achtzehn sein konnte, entfernt. T. O. konnte den tonnenschweren Stein, der ihm deswegen vom Herzen fiel, fast rumpeln hören. Viel hätte nicht gefehlt und ...

Der Gedanke an das, was beinahe passiert wäre, verwandelte seine Überraschung in eine abgemilderte Form von heiligem Zorn. Was in T. O.s Fall allerdings trotzdem einem mittelschweren Donnerwetter gleichkam.

»Mädchen, was fällt dir eigentlich ein?« krawallte er los, wobei er die Kleine schon halbwegs in die Höhe gezogen hatte, um ihr ins Gesicht sehen zu können. »Du kannst doch nicht mitten in der Nacht auf den Interstate rennen! Und noch dazu in diesem Aufzug ...«

Das Mädchen wandte das Gesicht ab, doch der Blick, der T. O. aus ihren Augenwinkeln traf, verriet, daß sie zumindest Angst davor hatte, daß er ihr den Kopf abbeißen könnte.

Die Furcht, die das Mädchen fast körperlich umflorte und

dem Trucker regelrecht entgegenschlug, ließ ihn verstummen. Erst jetzt, da er den in ihm kochenden Emotionen ein kleines bißchen Luft verschafft hatte, klärten sich seine wirbelnden Gedanken wenigstens soweit, daß daneben Platz war für vernünftige Überlegungen.

Und eine davon war, daß sich kein Mensch freiwillig und nackt auf einen Interstate Highway werfen würde, wenn er nicht einen sehr guten Grund dafür hatte.

Er lockerte den Griff seiner riesigen Hände ein wenig und drehte das Mädchen mit einer Behutsamkeit, die man in seiner gewaltigen Gestalt nie vermutet hätte, in seine Richtung.

»Kleines, hab keine Angst. Ich tu' dir nichts«, brummte er so beruhigend, wie es ihm möglich war. Was nicht *sehr* beruhigend war.

Die blauen Augen des Mädchens schienen ihm seltsam leer, und das Flackern darin rührte vielleicht nur vom Licht der Scheinwerfer und dem Blinken der Warnleuchten her, die T. O. vor dem Aussteigen automatisch eingeschaltet hatte.

Aber hinter dieser Leere schien etwas zu sein. Etwas, das sich aus der Tiefe ihres Blickes hochkämpfen wollte und es doch nicht schaffte, weil es zu tief darin verborgen lag ...

»Was hat man dir angetan, Kleines?« wollte T. O. wissen. Der Verdacht auf Vergewaltigung drängte sich förmlich auf. Es gab genügend Scheißkerle, die nachts irgendwo ein Mädchen aufgabelten, sich an ihm vergingen und es dann einfach auf die Straße warfen. Auch in Truckerkreisen gab es solch miese Typen. T. O. hatte schon einige von ihnen getroffen und vermöbelt – aber leider nicht alle.

»Ich bring' dich zu einem Arzt, okay?« sagte er. »Und dann zur Polizei.«

Das Mädchen starrte ihn noch immer an – oder vielmehr durch ihn hindurch. Aber jetzt bewegte es sich zum erstenmal von selbst. Wenn auch immer noch stumm.

Es schüttelte den Kopf. Erst langsam, dann immer heftiger, bis T. O. sich genötigt sah, ihr förmlich hin- und herfliegendes Gesicht mit seiner großen Hand zu fassen und zu stoppen.

»Okay, okay«, meinte er sanft. Ungefähr so sanft wie ein ausgewachsener und sehr wohlgeratener Grizzlybär. »Dann nicht. Aber du kommst erst einmal mit mir, hm? Du legst dich in den Sleeper und ruhst dich aus. Und bei Tag sehen wir dann weiter.«

T. O. interpretierte das Zucken in ihrem hübschen Gesicht als das, was ihre Angst von einem Nicken übriglassen mochte, und führte sie behutsam zur ›Louisiana Lady‹. Dort hievte er sie hoch ins Fahrerhaus und schob sie dann nach hinten in die Schlafkabine, die sehr geräumig und im Vergleich mit anderen Trucks geradezu luxuriös ausstaffiert war.

Er bettete das Mädchen auf die breite Liegefläche, kletterte dann wieder auf den Fahrersitz und startete den PS-starken Dieselmotor.

Erst als er den Truck anrollen ließ, wunderte er sich darüber, daß ihm der Schweiß in Bächen über die Haut lief.

So schwer war das Mädchen doch gar nicht gewesen ...

»Dir fehlen offenbar ein paar Trainingseinheiten«, murmelte er zu sich selbst und kurbelte das Fenster ein wenig herab.

Es dauerte eine ganze Weile, bis der Fahrtwind seine fast fiebrig heiße Haut abgekühlt hatte.

Highway 30, zwischen Gettysburg und York
Pennsylvania, 16. November, 4 Uhr 58

Cliff Conroy brauchte fast eine Minute, bis er es begriff, und Judy erging es, wie er aus den Augenwinkeln erkannte, nicht anders.

Es war eine furchtbare Minute.

Eine Minute, in der Cliff wie versteinert dasaß – und wartete.

Darauf, daß etwas geschah.

Daß fremdartige Wesen zu ihnen kommen würden, um was auch immer mit ihnen zu tun. Daß das Licht selbst in irgendeiner Weise reagieren würde – daß sie beide eins mit ihm wurden, daß es sie verschluckte, verbrannte oder ...

Aber es geschah nichts.

Das Licht umhüllte den Winnebago, und es war so grell,

daß sowohl Cliff als auch Judy Tränen über die Wangen rannen. Doch dieser Fluß ihrer Tränen blieb die einzige Bewegung.

Eine Minute lang.

Bis Schatten in dem Licht auftauchten. Dunkle Gestalten, die zwischen das Leuchten und das Campingmobil traten und deren Schattenrisse wie bizarr geformte Stücke der Nacht in das Fahrerhaus glitten; so finster, daß zumindest Cliff glaubte, in die Schwärze hineingreifen zu können.

Dann verlosch das Licht.

Und die Welt war zumindest wieder annähernd jene, in der Cliff und Judy sich bis vor etwas über einer Minute befunden hatten.

Jetzt waren es nur noch die Scheinwerfer des Campingmobils, die Helligkeit verbreiteten, trüb und kraftlos nach dem Eindruck der gleißenden Lichtfülle von eben. Selbst der blasse Streifen am östlichen Horizont, mit dem der Tag sein Kommen ankündigte, schien strahlender.

Aber das Licht der Scheinwerfer reichte aus, um erkennen zu lassen, *was* da vor dem Winnebago aus der Nacht gekommen war.

Weder Cliff noch Judy hatte zuvor ein solches ... *Ding* gesehen.

Es erinnerte an einen Hubschrauber. Wenn auch nur auf den allerersten und sehr flüchtigen Blick. Auf den zweiten und genaueren ließ es an einen Kampfjet denken, dem man die Flügel gestutzt hatte und unter dessen stumpfer Schnauze etwas Großes hing, das ein leistungsstarker Suchscheinwerfer sein mochte.

Für einen dritten Blick reichte die Zeit nicht mehr. Die Türen des Winnebago wurden von außen geöffnet. Im vagen Dämmerlicht erkannten Cliff und Judy zwei Männer in dunklen Anzügen, die bestimmt nicht bei ›Sear's & Roebuck's‹ gekauft worden waren.

»Miss Davenport, Mister Conroy – guten Morgen.«

Keiner der beiden da draußen hatte gesprochen. Die Stimme kam von einem Punkt, der weder von den Ausläufern des Scheinwerferlichts noch vom heranfließenden Grau des neuen Tages erreicht wurde.

Trotzdem fühlten sich die Angesprochenen keineswegs beunruhigt; im Gegenteil, der Klang der Stimme erleichterte sie regelrecht.

»Senator Campbell?« vergewisserte sich Cliff, obwohl er kaum Zweifel hatte, die Stimme erkannt zu haben. Auch wenn er den Mann bisher nur einige wenige Male gesprochen und nur ein einziges Mal persönlich getroffen hatte.

Die Gestalt, die aus den Schatten wie hinter einem schwarzen Vorhang hervortrat, wirkte trotz der frühen Stunde – oder späten, je nachdem, von welchem Ende der Nacht aus man es betrachtete – wie aus dem Ei gepellt. Waren schon die Anzüge seiner beiden Begleiter unübersehbar teuer, so sah seiner aller Schlichtheit zum Trotz geradezu edel aus. Das graumelierte Haar trug der Endvierziger sauber gescheitelt, und sein Lächeln war in der Dämmerung im Wortsinn strahlend.

Wie schon bei ihrer ersten Begegnung kam es Cliff in den Sinn, daß er den Mann vermutlich sogar sympathisch gefunden hätte, wenn er ihm unter anderen Umständen begegnet wäre.

Immerhin hatten sie nach wie vor keine Ahnung, welche Rolle Senator James Victor Campbell in dem Spiel innehatte, in dem sie neuerdings mitmischten. Sie kannten ja im Grunde nicht einmal das Spiel selbst. Nur daß ihre eigenen Rollen mit denen der Bauernfiguren im Schach vergleichbar waren, davon waren sie nahezu überzeugt. Aber auf dieses Wissen hätten sie gerne verzichtet ...

»Sie haben eine Schwäche für dramatische Auftritte, Senator«, meinte Judy Davenport und wies mit dem Kinn zu dem schwarzen Koloß hin, dem Campbell und seine Männer entstiegen sein mußten. Dabei dachte sie unwillkürlich an ihre erste Begegnung mit dem Senator, die in einer einsamen Jagdhütte stattgefunden hatte – und diese Hütte war in Flammen aufgegangen, unmittelbar nachdem sie sie verlassen hatten.

»Durchaus nicht«, erwiderte Campbell, unverändert lächelnd. »Die Umstände zwingen mich zu dieser ›Dramatik‹, wie Sie es nennen. Und in diesem speziellen Fall kommt noch die drängende Zeit hinzu.«

»In diesem *Fall*?« hakte Cliff mit gelupfter Augenbraue nach.

»Ich sehe, Sie verstehen«, sagte der Senator. Jetzt erst tauchte seine rechte Hand auf, die er bisher hinter dem Rücken verborgen gehalten hatte. Er reichte Cliff einen großen Umschlag.

»Ihre nächste Aufgabe«, kommentierte er die Geste.

Cliff holte ein paar computerbedruckte Seiten Papier aus dem Kuvert. Darunter befanden sich auch einige Kopien, die er nach kurzem Draufsehen als Auszüge aus einer Krankenakte identifizierte. Judy sah ihm von der Seite her aufmerksam zu.

»Worum geht es?« fragte sie dann, an Senator Campbell gewandt.

Der Politiker schien auf diese Frage nur gewartet zu haben. Wie auf Knopfdruck begann er, eine Reihe von Fakten in nötigster Kürze abzuspulen.

»Kurz vor Mitternacht brach im Druid Hill Sanatorium in Maine ein Feuer aus. Ursache dürften unseren Informationen zufolge weder Brandstiftung noch ein technischer Defekt oder ähnliches sein. Vielmehr liegt der Verdacht auf Pyrokinese nahe ...«

»Pyrokinese?« fragte Judy. »Sie meinen, jemand hätte das Feuer allein mit geistiger Kraft entfacht?«

»So ist es, Miss Davenport. Druid Hill ist eine Art Endstation für psychisch Kranke, bei denen keine Chance auf Heilung oder auch nur Besserung ihres Zustandes besteht. Es scheint nun so, als hätte eine der Patientinnen pyrokinetische Fähigkeiten entwickelt, ausgelöst wodurch auch immer. Und möglicherweise ist sie ja noch zu ganz anderen Dingen imstande ...«

»Wie kommen wir ins Spiel?« unterbrach nun Cliff den Senator. Eine Ahnung begann in ihm zu keimen.

»Jetzt, Mister Conroy. Denn diese Patientin ist geflohen, nachdem sie das Sanatorium in Brand gesetzt hat. Sie können sich vielleicht vorstellen, was ein ›normaler‹ Mensch mit einer solchen Fähigkeit in der Öffentlichkeit anrichten könnte. Bei einer geisteskranken oder vielleicht auch nur psychisch labilen oder gestörten Person erweitert sich die Palette dieser Möglichkeiten um ein Vielfaches. Womöglich ist sie nicht in der Lage, ihre Fähigkeiten zu kontrollieren ...«

»Wir sollen die Frau einfangen?« brachte Judy es auf den Punkt.

Der Senator nickte. »So ist es.«

»Wäre das nicht eigentlich die Aufgabe der Polizei?« fragte Cliff zweifelnd.

»Eigentlich ja«, sagte Campbell. »Wenn nicht auch andere ›Mitspieler‹ ihre Spürhunde bereits auf die Fährte gesetzt hätten. Und diese anderen haben außerdem dafür gesorgt, daß die Polizei den Fall nicht weiter verfolgt. Das bedeutet, die S.O.T.R. wird nicht auf den offiziellen Fahndungslisten auftauchen.«

»S.O.T.R.?« wiederholte Judy.

»*Suspect on the Run*«, erklärte Campbell.

»Eine Verdächtige auf der Flucht?« fragte nun Cliff nach. »Was bedeutet das? Wessen verdächtigen Sie diese Frau?«

»Das tut im Augenblick nichts zur Sache«, sagte der Senator. »Machen Sie das Mädchen ausfindig und ziehen Sie es aus dem Verkehr.«

»Das Mädchen?«

»Marisa Truman ist achtzehn«, erklärte Campbell und deutete auf den Umschlag und das Bündel von Papieren in Cliffs Hand. »Alle weiteren Informationen, sofern sie für Ihre Aufgabe wichtig sind, finden Sie da drin. Und ich bitte Sie, keine Zeit zu verlieren.«

»McKay?«

Cliffs Frage bestand nur aus diesem Namen, und es war im Grunde auch keine Frage, sondern eine Feststellung, die Campbells Nicken noch bestätigte.

»Ja. Er hat sich persönlich in die Suche eingeschaltet. Und glauben Sie mir, wenn ich Ihnen sage, daß es für Marisa Truman von Vorteil wäre, wenn wir sie vor Jeremy McKay finden.«

»Woher haben Sie überhaupt so schnell von dem Vorfall erfahren – Sie und McKay?« wollte Judy noch wissen.

Campbell lächelte erneut, aber diesmal war es weniger das unverbindliche Lächeln eines Politikers als vielmehr das eines Lausejungen, der sich über einen gelungenen Streich freut.

»McKay wußte es noch vor uns. Aber seine Organisation

ist nicht ganz so wasserdicht, wie er selbst gerne glauben möchte.«

»Und wie konnten Sie uns so schnell finden?« Cliffs wedelnde Handbewegung schloß seine eigene Person, Judy und auch den Winnebago ein.

James Campbells Lächeln änderte sich erneut. Jetzt war es kaum mehr als ein bloßes Verziehen der Lippen in seinem höhensonnengebräunten Gesicht.

»Das, Mister Conroy, zählt zu den kleinen Geheimnissen, die ich nicht preisgeben möchte.«

Damit wandte der Senator sich um und ging hinüber zu dem düsteren Koloß. Die beiden anderen Männer folgten ihm wie zwei zusätzliche Schatten. Nur Sekunden später erbebte die Welt ringsum von neuem, als das ›Flugzeug‹ sich dröhnend in die Luft erhob und in jene Richtung verschwand, in die mittlerweile auch der beginnende Tag die Nacht getrieben hatte.

Cliff sah ihm länger nach als Judy.

Und er fragte sich, ob sie jemals die großen Geheimnisse erfahren würden, wenn man ihnen nicht einmal die kleinen verriet.

Carter's Inn

Highway 30, Pennsylvania, 16. November, 6 Uhr 07

»Das ist ... interessant.«

Judy Davenport legte die letzte Seite auf den kleinen Stapel, der zwischen ihr und Cliff auf dem Tisch lag.

Cliff konnte ihr an der Nasenspitze ansehen, daß *interessant* nicht wirklich das Wort war, mit dem sie das Gelesene beschreiben wollte. Ihm selbst fielen auf Anhieb zwei Dutzend Worte ein, mit denen er den Inhalt der Unterlagen belegt hätte.

Erschreckend und *unheimlich* waren zwei davon.

Aufwühlend ein weiteres.

Denn die Lektüre, die Senator Campbell ihnen überlassen

hatte, hatte neben einigen anderen Dingen eines in Cliff bewirkt: Seine Müdigkeit schien wie fortgeblasen. Die mittlerweile zweite Kanne Kaffee, der er gerade zu Leibe rückte, trug ihren Teil dazu bei. Und eine Dusche in der winzigen Naßzelle des Winnebago im Anschluß würde hoffentlich den Rest erledigen und ihm das verdammte Blei aus den Gliedern spülen, das zwei durchwachte Nächte dort hinterlassen hatten.

»Diese Marisa Truman ist also seit dreizehn Jahren permanent untersucht worden, unter anderem von einigen der namhaftesten Neurologen dieses Landes – und niemand war bisher in der Lage herauszufinden, was das Mädchen damals über Nacht verändert hat«, resümierte Judy und nippte von ihrem Kaffee.

»Verwandelt«, meinte Cliff, wobei er mit einer Geste einen weiteren Cheeseburger mit French Fries orderte. In der halben Stunde, die sie sich mittlerweile im *Carter's Inn* in der Nähe von York aufhielten, hatte die wasserstoffblonde Bedienung Cliffs Zeichensprache erstaunlich gut zu verstehen gelernt.

»Hm?« machte Judy.

»Verwandelt«, wiederholte Cliff und schenkte sich Kaffee nach, »nicht verändert.«

»Bleibt sich das nicht gleich?«

»Vielleicht. Vielleicht auch nicht.« Cliff wechselte das Thema. »Weißt du, mich erschreckt nicht nur, was in diesen Papieren steht ...«

»Sondern?«

»Wie Campbell sie in der Kürze der Zeit zusammenstellen konnte. Überleg doch mal: Das Feuer wurde gestern um 23 Uhr 44 gemeldet. Campbell hat uns vorhin etwa um 4 Uhr 45 gefunden. Das macht fünf Stunden, in dem er all das«, Cliff wies auf den Papierstapel, »zusammentragen mußte oder hat zusammentragen lassen. Und von diesen fünf Stunden kannst du sicher noch eine abziehen, in der er zu uns kommen mußte. Ergibt vier Stunden für die Zusammenstellung einer Akte, die mancher Behörde möglicherweise Arbeit für ein ganzes Jahr bescheren würde.«

»Und?« Judy zuckte die Achseln. Nicht, weil sie eine plausible Erklärung parat hatte, sondern weil sie die Frage als solche im Moment offensichtlich für irrelevant hielt.

»Verstehst du denn nicht, welch eine Macht hinter Campbell stehen muß, wenn ihm so etwas möglich ist? Ich kann nicht glauben, daß er ganz allein seine Nachforschungen betreibt. Er hat Unterstützung von ganz oben. Diese Leute müssen Wege und Mittel kennen, die sich der treubrave Durchschnittsamerikaner nicht einmal vorzustellen vermag.«

Judy musterte ihren Partner nur schweigend. Und darauf wartend, daß er fortfuhr.

»Also ...«, begann er von neuem, »... mich beunruhigt das.«

»Es würde mich auch beunruhigen«, sagte Judy, »wenn ich darüber nachdenken würde. Und deshalb tue ich es nicht.«

Cliff wollte etwas erwidern, doch ein leises Läuten ließ ihn die Worte zurückhalten. Er brauchte eine Sekunde, bis er registrierte, woher das Geräusch kam, und Judy half ihm auf die Sprünge, indem sie auf seine Jackentasche zeigte.

Cliff zog das flache Handy hervor und meldete sich: »Hallo?«

»Buzz hier.«

Die Stimme war tief, volltönend und kultiviert. Und Cliff kannte sie.

Der Mann, den er nur ›Buzz‹ nennen sollte, mußte zu den Leuten gehören, die hinter Senator James Campbell standen – in welcher Position, war unklar. Cliff kannte weder seinen richtigen Namen, noch hatte er ihn je selbst getroffen. Zumindest nicht wissentlich ...

»Sie sollten aufhören, Fragen zu stellen, auf die Sie ohnehin keine Antworten erhalten werden, Mister Conroy«, mahnte ›Buzz‹. Doch es klang nicht wie eine Drohung, sondern wie ein gutgemeinter Rat. »Konzentrieren Sie sich auf die Dinge, für die Sie eine Lösung finden können.«

In dem Teil des Restaurants, den Cliff und Judy nicht einsehen konnten, klappte eine Tür. Cliff nahm es eher unterbewußt wahr, und doch löste das Geräusch etwas in ihm aus, dem er in diesem Augenblick jedoch noch keine Bedeutung beimaß.

»Woher ...?« setzte er zu einer Frage an. Und es war dieses

Wort, welches das Etwas in ihm sprunghaft anwachsen ließ. Alarmiert drehte er den Kopf. Gerade noch rechtzeitig, um durch die verglaste Front des Restaurants ein dunkles Fahrzeug vom Parkplatz auf den Highway einbiegen zu sehen.

Ein Knacken drang aus dem tragbaren Telefon. ›Buzz‹ hatte die Verbindung unterbrochen.

»Hast du gesehen, wer gerade raus auf den Parkplatz gegangen ist?« fragte Cliff hastig.

Judy sah ihn verwundert an.

»Nein. Habe ich Robert Redford verpaßt?«

»Unsinn.« Cliff reckte ihr das Handy hin.

»Das war Buzz!« rief er dann so aufgebracht und laut, daß sich die anderen Gäste zu ihrem Tisch umdrehten.

Cliff erzählte seiner Partnerin von dem geheimnisvollen Anruf.

»Warum kümmert sich Buzz nicht selbst um die Angelegenheit, wenn sie so dringend und er ganz offensichtlich vor Ort ist?« schloß er.

»Wer sagt dir, daß er es *nicht* tut?« fragte Judy zurück. »Mir beweist das die Dringlichkeit der Angelegenheit. Abgesehen davon ist es unser Job, der Sache nachzugehen. Wir werden dafür bezahlt.«

Sie griff in ihre Manteltasche, holte ein Plastiketui hervor, klappte es auf und hielt es Cliff vor die Nase. Chase Manhatten, American Express, Diner's Club ... Diese Kreditkarten garantierten ihnen weltweit ausreichende finanzielle Mittel. Sie konnten frei darüber verfügen.

»Schon vergessen, was in Houston passiert ist?« fuhr Judy fort. »Die Geschichte hätte für uns auch ganz anders enden können.«

Cliff grinste. »Hey, du kannst ja richtig temperamentvoll sein, wenn du willst.«

Die Gereiztheit schwand aus Judys Zügen und machte einem kleinen Lächeln Platz. Vielleicht hätte sie irgend etwas gesagt – und vielleicht wäre es etwas gewesen, das sie in der nächsten Sekunde bereut hätte –, wenn nicht in diesem Moment die blonde Kellnerin an ihren Tisch gekommen wäre und den mindestens viertelpfündigen Cheeseburger vor Cliff abgesetzt hätte.

Und so war Judy, obwohl der Anblick des schätzungsweise zu rund fünfzig Prozent aus Fett bestehenden Burgers ihr zu dieser frühen Stunde schier den Magen umdrehte, für die Störung beinahe dankbar.

»Wie kannst du um diese Zeit so etwas in dich hineinstopfen?« fragte sie, unverhohlen angewidert. Sie rückte auf der kunstlederbespannten Sitzbank so weit zurück, wie es nur ging.

»Wer arbeitet, muß essen«, behauptete Cliff und brachte irgendwie das Kunststück zustande, das triefende Monstrum mit beiden Händen zu packen und einen großen Teil davon zwischen seinen Zähnen verschwinden zu lassen.

»Fein«, meinte Judy, »dann können wir also über unsere Arbeit sprechen?«

Cliff erwiderte etwas, das wie ›Nuuuzuuubngaaaooooh‹ klang.

Judy wertete die burgererstickte Antwort als Zustimmung und begann: »Okay, wir haben also ein Mädchen, das seit dreizehn Jahren völlig apathisch ist. Irgend etwas ist in der letzten Nacht vorgefallen, das sie zur Flucht aus Druid Hill getrieben hat ...«

»Schie ischt ... sie ist pyrokinetisch veranlagt«, merkte Cliff an und würgte den Bissen herunter, der seine Artikulation hinderte.

»Was nicht bewiesen ist«, schmetterte Judy den Einwand ab. »Zumindest wird es in keinem einzigen ihrer Krankenblätter auch nur ansatzweise erwähnt. Unsere Aufgabe ist es, sie zu finden und vor dem Zugriff der NSA zu schützen. Dazu müßten wir wissen, wohin sich Marisa Truman gewandt hat.«

»Sie stammt aus Gum Spring, West Virginia. Den Unterlagen zufolge leben ihre Eltern noch dort«, sagte Cliff.

»Das könnte ihr Ziel sein – sofern sie noch weiß, wer sie ist und woher sie kommt«, meinte Judy.

»Das können wir nicht ausschließen.«

»Nicht unbedingt.«

»Außerdem muß in Gum Spring vor dreizehn Jahren etwas geschehen sein, das Marisa Truman verändert hat. Etwas, das sisch dort möglicherweise noch in Erfahrung bringen läscht«, sagte Cliff, wieder kauend.

»Das ist aber nicht Teil unseres Jobs«, wandte Judy ein.

»Aber Jeremy McKay und seine Männer könnten es als Teil *ihres* Jobs betrachten. Sie könnten in Gum Spring zum einen Nachforschungen betreiben und zum anderen eine Falle für Marisa Truman aufbauen, in die ihre Jäger sie vielleicht treiben sollen.«

Judy nickte bedächtig. »Da ist was dran. Was schlägst du vor?«

»Getrennt marschieren, vereint zuschlagen.«

»Das heißt?«

»Ich fahre mit dem Motorrad rüber nach Maine, um dort die Spur aufzunehmen. Du nimmst den Camper und fährst runter nach Gum Spring, um dort das Terrain zu sondieren und nötigenfalls Vorbereitungen zu treffen«, erläuterte ihr Cliff seinen Plan, wobei er sich abwechselnd mit der linken und der rechten Hand Pommes frites in den Mund schaufelte.

»Das klingt vernünftig«, sagte Judy. »Mir gefällt nur eines nicht.«

»Und das wäre?«

»Wenn wir es mit der NSA zu tun haben, legen wir uns mit einer Armee an. Und wir spielen McKay noch in die Hände, indem wir unsere Kräfte durch unsere Trennung halbieren.«

Cliff grinste. »Es sind in jedem Krieg einzelne, die zu Helden werden.«

Judy grinste zurück, wenn auch ein ganzes Stück freudloser. »Meistens werden diese einzelnen aber erst nachträglich zu Helden.«

»Nachträglich?«

»Posthum.«

Cliffs Grinsen entgleiste, aber er fing sich rasch wieder, als er eine seiner Kreditkarten aus der Tasche fingerte und damit der Bedienung winkte.

»Danke, Senator Campbell«, sagte er brav und sah dabei zuerst mit gespielter Ehrfurcht auf die Plastikkarte und dann augenzwinkernd zu Judy hinüber.

»So gefällst du mir schon besser«, lächelte sie schelmisch.

»Wart's ab, bis du erst meine richtigen Schokoladenseiten entdeckst«, warnte Cliff.

»Weißt du, ich halte die Idee, daß wir getrennt fahren, plötzlich für gar nicht *so* übel.«

Cliff verstand nicht ganz, wie Judy das meinte. Aber ihr Lächeln kam ihm ein ganz klein wenig mehr aufgesetzt als wirklich spöttisch vor.

Was allerdings nichts daran änderte, daß es hübsch war.

Interstate Highway 95, zwischen New Haven und Bridgeport
Connecticut, 16. November, 10 Uhr 36

T. O. Bucker war sich nicht ganz sicher, weshalb er das Mädchen noch immer nicht weder bei einer Polizeistation noch bei einem Arzt abgeliefert hatte und statt dessen weiter stur über den Interstate Highway 95 an der Ostküste des nordamerikanischen Kontinents entlang nach Süden fuhr. Gerade so, als wäre nichts passiert.

Aber es war nicht so, daß der schwarze Trucker sich keine Gedanken über seinen Passagier machte. Im Gegenteil, es verging kaum eine Sekunde, in der das Mädchen nicht durch seinen Kopf spukte, und keine Minute, in der er nicht den Blick wandte, um nach der Kleinen zu sehen, die nach wie vor im Doghouse des Peterbilt schlief – oder wenigstens etwas tat, das man in ihrer Verfassung als Schlaf gelten lassen konnte.

Ein paarmal war sie aus diesem unruhigen Dämmerzustand hochgeschreckt, und jedesmal hatte T. O. ihr in sanftem Tonfall klarzumachen versucht, daß er sie jetzt wohl besser zur Polizei oder zu einem Doktor brächte. Doch jedesmal hatte das Mädchen den Trucker nur mit großen Augen angestarrt, deren Leere in diesen Momenten etwas anderem, Unbestimmbarem zu weichen schien, und fast panisch den Kopf geschüttelt.

Und T. O. Bucker hatte sich dadurch jedesmal von seinem Vorhaben abbringen lassen.

Dadurch – und von etwas anderem, Unbestimmbaren …

Und so war ihm noch immer nicht klar, warum er das Mädchen, von dem er nicht einmal den Namen kannte, noch immer bei sich hatte …

Er hätte sich gern selbst mit dem Gedanken überzeugt, daß Schlaf nun einmal die beste Medizin war und er die Kleine deshalb einfach in Ruhe lassen wollte, bis sie sich halbwegs beruhigt hatte. Und diese Überlegung mochte für sein Verhalten durchaus eine Rolle spielen. Aber sie war nicht sein alleiniger Beweggrund. Das wußte T. O., ohne einen anderen benennen zu können.

Wenn es ihm bloß nicht so schwergefallen wäre, darüber auch nur nachzudenken.

Denn es war verdammt zu heiß zum Nachdenken …!

Buckers dunkle Haut sah aus wie mit Glasperlen besetzt. Und vielleicht war auch das ein Grund, weshalb er sich weder an die Cops noch an einen Doc wandte: Wer ihn so sah, verschwitzt und erschöpft, würde ihn nicht wieder hinters Steuer lassen. Aber er konnte sich eine längere Unterbrechung der Fahrt für eine Ruhepause nicht erlauben. Die Hummer mußten bis zum Nachmittag runter nach Charleston, und es war sein verfluchter Job, sie dorthin zu bringen!

Und dann zerfaserte zumindest dieser Gedanke doch, verlor wenigstens seine Bedeutung. T. O. wußte nicht, warum. Er bemerkte nur, daß der Schweißnachschub aus seinen Poren mit einemmal ins Stocken geriet. Und unterbewußt registrierte er, daß in genau diesem Moment auch die Geräusche aus dem Sleeper verstummten. Das Mädchen schien endlich richtig eingeschlafen zu sein. Sie hatte offenbar aufgehört, sich unruhig hin und her zu wälzen, und auch ihr leises Wimmern war verstummt.

Fast noch in der gleichen Sekunde sah er den Polizeiwagen auf dem Parkplatz rechts der Straße, der zu einem großen und stark frequentierten Truck Stop gehörte.

Blinker setzen und Lenkrad drehen waren eins. Das Gespann rollte auf die Zufahrt zum Truck Stop, und Bucker stoppte die ›Louisiana Lady‹ ganz in der Nähe des abgestellten Patrol Cars.

Einen Augenblick lang lauschte T. O. mit angehaltenem Atem. Im Sleeper rührte sich nichts. Das Mädchen schlief.

»Tut mir leid, Kleines«, brummte T. O., »aber es ist nur zu deinem Besten.«

Er stieg aus und drückte die Tür leise zu. Dann ging er auf den Polizeiwagen zu. Ein Beamter saß darin, ein zweiter näherte sich gerade vom Truck-Stop-Restaurant her, ein geradezu verboten überladenes Tablett vor sich her balancierend.

Derjenige, der im Wagen saß, sah, daß T. O.s Auftritt ihnen galt, und schob sich aus dem Wagen. Die Begeisterung angesichts der Unterbrechung des noch nicht einmal begonnenen Festmahls stand ihm in die Falten seines Bulldoggengesichtes geschrieben.

T. O. nickte grüßend.

»Officers ...«, begann er, und dann berichtete er in Stichworten, was geschehen war.

Als er fertig war, rückte der bulldoggengesichtige Cop seine Mütze zurecht und meinte: »Okay, Trucker, stellen Sie uns die Lady mal vor.«

Zu dritt stiefelten sie auf T. O.s Peterbilt zu.

Und hätten ihn auch fast erreicht.

Wenn der Truck nicht vorher in die Luft geflogen wäre.

Interstate Highway 95, zwischen New Haven und Bridgeport
Connecticut, 16. November, 10 Uhr 51

Der Cadillac Seville STS war nicht nur schattengrau, er machte seiner Farbe auch in der Art und Weise, wie er am Heck des Peterbilt-Truck hing, alle Ehre.

Schattengleich.

Der Mann auf dem Beifahrersitz tippte eine Nummer ins Tastenfeld seines Handys.

»Sir, der Trucker fährt einen Rastplatz an«, sagte er dann ohne Umschweife.

»Durchsuchen und gegebenenfalls Zugriff, wenn es ohne Aufsehen möglich ist«, kam die Antwort.

»Verstanden, Sir.«

Der Mann schaltete das Telefon aus und ließ es in die

Innentasche seines dunklen Jacketts rutschen. Mit einem Fingerzeig wies er den Fahrer an, dem Truck zu folgen.

Nachdem der hünenhafte Trucker aus der Fahrerkabine geklettert und ihren Blicken entschwunden war, stiegen die beiden Männer aus dem Cadillac. Wer nur flüchtig hinsah, dem mußte es im grauen Licht des Ostküstenwintertages vorkommen, als würden sich zwei schlanke Schatten von einem massigen abspalten.

Auf seltsame Weise schnell und doch unauffällig glitten sie an die Zugmaschine des Gespanns heran. Einer der beiden Dunkelgekleideten blieb neben dem Truck stehen, während der andere geschickt die Kabine enterte.

Drei Sekunden später hörte der draußen Postierte die leise Stimme seines Kollegen.

»Sie ist hier!«

Er sagte noch etwas.

Doch seine Worte gingen im Donner einer gewaltigen Explosion unter.

… Berührungen!

Wie damals.

Und doch anders …

Marisa fühlte sich gepackt und angehoben, und als sie richtig aufwachte, hing sie bereits im Griff …

… eines Fremden?

Nein!

Nicht mehr!

Nie mehr!

Der andere trug sie, doch Marisa glaubte zu schweben. Wieder zu schweben. Weit fort. Zu einem weit entfernten Ort. Einem Ort, an dem die Schmerzen warteten.

Die Schmerzen – und *sie*.

Sie wollte dort nicht mehr hin. Auf keinen Fall.

Damals hatte sie nichts dagegen tun können. Heute konnte sie es. Sie selbst hatten ihr die Möglichkeit dazu gegeben.

Was in der vergangenen Nacht in Marisa erwacht war und sich seitdem in geheimen Winkeln ihres Seins verborgen gehalten hatte, löste sich aus seinen Verstecken. Es flutete ihren Geist und Körper, riß ihn an sich.

Und brach aus ihm hervor!

Interstate Highway 95
Connecticut, 16. November, 11 Uhr 22

Der Asphalt schien unter den Reifen der Kawasaki nur so dahinzufliegen.

Cliff Conroy holte das Letzte aus der Maschine heraus. Die Zeit saß ihm wie ein spürbarer Druck im Nacken. Die allerletzten Reste von Müdigkeit hatte ihm der eiskalte Fahrtwind irgendwo zwischen hier und der Staatsgrenze zu Pennsylvania aus den Knochen geweht.

Bis hoch nach Maine lag noch eine ganz beträchtliche Strecke vor ihm. Und Cliff wußte, daß seine Fahrt dorthin letztendlich wohl vergebens bleiben würde. Er würde in Druid Hill vermutlich nichts wirklich Wichtiges in Erfahrung bringen können. Nichts zumindest, was nicht schon in den Unterlagen stand, die Senator Campbell ihnen ausgehändigt hatte.

Aber das Sanatorium war nun einmal der Ort, an dem die Fährte begann. Und nur dort würde er sie aufnehmen können, um ihr dann zu folgen. Eine andere Möglichkeit gab es nicht. Jeder andere Plan, den er geduckt auf der Kawasaki sitzend entwarf, krankte an der einen oder anderen Stelle.

Cliff befand sich irgendwo zwischen Bridgeport und New Haven, als ihm die fette Rauchwolke auffiel, die links des Interstate Highways ein ganzes Stück unter dem grauen Himmel hing. Und fast gleichzeitig stellte er fest, daß der Qualm vom Gelände eines Truck Stops aufstieg.

Entweder hatte dort jemand eine ganze Menge Burgers anbrennen lassen, oder …

Cliff hatte den Gedanken noch nicht zu Ende gesponnen, als er seinen Irrtum auch schon einsehen mußte. Flackerndes Rot- und Blaulicht verlieh dem Truck Stop dort drüben eine fast unwirkliche Atmosphäre. Und die wie aufgescheuchte Hühner umherrennenden Menschen waren ein weiteres Zeichen dafür, daß da etwas Gravierendes passiert sein mußte.

Drei Sekunden später wußte Cliff, was geschehen war.

Die Monstren aus glühendem Stahl und Blech, die wie die Skelette längst verendeter Dinosaurier auf dem Parkplatz standen, waren trotz allem noch als Trucks zu identifizieren.

Vielleicht hatte einer dieser Highwayriesen eine im Wortsinn brandgefährliche Ladung im Auflieger transportiert, und vielleicht war das Zeug hochgegangen.

Vielleicht ...

Vielleicht aber auch nicht.

Es war nur so ein Gefühl, das Cliff Conroy die Kawasaki über den Grünstreifen, der die Fahrbahnen voneinander trennte, lenken und hinüber auf den Parkplatz fahren ließ. Oder etwas, das ihn an ein niedergebranntes Sanatorium erinnerte, das er selbst gar nicht gesehen hatte.

Er stellte das Motorrad so ab, daß es den Rettungsdiensten und Ermittlungsbeamten nicht im Wege stand. Dann ging er auf den eigentlichen Ort des Geschehens zu, wobei er sich aufmerksam umsah, um sich ein etwas gründlicheres Bild von der Sache zu machen.

Sehr viel halfen ihm seine Beobachtungen nicht.

Er zählte vier restlos ausgebrannte Trucks, von denen allerdings keiner einen Tankauflieger auf der Gabel gehabt zu haben schien, soweit sich das jetzt noch erkennen ließ.

Eines jedoch fiel ihm auf: Die Fahrzeuge schienen nicht einfach ausgebrannt zu sein – sondern regelrecht zerschmolzen! Und wenn Cliff auch kein Brandexperte war, so wußte er doch genug über das Thema, um zu dem Schluß zu kommen, daß ein ›normales‹ Feuer so etwas nicht zustande brachte.

Er passierte einen Ambulanzwagen, in dessen Heck gerade eine Trage geschoben wurde. Ein Mann lag darauf, um den sich zwei weißgekleidete Rettungsärzte zugleich kümmerten.

Ein Mann. Mehr konnte Cliff nicht über ihn sagen. Allenfalls noch, daß er lebte. Was Wunder genug war. Seine Haut schien eine einzige Brandwunde zu sein ...

Cliff wandte den Blick ab und schluckte mühsam den bitteren Geschmack hinab, der seinen Mund plötzlich füllte.

Er blieb neben einem weißhaarigen Mann stehen, der Zivil trug, das Cliff so zivil vorkam, daß es sich bei dem anderen nur um einen Polizeibeamten handeln konnte.

»Was ist hier geschehen?« fragte er.

Der Cop drehte sich ihm zu und wollte schon antworten, bevor er sich besann.

»Was geht Sie das an? Sehen Sie nicht, daß Sie polizeiliche Ermittlungen behindern?« schnauzte er Cliff an.

Der ließ die Hand in der Jackentasche verschwinden, zog ein Ledermäppchen hervor und hielt es dem anderen aufgeklappt hin, ohne ihn jedoch selbst anzusehen.

»Sie sind Bundesmarshal?« fragte der Cop.

Cliff verzichtete auf eine Antwort. So ganz glaubte er es ja selbst noch nicht. Und es kam ihm immer noch ein bißchen vor wie Amtsanmaßung, wenn er sich Marshal nannte.

»Na gut«, sagte der Cop, der sich als Commissioner Gallaware vorstellte. »Einer der Trucks ist aus noch ungeklärter Ursache in die Luft gegangen. Die Flammen griffen auf drei andere über, möglicherweise wurden sie auch von brennenden Teilen getroffen. Denkbar wäre auch, daß in einem der Auflieger irgendwelches explosives Zeug steckte. Eigentlich muß es so gewesen sein, denn anders läßt sich dieses Inferno kaum erklären.«

Cliff nickte und sah Gallaware auffordernd an. Eine Meldung stand noch aus.

»Vier Tote, noch nicht identifiziert«, sagte der Commissioner schließlich und fügte noch hinzu: »Es klingt makaber, aber wir können von Glück reden, daß es nicht mehr erwischt hat.«

Cliff mußte sich nur die glühenden Metallklumpen ansehen, um zu wissen, daß Gallaware recht hatte.

»War ein Mädchen unter den Toten?« fragte er dann. »Eine junge Frau?«

Gallaware schüttelte den Kopf. »Nein. Vier Männer.«

Eine aufgebrachte, fast verzweifelt klingende Stimme ließ die beiden Männer synchron die Köpfe drehen.

»Wenn ich es Ihnen doch sage, Sir!« rief eine junge Frau, deren Haar so feuerrot war, daß man glauben konnte, es würde in Flammen stehen. »Das Mädchen ist durch das Feuer gerannt, ohne verletzt zu werden! Sie lief an diesen beiden Trucks vorbei, und die Zugmaschinen flogen in die Luft, als wäre eine Bombe darin hochgegangen!«

Die Frau, die Cliff ihrer rustikalen Kleidung wegen selbst für eine Truckerin hielt, zeigte auf die beiden außenstehenden der ausgeglühten Trucks.

Cliff nickte Gallaware zu und ging dann hinüber zu der Truckerin, die neben einem uniformierten Cop stand, der sich offensichtlich weigerte, ihre Aussage zu Protokoll zu nehmen.

»Ma'am?« meldete Cliff sich zu Wort.

Der Uniformierte wechselte einen Blick mit Gallaware, und als der nickte, ließ er Cliff gewähren.

»Würden Sie das bitte wiederholen, Miss ...?« bat Cliff.

»Brody, Kitty Brody«, stellte sich die Rothaarige vor. »Ich kam mit dem General Lee gerade auf den Parkplatz ...«

»General Lee?«

Sie zeigte auf einen langhaubigen Kenworth-Truck, der etwas abseits stand und im Südstaaten-Dekor bemalt war. Sein Zustand ließ darauf schließen, daß seine Fahrerin zumindest mit dem Einparken ihre Probleme hatte. Möglicherweise hatte sie ihren Führerschein aber auch in der Mojave-Wüste gemacht.

Cliff nickte.

»Also, ich kam an, als der erste Truck hochging«, fuhr Kitty Brody fort. »Er verwandelte sich in einen weißglühenden Feuerball, Sir, und aus diesen Flammen kam ein Mädchen, ein blondes Mädchen, vielleicht achtzehn oder so. Und sie rannte davon, zwischen diesen anderen Trucks hindurch – und dann explodierten auch die. Und das Mädchen lief durch das Feuer, ohne daß ihr was passiert wäre!«

»Moment, Miss Brody«, sagte Cliff, ließ sie stehen und eilte zu seinem Motorrad. Mit einem Foto in der Hand kam er zurück.

»War es dieses Mädchen, das Sie gesehen haben?« fragte er dann und hielt der Truckerin ein Bild aus einem der Krankenberichte hin.

Sie besah sich das von blondem Haar umrahmte Gesicht darauf eine Weile und zuckte dann die Schultern.

»Schon möglich. Die Haarfarbe stimmt. Es ging alles so schnell, verstehen Sie?«

»Haben Sie gesehen, wo das Mädchen hingelaufen ist?« wollte Cliff wissen.

»Nein. Die Kleine verschwand hinter den brennenden Trucks und ist nicht wieder aufgetaucht.«

»Danke, Miss Brody.«

Cliff nickte zum Abschied und wandte sich ab.

»Was ist mit T. O. Bucker?« hörte er im Weggehen Kitty Brodys Stimme. Die Antwort des Officers verstand er schon nicht mehr. Den Rest des Weges nach Maine konnte er sich sparen. Er war viel früher auf die Spur von Marisa Truman gestoßen, als er auch nur zu hoffen gewagt hatte.

Cliff Conroy senkte den Blick und betrachtete das Foto.

Es zeigte das Gesicht eines Engels.

Doch als wollte etwas ihn von diesem Irrtum überzeugen, flackerte gerade in diesem Moment an einem der Trucks ein neues Flammennest auf.

Feuerwehrmänner waren gleich zur Stelle, um es zu löschen. Aber die Zeit reichte, um den Widerschein des Feuers über das Foto geistern zu lassen.

Und einen Augenblick lang hatte Cliff den Eindruck, Marisas Augen würden glühen.

Er fröstelte, als er losging, um das Bild herumzuzeigen.

Gum Spring
West Virginia, 16. November, 13 Uhr 40

Das Holz der Brücke knirschte so laut unter dem Gewicht des Winnebago, das Judy Davenport es selbst über das Brummen des Motors hinweg hören konnte. Im Schrittempo ließ sie das grünmetallic-lackierte Campingmobil über die Bohlen rollen, und als die Reifen wieder festen Boden berührten, stoppte sie erst einmal.

Durchatmen und die Schweißperlen wegwischen, die auf ihrer Stirn kribbelten.

Dann erst ließ sie den Blick schweifen.

Wie schon auf dem Herweg hatte Judy den Eindruck, als hätte der Winter hier im Westen Virginias eine Atempause eingelegt. Obwohl der Kalender darauf beharrte, daß es schon Mitte November war, lag auf den Feldern und Wäldern kaum Schnee, und die Sonne bemühte sich nach Kräften, auch diese kläglichen Reste noch zu beseitigen. Natürlich würde dieser Zustand nicht von Dauer sein und der Polarwind bald neuen Schnee herantragen.

Gum Spring lag eingebettet zwischen sanft ansteigenden Hügeln, und das Städtchen kam Judy ein bißchen vor wie ein verwunschener Ort, den nicht jeder betreten durfte, weil zu befürchten stand, daß die Gegenwart Fremder den Zauber zerstören könnte.

Mit der wackligen Brücke, die hinter ihr lag, hatten die Bewohner von Gum Spring jedenfalls eine gute Möglichkeit gefunden, um ungebetene Gäste fernzuhalten …

›1804 Einwohner‹ stand auf dem Ortsschild, das hinter den tiefhängenden Zweigen einer Trauerweide fast verschwand. Demzufolge war Gum Spring größer, als es von dieser Stelle aus den Anschein hatte. Ein Großteil der Häuser mußte jenseits der Hügel liegen oder versteckt hinter Bäumen.

Die einzigen Geräusche, die Judy erreichten, waren das leise Glucksen des Bächleins, das unter der Brücke hindurchplätscherte, und das Knistern des verharschten Schnees. Wie ein Störenfried kam sie sich vor, als sie Gas gab und den Winnebago wieder anrollen ließ.

Gum Spring schien nach einem Bild aus einem Märchenbuch entstanden zu sein. Judy passierte Häuser und Gärten, die allesamt von geradezu liebevoller Pflege zeugten. Und die wenigen Menschen, die unterwegs waren, schienen nichts anderes zu tun zu haben, als einander lächelnd zu grüßen, ehe sie zu einem Plausch stehenblieben.

Je weiter Judy die Main Street hinabfuhr, desto größer wurde zu beiden Seiten die Zahl kleiner Geschäfte. Auch sie waren sorgsam hergerichtet, und den meisten war schon von außen anzusehen, was sie beherbergten. Eine große weiße Holzschere über einer Eingangstür verriet, daß hier der örtliche Friseur zu finden war, daneben wies ein riesiger Fisch, der förmlich über dem Gehsteig zu schweben schien, auf einen Laden für Anglerbedarf hin, und so weiter.

Fast mußte Judy sich dazu zwingen, sich in Erinnerung zu rufen, daß sie nicht zum Vergnügen oder auch nur der Erholung wegen nach Gum Spring gekommen war. Sie war hier, um die Eltern von Marisa Truman ausfindig zu machen und mit ihnen zu sprechen. Judy war auf eigenartige Weise gespannt auf diese Begegnung. Was mochten das für Leute sein, die ihre Tochter auf solch merkwürdige Weise ›verloren‹ hatten? Waren sie an dem Verlust zerbrochen – oder hatten sie Marisa bereits vergessen? Und was würden sie über jene Nacht vor dreizehn Jahren erzählen können, in der ihre damals fünfjährige Tochter sich so verändert hatte?

Natürlich interessierte Judy sich in erster Linie wegen des Falls, an dem Cliff und sie arbeiteten, für die Geschichte. Aber es spielte auch ein wenig Persönliches mit hinein. Immerhin war sie Psychologin, und so ließen ungewöhnliche Schicksale stets etwas in ihr anspringen; etwas wie einen kleinen Motor, der sie nicht eher ruhen ließ, bevor sie eine Erklärung gefunden hatte.

Dieser ›Motor‹ war schon immer in ihr gewesen, und vielleicht hatte sie sich damals seinetwegen zu einem Psychologiestudium entschlossen – um seine Energie endlich zielgerichtet einsetzen zu können.

Judy kannte aus den Unterlagen des Senators zwar die Adresse der Trumans, aber Gum Spring erwies sich wie angenommen als unübersichtlich genug, um stundenlang nach einer bestimmten Straße suchen zu können. Deshalb lenkte sie den Winnebago an den Straßenrand, als sie einen pinkfarben gestrichenen Flachbau entdeckte, auf dessen breite Glasfront in schwungvollen Buchstaben *Allie's Inn* stand. Das leise Knurren ihres Magens war ein weiterer Grund für ihren Entschluß, gerade hier nach dem Weg zu fragen.

Judy wählte einen Platz direkt an der Theke, die das kleine Restaurant zur Gänze durchlief. Allie war offenbar Bedienung und Köchin in Personalunion, denn während Judy die kleine Karte studierte, wieselte die Frau mit dem militärischen Kurzhaarschnitt unentwegt zwischen dem Raum jenseits des Tresens und dem offenen Küchenbereich dahinter hin und her.

Die Tatsache, daß fast alle Hocker entlang des Tresens besetzt waren, ließ zwei Schlüsse zu: Entweder kochte Allie verdammt gut, oder ihr Restaurant war das einzige am Ort. Die Düfte, die aus der Küche wehten, ließen Judy hoffen, daß ersteres der Fall war.

»Womit kann ich Ihnen dienen, Ma'am?«

Allie stand fast stramm vor Judy.

»Mit einem Lachsburger und Herzoginnenkartoffeln«, erwiderte Judy nach einem letzten Blick in die Karte, »und mit einer Information.«

»Möchten Sie die Information als Vor- oder Nachspeise?« fragte Allie lächelnd.

»Als Vorspeise«, erwiderte Judy. »Ich suche die Anderson Street. Ich möchte dort die Trumans aufsuchen.«

Eine kleine, v-förmige Falte erschien unterhalb von Allies Stoppelhaar auf ihrer Stirn.

»Das ist ja merkwürdig«, sagte sie dann.

»Was?«

»Findet bei den Trumans eine größere Familienfeier oder so was statt?« wunderte sich Allie.

»Warum?«

»Weil heute schon einmal jemand nach dem Weg zu den Trumans gefragt hat.«

Interstate Highway 95
New Jersey, 16. November, 14 Uhr 05

Wo zum Teufel fahre ich eigentlich hin?

Peter Boulle wußte nicht, zum wievielten Mal in den vergangenen Stunden er sich diese Frage stellte. Er wußte nur, daß er noch immer keine Antwort darauf fand.

Mit den erlaubten 65 mph lenkte er den Cadillac Fleetwood über den Interstate in Richtung Süden, Meile um Meile. Dabei glaubte er sich daran zu erinnern, daß er eigentlich nach Concord, New Hampshire, gewollt hatte.

Nach Hause ...

Und er erinnerte sich daran, daß New Hampshire in der entgegengesetzten Richtung lag, nördlich der Raststätte in Connecticut, an der er haltgemacht hatte vor – na ja, irgendwann eben ...

Verdammt, Merilee, seine Frau, würde verdammt sauer sein. Er hatte ihr versprochen, heute nach Hause zu kommen, nachdem er fast zwei Wochen lang im Mittelwesten unterwegs gewesen war, um in Supermärkten Herrenkosmetika anzubieten, die kaum jemand haben wollte.

Ein Scheißjob war das, den er sich da hatte andrehen lassen. Aber die Anzeige im ›The Truth is out there‹-Magazine hatte so verlockend geklungen.

Werden Sie Ihr eigener Chef! Verdienen Sie bis zu hunderttausend Dollar im Jahr! Wie? Rufen Sie uns an ...

Ja, er hatte sein eigener Chef werden wollen. Und er hatte bis zu hunderttausend Dollar im Jahr verdienen wollen. Am liebsten noch ein paar Bucks mehr ... Also hatte er die Nummer angerufen. Und den Sirenengesängen der Lady am anderen Ende der Leitung alles geglaubt.

Die Geschichte *mußte* einfach funktionieren. Es gab genug Dumme da draußen, die ihm zu leicht verdientem Reichtum verhelfen würden.

Aber bislang war Peter Boulle der einzige Dumme geblieben, mit dem er es bisher zu tun bekommen hatte.

Reich war nur die Firma geworden.

Durch ihn.

Fünfzigtausend Dollar hatte er für das Kosmetikzeug hingeblättert, das sich angeblich mit hundert Prozent Aufschlag überall problemlos verkaufen ließ.

Merilee würde ihn umbringen, wenn er ihr sagte, was er in zwei Wochen verdient hatte. Das Geld hatte gerade gereicht, um die Motelrechnungen zu bezahlen. Na ja, es würde noch etwas dauern, bis er seiner Frau gegenübertreten und ihr beichten mußte.

Jetzt war er erst einmal in Richtung Süden unterwegs ...

Wieder stellte Peter Boulle fest, daß ihm das Nachdenken

den Schweiß auf die Stirn trieb. Er kurbelte das Seitenfenster noch ein bißchen weiter herab, aber der Fahrtwind brachte kaum Linderung. Noch immer schien es im Innern des Wagens heiß wie in einem Backofen zu sein.

Etwas besser wurde es erst, als Boulle sich zwang, das Überlegen einzustellen.

Sturen Blickes fuhr er weiter in Richtung Süden.

Trotzdem wünschte er sich, das Mädchen hätte mit ihm gesprochen. Die Stille im Wagen war fast so drückend wie die Hitze.

Aber die Kleine saß stumm neben ihm, hatte kein Wort gesprochen, seit ...

Ja, seit wann eigentlich?

Egal. Darüber nachzugrübeln bedeutete nur, noch mehr zu schwitzen. Dennoch spürte Boulle, daß das blonde Mädchen nicht so tatenlos war, wie es den Anschein hatte.

Sie tat irgend etwas.

Mit ihm?

Nicht nachdenken, hämmerte es zwischen seinen Schläfen. Mit einer Stimme, die ihm fremd war.

Nur fahren.

Und Boulle fuhr.

Truck Stop am Interstate Highway 95

Connecticut, 16. November, zwei Stunden vorher

»Woher haben Sie dieses Foto?«

Der Mann, dessen jugendliches Gesicht ihn jünger aussehen ließ, als er vermutlich war, wollte nach dem Bild greifen, das Cliff Conroy ihm hinhielt.

»Sie kennen das Mädchen?« fragte Cliff und entzog das Foto den zuschnappenden Fingern.

»Sie haben meine Frage nicht beantwortet«, sagte der andere.

»Und Sie nicht die meine.« Cliff holte ein weiteres Mal seinen Ausweis hervor und klappte ihn auf.

»Ja, ich kenne das Mädchen«, sagte der Mann schließlich, nachdem er einen langen Blick auf Cliffs Legitimation geworfen hatte. »Sie heißt Marisa Truman.«

»Und mit wem habe ich das Vergnügen?« wollte Cliff wissen.

»Dr. Donald Nordheim«, stellte sich der andere vor. »Ich ...«

»Sie sind der Arzt, der Marisa in Druid Hill behandelt hat«, fiel Cliff ihm ins Wort. Nordheims Name wurde in der Akte erwähnt, die Campbell ihnen gegeben hatte.

»Woher wissen Sie ...?« fragte Nordheim verwundert.

»Ich trage meinen Ausweis nicht zum Spaß«, erklärte Cliff. »Was tun Sie hier?«

»Dasselbe wie Sie, vermute ich: Ich suche Marisa Truman.«

»Nicht unbedingt die Aufgabe eines Arztes«, meinte Cliff.

»Nein, es wäre wohl der Job der Polizei, das zu tun. Aber ich hatte den Eindruck, daß man seitens der Behörden nicht bereit ist, dieser Aufgabe nachzukommen.«

»Das dürfte sich nach dem hier«, Cliff wies mit dem Kinn zu den ausgebrannten Trucks hin, »wahrscheinlich ändern.«

Nordheim nickte. »Vermutlich. Aber ich bin nicht sicher, ob ich mich darüber freuen soll. Und was machen Sie? Jagen Sie das Mädchen auch?«

Cliff grinste schief. »Ich jage Marisa Truman nicht. Aber ich versuche sie zu finden, ja. Und ich hoffe, es gelingt mir, bevor sich so etwas wiederholt.« Er deutete erneut auf die Trucks.

Nordheim sah Cliff fragend an.

»Sie meinen, Marisa wäre dafür verantwortlich?« hakte er dann nach.

»Sie etwa nicht?«

»Nun«, begann Nordheim und bewegte unbehaglich die Schultern, als würde etwas darauf sitzen, das er abstreifen wollte, »es fällt mir schwer ...«

»Marisa Truman besitzt pyrokinetische Fähigkeiten«, sagte Cliff ihm auf den Kopf zu.

»Ich ... habe so etwas schon seit langem befürchtet«, sagte der Arzt. Und dann erzählte er; von Marisas jahrelanger Apathie, von seinen Behandlungsversuchen – und von seiner Befürchtung, daß etwas *in* Marisa stecken könnte.

»Wissen Sie, ich habe darüber bisher noch nie mit jemandem gesprochen«, schloß er. »Ich bin zwar bekannt dafür, unkonventionelle Methoden anzuwenden und ebensolche Denkweisen zu pflegen, aber wenn man in Kollegenkreisen mit solch vagen Annahmen ankommt, ruiniert sich der Ruf fast von selbst.«

Cliff grinste. Ein bißchen nur. Er konnte Nordheim verstehen.

»Wo, glauben Sie, liegt Marisas Ziel?« fragte er dann. Nordheim zuckte die Schultern. »Ich bin nicht sicher. Aber wenn man ihren bisherigen Weg verfolgt und die Linie in Gedanken weiterzieht, weist sie nach West Virginia.«

Cliff schob das Foto in die Brusttasche seiner Motorrad-Kombination.

»Jemand hat gesehen, wie Marisa in einen roten Cadillac Fleetwood eingestiegen ist«, sagte er. »Der Wagen ist nach Süden davongefahren.«

»Dann kennen wir ja die Richtung«, meinte Nordheim.

»Wir?«

»Natürlich. Glauben Sie mich zur Umkehr bewegen zu können?«

»Habe ich gesagt, daß ich das vorhätte?« fragte Cliff zurück.

»Es hätte auch keinen Zweck«, erklärte Donald Nordheim und nickte Cliff zu. »Ich schätze, wir sehen uns noch.« Damit ging er auf einen silbergrauen Ford Explorer XL zu.

Wenig später saß Cliff wieder auf seiner Kawasaki und jagte über den Interstate Highway in Richtung Süden.

Es war kein schlechtes Gefühl, einen Fachmann hinter sich zu wissen. Zumindest war Nordheim jemand, der sich auf psychische Störungen im herkömmlichen Sinne verstand. Wie es mit ›außergewöhnlichen‹ Phänomenen stand, würde sich noch weisen müssen.

Hoffentlich, bevor Marisa Trumans Feuerspur noch länger wurde …

Gum Spring, Anderson Street
West Virginia, 16. November, 14 Uhr 10

Judy Davenport stoppte den Winnebago am Rand der leicht ansteigenden Straße. Sie widerstand dem Impuls, sofort auszusteigen, und sondierte ihre Umgebung zunächst mit Blicken. Die Häuser zu beiden Seiten der Anderson Street unterschieden sich nicht von denen, die Judy bisher in Gum Spring gesehen hatte: Sie waren schmuck, gepflegt, nicht sonderlich groß, allenfalls zweigeschossig, und der idyllische Anblick insgesamt suggerierte, daß die Welt zumindest hier noch in Ordnung war.

Doch Judy ahnte, daß der Schein trog.

Wenn die Schlußfolgerungen stimmten, die sie aus dem zog, was Allie ihr erzählt hatte, dann hatte sich ein dunkler Schatten auch über diesen kleinen Teil der Welt gelegt.

Zumindest über das Haus mit der Nummer 221.

Auch wenn es ein unsichtbarer Schatten war.

Allie hatte ihr den Mann, der sich vor ihr nach dem Haus der Trumans erkundigt hatte, als ›unheimlich‹ beschrieben. Über sein konkretes Aussehen hatte sie nur sagen können, daß er einen schwarzen Mantel trug.

»Sein Gesicht war eines von der Sorte, die man sieht und gleich wieder vergißt, verstehen Sie?« hörte Judy die Worte von Allie wie ein Echo in ihrer Erinnerung.

Draußen vor dem Restaurant hätte ein weiterer Mann in einem grauen Wagen gewartet, hatte Allie weiter erzählt. Das Ganze habe sich vor etwa zwei, vielleicht auch drei Stunden zugetragen.

So vage und mager die Beschreibung auch sein mochte, sie war deutlich genug, um Judy schwer im Magen zu liegen. Ihrem Auftreten nach konnten die beiden Männer durchaus zu McKays Gefolge gehören.

Jeremy McKay.

Obwohl weder Cliff noch sie selbst bisher viel über ihren Gegenspieler von der NSA wußten, so konnten sie doch von einer Tatsache ausgehen: McKay war gefährlich. Er war skrupellos.

Und er stand auf der anderen Seite.

Judy schauderte bei dem bloßen Gedanken an den Mann, der sowohl ihr als auch Cliffs früheres Leben ›beendet‹ hatte. Und die Vorstellung, es mit seinen Leuten zu tun zu bekommen, war nicht sehr viel angenehmer ...

Wenn es auch im Moment nicht unbedingt danach aussah.

Denn soweit Judy die Anderson Street überblicken konnte, parkte am Straßenrand kein grauer Wagen, wie Allie ihn beschrieben hatte.

Aber das mußte nicht unbedingt bedeuten, daß McKays Figuren nicht mehr im Spiel waren ...

Judy stieg aus dem Campingmobil und ging, sich noch immer nach allen Seiten umblickend, auf das Haus der Trumans zu. Es war umgeben von einem dichtbepflanzten Garten, durch den ein schmaler Plattenweg in mehreren Kehren auf die Veranda des zweistöckigen Hauses zuführte. Judy tauchte in den Schatten des Vordaches ein und drückte den Klingelknopf.

Die Tür wurde geöffnet, und Judy sah sich einem Mann gegenüber, der als Prototyp eines Offiziers der US-Army hätte durchgehen können: kantiges Gesicht, kurzes Haar, stattliche Figur, an der kaum ein Gramm Fett zu viel war. Aus den Unterlagen wußte Judy, daß der heute neunundvierzigjährige Homer Truman nach einer Verletzung im Golfkrieg aus der US-Army ausgeschieden war.

Was nicht ganz zu der Erscheinung eines Offiziers im Ruhestand passen wollte, war Trumans seltsam grauer Teint. Außerdem stand er ein bißchen vornübergebeugt da, als hätte ihn ein großer Teil seiner Kraft verlassen. Er sah – müde aus, beinahe erschöpft.

»Mister Truman?« fragte Judy, obwohl sie ihn erkannt hatte.

Homer Truman nickte. Langsam und kraftlos. Aber in seine grauen Augen trat ein eisiges Funkeln.

»Mein Name ist Judy Davenport«, stellte sie sich vor. »Ich hätte gern mit Ihnen und Ihrer Frau gesprochen. Über Marisa.«

Das Funkeln in Trumans Blick wurde zum Blitzen. »Mit mir und meiner Frau?« Er spuckte Judy die Worte regelrecht entgegen.

Sie nickte verunsichert.

»Da kommen Sie leider zu spät.«

»Bitte?«

»Ihre Kollegen waren schneller«, knurrte Homer Truman. Seine Wangenmuskeln zuckten.

»Meine Kollegen?« fragte Judy, während eine Ahnung in ihr aufkeimte. Sie verdichtete sich mit Trumans Antwort zur Gewißheit.

»Sie haben Gillian mitgenommen. Entführt!«

Interstate Highway 95

New Jersey, 16. November, 14 Uhr 50

Im Zwielicht des Winternachmittags blinzelte ein Dämon mit glühenden Augen.

Diesen Eindruck hatte Cliff Conroy zumindest aus der Ferne.

Als er eine halbe Meile weitergefahren war, erkannte er, worum es sich tatsächlich handelte: Am Rand der Interstate stand ein Pkw mit eingeschalteter Warnblinkanlage. Ein roter Cadillac Fleetwood. Cliff nahm etwas Gas weg, ließ die Kawasaki ausrollen und brachte sie hinter dem Wagen zum Stehen. Er hatte das Motorrad gerade abgestellt, als nach ihm ein weiteres Fahrzeug stoppte. Dr. Nordheim stieg aus seinem Ford Explorer.

»Ist das der Wagen, in dem Marisa mitgefahren ist?« fragte der Arzt.

»Wahrscheinlich«, meinte Cliff. »Autos dieser Marke und in dieser Farbe mag es zwar wie Sand am Meer geben, aber der Zufall wäre mir doch eine Nummer zu groß.«

Er bewegte sich an der linken Seite des Cadillac entlang und langte nach dem Türgriff, als der Schlag von innen aufgestoßen wurde. Cliff sah in das schweißglänzende und blasse Gesicht eines Mittvierzigers. Der Atem des Mannes ging schwer, sein Hemd war dunkel vor Nässe und bis zum Nabel aufgeknöpft. Im Fond des Fahrzeugs entdeckte Cliff ein paar Kartons, in denen sich Herrenkosmetikartikel befanden. Das legte die Vermutung nahe, daß der Mann Handelsvertreter von Beruf war.

Ansonsten war der Cadillac leer. Von Marisa keine Spur.

»Sir, geht es Ihnen gut?« fragte Dr. Nordheim, der über Cliffs Schulter hinwegsah.

Der Angesprochene nickte.

»Ja«, schnaufte er, »schon besser.«

»Wo ist das Mädchen?« versuchte Cliff einen Schuß ins Blaue.

Der Mann sah zu ihm hoch.

»Das Mädchen?« echote er lahm, aber gleichzeitig sah Cliff, daß sich sein glasiger Blick etwas klärte. Als würde aus der Tiefe seiner Augen etwas emporsteigen.

»Das Mädchen ...«, wiederholte der Mann dann noch einmal. »Ja, das Mädchen. Sie ... sie ist weg.«

»Das sehen wir auch«, warf Nordheim ein. »Wo ist sie hin? Und warum ist sie überhaupt verschwunden?«

Der Mann sah schweigend auf das Armaturenbrett seines Wagens, als müßte er sich erst mit den Instrumenten vertraut machen.

»Sir?« fragte Cliff.

»Boulle, mein Name ist Peter Boulle«, erklärte der andere, und es klang, als würde ihm sein eigener Name erst jetzt wieder einfallen.

»Schön, Mister Boulle«, sagte Cliff. »Können Sie uns erzählen, was passiert ist?«

»Das ... Benzin ist ausgegangen«, antwortete Boulle und deutete auf die Tankuhr, deren Nadel am unteren Ende des roten Bereichs lag.

»Und dann?« bohrte Cliff weiter. Er konnte fast sehen, wie Boulles Erinnerung stückchenweise zurückkehrte. Wer hatte sie ihm genommen – oder zumindest so tief in ihm verborgen, daß er nicht mehr ohne weiteres darauf zurückgreifen konnte? War dies eine weitere Fähigkeit Marisas?

Cliff sah kurz zu Nordheim hin und wußte, daß ihn in etwa die gleichen Gedanken beschäftigten.

»Das Mädchen ... ist ausgestiegen, als ich nicht mehr weiterfahren konnte«, berichtete Boulle weiter. Seine Stimme gewann mit jedem Wort an Festigkeit.

»Wohin ist sie gegangen?« wollte Cliff wissen.

»Weiter die Straße runter, bis ...« Boulle verstummte.

»Bis?«

»Bis der Sheriff kam.«

»Der Sheriff?«

Boulle nickte. »Ja, der Sheriff. Er hat angehalten und sie mitgenommen. Vermutlich wegen Erregung öffentlichen Ärgernisses. Das Mädchen war ja fast nackt, wissen Sie?«

»Verdammt«, entfuhr es Nordheim, »der Mann weiß gar nicht, in welche Gefahr er sich bringt.«

»Dann sollten wir es ihm sagen«, schlug Cliff vor, aber sein Grinsen konnte nicht darüber hinwegtäuschen, daß auch ihm der Ernst der Lage bewußt war.

»Können Sie Mister Boulle mit etwas Benzin aushelfen, während ich auf der Karte nachsehe, wo wir den Sheriff dieser County finden?« fuhr er dann fort.

Nordheim nickte und holte einen kleinen Kanister aus seinem Wagen, während Cliff eine Landkarte aus der Satteltasche der Kawasaki zog. Er fand die Stelle, an der sie sich befinden mußten. Die Stadt, in der der County-Sheriff residierte, war besonders markiert.

»Miller's Grove«, rief er Nordheim zu, während er sich schon in den Sattel schwang. Ohne auf den Doktor zu warten, startete Cliff die Maschine und jagte sie wieder den Interstate Highway entlang.

Denn jetzt konnte es auf jede einzelne Sekunde ankommen.

Das Haus der Trumans
Gum Spring, 16. November, 15 Uhr 05

Die Geschichte, die Homer Truman ihr erzählt hatte, ließ Judy Davenport noch jetzt schaudern.

Obwohl die Sache im Grunde unspektakulär abgelaufen war.

Aber vielleicht war es gerade das – die Selbstverständlichkeit, mit der diese Männer einfach auftauchten, ihre Forderungen stellten und einen Menschen entführten –, was Judy mit Unbehagen erfüllte. Und mit etwas, das an das untere Ende der Angst grenzte.

Es hatte nicht lange gedauert, Truman davon zu überzeugen, daß diese Männer nicht ihre ›Kollegen‹ waren. Und ihren Marshal-Ausweis hatte Judy nur noch zücken müssen, um der Form Genüge zu tun und allerletzte Zweifel auszuräumen.

Jetzt, nachdem er erzählt hatte, was passiert war, saß Homer Truman ihr in dem geschmackvoll eingerichteten Wohnzimmer gegenüber. Während des Sprechens war er mit langsamen Schritten auf und ab gegangen – drei hin, drei zurück. Wieder und wieder. Und nun hatte er noch ein bißchen mehr von dem verloren, was ihn wie einen typischen Offizier aussehen ließ. Er hockte mit hängenden Schultern auf der Couch und war nur noch einen Schritt von dem entfernt, was man das berühmte Häuflein Elend nannte.

»Ja, Marshal, so war das«, seufzte er schwer und faßte die Geschichte noch einmal zusammen. »Diese Kerle kamen hier rein, fragten nach Marisa, und als wir ihnen keine Auskunft geben konnten, zogen sie ihre Revolver, hielten mich in Schach und zerrten Gillian aus dem Haus. Einer der beiden sagte noch, sie würden sich melden, wenn Marisa hier auftaucht. Und dann könnte ich meine Tochter gegen meine Frau eintauschen.«

Er sah Judy an und grinste, aber es war nicht mehr als ein gequältes Verziehen der Lippen.

»Ein Scheißdeal, was?«

»Ich überlege, was wir unternehmen könnten«, sagte Judy.

Er lachte trocken auf. »Was wir unternehmen können? Nichts, gar nichts. Diese Typen haben nicht nur den einzigen Trumpf des Spiels in der Hand, sie würden sich auch jederzeit über die Regeln hinwegsetzen.«

Judy verzichtete darauf, ihm recht zu geben. Sie wußte, daß es so war.

»Mister Truman«, begann sie dann, bevor das Schweigen zwischen ihnen drückend werden konnte, »erinnern Sie sich noch an jene Nacht, nach der Marisa … nun, nach der sie sich so verändert hat? Wissen Sie, was damals geschehen ist?«

Homer Trumans Blick ruhte unverwandt auf Judy, doch sie konnte regelrecht spüren, wie er stückchenweise durch sie hindurchglitt, bis er sich in einer Ferne verlor, die nur Truman erreichen konnte.

»Wissen Sie, wie oft ich versucht habe, mich daran zu erinnern, Marshal?« fragte er nach einer Weile.

Judy sah ihn stumm auffordernd an.

»Seit dreizehn Jahren in jeder Nacht«, gab er selbst die Antwort. »Aber ... ich kann mich nicht daran erinnern.«

»Ist Ihnen denn gar nichts aufgefallen? Träumte Marisa schlecht, oder ...«

Truman schüttelte den Kopf.

»Sie verstehen nicht, Marshal. Ich, und auch Gillian, wir können uns an diese Nacht nicht erinnern. Es ist nicht so, daß wir nichts mitbekommen hätten oder so. Für uns ist es, als hätte es diese Nacht nie gegeben.«

»Ich verstehe, daß Sie das Ganze zu verdrängen versuchen und ...«, setzte Judy von neuem an.

Wieder unterbrach Truman sie: »Nein, Marshal, Sie verstehen mich noch immer nicht. Wir haben diese Nacht nicht verdrängt, wie Sie es nennen. Es ist, als hätte etwas diese Nacht *ausradiert*. Aus unseren Köpfen gelöscht.«

Sein Blick fand ins Hier und Jetzt zurück. Doch er brachte etwas mit von dem Ort, zu dem er gewandert war.

Angst. Beinahe verzweifelte Angst.

Sie saß als flackerndes Etwas in seinen Augen und ließ Judy frösteln.

Um ihr Unbehagen zu kaschieren, stand sie auf und begann nun selbst, ein paar Schritte hin und her zu gehen.

»Glauben Sie, daß Marisa hierherkommen wird?« fragte Truman nach fast einer Minute. Judy hatte ihm erzählt, daß seine Tochter aus Druid Hill verschwunden war. Über die näheren Begleitumstände hatte sie jedoch nichts gesagt.

»Es wäre denkbar«, meinte sie.

»Aber ... es ist so lange her«, sagte Truman. »Wie sollte sie den Weg nach Hause finden? Sie ist ... sie ist doch immer noch ein fünfjähriges Mädchen, verstehen Sie?«

Vielleicht ist es das, was Marisa so gefährlich macht, dachte Judy, aber sie hütete sich, es auszusprechen. Statt dessen sagte sie: »Es ist unser einziger Anhaltspunkt – und Marisas einziger Bezugspunkt. Ebensowenig, wie wir wissen, was damals mit ihr geschehen ist, können wir sagen, was sie so plötzlich zur Flucht getrieben hat. Vielleicht hat sie sich noch einmal ... verändert.«

»Aber was wollen diese Kerle von meiner Tochter?« Trumans Stimme zitterte vor Verwirrung und Verzweiflung.

»Auch um das herauszufinden bin ich hier, Mister Truman.«

»Wer sind Sie eigentlich? Sie sind kein gewöhnlicher Bundesmarshal, das können Sie mir nicht weismachen. Erzählen Sie mir endlich, was hier vorgeht!«

Truman mühte sich hörbar, etwas von militärischer Befehlsgewohnheit in seinen Ton zu legen, aber es war trotzdem nicht mehr als eine Bitte – die Bitte eines verzweifelten Vaters.

Judy wollte sich umdrehen, und sie war entschlossen, Truman zwar nicht die volle Wahrheit zu verraten, aber wenigstens so viel davon, wie sie preisgeben konnte.

Aber sie tat es nicht.

Durch das Fenster sah sie eine Bewegung im Garten.

Eine Gestalt, die hinter Sträuchern verschwand?

Judy sah aufmerksamer hin und bemerkte, daß sich eine Bewegung durch die dichtstehenden Büsche zur Grundstücksgrenze hinzog.

Ohne lange zu überlegen, lief sie zur Tür.

»Entschuldigen Sie mich bitte, Mister Truman. Ich bin gleich zurück!« rief sie über die Schulter.

Und als sie aus dem Haus rannte, flüsterte sie sich selbst zu: »Hoffentlich.«

Sheriff's Office
Miller's Grove, 16. November, 15 Uhr 30

Manchmal wünschte sich Aurelius Belt, mindestens hundert Jahre früher gelebt zu haben. Damals, als die Zeiten noch wirklich wild gewesen waren, waren Männer seines Kalibers gefragt gewesen.

Heute zählte er zu einer aussterbenden Spezies, und gelegentlich dachte er, daß er vielleicht sogar das letzte Exemplar seiner Art war.

Belt hatte sich seinen Sessel so zurechtgerückt, daß er die Stiefel auf den Schreibtisch legen und dabei die Gitterwand im Hintergrund des Office im Auge behalten konnte. Und natürlich vor allem das, was jenseits der Gitter war.

Das blonde Mädchen sah müde aus; ihre Lider waren halb geschlossen. Aber Sheriff Belt ließ sich nicht täuschen. Er wußte, daß die Kleine wach war. Und er war sich auch ziemlich sicher, daß sie ihn verstand.

Zumindest machte das Mädchen jetzt einen ordentlichen Eindruck, nachdem er sie in Klamotten gesteckt hatte, die irgendeine frühere Insassin seines ›Etablissements‹ einmal zurückgelassen hatte.

Fast nackt hatte er die Kleine draußen am Interstate aufgegabelt, und solche Auftritte mochten die Kollegen in anderen Countys ja vielleicht mit einem Augenzwinkern abtun – aber hier in seinem Reich herrschten Zucht und Ordnung. Jedenfalls, wenn Aurelius Belt in der Nähe war ...

Ein schweres Seufzen rollte aus seiner mächtigen Brust und über die fleischigen Lippen. Soviel zum Thema ›aussterbende Spezies‹...

»Okay, Lady, Sie wollen sich also nicht mit mir unterhalten. Das akzeptiere ich«, sagte er schließlich, nur scheinbar leutselig. Als er fortfuhr, klang seine Stimme verändert, rauh und kehlig: »Aber ich schwöre Ihnen, daß ich den längeren Atem habe. Sie *werden* reden, glauben Sie mir. Und je eher Sie es tun, desto früher kann die Scheiße für Sie vorbei sein, klar?«

»Sir, ich weiß nicht, ob es richtig ist, was Sie tun.« Die

Stimme klang hinter Belts Rücken auf, und sie war kaum mehr als ein Flüstern, unsicher und zögernd.

Sheriff Belt brachte irgendwie das Kunststück fertig, seinen Charakterkopf nach hinten zu drehen, ohne sich sonst nennenswert zu bewegen.

»Junge, das ist es, was dir fehlt«, knurrte er dem jungen Burschen in der Uniform eines Deputy-Sheriffs zu. Der kaum Zwanzigjährige lehnte am Tresen, der den großen Raum in zwei unterschiedlich große Hälften teilte, aber selbst dieser Haltung fehlte es an Lässigkeit. »Du bist nicht wirklich bereit, das Gesetz in deine Hände zu nehmen«, fuhr Belt fort.

»Sir, es ist ein Unterschied, das Gesetz in die Hände zu nehmen – oder es zu verbiegen«, entgegnete der Deputy.

»Hell ›n' damnation, das ist es nicht«, raunzte Belt und setzte, als er den Blick schon wieder der Zelle zuwandte, hinzu: »Du fängst dir gleich eine, Junge.«

»Yes, Sir.«

Aurelius Belt grunzte zufrieden. Doch seine Zufriedenheit wich, als er seine Aufmerksamkeit wieder ganz dem Mädchen widmete. Mit einem seltsam gequälten Laut stemmte er sich aus dem Sessel und ging wiegenden Schrittes auf das Gitter zu. Seine rechte Hand fiel klatschend und wie zufällig auf den Revolverkolben, der aus dem Holster an seiner Hüfte ragte.

»Lady, Lady«, stöhnte er, »was soll ich nur mit Ihnen machen, he?«

Er sah die Kleine schweigend an. Eine geschlagene Minute lang.

»Ich könnte es mit einem letzten guten Ratschlag versuchen«, meinte er dann mit der Gutmütigkeit einer gereizten Bulldogge.

»Vielleicht kann Sie ja wirklich weder hören noch sprechen«, meldete sich der junge Deputy wieder zu Wort.

»Schnauze, Junge«, blaffte Belt, und setzte dann etwas weniger gereizt hinzu: »Es ist verdammt heiß hier drin. Mach die Heizung aus.«

»Ist aus«, meldete der Deputy.

»Dann mach ein Fenster auf«, befahl Belt, öffnete den oberen Hemdknopf und wischte sich den Schweiß von der Stirn, der ihm mit einemmal über das Gesicht rann, als hätte jemand einen nassen Schwamm über seinem Kopf ausgedrückt.

Das Mädchen starrte ihn an, hielt die Lider nicht länger geschlossen. Belt fühlte sich wie von glutheißen Fingern berührt.

»Hör auf zu glotzen, Lady!« schnarrte er. »Und rede endlich, verdammt! Wie heißt du, woher kommst du und was treibst du in meiner County?«

Das Mädchen schwieg. Und starrte.

»Okay, Girlie, das war deine letzte Chance. Du wirst gleich merken, daß mit Aurelius Belt nicht zu spaßen ist.«

Er zerrte einen Schlüssel aus der Hosentasche und schob ihn ins Schloß der Zellentür.

»Was wird das, verdammt?« Der Deputy wurde plötzlich laut, klang erschrocken, und seine eiligen Schritte kamen näher.

»Halt dich da raus, Junge«, knurrte der Sheriff. Scheppernd glitt die Gittertür unter Belts Druck zur Seite.

Er zog den Revolver.

Trat in die Zelle.

Ein Lichtstrahl brach sich auf dem brünierten Metall der Waffe.

Ein Schwall kühler Luft fegte in das stickige Office, als die Eingangstür aufgerissen wurde.

»Bleiben Sie weg von ihr!«

Doch Cliff Conroys Warnung kam um die berühmte Sekunde zu spät.

... Metall blitzte!

Wie damals.

Und doch anders ...

Blitzende Nadeln und Röhren hatten ihre Haut durchbohrt, und es hatte weh getan. Doch die wahren Schmerzen waren erst gekommen, als diese schimmernden Dinge tiefer gedrungen waren ...

Nicht mehr. Nie mehr!

Bitte, bitte nicht ...

Panische Angst toste durch Marisas Körper, löste Dinge aus, die ihrer Furcht die Gründe nehmen würden.

Marisa konnte sie nicht kontrollieren, weil sie es nie gelernt hatte. Weil all das fremd war für sie.

Fremd wie jene, die sie damals ...

Die Bilder von Vergangenem zerstoben, als Kräfte zu wirken begannen, die mächtiger waren als jeder Gedanke.

Im Garten der Trumans
Gum Spring, 16. November, 15 Uhr 35

Die Zweige der Sträucher waren stellenweise regelrecht ineinander verflochten, und einige immergrüne Tannen erschwerten die Sicht zusätzlich. Aber Judy Davenport konnte trotzdem feststellen, daß jemand zumindest hiergewesen war. Ein paar der Äste waren abgebrochen, und die Bruchstellen waren frisch.

Geduckt folgte Judy der Spur, blieb nach ein paar Schritten stehen und lauschte.

Da – ein Rascheln! Sechs, höchstens sieben Meter entfernt.

Das dumpfe Geräusch von Schritten kam hinzu, rasselndes Atmen.

»Stehenbleiben!« rief Judy, doch ihre Stimme schien den anderen nur anzutreiben. Das Rascheln verstärkte sich, dazwischen klang das Knacken brechender Äste auf.

Eine Sekunde lang zögerte Judy, die Verfolgung aufzunehmen. Sie war unbewaffnet, und sie wußte nicht, mit wem sie es zu tun hatte. Nicht einmal, mit wie vielen. Vielleicht war das nur eine Falle, die die Männer, die Gillian Truman entführt hatten, ihr stellten.

Es gab nur einen Weg, es herauszufinden.

Judy lief weiter.

Die Geräusche vor ihr wurden lauter. Sie holte auf.

Und plötzlich verstummten das Rascheln, die fremden Schritte und das keuchende Atmen.

Judy wurde vom eigenen Schwung noch zwei Schritte vorwärts getragen, und dann erschrak sie regelrecht, als sie aus dem Buschgürtel taumelte und auf der Rasenfläche des Nachbargrundstücks zum Stehen kam.

Hastig sah sie sich nach allen Seiten um. Wo war der andere – oder *die* anderen? Er oder sie konnten sich doch nicht in Luft aufgelöst haben.

Oder ...?

Da! Ein Stück von Judy entfernt, stand auf dem Gehsteig ein Mann. Reglos starrte er zu ihr her.

Sein Anblick ließ sie unwillkürlich an Woodstock denken, das Symbol der Hippie-Epoche. Die Kleidung des Mannes ließ vermuten, daß ihm niemand gesagt hatte, daß die Flower-Power-Zeit längst vorbei war. Langes graues, strähniges Haar sowie ein gemustertes Stirnband und eine Brille mit kleinen runden Gläsern komplettierten den Eindruck eines Spät-Hippies.

Soweit war der Anblick eigentlich eher dazu angetan, Judy leise lächeln zu lassen. Doch etwas im Blick des Fremden ließ Judys Lächeln noch im Ansatz gefrieren. Sie konnte diesen Ausdruck nicht einmal für sich selbst richtig in Worte fassen: Es war etwas sehr Ernsthaftes, auf seltsame Weise unheimlich, ohne jedoch bedrohlich zu wirken, und zugleich etwas – Flehendes?

Judy wollte ihn anrufen, brachte aber nur ein rauhes Krächzen hervor. Sie räusperte sich die Kehle frei und versuchte es noch einmal: »Wer sind Sie? Was tun Sie hier?«

Der andere schwieg. Und starrte.

Judy setzte sich in Bewegung und ging auf ihn zu. Doch sie hatte kaum drei Schritte getan, als auch der Mann weiterlief. Rasch, ohne jedoch zu rennen, überquerte er die Anderson Street, lief auf der anderen Seite den Gehweg entlang, blieb dann wieder stehen und drehte sich um. Als wollte er sich davon überzeugen, daß Judy ihm auch folgte.

Sie tat es, wenn auch ohne zu wissen, warum – und mit einem unangenehmen Kribbeln unter der Haut.

»So warten Sie doch!« rief sie, aber als sie dem anderen bis auf fünfzehn Schritte nahe gekommen war, eilte er wieder weiter. Schließlich verhielt er erneut, diesmal vor einem Garten, der deutlich weniger gepflegt war als die umliegenden.

Hinter kniehohem Gras und wucherndem Gesträuch duckte sich ein kleines Haus, das ebenfalls nicht ganz so schmuck aussah wie die anderen, ohne jedoch verwahrlost zu wirken.

Der Mann wandte sich ein weiteres Mal nach Judy um. Dann lief er auf das Haus zu, blieb vor der Tür noch einmal stehen; schließlich verschwand er darin.

Judy lief bis zu der Stelle, an der der Mann sich nach ihr umgedreht hatte. Sie musterte das Haus, wartete darauf, hinter einem der Fenster eine Bewegung auszumachen. Doch nichts geschah. Nichts rührte sich. Das Haus lag wie verlassen da.

Vielleicht wäre es vernünftig gewesen, nun umzudrehen und wegzugehen.

Judy wurde von ihrer eigenen Reaktion völlig überrascht. Denn sie hatte bereits drei Schritte auf das Haus zugemacht, ehe es ihr wirklich bewußt wurde. Und noch bevor sie sich selbst zur Vernunft rufen konnte, stand sie auch schon vor der Tür und klopfte gegen das Holz, von dem die weiße Farbe fast gänzlich abgeblättert war.

Judy lauschte, doch hinter der Tür blieb alles still.

Spätestens jetzt wäre es wohl an der Zeit gewesen, die Sache auf sich beruhen zu lassen. Statt dessen ertappte Judy sich dabei, wie sie die Hand um den Knauf legte und drehte. Die Tür schwang auf, und Judy trat einen Schritt vor.

Jenseits der Tür schloß sich ein kurzer Flur an. Judys Schatten zeichnete sich in dem Rechteck ab, welches das Sonnenlicht auf den Dielenboden malte. Außerhalb dieses Feldes lag alles in vagem Dämmerlicht, das die wenigen Möbelstücke zu kantigen Schatten machte.

»Hallo?« rief Judy.

Keine Antwort.

Sie ging langsam vorwärts. Zwei Schritte. Drei.

Die Tür klappte hinter ihr mit einem dumpfen Laut ins Schloß.

Und eine Stimme klang ganz dicht neben Judys Ohr auf.

»Ich bin froh, daß Sie gekommen sind.«

Judy wirbelte herum, die Hände zur Abwehr erhoben.

Der andere wich rasch einen Schritt zurück. Seine besänftigende Geste und sein leises Lächeln konnte Judy im Zwielicht nur erahnen.

»Bitte«, sagte der Mann. Seine Stimme klang gleichermaßen angenehm und geheimnisvoll, warm und dunkel. »Ich möchte Ihnen nichts tun. Nur etwas zeigen – und erzählen.«

Er schob sich an Judy vorbei, wies dann auf eine der Türen, die vom Flur abzweigten, und sagte noch einmal: »Bitte.«

Judy trat einen Schritt in den Raum hinein und blieb wie festgenagelt stehen. Sie wußte nicht, was sie erwartet hatte. Aber mit Sicherheit nicht das.

Der Raum war Chaos.

Zum einen.

Und zum anderen – etwas ganz anderes.

Elektronische Gerätschaften reihten sich aneinander und stapelten sich übereinander. Welchen Zweck sie erfüllten, konnte Judy nicht einmal erraten. Dazwischen türmten sich Bücher, Magazine und Zeitungen. Fotos und ausgeschnittene Artikel klebten an den Wänden.

Judy ließ ihren Blick zwar nur über all die Dinge wandern, aber sie erkannte trotzdem, das ihnen ein Thema gemein war.

UFOs. Extraterrestrisches Leben ...

Sie wandte sich zu dem Mann um.

»Das ist es, was ich Ihnen zeigen wollte«, sagte er. Dabei räumte er Bücher von einem Stuhl und bat Judy mit einer Geste, sich zu setzen. Sie tat es wie in Trance.

»Was hat das zu bedeuten?« fragte sie verwirrt. »Wer sind Sie?«

»Mein Name ist Ambrose Chapel«, antwortete der Langhaarige und nahm selbst auf einem Hocker Platz. »Aber wer ich wirklich bin, möchte ich Ihnen jetzt erzählen.«

»Warum?« fragte Judy.

»Weil ich spüre, daß Sie auf der richtigen Seite stehen. Daß Sie keine von *denen* sind.« Ambrose Chapel lächelte. Doch sein Lächeln verschwand wie ausgeknipst, als er fortfuhr: »Und deshalb möchte ich Ihnen berichten, was ich getan habe.«

Er machte eine kleine Pause, dann ergänzte er: »Ich möchte ein Geständnis ablegen.«

Judy schwieg. Und hörte Ambrose Chapel zu.
Lauschte seiner Geschichte, die so phantastisch war –
– daß sie einfach wahr sein mußte?

Sheriff's Office
Miller's Grove, 16. November, 15 Uhr 40

»Bleiben Sie weg von ihr!«
Cliff Conroy wußte in dem Moment, da er die Warnung schrie, daß sie zu spät kam.

Er hatte keine Ahnung, was hier vorgefallen war. Er sah nur den Sheriff mit gezogener Waffe Marisa Trumans Zelle betreten – und *irgend etwas* geschah im Gesicht des Mädchens, in seinen Augen.

Cliff wußte nicht, was es war oder wie es funktionierte und ausgelöst wurde – er spürte nur die Katastrophe, die sich anbahnte.

Hilflosigkeit höhlte seinen Körper aus, nahm ihm für Sekunden alle Kraft; Kraft, die er ohnehin nicht hätte nutzen können, weil es nichts gab, was er hätte tun können, um das Schreckliche abzuwenden.

Die folgenden Augenblicke liefen wie in Zeitlupe vor ihm ab. Obwohl er selbst mittendrin steckte, konnte er doch alles wie ein Außenstehender beobachten. Als hätte sich etwas aus ihm gelöst, um über allem zu schweben und zuzusehen.

Jemand prallte von hinten gegen Cliff und riß ihn fast zu Boden.

Donald Nordheim öffnete den Mund, um etwas zu rufen, doch es war längst zu spät. Hitze füllte das Sheriff's Office, ließ die Luft flimmern und machte jeden Atemzug zur Qual. Cliff sah den jungen Deputy auf den Sheriff zulaufen. Er wollte den großen Mann am Arm packen, doch der flog plötzlich an dem jungen Burschen vorbei, als hätte ihn ein unsichtbarer Pferdehuf getroffen. Der Sheriff landete auf dem Schreibtisch, der unter seinem Gewicht krachend zusammenbrach. Und dann ging es erst richtig los! Ein Wirbelsturm schien mitten im Raum zu entstehen und sich auszutoben. Nichts blieb, wo es war, und auch Cliff fühlte sich von Geisterhänden gepackt, durch die Luft geschleudert, wieder und wieder, bis er regelrecht gegen die Wand gedroschen wurde und mit einem Aufschrei daran entlang zu Boden rutschte. Er sah Nordheim, der ebenfalls durch den Raum flog, gegen eines der Zellengitter prallte und ohnmächtig zusammensackte. Der tosende Wind aus dem Nichts vermochte die Hitze nicht zu vertreiben. Cliff wartete darauf, daß die ersten Flammen züngelten, doch das geschah nicht. Vielleicht verhinderte der Wind den Funken, der alles zur Explosion bringen konnte. Ein Schrei schnitt durch das Toben und Krachen. Cliff erkannte die Stimme als die des Deputys. Der Junge stand am Zellengitter, dessen Stäbe glutrot glosten. Cliff roch verbranntes Fleisch und … … etwas Hartes schlug gegen seine Schläfe und löschte alles aus – das Licht, den Wind, den Gestank …

Sheriff's Office
Miller's Grove, 16. November, 16 Uhr 45

So schnell Cliff Conroys Bewußtsein sich abgeschaltet hatte, so langsam kehrte es zurück. Er konnte förmlich spüren, wie ihm der Geruch in die Nase kroch. Der Gestank nach Verbranntem.

Dann kam das Licht. Es sickerte zwischen seinen flatternden Lidern hindurch, schmerzte in seinen Augen, und es dauerte sicher eine Minute, bis er sie öffnen und offenhalten konnte, ohne befürchten zu müssen, sie würden ihm in den Höhlen verbrennen.

Cliff versuchte sich zu bewegen. Und wünschte sich noch im selben Moment, es nicht getan zu haben.

Sein Körper schien nur noch aus Schmerz zu bestehen. Jede Regung verwandelte seine Nerven in glühende Drähte und jagte feurige Lanzen in seine Muskeln.

Wieder verging eine Minute, und auch dann war der

Schmerz nicht wirklich abgeklungen, aber er hatte sich zumindest so weit daran gewöhnt, daß er damit leben konnte.

Mühsam rappelte Cliff sich auf Knie und Hände hoch und wagte einen ersten Rundblick, der den Raum vor seinen Augen Wellen schlagen ließ.

Das Office war vollständig verwüstet. Aber das war das kleinere Übel.

Der Sheriff lag reglos in den Trümmern des Schreibtischs, und Cliff fürchtete schon, er wäre tot, als zuckende Bewegung in die kräftige Gestalt kam.

Der Deputy dagegen ...

Cliff wandte den Blick und kämpfte mühsam den Brechreiz nieder, der in seiner Kehle emporschoß.

Der junge Uniformierte lehnte drüben am Zellengitter, und es sah aus, als hätte er seinen Kopf durch die Stäbe geschoben.

Und so war es auch – fast jedenfalls.

Denn nicht er selbst, sondern etwas anderes hatte seinen Kopf durch das vorhin glühende und jetzt wieder erkaltete Gitter gedrückt. Dann mußten sich die Stäbe wieder zusammengezogen und dem Deputy das Genick gebrochen haben ...

Cliff kämpfte sich hoch und blieb gebeugt stehen, darauf wartend, daß sich die leeren Winkel seines Körpers zumindest mit ein bißchen Kraft füllten. Als er sich fit genug fühlte, ein paar Schritte zu gehen, tappte er schwerfällig auf den Sheriff zu. Dabei sah er sich weiter um.

Von Dr. Donald Nordheim fehlte jede Spur.

Und auch Marisa Truman war verschwunden.

Cliff hatte eine Ahnung, was das bedeuten konnte. Die Jagd ging weiter.

Er half dem Sheriff zunächst beim Aufwachen und dann dabei, auf die Beine zu kommen.

Aurelius Belts Blick fiel fast sofort auf den toten Deputy. Wankend ging er auf den Jungen zu und blieb dann neben ihm stehen.

»Mein Gott, was war das?« flüsterte er rauh. Es klang viel weniger entsetzt als wütend.

Cliff trat ebenfalls zu dem Toten.

»Ich bin mir nicht sicher«, sagte er, »aber ich werde es herausfinden und beenden.«

Er wies sich dem Sheriff gegenüber aus und erwartete Fragen, doch Belt schwieg. So berichtete Cliff von sich aus, was es mit Marisa Truman auf sich hatte. Aber der Sheriff schien seine Worte kaum wahrzunehmen. Er sah nur auf den toten Jungen, der mit unnatürlich abgewinkeltem Kopf im Gitter hing.

»Wie soll ich das seiner Mutter beibringen?« flüsterte er.

»Wenn Sie wollen, begleite ich Sie«, bot Cliff an.

Der Sheriff schüttelte sein massiges Haupt.

»Nein, das muß ich selbst tun«, sagte er. »Es ist meine Schuld. Ich habe den Jungen ja praktisch dazu gezwungen, diesen Job zu übernehmen. Er sollte in meine Fußstapfen treten – mein Sohn.«

»Ihr Sohn?« fragte Cliff. Belt nickte. Dann wandte er sich um und ging zur Tür. Schwerfällig und mit wiegenden Schritten. Cliff mußte an einen einsamen Westernhelden denken, als er Aurelius Belts massige Silhouette im grauen Rechteck der offenen Tür sah.

»Ich werde veranlassen, daß man sich um die Sache hier kümmert!« rief er dem Sheriff nach, doch Belt schien ihm nicht einmal mehr zuzuhören. Als Cliff das Office verließ, war Belt im Dämmerlicht des Spätnachmittags kaum noch zu erkennen.

Cliff rief über sein Handy Senator Campbell an und teilte ihm mit, was passiert war. Campbell versprach, sich der Sache anzunehmen.

Dann schwang Cliff sich auf sein Motorrad.

Der Ford Explorer Dr. Nordheims war verschwunden, wie Cliff es erwartet hatte. Er wußte, wohin Nordheim unterwegs war. Und er wußte auch, daß es Marisa Truman war, die die Richtung befahl.

Gum Spring, West Virginia.

Miller's Grove, 16. November, 17 Uhr 15

Das Schluchzen seiner Frau erreichte Aurelius Belt auch noch durch die geschlossene Schlafzimmertür.

Er hatte es Anne so schonend wie möglich beigebracht, aber alle Worte konnten nichts an der grausamen Wahrheit ändern.

Ihr Sohn Brian war tot.

Und es war einer der wenigen Momente, vielleicht sogar das erste Mal überhaupt, daß Aurelius Belt sich wünschte, weinen zu können.

Es war nicht so, daß er es sich selbst verboten hätte. Er konnte es einfach nicht. Als würden seine Tränendrüsen und was auch immer mit der Fähigkeit eines Menschen, weinen zu können, zu tun hatte, nicht richtig funktionieren.

Er wünschte sich, der Druck und das Beben in seiner Brust wären von ihm gefallen. Aber sie blieben. Und sie erfüllten ihn mit einer schmerzhaften Unruhe, der er nur auf eine Weise beikommen konnte. Er mußte ihre Quelle, ihre Ursache auslöschen.

Rache ...

Gerechtigkeit, verbesserte er sich in Gedanken.

Seine Zuständigkeit als Sheriff endete an den Grenzen seiner County.

Und um zu tun, was getan werden mußte, würde er über diese Grenzen gehen müssen.

Dieser Marshal hatte ihm das Ziel der Mörderin verraten.

Aurelius Belt nahm den glänzenden Stern von seiner Jacke ab und warf ihn achtlos zu Boden.

Dies war längst keine dienstliche Angelegenheit mehr.

Sondern reine Privatsache ...

Im Haus von Ambrose Chapel
Gum Spring, 16. November, 17 Uhr 55

Ambrose Chapel hatte seine Geschichte vor fast fünf Minuten beendet. Doch Judy Davenport saß ihm noch immer stumm gegenüber. Seine Worte kreiselten wie von einem Wirbelsturm erfaßt unablässig hinter ihrer Stirn, und obwohl sie jedes einzelne davon verstanden hatte, war sie noch Meilen davon entfernt, sie auch zu *begreifen*.

Vielleicht, überlegte sie, würde sie ihre wahre Bedeutung nie erfassen. Und fast wünschte sie sogar, daß es so sein würde.

Denn die Geschichte war zu phantastisch – oder mehr noch, zu erschreckend, als daß Judy sie wirklich in aller Konsequenz in ihr Bewußtsein dringen lassen wollte.

Ambrose Chapel hatte ihr bislang starr und schweigend gegenüber gesessen. Als er sich jetzt bewegte, erschien Judy das Rascheln seiner Kleidung überlaut. Die Stille, die über dem Raum gelegen hatte – und dessen Ausstattung sie *nach* der Geschichte eine völlig andere Bedeutung beimaß –, war ihr beinahe wie etwas Greifbares vorgekommen, wie etwas, das jeden Laut einfach geschluckt hatte. Jetzt schwand sie, und auch dabei hatte Judy den Eindruck, sie würde nicht einfach weichen, sondern spürbar zerbrechen.

So wie ihr Weltbild im Laufe von Chapels Erzählung kleine Risse und Sprünge bekommen hatte …

»Sie glauben mir nicht?« fragte Ambrose Chapel. Er lächelte, aber es war ein trauriges Lächeln, fast bitter. Das Lächeln eines Mannes, der sich Erleichterung erhofft hatte, indem er Schuld eingestand, die er auf sich geladen hatte – und doch feststellen mußte, daß die ›Beichte‹ ihn nicht wirklich befreien konnte von all dieser Last.

»Es fällt mir schwer«, gab Judy zu. Dabei stand für sie außer Frage, daß Chapel an das *glaubte*, was er ihr erzählt hatte. Aber es war eine ebensolche Wahrheit, daß nicht alles, was ein Verstand als real einstufte, dies auch sein mußte. Als Psychologin wußte sie das wohl zu unterscheiden.

»Warum sollte ich Ihnen solche Dinge erzählen, wenn Sie nicht wahr wären?« fragte Chapel.

»Das ist es, was verhindert, daß ich einfach aufstehe und gehe.«

»Ich weiß, daß ich nichts ändern kann an dem, was ich getan habe, nur indem ich es Ihnen erzähle«, sagte Chapel. »Aber ich wollte, daß jemand davon erfährt. Und ich wollte verhindern, daß all dieses Wissen in die falschen Hände gerät.«

»Wer sagt Ihnen, daß meine Hände die richtigen sind?«

Ambrose Chapels Lächeln veränderte sich ein bißchen, als er auf die Geräte ringsum zeigte.

»Es gibt kaum etwas, das ich nicht erfahre«, erklärte er, und Judy verstand immerhin genug von Elektronik, um erkennen zu können, daß sich unter den Apparaten auch eine leistungsstarke Abhöranlage befand.

»Sie haben mitgehört, worüber ich mit Mister Truman gesprochen habe?« fragte sie trotzdem.

Chapel nickte. »Ja, und ich wurde auch Zeuge des Auftritts der beiden Männer, die Mrs. Truman mitgenommen haben.«

»Sie wußten, daß etwas in dieser Art irgendwann geschehen würde?« vermutete Judy.

»Um ehrlich zu sein, ich hatte schon viel früher damit gerechnet, daß Marisa irgendwann ... reagieren würde«, erwiderte Chapel.

»Und Sie gehen davon aus, daß sie tatsächlich nach Gum Spring zurückkommt?«

Wieder nickte Chapel. Diesmal jedoch langsam, und der Blick seiner Augen kehrte sich für Sekunden nach innen.

»Ja, ich gehe davon aus«, sagte er schließlich. »Und – ich hoffe es.«

Judy war sich nicht völlig sicher, ihn zu verstehen.

»Vielleicht sollten Sie jetzt gehen«, meinte Ambrose Chapel. Es klang nicht wie eine Bitte.

Judy fröstelte unwillkürlich. Der Ton seiner Stimme, sein Anblick, was sie jetzt über ihn wußte – all das ließ ihr diesen Mann plötzlich in einem Maße unheimlich sein, daß sie regelrecht aus seinem Haus floh.

Als die Haustür hinter ihr ins Schloß schlug, blieb Judy erst einmal stehen und atmete tief durch. Die Beklemmung fiel ein wenig von ihr ab, nun, da sie Ambrose Chapels Gegenwart nicht mehr ertragen mußte. Aber das Echo dessen, was er ihr erzählt hatte, wühlte noch in ihr. Und es würde so schnell nicht aufhören, sie zu belasten.

Einen Moment lang überlegte sie, ob sie in den Winnebago steigen sollte, einfach um mit sich und ihren Gedanken allein zu sein. Doch dann stellte sie fest, daß es genau das war, was sie jetzt am allerwenigsten gebrauchen konnte – Alleinsein.

So ging sie wieder hinüber zum Haus der Trumans, das im Licht des Abends ein Schatten unter Schatten war.

Sie klingelte.

Die Tür wurde geöffnet.

Und Judy wurde gepackt und ins Haus gerissen.

Interstate Highway 68, südlich von Morgantown
West Virginia, 16. November, 18 Uhr 50

In den wenigen Momenten, da Dr. Donald Nordheim einen eigenen Gedanken wenigstens ein Stückchen verfolgen konnte, war er überzeugt, wegen Flüssigkeitsmangels hinter dem Steuer des Ford Explorer zusammenbrechen zu müssen.

Seit der Abfahrt – ihrer Flucht! – aus Miller's Grove lief ihm der Schweiß in steten Bächen über das Gesicht, rann über seine erhitzte Haut, ohne sie wirklich kühlen zu können. Und trotzdem fröstelte er unentwegt. Seine Kleidung war vor Schweiß längst feucht und klamm geworden.

Er konnte sich noch an alles erinnern. Daran, daß Marisa ihn aus der Bewußtlosigkeit geholt hatte, auf eine Weise, die er jetzt noch nicht wirklich verstand. Nicht mit Schlägen gegen die Wange oder indem sie ihn wach gerüttelt hatte; nein, sie hatte – seine *Gedanken* geweckt …

Und sie seither nicht mehr losgelassen.

Gemeinsam hatten sie sich in den Ford gesetzt, und Nordheim war losgefahren. Doch er wußte, daß es im Grunde Marisa war, die fuhr. Sie benutzte ihn nur. Sie lenkte ihn, und über ihn den Wagen.

Meile um Meile waren sie in östlicher Richtung nicht einfach gefahren, sondern gerast.

Zwischendurch blitzte immer wieder das Bild vom Büro des Sheriffs in Miller's Grove vor Nordheims innerem Auge auf. Völlig verwüstet – und voll mit Toten?

Die Erinnerung daran brachte den Schweiß noch mehr in Fluß, unabhängig von dem anderen, das noch dafür verantwortlich war.

Was war nur mit Marisa geschehen?

Was war es, das all die Jahre in ihr geschlummert hatte? Und was hatte es geweckt?

Sein eigenes Denken war zu sehr gelähmt, als daß Nordheim nach Antworten auf diese Fragen auch nur hätte suchen können. Marisa ließ ihm nur so viel Spielraum, daß er die Fragen stellen konnte.

Sie quälte ihn damit. Doch er wußte, daß sie es nicht mit Absicht tat. Sie war ein Kind. Immer noch ein fünfjähriges Mädchen, dem man etwas in die Hand gegeben hatte, das auch ein Erwachsener vielleicht nicht hätte beherrschen können.

Der Ford Explorer rollte über eine hölzerne Brücke, dann durch einen Ort, der zu dieser Stunde fast ausgestorben schien.

Und dann geschah etwas, was seit dreizehn Jahren nicht mehr vorgekommen war.

Marisa sprach.

Sie tat es mit der Stimme eines kleinen Mädchens.

»Ich bin wieder da.«

Das Haus der Trumans
Gum Spring, 16. November, 18 Uhr 45

Judy Davenport saß im Wohnzimmer auf der Couch und massierte sich den Nacken, wo sie der Hieb getroffen hatte. Alles war so schnell gegangen, daß sie nicht hatte reagieren können.

Jemand hatte sie in den Hausflur gezerrt und dann niedergeschlagen. Sie war nicht lange ohne Besinnung gewesen, allenfalls eine halbe Stunde. Als sie wieder zu sich gekommen war, lag sie auf der Couch, und Homer Truman saß ihr gegenüber. Sein Gesicht war eine fast schon komische Mischung aus Zorn, Bedauern und einem ganz klein bißchen Angst.

Einen Moment lang hatte Judy geglaubt, *er* hätte sie niedergeschlagen, aus welchem Grund auch immer. Doch die Stimme, die hinter ihr aufklang, hatte sie rasch eines Besseren belehrt.

»Gut geschlafen?«

Judy wandte den Kopf, und der Schmerz explodierte in ihrem Nacken. Aber er trübte ihren Blick nicht so sehr, als daß sie nicht erkannt hätte, wer da hinter ihr stand und auf sie herabsah.

Sie kannte ihn zwar nicht, aber Allies Beschreibung war ausreichend gewesen. Der Mann trug einen dunklen Mantel, und sein Gesicht war so nichtssagend, daß sie es nicht einmal jetzt hätte beschreiben können, da sie es ansah.

Anders verhielt es sich mit dem, was er in der Hand hielt und keineswegs zufällig auf sie richtete. Die großkalibrige Browning-Pistole, deren Plastikmagazin vierzehn Patronen faßte, kannte Judy aus dem Polizeidienst.

»Ich habe schon besser geschlafen«, beantwortete sie schließlich die Frage des Mannes, »und ich bin vor allem schon angenehmer eingeschlafen.«

»Tut mir leid; es ist nur zu Ihrer Sicherheit«, meinte der andere, und sein Ton klang so, als wäre er von seinen Worten sogar überzeugt.

»Na klar«, brummte Judy.

»Verdammt, Mister, ich habe allmählich genug von Ihren Spielchen«, knurrte Homer Truman, und einen Moment lang fürchtete Judy, er könnte sich ungeachtet der Waffe auf den Fremden stürzen. Vielleicht war es das warnende Funkeln in ihren Augen, das ihn zur Vernunft kommen ließ. Vielleicht besann er sich auch selbst. In jedem Fall blieb er sitzen. Wenn auch bebend vor Wut.

»Dieses ›Spielchen‹, wie Sie es nennen«, sagte der Mantelträger, »wird vorbei sein, wenn Ihre Tochter hier auftaucht und uns keine Schwierigkeiten macht.«

»Was sollte Ihnen meine Tochter für Schwierigkeiten machen?« fragte Truman, und seine Stimme troff fast vor Hohn. »Sie macht seit dreizehn Jahren überhaupt nichts mehr!« In seinen Augen glitzerte es feucht.

»Das hat sich in der vergangenen Nacht offenbar grundlegend geändert«, erklärte der andere und verriet Judy damit, daß er soviel wußte wie sie. Mindestens.

»Für wen arbeiten Sie?« wollte sie wissen.

Der Mann ging nicht auf ihre Frage ein.

»Für McKay?«

Wenn Judy sich von ihrem Schuß ins Blaue irgendeine verräterische Regung des anderen erhofft hatte, wurde sie enttäuscht. Der Mann zuckte nicht einmal mit der Wimper.

Natürlich nicht, ging es Judy durch den Sinn. *Die NSA beschäftigt keine Hinterhofganoven, die ihren Job nicht verstehen. Das sind absolute Profis. Ganz gleich, was für Aufgaben sie zu erledigen haben ...*

Im Haus war es so still, daß man die berühmte Stecknadel selbst auf den Teppichboden hätte fallen hören. Und so vernahmen sie alle drei das Motorengeräusch, das draußen auf der Straße laut wurde und dann plötzlich verstummte.

Der Mann mit der Pistole bewegte sich einen Schritt zur Seite, damit er aus dem Fenster sehen konnte. Der Lauf seiner Waffe schwenkte dabei eine Winzigkeit zur Seite.

Judy wußte es den Bruchteil einer Sekunde, bevor es wirklich passierte.

Sie konnte spüren, wie Homer Truman sich spannte, noch bevor sie es sah und noch bevor sein kräftiger Körper praktisch über sie hinwegschnellte und gegen den Anzugträger prallte.

Ein Schuß krachte.

Judy wartete auf einen Schrei und erschrak, als sie selbst es war, die schrie.

Die Kugel flog so dicht an ihrer Wange vorbei, daß sie ein schmerzhaftes Sengen spürte.

Dann hatte sie die Überraschung so weit verdaut, daß sie eingreifen konnte.

Homer Truman hatte es immerhin geschafft, den anderen zu entwaffnen. Doch dann bewies der Fremde, daß er nicht unbedingt auf eine Waffe angewiesen war, um sich seiner Haut zu erwehren.

Zwei klatschende Hiebe trieben Truman zurück und ließen ihn gegen ein Regal taumeln, das unter seinem Gewicht umstürzte. Bücher und Zierat aus Porzellan prasselten auf ihn nieder und machten eine Gegenwehr für Sekunden unmöglich.

Der Dunkelgekleidete nutzte die Gelegenheit, zu einem gemeinen Tritt auszuholen.

Zur Ausführung kam er jedoch nicht.

Judy war mittlerweile über die Rückenlehne der Couch gesprungen und bekam den Knöchel des Kerls zu fassen. Sie riß sein Bein mit einem Ruck hoch und brachte ihn zu Fall.

Währenddessen hatte sich auch Homer Truman wieder hochgerappelt, und nun war er es, der nichts anbrennen ließ. Zweifelsohne härter, als es hätte sein müssen, ging er den anderen an und drosch ihn quer durch den Raum.

Doch der Mantelträger bewies Nehmerqualitäten. Er blieb auf den Füßen und paßte den Moment ab, da Truman weit zu einem neuerlichen Hieb ausholte. Da ließ *er* dann die Fäuste fliegen.

Ohne Truman jedoch zu treffen.

Statt dessen kippte er mit glasigem Blick um wie ein gefällter Baum.

Judy wedelte mit der Hand und verzog schmerzerfüllt das Gesicht. Sie war sich fast sicher, daß der Handkantenschlag ihr selbst mehr weh getan hatte als dem Mantelmann.

»Auge um Auge, Nacken um Nacken«, grinste sie, bückte sich und hob die Browning des Mannes vom Boden auf.

Trumans nächste Worte ließen sie den Schmerz vergessenen.

»Marisa! Das ist Marisa! Sie ist da!«

Das Haus von Ambrose Chapel
Gum Spring, 16. November, 19 Uhr 07

Die Laute knisterten und knackten aus dem kleinen Lautsprecher, doch Ambrose Chapel identifizierte sie trotzdem.

Es waren Kampfgeräusche!

Drüben im Haus der Trumans war offensichtlich eine Auseinandersetzung im Gange, und er konnte sich vorstellen, daß Homer Truman und diese Judy Davenport gegen den Kerl im dunklen Mantel standen.

Er hoffte, daß sie ihn besiegen würden. Es wäre einer weniger, der auf ihn aufmerksam werden konnte.

Dann wurde es still im Empfänger der Abhöranlage, Judy Davenport sagte etwas, und dann rief Homer Truman: »Marisa! Das ist Marisa! Sie ist da!«

Ambrose Chapel schaltete das Gerät ab. Seine Hände wurden feucht, sein Mund trocken. Er stand auf, ging zum Fenster, schob die Gardine etwas zur Seite und sah hinaus.

Ja, das war sie.

Marisa!

Er erkannte sie, obwohl er sie seit dreizehn Jahren nicht mehr gesehen hatte.

Es war etwas in ihrem Blick, das er wiedererkannte. Das er oft gesehen hatte.

Zu oft …

Das blonde Mädchen stand neben einem Ford Explorer, der vor seinem Haus mitten auf der Straße hielt. Und jetzt setzte Marisa sich in Bewegung.

Sie ging nicht auf das Haus ihrer Eltern zu. Aber das hatte Chapel auch gar nicht erwartet.

Sie kam – zu ihm.

Ambrose Chapel ließ die Gardine los, wandte sich um und ging aus dem Zimmer. Bevor er die Haustür öffnete, hielt er noch einmal inne, atmete tief durch.

»Jetzt ist es also an der Zeit, die Rechnung zu begleichen«, sagte er zu sich selbst.

Dann trat er hinaus.

Anderson Street
Gum Spring, 16. November, 19 Uhr 11

Judy Davenport stürmte aus dem Haus und hinaus auf die Straße. Sie wußte selbst nicht genau, was sie eigentlich zu tun beabsichtigte. Vielleicht, mit Marisa Truman zu reden. Vielleicht war das Mädchen ja nach allem, was passiert war seit der vergangenen Nacht, wieder ansprechbar. Vielleicht hatte es sich erneut verändert …

Judy war sich nicht sicher, was sie erwartet hatte – ob Marisa einfach nur dastehen oder ob sie auf das Haus ihrer Eltern zulaufen würde.

Aber das Mädchen tat nichts von beidem.

Sie lief auf das Haus von Ambrose Chapel zu.

Und plötzlich wußte Judy, weshalb Marisa Truman nach Gum Spring zurückgekommen war.

Nicht, um ihre Eltern wiederzusehen. Sondern um Rache zu nehmen!

Weiter konnte Judy den Gedanken nicht verfolgen, denn die Ereignisse überschlugen sich.

Motoren heulten, Reifen quietschten, Stimmen wurden laut.

Es war noch nicht vorbei.

Im Gegenteil – es begann erst.

Marisa Truman wußte nicht, daß sie sich in einem Ort namens Gum Spring befand. Sie wußte auch nicht, daß dieser Ort ihre Heimat war, daß sie bis zum Alter von fünf Jahren hier gelebt hatte.

Sie wußte nur, daß dies der Ort war, an dem die Schmerzen begonnen hatten. Daß hier jemand zu finden war, der dafür gesorgt hatte, daß *sie* ihr all das hatten antun können …

Und Marisa sah, daß dieser Jemand sie bereits erwartet hatte. Er stand da, vor dem Haus, auf das sie zuging.

Er nannte einen Namen, der vertraut klang, der etwas Angenehmes in ihr auslöste.

»Marisa …«

Aber es änderte nichts.

Sie war nur aus diesem Grund gekommen.

»Ambrose Chapel«, sagte sie mit der Stimme einer Fünfjährigen, »du bist schuld.«

Chapel nickte. »Ich weiß.«

»Und du wirst dafür sterben.«

Chapel nickte wieder. »Ja.«

Und es klang – erleichtert ...

Judy hatte Mühe, die Situation zu überblicken und gleichzeitig Marisa Truman und Ambrose Chapel im Auge zu behalten, zumal es immer dunkler wurde.

Zwei Fahrzeuge waren angekommen.

Aus dem einen stieg ein Mann, der die gleiche Kleidung trug wie jener, der sie im Haus der Trumans niedergeschlagen hatte. Er hielt eine Waffe in der Hand, lief um den Wagen herum und zerrte dann eine Frau vom Beifahrersitz. Es konnte sich dabei nur um Gillian Truman handeln. Die Frau fest im Griff und die Waffe auf sie gerichtet, ging der Kerl im dunklen Mantel ein paar Schritte vor.

»Marisa Truman!« rief er laut. »Bleiben Sie stehen, oder ...«

Er sprach es nicht aus, aber die Art und Weise, wie er Gillian Truman bedrohte, war unmißverständlich.

Judy entsicherte die Browning, die sie dem Bewußtlosen im Haus der Trumans abgenommen hatte, und brachte die Waffe in Anschlag. Doch sie kam nicht mehr dazu, etwas zu rufen.

Ein grelles Flackern lenkte Judy ab.

Und dann wurde es so heiß, daß sie glaubte, bei lebendigem Leibe geröstet zu werden.

Als Ambrose Chapels Haus in Flammen aufging.

Main Street
Gum Spring, 16. November, 19 Uhr 13

Die Reifen des Motorrads schienen den Asphalt kaum zu berühren, so schnell jagte die Maschine die Straße entlang.

Kurz hinter der Holzbrücke am Ortseingang hatte Cliff Conroy gestoppt und einen Spaziergänger nach dem Weg zur Anderson Street gefragt.

Jetzt war er unterwegs.

Er spürte förmlich, daß ihm die Zeit unter den Nägeln brannte. Und wie wörtlich das zu nehmen war, erkannte er, als er in die Anderson Street einbog.

Automatisch nahm er Gas weg, als er das Haus sah, das von weißen Flammen schier verschlungen wurde.

Als er die Gestalt vor dem Haus erblickte, die sich in eine flackernde Lichtsäule verwandelte.

Als er Marisa Truman sah, die davor stand und das Spiel der Flammen reglos beobachtete.

Und als er den dunkelgekleideten Mann bemerkte, der eine Frau umklammert hielt, während er –

– mit einer Pistole auf Marisa zielte!

Trotz der Entfernung und des Dämmerlichtes glaubte Cliff sehen zu können, wie der Finger am Abzug sich krümmte.

Er riß den Gasgriff zurück. Die Kawasaki bäumte sich auf und raste auf den Schützen zu.

Und Cliff sprang.

Ein Schuß löste sich. Die Kugel sirrte in die Nacht.

Gemeinsam mit dem Schützen ging Cliff zu Boden und schaffte es noch im Sturz, dem anderen die Waffe aus den Fingern zu winden und davonzuschleudern.

Noch bevor der Typ im Mantel sich von seiner Überraschung erholen konnte, lag Cliff über ihm und versetzte ihm zwei Hiebe.

Entweder hatte der Kerl ein Kinn aus Glas oder Cliff das Glück, zufällig den berühmten ›Punkt‹ getroffen zu haben. Auf jeden Fall verdrehte der andere die Augen und erschlaffte, genau in dem Moment, da die fahrerlos weitergeraste Kawasaki gegen den Ford von Dr. Nordheim donnerte.

Vielleicht war es dieses Krachen, das verhinderte, daß Cliff den anderen Wagen kommen hörte. Vielleicht ging aber auch nur alles viel zu schnell.

Ein weiterer Schuß krachte.

Marisa Truman sank zu Boden.

Cliff wandte den Kopf.

Und sah Sheriff Aurelius Belt, der an seinem Dienstwagen lehnte, die Hand mit dem Revolver auf das Dach gestützt. Ein kaum sichtbares Rauchfädchen kräuselte sich aus der Mündung ...

Und dann begann alles ringsum zu beben wie unter einem nahenden Erdbeben.

Als Marisa Truman starb.

In den umliegenden Häusern an der Anderson Street gingen Fensterscheiben klirrend zu Bruch. Die Erde zitterte. Sträucher, Büsche und Bäume flammten auf.

Und dann war es vorbei. Es hatte nur Sekunden gedauert, aber Cliff waren sie wie Ewigkeiten vorgekommen – und ein bißchen wie ein Vorgeschmack auf den Weltuntergang.

Langsam ging er dorthin, wo Marisa Truman reglos am Boden lag. Die Flammen um sie her leuchteten die Stelle aus wie einen dunklen Ritualort.

Judy Davenport trat neben Cliff, und auch Dr. Nordheim gesellte sich ihnen zu.

Marisa Truman lag zu ihren Füßen wie schlafend. Wenn nicht der rote Fleck auf ihrem Hals gewesen wäre, aus dem in stetem Strom Blut sickerte.

Cliff drehte sich um.

Sheriff Belt stand noch so an seinem Wagen wie vorhin. Nur die Waffe war ihm aus den Fingern gerutscht.

Sirenen heulten durch die Nacht, und wenig später mischte sich in das grelle Flackern der Flammen der Widerschein zuckenden Rot- und Blaulichtes.

Cliff berührte Judy am Arm und bedeutete ihr, ihm zu folgen.

Homer und Gillian Truman hatten sich derweil neben ihrer Tochter auf die Knie niedergelassen. Das Entsetzen stand ihnen ins Gesicht geschrieben. Aber Cliff und Judy sahen keine Tränen. Vielleicht hatten sich die Trumans ja schon vor langer Zeit von ihrer Tochter verabschiedet.

Vielleicht schon in einer Nacht vor dreizehn Jahren ...

Der hiesige Sheriff nahm Belt in Gewahrsam. Während er mit Judy etwas abseits stand, beobachtete Cliff, wie die beiden Manteltypen mit den Cops diskutierten. Dann wurden offenbar ein paar Telefonate geführt, und wenig später waren die zwei mit ihrem Wagen verschwunden.

Cliff holte sein Handy aus der Tasche und tastete eine Kombination ein. Raute, Null, Raute ...

»Hallo?« klang es mit leichtem Rauschen aus dem Gerät.

»Conroy hier, Senator. Sie können Ihre Männer zum Scherbenauffegen schicken.«

In wenigen Worten faßte Cliff seine eigenen Erlebnisse und das, was Judy ihm erzählt hatte, zusammen. Dann beendete er die Verbindung.

Doch Judy hatte ihm noch mehr zu erzählen. Die Geschichte von Ambrose Chapel.

Ein Rastplatz am Interstate Highway 79
West Virginia, 16. November, 23 Uhr 21

Der Winnebago in Grünmetallic stand etwas abseits der anderen geparkten Fahrzeuge. Cliff saß im offenen Einstieg, Judy dicht neben ihm.

Sie schwiegen seit fünf Minuten.

Das hieß, Judy schwieg seit fünf Minuten. Cliff war schon sehr viel länger stumm wie ein Fisch. Seit Judy zu erzählen begonnen hatte, was Ambrose Chapel ihr anvertraut hatte.

Dann endlich hatte Cliff sich wenigstens so weit gefaßt, daß er etwas sagen konnte. Er mußte zweimal ansetzen, weil sein Mund trocken war. Und auch dann brachte er nur hervor: »Das ist ... unglaublich.«

»Aber in Anbetracht dessen, wie die Dinge in Gum Spring gelaufen sind, müssen wir es wohl glauben.«

Cliff nickte. »Scheint so.«

Wieder legte sich Stille zwischen sie, nur unterbrochen von den Geräuschen an- und abfahrender Wagen und untermalt von einem leisen Dröhnen, das vom Interstate zu ihnen herüberwehte.

»Ein Späher«, sagte Cliff nach einer Weile langsam.

»Das behauptete er jedenfalls«, erwiderte Judy. »Er sei ein Späher für ... »

»... Außerirdische gewesen«, vollendete Cliff, als Judy nicht weitersprach. Als wollte ihr das Wort nicht über die Lippen.

»Ein Späher, der ihnen Forschungsobjekte aussuchte und zuführte«, sagte Judy, »wer immer *sie* auch sein mögen.«

»Es muß etwas dran sein an Chapels Geschichte«, meinte Cliff. »Das kann man sich nicht alles ausdenken. Und warum auch? Diese ganzen Einzelheiten erfinden, meine ich.«

»Ich bin mir sogar sicher, daß *er* daran glaubte«, sagte Judy. »Aber das bedeutet nicht, daß es auch tatsächlich wahr sein muß. Ich habe schon mit Mördern gesprochen, die davon überzeugt waren, unschuldig zu sein, obwohl man sie auf frischer Tat überrascht hatte. Es ist nur eine Frage des Verstandes – und wie man selbst ihn überlisten kann.«

»Wenn wir aber annehmen, daß Chapel die Wahrheit gesagt hat«, führte Cliff aus, »so würde das zumindest Marisas Veränderung erklären. Die Außerirdischen ›impfen‹ ihre Opfer mit genmanipulierten Viren, um deren Körper auf ein bestimmtes psychisches Niveau zu bringen. Schade, daß Chapel die Hintergründe für diese Vorgehensweise nicht kannte.«

»Aber die Behandlung spricht offensichtlich nicht bei allen Menschen an«, ergänzte Judy. »Bei Marisa zeigte sie erst gestern nacht Wirkung – nach dreizehn Jahren! Ausgelöst wodurch auch immer.«

Cliff hob den Blick und sah hinauf in den sternengesprenkelten Nachthimmel. »Zumindest läßt diese Vorgehensweise ahnen, daß uns die Außerirdischen nicht freundlich gesinnt sind«, sagte er nachdenklich. Sorge schwang in seiner Stimme mit. »Wer weiß, was da draußen noch auf uns wartet ...«

»Ich glaube, ich möchte es gar nicht wissen«, erwiderte Judy und blickte ebenfalls nach oben.

»Ich fürchte, diese Entscheidung wurde uns schon abgenommen.« Cliff spürte den leisen Ruck, der Judy durchlief, als ...

»Nur eine Sternschnuppe«, sagte er, als er selbst auf den weißglühenden Streif in der Schwärze dort oben aufmerksam geworden war. »Nichts weiter ...«

Hoffentlich ...

Diesen Gedanken sprach Cliff zwar nicht aus. Aber er spürte, daß er auch Judy durch den Kopf ging.

ENDE DES FÜNFTEN BUCHES

SECHSTES BUCH

Das Dorf der Frauen

von Uwe Voehl

Wisconsin, 4. Januar 1996, 19 Uhr 43

Der fast volle Mond hing wie ein verformtes, glühendes Auge am Himmel, und der eiskalte Wind schien direkt aus der Arktis zu kommen.

»Puh, was für ein Gestank!« sagte Susan. Sie rümpfte ihre hübsche Nase. Der Wind trug den üblen Geruch direkt zu ihnen hin.

Trotz der Kälte hatte Richard das Verdeck des Thunderbird geöffnet. Sie beide waren Frischluft-Fanatiker und ließen sich auch durch rote Nasen nicht davon abhalten, mit offenem Wagen durch die Landschaft zu brausen.

Jetzt bereuten sie es fast.

Bislang war die Luft rein und wohlriechend gewesen, erfüllt von den Aromen der Kiefernwälder, durch die sie fuhren. Eine Stunde zuvor waren die ersten Sterne am Himmel zu sehen gewesen.

Doch ebenso schnell, wie er gekommen war, war der Gestank nicht mehr zu riechen.

»Vielleicht ein verendetes Reh«, mutmaßte Richard. Es war zweifellos der Odem des Todes gewesen. Er spürte die tiefverwurzelte animalische Angst, die dieser Geruch bei ihm auslöste. Mehr noch als bei Susan.

»Ein Reh? Mein Gott, vielleicht lebt es noch ...«

»Ich sprach von einem *verendeten* Reh.« Heimlich mußte er über Susans rührende Naivität grinsen. Aber sie war nun mal vernarrt in Tiere. Zu Hause hatte sie einen ganzen Stall voller Katzen, Hunde, Meerschweinchen und Vögel.

Sie befanden sich auf der Hochzeitsreise. Vor vierundzwanzig Stunden hatte ein Priester sie getraut. Und seitdem waren sie auf der Flucht. Natürlich nicht wirklich. Es waren mehr die vielen Gäste und letztendlich Susans Eltern, vor denen sie geflüchtet waren.

Susans Eltern wollten ihr Nesthäkchen selbst nach der Trauung nicht ziehen lassen und hatten sogar im letzten Moment noch eine gemeinsame Hochzeitsreise vorgeschlagen. Also hatten sich Richard und Susan still und heimlich ›auf französisch‹ verabschiedet. Ein wenig kamen sie sich schon wie das Gangsterpärchen Bonny und Clyde vor. Vielleicht hatten Susans Eltern schon längst die ›Verfolgung‹ aufgenommen.

Susan legte den Kopf an Richards Schulter und massierte ihm sanft den Nacken unter dem warmen Pelzkragen.

»Oh, das ist gut«, sagte Richard. »Vielleicht sollten wir einfach zusehen, daß wir so schnell wie möglich diese Gegend hinter uns lassen und im nächsten Motel unsere unterbrochene Hochzeitsnacht wiederaufnehmen ... Heh, warum machst du nicht weiter?«

Ganz plötzlich hatte sie die Hand von seinen Nacken gelöst und saß nun wie erstarrt im Beifahrersitz.

»Alles in Ordnung?« fragte Richard. »Du siehst aus, als hättest du einen Geist gesehen.«

Susan schüttelte den Kopf. »Nein. Ich möchte, daß du anhältst. Es – es war kein Reh, Richard.«

Er sah sie entgeistert an. Sie sprach mit seltsam entrückter Stimme, und ihr Blick war weit in die Ferne gerichtet. Susans Mutter hatte ihm erzählt, daß Susan über latente, schwach entwickelte telepathische Fähigkeiten zu verfügen glaubte. Zuletzt hatte sie ihren Hund aus einer Felsspalte gerettet, weil er ihr angeblich im Traum erschienen war.

Bislang hatte Richard diese Visionen nicht ernst genommen, zumal Susan selbst das Thema nie zur Sprache gebracht hatte. Ihr merkwürdiges Benehmen jetzt ließ ihn unbehaglich auf die Bremse treten. Er brachte den Thunderbird am Straßenrand zum Stehen, zog die Handbremse an und wandte sich seiner Frau zu.

»Susan, bist du in Ordnung?«

Sie antwortete nicht, sondern starrte nur weiter mit diesem glasigen Blick in die Ferne. Er schüttelte sie. Keine Reaktion. Von einem Moment zum anderen schien sie ein völlig anderes Wesen geworden zu sein.

Richard wurde plötzlich bewußt, in was für einer menschenleeren Gegend sie sich befanden. Seit einer halben Stunde war ihnen kein Wagen mehr entgegengekommen. Der Teufel mochte wissen, wann sie auf die Lichter des nächsten Motels stoßen würden, von einer größeren Stadt ganz zu schweigen.

»Ganz ruhig, Liebling«, sprach er auf Susan ein. »Ich fahre jetzt weiter und bringe dich zu einem Arzt.« Vielleicht würden ein paar Stunden Schlaf schon helfen. Die Hochzeitsfeier, die ganzen Vorbereitungen, der plötzliche Aufbruch und jetzt diese Fahrt – vielleicht war es doch alles ein wenig zuviel für sie gewesen.

Er warf noch einen letzten Blick auf Susan. Da löste sich die Handbremse. Mit einem hörbaren Klicken, als würden unsichtbare Hände sie behutsam nach unten drücken. Richard spürte, wie der Wagen sich langsam rückwärts bewegte. Ein kalter Schauer verwandelte sein Rückgrat in Eis und ließ seine Nackenhaare aufrecht stehen.

Der Thunderbird parkte an einer ebenen Stelle. Dennoch rollte er nun rückwärts, den Naturgesetzen zum Trotz. Instinktiv griff Richard nach der Handbremse – und zog mit einem Aufschrei die Hand zurück. Der Hebel war glühend heiß! Er fühlte es noch durch den Stoff seiner Handschuhe hindurch.

Er trat mit dem Fuß auf die Bremse. Das Pedal ließ sich keinen Millimeter hinunterdrücken.

Der Wagen rollte weiter rückwärts! Richards Hände krallten sich am Lenkrad fest, während Susan wie teilnahmslos neben ihm saß. Der grüne Schein der Armaturenbeleuchtung verlieh ihrem Gesicht etwas Gespenstisches.

Irgend etwas lenkte den Wagen. Irgendeine unbekannte, verfluchte Kraft. Er wurde schneller und schneller. Jeden Augenblick erwartete Richard, daß er mit einem Baum kollidierte oder in einen Graben stürzte. Ganz zu schweigen davon, was passieren würde, wenn ihnen jetzt ein anderer Wagen entgegenkam!

Richard warf den Kopf herum und versuchte verzweifelt, die Dunkelheit zu durchdringen. Die roten Rückscheinwerfer warfen nur ein schwaches Licht. Der Thunderbird beschleunigte weiter – viel schneller, als es der Rückwärtsgang, wenn er eingelegt worden wäre, erlaubt hätte.

Unvermittelt stoppte der Wagen. Als wäre er direkt gegen eine Mauer gerast. Richard und Susan wurden abrupt in die Sitze gepreßt. Richard spürte, wie sich sein Mageninhalt den Weg nach oben bahnte.

Immerhin: Endlich stand der Wagen wieder! Richard zwang sich, ruhig durchzuatmen. Sein erster Blick galt Susan. Sie hatte sich tief in ihren Sitz vergraben und zitterte am ganzen Körper.

Er mußte von der Straße runter! Der Thunderbird stand genau auf der Mittellinie.

Da tauchten im Rückspiegel auch schon zwei blendendweiße Lichter auf. Ein Truck kam mit atemberaubender Geschwindigkeit herangebraust.

Der Motor des Thunderbird lief noch. Richard mußte nur den ersten Gang einlegen.

Nur!

Er spürte, daß er seine Hände noch immer nicht völlig unter Kontrolle hatte. Die Handschuhe, die er trug, behinderten ihn zusätzlich, und seine Rechte glitt mehrfach vom Knauf des Ganghebels ab, während seine Füße wie Gummi auf den Pedalen lagen.

Der Fahrer des Trucks hupte. Der Klang des Mehrfachhorns bohrte sich wie Nadeln in Richards Ohren.

Warum bremst der Idiot nicht einfach?

Die Scheinwerfer waren nun so nah, daß die Lichtkegel den Thunderbird samt Insassen wie ein Insekt aufspießten.

Ersten Gang einlegen. Kupplung kommen lassen. GAS!

Der Thunderbird sprang wie von einem Katapult geschossen vorwärts und kam auf dem schmalen Seitenstreifen zum Stehen. Zwei Sekunden später war alles um sie herum in gleißendes Licht und mißtönende Huplaute getaucht, als der Truck nur Zentimeter entfernt an ihnen vorbeiraste.

»Verdammter Idiot!« brüllte ihm Richard hinterher und hämmerte mit der Faust aufs Armaturenbrett. Dann hatte er sich wieder in der Gewalt.

Susan! Sie saß noch immer zusammengekrümmt in ihrem Sitz, die Augen zusammengekniffen. Mehr denn je erinnerte sie Richard in dieser Haltung an ein kleines Kind. Sein Beschützerinstinkt gewann wieder die Oberhand.

Was immer gerade passiert war, er würde nun einfach weiterfahren!

»Nein!« flüsterte Susan, als hätte sie seinen Gedanken erraten. »Riechst du es nicht?«

Da war er wieder, der Gestank, den sie zuvor schon gerochen hatten. Der Thunderbird hatte sie genau zu der Stelle zurückgebracht!

»Was auch immer es ist, wir fahren jetzt weiter!« bestimmte Richard.

Der Waldrand lag in völliger Schwärze. Irgendwo in dieser Finsternis mußte der Ausgangspunkt des Gestanks liegen. Vielleicht nur wenige Meter von ihnen entfernt …

Wenn es nun kein Reh war. Kein Tier. Sondern …

Susan unterbrach seine Gedanken. »Bitte – sieh nach. Mir zuliebe.«

Er hatte ihr noch nie etwas abschlagen können. Und obwohl er instinktiv wußte, daß es ein Fehler war, gab er auch diesmal nach.

»Also gut«, sagte er. »Ich schaue nach.« Er streifte die Handschuhe ab, öffnete das Handschuhfach und griff nach der Taschenlampe, die darin lag. Hoffentlich funktionierten die Batterien überhaupt noch! Er hatte den Strahler seit Ewigkeiten nicht mehr benutzt.

Die gummiummantelte, profilierte Hülle des Stahlblechgehäuses lag schwer in seiner Hand. Zur Not würde er die Taschenlampe auch als Waffe benutzen können. Der Wippschalter gab ein beruhigendes Klicken von sich, und ein gelblicher Strahl ergoß sich aus der Kryptonlampe. Wer sagte es denn! Sie funktionierte. Gute alte englische Wertarbeit.

Er kam sich dabei vor wie einer dieser tölpelhaften »Ich-geh-mal-eben-raus-und-nachsehen-was-da-ums-Haus-schleicht«-Filmhelden aus einem Horror-B-Movie, als er die Wagentür öffnete und tatsächlich ausstieg. Die Dunkelheit des Waldrands legte sich wie ein Schatten auf sein eh schon malträtiertes Gemüt. Selbst der Mond war hinter den Wolken verschwunden. Allein die Lichter des Thunderbird wirkten in dieser Dunkelheit wie ein beruhigendes Leuchtfeuer.

Langsam setzte er einen Schritt vor den anderen und umrundete den Wagen.

»Ich komme mit!« sagte Susan.

»Nein, Liebling«, wehrte er ab. »Ich glaube, du solltest im Wagen bleiben …«

... und Hilfe holen, wenn mir etwas zustößt, vollendete er den Satz im stillen.

Susan dachte nicht daran. Ehe er protestieren konnte, war sie an seiner Seite.

»Ich spüre, daß jemand unsere Hilfe braucht«, sagte sie leise. »Ich habe es von Anfang an gespürt. Es ist, als ob jemand nach mir ruft.«

Sie gingen zögernd auf den Waldrand zu. Unter den hohen Kiefern nistete undurchdringliches Dunkel. Der Gestank, der in der Luft lag, nahm ihnen den Atem.

Richard leuchtete unentschlossen in die Finsternis hinein. Vor ihnen lag ein Graben, und dahinter begann sofort der Wald. Das Licht der Taschenlampe schien von der Dunkelheit wie von einem schwarzen Loch verschluckt zu werden. Entweder waren die Batterien so schwach, daß sie schneller als erwartet ihren Geist aufgaben – oder etwas entzog ihnen die Energie. Was für ein absurder Gedanke!

Richard spürte, wie Susan seine Hand nahm und ihn mit sich zog.

»Komm«, sagte sie, sprang über den Graben und bedeutete ihm, zu folgen. Richard setzte ihr nach. Der Wald war jetzt zum Greifen nach. Die Taschenlampe gab ein letztes gelbliches Glimmen von sich. Dann verlosch sie. Englische Wertarbeit oder nicht, mit leeren Batterien war sie nichts wert. Richard fluchte. Am liebsten hätte er die Lampe fortgeworfen, aber noch immer gab ihm das schwere Gehäuse ein Gefühl der Sicherheit. Er hatte etwas in der Hand. Etwas, mit dem er zuschlagen konnte.

Susan kniete sich nieder und kroch auf allen vieren weiter. Das Unterholz war hier so dicht, daß man keine Chance hatte, aufrecht zu gehen. Richard tat es ihr nach. Sie bewegte sich so schnell, daß er Angst hatte, sie zu verlieren.

Gleichzeitig lösten der Reisig und die trockene Erde, die er mit seinen Fingern betastete, eine ganz entgegengesetzte Wunschvorstellung in ihm aus: einfach hier liegenzubleiben, sich zu verkriechen wie in einem Mutterleib. Niemand würde ihn hier finden oder ihm etwas antun. Er konnte einfach hier liegenbleiben und den Morgen abwarten ...

Andererseits wußte er genau, daß er dann erfrieren würde.

Die Temperaturen waren nicht angetan, sich im Freien schlafen zu legen.

Irgendwo vor ihm stieß Susan einen überraschten Schrei aus. Richard beeilte sich, an ihre Seite zu gelangen. Er stieß mit ihr zusammen und hielt sie fest.

»Dort oben!« flüsterte sie.

Und dann sah er es auch.

Es waren drei oder vier Lichter in der Dunkelheit. Genau konnte er es nicht sagen, weil sie wie Taschenlampen hin und her geschwenkt wurden. Es war auch unmöglich auszumachen, wie weit die Lichter entfernt waren. Sie befanden sich irgendwo schräg über ihnen und huschten durch die Wipfel der Bäume. Vielleicht waren sie aber auch viel höher. Ihr dahinhuschendes Flackern machte ihm angst.

»Was kann das sein?« flüsterte er.

»Sie sind auf der Suche«, antwortete Susan leise.

Wieder spürte er, wie jenes eiskalte Gefühl seinen Rücken wie mit Knochenfingern bearbeitete.

»Du meinst, sie suchen *uns*?« Er konnte seinen Blick nicht von den Leuchtpunkten abwenden. Ihr unstetes Dahinhuschen erinnerte ihn tatsächlich an Spürhunde. Es fiel ihm auf, daß sie ihr Licht in alle Richtungen abstrahlten. Nein, das waren definitiv keine Taschenlampen. Außerdem würde niemand so schnell auf den Bäumen herumklettern können.

Susan kroch weiter, und er folgte ihr. Nach wenigen Metern stieß sie einen weiteren, diesmal unterdrückten Schrei aus.

Der faulige Gestank war nun ganz nah. Richard wußte, daß sie ihr Ziel erreicht hatten.

Im nächsten Moment stießen seine Hände auf einen feuchten Körper. Er zuckte zurück. Jetzt wußte er, woher der Geruch stammte. Sie hatten die Leiche gefunden. Und was er da ertastet hatte, war kein Tier gewesen. Er hatte Stoff unter seinen Fingern gespürt. Lag hier ein Mensch? Aber woher kam die Feuchtigkeit? Alles Wasser mußte gefroren sein, und bluten würde er wohl kaum noch, wenn er seit Tagen oder gar Wochen hier lag.

»Susan!« stieß Richard hervor. »Wo steckst du?« Er war einer Panik nahe.

Ihr Finger legte sich auf seine Lippen. »Pst!« warnte sie ihn. »Wir dürfen sie nicht auf uns aufmerksam machen!«

Sie sprach von den Lichtern, als wüßte sie, was sich dahinter verbarg!

»Wir müssen hier weg!« flüsterte er. »Wir müssen die Polizei benachrichtigen und …«

Wieder legte sich ihr Finger beruhigend auf seine Lippen.

»Wir müssen ihm helfen«, sagte sie.

»Der Leiche?« Es hätte nicht viel gefehlt, und er hätte irre gelacht. Wie konnten sie einer Leiche helfen?

»Er ist noch nicht tot«, beharrte Susan. »Er lebt. Ich spüre, daß er lebt.«

»Unmöglich! Dieser Gestank …«

Sie nahm seine Hand und führte sie zu einer anderen Stelle. Wieder ertastete er Fleisch. Kaltes, totes Fleisch. Und etwas, das sich darin bewegte. *Maden!* Seine Hand zuckte zurück. Er würgte. Fast hätte er sich übergeben.

»Der hier ist tot. Der andere lebt noch! Wir müssen ihn hier herausziehen und zu einem Arzt bringen«, beharrte Susan.

Zwei Körper! Das also war des Rätsels Lösung. Aber wie um alles in der Welt hatte Susan das so schnell erkannt?

Richard biß die Zähne zusammen. Er wußte nicht, was das alles zu bedeuten hatte. Er wußte nicht, woher Susan ihren Mut nahm. Aber, verdammt noch mal, er war ihr Ehemann, und sie mußten diese Sache zusammen durchstehen.

Er warf einen Blick zu den Lichtern hinauf. Sie standen nun still in der Luft, ganz so, als würden sie sie beobachten und abwarten. Wenigstens schien keine direkte Gefahr von ihnen auszugehen.

Er robbte zu dem ersten Körper zurück. Zu jenem, in dem noch Leben war, wie Susan behauptete, obwohl nichts darauf hindeutete. Wieder betastete er ihn, suchte nach einer günstigen Stelle, an der er ihn packen konnte. Der Gedanke, doch einen Toten zu berühren, machte ihn fast wahnsinnig. Dann zog er ihn an sich und robbte langsam zurück. Er hatte das Gefühl, als würde der Körper auf dem Weg immer schwerer und schwerer.

Susan kroch vor ihm her und bahnte ihm den Weg. Endlich tauchten die Rückleuchten des Thunderbird vor ihnen auf.

Susan bog einige letzte Zweige zur Seite, so daß sie nur noch den Graben zu überwinden hatten.

Richard nahm auch diese letzte Hürde. Keuchend und naßgeschwitzt hievte er den Körper auf den Rücksitz. Die Feuchtigkeit war tatsächlich Blut. Richard verschwendete keinen Gedanken daran, daß sich die Blutflecken auf den Polstern wahrscheinlich nie wieder entfernen lassen würden.

Im Licht der grünen Innenbeleuchtung registrierte er, daß es sich um einen Mann handelte. Er war schwer verletzt. Sein Gesicht war eine einzige, noch immer schwach blutende Wunde. Ohne den steten Blutfluß hätte man schwören können, daß es sich tatsächlich um einen Toten handelte.

Richard nahm sich nicht die Zeit, den Mann zu untersuchen. Abgesehen davon, daß er es auch gar nicht über sich gebracht hätte, sein Ohr auf seine Brust zu pressen und nach Herztönen zu lauschen. Er hatte nur noch einen Wunsch: sich in den Thunderbird zu setzen und dieses Waldstück so schnell wie möglich hinter sich zu lassen.

Susan nahm bereits auf dem Beifahrersitz Platz. Richard machte sich noch nicht einmal die Mühe, die Fahrertür zu öffnen. Er jumpte einfach über die geschlossene Tür hinweg und landete federnd auf dem Fahrersitz.

»Nichts wie weg!« Seine Hände fuhren in die Taschen und suchten den Zündschlüssel. Er hatte ihn automatisch abgezogen und in die Hosentasche gesteckt, als sie ausgestiegen waren.

Jetzt war er verschwunden.

»Richard!« schrie Susan. »Die Lichter! Sie kommen näher!«

Die seltsamen Leuchtpunkte hatten den Waldgürtel erreicht und schwebten zitternd auf der Stelle.

»Ich hab' den Schlüssel verloren«, stellte Richard mit bebender Stimme fest. »Kein Wunder bei der Kriecherei. Er liegt wahrscheinlich irgendwo in dem Waldstück.«

Susan brachte trotz allem ein Lächeln zustande. Sie wühlte in ihrer Handtasche herum. »Nimm einfach meinen«, sagte sie.

Er hätte sie küssen und umarmen können. Aber fürs erste blieb wenig mehr Zeit, als ihr den Schlüssel aus der Hand zu reißen, ihn ins Zündschloß zu stecken und den Thunderbird zu starten.

Richard drückte das Gaspedal bis zum Anschlag durch. Mit einem Sprung setzte sich der schwere Wagen in Bewegung. Im Rückspiegel konnten sie sehen, daß die merkwürdigen Lichter ihnen in einigem Abstand folgten. Sie erinnerten an die Formation von Militärmaschinen.

Richard versuchte die aufkeimende Panik zu verdrängen und konzentrierte sich auf die Straße, während Susan nach hinten blickte.

»Warum bist du so sicher, daß er lebt?« fragte Richard.

»Ich … spüre es einfach«, entgegnete Susan. »Ich kann es nicht erklären. Als wir vorhin an der Waldstelle vorbeifuhren, habe ich gefühlt, daß jemand dort meine Hilfe braucht.«

Richard mochte jetzt nicht über Susans geistige Fähigkeiten nachdenken. Vor allen Dingen nicht daran, was mit dem Wagen passiert war, als er nicht auf Susan hatte hören wollen.

War seine Frau in der Lage, ihren Willen auf diese Weise durchzusetzen? Materie zu bewegen? Er dachte an die glühendheiße Handbremse und daran, daß der Wagen selbständig zurückgefahren war.

Ein Schild tauchte plötzlich aus der Dunkelheit auf. Richard fuhr etwas langsamer.

Windcastle, Wisconsin
2 Meilen

stand darauf zu lesen. Aber da war noch etwas, in hastigen Graffiti darübergesprüht:

♀ = †

Richard hatte keine Zeit, sich über den Sinn dieser Botschaft den Kopf zu zerbrechen. Wahrscheinlich irgendein Frauenverächter, der auf diese Weise zum Ausdruck bringen wollte, daß Frauen Tod und Verderben brachten.

Mittelalter und Inquisition, dachte Richard. *Cherchez la femme.* Aber viel wichtiger war die Botschaft, daß es nur zwei Meilen bis zur nächsten Ortschaft waren. Das bedeutete: Menschen. Lichter. Sicherheit. Vor allen Dingen aber Menschen. Und wenn der reglose Körper auf dem Rücksitz wirklich noch lebte, dann würde es für ihn vielleicht die Rettung bedeuten.

Etwas regte sich dort hinten, als hätte der Mann Richards Gedanken erraten.

»Er kommt zu sich«, sagte Susan.

»Wenn wir erst in diesem Windcastle sind, werden wir schon einen Arzt für ihn finden«, entgegnete Richard.

Der Mann auf dem Rücksitz gab ein Stöhnen von sich. Es hörte sich fürchterlich an, so als wäre sein Kehlkopf zerquetscht worden.

»Bleiben Sie liegen!« rief Susan. Richard sah im Rückspiegel, daß sich der Verletzte tatsächlich hochhievte. Ein Arm legte sich schwer auf seine Schultern. Finger bohrten sich wie Klauen in sein Fleisch. Das zerstörte Gesicht drückte sich an seinen Kopf. Fauliger Atem drang in Richards Nase. Und dann flüsterte der Mann etwas in sein Ohr.

»K-e-h-r … u-m!«

Dann sank der Körper wieder auf den Rücksitz und gab kein Lebenszeichen mehr von sich.

»Was meinte er damit?« fragte Richard.

»Wahrscheinlich steht er unter Schock«, sagte Susan. »Dort, das muß Windcastle sein!«

Der Mann auf dem Rücksitz begann unartikulierte Laute von sich zu geben. Vielleicht war sein Kehlkopf wirklich zerquetscht. Sonst hätte er garantiert geschrien.

Washington, 14. Januar, 13 Uhr 58

Cliff spürte die Anwesenheit des Senators, noch bevor er ihn sah.

»Ein schöner Tag«, sagte die Stimme in seinem Rücken. »Recht kühl zwar, aber nicht zu kalt.« Cliff schaute sich nicht um. Er blickte in das sprudelnde Wasser des kleinen Baches.

»Seien Sie gegrüßt«, antwortete er förmlich. Er sah keinen Grund, aufzuspringen und dem Senator um den Hals zu fallen.

Aus den Augenwinkeln nahm Cliff wahr, daß sich Campbell neben ihm auf einen umgestürzten Baumstamm setzte. Das graumelierte Haar trug er so präzise gescheitelt, als wäre es mit Kunstharz konserviert worden. Seine Zähne waren eine Spur zu blendend und sein Gesicht zu gebräunt, um aus der Nähe natürlich zu wirken. Der Senator sah wie immer so aus, als käme er direkt aus dem Schminkraum eines Fernsehstudios. Mittlerweile war Cliff jedoch trotz dieser äußerlichen Minuspunkte zu der Ansicht gekommen, daß er dem Mann trauen konnte.

James Victor Campbell trug eine Jeans und ein Holzfällerhemd. Ganz so wie bei ihrer ersten, so dramatisch verlaufenen Begegnung. Damals war das Jagdhaus des Senators hinter ihnen in Flammen aufgegangen.

Der Senator schien den gleichen Gedanken nachzuhängen. »Manchmal glaube ich, daß mich meine Berater unnötig quälen wollen«, seufzte er. »Dieser Bach hier erinnert mich an mein altes Feriendomizil. Seit damals bin ich nie wieder dort gewesen. Ich schätze, daß in diesem Bach ebenso dicke Forellen schwimmen.«

»Nichts hindert Sie daran, dieses Grundstück zu kaufen und sich hier niederzulassen«, sagte Cliff.

»Erstens ist es mir zu abgelegen. Zweitens sind mir Orte, an denen wir zwei zusammen gesehen werden könnten, viel zu riskant. Und drittens habe ich vor, mein Geld für ein Motorrad auszugeben.«

Cliff schüttelte den Kopf. »Ein Senator mit den besten Aussichten, irgendwann einmal der Präsident der Vereinigten Staaten zu werden, auf einem Bike *on the road*? Ich fürchte, damit werden Sie eine Menge ehrbarer Bürger und Wähler vor den Kopf stoßen und Ihre Bodyguards in den Wahnsinn treiben.«

»Dafür ist meine Frau zuständig. Ich meine, für die ehrbaren Bürger. Ich halte es mit den Underdogs. Schauen Sie sich den jetzigen Präsidenten an: Seitdem jeder weiß, daß er im Weißen Haus die Sau rausläßt, ist seine Popularitätskurve sogar noch gestiegen. Wissen Sie, Cliff, die sogenannten ehrbaren Bürger werden nämlich immer weniger. Ich habe nur dann eine Chance, wenn ich all die anderen auf meine Seite ziehe.«

»Ein wahres Wort, Senator. Jeder bescheißt jeden und ist sich selbst der nächste. Manchmal frage ich mich wirklich, warum ich eigentlich für diese Gesellschaft den Kopf hinhalte?«

»Sie haben den gleichen Fehler wie ich, Cliff: Sie glauben trotz allem noch an das Gute im Menschen und an höhere Ideale. Ich habe Sie nicht umsonst für diesen Job ausgewählt. Die Bedrohung wächst. Tag für Tag, Nacht für Nacht. Wenn wir nicht bald sichtbare Erfolge und Beweise vorlegen können, werden unsere Chancen schwinden. Es geht nicht um all die kleinen Gauner dort draußen, die glauben, sie wären allein. Wir wissen es besser, nicht wahr, Cliff?«

»Oh, ich hatte ja keine Ahnung, daß Sie mir einen Vortrag über Pflichterfüllung halten wollten, Senator.«

»Sie halten immer noch Distanz, Cliff. Schade eigentlich. Manchmal wünschte ich, wir beide könnten uns ein paar Tage Zeit nehmen, angeln gehen, uns unterhalten ... Ich glaube, wir haben mehr Gemeinsamkeiten, als Sie sich vorstellen können.«

»Ich habe nicht die geringsten Ambitionen, in der Politik mitzumischen, Senator«, antwortete Cliff. »Wie Sie schon selbst sagten: Ich habe einfach zu viele Ideale ...«

Senator Campbell verstand die Spitze in seinen Worten sehr wohl. Aber er ließ nicht erkennen, ob er sie auch auf sich selbst bezog.

»Also gut«, kam er endlich zum Thema. »Ich habe tatsächlich nur wenig Zeit ...«

Cliff sah sich um. Die kleine Waldlichtung war bis auf sie beide menschenleer. Trotzdem wäre er jede Wette eingegangen, daß in den Gebüschen ringsherum die komplette Leibgarde des Senators postiert war und wahrscheinlich sogar jedes Wort mitbekam.

»Ihre Partnerin ist bereits instruiert. Wir halten es diesmal für besser, wenn Sie beide getrennt operieren.«

Cliff warf ihm einen mißtrauischen Blick zu.

»Aus welchem Grund?« fragte er.

»Die prozentuale Wahrscheinlichkeit Ihrer Erfolgsaussichten – errechnet von unserem Zentralcomputer.«

»Na, prima. Warum überlassen Sie ihm nicht auch den

Rest? Er wird's schon richten.« Insgeheim spürte er einen leisen Stich. Er hatte seit Tagen nicht mit Judy gesprochen. Auch wenn er es nicht zugeben wollte: Er sehnte sich mehr denn je nach ihrer beruhigenden Gegenwart.

»Wo befindet sich Miss Davenport zur Zeit?« fragte er.

»Bereits auf dem Weg zu ihrem nächsten Auftrag. Keine Angst, Sie werden ihr so bald wie möglich folgen. Da Miss Davenport noch Vorbereitungen zu treffen hat, werden Sie sogar vor ihr am Operationsort eintreffen.«

»Bestens. Ich denke, wir sind ein recht gutes Team.«

Der Senator seufzte. »Ich sehe schon: Gegen Miss Davenports Gegenwart komme ich nicht an. Also schön: *in medias res!* Haben Sie schon einmal von einer kleinen Stadt namens Windcastle in Wisconsin gehört?«

Cliff überlegte kurz und schüttelte den Kopf.

»Es gab vor zehn Jahren einen wissenschaftlichen Artikel über das Windcastle-Phänomen in der HARVARD REVIEW. Darin war von einer bemerkenswerten statistischen Abweichung die Rede: Neunzig Prozent der Einwohner waren Frauen. Der Anteil der männlichen Bevölkerung war die Jahre davor drastisch zurückgegangen ...

Ehrlich gesagt, damals hat niemand diesen Artikel groß beachtet, außer einigen eingefleischten Statistikern vielleicht. Erst mit unserem heutigen Wissen messen wir dem eine ganz andere Bedeutung bei.«

»Und welche?«

»Es liegen uns Hinweise vor, daß in Windcastle seit mindestens zehn Jahren kein einziger Junge mehr zur Welt gekommen ist. Eine Tatsache, die von den Einwohnern und Behörden in Windcastle offensichtlich vertuscht wird. Die offizielle Einwohnerstatistik weist mittlerweile sogar mehr männliche als weibliche Bürger auf. Wohlgemerkt: die offizielle!«

»Welche Schlüsse ziehen Sie daraus?«

»Es könnte sich um einen modernen Frauenkult handeln, mit der Option, daß neugeborene Jungen einfach getötet oder weggegeben werden. Oder um bewußte Gen-Manipulationen, so daß die Frauen nur noch Mädchen gebären – eine Theorie, die in unser Interessengebiet fiele. Wie auch immer, wir hätten die Angelegenheit in Windcastle gerne noch länger im geheimen beobachtet. Leider sind uns aktuelle Ereignisse dazwischengekommen und geben Anlaß zur Eile ...«

»Was ist passiert?«

»Vor knapp zwei Wochen ist ein junges Ehepaar spurlos verschwunden. Ein Trucker hat ihren Wagen zuletzt kurz vor Windcastle gesehen. Sie standen mit ihrem roten Thunderbird mitten auf der Straße und sind erst im letzten Moment ausgewichen. Der Trucker hat sich das Nummernschild notiert.«

»Und was deutet darauf hin, daß die beiden ausgerechnet in Windcastle verschwunden sind?«

»Nicht viel. Aber Windcastle liegt nur drei Meilen von dem Punkt entfernt und ist die nächste Ortschaft. Woanders sind sie jedenfalls nicht wieder aufgetaucht.«

»Klingt halbwegs logisch«, sagte Cliff. »Und warum haben Sie nicht einfach bei den dortigen Behörden nachgeforscht?«

»Das haben wir«, erklärte der Senator. »Angeblich sind sie dort nicht gesehen worden. Aber das wäre nicht die erste Fehlinformation aus Windcastle gewesen. Leider hat auch unser Informant vor Ort nichts in Erfahrung bringen können. Was nicht heißen muß, daß sie *nicht* in Windcastle angekommen sind.«

Cliff zuckte die Schultern. »Das klingt nun doch reichlich vage. Warum also gleich Verstärkung hinschicken? Sollte Ihr Informant nicht erst einmal seine Fühler ausstrecken?«

Der Senator räusperte sich. »Nun ja, was die Sache einigermaßen heikel macht und weshalb wir nicht länger warten können, ist die Tatsache, daß der Vater der jungen Ehefrau, William Garrold, im Senat sitzt. Und er hat Himmel und Hölle in Bewegung gesetzt, seine Tochter zu finden. Wenn er weiter überall herumstochert, könnte er uns mehr schaden als nützen. Wir müssen die Sache also so schnell wie möglich aufklären, um ihn wieder ruhigzustellen. Unser Informant kann sich nicht allzu weit aus dem Fenster lehnen, sonst fliegt seine Tarnung auf. Er wird aber mit Ihnen Kontakt aufnehmen und Sie soweit als möglich unterstützen.«

Campbell erhob sich. »Wenn Sie noch Fragen haben, schauen Sie in die ›GhostRider‹-Akte, Stichwort ›Windcastle‹. Allerdings sind unsere bisherigen Recherchen mehr als spärlich.« Er griff in seine Brusttasche, zog eine Fotografie hervor und reichte sie Cliff. »Hier, das sind die beiden. Richard und Susan Wenker.«

Das Foto war bei der Hochzeit aufgenommen worden. Es zeigte ein gutgelauntes junges Paar; sie im weißen Brautkleid, er in einem malvenfarbenen Smoking.

»Ein wirklich hübsches Mädchen«, sagte Cliff.

»Hoffentlich lebt sie noch«, dämpfte Campbell seine Laune. »Ich wünsche Ihnen viel Glück, Cliff!«

Der Senator reichte ihm die Hand. Dann drehte er sich um und ging auf den Waldrand zu. Bevor er ihn erreichte, wandte er sich noch einmal zu Cliff um: »Ach so: Das mit dem Motorrad überlege ich mir noch mal. Sie hören von mir!«

Dann war er im Wald verschwunden – und ringsum entstand Bewegung, als sich Horden von Sicherheitsleuten ebenfalls zurückzogen ...

Windcastle, Wisconsin, 4. Januar, 20 Uhr 50

WINDCASTLE
WILLKOMMEN IN WISCONSINS
FREUNDLICHSTEM PARADIES!

Als die Scheinwerfer des Thunderbird das Ortsschild erfaßten, besserte sich Richards Stimmung sofort. Der Verletzte auf dem Rücksitz hatte wieder die Besinnung verloren. Sie würden den Mann bei einem Arzt abliefern, eine Aussage bei der Polizei machen, damit man sich um den Toten im Wald kümmerte, und alles weitere würden die Behörden schon regeln. Spätestens morgen früh würden sie ihre Hochzeitsreise fortsetzen können.

Windcastle als Stadt zu bezeichnen wäre übertrieben gewesen. Es schien vielmehr ein etwas größeres Dorf zu sein. Die flachen, schmucken Häuser reihten sich entlang der Main Street, von der viele schmale, verwinkelte Straßen abzweigten. Es gab eine Schule, einen Kindergarten und sogar eine Feuerwehr.

Langsam fuhr der Thunderbird an den Häusern entlang. Hinter sämtlichen Fenstern war es dunkel, obwohl es gerade mal auf neun Uhr zuging. Vielleicht klappten die Einwohner von Windcastle früher ihre Bürgersteige hoch als andere. Nur die Straßenlaternen verbreiteten noch ihr gelbliches Licht.

Richard folgte dem Hinweisschild zum Rathaus. Auf ein Krankenhaus wurde nirgends hingewiesen. Vermutlich gab es nur einen praktizierenden Arzt hier.

Er bog in eine der Seitenstraßen ein. Hier standen eine Anzahl von Geschäften: eine Bäckerei, eine Metzgerei, ein Lebensmittelgeschäft und sogar eine Filiale einer großen Drugstore-Kette. Aber selbst der Drugstore hatte zu. Weiterhin gab es zwei Restaurants, ein Steakhaus und ein McDonald's.

Geschlossen. Entweder war Windcastle eine Geisterstadt oder ein absolutes Unikum, was die Gewohnheiten seiner Bewohner anging. Einen Augenblick lang spielte Richard mit dem Gedanken, einfach weiterzufahren und diese merkwürdige Stadt hinter sich zu lassen. Nur der Mitfahrer auf dem Rücksitz hielt ihn davon ab.

»Dort rechts!« sagte Susan plötzlich. »Halt an! Ich glaube, ich habe das Schild eines Arztes gesehen.«

Richard trat auf die Bremse. Susan sprang aus dem Wagen und bedeutete Richard, ihr zu folgen. Er warf einen letzten Blick auf den reglosen Mann auf dem Rücksitz und beeilte sich, zu Susan aufzuschließen.

»Dr. Emilou Walker«, las Susan laut. »Ich glaube, hier sind wir an der richtigen Adresse!«

Richard und Susan folgten dem schmalen Weg bis zur Eingangstür. Sie war mit hübschen Spitzengardinen verhangen. Es brannte kein Licht. Alles deutete darauf hin, daß auch die Ärztin sich bereits schlafen gelegt hatte.

Susan klingelte. Als sich nichts tat, pochte sie an die Tür.

»Hallo! Bitte machen Sie auf! Es ist ein Notfall!«

Keine Reaktion.

Richard fühlte sich unbehaglicher als zuvor. Unwillkürlich sah er über seine Schulter. Sein Rücken kribbelte. Er hatte das

Gefühl, heimlich beobachtet zu werden. In den dunklen Fenstern der benachbarten Häuser spiegelte sich das Licht der Straßenlaternen. Vielleicht hockten die Bewohner hinter den Scheiben und beobachteten sie schon die ganze Zeit.

»Komm, wir gehen hintenrum«, entschied Susan. »Vielleicht brennt dort irgendwo noch Licht.«

»Man wird uns noch für Einbrecher halten und über den Haufen schießen«, gab Richard zu bedenken.

Ohne sich um seinen Einwand zu kümmern, ging Susan voran. Leise fluchend folgte er ihr. Sie umrundeten das kleine Haus einmal. Nirgendwo brannte Licht. Susan pochte erneut an die Eingangstür.

»Bitte machen Sie auf!«

»Gib endlich auf!« bohrte Richard. »Du siehst doch: Es ist niemand zu Hause.« Es kam ihm immer seltsamer vor, daß selbst die Nachbarn nicht auf ihren Lärm reagierten.

»Ich *weiß*, daß jemand dort drinnen ist«, antwortete Susan. »Ich spüre es einfach.«

»Mach, was du willst!« sagte Richard schließlich. »Ich gehe zum Wagen zurück. Irgendwas stimmt hier nicht. Das solltest du langsam auch *spüren*.«

Er drehte sich um und ging mit schnellen Schritten zum Thunderbird. Die Entdeckung, die er dort machte, trug alles andere als zu seiner Beruhigung bei:

»Mein Gott ... Susan, komm her! Er ist verschwunden!«

Der Rücksitz war leer. Nur die Blutflecken kündeten davon, daß der Verletzte bis vor wenigen Minuten hier gelegen haben mußte.

»Vielleicht ist er ausgestiegen und irrt jetzt irgendwo herum«, sagte Susan. Ihr war anzusehen, daß sie selbst nicht recht daran glaubte.

»So schwer verletzt, wie er war? Unmöglich. Es muß passiert sein, als wir um das Haus herumgegangen sind. Wir haben ihn höchstens zwei Minuten aus den Augen gelassen. Da könnte er gar nicht so weit gekommen sein, daß wir ihn jetzt nicht mehr sehen ...«

»Du meinst ...«

»Irgend jemand hat ihn aus dem Wagen geholt, ja.»

In diesem Moment flammte hinter der Haustür der Ärztin

plötzlich Licht auf. Einen Augenblick später wurde die Tür geöffnet.

»Guten Abend«, sagte eine Stimme. »Was veranstalten Sie hier für einen Lärm?«

Im beleuchteten Eingang stand eine etwa fünfzigjährige, schwarzhaarige Frau. Ihre Erscheinung erinnerte Richard an eine überdimensionale Kröte mit aufgedunsenem, warzenübersätem Gesicht. Ihre schütteren Haare standen zerzaust vom Kopf ab. Sie hatte sich einen zerschlissenen Morgenmantel umgehängt, der sie wie eine zu enge Haut umgab, und starrte Richard und Susan aus wässerigen Augen fast feindselig an.

»Sind Sie Dr. Walker?« fragte Susan.

»In der Tat. Aber wie Sie dem Hinweis hier« – sie klopfte auf das Schild an ihrer Tür – »entnehmen können, gebe ich Sprechstunden nur nach Vereinbarung.«

»Wir haben – wir *hatten* einen Schwerverletzten im Auto und suchen Hilfe.«

Die Ärztin kam näher. Der feindselige Ausdruck auf ihrem Gesicht änderte sich nicht.

Susan wies hilflos zum Thunderbird. »Wir haben den Mann unterwegs aufgelesen. Er lag schwerverletzt auf der Rückbank. Jetzt ist er verschwunden.« Sie brach ab, als sie merkte, daß sich die Geschichte ziemlich wirr anhören mußte. Die Ärztin war nun so weit herangekommen, daß ihr die Blutflecken auf der Rückbank nicht verborgen blieben.

»Zumindest ist das da frisches Blut«, sagte sie. Argwohn schlich sich in ihren Blick. »Aber wer sagt mir, daß Sie beide mir nicht irgendeine Lügengeschichte auftischen? Vielleicht haben Sie ja irgend jemanden umgebracht!« Man merkte ihr das Vergnügen an, die Mißtrauische zu spielen. »Es wäre wohl das beste, wenn ich die Polizei rufen würde ...«

»Darum wollte ich Sie gerade bitten«, sagte Susan.

»Leider ist die Polizeistelle nur tagsüber besetzt«, fuhr die Frau fort.

»Aber es muß doch einen Notruf geben!«

»Nicht in Windcastle. Die nächste größere Stadt liegt zwanzig Meilen entfernt. Wir pflegen unsere Angelegenheiten hier selbst zu erledigen.«

Susan und Richard sahen sich ratlos an. Die Situation war absurd. Selbst Susan schien endlich zu begreifen, daß hier etwas ganz und gar nicht stimmte.

»Na dann«, sagte Richard, »fahren wir eben weiter. Vielleicht haben wir uns auch einfach nur alles eingebildet.«

Er hatte nur noch das Bedürfnis, von hier fortzukommen. Er öffnete Susan die Beifahrertür, damit sie hineinsteigen konnte, und beeilte sich, selbst auf dem Fahrersitz Platz zu nehmen.

»Sie werden nicht weit kommen«, sagte die Ärztin, und ein bizarres Lächeln kerbte sich um ihre Mundwinkel.

Richard betätigte die Zündung und gab Gas.

Wie auf Kommando gingen überall hinter den Fenstern der Häuser die Lichter an. Die Gärten schienen plötzlich von huschenden Schatten erfüllt.

Mit quietschenden Reifen bog Richard um die engen Kurven. Nach einer Minute gelangte er wieder auf die Hauptstraße. Eine weitere Minute später hatte er das Ortsschild am anderen Ende der Durchfahrtsstraße erreicht:

AUF WIEDERSEHEN IN WINDCASTLE,
DEM FREUNDLICHSTEN PARADIES
IN WISCONSIN!

Er gab Gas, als wäre der Teufel persönlich hinter ihm her.

Windcastle, Wisconsin, 16. Januar, 8 Uhr 40

Windcastle war die aufgeräumteste Stadt, die Cliff je gesehen hatte. Kein herumliegender Abfall. Keine Bauruinen. Keine Autowracks. Keine auf den Veranden herumlungernden Männer. Keine Junkies. Keine Bettler.

Eine heile Welt!

Senator Campbell würde sich hier verdammt unwohl fühlen, dachte Cliff. Die Wähler, auf die er setzte, würde er hier jedenfalls nicht finden.

Als er mit seinem Winnebago langsam mit vorschriftsmäßiger Geschwindigkeit die Durchgangsstraße entlangfuhr, sah er nur wenige Frauen auf den Bürgersteigen. Niemand schien von ihm Notiz zu nehmen. Er folgte dem Hinweisschild Richtung Rathaus. Und noch etwas fiel ihm auf: keine Kinder.

Nun ja, wahrscheinlich befanden sich die jüngeren im Kindergarten und die älteren in der Schule. Aber wo waren die anderen?

Er kam an einem Kindergarten vorbei, konnte aber nicht erkennen, ob Kinder darin waren. Auf alle Fälle war es erstaunlich ruhig.

Das Rathaus gruppierte sich zusammen mit anderen städtischen Gebäuden und Geschäften um einen kleinen Marktplatz, dessen Mittelpunkt ein Brunnen bildete. Cliff parkte den Winnebago am Straßenrand und stieg aus. Er reckte sich und nahm die warmem Sonnenstrahlen gierig auf.

Er war, abgesehen von drei, vier Stunden Schlaf, die ganze Nacht gefahren, bis er Windcastle schließlich erreicht hatte. Ein gutes Frühstück würde ihn schon wieder munter machen. Er fuhr sich mit der Hand über sein stoppelbärtiges Gesicht. Eine Rasur würde ebenfalls nicht schaden. Aber dafür konnte er sich hinterher immer noch die Zeit nehmen.

Selbst hier, im Zentrum der winzigen Stadt, waren kaum Menschen zu sehen. Er konnte höchstens ein halbes Dutzend Passanten ausmachen.

Ausnahmslos Frauen.

Okay, es war Montagmorgen. Die Männer konnten ihrer Arbeit nachgehen … Aber wo arbeiteten sie?

Cliff betrat ein kleines Restaurant. Hinter der Theke stand eine rothaarige Frau und putzte Gläser. Überrascht schaute sie auf, als er eintrat.

»Wir haben geschlossen!« sagte sie.

»Ich glaube, draußen stand etwas von Frühstück«, konterte Cliff.

»Nicht montags.«

Er fixierte die Frau. Sie machte einen nicht unsympathischen Eindruck. Daß sie kaum geschminkt war, verlieh ihr eine natürliche Ausstrahlung. Ihre gute Figur trug sie unter einem weiten Pullover versteckt.

»Da kann man wohl nichts machen«, seufzte Cliff. Er hätte schwören können, daß das Restaurant geöffnet hatte. Warum wies die Frau ihn ab? Stand ihm etwa auf die Stirn geschrieben, daß er in seiner Eigenschaft als Bundesmarshal hier Ermittlungen durchführen wollte?

Er versuchte es auf eine andere Art: »Ich bin die ganze Nacht gefahren. Gibt es hier sonst irgendwo eine Möglichkeit, ein ordentliches Frühstück zu bekommen?«

»Ich fürchte, nein. Aber wenn Sie Richtung Moonlake weiterfahren, kommt nach ungefähr zehn Meilen ein Truck Stop.«

Also gut, er würde die Katze besser gleich aus dem Sack lassen: »Eigentlich hatte ich vor, ein paar Tage in Ihrem hübschen Örtchen zu bleiben.«

Befriedigt nahm er zur Kenntnis, daß die Frau ihn entgeistert anstarrte. Sie wollte etwas sagen, biß sich aber im letzten Moment auf die Zunge und widmete sich weiter ihren Gläsern.

»Ich bin ziemlich genügsam«, fuhr Cliff fort. »Eine Tasse heißen Kaffee und ein belegtes Brot würden mir fürs erste reichen.«

Normalerweise war er nicht der Typ, der es darauf anlegte, anderen Leuten auf die Nerven zu gehen. Andererseits wollte er sich nicht gleich am Anfang derart abspeisen lassen. Außerdem faszinierte ihn etwas an der Frau. Sie trug einen latent schlummernden Kummer in ihren Gesichtszügen, dessen Ursache er nur zu gern erkundet hätte.

»Also schön, Mister«, sagte sie. »Sie bekommen Ihren Kaffee und Ihr Brot. Aber danach sollten Sie wirklich sehen, daß Sie weiterkommen.«

Sie drehte ihm den Rücken zu und hantierte an der Kaffeemaschine, während Cliff an einem der Tische Platz nahm. Er setzte sich so, daß er durch die große Fensterscheibe den Marktplatz betrachten konnte. Es waren kaum mehr Passanten unterwegs als bei seiner Ankunft.

»Ihr Kaffee. Ihr Brot.« Sie stellte es vor ihn hin. Es war weniger lieblos zubereitet, als er befürchtet hatte. Der Kaffee schmeckte ausgezeichnet, wie frisch aufgebrüht. Das Brot war frisch und der Schinken darauf vorzüglich.

»Wenn Sie möchten, können Sie auch ein Spiegelei haben«, sagte die Lady.

»Sie wollen mich wohl ködern, wie?«

»Nein, ich will, daß Sie sich den Wanst vollschlagen und wieder verschwinden!« giftete sie ihn an. Sie zog sich hinter die Theke zurück, während Cliff herzhaft in das belegte Brot biß.

Die Tür ging auf, und ein weiterer Gast trat ein.

Montags geschlossen! dachte Cliff sarkastisch, aber er hielt den Mund. Es handelte sich um eine resolut erscheinende grauhaarige Frau. Sie war erstaunlich groß und drahtig gebaut. Der engsitzende Lederanzug, den sie trug, verstärkte den Eindruck der Drahtigkeit. Unter dem Leder zeichneten sich Muskeln ab. Ihre Gesichtszüge waren beinahe männlich herb.

Zielbewußt steuerte sie die Theke an.

»Macht er Ärger, Norma?« fragte sie laut.

Cliff sah von seinem Frühstück auf. Offensichtlich sprach sie von ihm.

»Nein, ich glaube nicht, Martha«, sagte die Frau hinter der Theke. »Er will nur frühstücken und danach gleich weiterfahren.«

Die grauhaarige Frau musterte ihn scharf. Cliff hatte nicht vor, ihr Rede und Antwort zu stehen, und widmete sich seelenruhig weiter seinem Frühstück. Aus den Augenwinkeln nahm er wahr, daß sich die Grauhaarige ihm näherte. Ungefragt nahm sie ihm gegenüber Platz.

»Ich rieche Ärger, wenn er mir gegenübersitzt«, sagte sie. »Wer sind Sie, Mister?«

Cliff legte das Schinkenbrot zurück auf den Teller und tupfte sich den Mund ab. »Conroy. Cliff Conroy. Ehemaliger NASA-Mitarbeiter. Momentan genieße ich die Zeit zwischen zwei Jobs, indem ich mit meinem Wohnmobil umherreise. Irgendwelche Einwände?«

»Kann ich Ihren Ausweis sehen?«

»Ich wüßte nicht, weshalb.«

Die Frau zog eine Dienstmarke aus der Tasche. »Sheriff Anderson«, stellte sie sich vor. »Und jetzt zu Ihrem Ausweis.«

Cliff tat ihr den Gefallen.

»Houston. Ziemlich weit weg von zu Hause«, stellte sie fest. »Wir schätzen hier keinen Ärger, Mister Conroy. Deswegen werden Sie sich gleich in Ihr gesetzwidrig abgestelltes Wohnmobil setzen und von hier verschwinden.« Sie zog einen Block mit Formularen aus der Tasche. »Und vorher verpasse ich Ihnen noch einen Strafzettel über zwanzig Dollar.«

Die Arroganz der Frau brachte Cliff fast zum Schmunzeln. Aber nur fast. Unter der Oberfläche ihres Auftretens lag pures Eis. Und eines war ihm klar: Sie konnte ihn nicht leiden.

Er dachte nicht daran, sich provozieren zu lassen. Aber auch nicht, einfach klein beizugeben.

»Tut mir leid; ich habe kein Verbotsschild gesehen. Also habe ich mein Wohnmobil einfach dort draußen abgestellt.«

»In unseren Satzungen steht, daß wildes Campen in unserer Stadt verboten ist. Darunter fallen auch Wohnmobile. Nehmen Sie den Bußgeldbescheid also an oder nicht? In letzterem Falle können Sie auch ersatzweise ein paar Tage mit dem örtlichen Gefängnis Bekanntschaft machen.«

Also schön, sie wollte Ärger. Aber sie bot ihm auch eine Chance, hier in Windcastle zu bleiben, wenn auch nicht ganz so komfortabel, wie er gehofft hatte.

Er ignorierte den Strafzettel, den sie ihm hinhielt, und stand auf. Langsam schlenderte er zur Theke.

»Was bin ich Ihnen schuldig?« fragte er die Frau hinter dem Tresen.

In diesem Moment spürte er die Hand auf seiner Schulter. Der Griff war überaus fest. Cliff mußte die Zähne zusammenbeißen, um nicht aufzuschreien. Die Finger der Frau drückten erbarmungslos in sein Fleisch.

Stöhnend sank er auf die Knie. Bevor er reagieren konnte, traf ihn ein brutaler Tritt in die Seite. Er rollte sich herum. Der weibliche Sheriff thronte über ihm und verzog grinsend das Gesicht.

»Ich kann es nicht ausstehen, wenn man mich ignoriert«, sagte sie und setzte zu einem weiteren Tritt an.

Cliff wich geistesgegenwärtig aus. Der Tritt ging ins Leere. Cliff griff nach ihrem Bein und verdrehte es. Aufheulend kam die Grauhaarige zu Fall. Sie schlug schwer auf dem Boden auf. Blitzschnell war Cliff über ihr, setze sich auf ihren Rücken und hielt ihre Arme umklammert.

Die Grauhaarige stieß wütende Verwünschungen aus. Sie bäumte sich auf, aber Cliff hielt sie fest gepackt. Sie hatte keine Chance.

»Dafür werden Sie so lange sitzen, bis Ihre Knochen vermodert sind!« zischte sie zwischen den Zähnen hindurch.

»Ich lasse Sie los, wenn Sie versprechen, friedlich zu sein!« sagte Cliff schwer atmend. Er mußte all seine Kräfte aufbringen, um die Frau unter Kontrolle zu halten. Sie verfügte über Bärenkräfte.

»Ich stopfe dich aus und hänge dich an die Wand!« schrie sie. »Ich reiße dir die Gedärme heraus und gebe sie dir zu fressen. Ich …«

Was sie noch sagte, konnte Cliff nicht mehr hören. Ein harter Gegenstand traf seinen Hinterkopf. Erstaunt sah er sich um. Dann wurde es schwarz um ihn.

Als er aufwachte, hatte er dröhnende Kopfschmerzen. Er lag in der Koje seines Winnebago.

Aber er war nicht allein. Als er den Blick hob, sah er, daß die Frau aus dem Restaurant vor ihm saß.

»Es tut mir leid, daß ich so fest zugeschlagen haben«, sagte sie. »Aber ich hatte Angst, daß Sheriff Anderson ihre Drohungen wahrmachen würde.«

»Oh, vielen Dank für die Hilfe«, sagte Cliff und rieb sich den Kopf. »Wenn ich Ihnen also diese schmerzhafte Rettung verdanke, sollten Sie mir aber wenigstens Ihren Namen verraten.«

»Norma Wellington.«

War sie der Informant, von dem der Senator gesprochen hatte? Cliff war sich nicht sicher. Außerdem wäre es ein zu großer Zufall gewesen, wenn gleich seine erste Begegnung in Windcastle von Erfolg gekrönt worden wäre.

»Also gut, was haben Sie jetzt mit mir vor?«

Sie sah ihn erstaunt an. »Was meinen Sie damit?«

»Nun ja, ich schätze, Sheriff Anderson versteht wirklich keinen Spaß. Immerhin könnte man das, was ich mir da geleistet habe, Widerstand gegen die Staatsgewalt nennen. Ehrlich gesagt, ich wundere mich, daß ich hier und nicht im Gefängnis aufgewacht bin.«

»Sheriff Anderson hat wohl etwas überreagiert. Sie entschuldigt sich dafür, daß sie sich hat provozieren lassen.«

Cliff schluckte ein paarmal. Was war denn nun los? Was hatte dieser Sinneswandel zu bedeuten?

»Wenn Sie hier Urlaub machen wollen, so hat niemand etwas dagegen«, fuhr Norma fort. »Es tut uns leid, wenn Sie den Eindruck gewonnen haben, daß wir hier keine Fremden mögen. Sie können natürlich tun und lassen, was Sie wollen. Ich würde mich freuen, wenn ich Sie heute mittag in meinem Restaurant begrüßen dürfte.«

Cliff glaubte nicht richtig zu hören. Erst versuchte man ihn mit allen Mitteln aus der Stadt zu ekeln, und nun ...?

Norma Wellington erhob sich. »Dr. Walker hat Ihren Kopf untersucht. Es ist nur eine kleine Beule. Falls Sie morgen noch Kopfschmerzen haben, möchte Dr. Walker Sie allerdings noch einmal sehen. Hier ist ihre Visitenkarte.«

»Ihre? Also ist Dr. Walker eine Frau?« Der Gedanke behagte ihm wenig. Was hatte sie in seiner Ohnmacht mit ihm angestellt?

Kurze Zeit später verabschiedete sich Norma. Sie wiederholte noch einmal ihre Einladung zum Mittagessen, bevor sie das Wohnmobil verließ. Cliff kam sich vor wie in einem Tollhaus. Und er war der Irre, zu dem alle freundlich waren, damit er nur ja nicht ausrastete.

Als er aufstand, machte sich sein Kopf schmerzhaft bemerkbar. Er schaute aus dem Fenster seines Winnebago. Der Marktplatz war nun voller Passanten. Frauen mit Einkaufstaschen. Frauen mit kleinen Mädchen an der Hand. Frauen, die sich miteinander unterhielten. Und obwohl niemand direkt zum Winnebago schaute, hatte er das Gefühl, daß sie ihn alle heimlich beobachteten.

Er mußte hier weg. In Ruhe nachdenken. Und einen Platz für den Winnebago finden.

Cliff setzte sich ans Steuer und startete den Wagen. Noch immer schien ihn niemand zu beachten. Es war schon befremdlich, wie sie alle bemüht waren, *nicht* in seine Richtung zu schauen.

Cliff wendete das große Gefährt und bog in die Straße ein, die zur Main Street führte. Dabei schaute er noch einmal in den Rückspiegel. Was er sah, verursachte ihm eine Gänsehaut. Sämtliche Frauen standen wie erstarrt und blickten ihm nach.

Er beeilte sich, wegzukommen. Nach wenigen Minuten hatte er die Durchfahrtsstraße erreicht. Er erinnerte sich, daß er kurz vor dem Ortseingang einen kleinen Feldweg gesehen hatte. Als er ihn erreichte, lenkte er den Winnebago dort hinein.

Der Weg war so schmal, daß die Kiefernzweige rechts und links an den Scheiben entlangwischten. Nach wenigen Minuten endete der Weg. Eine bizarr anmutende Felsenformation türmte sich vor Cliff auf. Es waren merkwürdig geformte, zerklüftete Steine, die ihn an riesige Menhire erinnerten.

War er etwa auf eine uralte Kultstätte gestoßen?

Nun, er würde sich hier zu gegebener Zeit umsehen. Zumindest schien es ein reichlich abgelegener Platz zu sein, an dem ihn so schnell niemand stören würde.

Er parkte den Winnebago an einer der steil aufragenden Wände. Die Felsen hielten das ohnehin spärliche Sonnenlicht ab, so daß Cliff die Innenbeleuchtung einschalten mußte.

Er erhob sich aus dem Fahrersitz und begab sich nach hinten, zu seiner Arbeitsnische, die mit modernsten Geräten ausgerüstet war. Dabei fragte er sich beunruhigt, ob die Frauen während seiner Ohnmacht hier herumgeschnüffelt hatten. Nun, die CD-ROM mit den UFO-Akten war in seiner Sammlung von Audio-CDs gut versteckt; niemandem würde auffallen, daß sie nicht nur Songs von Johnny Cash enthielt, sondern auch hochbrisante Daten aus den Archiven des Pentagon.

In der Arbeitsnische gab es einen Computer samt Modem, Laserdrucker und Flachbettscanner. Ein Mobiltelefon, ein kleiner Fernseher mit eingebautem Videorekorder und eine Stereoanlage rundeten das technische Equipment des Winnebago ab.

Cliffs erster Blick galt dem CD-Regal. Die silbernen Scheiben darin waren alphabetisch geordnet. Als er unter ›C‹ die wertvollste Platte seiner Sammlung fand, atmete Cliff unwillkürlich auf, obwohl es eigentlich unmöglich war, daß die Frauen überhaupt etwas vom Projekt ›GhostRider‹ wußten.

Die Tracks, die den drei aufgespielten Liedern von Altmeister Cash folgten, bestanden aus fast sechshundert Megabyte Bild- und Textdateien, die nur über einen bestimmten Code zugänglich waren. Auf ihnen waren sämtliche in den USA aktenkundig gewordenen ›GhostRider‹-Fälle verzeichnet.

Es fiel Cliff alles andere als leicht, den Berichten über UFOs und Außerirdische zu glauben, zudem vieles nur fragmentarisch und angedeutet war oder sich auch nur auf Vermutungen oder erste Hinweise stützte. Die meisten aktenkundigen Fälle waren nie wirklich aufgeklärt worden.

Doch was er und Judy Davenport erlebt hatten, seit sie im Auftrag des Senators als Bundesmarshals die ›GhostRider‹-Akte und auch aktuelle Fälle aufrollten, hatte sein Weltbild gründlich umgekrempelt. Noch hielt seine anerzogene Skepsis der Bombardierung unglaublicher Vorfälle stand, aber sie begann bereits merklich zu bröckeln.

Cliff nahm die CD aus der Hülle und setzte sich vor den Computer. Er dachte in diesem Moment wieder an Judy, die ihm dabei nur zu gern über die Schulter schaute. Dann schob er die CD-ROM ins Laufwerk. Auf dem Bildschirm erschien die Eingabemarke und darüber die Aufforderung: BITTE CODE EINGEBEN

Cliff kam dem Befehl nach: NCC-1701

Für ein paar Sekunden blieb der Bildschirm dunkel, bevor eine graphische Benutzeroberfläche startete. Mit dem Trackball steuerte Cliff den Mauspfeil auf einen Button mit der Aufschrift ›SUCHE‹. Die Bedienung war kinderleicht, weil diejenigen, für die diese Akten konzipiert worden waren – Politiker und ranghöchste Offiziere – sich bestimmt nicht mit einer komplizierten Programmsteuerung abgegeben hätten.

Das Bild wechselte, und ein Eingabefeld erschien.

BITTE SUCHBEGRIFF EINGEBEN

Ohne hinzuschauen tippte Cliff WINDCASTLE ein und bestätigte den Begriff. Nach wenigen Sekunden tauchten die entsprechenden Textdateien auf dem Bildschirm auf. Seltsamerweise gab es nicht eine einzige Bilddatei.

Die Akte über Windcastle bestand ausnahmslos aus

Geburten-, Sterbe- und Einwohnerstatistiken, den offiziellen wie auch inoffiziellen, die sich drastisch voneinander unterschieden. Letztere entstammten nicht näher klassifizierten Quellen. Als Anhang befand sich der Artikel des Wissenschaftlers aus der HARVARD REVIEW darin. Vielleicht stammte sämtliches Zahlenmaterial von ihm.

Cliff fiel sofort auf, daß nach dem Zeitpunkt, an dem der Artikel erschien, die Anzahl der weiblichen Geburten in den offiziellen Statistiken auf ein normales Maß zurückging. Offenbar war man in Windcastle vorsichtig geworden.

Cliff studierte und verglich die Zahlenreihen miteinander. Wenn die inoffiziellen Angaben stimmten, mußte ein unglaublich dicht gewobenes Netz des öffentlichen Dienstes hier in Windcastle dafür sorgen, daß die falschen Zahlen von den Bundesbehörden anstandslos akzeptiert wurden.

Eine Verschwörung, in die eine ganze Stadt verwickelt war: Schulen, Kindergärten, Betriebe, Kirche, Ämter? Der Gedanke hatte etwas höchst Beunruhigendes.

Als er die Daten gesichtet hatte, ohne einen direkten Ansatzpunkt gefunden zu haben, schaltete Cliff den Computer wieder aus und verstaute die CD in ihrem ›Versteck‹. Nun mußte er dazu übergehen, auf eigene Faust nach Spuren suchen.

Er schaute auf die Uhr. Bis zum Mittag hatte er noch etwas Zeit. Vielleicht würde es ganz nutzbringend sein, seinen Lagerplatz ein wenig zu erkunden. Im Notfall kannte er dann mögliche Fluchtwege.

Er stieg aus und schaute zu den Felsen empor. Eigentlich war es nur ein einziger hoher Fels, der aus sieben verschiedenen, kreisförmigen Erhebungen bestand, die alle miteinander verbunden waren. Der höchste von ihnen ragte dreißig Meter hoch in den Himmel.

Cliff umrundete den Felsen. Auf der Rückseite stieß er auf in Stein gehauene Stufen, die in die Höhe führten. Einen einfacheren Aufstieg konnte er sich nicht wünschen. Die Wände waren mit eingemeißelten Zeichen übersät. Es waren Pentagramme und andere magische Zeichen darunter. Also handelte es sich tatsächlich um eine frühgeschichtliche Kultstätte.

Aber dann konnte sie eigentlich nur von hier ansässigen

Indianervölkern stammen – was wiederum gegen Pentagramme und ähnliche Symbole sprach, die eher in Europa als auf diesem Kontinent anzutreffen waren. Hatte man sie erst später in den Fels gemeißelt?

Cliff folgte den Einkerbungen mit dem Finger. Aber er war kein Archäologe; er konnte nicht feststellen, wann diese Zeichen entstanden waren.

Auf halber Höhe stieß Cliff auf eine mit Gittern verschlossene Grotte. Das Gittertor war mit einem schweren Schloß gesichert. Es war frisch geölt. Die Hoffnung, hier einen von keiner Menschenseele besuchten Ort gefunden zu haben, konnte er sich abschminken. Wenn diese Felsformation zu Windcastle gehörte, konnte es sogar gut sein, daß Sheriff Anderson hier ab und zu nach dem Rechten sah.

In der Grotte befanden sich mehrere schwarze Kerzen. Einige waren nur noch Stümpfe, andere kaum abgebrannt. Mit einem leisen Schaudern dachte Cliff an Berichte von Satanskulten, die immer wieder durch die Medien geisterten. Auch bei schwarzen Messen wurden solche Kerzen verwendet.

Er kletterte höher und erreichte die Kuppel des Felsens. Ein eisiger Nordostwind schlug ihm ins Gesicht und kühlte in Sekunden seinen Körper aus. Obwohl die Sonne schien, war es hier oben kaum auszuhalten.

Dafür hatte er einen phantastischen Ausblick. Um ihn herum erstreckten sich bis zum Horizont nichts als Kiefernwälder. Die einzige bewohnte Ansiedlung weit und breit war Windcastle. Von seinem Standpunkt aus konnte er das Städtchen deutlich sehen.

Er drehte sich um neunzig Grad und bemerkte eine Lichtung von gewaltigen Ausmaßen. Sie wirkte wie ein riesiges schwarzes Loch inmitten der Wälder. Unwillkürlich zog Cliff eine unsichtbare Linie von dieser Lichtung bis zu dem Felsen, auf dem er stand, und Windcastle. Wenn man den Marktplatz mit dem Mittelpunkt der Lichtung und seinem eigenen Aussichtspunkt verband, so ergab das ein exaktes rechtschenkliges Dreieck.

Cliff glaubte nicht an Zufälle. Das Dreieck war ein altes magisches Zeichen – vor allen Dingen hatte es in Hexenkulten rituelle Bedeutung. War Windcastle nach einem bestimmten Schema errichtet worden?

Und welche Bedeutung hatten dann die Felsformation und die merkwürdige schwarze Lichtung in diesem magischen Dreieck?

Der Wind wurde stärker, fuhr durch Cliffs Haar und zerrte an seiner Kleidung. Seine Augen begannen zu tränen. Er wollte gerade wieder hinuntersteigen, als er das Geräusch eines herabfallenden Steins vernahm.

Bestieg noch jemand diesen Felsen? Cliff beugte sich vorsichtig über den Abgrund und schaute hinab.

Unten erkannte er eine vermummte Gestalt. Sie trug einen schwarzen Parka, dessen Kapuze fest um den Kopf gezogen war. Das Gesicht wurde von einem Schal verdeckt. Nur die Augen lagen frei.

Es war eine Frau. Sie hatte ihn noch nicht gesehen. Rasch zog sich Cliff in eine Felsnische zurück.

Seine Nerven waren bis zum Reißen gespannt. Wer war die Frau? Was wollte sie hier? Unten stand deutlich sichtbar der Winnebago; sie mußte wissen, daß sich jemand in der Nähe befand. Vielleicht hatte sie ihn ja sogar verfolgt.

Ein weiteres Geräusch klang an sein Ohr. Ein metallisches Quietschen. Das Tor zur Grotte! Vorsichtig beugte er sich abermals über den Rand und spähte hinab. Er konnte gerade noch sehen, wie die Frau in der Grotte verschwand.

Es war an der Zeit, das Versteckspiel zu beenden. Immerhin hatte er sich nichts zuschulden kommen lassen und konnte sich problemlos als neugieriger Tourist ausgeben. Vielleicht war dies die Gelegenheit, mehr über den Fels und auch Windcastle zu erfahren.

Cliff ging die Stufen hinab und war dabei bemüht, besonders laut zu sein. Er wollte nicht den Eindruck erwecken, sich angeschlichen zu haben.

Doch als er die Grotte erreichte … war diese leer!

Eine frisch aufgestellte schwarze Kerze warf ihr flackerndes Licht gespenstisch auf die kahlen, merkwürdig glatten Wände.

Cliff blieb wie vom Donner gerührt stehen.

Er hatte gesehen, wie die Gestalt die Grotte betreten hatte.

Es gab nirgendwo einen weiteren Zugang. Und die Höhle war so klein, daß sich nirgendwo eine Person versteckt halten konnte. Die schwarze Kerze war offensichtlich gerade erst entzündet worden.

»Hallo?« rief er. »Ist hier jemand?« Seine Stimme hörte sich seltsam hohl an. Niemand antwortete.

Zögernd betrat er die Grotte und strich mit der Hand über die glatten Felswände. Das Gestein war wie poliert. Es glänzte, so daß der Kerzenschein von ihnen reflektiert wurde. Cliff schaute zur Decke. Sie befand sich dreieinhalb Meter über seinem Kopf.

Und dort gab es tatsächlich einen zweiten, aber unerreichbaren Ausgang: ein kaum dreißig Zentimeter breites Loch in der Decke. Interessiert trat Cliff direkt darunter.

Das Loch war kreisrund und bildete den Anfang eines senkrecht in die Höhe führenden Schachtes, der bis zur Felsenspitze führte. Cliff konnte ein Stück des wolkenverhangenen Himmels sehen. Die Wände des Schachtes schienen genauso glatt wie die übrigen Wände. Außerdem war er viel zu eng und lag zu hoch, als daß die Frau ihn als Fluchtweg benutzt haben konnte.

Nachdenklich trat Cliff wieder ans Tageslicht. Allmählich wurde ihm klar, daß es in Windcastle eine Menge mehr aufzuklären gab als untypische Populationsstrukturen.

Er konnte es kaum erwarten, Windcastle ein zweites Mal aufzusuchen.

Als er mit seiner Kawasaki, die er für solche Ausflüge stets im Winnebago mit sich führte, in dem kleinen Städtchen einfuhr, war es Mittag. Mehr noch als beim erstenmal fiel ihm auf, daß sich tatsächlich fast nur Frauen auf den Straßen aufhielten. Mittlerweile waren mehr Kinder zu sehen. Sogar auffällig viele. Und es waren ausnahmslos Mädchen.

Auf seinem Motorrad fiel er mindestens genauso auf wie in seinem Winnebago. Cliff spürte, wie die Frauen ihn aus den Augenwinkeln beobachteten und ihm heimliche Blicke hinterherwarfen. Die Kinder waren da direkter: Sie konnten ihre Neugier nicht verbergen und starrten ihn offen an. Er kam sich vor wie ein Zirkusclown oder ein Halloween-Monster.

Im Vorbeifahren bemerkte er zwei Männer, die in einem Park die Bänke schrubbten. Sie schienen uralt, und ihre gebeugten Rücken zeugten von jahrelanger harter Arbeit. Eigentlich hätten die beiden auf einer Veranda im Schaukelstuhl sitzen und ihren Ruhestand genießen sollen.

Cliffs Neugier war geweckt. Er drosselte die Geschwindigkeit und lenkte die Kawasaki zu dem kiesbestreuten Parkweg, der zu den beiden Männern führte.

Als sie ihn sahen, verdrückten sie sich unvermittelt in die Büsche. Offensichtlich hatten sie nicht das geringste Interesse daran, Cliffs Bekanntschaft zu machen.

Kein Interesse ... *oder Angst*, dachte Cliff.

Er wendete das Bike und fuhr wieder zurück auf die Straße. Als er zurückschaute, waren die beiden Alten wieder aus ihrem Gebüsch aufgetaucht und sahen ihm hinterher.

Nach und nach fielen ihm bei seiner Rundfahrt noch weitere Männer auf. Alle wirkten sie seltsam unscheinbar. Und alle waren sie alt und von Jahren körperlich harter Arbeit gebeugt. Wenn sie ihn sahen, schienen sie sich noch weiter zusammenzuducken. Ausnahmslos verrichteten sie niedere Arbeiten, putzten Bänke, fegten Bürgersteige, reinigten Fensterscheiben, sammelten Abfall, stutzten Hecken.

Kein Wunder, daß Windcastle wie geleckt aussieht, dachte Cliff. Deswegen war hier alles so blitzblank und sauber: Die Männer sorgten dafür.

Ein immer unwirklicheres Gefühl beschlich ihn.

Wisconsin, 4. Januar, 21 Uhr 25

»Irgendwie habe ich mir unsere Hochzeitsreise anders vorgestellt«, sagte Susan. Sie hatte noch immer eine Gänsehaut. »Diese Ärztin kam mir vor wie ein Todesengel. Überhaupt: Diese ganze merkwürdige Stadt ...«

»Wir haben es ja hinter uns«, beruhigte Richard sie. Er

wußte, daß dies nur die halbe Wahrheit war. Sie konnten die Vorfälle nicht auf sich beruhen lassen. Irgendwann würden sie eine Erklärung dafür finden müssen.

Sie mußten sich der Polizei anvertrauen. Allein aus dem Grund, um nicht die nächsten zehn Jahre von Alpträumen gepeinigt Nacht für Nacht schreiend aufzuwachen. Bei Tageslicht würde alles anders aussehen. Es würde im wahrsten Sinne des Wortes Licht in das Dunkel bringen.

Nur: Von der Morgendämmerung waren sie so weit entfernt wie ein Stern vom anderen. Die Nacht würde lang werden ...

Mit einer Hand hielt Richard das Steuer, die andere Hand hatte er um Susans Schultern gelegt. Sie kuschelte sich eng an ihn heran.

Es war noch um ein paar Grade kälter geworden, aber er fuhr immer noch mit offenem Verdeck. Wenn er ehrlich war, so mußte er sich eingestehen, daß er es einfach nicht über sich brachte, zu halten und das Verdeck zu schließen.

Er hatte schlicht und einfach Angst davor, anzuhalten. Nur die Scheinwerfer des Thunderbird trennten sie von Nacht und Dunkelheit. Links und rechts in den Wäldern mochte alles mögliche lauern. Leichen. Und Schwerverletzte, die plötzlich verschwanden. Merkwürdige Lichter, die in der Luft stillstanden, um sich im nächsten Moment mit atemberaubender Geschwindigkeit zu bewegen. Nein, er verspürte nicht die geringste Lust, die Flucht – denn genau das war es – auch nur kurz zu unterbrechen. Lieber nahm er die Kälte in Kauf.

Susan schien seine Gedanken zu teilen. Obwohl sie offensichtlich fror, machte sie nicht einmal den Vorschlag, er sollte anhalten.

Der Wald, durch die die Straße schnurgerade führte, schien gar kein Ende zu nehmen. Weder stießen sie auf irgendwelche Hinweisschilder noch auf ein Motel. Aber er wußte, daß sie die nächste auf der Karte verzeichnete Stadt irgendwann erreichen mußten. Für einen Moment mußte er grinsen, als sich die irre Vorstellung in seine Gedanken schlich, daß sie vielleicht gar nicht mehr in der Wirklichkeit unterwegs waren, sondern irgendwann in die ›Twilight Zone‹ abgebogen waren.

Aber das Grinsen hielt sich nicht lange. Und der amüsante Gedanke entwickelte rasch eine unheimliche Eigendynamik außerhalb jeder Logik.

»Warum stoßen wir nicht endlich auf eine Ansiedlung oder wenigstens auf ein Motel?« fragte nun auch Susan. Als hätte sie seine Gedanken gelesen.

Ihre Selbstsicherheit nahm mit jeder Minute, die sie weiter durch diese endlosen Wälder fuhren, mehr ab.

Stell dich nicht so an, du dumme Gans! rief sie sich zur Ordnung. *Da bist du froh, daß du endlich aus Mums und Dads Klauen entwischt bist, und bei der erstbesten Gelegenheit willst du dich gleich wieder bei ihnen verkriechen!*

Doch war sie bei ihren Eltern nicht stets in Sicherheit gewesen? Ihr Dad war immerhin einer der einflußreichsten Senatoren in Washington. Bisher war ihr das gleichgültig gewesen, aber plötzlich war es der beruhigendste Gedanke, den sie je im Leben gehabt hatte. Was immer auch passieren würde: Daddy würde sie hier rausholen. Und wenn er die Nationalgarde mobilisieren mußte. Richard nahm die Hand von ihrer Schulter.

»Bitte, halt mich fest«, sagte Susan.

»Sorry, Schatz, aber die Straße ist hier so uneben, daß ich lieber beide Hände zum Lenken nehme …«

Mit jedem weiteren Kilometer wurde die Straße holpriger. Richard hielt das Lenkrad fest mit beiden Händen umklammert.

»Bist du dir sicher, daß wir noch auf dem richtigen Weg sind?« fragte Susan zweifelnd.

Die ›Twilight Zone‹. Die Straße ins Nirgendwo …

»Es gibt hier nur diese eine Bundesstraße«, sagte Richard, aber in seiner Stimme lag ein Hauch von Zweifel. Tief im Innern mußte er sich eingestehen, daß auch er nicht mehr sicher war. »Außerdem sind wir nirgendwo abgebogen«, fuhr er fort. »Geschweige denn, daß es irgendwo eine Abzweigung gegeben *hätte.*«

Er drosselte das Tempo. Die Straße wurde so uneben, daß die Karosserie mit dem Boden Bekanntschaft machte. Der Asphalt schien nur noch aus Schlaglöchern zu bestehen.

»Die Bäume!« schrie Susan plötzlich. »Sie bewegen sich!«

Die Zweige peitschten tatsächlich in Richtung Straße, als wollten sie nach dem Wagen greifen. Die Straße wurde so eng, daß sie nur die Arme hätten auszustrecken brauchen, um die Zweige zu berühren.

»Unsinn. Das ist der Wind«, beruhigte Richard seine junge Frau.

»Nein, ich habe es deutlich gesehen«, beharrte Susan. Ihre Stimme klang schrill. »Die Bäume schlagen nach uns!«

In der Finsternis rechts und links des Wagens kam es auch Richard fast so vor, als würde der Wald stetig näher an sie heranrücken. In Wahrheit verjüngte sich die Straße immer mehr. Mittlerweile war sie wirklich nicht mehr als ein holpriger Pfad.

»Es hat keinen Zweck«, sagte Richard schließlich. »Wir müssen wenden und zurückfahren. Vielleicht haben wir wirklich irgendeine Abzweigung verpaßt.« So panikartig, wie sie aus Windcastle geflüchtet waren, wäre dies gar kein Wunder gewesen.

»Aber dann landen wir wieder in dieser schrecklichen Stadt!« sagte Susan mit angsterfüllter Stimme. Sie kauerte sich wie ein verängstigtes Kind auf dem Sitz zusammen.

Etwas krachte gegen die vordere Stoßstange. Der Wagen kam mit einem Ruck zum Stehen. Sie wurden beide nach vorn geschleudert und mit einem Ruck wieder zurück in die Sitze gepreßt.

»Wahrscheinlich ein Ast«, sagte Richard und öffnete die Fahrertür. Susans Schrei hielt ihn zurück.

»Steig nicht aus, Richard! Ich spüre, daß dort draußen etwas ... etwas wartet. Es will uns nur herauslocken!«

Richard verharrte in der Bewegung. In seiner Phantasie sah er dort draußen in der Dunkelheit ein grauenvolles, geiferndes Ungeheuer mit riesigen Fängen liegen. Es wartete nur darauf, daß er ausstieg, um zuzuschnappen.

Dann bemühte er sein letztes Bißchen klaren Verstand und schüttelte den Kopf.

»Das ist nun wirklich Unsinn«, sagte er zu Susan. »Da draußen ist nichts. Sei doch vernünftig. Wenn ich nicht nachschaue, kommen wir gar nicht von hier fort.«

»Richard, bitte, ich flehe dich an!«

Er stieß die Tür auf und bereitete damit ihrem Jammern ein

Ende. Wenn das so weiterging, würden sie sich noch völlig verrückt machen.

JUNGES EHEPAAR IM WALD VERIRRT. TODESURSACHE: ANGST! Er sah die Schlagzeilen der Zeitungen förmlich vor Augen.

Er stieg aus.

Da sah er wieder die Lichter.

Sie befanden sich schräg über ihm in den Bäumen. Es war unmöglich zu sagen, wie weit sie entfernt waren, aber es waren keine Sterne. Dafür strahlten sie viel zu hell.

Gleißender noch als die Scheinwerfer des Thunderbird, die ihn blendeten, so daß er die Augen zusammenkneifen mußte. Er bückte sich und schaute unter dem Wagen nach. Er konnte nichts erkennen. Unter der Karosserie war es zu dunkel.

Er tastete mit der linken Hand darunter. Da fühlte er es. Es war hart wie ein armdicker Ast, aber es fühlte sich glitschig wie feuchter Schimmel an.

Etwas wartet.

Er mußte plötzlich wieder an Susans Worte denken. Seine Hand zuckte zurück.

Eine Sekunde zu spät.

Ein fürchterlicher Schmerz durchzuckte die Hand. Rasiermesserscharfe, nadelspitze Zähne bohrten sich tief in das Fleisch. Blut spritzte. Sehnen rissen.

Er schrie wie am Spieß, wollte die Hand zurückreißen, aber sie wurde unerbittlich festgehalten. Als würde sie in einer Schraubzwinge stecken! Richard bäumte sich auf. Jenseits der Wand des Schmerzes sah er Susan hinter der Windschutzscheibe. Sie starrte ihn an. Entsetzt. Mit Irrsinn in den Augen.

Sie sprang auf den Fahrersitz, löste die Handbremse. Ihr Fuß drückte das Gaspedal bis zum Anschlag. Der bloße Instinkt ließ Richard sich herumwerfen.

Noch immer steckte seine Hand fest. Das linke Vorderrad zerquetschte seinen Unterarm, dann war er frei.

Dort, wo seine Hand gewesen war, befand sich nur noch ein blutiger Stumpf. Er spürte, wie die Wogen der Ohnmacht bedrohlich nahe um ihn herumschwappten. Seine Umgebung geriet ins Wanken. Seltsamerweise spürte er kaum Schmerzen. Noch wirkte der Schock.

Das Quietschen der Bremsen erreichte seinen Verstand wie durch eine Watteschicht. Die roten Hecklichter des Thunderbird verharrten zehn Meter von ihm entfernt. Susan sprang heraus und kam zu ihm hingelaufen.

»Ich mußte es tun«, stammelte sie, immer wieder. »Ich mußte es tun.«

Dachte sie, daß sie ihm die Hand abgefahren hatte? Er wußte es besser.

Von dem Ding, das seine Hand verschlungen hatte, war nichts zu sehen. Er wollte es ihr sagen, sie warnen, aber er brachte keinen vernünftigen Satz heraus.

Mit schier übermenschlichen Kräften zog sie ihn ins Auto. Schweratmend kam er auf dem Rücksitz zum Liegen. Sie zog sich den Gürtel von der Hose, schlang ihn um den Armstumpf und zog ihn fest zusammen. So hatte sie es in einem Erste-Hilfe-Kurs gelernt. Die Aderpresse würde die Blutung stoppen.

Zusätzlich nahm sie das Fensterleder, das zusammengerollt zwischen Armaturen und Frontscheibe klemmte, und legte es auf den blutigen Stumpf. Sie beschwor Richard, es auf die Wunde gedrückt zu halten.

Dann sprang sie auf den Fahrersitz und gab Gas. Die Wand aus wogenden Kiefernzweigen schien vor ihrer plötzlichen Wut und Energie zurückzuzucken. Der Pfad verbreitete sich *(die Bäume wichen zurück!)*, die Schlaglöcher schienen sich vor ihren Augen zu schließen, und glatter Asphalt ließ den Thunderbird ruhig wie auf Schienen gleiten.

»Wir schaffen es, Richard!« schrie sie. »Mein Gott, wir schaffen es!«

Im Lichtkegel der Scheinwerfer tauchte ein Ortsschild auf. Susan fuhr langsamer, um zu lesen, wie die Stadt hieß, die sie erreicht hatten:

WINDCASTLE
WILLKOMMEN IN WISCONSINS
FREUNDLICHSTEM PARADIES!

Windcastle, Wisconsin, 16. Januar, 13 Uhr 25

Normas Restaurant war zum Bersten gefüllt. Das Essen war vorzüglich. Cliff schob sich den letzten Bissen seines Steaks in den Mund und kaute es mit Behagen.

Er saß an einem Einzeltisch ganz in der Nähe der Küche. ›Katzentisch‹ hätte er normalerweise dazu gesagt. Angesichts des besonderen Vorteils, den ihm der Platz bot, hatte er allerdings keinen Grund, sich zu beschweren. Der Tisch befand sich in einer kleinen Nische. Cliff saß mit dem Rücken zur Wand und konnte die übrigen Gäste gut beobachten.

Es waren ausnahmslos Frauen. Sie saßen zum Teil allein, aber auch zu mehreren an den Tischen. Das Bedienungspersonal bestand dagegen ausschließlich aus Männern. Sie waren jünger als die, denen Cliff bislang begegnet war; trotzdem war keiner von ihnen unter Fünfzig. Eifrig umdienerten sie die Frauen.

Norma stand hinter der Theke und dirigierte routiniert ihre Belegschaft. Offensichtlich hatte sie alles gut im Griff.

Cliff hätte sich nur zu gern noch einmal mit ihr unterhalten, aber sie hatte keine Zeit für ihn, ging ihm aus dem Weg und mied seinen Blick. Vielleicht war ihre Einladung auch nicht ernst gemeint gewesen.

Cliff bestellte einen Nachtisch und einen Kaffee. Allmählich leerte sich das Restaurant. Und schließlich gelang es Norma nicht mehr, Cliffs Blicken auszuweichen. Er nickte ihr zu, und nach kurzem Zögern kam sie zu ihm an den Tisch. In ihren Augen lag jener rätselhafte Kummer, der ihm schon bei ihrer ersten Begegnung aufgefallen war.

»Setzen Sie sich doch«, sagte er und fügte schnell hinzu: »Natürlich nur, wenn Sie Zeit haben.« Er schaute in die Runde. »Oder haben Sie Angst, jemand könnte etwas dagegen haben?«

Sie lächelte unergründlich und setzte sich.

»Was wollen Sie wirklich hier?« fragte sie und sah ihn mit ihren grünen Katzenaugen forschend an.

Cliff machte ein unschuldiges Gesicht. »Sie haben mich doch eingeladen.«

»Ich hatte nicht geglaubt, daß Sie wirklich noch einmal herkommen würden. Sie haben mir einfach leid getan.«

»Sie meinen, weil Sie mir fast den Kopf eingeschlagen haben?«

Sie sah sich unauffällig um. Die wenigen Frauen, die noch im Lokal waren, schienen kein Interesse an ihr und Cliff zu haben.

»Sie sind anders als die anderen«, sagte sie schließlich. »Ich möchte nicht, daß ... Sie in Schwierigkeiten kommen.«

»Wenn Sie mich warnen wollen, dann sprechen Sie es doch aus!« forderte Cliff drängend. Irgendwie hatte er das Gefühl, daß Norma ihm nichts vorspielte. Sie schien tatsächlich um ihn besorgt zu sein. »Welche Art von Schwierigkeiten meinen Sie?«

»Nichts ... Bestimmtes. Ich möchte Ihnen nur raten, aus Windcastle zu verschwinden. Nicht alle von uns ... mögen Fremde.«

»Fremde? Oder meinen Sie *Männer*?«

Sie erwiderte nichts darauf.

Cliff beugte sich vor. Er wußte nicht, ob es richtig war, aber auch er wollte mit offenen Karten spielen. »Ich bin nicht so ahnungslos, wie Sie denken«, sagte er. »Und auch Sie scheinen hier Ihre Probleme zu haben, wenn mich nicht alles täuscht. Vielleicht kann ich Ihnen helfen ...«

Plötzlich wurde er sich der Stille bewußt, die mit einemmal in dem Lokal herrschte. Die Tür war aufgegangen. Sheriff Anderson betrat den Raum. Ihr Blick huschte umher. Als sie Cliff erkannte, lächelte sie spöttisch, sagte aber nichts. Mit bedächtigen Schritten steuerte sie einen leeren Tisch an und setzte sich.

»Kommen Sie heute abend wieder«, flüsterte Norma. »Ich wohne über dem Restaurant. Aber seien Sie vorsichtig – bis dahin.« Sie erhob sich und verschwand wieder hinter der Theke. Sheriff Anderson verfolgte ihren Rückzug mit eiskalten Augen.

Cliff ließ sich sein Unbehagen nicht anmerken. Er nippte an seinem Kaffee.

Gleich zwei Kellner wieselten auf Sheriff Anderson zu und beeilten sich, ihre Wünsche zu erfüllen. Auch in der Küche schien der weibliche Gesetzeshüter einen gefürchteten Ruf zu besitzen. Bereits nach wenigen Minuten kamen die Kellner herausgestürzt und servierten ihr das Gewünschte. Einer von ihnen, ein hoch aufgeschossener, spindeldürrer Mann mit zerfurchten Gesichtszügen, goß dem Sheriff Wasser in ein Glas.

Dabei passierte es! Er war so nervös, daß er sich ungeschickt und linkisch anstellte. Beim Absetzen stieß der Wasserkrug gegen das Glas – und warf es um. Eine winzige Flutwelle schwappte über Tisch und Teller bis auf Andersons schmucke Uniformhose. Mit einem Fluch sprang die Frau auf.

»Du verdammter Nichtsnutz!« wütete sie.

Der Kellner wich ängstlich zurück. Seine ganze Körperhaltung drückte Furcht vor drohender Strafe aus. Mit einem Tuch versuchte er die Wasserlache unter Kontrolle zu bringen. Sheriff Anderson riß es ihm aus der Hand.

Wie ein Hund sank der Mann auf die Knie und begann zu winseln. Cliff wurde übel. Er erhob sich. Er hatte nicht vor, einzugreifen und abermals Sheriff Andersons besondere Aufmerksamkeit zu erregen. Andererseits hatte er auch nicht die geringste Lust, sich dieses entwürdigende Schauspiel länger mit anzusehen.

Aber er *hatte* bereits ihre Aufmerksamkeit erweckt.

»Wenn du auch nur einen Schritt näher kommst, wanderst du in den Bau!« fauchte sie Cliff an. Offensichtlich hatte sie sein Aufstehen falsch gedeutet.

Cliff verharrte auf der Stelle. Er hatte bereits genug Porzellan zerschlagen. Also ballte er schweigend die Fäuste und bemühte sich, seine Wut nicht offen zu zeigen.

Sheriff Anderson wandte sich wieder an den glücklosen Kellner. »Ich sollte dafür sorgen, daß du deinen Job und alle Privilegien verlierst!« bellte sie und zog ihre Uniformjacke straff. »Aber ich lasse Gnade vor Recht ergehen. Sei gewarnt: ein weiterer Vorfall, und …«

Sie ließ offen, was ihre Strafe dafür sein würde, unabsichtlich etwas Wasser zu verschütten, und Cliffs Phantasie reichte nicht aus, es zu erraten.

Privilegien? Wenn das die Vorzüge des Mannseins in dieser

Stadt waren, wie mochten dann erst die Benachteiligungen aussehen?

Der Kellner nickte hastig und floh aus ihrer Reichweite. Sheriff Anderson nahm an einem anderen Tisch Platz. Ein zweiter Bediensteter beeilte sich, ihr neues Essen zu servieren. Seine Hände zitterten.

Cliff ging an ihrem Tisch vorbei, warf ihr noch einen kalten Blick zu und verließ das Restaurant. Draußen atmete er tief durch. Er verstand es nicht. Was war mit den Männern in dieser Stadt los? Sie schienen nichts weiter als willenlose Sklaven und Fußabtreter für die Frauen zu sein. Stumm und devot ließen sie alles über sich ergehen ...

In Gedanken versunken schlenderte er über den Marktplatz. Es war an der Zeit, daß Judy endlich eintraf. Sie als Frau würde hier sicherlich mehr erreichen als er.

Ohne daß es ihm bewußt war, führten ihn seine Schritte zu dem Brunnen, der ihm bereits bei seiner Ankunft aufgefallen war. Es handelte sich um eine moderne Plastik. Cliff rätselte, was sie wohl darstellen mochte.

Entfernt erinnerte sie ihn an ein futuristisches Radargerät. Aus der Spitze schoß ein in Plexiglas eingefaßter Wasserstrahl hoch empor. Um die Plastik herum entsprangen kleinere Wasserfontänen. Ein niedriger Zaun faßte das ganze Areal ein.

Was hatte der Künstler wohl mit seinem Werk ausdrücken wollen? Eine Huldigung an die moderne Technik? Oder eher eine Kritik an derselben? Cliff horchte in sich hinein und versuchte zu ergründen, was die Plastik in ihm auslöste.

In diesem Moment wurde er gestört.

»Was machst du da, Mister?«

Cliff sah sich um. Ein etwa sechsjähriges Mädchen stand neben ihm und funkelte ihn empört an. Die Kleine hatte lustige Sommersprossen, und ihre rotblonden Haare waren zu einem Pferdeschwanz gebunden.

»Ich schaue mir nur euren schönen Brunnen an«, sagte Cliff.

»Das ist aber verboten, Mister!«

Cliff tat erstaunt. »Wo steht das?«

»Wenn Sheriff Anderson das sieht, wird sie ganz böse auf dich.«

Sheriff Anderson, der Kinderschreck. Wahrscheinlich drohte man schon den Kleinsten damit, so wie andernorts mit dem Bogeyman. *Wenn du nicht brav bist, holt dich Sheriff Anderson und frißt dich auf!*

»Danke für die Warnung«, sagte Cliff. »Da hast du mich ja vor Sheriff Anderson gerettet.« Er wählte seine Worte ganz bewußt, um dem Kind zu schmeicheln. Vielleicht konnte er die Gelegenheit ja nutzen, um die Kleine etwas aushorchen.

»Wie heißt du denn?« fragte er.

»Nancy. Aber ich darf nicht mit Männern sprechen«, sagte sie. Trotzdem blieb sie neugierig stehen. »Ich weiß, wer du bist. Du bist der Besucher.«

Cliff nickte, verblüfft, daß sich sein Erscheinen bereits bei den Kindern herumgesprochen hatte.

»Na ja«, sagte er. »Eigentlich *be*suche suche ich gar keinen, sondern ich *suche* jemanden.« Er senkte seine Stimme zu einem Raunen. »Kannst du ein Geheimnis für dich behalten, Nancy?«

Das Mädchen nickte eifrig. »Versprochen, Mister.«

Cliff bemühte sich um einen verschwörerischen Blick. »Ich suche meine Schwester und ihren Ehemann«, sagte er. »Sie haben sich nach ihrer Hochzeit gleich aus dem Staub gemacht. Dabei habe ich noch ein Geschenk für die beiden.«

»Haben sie denn Geburtstag?«

»Nein, ich sagte ja, sie haben geheiratet.«

Nancy zog die Stirn in krause Falten. »Was ist heiraten?«

»Deine Mum und dein Dad sind doch sicher verheiratet.«

»Was ist ein Dad?«

Cliff stutzte. Konnte es sein, daß Begriffe wie ›Heirat‹ oder ›Dad‹ in Windcastle unbekannt waren? *Es gibt keine Ehen und keine Väter,* fuhr es ihm durch den Kopf.

Ein absurder Gedanke.

Er wollte das Mädchen nicht noch weiter verunsichern, deshalb ging er nicht auf die Frage ein, sondern verfolgte seine ursprüngliche Idee weiter.

»Na ja, jedenfalls suche ich die beiden«, sagte er. »Meine Schwester ist sehr schön. Sie hat lange blonde Haare. Und ihr Mann hat auch lange Haare. Sie reichen ihm bis zur Schulter. Er ist Musiker. Außerdem fahren sie in einem schönen knallroten Wagen ...«

Nancy nickte eifrig. »Ich weiß.«

Cliff hielt den Atem an. »Hast du sie gesehen?«

»Natürlich, sie sind doch ...«

»Nancy!«

Das Mädchen fuhr erschrocken herum.

»Oje, jetzt gibt's Ärger, Mister«, flüsterte Nancy. »Meine Mutter!«

Die Frau sah Cliff feindselig an. Dann wandte sie sich wieder ihrer Tochter zu. »Komm sofort her, Nancy!«

Das Mädchen warf Cliff noch einen verschwörerischen Blick zu und trollte sich. Dann wurde es von der Mutter fortgezogen. Als wäre Cliff ein Aussätziger, vor dem man die Kinder schützen mußte. Er sah den beiden hinterher und fluchte innerlich. Er war so nahe dran gewesen. Warum hatte die Mutter nicht ein paar Sekunden später auftauchen können!

Weil sie einen sechsten Sinn hat, fuhr es ihm durch den Kopf. Ein absurder Gedanke. Aber einer, der ihn nicht mehr losließ. Die Mutter war just in dem Augenblick aufgetaucht, als das Mädchen das Geheimnis ausplaudern wollte.

Die Lust, den Brunnen weiter in Augenschein zu nehmen, war ihm für den Augenblick vergangen. Er spürte, wie der Vorfall auch die Aufmerksamkeit der anderen Passanten auf dem Marktplatz geweckt hatte. Trotzdem – irgendein Geheimnis barg diese Plastik. Warum sonst sollte es *(nur Männern?)* verboten sein, sie anzuschauen? Vielleicht sollte er den merkwürdigen Brunnen noch einmal im Schutze der Dunkelheit genauer untersuchen.

Cliff sah auf die Uhr. Kurz vor zwei. Noch viel Zeit bis zum Anbruch der Dämmerung.

Sein Kopf machte sich plötzlich schmerzhaft bemerkbar. Das fehlte ihm noch. An den Schlag, den ihm Norma verpaßt hatte, hatte er gar nicht mehr gedacht. Die Beule war kaum zu fühlen, aber darunter saß ein Pochen, das mit jeder Sekunde stärker wurde.

Er setzte sich auf eine Bank und hielt sich den Kopf. Es schien ihm, als würde sich der Schmerz rasend schnell ausbreiten. Wie von einem vereiterten, entzündeten Zahn, an den der Bohrer angesetzt wurde. Hatte er vielleicht doch mehr davongetragen, als er im ersten Moment angenommen hatte?

Dr. Walker! Plötzlich fiel ihm der Name, den ihm Norma genannt hatte, wieder ein. Diese Dr. Walker hatte ihn während seiner Ohnmacht behandelt. Norma hatte davon gesprochen, daß er sie noch einmal aufsuchen sollte, wenn sein Kopf sich wieder bemerkbar machte.

Unter rasenden Schmerzen suchte er in seiner Tasche nach der Karte, die ihm Norma gegeben hatte. Endlich fand er sie: *Dr. Emilou Walker. Sprechstunden nach Vereinbarung.* Darunter standen die Telefonnummer und die Adresse.

Er bemühte sich aufzustehen. Sein Kopf schien dabei zu zerspringen. Er schaute sich um. Die Passanten gingen ihm aus dem Weg, wichen ihm aus, als hätte er eine ansteckende Krankheit. Er wankte auf eine Frau zu.

»Bitte helfen Sie mir«, stöhnte er. »Wo finde ich ... diese Adresse?« Er hielt ihr die Karte hin. Die Frau sah ihn nur geringschätzig an und ging dann weiter. Und der Schmerz wurde immer bohrender.

Norma! Sie würde ihm helfen!

Cliff wankte zurück zum Restaurant.

Dabei machte er eine erstaunliche Entdeckung: Mit jedem Schritt dorthin verebbte auch der Schmerz wieder!

Schweratmend blieb er stehen und schaute zu dem seltsamen Brunnen zurück. Konnte es sein, daß die Plastik der Auslöser für seine Kopfschmerzen war?

Er machte die Probe aufs Exempel und bewegte sich wieder ein paar Schritte auf den Brunnen zu.

Sofort wurde auch der Kopfschmerz wieder heftiger. Auf die anderen Passanten schien die Skulptur diesen Einfluß nicht zu haben.

Cliff beeilte sich, aus dem Einflußbereich des Brunnens zu gelangen. Bald war der Kopfschmerz völlig verschwunden.

Jetzt, nachdem er wieder klar denken konnte, wußte Cliff auch mit der Adresse auf der Visitenkarte etwas anzufangen. Er hatte die Straße vorhin mit dem Motorrad durchfahren. Zu Fuß war sie höchstens fünf Minuten entfernt.

Er überlegte einen Moment. Sollte er Dr. Walker überhaupt noch aufsuchen? Jeder vernünftige Arzt würde ihn auslachen, wenn er von seiner Beobachtung erzählte. Außerdem hatte er das unbestimmte Gefühl, daß der Einfluß des Brunnens nicht zufälliger Natur war. Vielleicht übte er den verderblichen Einfluß nur auf Männer aus – und die Frauen der Stadt wußten davon.

Allerdings wäre ein Besuch bei Dr. Walker eine gute Gelegenheit, mit einer weiteren Einwohnerin Windcastles in Kontakt zu treten. Bislang kannte er nur Norma, Sheriff Anderson und die kleine Nancy. Er mußte der Ärztin ja nicht auf die Nase binden, daß er die Brunnenplastik für seine Kopfschmerzen verantwortlich machte.

Nach wenigen Minuten hatte er die Praxis erreicht und klingelte. Eine Weile tat sich nichts, dann waren hinter der Tür schwere Schritte zu vernehmen. Einen Moment später wurde sie geöffnet.

Cliff wäre fast zurückgeprallt, beherrschte sich aber im letzten Moment. Die Frau erinnerte ihn so sehr an eine Kröte, daß es fast schon grotesk war.

»Was wollen Sie?« herrschte sie ihn an.

»Ich möchte Dr. Walker sprechen«, sagte Cliff freundlich.

»Steht Ihnen gegenüber. Also raus mit der Sprache.«

Wenn Sie so mit allen ihren Patienten umsprang, konnte sie nicht viele davon haben. Cliff bemühte sich, gute Miene zum bösen Spiel zu machen.

»Man sagte mir, daß Sie mich heute morgen behandelt haben. Ich sollte wiederkommen, wenn der Kopfschmerz sich meldet.«

»Ich habe jetzt keine Lust«, entgegnete Dr. Walker. Sie wollte ihm die Tür vor der Nase zuschlagen, aber Cliff setzte geistesgegenwärtig einen Fuß dazwischen. Er glaubte sich verhört zu haben.

»Sie haben *was* nicht?« fragte er ungläubig.

Dr. Walker funkelte ihn zornig an. »Ich suche mir meine Patienten selbst aus. Und im Moment habe ich nicht die geringste Lust, Sie zu behandeln. Verschwinden Sie, bevor ich die Polizei rufe!«

Cliff nahm den Fuß aus der Tür. Dr. Walker schlug sie zu. Er war zu überrascht, um wütend zu werden. Die Ärztin behandelte ihn wie einen Hund – und offensichtlich schien es für sie ein ganz normaler Vorgang zu sein.

Was zum Teufel ging hier nur vor?

Wisconsin, 4. Januar, 23 Uhr 12

Susan kam sich vor wie im schlimmsten Alptraum ihres Lebens. Es war schlichtweg *unmöglich*, daß das Ortsschild vor ihnen in der Nacht aufgetaucht war. Sie waren immer nur geradeaus gefahren. Es *konnte* sich nicht um das gleiche Windcastle handeln, das sie zuvor fluchtartig verlassen hatten.

Trotzdem: Es *war* der gleiche Ort.

Susan drosselte die Geschwindigkeit und fuhr langsam die Durchgangsstraße entlang. Alles lag im Dunkeln, genau wie bei ihrer ersten Ankunft.

Sie schaute kurz nach hinten. Richard lag zusammengekrümmt auf der Rückbank und stöhnte leise.

Nein, sie würde nicht den Fehler machen und in dieser Stadt nach einem Arzt suchen. Sie würde erst anhalten, wenn sie weit, weit weg von hier war. Als sie das Ortsschild an der Ausfahrt erreichte, gab sie wieder Gas. Es graute ihr vor den endlosen Kiefernwäldern. Aber sie biß trotzig die Zähne zusammen und hielt das Lenkrad mit beiden Händen fest umklammert.

Vielleicht, so redete sie sich ein, gab es ja wirklich zwei Windcastles, die sich wie ein Ei dem anderen glichen.

Natürlich wußte sie, daß dies Unsinn war. Aber sie klammerte sich an die irreale Vorstellung, um überhaupt irgendwo Halt zu finden.

Nach fünfzehn weiteren Minuten war ihre Hoffnung wieder größer geworden. Es konnte nicht die gleiche Straße sein, die sie beim ersten Mal gefahren waren. Zwar führte auch sie schnurgerade und ebenmäßig durch die Wälder, aber es gab nicht die Spur von einer Unebenheit. Keine Schlaglöcher, keine Verengung. Die Bäume blieben, wo sie waren.

Der Wagen rollte gleichmäßig dahin. Alles schien gut zu werden. Dennoch wurde sich Susan einer weiteren Merkwürdigkeit bewußt: Wieso war ihnen in all der Zeit nicht ein einziger Wagen entgegengekommen? Schließlich war das hier kein Waldweg, sondern eine Bundesstraße.

Aber auch auf diese Frage gab es keine Antwort.

Auf dem Rücksitz war Richard verstummt. Vielleicht war er ohnmächtig geworden. Doch sie wagte noch immer nicht, anzuhalten. Richard würde es schaffen, ganz bestimmt! Mehrmals hatte sich Susan mit einem Blick nach hinten überzeugt, daß sein abgebundener Armstumpf nicht mehr blutete. Sie konnte nichts für ihn tun.

Außer, so schnell wie möglich irgendwo Hilfe für ihn zu finden.

Sie hatte den Gedanken kaum zu Ende gedacht, als ihr Blick wieder in den Rückspiegel fiel. Bislang hatte sie dort nur endlose Dunkelheit erblickt. Nun jedoch waren zwei weit entfernte weiße Punkte zu sehen.

Ein Scheinwerferpaar!

Sie nahm ein wenig Gas weg, so daß der Thunderbird langsamer wurde. Die Lichter aber kamen nicht näher heran. Hatte der hinter ihr fahrende Wagen ebenfalls die Geschwindigkeit gedrosselt?

Da wurde ihr klar, daß es gar keine Scheinwerfer waren: Es waren die Lichter aus dem Wald, die sie verfolgten! Sie drückte das Gaspedal bis zum Bodenblech durch, aber auch das half nichts. Die beiden Lichtpunkte hielten sich auf gleichbleibender Distanz.

Susan spürte, daß sie diese Anspannung nicht mehr lange durchhalten würde. Ihre Stimmungsschwankungen, die pausenlos von hoffnungsvoller Zuversicht zu lähmender Hoffnungslosigkeit wechselten, zermürbten sie.

Oh, Daddy, dachte sie. *Wenn du nur bei mir wärst!*

In diesem Moment klingelte das Telefon. Es war ein Laut, der sie völlig überraschte. Sie bekam fast einen Schreianfall.

Ihr Handy!

Sie hatte es zur Hochzeit geschenkt bekommen und bei der ganzen Aufregung schlicht vergessen. Sie wußte nicht einmal genau zu sagen, wo es sich befand!

Hastig versuchte sie das gedämpfte elektronische Zirpen zu lokalisieren.

Das Handschuhfach! Mit zitternder Hand tastete sie danach, öffnete es und zog das Handy hervor. In ihrer Panik fand sie nicht sofort den richtigen Knopf, um den Anruf anzunehmen. Der Wagen geriet aus der Spur, und sie brachte ihn im letzten Moment wieder unter Kontrolle. Dann endlich hatte sie die Taste betätigt.

»Hallo!« rief sie in den Hörer hinein.

Im ersten Moment vernahm sie nur ein lautes Rauschen und Knistern. Darunter war ein eigenartiges Stimmengewirr zu hören, als würden ein paar Dutzend Anrufer gleichzeitig von weit entfernt zu ihr sprechen.

»Hallo!« Diesmal schrie sie fast. »Hier ist Susan Wenker! Wer ist da? Bitte melden Sie sich doch!«

Das Rauschen und das Stimmengewirr ebbten tatsächlich etwas ab. Dann vernahm sie die Stimme, die sie am meisten herbeigesehnt hatte.

»Susan!« Es klang immer noch verzerrt und war kaum zu verstehen, aber sie wußte plötzlich, daß der Himmel ihre Stoßgebete erhört hatte. Ihr Vater!

»Dad? Dad!« stammelte sie. »Kannst du mich verstehen?«

»Sehr gut, mein Kind. Wo steckst du? Was ist los? Du klingst so aufgeregt!«

Sie schluchzte. Mein Gott, wo sollte sie nur beginnen?

»Wir ... wir hatten einen entsetzlichen ... Unfall«, stammelte sie. »Richards Hand, sie ist ...« Ihr versagte die Stimme.

»Was ist passiert? Erzähl es mir! In aller Ruhe.«

Die Stimme ihres Vaters gab Susan die Kraft, sich zu sammeln. In raschen Worten schilderte sie, was ihnen in den letzten Stunden widerfahren war.

»Windcastle, sagst du? Warte, ich schaue im Straßenatlas nach. Bleib dran, Kind!«

Sie hielt das Handy fest ans Ohr gepreßt, aus Angst, die Verbindung könnte plötzlich unterbrochen werden. Die merkwürdigen Geräusche im Hörer wurden wieder lauter.

»Daddy? Daddy, bist du noch dran?«

»Susan!« Es war die Stimme ihrer Mutter. Sie klang genauso hysterisch wie ihre eigene. »Ich wußte, daß es schlecht ausgehen würde. Wie konntest du nur diesen langhaarigen Nichtsnutz heiraten?«

»Mum!« Sie konnte kaum glauben, daß es ihre Mutter war, die da sprach.

»Du wirst sehen, daß er dich ins Verderben stürzt!« fuhr sie fort. Ihre Stimme wurde immer schriller. »Das war nur der

Anfang!« Ein irres Lachen drang aus dem Hörer, dann war ihr Vater wieder am Apparat.

»Dad!« schrie Susan. »Was ist mit Mum los? Warum redet sie so seltsam?«

»Ganz ruhig, mein Lämmchen. Sie hat sich große Sorgen um dich gemacht und ein paar Tabletten genommen. Aber es geht ihr gut. Sie meint es nicht so, wie es vielleicht geklungen hat. So, ich habe im Atlas nachgeschaut. Bist du dir sicher, daß dieses Kaff Windcastle hieß? Es ist nirgendwo verzeichnet. Vielleicht hieß es so ähnlich!«

Sie biß sich auf die Lippen, um nicht aufzuschreien.

»Nein, verdammt! Glaubst du, ich habe mir alles nur eingebildet?«

»Nein, nein, bleib ganz ruhig! Ich glaube dir ja. Aber weißt du, es fällt mir sehr schwer. Weder finde ich dieses Windcastle auf der Karte, noch kann ich glauben, was du mir da über Richard erzählt hast.«

»Aber ich – ich schwöre ...«

»Richard steht nämlich hier neben mir. Er macht sich große Sorgen, wo du steckst. Und ich kann dir versichern, daß seine Hand vollkommen okay ist!«

Sie ließ das Handy fallen, als wäre es plötzlich glühend heiß. Es war nicht Dad, der da am Apparat war. Es war irgend jemand anders. Jemand, der nur die Stimme ihres Dads hatte. Jemand, der sie in Panik versetzen wollte.

In fast zeitlupenhafter Langsamkeit drehte sie sich um und schaute nach hinten.

Ein nur allzu bekanntes Gesicht schaute ihr mit blutverschmierten Lippen grinsend entgegen: der Verletzte, den sie aus dem Wald geborgen hatten und der verschwunden gewesen war. Nun saß er hinten im Fond des Wagens!

Der Wagen schlingerte gefährlich, als Susan sich bewußt wurde, daß der Wahnsinn ganz nahe war.

Sie brauchte nur die Hand nach ihm auszustrecken ...

Windcastle, Wisconsin, 16. Januar, 19 Uhr 52

PENTAGRAMM, las Cliff. Ein gezeichneter Drudenfuß rundete den ungewöhnlichen Namen ab. Die Bar, über der das Schild hing, befand sich genau gegenüber von Normas Restaurant auf dem Marktplatz.

Es war noch zu früh. Normas Restaurant war noch immer geöffnet. Es ging auf acht Uhr abends zu. Wenn Cliff Pech hatte, würde es Stunden dauern, ehe sie schloß.

Mittlerweile kannte er sich in Windcastle bestens aus. Er war den ganzen Nachmittag durch die Straßen geschlendert, ohne jedoch weitere Bekanntschaften zu machen. Er hatte das Gefühl, daß man ihn zwar duldete, aber ganz bewußt mied. Nun, damit konnte er leben.

Am späten Nachmittag war er zu seinem Campingmobil gefahren und hatte ein paar Stunden geschlafen, um Kraft für die bevorstehenden Nachtstunden zu schöpfen. Noch wußte er nicht, was Norma ihm erzählen würde, aber er war auf alles gefaßt.

Als er die PENTAGRAMM-Bar betrat, richteten sich alle Blicke auf ihn. Er kam sich fast vor wie ein Revolverheld im einem Western. Es erstaunte ihn nicht mehr, daß an den Tischen und an der Theke ausnahmslos Frauen saßen. Freundlich nickte er in die Runde und steuerte direkt auf den Bartresen zu. Dahinter waren zwei Frauen damit beschäftigt, Gläser mit diversen Getränken zu füllen. Sie beachteten ihn nicht.

»Kann ich etwas zu trinken bestellen?« fragte er freundlich. Eine der Frauen sah ihn an. Sie war alt. Ihre blondierten Haare und ihr grellgeschminktes Gesicht ließen sie wie einen entstellten Clown aussehen.

»Wenn es sich nicht vermeiden läßt ...«, sagte sie.

Cliff bestellte ein Bier. Die Frau verzog fast angeekelt das Gesicht. Sie gab ihrer kaum jüngeren Kollegin einen Wink. Diese verschwand und kam nach einer Weile mit einem *Corona* zurück. Die Flasche war mit einer unappetitlichen schmierigen Staubschicht versehen.

»Eine der wenigen, die wir noch haben«, sagte die grellgeschminkte Alte und grinste spöttisch. »Wir sind auf die sonderbarsten Wünsche unserer Kunden eingerichtet.« Sie öffnete die Flasche und stellte sie zusammen mit einem schmierigen Glas vor Cliff hin. »Wohl bekomm's!«

So wie die Flasche aussah, war das Verfallsdatum längst überschritten. Ein Grinsen stahl sich auf Cliffs Züge. Wenn diese alten Hexen glaubten, daß er sich so einfach würde vergraulen lassen, hatten sie sich getäuscht.

Er schüttete das Bier in das Glas. Es bildete sich so gut wie keine Schaumkrone. Er setzte das Glas an die Lippen und nahm einen tiefen Schluck. Das Gebräu schmeckte so abgestanden, alt und verdorben, daß er es am liebsten quer über den Tresen gespuckt hätte. Statt dessen grinste er noch breiter und wischte sich den nicht vorhandenen Schaum von den Lippen. Die Frauen hinter der Bar sahen ihn unfreundlich an und widmeten sich wieder ihren Gläsern.

Auch die Gespräche, die bei seinem Eintreten verstummt waren, setzten wieder ein. Cliff sah sich unauffällig um. Bier schien hier tatsächlich tabu zu sein. Wahrscheinlich, weil es als Männergetränk galt. Wein oder bunte Cocktails standen auf den Tischen. Die Musik, die aus der Jukebox hallte, bestand aus seltsam sphärischen Synthesizerklängen. Cliff konnte nicht behaupten, daß er sich in einer solchen Art Kneipe wohl fühlte.

Und dann stutzte er.

Es befand sich noch ein weiterer männlicher Gast in der Bar. Er saß in einer Nische an einem Zweiertisch. Vor sich hatte er einen Laptop-Computer stehen, auf dessen Tastatur er fanatisch einhämmerte. Der Mann war der bisher jüngste, den Cliff in Windcastle gesehen hatte. Er mochte Anfang Vierzig sein, wenngleich ihn die dicke Hornbrille, die er trug, auf den ersten Blick älter erscheinen ließ.

Eine der Alten hinter dem Tresen hatte Cliffs Blick bemerkt.

»Das ist Henry«, sagte sie und schüttelte den Kopf. »Bedauernswert, was aus ihm geworden ist.«

Cliff sah sie fragend an.

»Versuchen Sie doch mal, mit ihm zu sprechen«, forderte sie ihn auf und lachte auf hinterhältige Weise. Ihre Kollegin fiel mit ein.

Cliff ließ sich nicht drängen. Er wartete noch eine Weile. Dann stand er auf, nahm sein Bier und schlenderte zu dem Mann hinüber.

»Darf ich mich setzen?« fragte er.

Henry beachtete ihn nicht. Er hämmerte weiter wie besessen auf die Tastatur ein.

Cliff zog sich einen Stuhl heran und setzte sich. Erst nach fünf Minuten schien seinem Gegenüber plötzlich bewußt zu werden, daß er nicht mehr allein am Tisch saß.

»Was wollen Sie von mir?« fragte er und funkelte Cliff mißtrauisch an. Seine Augen erschienen riesig hinter den flaschenbodendicken Brillengläsern.

»Sind Sie Schriftsteller?« fragte Cliff zurück.

Der Mann taxierte ihn eine Zeitlang. Als Cliff sich schon fragte, ob Henry ihn überhaupt verstanden hatte, entgegnete er: »Sie sind nicht von hier, stimmt's?«

Cliff nickte. »Auf der Durchreise sozusagen.«

»Das waren schon viele. Sind alle irgendwie hier hängengeblieben. Komisch, was? Sehen Sie lieber zu, daß Sie Land gewinnen. Wenn ich Sie wäre, würde ich mich in meinen Wagen setzen und erst im nächsten Bundesstaat wieder anhalten.«

»Klingt nicht sehr einladend«, entgegnete Cliff. »Überhaupt finde ich die Zustände hier reichlich ... seltsam. Wie kommt es, daß die Frauen in Windcastle so dominant sind?«

»Von mir erfahren Sie nichts!« Henry blickte gehetzt in die Runde. »Keine Ahnung, warum die Weiber Sie nicht gleich rausgeworfen haben, aber sie kriegen alles mit. Alles! Beherzigen Sie meine Warnung. Verschwinden Sie von hier.«

Die unverblümte Warnung des Mannes beunruhigte Cliff mehr, als er sich eingestehen wollte. Hinter der abweisenden Art seines Gesprächspartners lauerte die pure Angst.

»Ich werde darüber nachdenken«, sagte Cliff schließlich. »Verraten Sie mir, an was Sie schreiben?«

»Vielleicht werden Sie es eines Tages zu lesen bekommen!« Der Mann klappte den Laptop zu. »Sie sind zu neugierig, Mister«, sagte er auffällig laut. »Aber ich habe Sie gewarnt! Verschwinden Sie von hier!«

Er stand auf und klemmte sich den Computer unter den

Arm. Cliff bemerkte, daß die Hände des Mannes unkontrolliert zitterten. Als er an Cliff vorbeihuschte, raunte er: »Stuhl!« Nur dieses eine Wort.

Im ersten Moment war Cliff verwirrt und konnte sich keinen Reim darauf machen. Doch als sein Blick zu dem Platz ging, auf dem Henry gesessen hatte, verstand er. Dort lag ein kleiner Zettel.

Henry stürmte aus dem Lokal und warf die Tür mit einem Knall hinter sich zu. Alle Augen schauten ihm nach. Cliff nutzte die Gunst der Stunde. Er beugte sich zur Seite, nahm den Zettel im Aufstehen an sich und ließ ihn in seiner Jackentasche verschwinden.

Sämtliche Gespräche waren wieder verstummt. Den bühnenreifen Abgang wollte sich niemand entgehen lassen.

Cliff nahm sein Glas und schlenderte wieder zur Bar zurück. Die beiden Frauen hinter dem Tresen sahen ihn grinsend an.

»Ich habe es Ihnen ja gesagt. Henry ist ein Fall für die Klapsmühle«, lästerte die eine. »Unser Dorftrottel. Was für einen Unsinn hat er Ihnen erzählt?«

»Nicht viel«, sagte Cliff. »Er war viel zu sehr mit Schreiben beschäftigt.«

Die Alte lachte. »Ach ja. Henry Queen hält sich für einen Schriftsteller. Phantasiert sich einen Schwachsinn nach dem anderen zusammen, ohne Sinn und Verstand ...«

Es war zwar noch immer zu früh, um in Normas Restaurant zu gehen, aber Cliff fühlte sich zunehmend unwohler in dieser Gesellschaft. Also warf er ein paar Münzen auf den Tresen und verabschiedete sich. Er fühlte die Blicke aller Anwesenden auf seinem Rücken, als er die Bar verließ, bemüht, es nicht wie eine Flucht aussehen zu lassen.

Draußen atmete Cliff befreit die frische Nachtluft ein. War es beginnende Paranoia, daß er inzwischen sicher war, daß jede der Frauen hier im Ort über ihn Bescheid wußte? Und daß jeder seiner Schritte heimlich beobachtet wurde?

Mehr denn je hatte er das Gefühl, in einem Katz-und-Maus-Spiel auf der Seite des Gejagten zu agieren.

Mit unguten Gefühlen schlenderte er durch die Dunkelheit und schaute immer öfter auf die Uhr. Kurz nach neun schien es ihm spät genug, um noch einmal Normas Restaurant aufzusuchen. Hinter den Fenstern des Restaurants war alles dunkel. Auch im ersten Stock brannte kein Licht mehr. Vielleicht hatte sie sich schon zu Bett begeben. Oder es war Tarnung, damit keiner Verdacht schöpfte.

Cliff blickte sich um. Keine Menschenseele war auf den Straßen zu sehen. Überhaupt wirkte der ganze Ort mit einem Male wie ausgestorben. Was nicht bedeutete, daß ihn wirklich niemand beobachtete, durch ein verdunkeltes Fenster oder aus einer Deckung heraus.

Er huschte zur Haustür und drückte auf die Klingel.

Nichts passierte. Hatte Norma die Verabredung vergessen? Er betätigte abermals die Klingel, länger diesmal. Keine Reaktion.

Nach fünf Minuten gab er es auf. Vielleicht hatte Norma gute Gründe, auf ein Treffen zu verzichten. *Vielleicht ist ihr aber auch etwas zugestoßen,* dachte er. Das ungute Gefühl in seiner Magengrube verstärkte sich.

Nachdenklich ging er zurück zu seiner abgestellten Kawasaki und startete die Maschine. Er war heilfroh, als die Häuser von Windcastle hinter ihm zurückblieben und in der Dunkelheit verschwanden.

Die Fahrt durch die Nacht ließ ihn frösteln. Der Himmel war sternenklar, so daß sich die Felsen, hinter denen er sein Wohnmobil abgestellt hatte, gestochen scharf vor dem Nachthimmel abzeichneten.

Als er den Winnebago erreichte, stellte er fest, daß in seiner Abwesenheit Besucher hiergewesen waren. Höchst unfreundliche Besucher.

VERPISS DICH!

Die Warnung stand mit großen roten Buchstaben an die Seitenwand des Winnebago gemalt. Cliff trat näher und betupfte die noch frische Schrift mit den Fingern.

Es war keine Farbe, wie er zuerst gedacht hatte.

Es war Blut! Der leicht metallische Geruch war unverkennbar.

Es mußte kein Menschenblut sein. Vielleicht Schweineblut. Dennoch ließ ihn die Warnung nicht unbeeindruckt.

Die zweite Entdeckung war noch schwerwiegender: Sämtliche Reifen des Winnebago waren zerstochen. Cliff fluchte laut.

Selbst wenn er die Warnung ernst nehmen würde, nun waren ihm die Hände gebunden. Ohne neue Reifen würde er keine zehn Meter weit kommen. Und er konnte sich nicht erinnern, irgendwo im Ort eine Reparaturwerkstatt oder eine Tankstelle gesehen zu haben. Der Widerspruch zwischen der Warnung und den aufgeschlitzten Reifen war wirklich grotesk!

Es sei denn, es waren zwei voneinander unabhängige Personen! Jemand, der zuerst die Warnung hingepinselt hatte. Und eine zweite Person, die die Reifen zerschnitten und es ihm damit unmöglich gemacht hätte, der Aufforderung zu folgen ...

Cliff sah sich im Winnebago um. Zum Glück hatte niemand versucht, in den Wagen einzubrechen; alles war an seinem Platz und unberührt.

Trotzdem: Was nicht war, konnte durchaus noch werden. Es würde kein Fehler sein, das Naheliegende zu vermeiden. Er schnappte sich einen Schlafsack und suchte sich einen geschützten Platz im Freien. Hier draußen würde er es eher hören, wenn ihm noch jemand einen Besuch abstattete.

Cliff schaute in den sternenklaren Himmel und ließ die Ruhe der Nacht auf sich einwirken.

Vergeblich. Der Schlaf bescherte ihm die unruhigsten Träume seit langem.

Windcastle, Wisconsin, 17. Januar, 7 Uhr 56

Als Judy in Windcastle eintraf, war es früher Morgen.

Ein ganz normaler Morgen in einer ganz normalen Kleinstadt, fuhr es ihr durch den Kopf. Vielleicht *zu* normal! Mütter brachten ihre Kinder in Schule oder Kindergarten, Hausfrauen erledigten Einkäufe. Nur wenige Autos waren unterwegs. Alles sah so adrett und sauber wie in einem Bilderbuch aus. Und genau das war der Punkt, der Judy irritierte. Keine normale Stadt sah derart geschniegelt aus.

Außerdem sah sie kaum Männer auf den Straßen. Sie war zwar darauf vorbereitet gewesen, aber es war etwas anderes, damit direkt konfrontiert zu werden.

Sie parkte ihren Wagen vor einem kleinen Café und stieg aus. Niemand der Passanten schien sie direkt zu beachten. Dennoch hatte sie das ungute Gefühl, heimlich beobachtet zu werden.

Sie betrat das Café. Es war trotz der frühen Morgenstunde gut besucht. Niemand beachtete sie. Aber auch das war seltsam. Wirklich *niemand* schaute zu ihr hin. Sie setzte sich an einen freien Tisch und studierte die Speisekarte.

Sie hatte sich gerade entschieden, als auch schon eine Kellnerin vor ihrem Tisch stand. »Was kann ich für dich tun?« fragte sie in vertraulich wirkendem Ton.

Die Frau machte auf Judy einen sympathischen Eindruck. Sie war jünger als sie, vielleicht Mitte Zwanzig, und sie strahlte eine Lebensenergie aus, als wollte sie die gesamte übrige Menschheit damit beglücken. Das hübsche Gesicht war ungeschminkt, wie bei den meisten Frauen, die Judy bisher gesehen hatte. Man schien hier nicht viel von Make-up zu halten; trotzdem sahen die Frauen gepflegt und erfrischend natürlich aus. Nur ein paar der Älteren waren geschminkt. Diese dafür um so greller.

Judy bestellte ofenfrische Muffins mit Erdbeermarmelade und eine Tasse Kaffee. Während des Frühstücks kam die Kellnerin wieder an den Tisch und fragte, ob sie ihr Gesellschaft leisten dürfe. Judy hatte nichts dagegen einzuwenden; im Gegenteil.

»Bist du auf der Durchreise?« fragte die Kellnerin.

»Ich weiß noch nicht«, antwortete Judy. Sie hatte sich während der langen Fahrt einen passenden Grund für ihr Hiersein zurechtgelegt und hoffte, daß ihr die Lügen glatt und glaubwürdig über die Lippen kamen. »Ich bin Volkskundlerin und sammle moderne Sagen aus Wisconsin.«

»Du meinst in der Art von: Meine Freundin kannte eine Frau, die in den Wald gegangen ist, um Pilze zu sammeln, und nie wieder auftauchte. Fünf Jahre später hat man sie durch Zufall in Mexiko gesehen, Arme und Beine amputiert, als besondere Attraktion einer Freak-Show!«

Judy lachte. »Du hast es erfaßt. Allerdings ist mir eine solch drastische Story bislang noch nicht untergekommen.«

»Habe ich mir auch gerade erst ausgedacht.«

»Schade«, sagte Judy. »Genau so etwas suche ich noch für meine Sammlung.«

»Na ja, vielleicht wirst du hier ja in anderer Weise fündig«, sagte ihr Gegenüber geheimnisvoll. »Es gibt hier schon einige merkwürdige Geschichten.«

»Klingt vielversprechend«, sagte Judy. Fast hatte sie ein schlechtes Gewissen, daß sie sich derart verstellen mußte.

»Ich heiße übrigens Kim. Mir gehört dieses Etablissement«, stellte sich die Frau vor.

»Und mein Name ist Judy.«

Kim reichte ihr kameradschaftlich die Hand. »Freut mich, dich kennenzulernen, Judy. Wenn du ein paar Tage hierbleiben willst – ich habe gerade ein Zimmer zu vermieten. Kostet nicht viel. Ein Hotel wirst du in Windcastle sowieso nicht finden.«

Judy brauchte nicht lange zu überlegen. Das Angebot war ideal. Welche Operationsbasis war besser geeignet als ein Café?

»Einverstanden«, willigte sie ein. »Aber nur, wenn du mir wirklich ein paar sagenhafte Geschichten lieferst.«

»Trifft sich gut«, sagte Kim. »Zufällig kommen heute abend ein paar interessante Leute zusammen. Sozusagen die Honoratioren der Stadt. Unsere Bürgermeisterin ist auch dabei. Könnte interessant für dich werden.«

Judy nickte eifrig. Sie konnte es kaum erwarten, die Leute kennenzulernen.

Nach dem Frühstück brachte sie ihr Gepäck aufs Zimmer. Es war zwar winzig, aber dafür um so gemütlicher eingerichtet. Wahrscheinlich hätte sich ein Mann hier nicht wohl gefühlt. Alles war eine Spur zu feminin. Judy gefiel es. Sie fühlte sich auf Anhieb wohl. Sogar frische Blumen standen auf dem Tisch. Ein paar Tage ließ es sich hier bestimmt gut aushalten.

Nachdem sie ihr Gepäck verstaut hatte, entschloß sie sich

zu einem ersten Orientierungsgang durch die Stadt. Dabei mußte sie ihren ersten Eindruck revidieren: Windcastle gefiel ihr zunehmend besser. Sie hatte es bei ihrer Ankunft nur mit anderen Augen gesehen. Als Frau mußte man sich hier einfach wohl fühlen.

Die Einwohnerinnen, denen sie begegnete, grüßten sie freundlich. Die wenigen Männer, die sie sah, schienen fast so etwas wie Angst vor ihr zu haben.

Judy überlegte, wo Cliff wohl stecken mochte. Nach Senator Campbells Informationen mußte er bereits in Windcastle eingetroffen sein. Aber wenn es hier kein Hotel gab, übernachtete er vielleicht irgendwo außerhalb in seinem Campingwagen. Nun, er würde ihr schon irgendwann über den Weg laufen. Windcastle war so klein, daß es nur eine Frage der Zeit war. Selbstverständlich würden sie sich offiziell nicht kennen.

Sie schlenderte den ganzen Tag durch die Stadt, schaute sich die kleinen Geschäfte an, ging in den Parks spazieren und aß in einem gemütlichen Restaurant zu Mittag.

Als es Abend wurde und sie in ihr Zimmer zurückkehrte, hatte sie das Gefühl, schon Tage in Windcastle verbracht zu haben. Es klopfte an ihre Zimmertür. Draußen stand Kim.

»Es ist soweit«, sagte sie. Ihr Gesicht strahlte, als stünde ein besonderes Ereignis bevor.

»Müssen wir weit fahren?« fragte Judy.

»Es ist auf der anderen Seite des Marktplatzes«, sagte Kim. »Keine drei Minuten zu Fuß.«

Judy folgte ihr. In der Dunkelheit wirkte Windcastle nicht mehr ganz so freundlich. Was vielleicht daran lag, daß trotz der relativ frühen Abendstunde die meisten Lichter in den Häusern und sogar die Straßenlaternen schon gelöscht worden waren. Judy fröstelte unwillkürlich.

Sie beschloß, die Beklemmung mit einer Unterhaltung zu bekämpfen.

»Warum gibt es hier eigentlich so wenig Männer?« fragte sie geradeheraus.

»Wir brauchen sie nicht«, sagte Kim. »Für gewisse Arbeiten eignen sie sich ganz gut, aber im großen und ganzen kommen wir ohne sie aus. Erstaunt dich das?«

Judy schüttelte den Kopf. Sie kam sich fast schon wie eine Eingeweihte vor. Auch Kim schien über ihre Frage nicht im mindesten erstaunt zu sein.

Sie kamen an einem Brunnen vorbei. Die seltsame Skulptur war Judy schon tagsüber aufgefallen, aber sie hatte ihr keine Bedeutung beigemessen.

Nun spürte sie plötzlich einen heftigen Kopfschmerz und griff sich an die Schläfen. Kim zog sie weiter, und der Schmerz verebbte genauso plötzlich, wie er gekommen war. Es schien fast so, als hätte der Brunnen ihn verursacht, denn je weiter sie sich von der modernen Plastik entfernten, desto besser ging es Judy. Sie nahm sich vor, den Brunnen noch einmal bei Tageslicht aus der Nähe zu inspizieren.

Dann standen sie vor einem säulenverzierten Eingang.

»Unser Rathaus«, sagte Kim. »Ellen wohnt sogar dort. Wie der Präsident im Weißen Haus.«

»Ellen?«

»Unsere Bürgermeisterin. Du wirst sie mögen.«

Sie drückte auf die Klingel, und einen Augenblick später öffnete sich die Tür.

Im Eingang stand eine der attraktivsten Frauen, die Judy je gesehen hatte. Ihre Gesichtszüge waren ebenmäßig und vollendet. Die blonden Haare umrahmten es perfekt. Ihr schwarzes Kostüm verriet, daß auch ihre Figur vollkommen war: von den Idealmaßen ihrer nicht zu großen Brüste bis zu der schmalen Taille und den wohlgeformten Beinen. Diese Frau war einfach perfekt. Und dennoch strahlte sie nicht die Coolness eines Supermodels aus, sondern eine herzerfrischende Natürlichkeit. Bislang hatte Judy noch nie unter Minderwertigkeitsgefühlen gelitten. Sie war selbst schlank und athletisch gebaut. Mit ihren dunkelbraunen, fast schwarzen Haaren und ihren attraktiven Gesichtszügen, denen man die arabischen Vorfahren deutlich ansah, konnte sie sich über mangelnde Komplimente und Angebote nicht beklagen. Angesichts dieser Frau kam sie sich jedoch vor wie das sprichwörtliche häßliche Entlein.

Die Frau sah sie strahlend an und reichte ihr die Hand.

»Mein Name ist Ellen. Und du bist Judy, nicht wahr? Kim hat mir bereits einen Gast angekündigt.«

Dann ging sie voran und führte die Ankömmlinge in einen großen Wohnraum, in dem sich vier weitere Frauen befanden. Ellen stellte sie Judy vor.

»Emilou. Sie ist unsere Ärztin.«

Obwohl die Frau sie an eine Kröte erinnerte, war sie Judy nicht unsympathisch. Emilou lächelte sie freundlich an und reichte ihr eine feuchte, weiche Hand.

Ellen ging zur nächsten Frau. »Samantha. Sie ist der Sheriff in unserer Stadt.«

Die grauhaarige Frau mit den markanten Gesichtszügen sah Judy milde lächelnd an. »Ein undankbarer Job«, sagte sie. »Es gibt hier nämlich so gut wie nichts für mich zu tun. Keine Diebstähle, keine Betrügereien, keine Prügeleien. Noch nicht einmal Morde aus Eifersucht oder dergleichen.«

Noch zwei weitere Frauen wurden Judy vorgestellt. Rebecca, die Apothekerin, war eine uralte Greisin, die sich im Rollstuhl fortbewegte und dennoch eine ungebändigte Vitalität ausstrahlte. Und Norma, die Pächterin eines Restaurants. Sie stand als einzige abseits und machte einen abwesenden, verträumten Eindruck.

»Norma fühlt sich heute abend nicht ganz wohl«, erklärte die Bürgermeisterin. »Vielleicht taut sie nachher mehr auf.«

Sie nahmen an einem runden Tisch Platz, auf dem bereits Getränke zur Auswahl standen. Judy entschied sich für einen kalifornischen Weißwein, der vorzüglich schmeckte. Sie fühlte sich in der Gesellschaft der so unterschiedlichen Frauen auf Anhieb wohl – und das lag nicht am Alkohol. Auch das geschmackvolle Ambiente des Wohnraums trug zu ihrem Wohlbefinden bei.

Ellen, die Bürgermeisterin, sah sie neugierig an. »Kim sagte mir, daß du eine Art Volkskundlerin bist?«

Judy nickte. »Eigentlich bin ich von Hause aus Psychologin.« Das entsprach sogar der Wahrheit, so daß ihr die nachfolgende Lüge besser über die Lippen ging: »Ich plane ein Buch über moderne Legenden in Wisconsin ...«

»O ja, da gibt es sicherlich viele«, mischte sich Emilou, die Ärztin, ein. »Zum Beispiel über den Blinden und das mexikanische Bordell.«

Judy sah sie neugierig an. »Die Geschichte kenne ich noch nicht«, sagte sie.

»Sie geht folgendermaßen: Auf der Straße fragt ein humpelnder, blinder Mann eine Frau, wie weit es noch bis zu einer bestimmten Adresse ist. Er müsse dort unbedingt einen Brief abgeben. Sie weiß selbst nicht, warum, aber der Mann tut ihr leid, und da sie sowieso in die Richtung muß, bietet sie ihm an, den Botengang für ihn zu übernehmen.«

»Oh«, mischte sich Sheriff Samantha ein, »Ich glaube, die Geschichte habe ich auch schon mal gehört: Sie nimmt den Brief entgegen, und als sie sich noch einmal umdreht, sieht sie den angeblichen Blinden gerade im Laufschritt um eine Ecke verschwinden.«

»Genau«, fuhr die Ärztin fort. »Die Frau schöpft jedenfalls Verdacht und geht zur Polizei. Dort wird der Brief geöffnet. Der Text darin lautet: Dies ist für heute meine letzte Lieferung. Und unter der angebenden Adresse hebt die Polizei einen illegalen Bordellbetrieb aus.«

»Gruselig«, sagte Judy. »Also hatte der Bettler die Frau als Nachschub für das Bordell vorgesehen!«

»Natürlich ist die Geschichte so nie passiert«, sagte Ellen. »Nicht wahr, Emilou?«

»Aber sie könnte wahr sein«, mischte sich Judy ein. »Genau das zeichnet moderne Sagen aus.«

Die nächste Stunde verging wie im Flug. Den Frauen fielen immer mehr Schauermärchen ein, und auch Judy steuerte die eine oder andere Geschichte zum Thema bei. Sie wunderte sich selbst, wie sehr sie in ihrer neuen Rolle aufging.

Als das Gespräch zu versiegen drohte, wandte sich Ellen wieder an Judy. »Ich glaube, daß in unseren Gehirnen viele dieser Sagen schlummern. Sie beruhen alle auf den gleichen Ängsten. Ich könnte es dir sogar beweisen.«

Judy sah sie fragend an.

»Mir fällt gerade die Legende von diesem Greyhound-Bus ein«, sagte Ellen. »Man sagt, daß Leute, die abends an irgendeiner einsamen Bushaltestelle in ihn eingestiegen sind, nie wieder gesehen wurden.«

»Auch nicht in Mexiko in irgendeiner Abnormitäten-

Show!« ergänzte Emilou, die Ärztin. Sie hatte einen makabren Humor.

»Du meinst also, daß diese Ängste in uns allen stecken?« fragte Judy. »Daß diese Greyhound-Geschichte, obwohl ich sie gerade zum erstenmal gehört habe, in meinem Gehirn bereits gespeichert ist?«

»Zumindest sind deine Ängste dieselben wie bei denen, die sich die Geschichte vielleicht ausgedacht haben«, sagte Ellen. »Ich habe mich sehr viel mit Hypnose und Angst befaßt. Wenn ich deine Ängste anzapfe und ihnen ein paar Begriffe wie die einsame Haltestelle und diesen Greyhound-Bus als Futter hinwerfe, wird daraus etwas Universelles entstehen ...«

»Du meinst, ein Teil der modernen Legende ...«

Ellen nickte. »Ich glaube daran, ja. Unsere Ängste sind nur teilweise etwas ganz Persönliches. Zum großen Teil liegen sie bereits in unseren Genen verankert. Wie zum Beispiel die Angst vor dem Feuer. Oder der Dunkelheit. Sie sind Teil des gesamten menschlichen Über-Ichs. Vielleicht sogar Teil des Universums.«

Emilou lachte. »Die kleinen grünen Marsmännchen fürchten den sagenhaften Greyhound-Bus also genauso wie wir. Warum auch nicht?«

Ellen sah Judy tief in die Augen. »Wenn du willst, zeige ich dir den sagenhaften Greyhound-Bus«, sagte sie geheimnisvoll.

Judy war zu fasziniert, um wegzuschauen. Ellens Augen waren schöner als alles, was sie bisher gesehen hatte. Sie versank in ihnen.

»Ja«, flüsterte sie. »Zeig mir den Greyhound-Bus.«

»Das können Sie nicht machen!« sagte Judy fassungslos.

Der Busfahrer zeigte ihr sein gemeinstes Grinsen.

»Endstation«, wiederholte er. »Tut mir wirklich leid, aber Sie müssen hier aussteigen. Von hier aus geht es nur an ungeraden Tagen weiter.«

»Aber es sind noch mindestens zehn Kilometer bis nach Windcastle!« sagte Judy. Sie hatte bewußt den Bus genommen, um sich in der Umgebung umzusehen. Es hatte nicht viel gebracht. Und jetzt sah es sogar nach einer völligen Pleite aus.

Zehn Kilometer, die zwischen der beginnenden Dämmerung und stockdunkler Nacht lagen. Zehn Kilometer zwischen der Selbstverständlichkeit einer Busfahrt und einem von klopfendem Herzen begleiteten Spaziergang durch die einsamen Wälder. Zum Glück befand sie sich nicht allein in dem Bus.

»Warum nehmen Sie uns nicht wieder mit zurück bis zum Bahnhof?« fragte der zweite Fahrgast. »Von dort können wir uns wenigstens ein Taxi nehmen.« Der Mann trug ein teures Kaschmirsakko, ein Streifenhemd und eine geschmackvollbunte Seidenkrawatte. Auch seine makellosen, lyragelochten Schuhe wiesen ihn als Geschäftsmann oder erfolgreichen Vertreter aus. Einer, der normalerweise nicht auf einen Bus angewiesen war. Nur sein jungenhaftes Gesicht paßte nicht so recht zu seinem Outfit.

Der Busfahrer verdrehte die Augen. »Hören Sie, das verstößt gegen die Vorschriften. Sie *müssen* hier aussteigen. Wenn ich Sie mit zurücknehme, zahlt keine Versicherung für Sie, wenn etwas passiert.«

»Was soll denn schon passieren?« schaltete sich der dritte Fahrgast ein. Er vertrat in der Kleiderfrage die absolute Gegenposition des Geschäftsmannes. Er war von Kopf bis Fuß in schwarzes Leder gekleidet und war entweder der Heavy-metal- oder Gothic-Fraktion einzuordnen. Seine langen Haare waren sehr gepflegt. Judy gefiel sein Gesicht. Nur daß es etwas zu bleich war.

»Könnten Sie nicht über Funk ein Taxi rufen?« fragte sie den Busfahrer. »Ich bezahle Ihnen das Gespräch!«

»Funktioniert leider nicht«, log der Busfahrer. »Also? Steigen Sie jetzt aus?«

»Zehn Dollar!« sagte Judy.

»Das ist Bestechung.«

»Zwanzig!« sagte der Vertreter.

»No!«

»Ich biete fünfzig«, sagte der Lederjüngling.

»Hast du soviel überhaupt schon mal auf einen Haufen gesehen?« fragte der Busfahrer höhnisch.

Der Schwarzgekleidete griff in seine Lederjacke und zeigte ein Bündel zerknitterter Dollarscheine.

»Arschloch!« sagte der Busfahrer und hatte plötzlich einen Schlagstock in der Hand. Judy kam es vor, als wäre der Mann tatsächlich übergeschnappt. Er war völlig von der Rolle. »Raus!« brüllte er. »Alle Mann! Auch Sie, Lady!«

»Ich bleibe! Ich bin schwerbeschädigt!« Erst jetzt bemerkte Judy, daß es noch einen vierten Fahrgast im Bus gab. Er hatte ganz hinten auf der Rückbank gesessen. Es handelte sich um einen mindestens achtzigjährigen, zornigen alten Mann. Er trug einen alten Cordanzug und ein zerschlissenes Holzfällerhemd.

»Das gilt auch für dich, Opa! Extrawürste gibt's hier nicht.«

Judy sah in das verzerrte Gesicht des Busfahrers und wußte plötzlich, daß er wirklich wahnsinnig war. Und daß er es ernst meinte. Sein kurzärmeliges, blaugraues Diensthemd spannte sich über seinen Bierbauch und die muskelbepackten Oberarme. Wahrscheinlich würde er es körperlich mit jedem einzelnen von ihnen aufnehmen können, wenn es darauf ankommen sollte.

Aber was noch schlimmer war: Der Busfahrer hatte das Recht auf seiner Seite. Wenn es stimmte, was er sagte, hätten sie alle nur den Fahrplan besser lesen müssen.

»Also gut«, zischte Judy. »Ich steige aus. Aber glauben Sie nicht, daß ich nicht noch einmal auf Sie zurückkomme!« Sie zwängte sich an den übrigen Fahrgästen vorbei und sprang die Stufen hinunter.

Bis zum Horizont dehnten sich die braunen und gelben Rechtecke der Felder, nur unterbrochen von einigen Bäumen, hölzernen Strommasten und dem grauen Asphaltband der Straße, das sich zwischen ihnen hindurchschlängelte. Die Kiefernwälder lagen irgendwo hinter dem Horizont. Genauso wie Windcastle.

Auch die anderen Fahrgäste verließen nun mehr oder weniger fluchend den Bus. Die Türen schlossen sich automatisch. Dann fuhr er davon. Seine roten Rücklichter verschwanden nach einiger Zeit in der Dämmerung.

»Er fährt ja doch in Richtung Windcastle!« wunderte sich der alte Mann. Er spuckte aus. »Hexengezücht!«

»Und was machen wir jetzt?« fragte der Vertreter. Er sah Judy an. »Kommen Sie hier aus der Gegend?«

Judy antwortete nicht. Ihr Blick fiel auf das Wartehäuschen, das über und über mit seltsamen Graffiti beschmiert war. Wer stieg nur in dieser gottverlassenen Gegend aus? Wer wartete hier auf einen Bus? Sie sah nirgendwo Häuser. Zwar führten einige Stichwege in die Felder hinein, aber es sah nicht so aus, als ob sie zu irgendwelchen Farmen führten. Wer also stieg hier aus?

Die Graffiti waren merkwürdig genug. Sie erinnerten entfernt an ein Stichelhaarmuster, aber dann schienen sie auch wieder wie Zeichen oder Buchstaben, die sich in immer gleichen Anordnungen wiederholten, ohne einen auf den ersten Blick bestimmbaren Sinn zu ergeben. Wie eine Art Code …

»Schmierfinken!« zischte der alte Mann, der ihrem Blick gefolgt war.

»Also schön, ich stiefel' jetzt los«, sagte der Vertreter. »Kommt einer mit, oder wollen wir auf den nächsten Bus warten? Vielleicht kommt ja morgen früh einer.«

»Viel Glück!« sagte der Mann in Leder und setzte sich auf die Bank in dem Wartehäuschen. »Übrigens: So wie Sie aussehen, haben Sie doch bestimmt ein Handy dabei!«

Der Vertreter grinste schwach. »Wurde mir leider gestern gestohlen.«

»Was haben Sie vor?« fragte Judy.

»Na ja, ich gehe einfach mal los. Wenn ich Glück habe, nimmt mich unterwegs irgendein Wagen mit. Wenn ich Pech habe, laufe ich halt ein paar Stunden.«

»Wenn Sie Pech haben, kommen Sie in Windcastle raus«, mischte sich der alte Mann ein. »Dort möchte ich noch nicht mal in hellem Tageslicht einmarschieren. Geschweige denn in der Nacht. Ich wollte heute noch Millhaven erreichen.«

Wie sich herausstellte, hatte bis auf Judy niemand in Windcastle aussteigen wollen. Der Vertreter und der Mann in Leder kannten den Ort überhaupt nicht, und der alte Mann machte weiterhin seltsame Andeutungen.

»Also, wer kommt jetzt mit?« fragte der Vertreter ein letztes Mal.

»Ich bleibe lieber hier sitzen«, sagte der alte Mann. »Sieht nach Regen aus.«

»Genau«, pflichtete ihm der Lederbursche bei. »Außerdem ist die Chance, daß uns ein Wagen mitnimmt, genauso groß, wenn wir hier warten anstatt zu laufen.«

Insgeheim pflichtete Judy den beiden bei. Irgend jemand würde sie schon mitnehmen. Außerdem begannen gleich hinter den Feldern die Wälder. Instinktiv fühlte sie sich an der Haltestelle sicherer.

Der Vertreter zuckte die Schultern. Sie sahen ihm nach, wie er entschlossen die Straße entlangschritt und schließlich hinter einer Kurve verschwand.

Da waren's nur noch drei, dachte Judy. Sie wußte nicht warum, aber plötzlich war ihr die Geschichte von den zehn kleinen Negerlein in den Sinn gekommen. Sie fragte sich, wie sie sich fühlen würde, wenn sie hier allein säße.

Dann sahen sie den Radfahrer. Am Anfang war er nur ein Punkt in der Ferne, aber schon da fiel Judy auf, daß irgend etwas mit ihm nicht stimmte. Als er näher herangekommen war, sah sie, woran es lag. Er hatte nur jeweils einen Arm und ein Bein, den Arm links, das Bein rechts, und bewegte sich mit Hilfe des Fahrrads auf groteske Weise fort.

Als er die Haltestelle erreicht hatte, schaute er in Judys Richtung und grinste. Etwas war an diesem Grinsen, das sie fast veranlaßt hätte, aufzuschreien. Nicht, daß der Mann auf dem Rad abstoßend gewesen wäre. Das war er ganz und gar nicht. Er hatte ein satyrhaftes Gesicht und war noch sehr jung. Er trug eine schwarze Lederweste, und darunter sah sie seine weiße, unbehaarte Brust. Das linke Hosenbein seiner gestreiften Stretchhose war zu einem Knoten geschlungen und baumelte im Rhythmus der Bewegungen mit.

Es war sein Grinsen – und es blieb dieses Grinsen –, das sich unauslöschlich in ihr Gedächtnis brannte und wie eine dunkle, bösartige Wolke über ihr schwebte. Seine langen, makellos weißen Zähne blitzten sie an und schienen nur sie – nur SIE – zu meinen.

Damit ich dich besser fressen kann.

Der alte Mann reagierte als erster. Mit einer für sein Alter erstaunlichen Schnelligkeit sprang er von der Bank. Er bückte sich nach einem faustgroßen Stein und warf ihn in Richtung des Radfahrers.

»Verdammte Brut!« schrie er. »Die Hexen haben ihn geschickt. Ich kenne ihre Boten!«

Der Stein traf nur den Hinterreifen des Fahrrads und richtete keinen Schaden an. Bevor der alte Mann einen weiteren Stein aufheben konnte, hatte Judy seinen Arm ergriffen.

»Was ist in Sie gefahren?« herrschte sie ihn an. »Der Junge hat Ihnen doch nichts getan!«

Aber sie dachte: *O doch. Er hat uns seine Zähne gezeigt …*

Der Radfahrer verschwand hinter der nächsten Biegung. Hinter der gleichen Kurve, hinter der zuvor der Vertreter verschwunden war. Einen kurzen Moment lang mußte Judy daran denken, daß der Vertreter jetzt ALLEIN war. Allein in diesen Feldern, allein in der Dämmerung. Der seltsame Radfahrer würde ihn bald eingeholt haben …

»Wir müssen hier weg«, sagte der alte Mann. »Daß sie uns so schnell hier aufgespürt haben. Es ist immer noch wie damals …«

Judy horchte auf. Was wußte der Mann? Wovor fürchtete er sich? Die Angst stand ihm plötzlich im Gesicht geschrieben.

»Was meinen Sie?« fragte sie ihn.

»Sie wollen die Geschichte hören?«

»Natürlich. Erzählen Sie!«

Und der Alte erzählte.

»Es war 1959. Die Armee war angerückt. Sie haben Aufklärungsflugzeuge hochgeschickt und sogar Bomben abgeworfen. Es war bis Millhaven zu hören. Einer von ihnen ist abgestürzt. Er konnte sich aber noch retten und landete mit dem Fallschirm direkt auf unserem Marktplatz. Er war völlig verwirrt und sprach von ZEICHEN. Seltsamen Lichtern. Bevor wir ihn in ein Krankenhaus bringen konnten, holte ihn seine Einheit und schleppte ihn fort …

Ich weiß nicht, was damals passiert ist. Aber etwas davon existiert noch in Windcastle! Und wir sind verdammt in der Nähe dieses verfluchten Ortes.«

Judy drang nicht weiter in den Mann. Gedankenverloren schaute sie auf den Fahrplan. Wenn sie die Augen zusammenkniff, ergaben die Leerstellen ein ganz bestimmtes Muster. Es war das gleiche Muster, das sich als Graffiti an den Wänden des Wartehäuschens befand. Und plötzlich wußte sie, was es bedeutete: Es war ein Pentagramm. Das magische Zeichen der Hexen.

Und noch etwas fiel ihr auf. Diese Entdeckung war fast noch schlimmer: »Es gibt keine Fahrplanänderung«, sagte sie. »Der Busfahrer hat uns angelogen. Von wegen ungerade Tage und so. Davon steht hier nichts.«

»Für uns ist es jedenfalls die Endstation«, sagte der alte Mann.

Judy spürte, wie eine eiskalte Hand ihren Rücken hochkroch. Sie drehte sich um, aber natürlich war da niemand. Und trotzdem kroch die eiskalte Hand höher, bis sie ihren Nacken erreicht hatte.

»Wir müssen hier verschwinden«, sagte der alte Mann. »Aber in die andere Richtung! Es ist eine von ihren Menschenfallen. Der Busfahrer gehört zu ihnen. Haben Sie gesehen, daß ihm drei Finger fehlten? Ihnen allen fehlen irgendwelche Glieder. Die Hexen schneiden sie ihnen ab! Der Radfahrer war die Vorhut ...«

»Schalt mal 'nen Gang runter«, sagte der Mann in Leder. »Wir sind nicht mehr im Krieg, Alter.«

Der alte Mann sah Judy an. »Kommen Sie wenigstens mit. Vielleicht haben wir ja zu zweit eine Chance.«

Judy schüttelte den Kopf. Sie hatte nicht vor, sich irre machen zu lassen.

»Also gut, ich habe Sie gewarnt.« Er schüttelte den Kopf und stiefelte in die andere Richtung davon. Dann drehte er sich noch einmal um und zeigte auf den Lederbekleideten: »Und er? Wissen Sie, wer er ist?«

Er wartete die Antwort nicht ab, sondern humpelte eilig davon.

Da waren's nur noch zwei ...

»Warum sind Sie nicht mit ihm gegangen?« fragte der junge Mann nach einer Weile.

»Hätte ich einen Grund dafür gehabt?« fragte sie zurück.

Er grinste. Zum erstenmal sah sie sein Gebiß. Er hatte die gleichen Zähne wie der Radfahrer. Sie erinnerten sie an die ebenmäßig gewachsenen Körner eines Maiskolbens.

»Ich interessiere mich nicht für Frauen«, sagte er. »Mehr für andere Dinge.« Er schaute zum Himmel hoch, an dem die ersten Sterne blitzten. »Glauben Sie, daß wir allein hier unten sind? Auf der Erde, meine ich?«

Plötzlich begann er sich zu verändern. Sein Körper schien von innen heraus zu leuchten. Seine Augen blitzten rot. Sein Mund öffnete sich abermals zu einem Grinsen. Seine Zähne erinnerten mehr denn je an die von Haifischen.

Judy drehte sich um und begann zu laufen.

»Bleiben Sie doch bei mir!« hörte sie ihn rufen. »Sie haben keine Chance! Warum warten Sie nicht hier mit mir auf den Bus?«

Zwei Stunden später merkte sie, daß sie im Kreis gelaufen war. Vor ihr in der Nacht lag der Schatten der Haltestelle.

Der silberne Greyhound-Bus wartete auf sie mit roten Rückscheinwerfern und laufendem Motor. Hinter den beleuchteten Scheiben konnte sie keine Menschenseele ausmachen. Noch nicht einmal den Busfahrer.

Als sie näher trat, schwangen die Türen mit einem lauten Zischen auf.

Damit ich dich besser fressen kann.

Wie hypnotisiert stieg sie ein.

Und wachte auf.

Im ersten Moment wollte sie laut schreien. Im zweiten erkannte sie, daß sie im Bett lag. Es dauerte ein paar weitere Sekunden, ehe sie wirklich wußte, wo sie sich befand. In dem Zimmer über Kims Café.

Verzweifelt überlegte sie, wie sie hierhergekommen war. Das letzte, an das sie sich bewußt erinnern konnte, waren die Augen der Bürgermeisterin gewesen.

Sie hatte sie hypnotisiert! Es war nicht nur ein Traum gewesen! Judy kam sich vor wie ein Versuchskaninchen. Sie konnte jetzt nicht einfach wieder einschlafen; dafür war sie viel zu aufgewühlt. Sie knipste die Nachttischlampe neben ihrem Bett an. Aber selbst das Licht konnte die seltsamen Bilder in ihrem Kopf nicht so einfach verscheuchen.

Es war genau so gewesen, wie es die Bürgermeisterin vorausgesagt hatte: Ihre eigenen Ängste waren mit der seltsamen

Greyhound-Bus-Legende, von der ihr Ellen erzählt hatte, eine merkwürdige Verbindung eingegangen.

Soweit war alles okay, wenngleich sie auch keine Erklärung dafür hatte. Aber noch immer bohrte der Stachel der verlorengegangenen Erinnerung in ihr.

Sie mußte wissen, wie sie hergelangt war. Wie lange lag sie schon hier? Sie hatte jedes Zeitgefühl verloren. Ein Blick auf den Wecker auf dem Nachttisch verriet ihr, daß es zwei Uhr nachts war.

Da klingelte das Telefon. Judy sprang aus dem Bett und nahm den Hörer ab. Cliff! dachte sie.

Aber es war nicht Cliff. Es war eine weibliche Stimme. Sie hörte sich verzerrt an, aber Judy glaubte sie zu kennen. Sie gehörte Ellen, der Bürgermeisterin.

»Verlaß sofort das Zimmer! Sofort!«

Die Warnung war derart eindringlich, daß Judy wie erstarrt den Hörer hielt.

»Was ...?« Sie sprach den Satz nicht weiter. Die Anruferin hatte aufgelegt. Es dauerte nur zwei Sekunden, dann reagierte Judy geistesgegenwärtig. Sie trug nur ihr Nachthemd. Im Laufen schnappte sie sich ihren Morgenmantel und stürmte zur Tür, stieß sie auf und rannte hinaus auf den Korridor.

»Kim!« rief sie.

Niemand antworte ihr. Es war stockdunkel. Ihre Panik wuchs. Sie fiel mehr die Treppen hinab als daß sie lief. Dann stürmte sie hinaus ins Freie.

Sie war zehn Schritte weit gelaufen, als eine gewaltige Detonation die Nacht erschütterte. Splitter regneten auf sie herab. Aus ihrem Zimmer im ersten Stock fuhr ein strahlender Lichtblitz. Sekunden später loderten orangefarbene Flammen empor.

Erschüttert sank Judy auf die Knie. Nur ganz langsam dämmerte ihr die Erkenntnis. Die Wahrheit traf sie um so härter: Jemand hatte versucht, sie zu ermorden!

Wie hinter einer Wand aus Watte nahm sie wahr, daß plötzlich überall Leute um sie herum waren. In den umliegenden Häusern wurden die Fenster aufgerissen. Frauen rannten auf die Straße und schrien. Sekunden später heulte eine Sirene.

Judy spürte, wie jemand sie faßte und wegzog. Es war Kim.

»Was … was ist passiert?« stammelte Judy. Sie zitterte wie Espenlaub.

»Ganz ruhig«, sagte Kim. »Ich bringe dich an einen sicheren Ort. Stütz dich auf mich!«

Sie schleppte Judy quer über den Marktplatz, während ein Feuerwehrwagen anrückte. Vor dem Rathaus erwartete sie Ellen. Ihr wunderschönes Gesicht war wutverzerrt.

»Jemand hat versucht, dich umzubringen«, sagte sie zu Judy. »Er wird dafür büßen.«

Judy war sich plötzlich ganz sicher, daß es Ellens Stimme gewesen war, die sie gewarnt hatte. Sie verdankte ihr also ihr Leben …

Die Bürgermeisterin führte sie in den Wohnraum. Judy sank auf ein Sofa. Allmählich gelang es ihr wieder, ihre Nerven zusammenzuhalten und die Umgebung bewußt wahrzunehmen. Sie sah, daß trotz der späten Stunde noch alle hier versammelt waren.

Emilou, die Ärztin. Sheriff Samantha. Rebecca, die Apothekerin. Und die melancholische Norma.

Sie alle schauten Judy mitfühlend an.

»Woher … hast du gewußt, daß ich in Gefahr war?« fragte Judy. Sie *mußte* es einfach wissen. Hier und jetzt. Sie mußte es wissen, um nicht den Verstand zu verlieren.

»Wir haben eine Séance veranstaltet«, sagte Samantha. »Unser Geistführer hat uns die Gefahr gezeigt, in der du schwebst. Zum Glück konnten wir dich rechtzeitig warnen.«

Emilou beugte sich über Judy und fühlte ihren Puls.

»Ich glaube, ich gebe dir erst einmal ein Beruhigungsmittel, Kindchen«, sagte sie mitfühlend.

»Nein, ich möchte nicht …« Judy protestierte nur schwach.

»Keine Widerrede.« Emilou hielt plötzlich eine Spritze in der Hand. »Ganz ruhig, ich bring' dich ja nicht um. Es ist nur zu deinem Besten.« Ihr Griff war eisenhart.

Judy gab jeden Widerstand auf und sackte zusammen. Sie spürte den Einstich kaum. Augenblicklich kam eine große Ruhe über sie. Ihr Blickfeld verengte sich. Emilou und die anderen Frauen wirkten plötzlich seltsam verzerrt.

Dann sah sie Ellen, die Bürgermeisterin, über sich auftauchen.

»Wer war es?« fragte Ellen eindringlich. Wieder schaute Judy wie verzaubert in ihre Augen. Dennoch: Diesmal wehrte sie sich gegen diesen Blick. Störrisch warf sie den Kopf zur Seite. Eine Hand faßte ihr Kinn und drehte ihren Kopf wieder herum.

»Wer war es?« fragte Ellen eindringlich. »Wer hat dich umbringen wollen?«

Judy sah sie hilflos an. Ellen schien plötzlich ein anderes Wesen zu sein. Hinter der makellosen Ausstrahlung schien ein sprungbereites Raubtier zu lauern.

»Ich weißt es nicht!« stöhnte Judy.

»Ich glaube, daß du nicht die Wahrheit sagst, Judy. Denk nach! Wir sind deine Schwestern. Wir wollen dir helfen.«

Judy nickte. »Ich weiß«, sagte sie. Wenn Ellen sie nicht angerufen und gewarnt hätte, läge sie jetzt zerfetzt in ihrem Zimmer. Sie zermarterte sich den Kopf. Wer wollte sie töten? Sie hatte keinen konkreten Verdacht.

Bis auf einen. Er kam so plötzlich, daß sie zusammenzuckte. Und er war absurd. Sie versuchte sich gegen den Gedanken zu wehren, aber die Wirkung der Spritze machte sie zunehmend hilfloser. Das Denken fiel ihr so schwer wie nie.

»Du weißt, wer es war!« bohrte Ellen. Warum ließ sie sie nicht in Ruhe? »Nenn uns seinen Namen!«

Judy wehrte sich nicht mehr dagegen. Es gab nur wenige, die mit Sicherheit wußten, wo sie sich zur Zeit befand – und nur einen, der sich mit aller Wahrscheinlichkeit im Moment ebenfalls in Windcastle aufhielt.

»Conroy«, flüsterte sie schwach. »Cliff Conroy.«

Als der Name über ihre Lippen gekommen war, bedauerte sie es bereits. Es war Schwachsinn! Er war ihr Partner! Sie schüttelte verzweifelt den Kopf. »Nein«, stammelte sie. Sie mußte ihnen sagen, daß wahrscheinlich die NSA-Leute dahintersteckten. Oder jemand aus Windcastle, der sie durchschaut hatte. Aber sie brachte keinen Laut hervor.

Sie sah, wie Sheriff Samantha befriedigt nickte.

»Ich habe von Anfang an gewußt, daß er Schwierigkeiten sucht. Ich werde mich um ihn kümmern.«

Judy wollte schreien. Sie brachte nur ein heiseres Krächzen zustande. Die Umgebung verschwamm immer mehr vor ihren Augen. Sie bäumte sich auf. Jemand drückte sie aufs Sofa zurück.

Wisconsin, 4. Januar, 23 Uhr 46

Der Wagen kam schlingernd zum Stehen. Vor Susans Augen begann sich der Verletzte, der ihr von der Rückbank entgegengrinste, zu verwandeln. Susan sah mit großen, ungläubigen Augen zu.

Der Verletzte verwandelte sich in Richard. Weder waren seine Lippen blutverschmiert noch sein Körper sonst irgendwie in Mitleidenschaft gezogen.

»Mein Gott, du schaust mich an, als hättest du einen Geist gesehen«, sagte er. Er hob ihr beide Hände entgegen. »Ich hatte einen entsetzlichen Traum. Sag bloß, ich habe im Traum geschrien?«

Dort, wo sich zuvor der Armstumpf befunden hatte, sah sie nun seine gesunde Hand! Er bemerkte ihren Blick. »Ich habe geträumt, ich hätte nur noch eine Hand gehabt. Entsetzlich!« Er erhob sich von der Rückbank des Thunderbird. Es hätte nicht viel gefehlt, und Susan wäre schreiend davongelaufen.

»Wie lange habe ich denn geschlafen?« fragte Richard. »Wie wär's, wenn ich das Steuer jetzt wieder übernehme?«

Susan sagte noch immer nichts. Richard stieg aus und kam an die Fahrertür. »Rutsch rüber!« sagte er und öffnete die Tür. »Oder willst du dich lieber nach hinten legen?«

Susan warf einen Blick auf die Rückbank. Sie war makellos sauber. Nirgendwo eine Spur von Blut.

Wahrscheinlich war sie völlig übergeschnappt. So mußte man sich fühlen, wenn man den festen Boden der Realität bereits unter den Füßen verloren hatte. Gleich würde sie aufwachen, und die Männer mit den weißen Kitteln würden sie weit, weit fortbringen.

In Sicherheit.

Ängstlich wich sie bis dicht an die Beifahrertür zurück, als Richard einstieg.

Aber es ist nicht Richard! Richard hat seine Hand verloren. Es ist der Geist, der Verletzte, der Zombie. Er sieht nur aus wie Richard. Gleich wird er deine Arme um dich legen und dich erwürgen. Dann hast du es hinter dir!

Aber diesen Gefallen tat er ihr nicht. Das Wesen neben ihr legte den ersten Gang ein und gab Gas. Susans Blick fiel auf das Handy, das noch immer auf dem Boden des Fahrzeugs lag. Wenn sie sich danach bückte, mußte sie die Füße des Wesen berühren.

Sie wußte nicht, was schlimmer war: diesen Zombie berühren zu müssen, oder die Aussicht, abermals mit ihren Eltern zu telefonieren. Mit den *Stimmen*, die vorgegeben hatten, ihre Eltern zu sein!

Im nachhinein zweifelte Susan mehr denn je, wirklich mit ihren Eltern telefoniert zu haben. Sogar mehr noch: Sie war sich absolut sicher. Genauso wie sie sicher war, daß das Wesen neben ihr nicht Richard war.

Sie zuckte zurück, als das Wesen plötzlich die Hand nach ihr ausstreckte.

»Faß mich nicht an!« schrie sie.

Er sah sie stirnrunzelnd an

»Habe ich irgendwas nicht mitbekommen, oder was ist los?« fragte er irritiert. »Du hättest mich ja früher wecken können, wenn dich die Fahrerei so genervt hat.«

Sie erwiderte nichts darauf.

Bitte, bitte, lieber Gott, mach, daß er mich nicht anfaßt! Aber er hatte gar nicht vorgehabt, sie anzufassen. Er schaltete das Radio ein. Es waren nur ein lautes Rauschen und statische Geräusche zu vernehmen. Ihm schien es nichts auszumachen. Er summte zu irgendeiner Melodie, die nur er zu hören schien.

»Wenn nicht bald eine Tankstelle kommt, werden wir wohl hier im Wald campieren müssen«, sagte er und grinste sie an.

Nein, bitte das nicht, dachte sie.

Ihre Stoßgebete wurden erhört. Zumindest in dieser Hinsicht. Vor ihnen tauchte plötzlich ein Hinweisschild auf:

NIGHT GARDEN
DAS BESTE MOTEL IN WISCONSIN

»Wir haben es geschafft!« jubelte der falsche Richard. »Noch ein paar Kilometer, und wir sind endlich aus diesem Wald raus! Ich freu' mich schon auf ein weiches warmes Bett!«

Susan antwortete nicht. Sie war mit ihren Gedanken weit fort. Sie war wieder fünf oder sechs und sehnte sich danach, daß ihre Mutter zu ihr ans Bett kam und ihr einen Gutenachtkuß gab. Warum war sie von zu Hause fortgelaufen? Was suchte sie in diesem Wald? Warum war sie nicht bei ihren Eltern geblieben? Dies hier war die Strafe. Aber es würde alles gut werden. Sie würde zu ihren Eltern zurückkehren und ein braves Mädchen sein ...

»Dort ist es!«

Vor ihnen schälte sich ein hellbeleuchtetes Gebäude aus der Dunkelheit. NIGHT GARDEN. *Welch passender Name*, dachte sie. Nur ›Alptraum Garten‹ wäre noch besser gewesen.

Das Wesen, das vorgab, Richard Wenker zu sein, parkte den Thunderbird direkt vor dem Eingang. Es standen nur noch zwei weitere Wagen davor.

»Voilà!« sagte er und stieg aus. »So wie es aussieht, haben die hier freie Zimmer *en masse*. Bleib sitzen, ich frage trotzdem erst mal nach.«

Sie sah ihm hinterher, wie er durch den Eingang trat und im Gebäude verschwand.

Jetzt oder nie! Sie sprang auf den Fahrersitz und wollte den Wagen starten. Aber Gott hatte sie nur einmal erhört.

Der Zündschlüssel war abgezogen.

Sie hatte plötzlich keine Kraft mehr zu fliehen. Geduldig wartete sie, daß Richard *(das Wesen)* wieder aus dem Gebäude kam. Er schaute sie skeptisch an. »Bist du sicher, daß du okay bist?« fragte er sie.

Sie starrte teilnahmslos geradeaus.

»Also schön«, sagte er. »Jedenfalls sind noch genügend Zimmer frei.« Er hielt ihr einen Schlüssel hin. »Nummer sieben. Du kannst schon mal vorgehen. Ich trage unser Gepäck rein.«

So fühlen sich Lämmer, wenn sie zur Schlachtbank geführt werden, dachte Susan. Gehorsam nahm sie den Zimmerschlüssel entgegen und stieg aus.

Hinter der Rezeption schaute ihr ein steinalter Mann lüstern entgegen. Er zwinkerte ihr zu. »Auf Hochzeitsreise, was?« Sein Grinsen verstärkte sich, als er bemerkte, daß Susan völlig verängstigt war.

»Er wird dich schon nicht umbringen«, kicherte der Alte.

Hast du eine Ahnung.

»Dritte Tür links!« rief ihr der Portier hinterher. Dann stand sie vor ihrem Zimmer. Sie hatte noch immer eine Chance. Rasch schloß sie die Tür auf, warf sie hinter sich zu und schloß ab.

Wild blickte sie sich nach Möbeln um, mit denen sie die Tür verbarrikadieren konnte. Sie schob einen Stuhl unter die Klinke. Das mußte fürs erste reichen.

Schwieriger war das Fenster.

Sie nahm all ihre Kräfte zusammen und wuchtete den riesigen Schrank davor. Schweratmend und naßgeschwitzt warf sie sich dann auf das Bett, schloß die Augen und stellte sich abermals vor, ganz woanders zu sein.

Aber wieder wurde sie nicht erhört.

»Bist du da drin?« fragte das Wesen. Es stand vor der Tür. »Verdammt, was soll das denn? Schließ die Tür auf, bevor das noch jemand mitbekommt. Meinst du, ich möchte hier rausgeworfen werden?«

Susan hielt den Atem an und schwieg.

Er pochte gegen die Tür und drückte die Klinke herunter. Susan schloß die Augen und hielt sich die Ohren zu. Das Pochen an der Tür hörte nicht auf. Es vermischte sich mit dem Pochen ihres Herzschlags und ging einen seltsamen Kanon damit ein. Nach einer scheinbaren Ewigkeit kehrte wieder Stille ein. Sie lauschte.

Ich weiß, daß du da draußen bist, dachte sie. *Du wartest nur darauf, daß ich denke, du wärst weg, und die Tür aufmache.* Sie sah ihn im Geiste vor sich, wie er vor der Tür lag und lauerte. Vielleicht sah er jetzt gar nicht mehr aus wie Richard. Vielleicht hatte er schon wieder die Gestalt gewechselt.

Unter der Türritze sah sie einen Lichtschein hindurchschimmern. Plötzlich kam ihr ein erschreckender Gedanke. Wenn er sich verwandeln konnte, dann konnte er sich auch in etwas VÖLLIG ANDERES verwandeln. Vielleicht würde er in der nächsten Sekunde schon als flachgedrückter Schatten unter der Tür hindurchhuschen.

Sie sprang aus dem Bett und lief zur Tür.

»Mach endlich auf!« tönte seine Stimme von draußen. »Du bist dort drin, ich weiß es!«

Der Spalt unter der Tür war die Schwachstelle. In Panik zog sie das Spannbettuch vom Bett und riß es in kleine Stücke.

»Was, zum Teufel, veranstaltest du dort drinnen?« schrie das Wesen. Es hörte sich nun wirklich *wütend* an. Ein weiterer Beweis dafür, daß es nicht Richard war. Richard war nie wütend geworden.

Susan stopfte die kleingerissenen Stoffstücke unter die Tür und verschloß damit die Ritze.

»Bist du jetzt völlig verrückt geworden?« fragte das Wesen fassungslos. Zufrieden schaute sich Susan das Ergebnis an. Dann huschte ihr Blick abermals im Zimmer umher. Ihr Blick fiel auf die halb offenstehende Tür zum Bad. Nein, von dort konnte er nicht kommen. Aber sie ging auf Nummer Sicher.

Wie sie vermutet hatte, besaß das Bad noch nicht einmal ein Fenster. Dieses Motels waren in dieser Hinsicht alle gleich. Außer einer Toilette, einem Waschbecken und einer Dusche befand sich nichts dort drinnen.

Sie lächelte zufrieden.

Das Wesen hinter der Tür gab endlich Ruhe. Wahrscheinlich sah es ein, daß sie zu clever war. Sie legte sich wieder aufs Bett und lauschte.

Plötzlich hörte sie ein Kratzen. Es kam aus der Richtung des Fensters. Rasch huschte sie dorthin und setzte sich in den Schrank, der es verbarrikadierte.

Das Fenster splitterte. Sie hielt den Atem an.

»So kommen wir nicht weiter«, hörte sie jemanden sagen. Sie erkannte die Stimme des alten Bockes von der Rezeption. Wahrscheinlich steckte er mit diesem Wesen unter einer Decke. »Sie schlagen mir ja das ganze Motel kaputt.«

Das Wesen protestierte, aber dann zogen die beiden offensichtlich wieder ab. Susan grinste triumphierend.

Aber nur einige Minuten lang. Dann hörte sie plötzlich, daß sich wieder jemand an der Tür zu schaffen machte. Ein Schlüssel wurde im Schloß herumgedreht. Die Klinke war zwar noch immer durch den Stuhl verklemmt, aber es würde nur eine Frage der Zeit sein, ehe sie auch dieses Hindernis überwunden hatten.

Susan kletterte auf das Bett und zog instinktiv die Bettdecke über ihren Kopf. Sie zählte die Schläge mit, die gegen die Tür prasselten. Eins. Zwei. Drei. Beim vierten Schlag gab die Klinke nach, und die Tür fiel krachend nach innen gegen die Zimmerwand.

»Sagen Sie, Mr. Wenker«, hörte sie den Portier fragen, »sind Sie sicher, daß Ihre Frau nicht in ein – äh – anderes Haus gehört?«

»Halten Sie die Klappe!«

Susan spürte, wie das Wesen herankam. Sie betete. Die Bettdecke wurde fortgezogen, und es stand vor ihr. Es hatte noch immer Richards Gestalt.

Er sah auf sie herab, mitfühlend, verständnisvoll, irritiert. Sie ließ sich durch seine Larve nicht täuschen. Wenn sie die Augen zumachte und wieder öffnete, würde er vielleicht wieder ganz anders aussehen.

»Ich weiß nicht, was mit dir los ist«, sagte das Wesen, »aber *davon* haben mir deine Eltern nichts erzählt.« Als sie noch immer schwieg, wurde er zornig. Es war ihr lieber so. Daß er sein wahres Gesicht zeigte, anstatt sich zu verstellen.

»Also gut, wenn du mir nicht sagen willst, was mit dir los ist, dann kannst du meinetwegen verschwinden oder was auch immer machen. Was mich angeht, ich bin hundemüde. Aber vorher werde ich noch duschen!«

Mit einem Fluch begab er sich ins Badezimmer und knallte die Tür hinter sich zu.

Er will mich täuschen, dachte Susan. Er will, daß ich unachtsam werde, um dann über mich herzufallen. Wahrscheinlich macht es ihm Spaß, mit mir zu spielen.

Sie erhob sich. Vielleicht hatte sie noch eine Chance. Da klopfte es an der Tür.

Als sie nichts sagte, wurde die Tür geöffnet und der Portier trat ein. Er musterte sie mißtrauisch.

»Wo soll ich Ihr Gepäck hinstellen?« fragte er. Als sie noch immer nicht antwortete, ließ er es einfach fallen, warf ihr noch einen anzüglichen Blick zu und drehte sich um. Die Tür knallte hinter ihm zu.

Ihr Gepäck!

Die Chance, die sich ihr bot, stand mit einemmal wie ein Hoffnungsfanal vor ihrem geistigen Auge. Sie sprang zu den Gepäckstücken, als könnten sie sich im nächsten Moment doch nur als Sinnestäuschung erweisen. Sie riß den Reißverschluß von Richards Koffer auf und warf den Inhalt achtlos auf den Boden.

Irgendwo mußte das verdammte Ding doch sein! Richard hatte es ihr beim Einpacken gezeigt. ›Im Urlaub kann man so etwas immer gebrauchen‹, hatte er stolz erklärt. Endlich fand sie es unter einem Stapel frischgebügelter Unterwäsche.

Sein altes Fahrtenmesser.

Ehrfurchtsvoll zog sie es aus der ledernen Scheide. Die Klinge war zwanzig Zentimeter lang und geschliffen scharf. Der Teufel mochte wissen, wozu Richard es wirklich mitgenommen hatte. Wahrscheinlich hatte er es aus purer Nostalgie mit eingepackt. Er hatte es schon als Junge besessen.

Richard würde stolz auf sie sein ... wenn er noch lebte. Aber er war tot. Dieses Ding hätte sonst nicht seine Gestalt annehmen können. Wie auch immer: Sie würde ihn rächen.

Triumphierend lächelnd schlich Susan zur Badezimmertür. Sie legte das Ohr lauschend daran und hörte, daß die Dusche in Betrieb war. Sie bückte sich und schaute durchs Schlüsselloch.

Der Vorhang verbarg die Duschkabine. Das Wesen würde sie noch nicht einmal sehen können, wenn sie heranschlich.

Unendlich vorsichtig drückte sie mit einer Hand die Klinke herunter. Das Prasseln der Dusche übertönte jedes Geräusch. Auch das leise Quietschen der Tür. Dennoch erwartete sie, daß er im nächsten Moment den Vorhang beiseite ziehen und sich auf sie stürzen würde.

Dann hatte sie den Duschvorhang erreicht. Sein Schatten war dahinter gut zu erkennen. Sie wappnete sich für den entscheidenden Schlag. Blitzschnell zog sie den Vorhang auf und stieß zu.

Immer wieder.

Und wieder.

Das Wesen schrie und griff nach ihr, aber es hatte keine Chance. Sie war stärker.

Zum Glück meinte es das Schicksal gut mit ihr: Das Wesen trug längst nicht mehr Richards Züge. Es sah aus wie der Verletzte aus dem Wald.

Susan nickte befriedigt. Sie hatte von Anfang an gewußt, daß es nicht Richard gewesen war.

Als sie von ihm abließ, sah sie plötzlich die Lichter aus dem Wald wieder. Sie klebten an der Decke wie zwei Mücken und hatten sie die ganze Zeit beobachtet. Langsam kamen sie herabgeschwebt und saugten sich an ihrem Körper fest.

Willenlos ließ sie sich von ihnen führen ...

Windcastle, Wisconsin, 17. Januar, 19 Uhr 30

Die Adresse lag am Stadtrand von Windcastle. In dieser Gegend war Cliff bisher noch nicht gewesen. Das Haus befand sich am Ende einer Sackgasse. Er mußte sich erst einen Weg zwischen Mülltonnen und herumliegenden Abfallbeuteln bahnen, ehe er vor dem heruntergekommenen Gebäude stand.

Eigentlich sah es mehr aus wie eine Ruine. Vielleicht war es das ja auch, denn nirgendwo brannte Licht. Aber warum hätte die Adresse sonst auf der Visitenkarte stehen sollen? Die Karte, die ihm der Schriftsteller aus dem Lokal am Abend vorher zugespielt hatte.

Cliff suchte nach einer Tür und fand sie. Er spürte die .357er Magnum vom Typ Smith & Wesson im Schulterhalfter. Es war ein beruhigendes Gefühl, doch er wußte, daß es eine trügerische Sicherheit sein konnte. Nicht alle Gefahren ließen sich mit der Waffe aus dem Weg räumen.

Er drückte versuchsweise gegen die Tür. Sie war nicht verschlossen.

»Ich dachte schon, Sie kämen überhaupt nicht mehr!« sagte eine Stimme. Eine grelle Lampe flammte auf und blendete ihn.

»Verdammt gefährlich, jemanden so zu erschrecken«, knurrte Cliff. »Nehmen Sie die Lampe herunter!«

Der Strahl der Taschenlampe wanderte zum Boden, dann wurde die Deckenleuchte angeknipst. Henry Queen saß auf einem Stuhl und schaute Cliff aus dicken Brillengläsern entgegen.

Cliff orientierte sich kurz. Die Wände des Zimmers waren mit Bücherregalen übersät. Alles machte jedoch einen feuchten, vernachlässigten Eindruck. Queen selbst schien bereits reichlich dem Alkohol zugesprochen zu haben.

»Ist Ihnen niemand gefolgt?« fragte er.

»Für wen halten Sie mich?« fragte Cliff. »Für einen Anfänger?« Er verschwieg geflissentlich, daß er im Grunde genau das war. Er hatte nie den Job eines Agenten oder Polizisten erlernt. Das Leben als Computertechniker und -programmierer bei der NASA war nicht halb so gefährlich und aufregend gewesen wie das, was er seit wenigen Monaten erst zu führen gezwungen war.

Queen grinste. »Haben Sie eine Ahnung! Wenn die Hexen es darauf anlegen, schleichen sie sich auf offener Straße bei Tageslicht hinter deinen Rücken und schneiden dir die Kehle durch – ohne daß du es bemerkst.«

»Welche Hexen?« fragte Cliff.

Queen machte eine weit ausholende Geste. Dann schlich sich so etwas wie Mißtrauen in seinen Blick. »Woher weiß ich, daß ich Ihnen trauen kann?« fragte er plötzlich skeptisch.

Cliff zeigte ihm seinen Ausweis. Normalerweise zog er es vor, inkognito zu operieren, aber in diesem Fall spielte er mit offenen Karten.

Weil er das gleiche von Queen erwartete.

»Sogar einen Bundesmarshal schickt man mir!« grinste Queen. »Ich hoffe, Sie haben auch genügend Verstärkung mitgebracht.«

Also war Henry Queen der Informant, von dem Campbell

gesprochen hatte, und nicht Norma! Cliff war froh, ihr keinen reinen Wein eingeschenkt zu haben.

»Keine Sorge«, beruhigte er den Schriftsteller. »Wenn Sie mir sagen, was anliegt, kann ich schon einigen Leuten Feuer unterm Hintern machen.«

»Was anliegt? Hören Sie, Marshal, ich bombardiere das FBI seit zehn Jahren mit handfesten Informationen. Ich habe meine Manuskripte an die Verlage immer mit entsprechenden Hinweisen gespickt, und irgendwann haben sie's geschnallt, daß hier was nicht in Ordnung ist. Vor zwei Jahren hat dann das FBI mit mir Kontakt aufgenommen. Sie verlangten von mir, daß ich ihnen weitere Informationen liefere. Vorher wollten sie mir nicht hier raushelfen. Irgendwann würde jemand kommen und mich holen, wenn ich nur brav weiter herumschnüffeln würde. Sagen Sie nicht, Sie hätten von all dem nichts gewußt.«

Cliff setzte sich auf einen Stuhl.

»Wer wohnt noch hier?« fragte er. »Kann uns jemand hören?«

»Keine Sorge«, sagte Queen. »Ich schätze, hier sind wir sicher. Die Hexen hätten mich sonst längst schon gelyncht, wenn sie wüßten, was ich wirklich weiß.«

»Zum Beispiel?«

»Ich bin vor fünfzehn Jahren hierhergezogen. Seitdem bin ich nicht ein einziges Mal aus dem Ort herausgekommen. Windcastle wird von diesen Hexen wie ein Gefangenenlager kontrolliert. Damals war ich mit einer Frau aus Windcastle verheiratet. Da war das hier noch eine ganz normale Stadt. Bis auf diese Legende, die ich erst später mit allem zusammenbrachte. In den fünfziger Jahren wurden dort draußen über den Wäldern und den dahinter liegenden Feldern immer wieder Himmelslichter gesichtet. Die übliche UFO-Spinnerei. Aber dann soll dort draußen irgendwo tatsächlich ein UFO gelandet sein. Noch heute sieht man dort auf eine verbrannte schwarze Fläche.«

Cliff dachte sofort an die schwarze Lichtung, die er von den Felsen aus gesehen hatte.

»Ich hatte sogar eine Tochter«, fuhr Queen fort. »Keine Ahnung, was aus ihr geworden ist. Sie nehmen uns die Kinder ja weg, kaum daß sie geboren werden ...« Von irgendwoher schnappte sich Queen eine Bierflasche und trank sie mit ein paar Zügen aus. Cliff wäre es lieber gewesen, sein Gegenüber wäre nüchterner. Es fiel ihm schwer, das zusammenhanglose Gerede des Mannes in die richtigen Pfade zu lenken.

»Wieso wird diese Stadt von den Frauen beherrscht?« fragte Cliff ihn geradeheraus.

»Damals tauchte Ellen Stark in der Stadt auf. Eine faszinierende Frau. Die Männer waren verrückt nach ihr, und die Frauen auf merkwürdige Weise auch. Sie schlossen sich ihr an und gründeten diesen Frauenkult. Feminine Fruchtbarkeitsriten. Hexenhokuspokus. Séancen. Es fing harmlos an, aber es wurde ziemlich schnell eine Art Lawine daraus.

Jedenfalls wurde uns Männern mit zunehmender Abneigung begegnet. Viele sind damals abgehauen. Manche sind auch spurlos verschwunden. Von anderen ließen die Frauen sich von heute auf morgen scheiden und wollten nichts mehr mit ihnen zu tun haben.

Meine Frau war damals wieder schwanger. Wir wußten, daß es ein Junge werden würde. Ich bekam das Kind nie zu Gesicht. Meine Frau verschwand ein paar Tage vor der Geburt. Als sie wiederkam, wollte sie nichts mehr von mir wissen.«

Eine Weile herrschte tiefes Schweigen. Cliff mußte das Gehörte erst mal verdauen.

»Etwa ab diesem Zeitpunkt erblickte kein einziger Junge mehr das Licht der Welt. Ich weiß nicht, ob welche gezeugt wurden. Jedenfalls laufen hier nur kleine Mädchen rum. Ist Ihnen sicher auch schon aufgefallen, oder?«

Cliff nickte. »Was ist mit den Männern, die noch hier leben?«

»Sie werden für gewisse niedere Arbeiten benötigt. Halten alles in Schuß, bedienen die Hexen von vorne bis hinten. Na ja, und ohne uns Männer können sie keine Nachkommen zeugen. In gewisser Weise werden wir hier wie Zuchtbullen gehalten.«

Cliff horchte auf. Er glaubte ein Geräusch gehört zu haben. Er bedeutete Queen, ruhig zu sein, und lauschte angespannt.

Der Schriftsteller beruhigte ihn. »Ist nur das morsche Holz in dieser Bruchbude. Ich habe mich längst daran gewöhnt.«

Cliff konnte nur hoffen, daß er recht hatte.

»Worauf begründen die Frauen ihre Macht?« fragte er. »Wenn es nur Hokuspokus ist, was sie betreiben, müßte ihnen doch irgendwann die Luft ausgehen.«

»Das dachte ich am Anfang auch. Aber es ist alles andere als Hokuspokus. Es geht alles von der Bürgermeisterin aus, Ellen Stark. Sie kontrolliert die Gedanken. Von uns allen. Ganz besonders die der Frauen.«

Queen erhob sich. Cliff merkte, daß er dabei leicht schwankte. Der Schriftsteller trat an eine Regalwand, schob ein paar Bücher beiseite und holte ein Paket aus dem dahinter liegenden Versteck hervor.

»Das hier ist mein letztes Manuskript«, sagte er feierlich. »Da steht alles genau drin. Auch, wie sie das mit der Gedankenkontrolle machen. Die Mädchen werden schon im Kindergartenalter telepathisch geschult. Wir Männer sieht man als natürliche Feinde des Übernatürlichen an und behandelt uns entsprechend. Was Ellen Stark hier in Windcastle aufgezogen hat, ist eine Brutstätte für Hellseherei und andere PSI-Phänomene. Machen Sie sich Ihren eigenen Reim daraus!«

Er hielt Cliff das Manuskriptpaket entgegen. Cliff griff danach, aber Queen zog es im letzten Moment zurück.

Er grinste. »Ganz so einfach ist es nicht«, sagte er. »Erst will ich Ihre Zusicherung, daß Sie mich hier herausbringen!«

»Einverstanden«, sagte Cliff. »Ich gebe Ihnen mein Wort.«

Queens schien zu überlegen. »Also gut«, sagte er. »Warum helfen Sie mir nicht gleich jetzt, von hier zu verschwinden? Sobald ich den ersten Schritt aus Windcastle herausgetan habe, erhalten Sie das Manuskript.« Er drückte es an seine Brust.

Bevor Cliff antworten konnte, stutzte er. Da war es wieder, das Geräusch von vorhin. Diesmal war er sich hundertprozentig sicher. Irgend jemand schlich über ihnen im ersten Stockwerk herum!

»Wer wohnt dort oben?« fragte Cliff.

»Niemand.« Auch Queen hörte nun die Schritte. »Ich wohne allein hier.«

Eine steile Treppe führte von dem Zimmer, in dem sie sich befanden, nach oben. Cliff zog den Revolver und huschte zum Treppenabsatz. Die Stufen verloren sich irgendwo in der Dunkelheit. Cliff drückte sich eng in den Schatten. Er wartete.

Die Schritte waren nicht mehr zu hören. Cliff spürte, wie ihm der Schweiß ausbrach. Das Warten zerrte an seinen Nerven.

Queen sah ihn angespannt an. Mit einer Handbewegung gab ihm Cliff zu verstehen, das Licht zu löschen. Das Zimmer versank in stockfinsterer Nacht.

Es dauerte eine Weile, ehe Cliffs Augen sich an die Dunkelheit gewöhnt hatten. Sein Blick war auf die Treppe gerichtet. Irgendwo dort oben lauerte jemand ... Es war die Frage, wer die stärkeren Nerven haben würde.

Die Minuten verstrichen. Plötzlich hörte er die Schritte wieder. Das unvermeidliche Knarren von brüchigen Dielen.

Er wartete. Seine Augen gaukelten ihm in der Dunkelheit die irrwitzigsten Schattenspiele vor. Er ließ sich nicht irritieren. Jetzt mußte sich der unsichtbare Gast direkt oben auf der Treppe befinden. Cliff hielt den Atem an. Im nächsten Moment hörte er, wie die Schritte auf die Treppe wechselten. Er duckte sich noch tiefer in den Schatten. Im Geiste zählte er die Stufen mit:

Eins

Zwei

Drei ...

Unendlich langsam und schleichend kam der oder die Unsichtbare die Treppe herab. Eine Gestalt schälte sich oben aus der Dunkelheit. Im gleichen Moment mußte sie auch ihn entdeckt haben.

Mit einem pantherhaften Schrei sprang ihm jemand entgegen. Cliff duckte sich. Die Gestalt traf ihn schwer an der Schulter und riß ihn mit sich. Hart kam er auf dem Boden auf und rollte sich herum.

»Licht!« schrie er. Er hatte das Gefühl, daß sein Gegner ihn im Dunkeln sehr viel besser sehen konnte als umgekehrt. »Machen Sie das verdammte Licht wieder an, Queen!« brüllte er noch einmal.

Seine Finger schlossen sich um den Knauf des Revolvers. Aber er wollte nicht blind in die Dunkelheit schießen.

Noch nicht.

»Queen!« schrie er wieder.

Ein Fausthieb krachte in sein Gesicht und ließ ihn zurücktaumeln. Instinktiv riß er die Arme hoch und wehrte die nächsten Schläge ab. Schritt um Schritt wich er zurück, bis er im Rücken die Wand spürte.

»Hören Sie auf, oder ich schieße!« preßte er zwischen blutenden Lippen hervor.

Ein Tritt traf seinen linken Ellenbogen. Aufstöhnend ging Cliff in die Knie.

Er *mußte* schießen. Er hatte keine andere Wahl mehr.

Da ging das Licht an. Queen stand neben dem Schalter und starrte mit verängstigtem Blick in Cliffs Richtung.

Vor Cliff stand Sheriff Anderson. Die Frau fixierte ihn aus fanatisch glänzenden, stahlgrauen Augen. Ihre Mundwinkel zuckten. Sie war eine Kampfmaschine, die es kaum erwarten konnte, ihm den Rest zu geben.

»Bleiben Sie stehen!« wiederholte Cliff. »Sonst werde ich schießen!«

»Im Namen des Gesetzes«, grinste Samantha Anderson, »breche ich Ihnen jetzt alle Knochen. Aber freuen Sie sich nicht zu früh: Danach bringe ich Sie zu Ihrer reizenden Partnerin, damit sie den Rest erledigt!«

Cliff verstand nicht. Aber er sah das tückische Funkeln in Andersons Augen. Sie setzte wieder zum Sprung an.

Er schoß.

Die Kugel traf Samantha Andersons rechten Arm. Sie grinste nur noch breiter. Aber der Sprung ging ins Leere, weil Cliff sich im letzten Moment zur Seite warf.

Blitzschnell wirbelte er herum. Schoß wieder.

Treffer. Diesmal in die Schulter. Aber Sheriff Anderson schien noch immer nicht beeinträchtigt!

Da wurde ihm bewußt, daß sie völlig immun gegen die Kugeln war.

»Laufen Sie, Queen!« rief er. Der Schriftsteller erwachte aus seiner Starre, riß die Tür auf und rannte hinaus.

»Mit ihm rechne ich später ab«, knirschte Sheriff Anderson.

»Erst sind Sie dran, Conroy!« Und damit sprang sie wieder vorwärts. Mehr denn je erinnerte sie an ein Raubtier.

Cliff zielte auf ihre Brust und zog durch. Es hatte die gleiche Wirkung, als hätte er in einen Sandsack geschossen. Blut spritzte aus den Einschußlöchern hervor, doch es schien ihr nicht das Geringste auszumachen.

Da endlich begriff er, daß es nur einen Ausweg für ihn gab.

Nicht zum erstenmal wurde er an den Mann erinnert, der ihn vor einigen Monaten in einem Büro der NASA hatte töten wollen. Judy hatte ihn damals im letzten Moment gerettet. Nachdem sie fast ihr ganzes Magazin in den Körper des Mannes entleert hatte.

Erst der letzte Schuß war tödlich gewesen.

Die Parallele war unübersehbar. Wer auch immer Samantha Anderson war: Sie war kein Mensch aus Fleisch und Blut. Vielleicht war sie es einmal gewesen. Nun stellte sie nur noch ein Wesen dar, das weder Schmerz noch Angst verspürte, weder Mitleid noch sonst irgendwelche menschlichen Regungen.

Was auch immer er tötete, er tötete nicht den *Menschen* Samantha Anderson. Sondern ein Wesen, das von ihr Besitz ergriffen hatte.

Entschlossen zielte Cliff dorthin, wo auch Judys Schuß Wirkung gezeigt hatte.

Sein Schuß traf ihre Stirn.

Sheriff Anderson bäumte sich schreiend auf. Fiel zu Boden. Blieb regungslos liegen.

Cliff konnte es im ersten Moment kaum glauben. Er erwartete, daß sie sich sofort wieder erheben und auf ihn stürzen würde.

Vorsichtig trat er näher, bückte sich und sah in ihre weit aufgerissenen Augen. Nein, sie war tot. Es gab keinen Zweifel.

Er fuhr herum, als plötzlich jemand im Eingang stand. Aber es war nur Queen. Mit vor Angst geweiteten Augen schaute er auf die Leiche.

»Sie ist tot!« schrie er. »Sie haben Sie getötet!« Dann gab er ein irres Lachen von sich. »Die Hexen werden Sie nie wieder hier herauslassen! Ist Ihnen das klar?«

Mit zwei Schritten war Cliff bei ihm und schlug Queen ins Gesicht, um ihn zur Besinnung zu bringen.

»Seien Sie ruhig, Mann! Wollen Sie uns die ganze Meute auf den Leib hetzen?«

Der Schriftsteller duckte sich wie aus Angst vor weiteren Schlägen. Im Grunde war er eine bemitleidenswerte Kreatur. Aber Cliff konnte ihn nicht gehen lassen. Er mußte ihn mit sich nehmen. Schon allein deshalb, weil Queen die Wahrheit kannte. Weil er wahrscheinlich als einziger Mensch wußte, was hier wirklich gespielt wurde.

»Klemmen Sie sich Ihr verdammtes Manuskript unter den Arm«, zischte er. »Und dann lassen Sie uns zusehen, daß wir von hier ...«

Cliff stockte mitten im Satz. Als ihm plötzlich bewußt wurde, daß er nicht flüchten *konnte.* Nicht ohne Judy. Sheriff Anderson hatte seine Partnerin erwähnt. Das hieß, daß sie sich irgendwo in Windcastle aufhielt. Und wenn ihn nicht alles täuschte, wußte man über ihn und Judy Bescheid!

Er hatte versagt! Nicht nur, daß er zu wenig Geduld gehabt hatte, diesen Auftrag anzugehen, nun war auch noch Judy in Gefahr! Sheriff Anderson war tot. Die Meute würde wahrscheinlich nicht eher Ruhe geben, bis sie seiner habhaft geworden war. Cliff verfluchte sein fehlendes Fingerspitzengefühl.

»Kommen Sie endlich!« Jetzt war es Queen, der drängte.

Da drang ein Läuten aus Cliffs Jackentasche.

Sein Handy!

Nicht jetzt! dachte er quälend. Es gab nur wenige Personen, denen die Nummer bekannt war. Und es war keiner darunter, mit dem er in diesem Moment hätte sprechen wollen.

Aber er hatte keine Wahl.

»Hallo?« meldete er sich müde.

»Cliff? Sind Sie es?« Er erkannte die Stimme. Sie war unverkennbar.

»Guten Abend, Senator«, sagte er. »Wie geht es Ihnen?«

»Keine Zeit für Plaudereien, Cliff«, kam die Antwort. »Die Situation ist ernst. Ich erteile Ihnen den Befehl, die Operation sofort abzubrechen!«

»Die Operation ist in vollem Gange. Sie läßt sich nicht abbrechen.«

»Das ist ein Befehl, Cliff! Sie befinden sich in großer Gefahr. Verlassen Sie mit Miss Davenport auf dem schnellsten Weg den Einsatzort.«

Cliff lächelte müde. »Das ist der Grund, weshalb ich Ihren Befehl verweigern muß, Senator. Ich weiß nicht, wo Judy steckt.«

Die Sekunden des Schweigens dehnten sich zur Ewigkeit.

»Dann verlassen Sie ohne Miss Davenport den Einsatzort. Sofort!«

In Cliff staute sich die Wut. »Sie wissen genau, daß ich das nicht tun werde, Senator. Was ist passiert?«

Der Senator seufzte. »Also gut. Ich hoffe, daß der Zerhacker, den wir in Ihr Handy eingebaut haben, so zuverlässig ist, wie wir uns das vorstellen. Senator Garrold macht Schwierigkeiten ...«

Cliff erinnerte sich. »Der Vater der verschwundenen Braut.«

»Gestern hat man die Leiche des Bräutigams gefunden. Bestialisch erstochen im Wald. Nicht weit von der Stadtgrenze von Windcastle entfernt. Seitdem ist Garrold nicht mehr zu halten. Er hat Geheimdienstquellen angezapft und reimt sich einiges zusammen.«

»Wo liegt das Problem?« fragte Cliff.

»Der Bruder des Senators ist ein Viersternegeneral. Ebenfalls mit Einfluß bis in die höchsten Regierungs- und Militärkreise. In diesem Augenblick bereitet sich eine Division vor, in Windcastle einzufallen und die Stadt unter Quarantäne zu stellen. Man wird die Bewohner zusammentreiben, ihre Personalien feststellen und die Gebäude durchsuchen, um Susan Wenker zu finden. Wenn Sie mich fragen, wird dabei wahrscheinlich mehr Porzellan zerschlagen als gerettet. Es hat in den fünfziger Jahren in der Gegend bereits einen Einsatz der Regierungstruppen stattgefunden ...«

»Wieviel Zeit habe ich?« fragte Cliff.

»Nicht eine Minute.«

»Dann verschaffen Sie mir die Zeit. Ich werde nicht ohne Judy von hier verschwinden. Wenn wir beide draufgehen, werden Sie sich andere Freiwillige suchen müssen, die für Sie die Kohlen aus dem Feuer holen!«

Die Drohung traf ins Schwarze. »Also gut«, sagte der Senator. »Ich tue, was ich kann ...«

»Also: Wieviel Zeit?«

»Mehr als eine Stunde kann ich unmöglich für Sie rausholen.«

Eine Stunde. Das konnte eine Ewigkeit sein. Oder die kürzeste Zeit, die ihnen zum Sterben blieb.

»Danke, Senator.«

»Viel Glück, Cliff.«

Windcastle, Wisconsin, 17. Januar, 20 Uhr 15

Wahrscheinlich hatten sie schon mehr Glück als Verstand, ungesehen das Rathaus zu erreichen. Queen hatte ihm erzählt, daß Ellen Stark dort lebte. Wenn nur ein Bruchteil dessen, was er erzählt hatte, stimmte, dann mußte Cliff Conroy hier ansetzen. Mit gezogenem Revolver drückte er sich in den Schatten eines Altglascontainers und ließ den Blick schweifen.

Wie schon an den Abenden zuvor wirkte die kleine Stadt wie ausgestorben – ein Umstand, der ihm nun zugute kam. Nachdem er davon überzeugt war, daß niemand sie beobachtete, löste sich Cliff aus der Deckung und lief geduckt zur Eingangspforte des Rathauses hinüber. Queen folgte ihm dichtauf, so als hätte er Angst, ihn zu verlieren.

Ob sich Judy hier irgendwo befand? Wenn das Rathaus das Machtzentrum von Windcastle war, konnte man es zumindest vermuten. Jedenfalls war es Cliffs einzige Hoffnung, denn um die ganze Stadt nach ihr abzusuchen hätte die eine Stunde – die mittlerweile auf knapp fünfzig Minuten geschrumpft war – niemals ausgereicht.

Cliff lehnte sich gegen das Eingangsportal. Die Tür war unverschlossen! Auch hier schien ihm der Lebensstil der hiesigen Frauen zu helfen: Wo es keine Kriminalität gab, waren versperrte Türen unnötig.

Die Eingangshalle lag in fast vollkommener Dunkelheit

vor den beiden Männern. Jeder Schritt erzeugte einen Widerhall in der absoluten Stille, der Cliff so laut erschien, daß man es noch im obersten Stockwerk hören mußte. Aber da spielten ihm wahrscheinlich die Nerven einen Streich.

Vorsichtig bewegten sie sich durch die Halle bis zu der breiten Freitreppe, die in eine Galerie im ersten Stockwerk führte. Cliff blieb stehen und bedeutete auch Henry Queen, leise zu sein. Als er zusätzlich die Luft anhielt, konnte er es hören: ein ganz leises Summen wie von elektrischem Strom. Es kam von oben!

Gemeinsam stiegen sie die Treppe hinauf. Oben angekommen, orientierte sich Cliff neu. Das Summen drang von rechts an sein Ohr; also wandte er sich in diese Richtung.

Und dann sah er den schwachen Lichtschein.

Er sickerte unter der Ritze einer gewaltigen Holztür durch, hinter der wahrscheinlich der Sitzungssaal des Rathauses lag.

Cliff bedeutete dem Schriftsteller, zurückzubleiben, und huschte auf die Pforte zu.

Das Summen kam von jenseits der Tür; er konnte es jetzt deutlich hören. Darunter mischten sich ... Stimmen! Aber er hätte nicht sagen können, ob eine davon Judy gehörte.

Ihm blieb keine Wahl: Wenn er an diesem Punkt nicht aufgeben wollte, mußte er die Tür öffnen. Die Waffe in seiner Hand gab ihm zumindest einen Hauch von Zuversicht, es schaffen zu können.

Noch einmal atmete er tief durch, dann öffnete er die Tür. Und erstarrte. Der erste Eindruck war atemberaubend.

Der Raum war viel größer, als er gedacht hatte. *Vielleicht sogar größer als das Rathaus selbst!* schoß es ihm durch den Kopf.

Die Decke bestand aus konzentrischen Ringen, die auf einen Mittelpunkt zuliefen, in dem eine Art Glaskugel saß. Und unter diesem Zentrum ... stand die Plastik. Das seltsame Gebilde, das er schon draußen in Form eines Brunnens gesehen hatte.

Nur war dieses hier viel größer. Cliff schätzte die Höhe auf etwa sechs Meter. Ein Sockel bildete die Basis für eine Art langgezogenen Knauf, an dessen Spitze ein gleißender Strahl austrat.

Kein Wasser wie bei dem Brunnen, sondern ein Lichtschwert, das sich summend in die darüber befindliche Glaskugel bohrte.

Cliff konnte nicht einmal abschätzen, welchem Zweck diese Anordnung diente. Aber im gleichen Moment, da er den Raum betreten hatte, waren auch die Kopfschmerzen wieder da! Irgendwie nahm die Skulptur Einfluß auf seine Psyche.

Und nicht nur auf die seine!

Um das Gebilde herum waren vier Frauen versammelt, eine davon saß im Rollstuhl. Als sie synchron herumfuhren und zum Eingang – *zu Cliff!* – hinüberstarrten, erkannte er Norma, die er fälschlicherweise für Campbells Informant gehalten hatte.

Und er sah Judy!

Aber Judy war nicht sie selbst! Seltsam teilnahmslos blickte sie ihn an.

Eine der anderen Frauen, eine blonde Schönheit im schwarzen Hosenanzug, löste sich aus der Gruppe und kam auf Cliff zu.

»Wir haben Sie schon erwartet, Mr. Conroy«, sagte sie. »Zu dumm, was mit Samantha geschehen ist. Sie werden einsehen, daß wir Mord nicht billigen können.«

Cliffs Gedanken rasten. *Sie hatten ihn erwartet!* Also mußten sie Vorkehrungen getroffen haben, damit er ihnen nicht gefährlich werden konnte.

Oder bluffte die Schöne?

Es fiel Cliff schwer, auch nur einen klaren Gedanken zu fassen. Die Kopfschmerzen wurden von Sekunde zu Sekunde schlimmer.

Die Frau, von der er glaubte, daß es sich um die Bürgermeisterin handeln mußte, wandte sich halb zu der Gruppe um und winkte. »Bitte, Judy, würdest du das Urteil vollstrecken?«

Mit einem Lächeln kam Judy Davenport näher. In ihrer Hand lag eine zierliche kleine Pistole, eine Derringer, wie Ladys sie in ihren Handtaschen mit sich zu führen pflegten.

Und plötzlich war Cliff überzeugt davon, daß seine Partnerin die Waffe auch benutzen würde.

Nicht, um im letzten Moment die Bürgermeisterin in

Schach zu halten und zusammen mit Cliff den Rückzug anzutreten. Sondern um ihn zu töten.

Cliff hob die eigene Waffe, aber er brachte es nicht über sich, auf Judy zu schießen.

Ellen Stark lächelte überlegen. Genau damit hatte sie wohl gerechnet. Und das Schlimmste war: ihre Rechnung schien aufzugehen.

Cliff kämpfte verzweifelt gegen den betäubenden Kopfschmerz an. Er wußte: Es gab eine letzte Chance. Es mußte eine geben! Oder er würde sterben, durch die Hand seiner Partnerin!

Die Skulptur!

Der Gedanke stand plötzlich in kristallener Klarheit vor seinem inneren Auge. Der Einfluß schien von dem Gebilde im Zentrum des Raumes auszugehen. Also mußte er ...

Ellen Starks Augen weiteten sich, als sie seine Gedanken erriet – oder las? Sie wandte sich an Judy.

»Los, erschieß ihn! Sofort!«

Die Magnum hochzureißen, zu zielen und abzudrücken, war eins. Gleichzeitig ließ Cliff sich zur Seite fallen.

Nach dem Wummern der großkalibrigen Waffe klang der Schuß der Derringer seltsam leise. Die Kugel pfiff nur Zentimeter an Cliffs linkem Ohr vorbei und schlug in das Holz der Tür.

Ein Geräusch wie das Klirren eines gewaltigen Kristalllüsters, der aus großer Höhe zu Boden stürzte, erklang.

Glassplitter regneten herab, als die Kugel unter der Decke in Myriaden von Scherben zerbrach. Der Laserstrahl – oder was immer es war – fand plötzlich keinen Endpunkt mehr und bohrte sich in Stahlbeton. Zu den Scherben gesellten sich Gesteinsbrocken.

Die Frauen schrien auf und starrten zur Decke. Cliff nutzte die vielleicht letzte Chance, die ihm blieb.

Mit wenigen Schritten war er bei der Bürgermeisterin und rammte sie mit aller Kraft zur Seite. Dann war er bei Judy, schlug ihr die Waffe aus der Hand und zerrte sie mit sich.

Judy leistete keinen Widerstand. Sie erschien Cliff apathisch und kraftlos. Er stürmte hinaus auf die Galerie – und mußte feststellen, daß Henry Queen verschwunden war.

Cliff hatte keine Zeit, den Schriftsteller zu suchen. Wahrscheinlich hatte er die Nerven verloren und war davongelaufen.

Ein lautes Krachen und Zischen aus dem Saal hinter ihm veranlaßte Cliff, es Queen gleichzutun; so schnell wie möglich.

Mit Judy im Schlepptau stürmte Cliff die breite Treppe hinab und durch das Eingangsportal ins Freie. Als er nach oben sah, stellte er fest, daß Flammen aus den Fenstern schlugen. Schon jetzt schienen der ganze erste und zweite Stock zu brennen, und innerhalb von Sekunden verschlang das Feuer das ganze Gebäude; viel schneller und effektiver, als es ein normales Feuer vermocht hätte. Als wenn jemand schon lange im voraus Vorsorge dafür getroffen hätte, daß es keine Beweise geben würde … Auf dem Marktplatz war die Hölle ausgebrochen. Kein Mensch schien mehr im Bett zu liegen. Sämtliche Bewohnerinnen liefen ziellos umher. Der ganze Marktplatz und die umgebenden Straßen waren überfüllt mit verwirrten Menschen. Mit glasigem Blick liefen sie wie Marionetten herum, stürzten, stießen gegen Häuser und Wagen. Noch immer strömten weitere Menschen aus den umliegenden Straßen …

Cliff konnte kaum glauben, was er sah. Es mußte mit der Zerstörung des Artefakts zusammenhängen. Sämtliche Einwohner von Windcastle mußten unter seinem Einfluß gestanden haben.

Cliff schaute zu der Skulptur des Brunnens hinüber. Der in Plexiglas gefaßte Wasserstrahl glühte feuerrot.

Im nächsten Moment erschütterte gewaltige Detonation den Boden. Der nächtliche Himmel färbte sich feuerrot. Cliff stürzte zu Boden.

Erst dachte er, die Armee hätte begonnen, Windcastle mit Artillerie zu beschießen – aber das war natürlich Unsinn. Man würde keine Leben riskieren, nur um ein verschwundenes Mädchen aufzuspüren.

Als Cliff den Blick hob, war der Brunnen verschwunden. An seiner Stelle klaffte ein gewaltiger Krater im Boden des Marktplatzes.

Aber was noch erstaunlicher war: Etwas war mit den Menschen passiert!

Niemand lief oder irrte mehr herum. Die Frauen, die von der Druckwelle von den Füßen gerissen worden waren, erhoben sich und blieben stumm und zutiefst verwirrt stehen.

Als wären sie aus einem langen Alptraum aufgewacht ...

Santa-Maria-Hospital
Boston, Massachusetts, 19. Januar, 16 Uhr 45

»Der Blumenstrauß ist wirklich sehr hübsch!« Judy roch daran. »Und er duftet nach Freiheit. Ich kann es kaum erwarten, hier herauszukommen!«

Cliff setzte sich ihr gegenüber. Das Einzelzimmer strahlte trotz der klinischen Sauberkeit eine fast gemütliche Atmosphäre aus.

»Wie geht es dir?« fragte er vorsichtig.

»Wahrscheinlich besser als den meisten anderen«, erwiderte Judy. »Sie haben nicht sehr viel Zeit gehabt, um mich zu beeinflussen.«

Cliff wußte, was sie meinte: Die meisten Einwohner Windcastles konnten sich an nichts mehr erinnern. Noch nicht einmal an die simpelsten Abläufe ihrer Existenz. Noch immer befanden sich die meisten von ihnen in psychiatrischen Anstalten. Als hoffnungslos eingestufte Fälle. Nur bei sehr wenigen hatte man Hoffnung, sie in die Wirklichkeit zurückholen zu können.

Diejenigen, die sprechen konnten, verglichen ihren Zustand mit dem Aufwachen aus einem jahrelangen Traum. Sie hatten wie unter einer Glasglocke gelebt, hatten Stimmen gehört und Befehle vernommen.

Von den Stimmen im Kopf hatte auch Judy gesprochen.

»Ich wollte dich töten, Cliff«, sagte sie. »Es gehörte zum Teil des Rituals. Diese Frau, Ellen Stark, war die perfekte Psychoterroristin. Natürlich hat sie selbst mein Hotelzimmer in die Luft gejagt. Sie wollte, daß ich dich so sehr hasse, daß ich bereit wäre, dich umzubringen.«

»Wieso bist du dir da so sicher? Ich meine, zu wissen, was in ihrem Kopf vorging?« fragte Cliff.

»Ich war Teil ihres Denkens. So wie sie in meinem Kopf war. Die Gedankenkontrolle über die vielen Bewohner war ein wichtiger Punkt in ihrem Plan. Sie beeinflußte in Hypnose die Menschen so lange, bis diese ihren Mann oder Freund töteten.«

»So wie Susan Wenker«, sagte Cliff. Wie viele andere auch, so hatte man auch Susan völlig verstört in Windcastle aufgefunden. Sie hatte etwas von Leichen und Verletzten im Wald erzählt. Und davon, daß ein Wesen sie bis zuletzt verfolgt hätte ... Sie gehörte zu den aussichtsloseren Fällen – und das, obwohl sie nur etwas über zwei Wochen in Windcastle verbracht hatte. Ihre Träume, gepaart mit ihren ganz persönlichen Urängsten, mußten ihren Verstand nachhaltig geschädigt haben.

»Aber Ellen Stark war nicht perfekt«, sagte Judy. »Es gab immer wieder Leute, die sich ihrem Einfluß entziehen konnten.« Henry Queen war einer davon. Er konnte von der einrückenden Armeedivision nicht gefunden werden. Vermutlich war er mitsamt seinem Manuskript im Rathaus ein Opfer der Flammen geworden.

Norma dagegen hatte sich aus den Flammen retten können, wenngleich es ein Rätsel war, wie sie es geschafft hatte, fast unverletzt aus dem Zentrum der Zerstörung zu entkommen.

Sie gehörte zu den ganz wenigen Personen, die sich an Bruchstücke ihrer Vergangenheit erinnern konnten. Tests hatten ergeben, daß sie über ein beachtliches PSI-Potential verfügte. Sie hatte sich von Ellen Stark lossagen wollen. Doch bevor sie sich Cliff hatte anvertrauen können, hatte sich der Ring der Gedankenkontrolle stärker um sie geschlossen.

Cliff vermutete, daß die Brunnenskulptur ein wichtiges Utensil war, mit dem die Gedankenkontrolle in Windcastle umgesetzt wurde. Vielleicht hatte sie als Relaisstation für ihr größeres Pendant im Rathaussaal gedient. Woher dieses Gegenstück allerdings seine Energie bezogen hatte und von wem es errichtet worden war, lag noch immer im dunkeln. Nicht einmal Norma konnte sich noch daran erinnern, daß es überhaupt jemals existiert hatte.

Auch von den Felsen nahe der Stadt wußte sie nichts mehr. Untersuchungen hatten ergeben, daß die in den Stein geritzten Pentagramme über dreihundert Jahre alt waren. Stumme Zeugen eines Hexenkults, der früher einmal hier existiert hatte? Vielleicht war die Wahl ja deshalb auf die Einwohnerinnen von Windcastle gefallen, als es darum ging, eine PSI-Enklave zu schaffen: Weil in ihren Genen noch immer eine Kraft verankert war, die sie von normalen Frauen unterschieden.

Wie auch immer: Das Wesen, das sich Ellen Stark genannt hatte, blieb verschwunden. Man fand nicht einmal ihre verkohlte Leiche. Vermutlich hatte die enorme Hitze Körper und Knochen vollständig verbrannt.

Damit versiegte auch diese Spur. Cliff fragte sich, wohin sie wohl geführt hätte.

Der Strahl des Artefakts im Rathaussaal hatte nach oben gewiesen – zum Himmel. Lag dort die Lösung des Rätsels: bei den Sternen …?

ENDE DES SECHSTEN BUCHES

SIEBTES BUCH

DER ENDEAVOUR-
ZWISCHENFALL

K. U. Burgdorf

An Bord der Raumfähre ENDEAVOUR
320 Kilometer über der Erde
11. Februar 1996, 8 Uhr 15 Houstoner Zeit

Die Erde stand als blauweiße Scheibe vor dem samtenen Schwarz der Weltraumnacht. Von seinem Arbeitsplatz in der Crewstation aus betrachtete Major James Woodward die Heimat der Menschheit im All. Und obwohl der Planet dort drunten von nahezu fünf Milliarden Menschen bewohnt war, konnte man von hier oben, aus dreihundertzwanzig Kilometer Höhe, kaum etwas davon erkennen.

Allein das Geflecht kultivierter Felder und schnurgerader Flugfeld-Rollbahnen, die Linien der Highways und das dichte Netz der Großstadtstraßen zeigten bei näherem Hinsehen durch ihren Kontrast zu den natürlich gewachsenen Naturformen die Anwesenheit einer intelligenten Spezies an. Und natürlich die Kondensstreifen. Im Verlauf des bisher einwöchigen Fluges hatten die sieben Männer und Frauen der Besatzung ab und zu auch diese weißen Fäden, die Düsenflugzeuge hinter sich zurückließen, auf dem dunklem Hintergrund des Landes erkennen können.

Im Augenblick galt Woodwards Hauptaufmerksamkeit allerdings nicht der Erde, sondern den beiden draußen in ihre Arbeit vertieften Wissenschaftsastronauten, die vor etwa einer Dreiviertelstunde die Raumfähre zu einer EVA – einer ›Extra Vehicular Activity‹ – verlassen hatten.

Ziel dieses Weltraumspaziergangs war das Einfangen eines Beobachtungssatelliten und das Aussetzen seines Nachfolgemodells im erdnahen Orbit. Die erste Hälfte dieser Aufgabe war bereits erledigt. OZ-SAT 1 war schon eingeholt und ruhte bereits in einer der Halterungen der Ladebucht, die freigeworden war, nachdem sie einen anderen Teil ihrer Satellitenfracht mit Hilfe der ›Schleuder‹ noch ein ganzen Stück höher hinauf in einen geostationären Orbit geschossen hatten.

Was Tim Lattinger und Michael Schneider jetzt noch zu tun übrigblieb, war das Aussetzen von OZ-SAT 2, der von seinem Vorgänger die Aufgabe übernehmen würde, mit Hilfe hochkomplexer Meßgeräte die Ozonschicht der Erde zu beobachten und weitere Daten zum Verständnis jener Regelmechanismen zu liefern, deren Störung dazu beigetragen hatte, daß sich in den letzten Jahren die ›Ozonlöcher‹ über den Polen immer weiter vergrößert hatten.

Da die ENDEAVOUR nach der Umrundung der Nachtseite der Erde vor wenigen Minuten wieder ins Sonnenlicht hinausgetreten war, leuchteten die weißen Raumanzüge der beiden Männer draußen in der Ladebucht heller als Schnee unter der Hochgebirgssonne. Auf dem Bildschirm vor seinem Arbeitspult konnte James Woodward verfolgen, wie die beiden Männer an OZ-SAT 2 herumhantierten, um dic Klammern zu lösen, mit denen die hochempfindliche Apparatur während des Starts der Raumfähre gegen Erschütterungen gesichert gewesen war.

OZ-SAT 2 war sozusagen Tim Lattingers ganz spezielles Baby, da er als Spezialist für Satellitenelektronik federführend dabei mitgeholfen hatte, die Steuerungs- und Kontrollsysteme des Satelliten zu entwickeln.

Während Lattinger ein waschechter Texaner aus El Paso war, der heute an der UCLA arbeitete, stammte sein Kollege, der Deutsche Michael Schneider, aus dem kleinen Dorf Voßwinkel im Sauerland. Nach seinem Diplomstudium der Physik in Münster hatte er in Siegen promoviert und war dann nach Berlin ans WIB übergewechselt – jenes von Reinhard Furrer mitbegründete Weltrauminstitut Berlin, dessen Ziel es war, physikalische Experimente unter Schwerelosigkeit vorzubereiten. Furrer war es auch zu verdanken, daß ihm von dort aus der Absprung ins Astronautenlager gelungen war.

»Seid ihr soweit? Michael? Timmy?«

»Klar, Jimmie-Boy.« Tim Lattingers Stimme kam tief und volltönend über die Funkverbindung.

»Michael?« Woodward sprach den Vornamen amerikanisch aus, nicht deutsch.

Anstelle einer Antwort drehte Michael Schneider sich nur halb herum, hob die behandschuhte Hand und machte mit erhobenem Daumen das ›Okay‹-Zeichen. Durch die transparente Helmscheibe konnte Woodward sein lächelndes Gesicht unter dem ›Snoopy-Helm‹ erkennen, jener schwarzweißen, enganliegenden Kappe, die dafür sorgte, daß der Kopfhörer und das Mikrophon für den Funkverkehr nicht verrutschten.

Der Shuttle-Kommandant wußte, was der Deutsche ihnen mit seinem Handzeichen signalisieren wollte: nämlich nicht nur, daß OZ-SAT 2 fertig zum Aussetzen war, sondern auch, daß er mit Hilfe einer durchsichtigen Klebefolie ein Foto Reinhard Furrers an der Außenhaut des Satelliten befestigt hatte. Es war ein persönlicher Tribut der sieben ENDEAVOUR-Astronauten an ihren deutschen Kollegen, der fast auf den Tag genau fünf Monate zuvor, am 9. September 1995, während einer Flugschau beim Absturz einer Taifun ME 108 tödlich verunglückt war. Es bestand eine stillschweigende Übereinkunft zwischen ihnen, daß Mission Control besser nichts von dieser Geste erfuhr, damit nicht irgendein wichtigtuerischer NASA-Bürokrat auf die Idee kam, eine solche ›eigenmächtige Veränderung der Nutzlast‹ kategorisch zu verbieten.

Um so größer würde die Überraschung für jene Shuttle-Astronauten sein, die den Satelliten vielleicht in ein paar Jahren wieder einholten, um ihn durch einen OZ-SAT 3 zu ersetzen …

»Schön macht ihr das«, sagte Woodward, der Kommandant dieser Mission, ins Mikro. »Wirklich sehr telegen. Wenn ihr euch ranhaltet, klappt's ja vielleicht wirklich mit der Gastrolle für Michael. He, was meint ihr in Houston dazu?«

»Also, auf dem Bildschirm hier unten sieht es auch sehr gut aus.« Es war die unverkennbar sonore Stimme von Dan Covici, einem der drei Sprecher von Mission Control, die sich im Achtstundenturnus an der Funkverbindung zur Raumfähre abwechselten. »Wir werden das auf Video aufzeichnen und Patrick und Jonathan eine Kopie davon schicken.«

Das bezog sich auf das Geschenk, mit dem Mission Control Michael Schneider zu seinem 35. Geburtstag einen Tag zuvor überrascht hatte. Da das Team in Houston wußte, was für ein eingeschworener Star-Trek-Fan der Deutsche war, hatte man Patrick Stewart und Jonathan Frakes – die Darsteller von Captain Jean-Luc Picard und Commander William Ryker in den neuen Star-Trek-Folgen – ins Flugkontrollzentrum eingeladen, um Michael Schneider mit einem ›dringenden Funkspruch von der U.S.S. Enterprise‹ zu wecken.

Während der Unterhaltung mit den beiden Fernsehstars hatte Michael dann ›nur so aus Jux‹ nachgefragt, ob er nicht auch einmal genau wie Stephen Hawking, sein großes Physikeridol, eine Gastrolle in einer Enterprise-Folge spielen könne. Stewart und Frakes hatten ernsthaft versprochen, man werde es der Produktionsleitung vorschlagen, sobald man vielversprechende Probeaufnahmen von ihm gesehen habe. Seither war die Sache zum *Running Gag* der Mission geworden, und bei allen Bildern, die von der ENDEAVOUR zur Erde übermittelt wurden, war nur noch von den ›Probeaufnahmen‹ die Rede.

»Okay«, sagte Woodward mit neuerlicher Konzentration. »Dann zieht euch mal ein Stück zurück, damit ich euch nicht versehentlich k. o. schlage ...«

Woodwards Aufgabe bei der EVA war es, vom Inneren der Fähre aus den robotischen Greifarm zu steuern, mit dessen Hilfe Satelliten in die Ladebucht hinein- oder aus ihr hinausbugsiert wurden. Von Hand war das nicht möglich, da ja schließlich die Masse der riesigen unförmigen Gebilde unverändert blieb, auch wenn sie hier oben im All kein Gewicht mehr hatten.

Während er wartete, daß die beiden Weltraumspaziergänger den nötigen Sicherheitsabstand von OZ-SAT 2 einnahmen, sah er aus den Augenwinkeln, wie Jane O'Hara vom Cockpit in die Crewstation überwechselte und sich mit einer geschickten Bewegung in seine Richtung abstieß.

Im Hauptberuf Dozentin für Biologie und Weltraummedizin an der Universität Dallas, war sie während dieses Fluges in erster Linie für eine umfangreiche Testreihe zuständig, mit der neuentwickelte Medikamente gegen die oft unerfreulichen Nebenwirkungen der Schwerelosigkeit erprobt wurden. Ihre nackten Arme und Beine waren über und über mit Sensoren und Meßfühlern bedeckt, die die von ihnen registrierten Werte drahtlos zur weiteren Auswertung an den Bordcomputer übermittelten.

Langsam kam sie durch die Kabine zu Woodward herübergeschwebt, bremste sich mit einer Hand an seiner Schulter ab und schob einen Fuß in eine Haltevorrichtung hinter seinem Sessel, um in der Schwerelosigkeit aufrecht stehen zu können. Die anderen drei Besatzungsmitglieder – Leroy Brown, Pilot und der einzige Schwarze an Bord, der Computerspezialist und Systemanalytiker Yves Trelane und der japanischstämmige Chemiker Lawrence ›Ace‹ Minamita – verfolgten den Weltraumspaziergang über Bildschirm vom Cockpit aus.

Obwohl das Steuern des Greifarms ebensogut vom Cockpit aus möglich war, hatte James Woodward es vorgezogen, von der Nebenkonsole in der Crewstation aus zu arbeiten. Wenn durch einen technischen Defekt einmal der Bildschirm ausfallen sollte, hatte er von hier aus durch ein »Bullauge« direkte Sicht auf das, was in der Frachtbucht vor sich ging.

»Wir sind auf Position«, meldete Tim Lattinger von draußen.

»Okay.« Woodwards Hände legten sich auf die Steuerung. »Houston, von uns aus ist alles klar. Wenn ihr uns euer Okay gebt, beginnen wir jetzt mit dem Aussetzmanöver.«

»... Aussetzen begin ...«, ertönte es über Funk. »... *khrrr* ...iel Glück, und ...«

Woodward runzelte die Stirn. »Houston, wir verstehen euch sehr schlecht. Dan, was ist mit dem Funk los? Empfangt ihr uns noch deutlich?«

»... *khrrr* ... END ... VOU ... was ...«

Das Knistern und Knacken in den Kopfhörern wurde immer lauter, aber nur für einen Augenblick. Dann brach es auf einmal mit einem Jaulen ab.

»Houston, hört ihr mich? Hört ihr mich?«

Keine Reaktion.

Aus den Augenwinkeln sah der Shuttle-Kommandant, daß Jane O'Hara sich vorbeugte und mit einem Gesichtsausdruck, der größte Besorgnis verriet, auf den Bildschirm starrte.

»He, was ist denn bei euch los?« Michael Schneiders Stimme. Natürlich verfolgten auch die beiden Astronauten draußen in der Ladebucht den Funkverkehr mit der Erde.

»Mir scheint, wir haben da ein kleines technisches Problem« sagte Woodward rasch in das durch eine Drahthalterung vor seinen Lippen fixierte Mikrophon, um die beiden

Männer draußen nicht zu beunruhigen. »Im Moment ist die Verbindung zur Erde unterbrochen. Leroy, Yves, kümmert ihr euch oben am Hauptcomputer bitte mal darum?«

»Schon bei der Störungssuche«, kam Leroy Browns Stimme über Funk zurück. »Falls es ein Computerproblem ist, müßte Yves eigentlich ... Sekunde bitte ... nein, er schüttelt den Kopf. Das Ersatzsystem scheint auch nicht zu funktionieren. Aber wir versuchen es weiter.«

»Timmy, Michael, es sieht so aus, als hätten wir *wirklich* ein Problem. Wenn es uns nicht gelingt, die Funkverbindung in den nächsten Minuten wiederherzustellen, sollten wir überlegen, ob ihr die EVA nicht fürs erste abbrecht und wieder reinkommt.«

Er konnte sehen, wie Michael Schneider im Innern seines Helms den Kopf schüttelte. »Wäre das klug? Ich meine, wenn es kein Computerproblem ist, wäre es dann nicht sinnvoll, wenn wir an den Sicherheitsleinen rausgehen und einen Blick auf die äußeren Antennensysteme werfen? Vielleicht klemmt ja der Nachlenkmotor, oder irgendein kosmischer Brocken hat die Antenne abrasiert. Hier oben schwirrt ja inzwischen genug Weltraummüll ...«

Er verstummte mitten im Satz.

James Woodward spürte, wie Jane O'Haras Hand sich schmerzhaft hart um seine Schulter krampfte.

Und dann sah auch er, *was* die Biologin so erschreckt hatte ...

Lyndon B. Johnson Space Center
Clear Lake bei Houston, Texas, 15. Februar 1996, 9 Uhr 45

»Dieser verdammte Funkausfall gefällt mir nicht«, knurrte General Marcus Fry im breiten texanischen Dialekt und schüttelte den Kopf. »Und noch weniger gefällt mir, daß unsere Spezialisten den Grund dafür nicht finden können.«

Das Büro, in dem diese Worte gesprochen wurden, wirkte kühl und nüchtern. Die ganze Einrichtung bestand aus einem überdimensionalen Designerschreibtisch, auf dem eine einzige schmale Akte lag, zwei Chromsesseln und einem kleinen Schränkchen, in dem sich angeblich eine bestens ausgestattete Hausbar befinden sollte. Ob dies zutraf, vermochte James Woodward nicht zu sagen. Wenn der General sich jemals daraus bediente, dann jedenfalls nicht in Gegenwart seiner Gäste.

Falls ›Gäste‹ in diesem Fall überhaupt der richtige Ausdruck war. Ein Debriefing bei General Marcus Fry hatte eigentlich nichts von einem geselligen Beisammensein an sich. Eher etwas von einer Hinrichtung.

In dem Schweigen, das Frys Worten folgte, ließ James Woodward seine Blicke zum wiederholten Male durch den Raum schweifen. Aber es gab kaum etwas, woran sie sich festhalten konnten.

Der einzige Schmuck waren zwei großformatige Fotos an der Wand neben der Eingangstür. Das kleinere der beiden, eine weltberühmt gewordene Farbaufnahme, zeigte Neil Armstrong bei seinen ersten Schritten auf dem Mond. Sein fleckenlos weißer Raumanzug leuchtete im blendenden, von keiner Atmosphäre gefilterten Sonnenlicht so grell, daß es Edwin Aldrin, der das Foto schoß, in den Augen weh getan haben mußte.

Auf James Woodward, der dieses Foto ebenfalls bei sich zu Hause über dem Schreibtisch hängen hatte – welcher der amerikanischen Astronauten hatte das nicht? –, wirkte Armstrong darauf immer wie der Ritter einer futuristischen Tafelrunde; ein Eindruck, der noch durch die Tatsache verstärkt wurde, daß man sein Gesicht nicht erkennen konnte. Natürlich lag das nur an der Reflektion in der Helmscheibe, aber es sah trotzdem so aus, als habe er ein Visier heruntergeklappt, um gegen einen im Augenblick noch unsichtbaren Gegner gewappnet zu sein.

Und auch diese Assoziation, dachte James Woodward, war nicht so ganz falsch. Der Gegner dieses weißen Ritters war in der Tat unsichtbar, und er würde es auch für immer bleiben. Aber das machte ihn um nichts weniger gefährlich. Es war das allgegenwärtige Vakuum. Wenn man den Kampf gegen den luftleeren, tödlichen Raum verlor, dann hatte man keine zweite Chance, den Gral zu erringen.

Das andere, wesentlich größere Bild zeigte General Marcus Fry, wie er einem etwas gequält lächelnden Neil Armstrong nach dessen Rückkehr zur Erde die Hand schüttelte. Es war in diesem Büro hier aufgenommen, so daß die Einrichtungsgegenstände auf seltsame Weise verdoppelt wurden. Woodward fiel auf, daß sie schon damals nicht viel anders ausgesehen hatten.

Was sich vor allem nicht geändert hatte, war die frostige Atmosphäre des Raums. Auch Neil Armstrong schien sie zu spüren. Und das, dachte der Shuttle-Kommandant, legte den Schluß nahe, daß sie ihre Ursache nicht in der Ausstattung, sondern in dem Mann hatte, der diesen Raum für seine Besprechungen benutzte.

»Mir behagt der Funkausfall auch nicht, Sir«, hörte er sich sagen. Seine eigene Stimme klang ihm seltsam fremd in den Ohren, aber vielleicht lag das auch nur an der trockenen Akustik des Raumes. »Wie Sie aus meinem Abschlußbericht ersehen können, glaube ich persönlich immer noch an einen Softwarefehler, sei es an Bord der ENDEAVOUR oder hier unten auf der Erde, auch wenn es unseren Spezialisten bisher nicht gelungen ist, einen Hinweis darauf zu finden. Aber bei der heutigen Komplexität der Computersysteme …«

Während er mechanisch seine Worte abspulte, ließ er seinen Blick durch die selbsttönenden Scheiben des Büros nach draußen schweifen. Eine fast schmerzhafte Sehnsucht erfaßte ihn. Von hier aus hatte man einen prachtvollen Panoramablick über das Ankunftsareal für Besucher des Lyndon B. Johnson Space Centers in Clear Lake, vierzig Kilometer von Houston entfernt.

Hier, am Ende der Nasa Road, die das Center mit der I-45 verband, spukten Busse gleich zu Dutzenden ihre Touristenladungen aus. Trotz der Entfernung, die die Menschen dort unten so klein wie Ameisen wirken ließ, meinte Woodward den Ausdruck gespannter Erwartung auf ihren Gesichtern zu erkennen.

Sie alle waren gekommen, um im Besucherzentrum die Ausstellungen, Experimente, Shows und Filme zum Thema ›Bemannte Raumfahrt‹ zu sehen und sich anschließend vielleicht im Shuttle-Simulator einen Eindruck davon zu verschaffen, wie es war, mit einem Andruck von drei G in eine Erdumlaufbahn hinaufgeschossen zu werden, den Heimatplaneten zu umkreisen und dann wieder sanft zu landen.

Näher als bei diesem Besuch im Center würde wahrscheinlich keiner von ihnen dem Weltraum jemals kommen. Oder vielleicht doch ... denn immerhin ließ es sich nicht ausschließen, daß eines der Kinder, die in großer Zahl unter den Besuchern vertreten waren, eines Tages zu den Astronauten des 21. Jahrhunderts gehören würde.

Wenn es bis dahin überhaupt noch eine bemannte Raumfahrt und eine NASA gab. Nach den Rückschlägen der letzten Jahre, von denen die CHALLENGER-Katastrophe nur der größte gewesen war, und den Mittelkürzungen durch den Kongreß konnte man sich dessen ja inzwischen nicht mehr sicher sein.

Draußen drängte gerade ein neuer Pulk frühlingshaft gekleideter Touristen in Richtung Eingang, während der Bus, mit dem sie gekommen waren, zu den Parkplätzen davonfuhr. Offenbar konnten sie es kaum erwarten, aus der frischen Luft draußen in die klimatisierten Räume des Zentrums hineinzukommen.

James Woodward ging es genau umgekehrt. Er wollte nur noch hinaus. Immerhin dauerte sein Aufenthalt im Space Center jetzt schon zwei Wochen länger als ursprünglich vorgesehen – und das lag nicht nur an der mysteriösen Unterbrechung des Funkverkehrs.

Aber zuerst mußte er dieses Debriefing hinter sich bringen.

»... ganz recht«, hörte er den General gerade sagen. »Wir können Fehler nicht ausschließen. Nicht bei derart komplexen Systemen. Aber bevor wir etwas auf Statistik oder Chaostheorie schieben, sollten wir erst einmal schauen, ob wir nicht irgendeine ... greifbarere Ursache für derartige Ausfälle finden. Und Sie können sich darauf verlassen, daß sich in den meisten Fällen auch etwas finden läßt, wenn man nur gründlich genug sucht. Und ich werde meinen ganzen Einfluß darauf verwenden, *daß* man gründlich genug sucht.«

Woodward blickte den General überrascht an. Einen Augenblick lang hatte er den Fehler begangen, Fry nur als das anzusehen, was er natürlich in erster Linie auch war: der

Wachhund der Armee bei der zivilen Raumfahrtbehörde NASA. Daß es einen solchen Wachhund geben mußte, war angesichts der zahlreichen militärischen Geheimaufträge, die die NASA durchführte, geradezu selbstverständlich, auch wenn die Öffentlichkeit nie etwas davon erfuhr.

Weniger selbstverständlich war, daß sich hinter der pergamentdünnen, von feinen Knitterfalten durchzogenen Haut des Gesichts und den leblos stahlblauen Augen ein messerscharfer Verstand verbarg, der nicht nur in militärischen, sondern auch in naturwissenschaftlichen Kategorien zu denken verstand. Für General Marcus Fry gehörte es wahrscheinlich zu den kleinen taktischen Vorteilen im Umgang mit den NASA-Wissenschaftlern, daß sie diese Tatsache immer wieder vergaßen.

»Ich begrüße diese Maßnahme außerordentlich, Sir«, sagte Woodward vorsichtig. »Das liegt natürlich auch im Interesse von uns Astronauten.«

»Das will ich meinen.« Frys dünne, mit Altersflecken übersäte Hand ruhte für einen Augenblick auf der vor ihm liegenden Akte. Dann zog er sie rasch wieder zurück, beinahe so, als hätte er sich damit eine Blöße gegeben. Er war bekannt dafür, daß er bei solchen Besprechungen nie hinter seinem Schreibtisch hervorkam. Wenn er sein Gegenüber verabschiedete, beugte er sich nur ein wenig vor und reichte ihm über die Schreibtischkante hinweg die Hand. Die einzige Ausnahme von dieser Regel, die dem Shuttle-Kommandanten bekannt war, war das Foto mit Armstrong an der Wand.

»Aber das ist nicht das einzige, was mich an dieser Mission beunruhigt«, fuhr Fry fort. »Da ist noch diese andere Sache ... die Kopfschmerzen.«

»Ja, Sir. Das hat uns alle ebenfalls beunruhigt.« Sieben Astronauten, die nach ihrer Rückkehr zur Erde unter migräneartigen Kopfschmerzanfällen litten. James Woodward dachte nicht gerne an seine eigenen zurück. Es waren die häßlichsten Kopfschmerzen gewesen, die er je im Leben gespürt hatte – ein elektrischer Sturm in seiner ›Wetware‹, wie die NASA-Wissenschaftler das menschliche Gehirn manchmal scherzhaft nannten, bei dem er das Gefühl gehabt hatte, jemand oder etwas wolle seine persönliche graue Festplatte da oben in seinem Schädel löschen. Den sechs anderen war es nicht viel besser ergangen. Nun ja, etwas besser schon, da bei ihnen die Anfälle weniger stark ausgeprägt gewesen waren.

Unwillkürlich horchte Woodward in sich hinein, aber da war nichts, nicht einmal das geringste Pochen oder jenes dumpfe, seltsam irreale Gefühl, das während der ersten Tage nach ihrer Rückkehr zur Erde sein ständiger Begleiter gewesen war.

Zum Glück hatten die Anfälle von Tag zu Tag an Heftigkeit nachgelassen und schließlich ganz aufgehört. Das einzig Negative, was man im Augenblick noch von ihnen sagen konnte, war, daß sie ihm und den anderen jene zwei zusätzlichen Wochen Quarantäne im Medizinischen Zentrum des Lyndon B. Johnson Space Centers eingebracht hatten. Mein Gott, wie er sich danach sehnte, Diane wiederzusehen und nicht nur übers Telefon mit ihr zu sprechen!

Fry legte die Hände vor seinem Mund zu einem Spitzdach zusammen, das er mit einem kleinen Ruck nach vorne kippte und dann wieder aufrichtete, wie um seinem Gegenüber das Wort zu erteilen, weiterzusprechen.

»Um die diesbezüglichen Aussagen im Abschlußbericht kurz zu wiederholen, Sir«, fuhr Woodward fort, »die Ärzte vermuten, daß diese Erscheinung mit den neuen Medikamenten gegen die Auswirkungen der Schwerelosigkeit zusammenhängt, die während dieses Fluges an uns getestet wurden. Auffällig ist, daß die Beschwerden etwa mit der Rate verschwunden sind, mit der auch die letzten Reste dieser Medikamente vom Metabolismus abgebaut wurden. Doktor Mariscal« – die Chefärztin – »möchte gerne eine Testreihe mit anderen Crews durchführen, um diese Hypothese zu überprüfen. Vorher läßt sich darüber nichts Abschließendes sagen.«

»Verständlich.« Fry nickte eine Winzigkeit. »Aber merkwürdig ist es auf jeden Fall. Ein Shuttleflug und gleich zwei unerklärliche – oder sagen wir, nicht mit letzter Sicherheit zu klärende – Anomalien. Sagen Sie mir, Major ... halten Sie es für möglich, daß da ein Zusammenhang besteht?«

Mit dieser Frage hatte Woodward natürlich auch gerechnet. Seine Crew und er hatten sie sich wieder und wieder gestellt, ohne eine Antwort darauf zu finden.

»Ich persönlich halte es für ausgeschlossen, Sir«, sagte er entschieden.

»Hochenergetische Felder? Könnte es sein, daß Sie mit der ENDEAVOUR in etwas hineingeraten sind, das sowohl Sie als auch den Bordcomputer beeinflußt hat?«

»Negativ, Sir. Die Instrumente an Bord hätten es anzeigen müssen. Aber sie haben nichts angezeigt. Auch das ist mit aller Gründlichkeit überprüft worden.«

»Nun gut.« Der General setzte dazu an, sich aus seinem Sessel zu erheben. Woodward wußte, daß das Debriefing vorüber war. Auch er erhob sich.

Die Hand des Generals zuckte vor wie eine Schlange. Sie fühlte sich auch genauso trocken und schuppig an. Diesmal ließ Fry Woodwards Hand nicht sofort wieder los, wie er es bei den wenigen anderen Gelegenheiten getan hatte, bei denen die beiden Männer dieses Ritual absolviert hatten. »Ach, noch eines, Major«, sagte er. »Nur der Vollständigkeit halber ... Keine *Ghost Rider* während Ihres Fluges?«

Automatisch schüttelte Woodward den Kopf. »Nein, Sir. Natürlich nicht. Ich hätte Ihnen sofort Bericht erstattet.« Inoffiziell und persönlich natürlich – nicht in schriftlicher Form. In den offiziellen Berichten der NASA tauchten derartige Sichtungen niemals auf.

Der General nickte knapp und ließ Woodwards Hand wieder los. »Sehr gut. Dann bleibt mir nichts mehr, als Ihnen einen angenehmen Urlaub zu wünschen. Und wenn die Kopfschmerzen doch wieder auftreten ...«

»... melde ich mich sofort bei Doktor Mariscal, Sir. Sie hat uns allen sehr deutlich zu verstehen gegeben, daß wir sozusagen nur auf Bewährung draußen sind.«

Zum erstenmal stahl sich so etwas wie ein Lächeln auf Marcus Frys Gesicht. »Dann sollten Sie wohl besser während dieser Zeit nichts anstellen«, sagte er mit einem Humor, den Woodward niemals bei ihm vermutet hätte.

»Das werde ich nicht, Sir«, sagte Woodward und salutierte. Fry erwiderte den Gruß, bevor er sich wieder hinter seinen Schreibtisch zurücksinken ließ, so unnahbar wie eh und je.

Während James Woodward sich umdrehte und zur Tür hinausschritt, dachte er, daß der General ihm in dieser Viertelstunde nicht unbedingt wesentlich sympathischer geworden war. Aber zum allerersten Mal hatte er das Gefühl bekommen, daß er zumindest *menschlich* war. Und das wollte bei einem Mann wie General Marcus Fry schon eine Menge heißen.

Sobald James Woodward das Büro verlassen hatte, beugte General Marcus Fry sich vor und berührte einen unsichtbar unter der Kante seines Schreibtisches angebrachten Knopf. Die ganze rechte Schubladenfront schob sich lautlos ein Stück heraus und gab den Blick auf eine hochmoderne Telefonanlage frei. Was einen uninformierten Betrachter dabei in Erstaunen versetzt hätte: Die Apparatur besaß weder eine Wählscheibe noch ein Tastenfeld. Aber das benötigte sie auch gar nicht. Von diesem Apparat aus konnte Fry nur einen einzigen Gesprächspartner erreichen – das aber auf dem kürzesten Wege, optimal abgeschirmt und durch eine automatische, computergesteuerte Verschlüsselung geschützt, deren ständig wechselnde Codes nicht einmal die Gesprächspartner an beiden Enden der Leitung kannten.

Als der General den Hörer abhob, leuchtete eine rote Lampe auf: das Signal dafür, daß die Gegenanlage besetzt war. Das war auch das einzige Zeichen, denn es meldete sich niemand. Ganz entfernt meinte Fry unter dem Rauschen der Standleitung ruhige Atemzüge zu hören, aber sicher war er sich dessen nicht.

»Hier spricht General Marcus Fry«, sagte er. »Verbinden Sie mich mit NSA. Jeremy McKay.«

Nicht einmal eine halbe Stunde nach dem Gespräch mit dem General saß James Woodward – jetzt nicht mehr in Uniform, sondern in legerer Freizeitkleidung – am Steuer seines Ford Mustang Cabriolets und lenkte den Wagen vorsichtig die steile Rampe der Mitarbeitertiefgarage im Lyndon B. Johnson Space Center hinauf. Vorsichtig deshalb, weil der Mustang, obwohl er nicht tiefergelegt war und Woodward auch auf jeglichen Schnickschnack wie Spoiler oder Türschweller verzichtet hatte, über keine besonders große Bodenfreiheit verfügte.

Es war Millimeterarbeit, ihn über die Oberkante der Rampe und hinaus in den grellen Sonnenschein zu lavieren. Nach dem, was der Tiefgaragenwächter ihm erzählt hatte, hätte er ihn während seiner Abwesenheit ruhig draußen stehenlassen können. Die ganzen Wochen über hatte es im Raume Houston – so wie in fast ganz Texas – nicht einen Tropfen geregnet.

Allmählich, so hatte der Wächter gemeint, fingen die Leute an, sich deswegen Sorgen zu machen. Texas war immer noch ein Rinderland, und was sollte werden, wenn auch der bevorstehende Sommer wieder so trocken wurde wie die letzten, und wenn die Brunnen einer nach dem anderen versiegten?

James Woodward, der kein gebürtiger Texaner war, sondern aus Sag Harbor auf Long Island ganz in der Nähe von New York stammte, war das im Augenblick herzlich egal. Nach dem Aufenthalt im Orbit und den endlosen Wochen in den vollklimatisierten Räumen des Space Centers genoß er das herabflutende Sonnenlicht und die herrlich frische Luft, als er den Wagen langsam hinüber zur Nasa Road lenkte, in vollen Zügen.

Texas hatte immer schon seinen eigenen Kalender besessen. Während anderswo in den Vereinigten Staaten noch Schneepflüge ihren Dienst verrichteten, konnte man sich im ›Wüstenstaat‹ schon wieder ohne Pullover ins Freie wagen. Schnee war hier so selten wie Leben auf dem Mars.

Es war ein wunderbares Gefühl für James Woodward, endlich wieder am Steuer des Ford Mustang zu sitzen, die zweihundertvierzig PS unter der Motorhaube schnurren zu hören und, mehr noch, sie zu *spüren*. Der Wagen, so fand er, war nach einem Düsenjäger die zweitschärfste Art von Fluggerät, die er jemals gesteuert hatte. Absolut kein Vergleich zu einem Spaceshuttle, diesem großen, schwerfälligen Klotz, der zwar präzise, aber dennoch träge auf die Steuermanöver seines Piloten reagierte.

Wenn die ENDEAVOUR so etwas wie ein Jumbo-Jet fürs Vakuum war, dann war der Mustang … ja, ein Düsenjäger mit

Bodenhaftung. Dies um so mehr, da der Astronaut das Fahrwerk etwas härter hatte abstimmen lassen. Das gab ihm die Möglichkeit, durch die lederbezogenen Sportsitze hindurch die Straße zu spüren, so daß er, wie es im Fliegerjargon hieß, ›nach Hosenboden‹ fliegen, beziehungsweise *fahren* konnte.

Nur gut, daß Diane niemals das Bedürfnis verspürte, sich an das Steuer dieses Boliden zu setzen. Dann hätte *er* ausnahmsweise einmal Angst um *sie* gehabt …

Diane … Der Gedanke an sie erfüllte ihn mit Wärme. Das Medizinische Zentrum war nicht unbedingt der Ort, an dem man ungestört seine sexuellen Impulse ausleben konnte, und daß diese sich während des Fluges und der langen Vor- und Nachbereitungszeit ganz gehörig aufstauten, war nicht weiter verwunderlich.

Unter den männlichen Astronauten kursierte hartnäckig das Gerücht, daß die NASA seit den Tagen der ersten Weltraumflüge triebdämpfende Mittel unter die Astronautennahrung mischte – »vor allem«, so hatte ein Witzbold einmal bemerkt, »seit den ersten Andockmanövern. Denn als die Jungs *die* gesehen haben, sind sie schier ausgerastet …«

Während der endlosen Wochen in Quarantäne hätte Woodward solche Mittel manchmal recht gut gebrauchen können. Außer Doktor Elena Mariscal – die an die Sechzig sein mußte – war die einzige Frau, mit der er dort in Kontakt gekommen war, Jane O'Hara gewesen.

Und Jane kam nicht in Frage. Sie und Woodward waren zwar gute Freunde, aber *so* gute Freunde auch wieder nicht. Ganz abgesehen davon, daß er seit achtzehn Jahren glücklich verheiratet war, galt es bei der NASA als schlechter Stil, mit Kollegen beziehungsweise Kolleginnen anzubandeln. Wenn man es tat – und es war natürlich schon vorgekommen, auch wenn niemand offen darüber sprach –, dann wurde man zu seinem jeweiligen Vorgesetzten zitiert und sehr nachdrücklich darauf hingewiesen, daß Dienst Dienst und Hormonhaushalt Hormonhaushalt wären. Daran hätte man sich zu halten, wenn man noch einmal auf der Besatzungsliste eines Spaceshuttles erscheinen wollte. Und wer von den Astronauten wollte das nicht?

Aber wenn man an den Teufel denkt …

Ja, das da drüben war ganz eindeutig Janes Auto. Eindeutig deshalb, weil es sich um einen kleinen roten Range Rover mit einem Baujahr irgendwo um die Mitte der sechziger Jahre handelte, und wer außer Jane fuhr sonst noch so ein Museumsstück?

Jetzt konnte Woodward auch Jane sehen, die, halb auf die Motorhaube gestützt, in eine angeregte Unterhaltung mit jemandem vertieft war. Dieser Jemand war, wie er im nächsten Moment erkannte, Michael Schneider. Der deutsche Wissenschaftsastronaut schien mit Händen und Füßen auf Jane einzureden, aber worum es bei diesem Gespräch ging, wußte Woodward nicht.

Offen gestanden interessierte es ihn auch nicht sonderlich. Es konnte so gut wie alles sein – von einer wissenschaftlichen Diskussion über die Auswirkungen der Schwerelosigkeit auf Kristalle bis hin zur Handlung der neuesten STAR-TREK-Folge.

Im Vorüberfahren hob er grüßend die Hand, aber die beiden waren so sehr in ihr Gespräch vertieft, daß sie ihn überhaupt nicht bemerkten.

Einen Augenblick lang überlegte Woodward, ob er anhalten und ihnen einen kurzen Gruß zurufen sollte, aber dann verzichtete er darauf und steuerte den Wagen über die letzte Schleife auf die Nasa Road.

Schließlich hatten sie sich alle bereits ausgiebig im Center voneinander verabschiedet, und wenn man so lange und so eng aufeinandergehockt hatte, war irgendwann der Zeitpunkt gekommen, an dem man einen Schlußstrich ziehen und wieder ganz seine eigenen Wege gehen mußte, damit sich durch sinnloses Anklammern keine unterschwelligen Aggressionen aufbauten.

Aber wenn ihn das Bedürfnis überkam und er Jane unbedingt in den Ferien sehen wollte, dann wußte er – vielleicht als einziger –, wo er sie finden konnte.

Normalerweise lebte und arbeitete Jane O'Hara in Dallas, nach texanischen Verhältnissen nur einen Katzensprung von Houston entfernt. Aber in den nächsten Wochen würde sie dort nicht anzutreffen sein. Jane konnte ungeheuer verschwiegen sein, und der Ort, an den sie sich zurückzog, um wieder zu sich selbst zu finden, war ihr bestgehütetes Geheimnis. Selbst ihm hatte sie ihn nur nach langem Zögern verraten. »Und das nur für Notfälle«, hatte sie ihm damals eingeschärft. »Wenn du mich jemals dort störst, solltest du besser einen verdammt guten Grund dafür haben.«

Er setzte den Blinker, wechselte die Fahrspur und steuerte den Mustang durch den dichter werdenden Verkehr über die Abfahrt von der Nasa Road auf die Interstate 45. Obwohl auch hier die üblichen, für sein Gefühl viel zu restriktiven Geschwindigkeitsbegrenzungen galten, war es ein Genuß, den Fahrtwind in den Haaren zu spüren. Unwillkürlich streckte er die Hand zum Anschaltknopf des Autoradios aus, zog sie dann aber wieder zurück. Das Summen des Motors war ihm im Augenblick Musik genug.

Der Mustang fraß die dreißig Meilen bis Houston nur so in sich hinein. Seltsam, dachte Woodward, wie schnell ihm der Wagen erschien, obwohl die ENDEAVOUR für die gleichen Entfernungen nur Sekundenbruchteile gebraucht hätte. Alles eine Frage des Bezugssystems, zweifellos.

Normalerweise wäre er der I-45, die im Stadtbereich den Namen Gulf Freeway trug, bis zur Kreuzung mit dem Highway 59 gefolgt, aber da bemerkte er die großen Hinweisschilder rechts und links der Fahrbahn.

HERMANN PARK
ANTI AIDS DRAG QUEEN PARADE
15th FEBRUARY. DON'T MISS!

Das Datum, so stellte er fest, war das von heute. Ein rascher Blick auf die Uhr am Armaturenbrett zeigte ihm, daß die Parade bereits in vollem Gange sein mußte. Das Verkehrschaos, das damit verbunden sein würde, konnte er sich nur zu gut vorstellen. Besser, er wechselte hier auf die I-610 über – den South Loop Freeway –, und dann gleich bei der nächsten Ausfahrt auf innerstädtische Straßen. Sonst würde er heute abend noch nicht zu Hause sein.

Vor ihm kam das riesige Interstate-Kreuz der 45 und der 610 in Sicht. Wieder setzte er den Blinker und wechselte die Spur, um die richtige Abfahrt nicht zu verpassen.

Das heißt, er *wollte* es tun. Denn in diesem Augenblick riß die Welt vor ihm in Fetzen.

Es war mit keiner Empfindung vergleichbar, die er jemals in seinem Leben gespürt hatte. Oder doch nicht – es erinnerte ihn an etwas, das er kannte: die mörderischen Kopfschmerzen, die ihn nach der Landung der ENDEAVOUR so oft gequält hatten. Aber nur für den Bruchteil einer Sekunde, dann verging der Schmerz vollständig. Danach war es, als werfe ihm jemand durch einen monströsen Riß in der Wirklichkeit glitzerndes Konfetti ins Gesicht ...

... verdammt, wenn diese dumme Kuh noch ma' versucht, mich so abzuzocken, dann schick' ich ihr Jacky auf'n Hals, un' der wird schon wissen, was er mit ihr zu machen hat. [Weiße Haut, das Bild entsetzt aufgerissener Augen, Blut, das wie unter Wasser nach einem Haifischbiß in seltsam surrealen Wolken aufquillt. Oder vielleicht wie bei Schwerelosigkeit im All?] Schnapp, macht das Messer, schnippschnapp, ritschratsch, ein paar schnelle Schnitte, und dann schau'n ihre Kunden sie nich' ma' mehr mittem Arsch an. Das wird sie lehren, mir meinen Anteil pünktlich abzuliefern. Und wenn sie's dann immer noch nich' kapiert hat, werd' ich ...

... ja, das war eine schöne Zeit damals. Ich würde gerne noch einmal nach dort zurückgehen. Die Bäume, die Luft, das Wasser der Bäche. Aber vielleicht gibt es diesen Ort heute gar nicht mehr. Wahrscheinlich ist er längst zubetoniert, und die Lebenseiche, in die ich das Herz geschnitzt habe, ist längst ...

... [Überhaupt keine Worte, nur die verworrenen Bilder eines Drogenrausches: Farben, Musikfetzen, das Hämmern eines Techno-Beats, das aufputschende Gefühl von Ecstasy, reine Geschwindigkeit, und dann plötzlich doch noch Worte, aber so monoton wie die Litanei eines wahnsinnig gewordenen elektrischen Mönchs:] eh geil eh eh geil eh eh geil eh ...

... [fünf strahlend helle Lichtpunkte, die zusammengenommen ein liegendes X vor der blauweißen Scheibe der Erde bildeten] ...

... [Wrooooom. Das Heulen eines Motors, vieler Motoren.] He, der kommt ja direkt auf mich zu! Ist der Kerl denn meschugge geworden? Oder bin etwa ich auf der falschen Fahrbahn? [Eine Hand fährt zur Hupe, die aufheult wie ein gequältes Tier. Die Hand bleibt dort und drückt die Hupe nieder und drückt die Hupe nieder und drückt die Hupe nieder.] Der reagiert überhaupt nicht! Hört der

Lederminis mit den entsprechenden sorgfältig ausgestopften Büstenhaltern, wallende rote und blonde Perücken, auf denen nicht selten ein Cowboyhut thronte, um die texanische Herkunft des Trägers anzuzeigen, Federboas, schwarze Netzstrümpfe, High-Heels, Tätowierungen, Ringe und Ketten an den unmöglichsten Stellen ... und dazwischen, wie um ein Gegengewicht dazu zu bilden, eine Reihe von oft herb männlich wirkenden Frauen mit kurzgeschnittenen Haaren, viele davon in Herrenanzügen, manche aber auch im Lederdreß oder in einer anderen fetischistisch angehauchten Verkleidung. Nicht alle waren tatsächlich homosexuell oder lesbisch oder auch nur Transvestiten, aber sie alle waren zu der großen Drag-Queen-Parade und dem anschließenden Anti-Aids-Festival im Hermann Park gegenüber der Rice University unterwegs.

Da Judy das Fenster auf ihrer Seite ein wenig heruntergekurbelt hatte, konnte sie durch den Spalt das Stimmengewirr der aufgeregten Menge hören, die Rufe, das Lachen. Es herrschte eine großartige Stimmung. Bis zum Nachmittag, wenn das eigentliche Fest im Park mit Musikgruppen, Kleinkunstdarbietungen und einer riesigen Anzahl von Buden und Ständen begann, würde sie sich immer mehr steigern, bis sie am Abend beim großen Abschlußfeuerwerk ihren Höhepunkt erreichte.

Judy lachte leise. »Doch, das glaube ich dir. So etwas gehört einfach zu Houston. Letztes Jahr war ich auch mal bei so einer Parade – privat, meine ich, nicht dienstlich. Mit Paul.« Ihr Gesicht verdüsterte sich. Seit Senator Campbell sie angerufen und zu dieser neuen Mission losgeschickt hatte, waren ihr immer wieder Erinnerungsfetzen an ihr früheres Leben in der texanischen Metropole durch den Kopf geschossen – zumeist schöne Erinnerungen, oft aber auch Dinge, die sie lieber verdrängen wollte, so wie ihre Beziehung zu Paul. Cliff würde es wohl kaum anders ergangen sein, aber das konnte sie nur vermuten.

Paul Batista, Cliffs Chef bei der Datensicherungsabteilung der NASA, hatte sich nach den Mordfällen im Kontrollzentrum so radikal verändert, daß es Judy noch immer wie ein böser Traum erschien. Als sie und Cliff mit konstruierten eisen von FBI und NSA unter Druck gesetzt worden ren, hatte Paul sich offen gegen sie gestellt, seine Verlobte und einen seiner besten Freunde feige im Stich gelassen. Judy wußte nicht, was ihn dazu bewogen hatte – aber damals *(mein Gott, es war erst ein knappes halbes Jahr her!)* war ihre Beziehung zerbrochen.

Während der langen Fahrt hierher hatten sie nicht darüber gesprochen. In erster Linie hatten sich ihre Unterhaltungen um die Ereignisse der jüngeren Vergangenheit gedreht, oder sie hatten ganz einfach geschwiegen und sich ausgeruht. Vielleicht war die Tatsache, daß sie nach Houston zurückkehren sollten, zu irreal gewesen, eher so etwas wie ein Traum, aus dem man erwachen würde, wenn man versuchte, ihn in Worte zu fassen.

Aber jetzt waren sie tatsächlich wieder in Houston. Und es war nicht einmal unmöglich, daß dieser Auftrag sie an ihre alten Wirkungsstätten führen oder sie mit Personen zusammentreffen lassen würde, die sie von früher kannten.

Personen, die sich immer noch fragen würden, warum Cliff und Judy so plötzlich ihre gutdotierten Jobs – er bei der NASA, sie als Polizeipsychologin beim Houston Police Department – aufgegeben hatten und von einem Tag auf den anderen von der Bildfläche verschwunden waren.

Daß sie das nicht freiwillig getan hatten, sondern mit unsauberen Tricks von der National Security Agency, dem ›Geheimdienst der Geheimdienste‹, dazu gezwungen worden waren, wußten nur wenige Menschen. Wahrscheinlich zählte sogar Paul Batista dazu. Und natürlich Jeremy McKay, Spezialagent der NSA und seit ihrer gemeinsamen erzwungenen Kündigung so etwas wie der Bluthund auf Cliff und Judys Fährte.

McKay beobachtete sie, daran gab es keinen Zweifel. Und er verstand es immer wieder, ihnen wichtige Beweise für die Existenz von Außerirdischen vor der Nase wegzuschnappen. Warum er sich darauf beschränkte, anstatt die ›lästigen Schnüffler‹ gleich zu eliminieren, wußten Cliff und Judy nicht zu sagen. Aber die Befürchtung, daß McKay es sich irgendwann doch anders überlegen und mit zwei Bleikugeln aus einer nicht registrierten Waffe einen endgültigen Schlußstrich ziehen würde, schwebte wie ein Damoklesschwert über ihren Köpfen ...

Das alles waren Gedanken, die Judy bisher systematisch unterdrückt hatte. Aber jetzt, in der vertrauten Umgebung Houstons, tauchten sie wieder aus ihrem Unterbewußtsein auf. Zumindest für die Zeit ihres Aufenthalts in der Stadt würde es schwer sein, sie wieder dorthin zu verdrängen.

»Du denkst das gleiche wie ich, nicht wahr?« riß Cliffs Stimme sie aus ihren Gedanken. Die Ampel sprang wieder auf Grün, und Cliff gab Gas. »Aber wenn wir Glück haben, treffen wir mit keinem unserer alten ... Bekannten zusammen. Immerhin sind wir ja nicht zum Raumfahrtzentrum oder zum Department unterwegs, sondern zu Woodwards Privatwohnung. Und wenn wir einen der anderen Astronauten sprechen müssen, so läßt sich das sicherlich ebenfalls auf privater Basis arrangieren. Weder Paul noch dein alter Chef, Captain ... Halloween ...?«

»Halloway.«

»Na gut, Halloway. Jedenfalls muß keiner von ihnen auch nur erfahren, daß wir wieder in Houston sind. Außerdem kann ich mich nicht erinnern, daß uns McKay damals ausdrücklich verboten hätte, jemals wieder diese Stadt zu betreten. Er hat uns nur davor gewarnt, in die Nähe unserer alten Arbeitsstätten zu kommen. Und außerdem« – er klopfte auf die Brusttasche seines Holzfällerhemdes – »hat sich die Situation ja inzwischen grundlegend verändert.«

Ja, das hatte sie. Denn heute trugen sie beide die Ausweise eines Bundesmarshals bei sich. Im September letzten Jahres waren sie nur zwei Einzelkämpfer gewesen, die auf unglaubliche Fakten gestoßen waren: daß nämlich die US-Regierung – oder wenigstens einzelne Personen oder Instanzen darin – versuchte, etliche in den letzten Jahrzehnten erfolgte UFO-Sichtungen und -Kontakte geheimzuhalten. Höchstwahrscheinlich mit Hilfe von Agenten der NSA.

Diese meist eher unspektakulären Sichtungen und damit in Zusammenhang stehende Grenzphänomene liefen unter dem Kodenamen ›GhostRider‹. Auf eine Datei dieses Namens war Cliff Conroy damals im Hauptcomputer der Raumfahrtbehörde gestoßen. Und das war der Zeitpunkt gewesen, wo ›die Scheiße in den Ventilator geriet‹, wie man so schön zu sagen pflegte.

Von da an befanden sich Cliff und auch Judy, der er sich anvertraute, auf der Flucht – bis ein geheimnisvoller Unbekannter namens ›Buzz‹ telefonischen Kontakt mit ihnen aufnahm und ihnen weitere Auszüge aus der GhostRider-Akte zuspielte. Kurze Zeit später hatte ›Buzz‹ sie dann mit US-Senator James Victor Campbell zusammengebracht, der ihnen die komplette CD-ROM mit den UFO-Akten übergab und sie offiziell mit den Vollmachten von Bundesmarshals ausstattete. Seitdem waren sie im Geheimauftrag des Justizministeriums unterwegs, um außergewöhnlichen Fällen nachzugehen, die mit den Außerirdischen in Zusammenhang stehen konnten.

Was für einen Wert diese Vollmachten haben würden, wenn sie noch einmal mit Jeremy McKay oder einem anderen Agenten der NSA zusammenstießen, war eine ganz andere Frage. Offen gestanden hatte Judy keine große Lust, die Probe aufs Exempel zu machen. Im Umgang mit den Houstoner Behörden oder um sich gegenüber Major James Woodward zu legitimieren, mochten sie sich indes als sehr nützlich erweisen.

Momentan hofften sie, McKay und seine Bande wieder einmal abgehängt zu haben. Das würde sich ändern, sobald sie sich auch nur einen Strafzettel wegen Falschparkens einfingen. Glücklicherweise waren sie wenigstens nicht über die Kreditkarten aufzuspüren, mit denen Campbell ihnen weltweite finanzielle Unabhängigkeit garantiert hatte.

»So, da wären wir.«

Cliff hatte das Campingmobil schon vor geraumer Zeit von der Hauptstraße heruntergelenkt. Jetzt befanden sie sich in einer ruhigen Wohnstraße, die auf beiden Seiten von weißgestrichenen Häusern mit schönen Veranden und mächtigen schattenspendenden Bäumen gesäumt wurde. Um diese Tageszeit lag sie beinahe verlassen da, denn wer nicht *downtown* zur Arbeit war, schaute sich die Parade an. Nur hier und da sah Judy ein paar kleine Kinder spielen, deren Eltern wohl fanden, daß sie noch zu jung für dergleichen Amüsement waren. Einige Kids nutzten die ersten Frühlingssonnenstrahlen, um mit tief in den Nacken gezogenen Baseballkappen für die Sommersaison zu trainieren.

Nach dem Trubel vorhin wirkte die Stille hier beinahe gespenstisch. Das leise *Pock*, mit dem der Holzschläger des Schlagmanns den harten lederbezogenen Ball traf, und das satte *Flapp*, mit dem er in den Handschuh des Fängers klatschte, war, von gelegentlichen Zurufen der Spieler abgesehen, fast das einzige Geräusch, das durch den Fensterspalt in den Winnebago vordrang.

Vor einem der Häuser war ein grauhaariger, stämmiger Schwarzer dabei, mit einem Handstaubsauger die Polster seines Wagens zu reinigen. Als das Campingmobil näher kam, blickte er nur kurz auf, ließ seinen Blick anerkennend über das Gefährt gleiten und wandte sich dann wieder seiner Arbeit zu.

Eine respektable, gemischtrassige Nachbarschaft. Genau wie die große Parade der Drag Queens war es ein weiterer Beweis für die erfolgreiche Politik der Stadtverwaltung, Houston ein modernes, weltoffenes und tolerantes Image zu geben.

»Hier, genau gegenüber.« Judy deutete auf ein Haus mit einem gepflegten Vorgarten, das sich in nichts von den anderen Gebäuden zu beiden Seiten der Straße unterschied.

Rechts gab es einen kleinen, offenen Carport, der Platz genug für zwei Wagen bot. Im Augenblick parkte nur einer darin, eine Limousine, deren Typ Judy von hier aus nicht recht erkennen konnte – vielleicht ein Chevrolet Lumina oder ein Ford Taurus. Direkt vor dem Carport, mitten in der Einfahrt, stand jedoch noch ein zweiter Wagen, ein weißes Sportcabrio, dessen Besitzer sich nicht die Mühe gemacht hatte, es bis unter das schützende Dach zu fahren.

»Ich glaube, der gehört Woodward«, sagte Judy. »Laut Campbells Angaben fährt er doch einen Mustang, oder?«

»Richtig.« Cliff, der das Gespräch mit dem Senator geführt hatte, nickte. »Ich hoffe nur, wir stören ihn und seine Frau nicht allzusehr in ihrer Wiedersehensfreude. Aber er muß ja schon seit zwei, drei Stunden zu Hause sein. Campbell sagte, daß das Debriefing bei General Fry auf 9 Uhr 30 angesetzt war.«

Er brachte den Wagen direkt vor dem Haus des Astronauten zum Stehen, stellte die Automatik auf ›Parken‹ und zog den Zündschlüssel ab. Dann stieg er aus und ging um die Front des Wagens herum, um sich Judy anzuschließen, die ihn schon auf dem Bürgersteig erwartete.

Der Nachbar, der immer noch damit beschäftigt war, das Innere seines Wagens zu reinigen, blickte noch einmal zu ihnen hinüber. Dadurch, daß sie angehalten hatten, waren sie für ihn wieder interessant geworden. Cliff nickte ihm freundlich zu und hob grüßend die Hand. Der Gruß wurde erwidert, der graugelockte Kopf verschwand wieder im Wageninneren, und das Putzritual ging weiter.

»Hast du Woodward eigentlich mal kennengelernt?« fragte Judy, während sie über den Plattenweg auf das Haus zugingen. »Ich meine, schließlich hast du doch jahrelang im Flugkontrollzentrum gearbeitet ...«

Cliff nickte. »Yep«, sagte er. Aus der Ferne wehten die Stimmen der Kinder und die Geräusche ihres Spiels herüber. *Pock. Flapp.* »Aber nur sehr flüchtig. Du weißt ja, sobald sie nach ihren Missionen wieder in Houston sind, statten die Shuttle-Astronauten dem Flugkontrollzentrum einen Besuch ab. Offiziell, um sich bei den Jungs am Boden für die gute Zusammenarbeit zu bedanken. In Wirklichkeit ist es einfach eine gute Gelegenheit, um Presse, Rundfunk und Fernsehen mit PR-Material zu füttern. Die NASA tut alles, um die Öffentlichkeit wieder auf ihre Seite zu bringen. Noch ein paar solche Mittelkürzungen wie in den letzten Jahren, und wir ...«, er schluckte und verbesserte sich rasch: »... und *sie* können den Laden dichtmachen.«

»Und bei der Gelegenheit ...?« half Judy behutsam nach, während sie leichtfüßig die Verandastufen hinaufsprang und auf den Klingelknopf neben der Tür drückte.

»... hat Paul mal seine ganze Abteilung den Astronauten vorstellen dürfen. Muß vor ungefähr zwei Jahren gewesen sein. Woodward war damals ebenfalls Kommandant der ENDEAVOUR. Und da habe ich ihm halt für ein, zwei Sekunden die Hand geschüttelt. Ansonsten kenne ich ihn eigentlich auch nur aus dem Fernsehen. Ehrlich gesagt glaube ich auch nicht, daß er sich an mich erinnert.«

»Aber ein persönlicher Eindruck ist immer ganz hilfreich, auch wenn er noch so kurz ist. Alte Polizeipsychologenweisheit.« Erneut betätigte Judy die Klingel, doch obwohl ihr Schrillen durch das ganze Haus hallen mußte, reagierte noch immer niemand darauf. »Wie fandest du ihn denn?«

»Ausgesprochen sympathisch. Und sehr, sehr kompetent – wenn dir das irgendwie weiterhilft.« Cliff runzelte die Stirn. »Sag mal, ist da niemand zu Hause?«

»Scheint so. Oder sie feiern *wirklich* ihr Wiedersehen. Ich meine, nach acht Wochen … du weißt schon, wie.«

»Ich kann es mir lebhaft vorstellen.« Cliff grinste breit. »Vielleicht sollten wir uns die Parade ansehen und später am Nachmittag noch mal wiederkommen. Wir können ja eine Nachricht hinterlassen, oder …«

In diesem Augenblick fiel im Innern des Hauses etwas zu Boden.

Es war ein kurzer, harter Schlag, so, als hätte jemand einen Stein oder einen anderen harten Gegenstand fallen lassen, der auf Holzdielen prallte und dann sofort liegenblieb. Eigentlich war es kein unangenehmes Geräusch, nicht einmal ein ungewöhnliches; trotzdem stellten sich Judys Nackenhaare auf.

Dann hörten sie noch etwas. Ein leises Knarren; Schritte? Auf jeden Fall bewegte sich dort drinnen etwas, aber nicht auf die Tür zu, sondern von ihr weg.

Und dann war wieder alles still.

»He«, sagte Cliff. »Was war das?«

»Keine Ahnung«, flüsterte Judy. »Aber irgend etwas stimmt hier nicht. Vielleicht ein Einbrecher?«

Cliffs Blick richtete sich auf ihre rechte Hand. Erst jetzt merkte Judy, daß sie unwillkürlich nach einem nicht vorhandenen Schulterhalfter getastet hatte. Jahrelange HPD-Gewohnheit. Aber die einzige Waffe, über die sie verfügten, befand sich im Geheimsafe des Campingmobils. Schließlich war das hier ein ganz normaler Informationsbesuch, nichts weiter.

Entschlossen klingelte sie erneut. Das Geräusch hallte seltsam hohl durch das Haus, beinahe so, als habe jemand sämtliche Möbel weggeräumt und das Haus stehe leer.

»Probier mal, ob die Tür abgeschlossen ist«, flüsterte Judy. Cliff drückte die Klinke nieder. Seine linke Augenbraue rutschte nach oben.

»Nein, ist sie nicht. Aber sollen wir wirklich …«

»Wenn es ein Einbrecher war, ist er spätestens nach meinem letzten Klingeln durch die Hintertür verschwunden. Und wenn es einer der Woodwards war, können wir uns immer noch bei ihnen entschuldigen. Los, laß uns reingehen. Aber unauffällig. Der Herr Nachbar muß ja nichts merken.«

Cliff schluckte. Dann nickte er, drückte entschlossen erneut die Klinke nieder und trat ein, dichtauf gefolgt von Judy. Der Vorraum war leer. Im Hintergrund führte eine Treppe in den zweiten Stock hinauf. Und am Fuß dieser Treppe lag etwas auf den Dielen.

»Oh, Scheiße«, sagte Cliff leise. Der Gegenstand war nicht sehr groß, irgendein metallenes Objekt, das man bequem in die Hand nehmen konnte. Das heißt, Judy *glaubte* jedenfalls, daß es aus Metall war. Genau erkennen konnte sie es nicht, denn der Gegenstand war über und über mit einer zähen, hauptsächlich roten Flüssigkeit besudelt. Außerdem klebten Dinge daran, die eine fatale Ähnlichkeit mit Haaren hatten. Und mit Knochensplittern. Und mit …

Judy biß sich auf die Unterlippe. Sie hatte so etwas schon sehr oft gesehen – schließlich hatte sie jahrelang beim HPD gearbeitet, die letzten drei oder vier davon bei der Mordkommission –, aber es war immer wieder ein scheußlicher Anblick.

»Nichts anfassen«, flüsterte sie Cliff zu. »Bleib du hier. Ich seh' nach, was passiert ist.«

»Moment mal …« Cliffs Hand legte sich auf ihren Unterarm. Auch er sprach nur noch im Flüsterton. »Sollte nicht lieber ich …?«

Judy schüttelte entschlossen den Kopf. »Nein. Vergiß nicht, in so was bin *ich* der Profi und *du* der Amateur. Paß nur auf, daß mir keiner in den Rücken fällt.«

»Okay.«

Mit drei, vier schnellen Schritten war Judy am Fuß der Treppe. Von hier aus führte eine Spur roter Tropfen zu einer der Türen im hinteren Teil des Vorraums. Judy folgte der

Fährte, aufs äußerste konzentriert und handlungsbereit. Auch wenn sie über keine Waffe verfügte, würde jeder, der es wagte, sie jetzt anzugreifen, eine böse Überraschung erleben. Nicht umsonst hatte sie unzählige Stunden mit den besten Instrukteuren des Houston Police Department waffenlose Selbstverteidigung geübt.

Die Tür war nur angelehnt. Vorsichtig stemmte Judy ihre Schulter dagegen, bis sie ganz aufschwang und den Blick auf ein Wohnzimmer freigab, dessen großes Panoramafenster nach hinten auf einen sorgfältig gepflegten Garten hinausging. Aber dafür hatte Judy im Moment keinen Blick übrig.

Das einzige, was sie wirklich sah, war die riesige rote Pfütze auf dem weißen Teppichboden des Wohnzimmers, die roten Spritzer überall an den Wänden und den Möbeln und die reglose Gestalt, die lang ausgestreckt inmitten der Blutlache lag …

Houston, Texas, 15. Februar, etwa drei Stunden vorher

Später konnte er sich kaum erinnern, wie er es geschafft hatte, seinen Wagen zu wenden und ihn vom Highway herunterzubringen.

Als James Woodward wieder zu sich kam, befand er sich auf dem Parkplatz eines 7-11-Drugstores irgendwo im Stadtteil Mayfair, halb über dem Steuer zusammengesunken und mit einem scheußlichen Geschmack im Mund.

Überrascht stellte er fest, daß der Motor des Mustang immer noch lief. Er schaltete ihn aus und zog den Zündschlüssel ab, den er mit zittrigen Fingern in die Brusttasche seiner Jacke steckte. Dann versuchte er nachzudenken, aber es ging nicht. Allein schon der Geschmack in seinem Mund hielt ihn davon ab: sauer, bitter, nach halbverdautem Frühstück und Galle. Mit einem angewiderten Ächzen brachte Woodward es irgendwie fertig, auszusteigen, um den Wagen herumzutorkeln und den Kofferraum zu öffnen.

Wo zum Teufel …? Ja, da, der Beutel mit dem Waschzeug. Er nahm Zahnbürste und -pasta heraus, knallte den Kofferraumdeckel wieder zu und torkelte hinüber zur Kundentoilette des Drugstore, die auch vom Parkplatz aus zugänglich war.

Eine Minute später sah er sich endlich wieder in der Lage, tief durchzuatmen, ohne von Ekel geschüttelt zu werden. Das Zittern indes, das von seinem ganzen Körper Besitz ergriffen hatte, wollte nicht nachlassen. Das Gesicht mit eiskaltem Wasser zu waschen und die Handgelenke mit ihren hämmernden Pulsadern ein paar Minuten lang unter den Kranen zu halten, half ein bißchen, aber er fühlte sich wie ein Tattergreis, als er zum Mustang zurücktorkelte und sich wieder in den Fahrersitz fallen ließ.

Diesmal allerdings bemerkte er, daß ihm die Blicke der anderen Parkplatzbenutzer neugierig bis beunruhigt – und vielleicht auch ein bißchen angeekelt? – folgten. Wahrscheinlich hatten sie das schon die ganze Zeit getan, und er hatte es nur nicht bemerkt, so übel, wie ihm gewesen war.

Aber wenn ihn jemand ansprach, dann konnte er ja einfach die Wahrheit sagen: Er war in den Gegenverkehr hineingeraten, hatte einen Beinaheunfall gehabt, war nur knapp mit dem Leben davongekommen und stand jetzt unter Schock.

Wenn es nur das gewesen wäre ...

Aber es war eben nicht nur das. Es waren auch die Bilder, die ihm entgegengestürmt waren und die seine eigene Wahrnehmung überlagert hatten – *die Bilder dessen, was die Fahrer in den entgegenkommenden Autos in diesem Augenblick gerade gedacht hatten ...*

Der Zuhälter. Der alte Mann, der sich an seine erste Liebe im Indianersommer von Vermont erinnerte. Der Techno-Freak mit der Überdosis Ecstasy, unterwegs zu einem Rave und einem totalen Zusammenbruch seines drogenüberlasteten Nervensystems. Die Hausfrau mit den drei Kindern daheim, die seinem heranrasenden Wagen ausgewichen war und dabei beinahe selbst die Kontrolle über ihr Fahrzeug verloren hatte ...

Für Sekundenbruchteile war er selbst ein Teil von ihnen allen gewesen, hatte er an ihren Gedanken, ihren Erinnerungen und ihren Wahrnehmungen teilgehabt. Und durch die Augen der Frau hatte er sogar *sich selbst gesehen* – am Steuer des Mustang, sein verzerrtes, gespenstisch bleiches Gesicht – eine Maske aus Schock und Angst. Und totaler Verständnislosigkeit.

Das konnte nicht sein. Es war völlig unmöglich, widersprach jeder menschlichen Erfahrung. Telepathie? Aber das gab es nur in Science-fiction-Filmen, nicht im wirklichen Leben.

Er war Weltraumpilot, war Soldat, war Wissenschaftler. So lange er sich zurückerinnern konnte, war sein Denken von Logik und Rationalität bestimmt gewesen. Es gab naturwissenschaftliche Gründe, die dagegensprachen, daß man die Gedanken anderer Menschen über eine Entfernung hinweg lesen konnte. Schon die Energie, mit der menschliche Gehirne arbeiteten, war einfach zu gering. Und wenn so etwas wie Telepathie doch existierte, dann hätte die Wissenschaft es doch längst herausfinden müssen.

Aber vielleicht würde er doch daran glauben müssen – wenigstens als Arbeitshypothese. Denn die andere Möglichkeit war noch unerfreulicher.

Wenn es keine Telepathie ist, dann werde ich verrückt. Und dann adieu, Major James Woodward, Starkommandant der NASA, wagemutiger Shuttle-Flieger und legendärer Kosmospilot. Hallo, mein lieber James, wir haben da ein sehr schönes Krankenzimmer für dich, und dann diese vielen netten Pfleger in Weiß und der wunderschöne Park mit den Blumen und den Ruhebänken …

Nein, er war nicht verrückt. Er hatte diese Bilder gesehen. Es *gab* Telepathie. Und irgendwie hing es mit dem Flug der ENDEAVOUR zusammen. Mit den Kopfschmerzen. Erlebten seine sechs Mitastronauten etwa im Augenblick das gleiche wie er?

Wenn es so war, dann war es als NASA-Mitarbeiter seine Pflicht, sofort ins Lyndon B. Johnson Space Center zurückzukehren und sich unter medizinische Überwachung zu begeben. Was ihn für Monate, wenn nicht für Jahre zum Versuchskaninchen machen würde.

Ein erneuter Flug ins Weltall? Undenkbar. Und wenn man tatsächlich etwas fand, würde er zu einer Art nationalem Besitz werden, würde seinen Status als freier Mensch verlieren und sich in den Augen der Ärzte in so etwas wie eine zweibeinige Laborratte verwandeln. Fand man hingegen nichts, würde man ihn wirklich für verrückt halten.

Aber verdammt, er hatte nicht nur die Gedanken anderer Menschen gelesen! Nein, da war auch noch etwas anderes gewesen.

... [fünf strahlendhelle Lichtpunkte, die zusammengenommen ein liegendes X vor der blauweißen Scheibe der Erde bildeten] ...

Dieses Bild war nicht von außen her auf ihn eingestürmt. Es war aus seinem Inneren aufgestiegen, eine Erinnerung, ganz eindeutig eine Erinnerung.

... aber eine Erinnerung an etwas, das nie stattgefunden hatte. Er war bisher dreimal im All gewesen, davon zweimal als Kommandant der ENDEAVOUR, und eine solche Leuchterscheinung hatte er noch nie zuvor gesehen, bei keiner Gelegenheit. Wenn er sie gesehen hätte, hätte er es mit Sicherheit nicht vergessen. Oder?

Oder?

Er hörte sich schluchzen; ein Geräusch, das sehr tief aus seiner Kehle kam. Plötzlich merkte er, daß jemand neben ihm stand.

»Sir?«

Er hob den Blick.

»Sir, was ist mit Ihnen? Ich meine, Sie stehen jetzt schon seit über zwei Stunden hier auf dem Parkplatz. Sind Sie krank oder so etwas? Mein Gott, Sie sehen ja furchtbar aus! Als hätten Sie ein Gespenst gesehen.«

Die Stimme der jungen Frau hallte in seinem Schädel wider. *Zwei Stunden. Gespenst gesehen.*

O ja, er hatte ein Gespenst gesehen. Nein, nicht nur eines. Viele seiner eigenen Gespenster und die von Fremden, Gespenster aus Vergangenheit, Gegenwart und Zukunft, sich selbst als Gespenst ... und wenn er jetzt nicht aufpaßte, verlor er den Verstand. Sein Gehirn kreischte wie ein Automotor ohne einen Tropfen Öl.

Die junge Frau, die, wie er jetzt erst bemerkte, die Uniform einer Drugstore-Kassiererin trug, streckte vorsichtig die Hand aus und berührte seine Schulter. Die sanfte Berührung jagte einen elektrischen Schlag bis hinunter in seine Fußspitzen. Er meinte, das Knacken hören zu können, mit dem er wieder in die Wirklichkeit einrastete, aber wahrscheinlich war das nur das Klappern seiner Zähne, die aufeinanderschlugen.

»Danke, es ... es geht schon wieder«, stammelte er. »Ein Beinaheunfall ... Schock ...« Mechanisch, ohne sich selbst dabei zuzuhören, spulte er die Erklärung ab, die er sich wie im Traum zurechtgelegt hatte. »Ich ... ich sollte wohl besser nach Hause zurückfahren. Meine Frau ... wird sich Sorgen machen.« Was zweifellos stimmte. *Zwei Stunden?*

Die Kassiererin löste die Hand von seiner Schulter, aber ihr Blick ruhte weiter besorgt auf ihm. »Meinen Sie, Sie schaffen das?« erkundigte sie sich. »Ich kann Ihnen auch gern ein Taxi rufen. Den Wagen können Sie ja später immer noch abholen.«

Jedes ihrer Worte brachte ihn wieder ein Stückchen näher an die Wirklichkeit heran – weniger ihr Inhalt als vielmehr die Tatsache, *daß* jemand mit ihm sprach. Er kannte das von seinen Weltraumflügen: In einer Krisensituation hatte man zuallererst das Bedürfnis, daß der Sprecher der Flugkontrolle nicht aufhörte, mit einem zu reden.

»Nein, es geht schon wieder.« Es ging *tatsächlich* wieder. »Ich werde ganz langsam fahren, notfalls mit Warnblinkanlage, und wenn irgend etwas ist, halte ich sofort an.« *Wenn die Bilder wiederkamen.*

Sie überlegte einen Augenblick, ob sie ihn nicht doch zurückhalten sollte, aber dann nickte sie. »Okay, Sir. Dann also guten Heimweg.«

»Danke. Wissen Sie, daß Sie mir das Leben gerettet haben?« Sie lächelte, ein bißchen verlegen, berührte noch einmal kurz seinen Oberarm und ging davon.

Mit einer Hand, die nur noch leicht zitterte, holte er den Schlüssel heraus und startete den Motor. Als er den Mustang vorsichtig vom Parkplatz herunterfuhr, zeigten die Rücklichter in Richtung des Lyndon B. Johnson Space Center.

Fast eine Stunde später bog er in die Straße ein, an der sein Haus lag.

Er fuhr den Wagen nicht in den Carport, sondern parkte ihn einfach auf der Auffahrt davor. Auf der gegenüberliegenden Straßenseite machte sich ihr Nachbar Thad – Thaddeus

Watson, ehemals Manager eines kleinen chemischen Betriebs *downtown*, seit einigen Monaten jedoch Rentner – an seinem Wagen zu schaffen. Er winkte zu ihm herüber. Woodward zögerte keinen Augenblick, sondern wechselte die Straßenseite, um ihn zu begrüßen.

Die beiden Männer trafen sich auf dem Bürgersteig und schüttelten sich die Hand.

»Zurück?« fragte Thad.

»Zurück.«

Viel länger waren ihre Gespräche eigentlich nie. Aber die wichtigen Dinge, das, was man sowieso nicht aussprechen konnte, konnten sie sich auch ohne Worte mitteilen. Vielleicht, dachte James Woodward, war das auch eine Art von Telepathie.

»Sie sollten Ihre Frau nicht warten lassen.«

»Sie haben recht.« Woodward drückte die große, warme schwarze Hand noch einen Moment länger, dann ließ er sie mit einem Lächeln, das ebenso herzlich erwidert wurde, los und ging zu seinem eigenen Haus zurück. Natürlich würde Diane sich schon Sorgen um ihn machen; immerhin hatte er sie bereits vor dem Debriefing bei General Fry angerufen, um ihr mitzuteilen, daß er in spätestens einer Stunde zu Hause sein würde.

Nein, er hatte nicht vor, ihr zu erzählen, was ihm unterwegs zugestoßen war. Seine Verspätung konnte er ohne Probleme mit dem Verkehrschaos begründen, das im Gefolge der Drag-Queen-Parade über ganz Houston hereingebrochen war. Und zumindest für die letzten Meilen vom Parkplatz des 7-11 bis hierher stimmte das auch. Es war ihm nicht schwergefallen, das Versprechen zu halten, das er der jungen Kassiererin gegeben hatte. Den größten Teil der Strecke hatte er gar nicht schneller fahren *können* als im Schrittempo.

Er sprang die Verandastufen hinauf, öffnete die Tür – das Viertel, in dem er und Diane lebten, war dank der funktionierenden Nachbarschaft eines der wenigen, in dem man noch riskieren konnte, seine Haustür über Tag nicht abzuschließen – und betrat den Vorraum mit der Treppe, die nach oben führte. »Diane?«

Ein Geräusch aus dem Wohnzimmer schien dem Klang seiner Stimme zu antworten. Sein Herz schlug höher, und zum erstenmal seit der unglaublichen Bilderflut auf dem Highway begann er sich wieder ganz bei sich selbst zu fühlen.

Diane. Es war wie ein Wunder, daß es sie gab, daß sie all die Jahre über einfach dagewesen war und auf ihn gewartet hatte, wenn er von einem seiner gefährlichen Flüge – erst als Düsenjäger-Testpilot und dann mit dem Spaceshuttle – zurückkehrte. Jetzt würde er Wiedersehen mit ihr feiern, würde sie und sich selbst die langen Monate seiner Abwesenheit während der ENDEAVOUR-Mission vergessen machen, und danach würde er die anderen sechs anrufen, um herauszufinden, ob sie dasselbe oder etwas Ähnliches erlebt hatten wie er. Aber nicht jetzt, nicht jetzt. *Diane …*

Er öffnete die Tür. Eine Sekunde lang irrte sein Blick durch den Raum, streifte die Fliegertrophäen auf dem Sims über dem Kamin zur Linken, wanderte durch das Fenster vor ihm hinaus in den Garten, wo die ersten Bäume zu blühen begannen, kehrte dann zu der Sitzgruppe in der Mitte des Wohnzimmers zurück –

Und da war sie. Sprang aus einem der Sessel auf, flog ihm entgegen, glitt in seine Arme. »James, o James, wie schön, daß du da bist.«

Gott, wie wunderbar sie roch, nach Moschus und Zuhause und Verheißung. Er spürte, wie Tränen in seine Augen traten, und er preßte sie fester an sich, so fest, daß es ihr sicherlich weh tun mußte, aber sie würde ja wissen, wie es gemeint war und wie sehr er sich nach ihr sehnte.

In diesem Augenblick begann in seinem Schädel der Kopfschmerz zu pochen, und seine Welt zerriß erneut.

Aber nicht nur das. Sie ging auch in Stücke.

… Fred, o Fred, wenn du nur hier wärst …

… [die Hand, die sich unter ihren Rock schiebt, unter dem sie kein Höschen trägt] … mein Gott, bei James hätte ich mich so etwas nie getraut, aber es ist schön, so schön … [das Gesicht, dem sie das ihre mit gierig aufgerissenem Mund entgegenreckt, ist das eines Satyrs, und die Augen darin verheißen Dinge, die sie einem sachlichen, nach außen hin immer korrekten und kühlen NASA-Manager wie Fred Rylander, den sie doch schon seit so vielen Jahren kennt, bis vor wenigen Wochen niemals zugetraut hätte] …

... »Wie ist es nur möglich, daß zwei Männer, die sich so hassen wie du und James, dieselbe Frau lieben? Kannst du mir das sagen?« – [ein überhebliches Lächeln] »Vielleicht gerade deswegen?«...

... diese Stimme, sie geht ihr durch und durch, aber es ist noch besser, wenn er nicht spricht, wenn er ihr die Zunge tief ...

... nein, das darf nicht aufhören, wenn James wieder zurück ist! Gott sei Dank muß er ja noch zwei oder drei Wochen länger unter medizinischer Beobachtung im Center bleiben, und danach ...

... »Ich liebe dich, Fred«...

»James? James, was ist los? Wieso ...«

Es ist immer noch so wie die Bilder, die er aus einem anderen Bewußtsein empfängt. Aber das hier sind keine Bilder, das hier ist real. Plötzlich hat er eine der Trophäen in der Hand; er weiß nicht mehr, wann er sie gewonnen hat oder wofür, weiß nicht einmal, daß es eine Trophäe ist. Aber nun schwingt das Metall in einem langen silbernen Bogen nach oben und wieder hinunter, von einer unwiderstehlichen Gravitation beschleunigt wie eine Raumsonde beim Vorbeiflug an einem der äußeren Planeten auf dem Weg aus dem Sonnensystem hinaus. Und irgendwie steht Diane in dieser Flugbahn – wie kommt sie da hin, er muß sie zurückgestoßen haben, ohne es überhaupt zu bemerken. Ihr Schädel zerspringt, das Blut sprüht in einer Tropfenfontäne über ihn hinweg wie Wasser aus einem leckgeschlagenen Shuttletank im Vakuum, aber wieso schreit Diane nicht, nicht laut jedenfalls? Aber innerlich schreit sie, ein Strom roter, dissonanter, immer fragmentarischer werdender spitzer kleiner Gedankenlaute, jeder ein Splitter, der sich in sein eigenes Gehirn bohrt und es zerstört zerstört zerstört. Und er schlägt immer weiter auf sie ein, und in diesem Augenblick ist nicht mehr sie es, die er tötet, er selbst ist es, der von jedem der Schläge getroffen und zu einer nicht denkenden, nicht fühlenden blutbesudelten Masse zerhämmert wird.

Langsam sinkt Diane zu Boden.

Jemand betätigt die Türklingel.

Er ist draußen im Flur.

Läßt etwas fallen.

Läuft die Treppe hinauf, betritt sein Arbeitszimmer, ein Fuchs auf der Flucht vor den Jägern, der sich schwer verwundet in seinen Bau verkriecht.

Bleibt schwankend vor dem Bild von Neil Armstrong auf dem Mond stehen, das den Ehrenplatz über dem Schreibtisch einnimmt.

Unten schrillt wieder die Klingel.

Er weiß nicht, wie lange er so stehenbleibt.

Unten im Flur, im Wohnzimmer, im ganzen Haus: Schritte.

... »Jemand ist hier!« ...

Und die ganze Zeit über die Kopfschmerzen, diese unerträglichen Kopfschmerzen. Doch dann, mit einem Schlag, sind sie vorbei. Die Welt wird wieder Welt, wird wieder real. Und er weiß: Er will nur noch weg von hier.

Er torkelt zum Fenster.

Als Cliff Conroy sah, daß Judy die Hand vor den Mund schlug und unwillkürlich einen Schritt zurückwich, hielt es ihn nicht mehr an dem Platz, den ihm die Expolizistin zugewiesen hatte. Mit zwei, drei langen Schritten war er bei ihr und warf einen Blick über ihre Schulter in das Wohnzimmer der Woodwards.

Ein undefinierbares Ächzen entrang sich seiner Kehle. Er räusperte sich, versuchte es noch einmal, und diesmal konnte Judy die Worte verstehen: »O mein Gott. Ist das ... ist das Woodwards Frau?«

»Scheint so.« Judy machte einen vorsichtigen Schritt in den Raum hinein, wobei sie darauf achtete, nicht auf einen der Blutflecken auf dem Teppich zu treten. Ihre Blicke schweiften umher, bis sie das Telefon fand. »Aber was mich viel mehr interessiert: Wo ist Woodward?«

»Hier jedenfalls nicht.« Auch Cliff war es inzwischen gelungen, seinen Blick von der Leiche loszureißen. »Ich glaube, mit so etwas ist sie erschlagen worden.« Er deutete auf die silberfarbenen Fliegertrophäen auf dem Sims über dem Kamin. Einige waren umgefallen, ein oder zwei lagen sogar auf dem Boden. Es sah aus, als habe jemand blindlings danach getastet, eine von ihnen ergriffen und dabei die anderen angestoßen.

»Müssen ziemlich massiv sein«, fuhr Cliff fort. »Massiv genug jedenfalls für ...« Er verstummte und warf einen flüchtigen Blick zu der Leiche hinüber, schaute dann aber rasch wieder weg, weil ihm übel wurde. Im Gegensatz zu Judy hatte er schließlich nicht für das Morddezernat der Houstoner Polizei gearbeitet, sondern als Computerspezialist für die NASA. Und die einzigen zerschmetterten Schädel, die man normalerweise auf Computerbildschirmen sah, waren wahrscheinlich die von Orcs. »He, was machst du da eigentlich?«

»Die Polizei anrufen, was sonst?« fragte Judy. Aus einer Gesäßtasche ihrer Jeans hatte sie ein Papiertaschentuch hervorgeholt, mit dem sie den Hörer des weißen Tastentelefons aufnahm. Gleichzeitig fummelte sie mit der anderen Hand in der Brusttasche ihres Hemdes herum, bis sie den dort verstauten Notizstift fand.

Sie begann mit dem stumpfen Ende des Stiftes eine Zahlenfolge auf der Tastatur einzutippen. Cliff legte ihr die Hand auf den Unterarm, so daß sie aus dem Rhythmus kam. Mit gerunzelter Stirn schaute sie zu ihm auf, während sie mit dem Stift die Gabel niederdrückte. »Was ist los?«

»Wir sind in *Houston*, Judy. Ich dachte, wir hätten uns darauf geeinigt, so wenig wie möglich mit den Behörden in Kontakt zu kommen, damit McKay nichts von unserer Anwesenheit erfährt.«

Judy schüttelte energisch den Kopf. »Aber da war die Sachlage auch noch anders«, meinte sie. Sie deutete mit dem Stift in Richtung der Leiche. »Wer immer das getan hat, ist gefährlich. Möchtest du dafür verantwortlich sein, wenn er noch einen Mord begeht? Ich nicht.«

Cliff starrte sie einen Augenblick lang an, dann nickte er. »Okay, ruf an. Ich sehe mich unterdessen ein wenig im Haus um. Vielleicht ... ist Woodward ja doch noch irgendwo hier. Und braucht Hilfe.«

»Sei vorsichtig.«

»Sicher.«

Langsam, in alle Richtungen sichernd, kehrte Cliff in den Vorraum zurück. Hinter sich hörte er das Klicken der Nummerntasten. Und dann schrak er unvermittelt zusammen, als eine elektronisch verzerrte Männerstimme aufklang: »Houston Police Department. Sie wünschen?«

Die Überraschung ließ ihn einen regelrechten Satz nach vorne machen. Sein Herz schlug ihm bis zum Halse. Wer hatte auch damit rechnen können, daß Diane Woodward den Mithörlautsprecher an ihrem Telefon eingeschaltet hatte?

»Ich möchte einen Mord melden«, sagte Judy. »Das Opfer ist vermutlich Mrs. James Woodward, die Frau des NASA-Astronauten.« Judys ruhige, sachliche Stimme gab die Adresse durch. »Die Tat ist mit äußerster Brutalität begangen worden, so daß eine genaue Identifikation im Augenblick nicht möglich ist. Bitte beeilen Sie sich, Officer. Der Täter könnte noch in der Nähe sein.«

»Wer spricht da überhaupt?«

»Im Augenblick möchte ich meinen Namen nicht nennen. Hören Sie, es handelt sich um einen 4/27. Haben Sie verstanden? Einen 4/27. Also beeilen Sie sich.«

Cliff hatte keine Ahnung, was ›4/27‹ bedeutete. Vermutlich ein polizeiinterner Kode. Damit würde der Beamte wissen, daß die Anruferin Ahnung von der Materie hatte und ihn nicht etwa zum Narren hielt.

»Verstanden«, klang die Stimme aus dem Lautsprecher. »Wir schicken einen Wagen. Bitte bleiben Sie am Tatort, bis ...«

Als Cliff das Klicken hörte, mit dem der Hörer auf die Gabel zurückgelegt wurde, war er bereits halb die Treppe hinauf. Er hatte sich entschieden, im Obergeschoß mit seiner Suche zu beginnen.

Überall waren Blutspuren. Spritzer, Tröpfchen, ein halber Sohlenabdruck. Offenbar ein Herrenschuh mit tiefer Profilsohle, denn der Abdruck war nicht flächig, sondern holzschnitthaft. War der Killer die Treppe hinaufgelaufen? Oder ein schwerverletzter James Woodward, der sich auf der Flucht vor seinem Mörder befand?

Wie hatte sich das Drama abgespielt? Hatte ein Einbrecher Woodwards Frau erschlagen? War Woodward dann nach Hause gekommen und hatte den Mörder auf frischer Tat ertappt? Oder handelte es sich gar nicht um eine Verkettung zufälliger Umstände, sondern um eine gezielte Aktion, die womöglich von einem Geheimdienst geplant und ausgeführt worden war? Eine Aktion, die die Auslöschung von Personen zum Ziel hatte, die zuviel über das Projekt ›GhostRider‹ wußten?

Unwillkürlich schüttelte Cliff Conroy den Kopf. So wenig er auch von Jeremy McKay und der ganzen National Security Agency hielt; das traute er ihnen nun doch nicht zu.

Inzwischen hatte er das obere Ende der Treppe erreicht – und vernahm ein schwaches Geräusch! Ein leises, keuchendes Atmen?

Woodward?

Oder der Mörder?

Um Judy zu warnen, rief Cliff nach unten: »Jemand ist hier!« Im nächsten Augenblick hörte er Schritte und ein Geräusch, das wie das Hochschieben eines Fensters klang. Dann ein lautes Poltern und wieder schwere Schritte. *Jemand war vom Obergeschoß aus auf das Dach des Carports gesprungen!*

»Judy!« schrie Cliff, während er bereits herumwirbelte und wieder die Treppe hinunterhetzte. »Er will abhauen! Schnell!«

Unten im Flur wäre er beinahe über die Mordwaffe gestolpert. Beim Ausweichen prallte er mit Judy zusammen, die aus dem Wohnzimmer gestürmt kam, und für einen Augenblick behinderten sie sich gegenseitig, als sie zur Tür drängten.

Draußen heulte der Motor eines Sportwagens auf. *Verdammt! Woodwards Mustang! Hatte der Kerl ihm den Schlüssel abgenommen? Oder hatte er vielleicht noch im Zündschloß gesteckt?*

Egal. Über die Zusammenhänge nachdenken konnte er später. Er riß die Haustür auf und stürmte hinaus, dicht gefolgt von Judy.

Das gellende Kreischen von Reifen, mit dem der Mustang rückwärts auf die Straße setzte, und das Geräusch von Metall, das über einen zu hohen Bordstein schrammte, klang überlaut in Cliffs Ohren. Mit langen Sätzen sprintete er den Plattenweg entlang, auf die Straße und ihr Campingmobil zu, das vor dem Haus parkte.

Der Mustang war jetzt bereits im Vorwärtsgang, zweihundertvierzig hochtourige Pferdestärken, die ihre ganze Kraft auf die Straße brachten, ohne sich einen Deut um den Gummiabrieb zu scheren, der auf dem Asphalt zurückblieb.

Der Wagen machte einen Satz nach vorn, der seinem Namenspatron bei jedem Rodeo Ehre gemacht hätte, und schoß davon. Nur ganz kurz, für einen Sekundenbruchteil, wandte sich im Vorüberfahren ein gespenstisch bleiches Gesicht Cliff und Judy zu. Dann bog der Mustang mit quietschenden Reifen um die nächste Ecke.

»Das war Woodward!« schrie Judy. »Verdammt, es war kein Einbrecher! Woodward selbst hat sie umgebracht!«

Auf der anderen Straßenseite starrte ein entgeisterter Thaddeus Watson zu ihnen herüber, während sie ins Campingmobil kletterten – Cliff auf den Fahrer-, Judy auf den Beifahrersitz – und die Verfolgung des weißen Mustang-Cabriolets aufnahmen. Dann ließ er den Handstaubsauger fallen und rannte den Weg zu seinem eigenen Haus hinauf, um die Polizei zu rufen.

An Bord der Air Force One

200 Kilometer westlich von Washington, 15. Februar, 10 Uhr

»Ein Gespräch für Sie, Sir.«

»Danke.« Special Agent Jeremy McKay, NSA, nickte dem Adjutanten, der ihm das tragbare Telefon reichte, militärisch knapp zu. »Wer ist dran?«

»General Fry, Sir. Aus Houston.«

Das war keine Überraschung für McKay. Er hatte diesen Anruf bereits erwartet. Schließlich war heute der Tag, an dem die Astronauten der ENDEAVOUR-Mission nach ihrer außerplanmäßig um zwei Wochen verlängerten Quarantäne das Lyndon B. Johnson Space Center verlassen durften.

»McKay. Wie stehen die Dinge?«

Der Bericht des Generals war kurz und prägnant. McKay bedankte sich und legte den Hörer wieder auf. Der Adjutant nahm ihm den Apparat ab und verschwand damit Richtung Funkkabine – oder, genauer gesagt, Richtung Kommunikationsabteil, denn von hier aus wurden nicht nur einfache Funkgespräche geführt, wie sie auch sonst zwischen einem Flugzeug und den entsprechenden Bodenstellen hin und her gingen. Von hier aus stand der Präsident der Vereinigten Staaten jederzeit mit dem gesamten Machtapparat der USA in Verbindung, über Funkstrecken, die durch hochkomplexe, computergesteuerte Verschlüsselungssysteme gesichert waren.

Nachdenklich ließ McKay sich in seinen Sessel zurücksinken und begann die ihm derzeit zugänglichen Informationen zu dem Vorgang, der in den Datenbänken der NSA als ›ENDEAVOUR-Zwischenfall‹ gespeichert war, abzuwägen.

Dabei störte es ihn nicht einmal, daß von vorne, aus dem Präsidentenabteil der Air Force One, lautes Lachen und Stimmengewirr zu ihm herüberdrangen. Der Präsident und seine Leibwächter vertrieben sich die Zeit mit einer Partie Poker – einer verschärften Stud-Version, die von den Präsidentenberatern despektierlich und natürlich nur hinter vorgehaltener Hand ›Whitewater-Poker‹ genannt wurde.

Wenn die Partie vorüber war – und das konnte nicht mehr lange dauern – mußte McKay sich darüber im klaren sein, wie er in den nächsten Tagen seine Prioritäten zu setzen hatte.

Im Augenblick waren alle seine Anstrengungen eigentlich auf das Projekt *Nordstern* gerichtet, und es in dieser Phase zu vernachlässigen, konnte gravierende Folgen haben. *Nordstern* war wichtig für die nationale Sicherheit, so wichtig, daß er darüber mit dem Präsidenten persönlich zu konferieren gedachte; deshalb seine Anwesenheit in der Präsidentenmaschine. Wenn man in der riesigen, subtil ineinandergreifenden Bürokratie, die Expräsident Dwight D. Eisenhower einmal den ›militärisch-industriellen Komplex‹ genannt hatte, wirkliche Ergebnisse erzielen wollte, dann war es immer am besten, sich nicht mit untergeordneten Chargen abzugeben, sondern dort anzusetzen, wo die wirkliche Macht lag: beim Präsidenten der Vereinigten Staaten.

Andererseits mochte sich auch der ENDEAVOUR-Zwischenfall zu einer Krise auswachsen, die McKays persönliche Anwesenheit erforderte. Nach dem Bericht, den General Fry ihm soeben erstattet hatte, war damit allerdings nicht in den nächsten Tagen zu rechnen. Was immer während der ›verlorenen Stunde‹ im erdnahen Weltraum geschehen war – von ein paar Migräneanfällen bei den Astronauten abgesehen hatte es bisher keinerlei tatsächliche Auswirkungen gehabt.

Trotzdem würde er mit den Astronauten sprechen müssen. Vielleicht war es sogar nötig, den einen oder anderen von ihnen nach Fort Meade zu beordern und ihn dort einem Tiefenverhör mit den modernsten Psychodrogen zu unterziehen. Das allerdings wäre eine verzweifelte Maßnahme gewesen, für die es bislang noch keine Rechtfertigung gab. Die erhofften Informationen hätten schon *sehr* wichtig sein müssen, bevor selbst die NSA das Risiko einging, einen Astronauten womöglich für immer dienstuntauglich zu machen.

Außerdem war es eines von McKays Grundprinzipien, Menschen kein unnötiges Leid zuzufügen. *Nötiges* Leid ... nun ja. Aber im Moment sah es nicht danach aus.

Nein, die Prioritäten waren klar. Erst Projekt *Nordstern*, dann Houston und ein paar informelle Gespräche mit den Astronauten. Außerdem würden sie kooperationsbereiter sein, wenn sie sich erst einmal ein paar Tage im Kreise ihrer Familien und Freunde ausgeruht hatten.

Der Adjutant wár wieder neben seinen Sitz getreten, diesmal ohne Telefon. »Der Präsident möchte Sie jetzt sprechen, Sir.«

»Ich komme.«

McKay folgte dem Adjutanten durch den Mittelgang der Air Force One nach vorne, zu seiner Audienz beim mächtigsten Mann der westlichen Hemisphäre, wenn nicht gar der ganzen Erde.

»Mr. President ...«

Als McKay keine vierundzwanzig Stunden später, in Nome, Alaska, den nächsten Anruf aus Houston erhielt, wurde er sich schmerzlich der Tatsache bewußt, daß er diesmal seine Prioritäten falsch gesetzt hatte.

McKay reagierte unverzüglich. Obwohl das Projekt *Nordstern* dadurch womöglich um Monate zurückgeworfen wurde, bestieg er den nächsten Flieger Richtung Houston. Allerdings würde es etliche Stunden dauern, bis er dort eintraf. Aber vielleicht war es noch nicht zu spät.

Houston, Texas, 15. Februar, 13 Uhr 50

»Wo, zum Teufel, will der Kerl hin?« preßte Cliff zwischen den Zähnen hervor, während er den Winnebago durch den Verkehr manövrierte.

»Keine Ahnung. Aber wenn ich er wäre, würde ich versuchen, den nächsten Highway zu erreichen«, entgegnete Judy. »Dort wäre sein Mustang uns mit seinen über zweihundert Spitze auf jeden Fall überlegen.«

Aber offensichtlich hatte James Woodward, NASA-Astronaut und Mörder seiner Ehefrau Diane, etwas ganz anderes vor. Durch den zunehmend dichter werdenden Verkehr jagte er über Straßen, die die Namen von Helden aus dem texanischen Unabhängigkeitskrieg gegen Mexiko trugen, auf das Zentrum der Millionenstadt zu. Wenn er dabei Kreuzungen überqueren mußte, drückte er einfach auf die Hupe, verlangsamte nur unwesentlich und bretterte durch, immer dichtauf gefolgt von dem Campingmobil mit Cliff am Steuer und einer zunehmend panischen Judy auf dem Beifahrersitz.

»Ist der denn wahnsinnig geworden ...?« keuchte sie, als Woodward seinen Mustang in ein Wohnviertel zog, in dem die Straßen mit Schwellen aufgepflastert waren, um Autos zur Schleichfahrt zu zwingen.

Bei Woodward versagte die Maßnahme. Er bremste kaum ab, sondern jagte das Sportcabrio über die Schwellen, als sei es ein Surfbrett, das von Wellenkamm zu Wellenkamm hüpfte. Rechts und links sprühten Funken weg, als Metall über Stein schrammte. Für Cliff war es ein Wunder, daß die Achsen des Mustang diese Belastung überhaupt aushielten.

»Langsamer!« schrie Judy. »Willst du uns umbrin...«

Der Schlag von unten traf sie mit der Wucht eines Hammers. Für einen Augenblick schwebte sie etliche Zentimeter über dem Naugahyde-Polster des Campingmobils, bevor sie unsanft wieder darauf zurückkrachte. Bei einem normalen Pkw hätte ihr Kopf bei diesem Manöver Bekanntschaft mit der Decke gemacht. Glücklicherweise war diese Fahrerkabine ein Stückchen zu hoch dafür.

Bevor die nächste Schwelle kam, hatte Judy es irgendwie

geschafft, Halt zu finden. Trotzdem wurde sie wieder auf das heftigste durchgerüttelt, denn das Campingmobil tanzte wie ein Schiff bei hohem Seegang.

»'tschuldigung«, keuchte Cliff, der das Steuer so heftig umklammert hielt, daß seine Knöchel weiß vor der sonnengebräunten Haut hervortraten. »Aber sollen wir ihn vielleicht verlieren?«

»Natürlich nicht.«

Der Mustang und sein Verfolger hatten die Marterstrecke der Wohnstraße jetzt hinter sich gebracht und bogen unter dem wütenden Hupkonzert der anderen Verkehrsteilnehmer mit kreischenden Reifen wieder auf eine Hauptverkehrsstraße Richtung Zentrum ein. Und das war Woodwards Fehler.

»Na, schau an!« Cliff grinste übers ganze Gesicht. Es war das erste Mal in seinem Leben, daß er sich darüber freute, in einen Stau zu geraten.

Vor ihnen war der Verkehr auf mehrere hundert Meter zum Erliegen gekommen – eine direkte Folge der Drag-Queen-Parade, deren Zugroute die Straße etwa einen Kilometer voraus kreuzte. Von seiner erhöhten Position am Steuer des Campingmobils aus konnte Cliff über die anderen Wagendächer hinwegblicken, bis zur übernächsten Kreuzung, wo gerade die letzten Wagen des Zuges vorüberrollten, begleitet von einer jubelnden, ausgelassenen Menschenmenge.

An der Straßensperre davor wurde der Verkehr zwar nach rechts und links umgeleitet, aber diese Umleitungen waren inzwischen völlig überlastet. Wahrscheinlich würde sich das Verkehrschaos erst auflösen, wenn der Zug vorüber war und die Hauptstraße wieder freigegeben wurde; das aber konnte noch gut und gerne eine halbe Stunde dauern.

Nur wenige Autos vor ihnen saß Woodward genauso im Stau fest wie sie selbst. Von hier aus sahen sie nur seinen braunen Haarschopf, der ein Stückchen über die Kopfstütze des Fahrersitzes hinausragte. Er bewegte sich nicht.

»Den hole ich mir«, entschied Cliff. »Übernimm du solange das Steuer, okay?«

Mit einem Ruck hatte er die Fahrertür geöffnet und war hinaus auf den Asphalt gesprungen. Ohne Judys Antwort abzuwarten, sprintete er los, zwischen den Wagen hindurch, eingenebelt von einer Wolke aus Abgasen. Erstaunte Blicke folgten ihm, während er in großen Sätzen zu dem immer noch eingekeilten Mustang aufschloß. Im Näherkommen sah er Woodwards totenbleiches Gesicht im Rückspiegel auf der Fahrerseite.

War der Mann bewußtlos? Oder sogar tot? Immer noch regte er sich nicht, unternahm nichts, um seinem Verfolger zu entkommen, den er doch sicherlich bemerkt haben mußte. Wieso ...

Und dann, als Cliff bis auf wenige Meter heran war, reagierte der Astronaut endlich doch – so zielstrebig und konsequent, wie es vielleicht nur jemand konnte, der das unbarmherzige Astronautentraining der NASA mit Auszeichnung absolviert und deshalb zum Kommandanten eines Milliarden Dollar teuren Spaceshuttles bestimmt worden war.

Woodwards Gesicht im Rückspiegel verzog sich zu einer Grimasse, die vielleicht ein Lachen sein sollte, Cliff aber wie der Ausdruck völligen Irrsinns erschien. Dann ließ der Astronaut den Motor seines Mustang auf höchste Tourenzahlen aufheulen, riß das Steuer in einem verrückten Manöver herum – und nahm *erst dann* den Fuß von der bis zum Anschlag durchgetretenen Bremse.

Der Wagen schlitterte beinahe seitlich aus der Lücke, sprang mit dem Kreischen gequälten Metalls auf den Bürgersteig und raste los, während Woodward zugleich Hupe und Lichthupe betätigte, so daß sein Fahrzeug zu einem heulenden, blinkenden Ungeheuer wurde, das wie eine alles vernichtende Schreckensmaschine über den Bürgersteig pflügte.

Passanten spritzten nach rechts und links auseinander, brachten sich auf der Straße und in den Eingängen der angrenzenden Häuser in Sicherheit. Es war ein Wunder, daß niemand zu Schaden kam.

Woodward schien sein Manöver genau kalkuliert zu haben, denn es waren keine dreißig Meter, die er auf diese Weise zurücklegen mußte, bevor die Häuserfront endete und er seinen Wagen nach rechts über eine Rasenfläche zog. Dann durchbrach er einen Lattenzaun, der die Fläche begrenzte, und war im nächsten Augenblick in einer Seitenstraße verschwunden.

Im ersten Moment war Cliff so überrascht gewesen, daß er in seinem Lauf innegehalten hatte, bevor er in einer verzweifelten Anstrengung versuchte, wieder Tempo zuzulegen, um seine Beute womöglich doch noch einzuholen. Aber es war zu spät. Als er schweratmend die Straßenecke erreichte, war Woodward längst verschwunden.

Cliff ließ sich gegen die nächste Hauswand sinken und dachte nach. Das Motorrad? Nein, sinnlos. Bis er es losgebunden und mit Judys Hilfe aus der Halterung am Heck des Campingmobils heruntergelassen hatte, würde Woodward längst über alle Berge sein. Es wäre ein schierer Glücksfall, ihn im Gewimmel dieser Metropole wiederzufinden.

Langsam, mit gesenktem Kopf, machte Cliff sich auf den Weg zurück zum Wagen.

»Weg?«

»Weg.«

Cliff ließ sich schwer auf den Beifahrersitz des Winnebago fallen. Er hatte fast fünf Minuten für den Rückweg gebraucht, weil er wie ein ganz gewöhnlicher Fußgänger möglichst unauffällig auf der anderen Straßenseite gegangen war. Schließlich hatte er keine Lust, von aufgebrachten Passanten, die von Woodward um ein Haar überfahren worden wären, mit dem Vorfall in Verbindung gebracht und gelyncht zu werden.

»Und was jetzt?« erkundigte sich Judy – eine im Augenblick eher müßige Frage. Während der ganzen Zeit hatte sich das Campingmobil keinen Zentimeter von der Stelle gerührt. Es saß wie einzementiert im Stau fest, der hinter ihm länger und länger wurde.

»Was schlägst *du* vor?«

»Zurück zu Woodwards Haus«, sagte Judy. »Ich meine, sobald wir aus diesem Lindwurm aus Blech und Abgasen raus sind.«

Cliff blickte sie überrascht von der Seite her an. Obwohl sein Atem sich wieder beruhigt hatte, brodelte in seinem Blut immer noch das Adrenalin der Verfolgungsjagd, und er hatte Schwierigkeiten, klar zu denken. »Ich dachte, wir wollten nicht, daß die Polizei auf uns aufmerksam wird.«

Judy schüttelte knapp, aber entschieden den Kopf. »Inzwischen hat sich die Situation grundlegend verändert. Was denkst du wohl, was der Nachbar den Beamten erzählt hat? Nein, die fahnden jetzt nicht nur nach Woodward und seinem Mustang, sondern auch nach uns. Und dieses Campingmobil ist ungefähr so leicht zu übersehen wie ein weißer Elefant. Wir können von Glück sagen, wenn wir noch bis zu Woodwards Haus kommen, ohne daß uns ein Motorradpolizist verhaftet.«

Cliff zuckte die Achseln. »Soviel zu unserem Inkognito. Spielen wir also mit offenen Karten ...«

Als sie eine Dreiviertelstunde später in die Straße einbogen, an der die Woodwards wohnten, lag die Nachbarschaft alles andere als verlassen da.

Vor dem Haus parkten vier oder fünf Polizeifahrzeuge, dazu ein Krankenwagen, der wohl von der Zentrale sicherheitshalber mitgeschickt worden war, bevor man definitiv wußte, daß in diesem Fall jede ärztliche Hilfe zu spät kam. Das Gelände vor dem Haus war weiträumig mit einer rotweißen Plastikleine abgesperrt worden, an der die üblichen Schilder CRIME SCENE – DO NOT ENTER im Wind schaukelten. Entlang dieser Absperrung hatte sich etwa ein halbes Dutzend uniformierter Polizisten aufgestellt, um die neugierig stehenbleibenden Passanten freundlich, aber bestimmt dazu aufzufordern, weiterzugehen. Zwei der Beamten, einer weiß, einer schwarz, waren in ein intensives Gespräch mit dem dunkelhäutigen alten Mann vertieft, den Cliff und Judy auf dem Grundstück gegenüber gesehen hatten.

Judy meinte beinahe zu sehen, wie der Grauhaarige mitten im Satz stockte, als er das Campingmobil die Straße entlangkommen sah. Aufgeregt deutete er darauf und redete mit Händen und Füßen auf die Beamten ein. Im nächsten Augenblick richteten sich die entsicherten Waffen von einem halben Dutzend Polizisten auf den Wagen.

Ganz langsam ließ sie das Campingmobil ausrollen.

Ein paar Sekunden später waren sie ausgestiegen und standen mit bis auf Kopfhöhe erhobenen Händen vor der Front ihres Fahrzeugs. Die Stille, die nur vom fernen Rauschen des Verkehrs auf den benachbarten Straßen durchbrochen wurde, war beinahe greifbar.

»Das sind sie!« Die Stimme des dunkelhäutigen Nachbarn klang unnatürlich hoch. »Ich erkenne den Wagen wieder. Das sind die beiden, die Mrs. Woodward ermordet haben!«

»Hallo, Dook«, sagte Judy freundlich und richtete ihren Blick auf einen der Polizisten, die ihnen gegenüber Aufstellung genommen hatten.

»Lieutenant ... äh, Miss Davenport?«

»Eben diese. Sagt mal, könnt ihr die Eisen nicht runternehmen? Irgendwie machen mich die Dinger nervös.« Ihre Worte und ihr Lächeln schienen ihre Wirkung nicht zu verfehlen, denn sofort ließ Dook seine eigene Waffe sinken und legte den Sicherungshebel um.

»Laßt gut sein, Jungs«, sagte er zu den anderen. »Das ist eine ehemalige Kollegin. Für die kann ich bürgen.« Er wandte sich dem grauhaarigen Nachbarn zu. »Mr. Watson, sind Sie sicher, daß das die Leute sind, von denen Sie uns erzählt haben?«

Der Nachbar, der sich hinter den Uniformierten verborgen gehalten hatte, lugte zwischen ihnen hindurch und starrte Cliff und Judy mit offenem Mund an. »Ja doch, aber ...«

»Er hat recht, Dook«, sagte Judy rasch. »Wir waren tatsächlich hier. Aber da war der Mord schon geschehen, und wir haben den flüchtigen Mörder verfolgt. Leider ist er uns entwischt.« Sie hütete sich, nähere Angaben zu machen; in dieser Situation hatte es keinen Sinn, die Beamten unnötig zu verwirren und sie womöglich zu neuerlichem Mißtrauen aufzustacheln. »Sagen Sie mal, wer leitet eigentlich die Ermittlungen hier?«

»Äh ... Dirty Harry, Ma'am.«

»Ja, wen haben wir denn da?«

Die Stimme war *laut*, ein Baßdröhnen, das mühelos von der Haustür der Woodwards bis hier herübertrug. Unter dem Türrahmen war die massige Gestalt des für diesen Fall zuständigen Lieutenants der Mordkommission erschienen. Schwerfällig löste sie sich vom Haus, kam über den Plattenweg herangewatschelt und baute sich wie ein Fels vor Cliff und Judy auf. »Da brat mir einer einen Storch! Judy Davenport! Na, wenn das keine Überraschung ist! Ich dachte, man hätte dich suspendiert und rausgeschmissen. Was führt dich denn hierher, Judy-Schätzchen?«

»Tag, Harriet«, sagte Judy etwas gequält. »Das ist eine lange Geschichte. Ich denke, wir sollten unter vier – oder besser gesagt, unter sechs – Augen darüber sprechen.« Sie machte eine kleine, absichtlich nicht allzu ausladende Handbewegung, um auf Cliff zu deuten.

»Das denke ich auch.« Harriet ›Dirty Harry‹ Martineau blinzelte Judy aus zusammengekniffenen Schweinsäuglein an, aber das mußte nichts zu bedeuten haben – vielleicht war ihr auch nur ein Stäubchen unters Lid geraten. »Ich hoffe, eure Geschichte ist gut. Und vor allem nachprüfbar. Na, dann kommt mal mit, ihr zwei beiden.«

Mit der ältlichen Grazie eines Schulbusses machte sie kehrt und winkte Cliff und Judy, ihr zum Haus zu folgen. Judy war der Gedanke, nochmals einen Blick auf Diane Woodwards zerschmetterten Schädel werfen zu müssen, alles andere als angenehm, aber Harriet führte sie nicht ins Wohnzimmer – dort machten sich gerade die Fotografen und die Experten der Spurensicherung zu schaffen, wie Judy durch die halbgeöffnete Tür erkennen konnte – sondern bog direkt hinter dem Eingang nach links ab.

Sie betraten eine hochmodern eingerichtete Küche – Diane Woodwards Reich; zu ihren Lebzeiten. Obwohl kinderlos, war sie das gewesen, was man eine ›Nurhausfrau‹ nannte. Wahrscheinlich zu James Woodwards Glück, denn Astronauten mit Karriereehefrauen sah man bei der eher konservativen NASA nicht gerne. Man ging davon aus, daß solche Männer zu Hause unter einem zusätzlichen psychologischen Druck standen und sich deshalb nicht hundertprozentig auf ihre schwierige Arbeit im Weltraum konzentrieren konnten. Judy fand, daß das etwas für sich hatte.

Mit einem tiefen Seufzer ließ ›Dirty Harry‹ sich auf den erstbesten Küchenstuhl sinken, tastete nach einem Päckchen Lucky Strikes, das neben einem bereits überquellenden Aschenbecher auf dem Tisch lag, und fingerte eine Zigarette heraus. Anscheinend hatten die Kollegen von der Spurensicherung diesen Raum zur Benutzung freigegeben, und ›Dirty Harry‹ hatte ihn sofort für die Zigarettenpausen der Mordkommission requiriert.

»So, dann erzähl mal. Aber immer schön der Reihe nach. Mein altes Gehirn kann komplizierten Sachverhalten nur noch sehr beschränkt folgen, das weißt du ja.«

»Dann fangen wir am besten mit dem hier an«, sagte Judy. Sie reichte Harriet Martineau ihren Ausweis, der sie als Bundesmarshal auswies. Cliff folgte ihrem Beispiel. Angesichts der verfahrenen Situation blieb ihnen sowieso nur noch, die Karten offen auf den Tisch zu legen. Na ja, wenigstens einen Teil der Karten.

›Dirty Harrys‹ linke Augenbraue ging ein Stückchen hoch, und für einen Moment vergaß sie sogar, sich die Zigarette anzustecken, die sie sich in den Mundwinkel geklemmt hatte. Sie musterte die Ausweise gewissenhaft, schien aber nicht die Absicht zu haben, sie ihnen zurückzugeben. »Setzt euch doch. Da sind noch mehr Stühle.«

Die beiden folgten wortlos ihrer Aufforderung.

»Bundesmarshals«, sagte ›Dirty Harry‹ nachdenklich. »Wart ihr das damals auch schon – ich meine, als du bei uns gearbeitet hast und Sie«, sie deutete auf Cliff, »bei der NASA?«

Cliff war überrascht. Bis zu diesem Augenblick hatte er nicht vermutet, daß sie wußte, wer er war.

»Nicht so direkt«, sagte Judy rasch. »Aus Gründen der Geheimhaltung, verstehst du …«

»Sicher, sicher. Undercoverarbeit, nicht wahr? Und jetzt seid ihr wieder hier in Houston. Was wolltet ihr von den Woodwards?«

»Sorry, Harriet, aber das unterliegt der Geheimhaltung.« Judy bemerkte, wie Cliff sie von der Seite her anschaute. Anscheinend gefiel ihm ihre Art, unangenehmen Fragestellungen mit kleinen Halbwahrheiten aus dem Weg zu gehen. »Aber es muß auch nicht unbedingt mit dem Mord zusammenhängen. Als wir ankamen, fanden wir folgendes vor …« Und sie begann, die ganze Geschichte zu erzählen.

›Dirty Harry‹ hörte aufmerksam zu. Als Judy zum Ende ihres Berichts kam, hatte sie ihre zweite Zigarette im Aschenbecher im Tisch ausgedrückt.

»Hört mal, Kinder«, sagte sie, »seid ihr eigentlich schon mal auf die Idee gekommen, daß James Woodward vielleicht gar nicht der Mörder war?«

»Warum ist er dann geflohen?« warf Cliff ein.

Der weibliche HPD-Lieutenant ließ sich nicht beirren. »Stellt euch doch nur mal folgendes Szenario vor: Ein Einbrecher dringt in das Haus ein und erschlägt Diane Woodward. Kurz darauf trifft James Woodward ein. Der Einbrecher flieht nach hinten hinaus, durch den Garten. Woodward findet die entsetzlich verstümmelte Leiche seiner Frau, was ihm einen Schock versetzt und sein klares Denken beeinträchtigt. Und dann klingelt ihr beide an der Tür. Möglich, daß er aus einer Kurzschlußreaktion heraus die Flucht ergreift. Du als Psychologin müßtest diese Version doch zumindest in Betracht ziehen, Judy.«

»Wenn die Zeitabstände stimmen, wäre es denkbar«, bestätigte Judy Davenport.

»Mr. Thaddeus Watson – der Nachbar von gegenüber – hat genau das ausgesagt. Ihr seid tatsächlich unmittelbar nach Woodwards eigener Ankunft aufgetaucht. Das ist es ja, was ihn als Täter in meinen Augen so unwahrscheinlich macht. Er und seine Frau hatten gar keine Zeit, sich wegen irgend etwas zu streiten. Außerdem ist Woodward als Astronaut ein überaus rational und analytisch denkender Mensch. Warum sollte er wie aus heiterem Himmel seine Frau auf bestialische Weise erschlagen?«

»Zugegeben, deine Überlegungen sind nicht von der Hand zu weisen«, sagte Judy. »Trotzdem wirst du mir doch wohl zustimmen, daß es richtig war, Woodward zu folgen. Tatverdächtig bleibt er auf jeden Fall.«

»Sicher. Aber von nun an werden *wir* uns um den Fall kümmern. Euch beide muß ich bitten, mich ins Hauptquartier zu begleiten, damit wir eure Ausweise überprüfen können.«

»Was soll das heißen?« fuhr Judy auf. »Glaubst du mir etwa nicht?«

›Dirty Harry‹ hob rasch in einer abwehrenden Geste beide Hände. »Nein, versteht mich nicht falsch. Ich will euch nicht festnehmen. Aber ich habe meine Vorschriften. Ihr werdet mich also begleiten und so lange warten, bis Captain Halloway eure Vollmachten überprüft hat. Wenn alles in Ordnung ist, können wir gerne … zusammenarbeiten. Wenn nicht …«

Cliff sah ein, daß es keinen Sinn hatte, sich mit dem Lieutenant anzulegen. »Klingt vernünftig, was Sie sagen«, entgegnete er und stoppte Judy, die Einspruch erheben wollte, mit einer entschiedenen Geste. »Wir würden in einer entsprechenden Situation wahrscheinlich auch nicht anders vorgehen. Eine Bedingung nur …«

»Bedingungen?«

»Mir wäre es lieb, wenn Halloway dafür sorgen würde, daß die NASA vorerst nichts von unserer Anwesenheit erfährt. Das könnte nämlich unsere … Mission hier gefährden.«

»Die Mission, über deren Natur Sie mich auch weiterhin im ungewissen zu lassen gedenken.«

»Nun … ja.« Cliff zauberte ein Lächeln auf sein Gesicht. »Auch wir haben unsere Vorschriften. Natürlich wird die NASA von der Geschichte mit Woodward erfahren, vor allem, weil das HPD den Mann ja suchen lassen muß. Aber es besteht keinerlei Grund dafür, der NASA unsere Namen zu nennen. Richtig?«

»Nein, der besteht wirklich nicht.« ›Dirty Harry‹ schüttelte nüchtern den Kopf und stemmte sich von dem Küchenstuhl hoch, der, um ihr gewaltiges Gewicht erleichtert, glücklich ächzte und seine Chrombeine wieder geradestreckte. »Okay, gehen wir also. Bis morgen früh die ersten Untersuchungsergebnisse vorliegen, werden wir sowieso den Topf auf dem Deckel lassen.«

Am Stadtrand von Houston
Houston, Texas, 15. Februar, 14 Uhr 30

Es war entwürdigend, wie er von sich selbst getrennt war, von seinem Ich, das nur noch als ein beobachtendes Auge existierte. Er war außerstande, sich wieder zusammenzufügen, gefangen in einem Alptraum, in dem er dieselben Gefühle –

oder denselben Mangel an Gefühlen – wieder und wieder erlebte; dieselbe Verachtung gegenüber der Person, die er in dem Augenblick gewesen war, als er Dianes Schädel mit der Fliegertrophäe zertrümmerte.

Dann merkte er auf einmal, wie das Entsetzen über sein Tun verschwand, aber dafür spürte er nun in ständiger Wiederholung dieses Tun selbst, wußte, daß ein Teil von ihm es von jetzt an immer wieder neu durchleben würde, in einer Endlosschleife, die erst abbrechen konnte, wenn er starb. Diese Erkenntnis durchfuhr ihn wie ein Schock, und der Schock war von solch entsetzlicher Heftigkeit, daß die vielen Teile, in die er zersplittert war, auf einen Schlag wieder zusammenschnappten.

Im nächsten Moment krümmte er sich vor Kopfschmerzen. Das nun schon altbekannte Gefühl, das sein Gehirn zerriß, stellte sich ein.

Diesmal aber empfing er keine telepathischen Impulse; vielleicht, weil kein anderer Mensch in der Nähe war. Statt dessen stiegen aus seiner Erinnerung (seiner Erinnerung? Aber er erinnerte sich doch an gar nichts davon!) Bilder empor, Bilder, deren erstes sich schon einmal in sein Bewußtsein geschlichen hatte, vor ein paar Stunden, als die Gedanken der entgegenkommenden Fahrer auf dem Highway auf ihn eingeprasselt waren …

… [fünf strahlendhelle Lichtpunkte, die zusammengenommen ein liegendes X vor der blauweißen Scheibe der Erde bildeten, der helle Punkt in der Mitte größer als die vier äußeren, aber um alle fünf herum war die Landschaft auf der Erdkugel in einem merkwürdigen Kreiseleffekt verschwommen … Michael und Tim in ihren Raumanzügen hatten das Gebilde jetzt auch gesehen; der eine machte den anderen mit einer winkenden Gebärde darauf aufmerksam, und aus dem Lautsprecher über seiner Schalttafel begannen aufgeregte Stimmen zu dringen] … »Das ist …«

… [und mit einemmal wieder nur lähmendes Grau, das sich über die Bilder und die Worte senkte und sie in Vergessen hüllte. Und dann] …

… war die Vision vorbei. Die reale Umwelt schob sich darüber, die Trostlosigkeit eines mit Abfall übersäten Parkplatzes am Rande einer der großen Houstoner Ausfallstraßen.

Diesmal kam niemand an seinen Wagen, um ihn aus seiner Trance zu reißen, und das war auch besser so, denn er wäre mit Sicherheit gleich wieder schreiend davongelaufen. Was James Woodward aus dem Innenspiegel seines Ford Mustang entgegenstarrte, war ein Gespenst, ein bleicher Wiedergänger, aus dessen weit aufgerissenen Augen der Irrsinn lugte.

In hilfloser Frustration schlug er mit der flachen Hand auf das Steuerrad seines Mustang. Verdammt, warum hatte sich der Vorhang vor seinen Erinnerungen gerade in dem Augenblick wieder geschlossen, als die ersten zusammenhängenden Informationen auftauchten – Informationen über das, was sich in jener seltsamen Stunde ohne Funkkontakt oben im Orbit abgespielt hatte, während sie offenbar aufgrund einer gefälschten Erinnerung der Meinung waren, daß nichts von Bedeutung geschehen sei?

Vielleicht konnte er es ja immer noch herausfinden …?

Er tastete in sich hinein, aber da war nichts, nicht einmal das Grau, das er als letztes Bild gesehen hatte. Seine telepathischen Fähigkeiten waren wieder erloschen, aber wahrscheinlich hätten sie ihm sowieso nichts genützt. Schließlich konnte er sie ja nicht auf sich selbst richten, konnte nicht seine eigenen Gedanken lesen.

Aber wie sollte er dann herausfinden, was dort oben im Orbit geschehen war und ihn in ein PSI-Monster verwandelt hatte, das so hilflos den telepathischen Bildern seiner Umgebung ausgeliefert war?

Leroy. Jane. Tim. Ace. Yves. Michael.

Ob es ihnen genauso ergangen war? Oder hatte dieses Schicksal nur ihn getroffen?

Verdammt, er würde es herausfinden müssen. Vielleicht konnte er sie ja warnen, bevor auch sie eine solche Katastrophe erlebten wie jenen Alptraum, den er in den letzten Stunden durchlitten hatte. Vielleicht konnte er ihnen ja *helfen*.

Oder sie ihm.

Denn sie hatten ja eines gemeinsam: Die fehlende, die *verdeckte* Erinnerung an das, was er inzwischen bei sich die ›fehlende Stunde‹ nannte.

Mit einemmal wußte er, was er tun konnte. Wohin er fahren mußte – wenn sein bei der Verfolgungsjagd arg ramponierter Mustang es überhaupt noch bis dahin schaffte.

Er atmete noch einmal tief durch, dann schob er den Wahlhebel des Automatikgetriebes in die Fahrtstellung und ließ den Wagen vom Parkplatz hinunterholpern.

Houston, Texas, 15. Februar, 20 Uhr 12

»Mrs. Brown? Wir möchten gerne Ihren Mann sprechen.«

Die Frau, die ihnen die Tür geöffnet hatte, warf einen Blick auf die Ausweise, die Cliff und Judy ihr entgegenhielten. Auf halber Höhe der Tür spähten zwei kleine, kraushaarige Wuschelköpfe neugierig durch den Spalt auf die Besucher, bevor sie sich mit einem ängstlichen Kichern wieder hinter den Beinen ihrer Mutter versteckten.

»Es tut uns leid, daß wir Sie um diese Zeit stören müssen«, fügte Judy hinzu. »Aber es ist wirklich sehr wichtig.«

Joelle Brown öffnete die Tür ganz. Die Hand, die ihnen die Ausweise zurückgab, schien leicht zu zittern.

»Bitte kommen Sie herein.« Mit einer einladenden Geste komplimentierte sie ihre überraschenden Gäste in den geräumigen Flur der luxussanierten Altbauwohnung, in der die Browns mit ihren fünf Kindern wohnten. Durch den Flur zog ein wunderbarer Duft nach gebratenen Rippchen. Offensichtlich war Mrs. Brown gerade dabei, das Familienmenü zur Feier von Leroy Browns gesunder Rückkehr aus dem All zu kochen.

»Sie kommen wegen Diane, nicht wahr?« fragte Joelle Brown über die Schulter zurück. Sie war eine stattliche, gutaussehende Frau mit üppig ausladenden Formen, hellhäutiger als ihr Mann. »Es war gerade in den Nachrichten. Es ist ... schrecklich, nicht wahr?«

»Ja, das ist es.« Cliff war froh, daß Judy es übernahm, für sie beide zu sprechen. Er selbst hätte Schwierigkeiten gehabt, nicht nur die passenden Worte, sondern auch den passenden Tonfall zu finden. Selbstverständlich kannten sich die Ehepartner der Astronauten, und oft waren sie sogar eng miteinander befreundet – kein Wunder, denn wer außerhalb dieses kleinen Zirkels, von professionellen Psychologen einmal abgesehen, hätte die ungeheuren seelischen Belastungen nachempfinden können, die damit verbunden waren, wenn man seinen Ehemann – oder seine Ehefrau – draußen im Weltraum wußte, jeglicher menschlichen Hilfsmöglichkeit durch einen Abgrund aus Entfernung und Vakuum entzogen?

»Hier, bitte.« Joelle Brown öffnete eine Zimmertür. »Sie sind hier im Wohnzimmer.«

Sie? wunderte Cliff sich, während er hinter Judy den Raum betrat.

Und dann begriff er, was Mrs. Brown gemeint hatte. Neben Leroy Brown, dem Piloten der ENDEAVOUR, saßen noch vier weitere Männer um den Wohnzimmertisch herum und starrten auf den Großbildschirm, der vor der gegenüberliegenden Wand stand. Cliff kannte sie alle von Bildern her – denen, die in den letzten Wochen durch die Medien gegangen waren, und denen, die Senator Campbell ihnen zusammen mit den anderen Unterlagen hatte zukommen lassen, als er ihnen diesen Auftrag erteilte. Es waren Yves Trelane, Tim Lattinger, Lawrence ›Ace‹ Minamita und Michael Schneider.

Auf dem Fernsehbildschirm waren noch zwei andere alte Bekannte zu sehen: Captain Halloway und Harriet Martineau, die sich mühsam einen Weg durch die dichtgedrängte Menge der Reporter vor dem HPD-Hauptquartier bahnten. Die Aufnahme mußte etwa zum gleichen Zeitpunkt entstanden sein, als Cliff und Judy dasselbe Gebäude durch einen der Hinterausgänge verlassen hatten.

»*... trotz aller Versuche, eine Stellungnahme zu erhalten, lautete der einzige Kommentar der mit diesem Fall befaßten Beamten nur:* Kein *Kommentar.*« Die Stimme der Nachrichtenkommentatorin klang – wie Cliff fand, unangemessen – süffisant. Auf dem Bildschirm sah man immer noch, wie Halloway und Martineau sich durch die Heerscharen der Belagerer pflügten. Es erinnerte ein wenig an eine Elchkuh und ihr Junges beim Durchschwimmen eines lappländischen Sees.

Das Bild erstarrte für eine Sekunde zu einem Standfoto, dann machte es der vorher unsichtbaren Sprecherin Platz.

Cliff erkannte sie wieder. Sie hatte schon in den letzten Jahren, während er noch in Houston wohnte, als Nachrichtenkommentatorin für diesen Lokalsender gearbeitet.

»Auch von der NASA«, fuhr die Sprecherin fort, *»war bisher keine Stellungnahme zu erhalten. Offenbar hat man auch dort keine Ahnung, wo sich Major James Woodward, der Ehemann der Ermordeten und Kommandant der ENDEAVOUR-Mission, zur Zeit aufhält. Offiziell wird Woodward«* – sein Foto erschien schräg hinter dem perfekt toupierten Blondschopf der TV-Kommentatorin – *»als wichtiger Zeuge gesucht. Inoffiziell ...«* Den Rest des Satzes ließ sie in der Luft hängen, bevor sie erneut fortfuhr: *»Aber blenden wir noch einmal zurück zur ENDEAVOUR-Mission selbst – einer Mission, die durch eine Reihe von technischen und wissenschaftlichen Triumphen, aber auch durch eine Reihe von merkwürdigen Begleitumständen gekennzeichnet war. Der merkwürdigste darunter war ein einstündiger Funkausfall ausgerechnet während eines Weltraumspaziergangs der beiden Astronauten Tim Lattinger und Michael Schneider. Da keine Filmaufnahmen von diesem Weltraumspaziergang existieren, hier noch einmal einige Aufnahmen aus dem Innern der ENDEAVOUR ...«*

Der Filmausschnitt zeigte Jane O'Hara, die, kopfunter von der Decke des Mitteldecks hängend (obwohl diese Unterscheidungen bei Schwerelosigkeit sinnlos waren) mit ihrem Scheitel auf dem hochgereckten Finger von James Woodward zu balancieren schien – eines der üblichen Goodwill-Mätzchen, die man als Astronaut zur Belustigung der wissenschaftlich wenig interessierten Zuschauer drunten auf der Erde absolvieren mußte.

»Schalt ab«, ertönte die Stimme ›Ace‹ Minamitas. »Ich kann's nicht mehr sehen.«

»Okay«, erwiderte Leroy Brown. Seine riesige schwarze Pranke, der man gar nicht zutrauen mochte, mit äußerster Feinfühligkeit ein Milliarden-Dollar-Weltraumfahrzeug zu steuern, griff um das kleine, in rosa Tüll gekleidete Mädchen auf seinem Schoß herum, fand die Fernbedienung auf dem Wohnzimmertisch und schaltete den Apparat auf Stand-by. Automatisch wurde das bisher abgedämpfte Deckenlicht wieder aufgeblendet.

»Leroy«, sagte Browns Frau von der Tür her, »wir haben Besuch. Von der Polizei.« Die Blicke der fünf Astronauten richteten sich auf Cliff und Judy. Cliff sah, wie Augenbrauen sich hochzogen und Stirnen sich runzelten. Nur das kleine Mädchen regte sich nicht. Offensichtlich war es eingeschlafen.

»Entschuldigen Sie, daß ich nicht aufstehen kann, um Sie zu begrüßen«, sagte Brown. Obwohl er sich bemühte, leise zu sprechen, um die Kleine nicht zu wecken, konnte Cliff erkennen, wie angenehm volltönend seine Baßstimme war. Während des Fluges der ENDEAVOUR hatte er die ganze Nation damit amüsiert, daß er das erste ›Oldie-Wunschkonzert aus dem Weltall‹ gab, indem er den klassischen Popsong über seinen Namensvetter *Bad Leroy Brown* zum besten gab. »Bitte, setzen Sie sich doch. Meine Kollegen kennen Sie?«

»Selbstverständlich. Und es freut mich, daß wir Sie alle hier antreffen. Das erleichtert einiges. Ich bin Judy Davenport, und das ist mein Kollege Cliff Conroy. Wir arbeiten als Sonderermittler im Range von Bundesmarshals.«

Reihum wurden Hände geschüttelt, und Cliff und Judy nahmen in der Runde Platz. Aus den Augenwinkeln sah Cliff, wie Joelle Brown mit den beiden Kindern im Schlepptau wieder in der Küche verschwand. Wahrscheinlich würde keiner der hier versammelten jetzt noch großen Appetit haben, aber anbrennen lassen konnte sie das Essen ja auch nicht.

Die Stimme von Yves Trelane riß ihn aus seinen Gedanken. »Entschuldigen Sie, Mr. Conroy«, sagte der Systemanalytiker und Computerspezialist der ENDEAVOUR, »aber ich frage mich die ganze Zeit, ob ich Sie nicht von irgendwoher kenne. Ihr Gesicht kommt mir so bekannt vor. Mission Control?«

Cliff nickte. Es hatte keinen Sinn, um den heißen Brei herumzureden. Beim Umgang mit NASA-Angehörigen konnte er kaum damit rechnen, auf Dauer unerkannt zu bleiben.

»Sie haben recht, Sir«, sagte er rasch. »Bis letztes Jahr war ich in der Datensicherung von Mission Control tätig.«

»Paul Batistas Abteilung«, murmelte Trelane nachdenklich. Als Computerfachmann kannte er Batista natürlich. »Nun, dann kennen Sie das Procedere der NASA ja zur

Genüge und werden Verständnis dafür haben, daß wir eigentlich gar nicht mit Ihnen sprechen dürfen, es sei denn in Gegenwart eines unserer Vorgesetzten. Und möglicherweise eines Vertreters der Regierung und eines weiteren Vertreters des Geheimdienstes. Es gibt zu viele ... sicherheitsrelevante Bereiche, die von unseren Aussagen berührt werden könnten.«

»Darüber verhandelt Captain Halloway, den Sie eben in den Nachrichten gesehen haben, gerade mit Ihren obersten Chefs«, sagte Judy. Zunächst telefonisch, inzwischen wahrscheinlich schon persönlich. Halloway und ›Dirty Harry‹ hatten das Hauptquartier des Houston Police Department ja überhaupt nur verlassen, um hinaus nach Clear Lake zur NASA zu fahren. Andernfalls hätten sie sich das Bad in der Reportermenge bestimmt gerne erspart.

Für den Captain war es sowieso ein Tag anstrengender telefonischer Verhandlung gewesen. Vor den Gesprächen mit der NASA hatte er fast eine halbe Stunde lang mit einem hohen Tier des Justizministeriums gesprochen. Es war unwahrscheinlich, daß er James Victor Campbell persönlich am Draht gehabt hatte. Der Senator wollte keine schlafenden Hunde wecken und sich im Hintergrund halten, wie Cliff und Judy wußten.

Jedenfalls hatte das Gespräch dazu geführt, daß sie nicht nur ihre Ausweise, sondern auch ihre Bewegungsfreiheit zurückerhalten hatten. Und einen guten Rat des Captains: »Wenn Sie schon Ihre Nasen in diese Angelegenheit stecken müssen, dann tun Sie's gefälligst auf dem Dienstweg, also über den Lieutenant und mich.«

Dann waren sie losgefahren, um Leroy Brown, der als Pilot der ENDEAVOUR nach dem Kommandanten als zweiter auf ihrer Liste stand, aufzusuchen – natürlich *ohne* Captain Halloway von ihrer Absicht zu erzählen. Als Bundesmarshals konnte man unter dem Etikett ›Geheimhaltung‹ mit einer ganzen Reihe von Dingen durchkommen, die einen Normalsterblichen für Jahre in den Knast gebracht hätten.

»Ihr Besuch«, warf Tim Lattinger in der schleppenden Sprechweise des waschechten Texaners ein, »ist also sozusagen rein ... informell?«

»Wir dürften eigentlich gar nicht hiersein«, sagte Cliff beinahe grob. »Und wir sind auch nicht wegen des Mordes an der Frau Ihres Freundes nach Houston gekommen. Wir waren schon hier, als er geschah. Genauer gesagt: Wir waren diejenigen, die den Mord entdeckt und James Woodward von seinem Haus aus verfolgt haben, bis er uns im Verkehrschaos abhängen konnte.«

Jetzt hatte er die volle Aufmerksamkeit der fünf Männer. Sie alle beugten sich gespannt und mit angehaltenem Atem vor, aber es war Leroy Brown, der ihre Gedanken in Worte faßte: »Hat er es getan?«

Cliff blickte Judy fragend an.

»Das steht noch nicht fest«, sagte sie, »und persönliche Vermutungen spielen hier keine Rolle. Zumindest ist er der Tat dringend verdächtig.«

»Es besteht eine gewisse Wahrscheinlichkeit«, fügte Cliff an, »daß der Mord mit einer Sache zusammenhängt, derentwegen wir in Houston sind.«

»Und worum handelt es sich?« Leroy Browns tiefschwarze Haut schien von innen heraus zu leuchten.

»Ich weiß, daß Sie eigentlich auch darüber nicht sprechen dürfen«, sagte Cliff, »aber haben Sie schon einmal den Begriff *Ghost Rider* gehört?«

Und während sein Blick über die erstarrten Gesichter der fünf Männer schweifte, gingen seine Gedanken zu dem Gespräch mit Senator Campbell zurück, der diesen Begriff mit der Mission der US-Raumfähre ENDEAVOUR in Zusammenhang gebracht hatte …

Ein Rastplatz an der Interstate 78
Nahe Allentown, Pennsylvania, 10. Februar, 12 Uhr 55

Das Handy klingelte, als Cliff Conroy gerade auf den Stufen des Campingmobils saß und aufgewärmte Bohnen aus einer Dose löffelte. Wenn er nicht gerade für zwei kochte, hatte er oft keine Lust, sich große Mühe mit dem Essen zu machen.

Und Judy war im Augenblick nicht da; sie hatte sich das Motorrad genommen, um in der nächsten Stadt den Annehmlichkeiten der Zivilisation zu frönen. Nach einem fast zweiwöchigen Aufenthalt im Santa-Maria-Hospital in Boston, Massachusetts, wohin ihr letzter Fall sie auf unsanfte Weise gebracht hatte, mußte sie sich einfach mal wieder ins volle Leben stürzen.

Cliff stellte die Dose auf den Boden und griff nach dem kleinen Gerät in seiner Brusttasche. Er war sich ziemlich sicher, daß es Judy sein mußte, die ihn da anrief. Wahrscheinlich wollte sie ihm nur mitteilen, daß sie etwas später kam. Trotzdem meldete er sich nicht mit seinem Namen – eine Sicherheitsmaßnahme, die er sich im Laufe der Zeit angewöhnt hatte. »Ja, bitte?«

»Hallo, Cliff.« Eine inzwischen wohlvertraute Stimme.

»Oh, hallo, Senator. Was kann ich für Sie tun?«

Ein leises, amüsiertes Lachen. »Sie können wirklich etwas für mich tun. Um gleich mit der Tür ins Haus zu fallen: Der Name ENDEAVOUR ist Ihnen natürlich geläufig.«

»Natürlich. Die letzte Mission des Shuttles ist doch erst vor ein paar Tagen abgeschlossen worden. Was ist damit?«

»Ich sprach gestern mit unserem gemeinsamen Freund Buzz«, fuhr James Campbell fort, und Cliff verzog unwillkürlich das Gesicht. ›Buzz‹ als Freund zu bezeichnen war ziemlich aus der Luft gegriffen; schließlich war er für Cliff bislang nicht mehr als eine Stimme am Telefon. Er hatte ihm damals Auszüge der ›GhostRider‹-Akten zukommen lassen und ihn mit dem Senator zusammengebracht – das war auch schon so ziemlich alles, was er von ihm wußte. Campbell dagegen schien ihn weitaus besser zu kennen.

»Buzz hat gute Kontakte zu ehemaligen und aktuellen Astronauten der NASA«, fuhr Campbell fort, »und er hat etwas läuten hören, dem Sie und Judy nachgehen sollten. Er glaubt, daß die ENDEAVOUR eine Begegnung mit einem Ghost Rider hatte!«

»Ehrlich gesagt reißt mich das nicht gerade vom Hocker, Senator«, gab Cliff zurück. »Zahlreiche Astronauten haben schon ›Ghost-Rider‹-Sichtungen gemeldet, das wissen Sie genausogut wie ich.«

»Sie verstehen nicht. Ich meine eine tatsächliche Begegnung. Einen *Kontakt.*«

Cliff Conroy pfiff lautlos durch die Zähne. »Und was haben die Astronauten darüber berichtet?«

Campbell ging nicht sofort auf seine Frage ein, sondern antwortete mit einer Gegenfrage. »Sind Sie in der ›GhostRider‹-Akte schon auf die Geschichte der GOOD HOPE gestoßen?«

Unwillkürlich schüttelte Cliff den Kopf. »Nein, bisher nicht. Aber ich kenne auch keinen Spaceshuttle dieses Namens.« Und auch kein anderes Raumfahrzeug der NASA.

»Die GOOD HOPE war kein Raumschiff, sondern ein kalifornisches Küstenwachboot. Während des Zweiten Weltkriegs, im April 1943, verschwand es plötzlich für eine Stunde von den Radarschirmen. Auch der Funkkontakt brach ab. Da die Leitstelle der Küstenwache glaubte, es sei möglicherweise einem japanischen U-Boot zum Opfer gefallen und ein japanischer Angriff auf die Westküste der USA habe begonnen, schickte man sofort jede Menge Flugzeuge und Schiffe los. Nachdem sie eine Weile erfolglos gesucht hatten, fanden sie die GOOD HOPE vier Meilen vor der Küste. An Bord war alles in bester Ordnung, und die Männer der Besatzung wirkten baß erstaunt, daß man sich derartige Sorgen um sie gemacht hatte. Allerdings vermochten auch sie nicht zu sagen, warum die Funkanlage so lange nicht funktioniert hatte. Defekt war das Gerät jedenfalls nicht.

So weit, so gut. Merkwürdig war nur, daß alle sieben Besatzungsmitglieder fortan regelmäßig von starken Kopfschmerzanfällen heimgesucht wurden. Einige litten auch unter Gedächtnisstörungen und Alpträumen. Bis 1955, als der Fall noch einmal aufgerollt wurde, waren zwei der Männer in einer Irrenanstalt, drei hatten Selbstmord begangen, und einer war offensichtlich eines natürlichen Todes gestorben. Der siebte blieb verschwunden. Sein Schicksal ist bis heute ungeklärt.«

»Warum hat man die Akte noch einmal geöffnet?«

»Weil 1955 einer der beiden Männer in der Irrenanstalt anfing, sich an das zu erinnern, was *wirklich* während der verlorenen Stunde geschehen war. Er behauptete, ein UFO habe ihn und seine Kameraden an Bord geholt, um irgendwelche ... Dinge mit ihnen anzustellen. Der behandelnde

Arzt tat die Aussage auf dem Krankenblatt als Wahnvorstellungen eines Irren ab. Leider ist sein Bericht sehr knapp gehalten, so daß wir heute keine fundierten Rückschlüsse mehr auf die Natur dieser ›Dinge‹ ziehen können. Kurz gesagt sollen die UFO-Insassen den sieben Männern gefälschte Erinnerungen eingepflanzt haben – Erinnerungen, die dann mit der Zeit fadenscheinig wurden und schließlich ganz zusammenbrachen. Deshalb die Selbstmorde und der Irrsinn.«

»Und was hat das mit der ENDEAVOUR zu tun?« erkundigte sich Cliff.

»Die gleichen Symptome, sozusagen«, antwortete Campbell. »Eine Stunde lang kein Funkkontakt, aber kein erkennbarer Hard- oder Softwarefehler als Grund dafür. Die Sache geschah während eines Weltraumspaziergangs, aber als die Funkverbindung wiederhergestellt war, teilten die Astronauten mit, in der Zwischenzeit sei weiter nichts Besonderes geschehen. Mit anderen Worten: Sie wissen von keinem Kontakt mit einem Ghost Rider. Das könnte natürlich ganz einfach daran liegen, daß es nie einen gegeben hat. Nur klagen die Astronauten seit ihrer Rückkehr unter migräneartigen Kopfschmerzanfällen – genau wie die Männer der GOOD HOPE. Darum denke ich, wir sollten dieser Sache unbedingt nachgehen.

Momentan befinden sich die Astronauten noch im Lyndon B. Johnson Space Center unter Beobachtung, aber am Mittwoch morgen dürfen sie wieder nach Hause. Wenn Sie sich beeilen, schaffen Sie und Judy es gerade noch rechtzeitig nach Houston, um gleich am Mittwoch mit ihnen zu sprechen. Fangen Sie mit dem Kommandanten der Mission an, Major James Woodward, und arbeiten Sie dann die ganze Liste ab. Konfrontieren Sie die Astronauten mit meinem Verdacht, und sehen Sie, wie sie darauf reagieren. Vielleicht gelingt es Ihnen ja, die künstlichen Erinnerungen – wenn welche vorhanden sind – ins Wanken zu bringen.«

»Muß es denn ausgerechnet Houston sein?« stöhnte Cliff. »Ich fühle mich alles andere als wohl bei dem Gedanken, alte Kollegen zu treffen, die sich nach meinem derzeitigen Job erkundigen.«

»Daher bitte ich Sie, verdeckt zu operieren und nicht mehr

Staub aufzuwirbeln als nötig«, sagte Campbell. »Wenn die Nachforschungen dazu beitragen, den Männern und der Frau das Leben und den Verstand zu retten, haben sie sich gelohnt. Und wenn Sie und Judy Erfolg haben und die wahren Erinnerungen freilegen, dann könnte das der große Durchbruch sein, auf den wir seit Jahren warten.«

Die Wohnung von Leroy und Joelle Brown
Houston, Texas, 15. Februar, 20 Uhr 45

»Gefälschte Erinnerungen?« sagte Leroy Brown fassungslos. Auch die anderen Männer starrten Cliff beinahe so an, als komme er aus einer anderen Welt.

›Ace‹ Minamita war aufgesprungen und ging mit langen Schritten im Wohnzimmer der Browns auf und ab, die Hände hinter dem Rücken verschränkt. »Entführt von Außerirdischen? Für mich klingt das eher nach Science-fiction. Wenn es so wäre, müßten wir es dann nicht in irgendeiner Weise *spüren!*«

»Aber das tun Sie doch«, sagte Judy. »Die Kopfschmerzen, unter denen Sie alle leiden. Vermutlich sind sie eine Reaktion Ihres Unterbewußtseins darauf, daß man Ihnen eine künstliche Erinnerung aufgezwungen hat. Vielleicht haben Sie sogar noch weitere Anzeichen bemerkt. Merkwürdige kleine Flashbacks oder Déjà-vus ... Träume, die Sie nicht deuten können ... irgend etwas in dieser Richtung.«

Minamita verhielt mitten im Schritt. »Ein Traum, ja«, sagte er. »Ich habe in den letzten Nächten mehrfach von einem Lichterkreuz geträumt, einer Art liegendem X vor einem Hintergrund aus Sternen.«

»Genau diesen Traum habe ich auch gehabt«, sagte Yves Trelane verblüfft. Auch von den anderen klang zustimmendes Gemurmel auf. »Was, ihr auch? Bisher hatte ich ja nichts darauf gegeben, aber ...«

Judy ließ ihre Blicke über die verwirrten Gesichter der Astronauten schweifen. »Sonst noch etwas?«

»Vielleicht«, sagte Leroy Brown. Er hob seine Tochter, die unruhig geworden war, so daß sie die ganze Zeit auf seinem Schoß hin und her rutschte, hoch, stellte sie behutsam auf die Füße und gab ihr einen liebevollen Klaps auf den Po. »Lauf doch mal in die Küche, Kleines, und sieh nach, wie weit Mutti mit dem Essen ist, ja?«

Etwas verschämt rannte das Mädchen auf den Flur hinaus, wobei sie einen vorsichtigen Bogen um Cliff und Judy machte. Als sie verschwunden war, beugte sich Brown vor, legte die Hände zusammen und stützte sein Gesicht darauf. »Wissen Sie, warum wir hier zusammengekommen sind?«

Cliff hob verblüfft eine Augenbraue. »Nun, ich denke, Sie wollten gemeinsam den Erfolg Ihrer Mission feiern.«

»Nein.« Der Spaceshuttle-Pilot schüttelte den Kopf. »Der Gedanke liegt nahe, aber so ist es nicht. Wir hatten uns schon im Space Center voneinander verabschiedet. Etwa eine Stunde, bevor Sie beide kamen, hatte ich plötzlich das Gefühl, meiner Frau sagen zu müssen, daß sie noch für ein paar Personen mehr kochen solle. Einige Minuten später kam als erster Ace. Und dann riefen Yves, Tim und Michael an, alle binnen einer Viertelstunde, ob sie nicht auch vorbeikommen sollten. Eigentlich ohne einen bestimmten Grund. Einfach aus dem Gefühl heraus.«

»Und was hat das zu bedeuten?«

Leroy Brown zuckte hilflos die Achseln.

»Vielleicht ist das tatsächlich eine Nebenwirkung des posthypnotischen Blocks, von dem Mr. Conroy gesprochen hat«, meinte Yves Trelane nachdenklich. »Ihr dürft nicht vergessen, daß die NASA uns ja nicht zuletzt wegen unserer intuitiven Fähigkeiten ausgewählt hat. – Ohne Intuition«, fuhr er, an Cliff und Judy gerichtet, fort, »ist man im Weltraum aufgeschmissen, vor allem, wenn man in eine nicht vorhersehbare Gefahrensituation kommt. Wäre es möglich, daß das Herumgepfusche in unseren Gehirnen diese Fähigkeit zeitweise verstärkt hat – sozusagen ins …« Er hielt inne, als vertraue er seinen eigenen Worten nicht recht.

»Ins Paranormale?« schlug Cliff vor.

»Ja, vielleicht. Wenn Sie es so nennen wollen.« Trelane schabte sich über die Bartstoppeln, die seit seiner morgendlichen Rasur einen dunklen Schatten über sein hageres Kinn und die eingefallenen Wangen geworfen hatten. »Was mich aber im Augenblick viel mehr interessieren würde, ist, ob so etwas Ähnliches auch mit James passiert ist. Womöglich wäre das eine Erklärung dafür, warum er Diane ... *falls* er es war«, fügte er rasch hinzu.

»Eine kurzzeitige Bewußtseinstrübung durch ein ›Verrutschen‹ der falschen Erinnerung?« Minamitas ohnehin helle Stimme war schrill vor Aufregung. »So eine Art ... na ja, so eine Art Psychose?«

»Verminderte Zurechnungsfähigkeit«, sagte Tim Lattinger, als müsse er seinen Kommandanten vor Gericht vertreten.

Leroy Brown beugte sich noch ein Stückchen weiter vor. »Ich denke, das wäre eine Hypothese, von der wir ausgehen können. Aber wenn es so ist, befindet er sich dann immer noch in diesem Zustand? Und wenn ja, wie können wir ihm helfen?«

Mit gespannter Aufmerksamkeit war Judy dem Dialog zwischen den Astronauten gefolgt, und jetzt schnippte sie plötzlich mit den Fingern.

»Ist Ihnen eigentlich schon aufgefallen«, stieß sie hervor, »daß Sie fünf uns anscheinend blind vertrauen? Ich meine, schließlich könnte das, was wir Ihnen erzählen, auch völliger Blödsinn sein, eine Tarngeschichte, um uns in Ihren Kreis einzuschleichen und Ihnen irgendwelche Informationen abzuluchsen. Wir haben zwar Mrs. Brown unsere Ausweise gezeigt, aber Sie fünf haben nicht einmal danach gefragt.«

Es war nicht nötig, auszusprechen, was Judy meinte.

Intuition. Paranormale Intuition. Die fünf Astronauten *wußten,* daß sie ihnen vertrauen konnten – genauso, wie sie gewußt hatten, daß es nötig sein würde, sich zu einer bestimmten Uhrzeit bei Leroy Brown zu treffen. Mit einemmal hatte Cliff das Gefühl, von einem eisigen Wind gestreift zu werden, der von jenseits der Raumzeit herüberwehte ...

Und dann begriff er, wie sie sich dieses unheimliche Gruppenphänomen zunutze machen konnten.

»Gebrauchen Sie Ihre Intuition«, befahl er scharf. »Und zwar jetzt! *Wo ist James Woodward?«*

»Bei Jane.« Es war nicht eine einzelne Stimme, die antwortete; es war ein einhelliges Gemurmel. Verblüfft schauten die Männer sich gegenseitig an.

»Bei Jane O'Hara?« erkundigte Judy sich.

»Ja.« Leroy Brown nickte. »Die beiden sind seit vielen Jahren eng befreundet – und ich meine *wirklich* befreundet, nicht miteinander liiert. Zu einem von uns kann James nicht, weil er damit rechnen muß, daß dort die Polizei auf ihn wartet. Aber bei Jane liegt der Fall anders.«

»Warum? Wo ist sie?« fragte Judy.

»In ihren Ferien zieht sie sich immer in eine einsame Hütte irgendwo in der Wildnis zurück, um zu meditieren und Abstand von allem zu gewinnen. Wo, das hat sie nur James erzählt. Und in Texas – vorausgesetzt, daß sich die Hütte überhaupt in Texas befindet – gibt es *eine Menge* Wildnis.«

»Sie hat es nicht nur James erzählt.«

Es war Michael Schneider, der das sagte, und er wurde tatsächlich rot, als sich jetzt alle Blicke auf ihn richteten.

»Dir etwa auch?« Aus Minamitas Stimme war die Verblüffung herauszuhören. »Uns gegenüber hat sie doch immer ein Riesengeheimnis daraus gemacht.«

»Nun ja, sie und ich ... wir beide ...«

»Was?« Ein breites Grinsen schlug eine weiße Bresche in Leroy Browns schwarzes Gesicht. »Da brat mir einer einen Storch! Das ENDEAVOUR-Liebespaar! Wie habt ihr das hingekriegt, ohne daß wir was gemerkt haben?«

Michael Schneider zuckte linkisch die Achseln. »Na ja ... es war ja auch weitgehend platonisch.« Jetzt wurde er *wirklich* rot. Cliff versuchte sich vorzustellen, wie Sex wohl in der Schwerelosigkeit funktionieren mochte, schaffte es aber nicht und konzentrierte sich darum lieber wieder auf Michael Schneiders weitere Erklärungen.

»... und wir waren uns ja auch noch nicht ganz sicher, ob wir es wirklich miteinander versuchen sollten«, sagte der deutsche Wissenschaftsastronaut gerade. »Auf Dauer, meine ich. Nach meinem Abstecher nach Deutschland zu meinen Eltern wäre ich in ein oder zwei Wochen wiedergekommen, und deshalb hat sie mir beschrieben, wo ich sie finden kann. Sie ist in der Hill County ein paar Meilen südwestlich von Bandera, ganz in der Nähe des Medina River.«

Leroy Brown pfiff anerkennend durch die Zähne. »Da hat sie sich eine schöne Gegend ausgesucht.« Zu Cliff und Judy: »Kennen Sie das Gebiet?«

Judy schüttelte den Kopf, aber Cliff nickte. »Meine Eltern stammen aus San Antonio. Wir sind im Sommer öfters hingefahren, wenn wir keine richtigen Ferien machen konnten. – Und Sie wissen genau, wo die Hütte liegt, Mr. Schneider?«

»Nennen Sie mich Michael. Ja, sie hat es mir genau beschrieben. Es ist eine alte Rangerhütte, die heute nicht mehr benutzt wird.«

»Aber wir fahren am besten noch heute nacht los«, sagte Leroy Brown. »Bevor die NASA auf die Idee kommt, uns nach dem, was mit James passiert ist, sicherheitshalber noch einmal für ein paar Wochen unter Quarantäne zu stellen. In meinem Space Wagon ist genügend Platz. Sie beide« – damit meinte er Cliff und Judy – »können natürlich auch Ihren eigenen Wagen nehmen, wenn Sie einen haben.«

Losfahren? wollte Cliff fragen, aber dann biß er sich auf die Zunge. Was konnte es Naheliegenderes geben? Natürlich würden die Astronauten versuchen wollen, ihren Freund und Kommandanten zu finden und mit ihm zu reden, bevor die Polizei es tat. Und sie würden alles in ihrer Macht Stehende tun, um ihm zu helfen.

»Aber vorher ...« Brown deutete zur Tür, unter der unbemerkt seine Frau Joelle erschienen war. »Ich glaube, das Essen ist fertig. Also holt's euch aus der Küche, solange es noch heiß und fettig ist.« Er lächelte Cliff und Judy an. »Das gilt natürlich auch für Sie. Oder haben Sie schon zu Abend gegessen?«

»Nicht mal zu Mittag«, sagte Judy. Erst da wurde Cliff bewußt, was er für einen Bärenhunger hatte.

Und nicht nur das.

Mit einemmal hatte er auch wieder Appetit.

Hill County bei Bandera, Texas, 15. Februar, 18 Uhr 50

Die Klapperschlange lag auf der Felsplatte und sog die Wärme der letzten Sonnenstrahlen in sich auf.

Sie war ein Prachtexemplar der Gattung *Crotalus atrox* – der Texas-Klapperschlange. Da sie nicht langgestreckt dalag, sondern den graubraunen Körper zu einem ›Teller‹ zusammengerollt hatte, konnte Jane O'Hara von ihrer Position auf der anderen Seite der Schlucht aus nicht genau abschätzen, wie lang sie eigentlich war, aber ihre zwei Meter maß sie bestimmt.

Auch die Rasseln an der Schwanzspitze waren ungewöhnlich vollständig. Durch ihren Feldstecher konnte Jane zehn oder elf deutlich voneinander getrennte Glieder erkennen – sozusagen die ›Jahresringe‹ der Schlange. Im Verlaufe des Lebens einer *Crotalus atrox* unterlagen die Rasseln einem natürlichen Verschleiß, obwohl die Schlangen den Schwanz beim Kriechen immer etwas anhoben. Deshalb waren Klapperschlangen, deren Schwanzorgane aus zehn bis zwölf Gliedern bestanden, in freier Natur eine Seltenheit.

Ja, wirklich ein außergewöhnliches Exemplar.

Behutsam verlagerte die Astronautin ihr Gewicht vom einen angewinkelten Bein aufs andere. Sie wollte das Tier nicht durch Lärm oder zu schnelle Bewegungen aufschrecken. Jane O'Hara war eine leidenschaftliche Naturbeobachterin, und Klapperschlangen waren eines ihrer Spezialgebiete.

Bei der dort drüben auf dem Felsvorsprung handelte es sich übrigens bei weitem nicht um die einzige hier in der Gegend. Der Abgrund, an dessen Rand Jane balancierte, trug den Namen ›Klapperschlangen-Schlucht‹. Im Winter versammelten sich die Tiere dort unten zu Hunderten, um sich in den Höhlen und Spalten des Felsgesteins zu verkriechen und in Kältestarre zu verfallen.

Es war im Grunde ein ganz einfacher Überlebensmechanismus: Während draußen die Temperaturen auf unter null Grad absanken, blieb die Temperatur in den Spalten immer knapp über dem Gefrierpunkt. Deshalb erstarrten die Schlangen zwar, erfroren aber nicht. Und wenn es wieder wärmer wurde, konnten sie unversehrt an die Erdoberfläche zurückkehren.

Jane stieß einen leisen Seufzer aus. O ja, Klapperschlangen waren in der Tat ungeheuer faszinierende Tiere. Warum zum Beispiel hatte eine so stocktaube Tierart ausgerechnet ein *akustisches* Drohsystem – eben die von Häutung zu Häutung länger und größer werdenden Rasseln – entwickelt?

Eine Antwort auf diese Frage hatte bisher noch niemand zu geben vermocht. Aber immerhin, dachte Jane, wußte man jetzt mehr darüber, wie diese Rasseln an sich funktionierten. Und es war eine Erkenntnis, die faszinierende Perspektiven für die Zukunft der Menschheit im All eröffnete.

Wenn Menschen oder Tiere Geräusche machten, verbrauchen sie gewöhnlich enorm viel Energie. Nicht so die Klapperschlange: Sie mußte sich kaum anstrengen, wenn sie ihre Rassel zittern ließ. Die Muskeln ihrer Schwanzspitze waren hoch spezialisiert auf schnelle Bewegung und geringen Energieverbrauch. Wenn man die Schwanzspitze einer *Crotalus atrox* reizte und dabei ihren Energieverbrauch mit Hilfe der Magnet-Resonanztechnik untersuchte, konnte man feststellen, daß diese Muskeln mit 0,015 Mikromol ATP pro Gramm Muskel bei jeder Zuckung erstaunlich sparsam mit dem universellen Energielieferanten der Zellen umgingen. Dieser Wert gehörte zu den kleinsten je gemessenen. Der Grund für diese Sparsamkeit war die Struktur der Muskelfaser: Bei der Bewegung bildeten sich nur wenige Brücken zwischen den dafür ›verantwortlichen‹ Molekülen. Diese konnten daher auch schneller wieder gelöst werden, so daß die Schlangen ohne Aufwand rasseln konnten.

Das war ein Mechanismus, den Janes Kollege Kevin Conley von der Washington University in Seattle erst kürzlich entdeckt hatte. Eine Zusammenfassung seiner Forschungsergebnisse würde in Kürze in der Zeitschrift *Nature* erscheinen, aber mündlich hatte er bereits vor einigen Monaten auf einer von Jane mitorganisierten Fachtagung darüber berichtet.

Seither stellte sie sich die Frage, welche Schlüsse sich daraus für ihr anderes Spezialgebiet – die Raumfahrtmedizin – ziehen ließen. Wenn es zum Beispiel gelänge, auf gentechnologischem Wege die Zahl der ›Brückenmoleküle‹ in menschlichen Muskeln auf Klapperschlangen-Standard zu verringern, würde man dann nicht vielleicht eine bessere Anpassung des menschlichen Muskelapparates an die Bedingungen der Schwerelosigkeit erzielen können? Wenn ja, mochte das der erste Schritt zum echten ›Weltraummenschen sein‹ – einer *Homo-sapiens*-Variante, die ohne Muskelschwund bei bester Gesundheit für Jahre und Jahrzehnte unter den Bedingungen der Mikrogravitation zu existieren vermochte. Ständige Mondbasen, Flüge in die fernsten Regionen des Sonnensystems – das alles rückte dann vielleicht in den Bereich des Möglichen.

Schade, daß das im Augenblick noch nicht möglich war, dachte die Biologin ironisch, als sie sich mit knirschenden Muskeln aus ihrer hockenden Position aufrichtete. Aber vielleicht konnte sie ja ihr Scherflein dazu beitragen. Zu gerne hätte sie bei ihrem nächsten Flug – wenn sie denn überhaupt noch einmal an einem teilnehmen durfte – eine Texas-Klapperschlange mit hinaus ins All genommen, um zu sehen, wie das Tier mit den Bedingungen dort oben fertig wurde.

Die Frage war nur, was ihre Mitastronauten sagen würden, wenn plötzlich eine zwei Meter lange, durch die ungewohnte Schwerelosigkeit wütende Zweimeterstahlfeder durch den engen Arbeitsbereich des Spaceshuttles schnellte. Selbst ohne Giftzähne und -drüsen mochte das außerordentlich unangenehm werden. Aber vielleicht in einem gesonderten Modul in der Frachtbucht?

Es war ein Gedanke, entschied sie, den sie unbedingt weiterverfolgen mußte.

Sie warf einen letzten Blick zu der Schlange hinüber, die sich langsam ein wenig zu regen begann. Da die Nächte immer noch empfindlich kühl waren, würde das Tier wahrscheinlich in wenigen Minuten zu seinem Versteck zurückkriechen.

Keine so üble Idee, dachte Jane. Das menschliche Äquivalent dafür waren wohl eine Tasse Kaffee, ein Happen zu essen und dann eine Mütze voll Schlaf – etwas, das sie sich redlich verdient hatte. Es war eine verdammt anstrengende Fahrt hierher gewesen.

Langsam machte sie sich daran, den steilen Pfad hinunterzuklettern, der vom Rand der Schlucht zur Baumgrenze führte. Dort unten, in dem Wäldchen aus Texasfichten versteckt, lag die aufgegebene Rangerhütte, die sie schon in ihrer Studienzeit entdeckt hatte. Von hier aus konnte man nur das Dach erkennen, ein grob gezimmertes Rechteck auf einer kleinen Lichtung inmitten der Bäume. Es war ein wunderbar anheimelnder Anblick, und sie war froh darüber, daß die Parkranger ein Auge zudrückten und ihre Anwesenheit hier stillschweigend duldeten.

Anfangs war das nicht so gewesen, und es hatte eine Menge Charme und Überzeugungsarbeit gekostet, bis sie die Männer auf ihre Seite gebracht hatte. Mit der Zeit hatten sie dann angefangen, sie als eine Art Maskottchen zu betrachtet – ›unsere verrückte Biologin‹ – aber seit sie am Weltraumprogramm der NASA teilnahm, hatte es sich in eine Mischung aus Hochachtung und Stolz verwandelt. Alle paar Tage kam einer von ihnen vorbei, um nachzusehen, ob alles in Ordnung war, und brachte ihr bei dieser Gelegenheit Nachschub und den neuesten Klatsch von den Urlaubsranches mit.

Das war der einzige Kontakt zur Außenwelt, den sie in diesen Wochen hatte. Kein Fernsehen, kein Radio, keine Zeitungen, kein Telefon; nur Stille, Zen-Meditation, lange Wanderungen und – nun ja, Schlangen. Es war genau das, was sie nach den Wochen der ENDEAVOUR-Mission benötigte, um wieder zu sich selbst zu finden.

Als sie tiefer kam, verschwand das Hüttendach hinter den Wipfeln. Hier, zwischen den Bäumen, war es erheblich kühler als in der Sonne, und sie blieb einen Augenblick lang stehen, um den Pullover überzuziehen, den sie sich vor ihrem Abmarsch um die Taille geschlungen hatte. Dann setzte sie ihren Weg mit zügigen Schritten fort. Als sie nach wenigen Minuten um eine Wegbiegung kam, wurde vor ihr die Hütte sichtbar.

Aber diesmal war etwas anders als sonst.

Neben der Hütte stand ein Mann.

Jane runzelte die Stirn. Einer der Ranger? Unwahrscheinlich, denn ihr Besucher trug keine Uniform. Sie konnte auch nirgendwo einen Wagen erkennen, mit dem er gekommen sein mußte. Bei den erheblichen Entfernungen hier im Park waren die Ranger normalerweise nie zu Fuß, sondern immer mit ihren Geländefahrzeugen oder manchmal auch zu Pferd unterwegs.

Also ein Wanderer, der sich verirrt hatte? Vielleicht. Unwillkürlich spannte Jane sich an. Besser, sie war auf der Hut. In dieser zunehmend verrückter werdenden Welt mußte man inzwischen auch außerhalb der großen Städte damit rechnen, daß ein Unbekannter einem Böses wollte, und die einzige Möglichkeit, Hilfe herbeizurufen, war das Handfunkgerät in ihrem Range Rover, der, von hier aus unsichtbar, *hinter* der Hütte stand.

Langsam begann Jane O'Hara auf die Hütte zuzugehen.

Dann kam ihr mit einemmal ein ganz anderer Gedanke.

Michael? War Michael doch nicht erst nach Deutschland geflogen, sondern gleich …

Jetzt hatte der Mann sie ebenfalls bemerkt und winkte zu ihr herüber, eine seltsam kraftlose Bewegung. Tatsächlich, er lehnte mit dem Rücken an den Baumstämmen, die die Hüttenwand bildeten, und hielt sich mit der anderen Hand den Kopf, beinahe so, als sei ihm schwindelig. Dann erkannte sie ihn.

»*James?* Was machst du denn hier? Ich habe dir doch gesagt, daß du nur im äußersten Notfall … He, bist du krank?« Mit ein paar raschen Schritten war Jane O'Hara beim Kommandanten der ENDEAVOUR und legte ihm einen Arm um die Taille, um ihn zu stützen, denn jetzt schwankte er wie ein Betrunkener hin und her. »Hast du einen Unfall gehabt? Wo ist dein Wagen?«

»Ich habe ihn weiter unten am Weg stehenlassen.« Sein bleiches Gesicht hatte fatale Ähnlichkeit mit einer Totenmaske. »Nein, es sind nur die Kopfschmerzen. Alle paar Stunden … ach, das erzähle ich dir hinterher. Ich glaube, erst mal muß ich mich setzen.«

»Dann komm rein. Ich wollte mir sowieso gerade einen Kaffee kochen.« Ohne seine Taille loszulassen, half sie ihm ins Innere der Hütte und auf eine der Sitzbänke. Dann schaltete sie den Gaskocher ein und setzte Wasser auf.

Sie war verdammt gespannt auf die Geschichte, die er zu erzählen haben würde.

»Telepathie? Das ... das ist unmöglich!«

»Science-fiction, was?« Der Kommandant der ENDEAVOUR blickte die Biologin über den grob gezimmerten Holztisch hinweg an und versuchte ein Lächeln, das ihm allerdings gründlich mißlang. Jane sah, daß er die Hand um den metallenen, blaulackierten und mit kleinen weißen Blümchen übersäten Kaffeebecher gekrampft hatte, bis die Knöchel blaß von seiner gebräunten Haut abstachen. »Schön wär's. Soll ich es dir *beweisen?«*

»Das wirst du wohl müssen, wenn ich dich nicht für verrückt halten soll.«

»Also gut. Als du über den Waldweg auf die Hütte zukamst, hast du an Klapperschlangen gedacht. *Crotalus atrox.* Du hattest eine oben auf einem Felsplateau auf der anderen Seite der Schlucht beobachtet. Davon, daß du ein Exemplar davon auf den nächsten Shuttleflug mitnehmen möchtest, hast du uns übrigens nie etwas erzählt. Oder war das ein spontaner Einfall, der dir erst heute gekommen ist?«

Jane starrte ihn an.

Woodward verzog das Gesicht. »Und dann ... entschuldige ... dann hast du an Michael gedacht.«

»Du hast in meinen Gedanken herumgeschnüffelt!« Ihre Stimme klang weniger wütend als verletzt. Wenn er wenigstens ein Fremder gewesen wäre, jemand, den sie nie im Leben wiedersehen mußte! Aber nein, er war ein Freund, einer ihrer besten Freunde überhaupt, und *das* machte es so schlimm.

»Tut mir leid, Jane, aber ich konnte nicht anders.« Seine Hilflosigkeit war echt, das merkte sie. »Wenn diese verdammten Kopfschmerzen kommen, nehme ich zwangsläufig alles auf, was mein Gegenüber gerade denkt. Vielleicht werde ich eines Tages ein Filtersystem dafür entwickeln, aber im Moment bin ich dem Phänomen noch hilflos ausgeliefert.«

»Und was sagen die anderen dazu? Und Diane?«

Sein Zögern war deutlich spürbar. »Ich ... ich habe es noch

niemandem außer dir erzählt. Auch« – erneutes Zögern – »Diane nicht. Ich wollte erst herausfinden, was die Ursache dafür ist. Und dazu brauche ich deine Hilfe.«

Die Kränkung wich, und die Wissenschaftlerin in Jane O'Hara erwachte. Im übrigen wunderte es sie gar nicht, daß James darauf verzichtet hatte, Diane ins Vertrauen zu ziehen. Das Beste, was man von Diane Woodward sagen konnte, war, daß sie bei gesellschaftlichen Anlässen zu repräsentieren verstand. Was hingegen Phantasie und Intelligenz betraf ...

Nachdenklich spielte Jane mit ihrem eigenen Kaffeebecher aus Steingut, auf dem eine neckische Minnie Mouse abgebildet war, die pinkfarbene Pumps, ein pinkfarbenes Kleidchen und eine pinkfarbene Schleife im Haar trug. »Wenn ich dich recht verstanden habe, hängt das Ganze deiner Ansicht nach mit unserem Raumflug zusammen. *Aber wie?«*

James Woodward legte sich seine Worte sorgfältig zurecht. »Ich glaube, daß da oben im Orbit etwas passiert ist, Jane«, begann er nach einer Weile vorsichtig. »Etwas, an das wir uns nicht mehr erinnern können. Beim Debriefing hat mich General Fry gefragt, ob wir einem Ghost Rider begegnet seien. Wir Kommandanten werden *immer* danach gefragt, nach jedem Flug. Da draußen *ist* etwas, Jane. Eine unbekannte Macht ... Außerirdische ... wie immer du es nennen willst. Während der Kopfschmerzanfälle steigen seltsame Erinnerungsfragmente in mir auf – Erinnerungen an Dinge, die gar nicht passiert sind. Ich sehe Lichter vor dem Hintergrund der Erdscheibe ... eine Art UFO vielleicht. Ich weiß es nicht. Anscheinend sind wir ihnen begegnet, Jane, und sie haben etwas mit uns gemacht und uns dann eine falsche Erinnerung an diese Zeit implantiert. Nur daß diese Erinnerung bei mir jetzt durchlässig wird.«

Inzwischen hatte die Wissenschaftlerin in Jane O'Hara endgültig die Oberhand gewonnen. »Aber wieso gerade bei dir?« erkundigte sie sich. »Und wieso haben wir anderen diese telepathischen Fähigkeiten nicht?«

Woodward lächelte hilflos. »Vielleicht bekommt ihr sie ja noch. Oder die anderen fünf haben sie schon und wir wissen nur noch nichts davon. Oder ich hatte schon vorher eine Anlage dazu, ohne es zu ahnen. Oder ... ach, wir können lange herumraten. Viel wichtiger wäre es doch, zu erfahren, was sich während dieser Stunde wirklich abgespielt hat.«

»Du meinst also, es ist während des Weltraumspaziergangs passiert? Als ... Michael und Tim draußen waren und die Funkverbindung zur Erde ausgefallen ist?«

»Wann sonst?«

Ein unbehagliches Schweigen breitete sich zwischen ihnen aus, während jeder seinen eigenen Gedanken nachhing. Nach einer Weile griff Woodward zur Thermoskanne und goß Kaffee nach.

»Danke.« Sie rührte Zucker in das pechschwarze Gebräu und nahm einen Schluck, wobei sie ihn über den Steingutrand hinweg ansah. Sein Gesicht hatte jetzt wieder etwas Farbe bekommen, aber aus seinen Augen sprach ein Schmerz, der ihr das Herz zusammenkrampfte. In was für Abgründe mochte er geblickt haben?

»Wie willst du vorgehen?«

»Ich werde noch einmal deine Gedanken lesen.« Als er sah, wie sie zusammenfuhr, hob er rasch eine Hand. »Ich habe dir ja schon erklärt, daß ich es nicht bewußt steuern kann. Aber wenn der nächste Kopfschmerzanfall kommt, möchte ich versuchen, ein paar Eindrücke aus deinen *wirklichen* Erinnerungen aufzufangen. Keine Ahnung, ob mir das gelingen wird, aber ...« Er zuckte die Achseln.

Jetzt hatte sie Feuer gefangen. »Ich könnte mein Oberflächenbewußtsein durch eine spezielle Zen-Meditation ganz leer machen.« *Die Erinnerungen an die Stunden mit Michael ausblenden.* »Vielleicht würde dir das ja die Sondierung erleichtern.«

»Klingt nicht dumm. Aber wie gesagt ...«

»... steuern kannst du das Ganze nicht«, nickte sie. »Wenn ich Pech habe, wirst du in mir lesen wie in einem aufgeschlagenen Buch. All die kleinen Gemeinheiten. Alle meine Geheimnisse. Die privatesten Erinnerungen. Alle Liebe für meinen Mann, alles, was ich an Trauer empfunden habe, als er während des Golfkriegs mit seiner Maschine abgeschossen wurde. Meine Empfindungen für Michael ...«

»Das alles, ja. Und vielleicht auch Dinge, die selbst du nicht kennst, weil du sie dir nie eingestanden hast.«

»Ein scheußlicher Gedanke. Aber noch scheußlicher finde ich es, daß irgendwelche Typen aus dem All an meinem Gehirn herummanipuliert haben könnten und ich mich nicht einmal daran erinnern kann. Wenn deine Theorie stimmt, James, dann will ich wissen, was sich in dieser Stunde abgespielt hat.« Sie zögerte. »Aber du wirst nichts von meinen privaten Erinnerungen weitererzählen, nicht wahr? Großes Pfadfinderehrenwort?«

»Großes Pfadfinderehrenwort.« Er reichte ihr über den Tisch hinweg die Hand, und sie erwiderte den kräftigen, warmen Druck. »Solange ich lebe«, fügte er hinzu, während er immer noch ihre Hand hielt. Und plötzlich fragte sie sich, ob sich in dieser Floskel nicht noch eine andere, verborgene Bedeutung versteckte, die sie im Augenblick noch nicht erkennen konnte.

Auf dem Weg von Houston in die Hill County
Nahe Bandera, Texas, Nacht vom 15. auf den 16. Februar

»Nimm du die Pistole«, hatte Cliff gesagt, als er vor ihrer Abfahrt aus Houston die Waffe aus dem kleinen Safe im Boden des Kleiderschrankes genommen hatte. »Ich glaube, im Notfall kannst du damit immer noch besser umgehen als ich.«

»Okay.« Obwohl ihr Cliffs Idee nicht gefiel, hatte Judy die .357 Magnum vom Typ Smith & Wesson an sich genommen und sie hinter den Bund ihrer Jeans gesteckt. Jetzt, am Steuer des Campingmobils, spürte sie ihren Druck unbehaglich in der Magengegend. Es war ein verdammt blödes Gefühl, eine Waffe auf diese Weise zu tragen und nicht in einem HPD-Schulterhalfter, wie es sich für eine ordentliche Polizistin gehörte. Aber vielleicht konnte sie sich ja ein Halfter aus der Ausrüstungskammer der Houstoner Polizei besorgen. Dook würde ihr sicherlich gerne dabei behilflich sein …

Ein Stück vor ihnen, plötzlich viel zu nahe, glühten in der Dunkelheit die Rücklichter des von Leroy Brown gesteuerten

Space Wagons. Judy merkte, daß ihre Aufmerksamkeit abgeschweift war. Mit Gewalt zwang sie sich dazu, sich wieder auf die Straße zu konzentrieren und den Abstand größer werden zu lassen.

Auf der Beifahrerseite des Winnebago schlief Cliff, bequem gegen die Innenseite der Tür gelehnt. Das einzige Lebenszeichen, das er von sich gab, war ein gelegentliches kleines Schnarchen.

Trotzdem war Judy nicht allein in der Fahrerkabine. Zwischen ihnen auf dem Mittelplatz saß Tim Lattinger. Der Astronaut hatte sich bereit erklärt, mit ihnen zu fahren, um etwaige Fragen nach James Woodwards Persönlichkeit oder nach relevanten Einzelheiten des ENDEAVOUR-Flugs zu beantworten.

Statt dessen war *er* es gewesen, der sie zumindest während der ersten Hälfte der Fahrt pausenlos mit Fragen bombardiert hatte: nach ihrem genauen Auftrag, nach ihrer Dienststelle, ihren Chefs ... Zum Glück war es Judy bisher gelungen, seinen Erkundigungen unter Verweis auf ihre ›Geheimhaltungspflicht‹ höflich, aber bestimmt auszuweichen. Danach hatte er wenigstens eine Weile geschwiegen, aber jetzt schien er es noch einmal versuchen zu wollen.

»Was denken Sie«, erkundigte er sich, während er sich eine Zigarette anzündete, ohne Judy zu fragen, ob ihr das etwas ausmachte, »was wollen diese außerirdischen Intelligenzen eigentlich von uns? Ich meine, irgendeinen Grund müssen sie doch haben, sich mit uns zu beschäftigen, oder nicht?«

Das war mal eine Frage, die sie guten Gewissens beantworten konnte. »Keine Ahnung. In diesem Punkt sind Ihre Vermutungen ebenso gut wie meine. Aber wenn sie nichts Böses im Schilde führen, warum treten sie dann nicht offen auf, sondern immer nur verdeckt?«

»Vielleicht haben sie ja Angst vor uns?«

Judy lachte hell auf. »Angst? Bei dieser technischen Überlegenheit, die sie in all den Jahren immer wieder demonstriert haben? Ich bitte Sie!«

»Hm.« Lattinger sog nachdenklich an seiner Zigarette. »Aber anderer...«

Cliffs Handy, das er auf der Ablage deponiert hatte, begann

zu piepsen und unterbrach Lattinger mitten im Wort. Froh über die Störung griff Judy danach. Aus dem anderen Wagen meldete sich Yves Trelane.

»Michael sagt, wir müssen hier abbiegen.«

»Okay.« Nachdem sie vorhin den großen Autobahnring um San Antonio hinter sich gelassen hatten, waren sie noch ein Stück der Interstate 10 in Richtung El Paso gefolgt. Inzwischen hatten sie die 10 verlassen und tasteten sich über kleinere Landstraßen in Richtung Bandera vor. Über dem Hügelland vor ihnen ging langsam die Sonne auf.

Der Space Wagon vor ihnen bog auf eine schmale Teerstraße ein, und Judy kurbelte nur mit der linken Hand am Lenkrad, weil sie in der rechten immer noch das Handy hielt. »Wie weit ist es denn noch?«

Ein kurzer Wortwechsel auf der anderen Seite, von dem Judy kein Wort verstand. Dann wieder Trelanes Stimme: »In etwa fünf Kilometern kommen wir an einem Rangerposten vorbei. Dort geht die Straße in einen Schotterweg über. Danach müssen wir über Waldwege weiter, noch ein ganzes Stück höher hinauf. Michael sagt, noch einmal etwa zehn Kilometer.«

»Na, hoffentlich schaffen unsere Wagen das. Over und aus.« Judy legte das Handy auf die Ablage zurück. Drüben auf der Beifahrerseite begann Cliff sich zu regen und sich mit einem Gähnen aufzurichten. Mit wenigen Worten setzte Judy ihn darüber ins Bild, wo sie sich inzwischen befanden.

Den Rest der Fahrt legten sie schweigend zurück, jeder mit seinen eigenen Gedanken beschäftigt.

Jane O'Haras Hütte
Hill County nahe Bandera, Texas, 16. Februar, 6 Uhr 45

Die Sonne war schon wieder aufgegangen, als die Kopfschmerzen zurückkehrten. Es war das erste Mal, daß James Woodward sehnsüchtig auf sie gewartet hatte. Während der ersten Stunden der Nacht hatte Jane zusammen mit ihm gewacht, jederzeit bereit, sich in einen Zustand meditativer Trance zu versetzen, um ihm das Eindringen in ihr Unterbewußtsein zu erleichtern. Jetzt schlief sie tief und fest, was vielleicht noch besser war. Vermutlich war auch er ein paarmal an ihrem Bett eingenickt, aber in diesem entscheidenden Augenblick war er wieder hellwach.

Mit einem Aufstöhnen krümmte er sich zusammen, als die Kopfschmerzen sein Gehirn auseinanderrissen. Dann verging die Qual, noch rascher als bei den vorangegangenen Gelegenheiten, und an ihre Stelle traten …

… es ist wieder der Blaumiese, der die Show schmeißt, Kermit und Miss Piggy springen in Panik von der Bühne, nur der Große Gonzo wagt sich, vom Trommelwirbel des Tiers angetrieben, aus den Kulissen, um dem Blaumiesen, der jetzt ein Lied zu singen begonnen hat, die Maske vom Gesicht zu reißen, und es ist mein Vater, nein, es ist …

Wie mit einer unsichtbaren Hand wischte er die Traumgespinste beiseite. Dahinter ragte groß und grau eine Mauer auf, gegen die Gedanken anbrandeten wie Wellen an eine Küste. Es würde Jahre, wenn nicht Jahrzehnte dauern, bis dieses graue Steilufer so weit erodiert war, daß es unter dem Ansturm zusammenbrach und den Zugang zu dem Land freigab, das dahinter liegen mußte.

In einer Gischt aus Traum- und Gedankenfetzen, die zu fragmentarisch waren, als daß er sie hätte identifizieren können, ließ er sich in die nebelartige Unklarheit der Mauer hineinwehen. Aber sofort erfaßte ihn etwas, das er nicht benennen konnte, und stieß ihn sanft, aber bestimmt wieder an seinen Ausgangspunkt zurück.

Nein, so würde es nicht gehen. Er mußte eine andere Möglichkeit finden, sonst hatte er keine Chance, die Mauer zu durchdringen.

Jane regte sich im Schlaf. Auf einer unbewußten Ebene schien sie zu merken, daß in ihrer Gedankenwelt etwas vor sich ging, das sich sogar ihrer Traumwahrnehmung entzog. Sie stöhnte leise und drehte sich auf die Seite, von James weg, um ihren Kopf in ihrer rechten Armbeuge zu verbergen. Die Gedankenfragmente in ihrem Unterbewußtsein strudelten heftiger, ein Sog aus Bildern, Assoziationen und Wortfetzen, der Woodward mitriß und ihn auf die Mauer zu-, von der Mauer wegwirbelte, ein ewiges, nutzloses Kreiseln, ein Mahlstrom, in dem er leicht untergehen konnte: Auch das ein Abwehrmechanismus der grauen Sperre, die er als Mauer wahrnahm …

Zen.

Er durfte nicht versuchen, die Mauer zu durchdringen. Er mußte einfach auf der anderen Seite *sein*, weil es die Mauer ja gar nicht gab, ebensowenig wie diese oder wie die andere Seite. Alles war eins. Alle zenbuddhistischen Koans, die Jane ihm irgendwann einmal aufgegeben und die er nie verstanden hatte, wurden ihm mit einemmal offenbar.

Klatsche in die Hände und lausche auf das Geräusch der einen Hand … Jetzt hörte er es, aber ohne zu lauschen und ohne daß es Hände gab, die dieses Geräusch hätten erzeugen können. *Je weiter man fortgeht, desto weniger versteht man. Deshalb begreift der Weise, ohne zu reisen; er sieht, ohne zu schauen; er vollendet, ohne zu tun.* Und deshalb war er ganz einfach da … und begriff … und sah … und würde, wenn der Zeitpunkt kam, auch vollenden.

… [fünf strahlendhelle Lichtpunkte, die zusammengenommen ein liegendes X vor der blauweißen Scheibe der Erde bildeten] …

… [die beiden Männer draußen in der Ladebucht haben es ebenfalls erblickt und gestikulieren wild in Richtung des Sichtfensters hinüber, während die Lichterscheinung langsam und majestätisch näher kommt] …

… [aufgeregtes Stimmengewirr aus den Kopfhörern] … »Das ist unglaublich! So etwas habe ich noch nie gesehen!»… »Es ist alles aus Licht, ein Flugkörper aus Licht … jetzt kommt er noch näher … könnt ihr das sehen? Houston, hört ihr, was wir hier entdeckt haben? Houston, es gibt sie wirklich … das ist ein außerirdisches Raumschiff!« …

… Michael, bitte nicht … es könnte gefährlich sein … Warum kann ich mich nicht mehr bewegen? Warum spüre ich meine Hand nicht mehr, die auf James' Schulter liegt? … »James?« … O verdammt, meine Stimme … meine Stimme ist auch weg …

Nicht seine Erinnerungen, sondern die von Jane. Durch Jane O'Haras Augen sah er sich selbst direkt vor ihr, eine in einer unmöglichen Haltung zusammengekrümmte Gestalt, die über der Steuerung des Greifarms kauerte und sich nicht mehr bewegte. Sich nicht mehr bewegen *konnte*, seit dieser unerklärliche Bann über sie alle gefallen war. Nur die da draußen, Tim und Michael, die bewegten sich noch ... oder *wurden* sie bewegt, wie Marionetten an ihren unsichtbaren Fäden? Mit eleganten Unterwasserbewegungen stießen sie sich vom Boden der Ladebucht ab. O verflucht, sie hatten ihre Sicherheitsleinen gelöst! Aber das war streng verboten! Er wollte ihnen etwas zurufen, aber dann begriff er, daß es unsinnig war, daß er sie nicht erreichen konnte, genausowenig wie er sie damals hatte erreichen können, oben im Orbit. Für einen Augenblick ließ ihn das Erschrecken den Kontakt verlieren, aber auf einmal war er wieder zurück in Janes Bewußtseinsstrom ...

... [Michaels Stimme über Funk] ... »Es ist wunderschön, es ist wie ein Traum. Wir bewegen uns darauf zu ... ob dieser Lichtfleck da eine Schleuse ist? Wir werden in sie hineingezogen ... Mein Gott, was für ein Anblick! Ich sehe sie ... das ist ja überwältigend. Sie sind ...« [und dann Stille, eine Stille, die größer war als das All] ...

... Michael! O mein Gott, Michael, komm zurück! Dort darfst du nicht bleiben, das ist nicht der richtige Platz für Menschen ... Menschen bestehen aus Gewebe, Blut, Knochen, Nerven. Hier gibt es nur Licht, Feuer, Strahlung, die uns alle durchdringt und verändert ... Hörst du mich? ... Aber ich spreche ja gar nicht, ich denke nur, und doch: Hörst du mich? Hörst du mich? ...

... [Zeit verstreicht. Die Bildschirme der Außenkameras zeigen nur noch ein überwältigendes Gleißen, als sei eine zweite Sonne unmittelbar neben dem Schiff aufgegangen. Es kann Minuten später sein, Stunden, Tage, Jahre. Dann:] ...

... Sie kommen zurück! ...

... [In dem Gleißen öffnet sich eine Tür. Michael und Tim treten durch sie hindurch, treten direkt aus dem unmenschlich hellen Glanz hinaus ins All, kommen durch das eisige Vakuum auf die ENDEAVOUR zugeschwebt, landen wie von einem unsichtbaren Energiestrahl getragen in der Ladebucht ... und das UFO, der Ghost Rider weicht zurück, wird wieder zu einem liegenden X aus Lichtpunkten, um die herum die Erdscheibe seltsam verzerrt ist, bevor es hinter dem Horizont der Frachtbuchttüren der ENDEA-

VOUR versinkt und außer Sicht verschwindet ... und erst in diesem Augenblick ...

... schließt einer der beiden Männer seinen Raumhelm] ...

... das muß die Hütte sein ...

... »Gut gemacht, Michael. Ich hätte nicht gedacht, daß du sie nach der Beschreibung so einfach finden würdest.« ...

... hoffentlich muß ich die Pistole nicht benutzen. Ich hasse es wirklich, auf Menschen zu schießen, aber wenn es nicht anders geht ...

... [ein graues, waberndes Nichts, dort, wo bei einem Menschen die Gedanken gewesen wären] ...

Mit einem Aufschrei fuhr James Woodward hoch. »Jane!« schrie er. »Aufwachen! Sie kommen!«

Ein undeutliches Gemurmel. »Wer kommt?«

»Unsere Crew. Und zwei Polizisten. Und ...« Er verstummte. Das Ungeheuerliche, das er in ihrem Bewußtsein gesehen hatte, konnte er ihr nicht sagen, weil sie es ihm nicht glauben würde. Er glaubte es ja selbst kaum. Dennoch entsprach es der Wahrheit; die Gedankenfetzen – oder, besser gesagt die *fehlenden* Gedankenfetzen – von draußen hatten es bestätigt. »Hast du eine Waffe?«

»Mein Jagdgewehr ...« Schlaftrunken richtete sie sich auf. »Aber wieso ... Richtig, ich habe ja Michael gesagt, wo die Hütte liegt. Ist Michael auch dabei? *Aber wieso denn Polizisten?* James, was zum Teufel ist hier eigentlich los?« Von einem Augenblick zum anderen war sie hellwach. »Woher weißt du, daß da draußen jemand ist? Hast du es ...«

»Telepathisch, ja. Ich habe auch deine Gedanken gelesen, und ich weiß, was im Orbit passiert ist. Wir sind tatsächlich einem Ghost Rider begegnet. Einem UFO.« Er schlug so wütend mit der Hand auf die Bettdecke, daß es knallte wie ein Schuß. »Und jetzt gib mir schon das Gewehr, verdammt noch mal, sonst sind wir verloren!«

Sekunden später hatte er die Waffe geladen und war aus der Hütte gestürzt, dichtauf gefolgt von Jane. Als sie ins Freie kamen, hörten sie bereits das Schlagen der Autotüren.

»Er hat ein Gewehr«, flüsterte Cliff.

Die beiden Gruppen standen sich auf der Fläche vor der Rangerhütte gegenüber: auf der einen Seite, bei den Autos, Judy und Cliff mit den fünf Astronauten, die sie von Houston aus hierherbegleitet hatten; auf der anderen Seite, beim Haus, James Woodward und Jane O'Hara.

Tatsächlich hielt Woodward etwas in der Hand, das Judy als ein großkalibriges Jagdgewehr erkannte. Obwohl er die Mündung nach unten auf den Boden gerichtet hielt, zweifelte Judy nicht daran, daß das Gewehr entsichert war und sich von einer Sekunde zur anderen in etwas Todbringendes verwandeln konnte.

Und noch etwas fiel ihr auf den ersten Blick auf: Während Woodward hellwach und zu allem entschlossen wirkte, machte Jane O'Hara einen verwirrten Eindruck, als sei sie erst vor wenigen Augenblicken aus dem Tiefschlaf gerissen worden.

O Gott, dachte Judy, *laß es nicht zu einer Schießerei kommen. Das wäre das Letzte, was wir jetzt gebrauchen können!*

Mit einer entschlossenen Bewegung zog sie Cliffs .357 Magnum, während sie gleichzeitig mit der anderen Hand ihren Dienstausweis hochhielt.

»Polizei«, sagte sie und wunderte sich selbst, wie fest ihre Stimme dabei klang. Wahrscheinlich lag es an der jahrelangen Übung während ihrer Zeit beim Houston Police Department. »Machen Sie keinen Unsinn, Woodward. Legen Sie die Waffe auf den Boden und verschränken Sie die Hände hinter dem Kopf. Sie stehen unter dringendem Verdacht, Ihre Frau Diane ermordet zu haben. Alles, was Sie von jetzt an sagen ...«

»Ach, vergessen Sie das mal fürs erste, Miss Davenport«, sagte Woodward, während er langsam immer weiter auf sie zukam. Er schien genau zu spüren, daß Judy nur im äußersten Notfall auf ihn schießen würde, denn er würdigte ihre Pistole keines Blickes. *Und woher, verdammt noch mal, wußte er überhaupt ihren Namen?* »Im Augenblick gibt es Wichtigeres.«

»Du hast Diane ...?« Jane O'Haras Stimme klang mit einemmal alles andere als schlaftrunken. »Mein Gott, wieso ...« Instinktiv wich sie von James Woodward zurück, ein Effekt, der Judy alles andere als ungelegen kam. Es verringerte die Gefahr, daß sie von einer verirrten Kugel getroffen wurde – oder daß Woodward sie als Geisel nahm.

Der Shuttle-Kommandant machte sich nicht einmal die Mühe, auf Janes Aufschrei zu reagieren. Statt dessen ging er einfach stur weiter, auf die Gruppe der Astronauten zu.

»Jane, geh zur Seite.« Die Stimme Michael Schneiders. »Ich glaube, er ist verrückt gew…«

Er verstummte übergangslos, als Woodwards Blick ihn streifte und gleichzeitig die Mündung des Gewehrs um eine Winzigkeit nach oben ruckte. Aber bevor er auch nur Gelegenheit hatte, bleich zu werden, hatte Woodward sich wieder von ihm abgewandt und war vor Tim Lattinger stehengeblieben.

Der Elektronikspezialist starrte ihm mit einem Gesichtsausdruck entgegen, den Judy nicht zu deuten vermochte. »Woodward, legen Sie das verdammte Gewehr weg«, sagte sie noch einmal, obwohl sie ganz genau wußte, daß er es nicht tun würde. Aber was *würde* er tun? Was für einen Sinn hatte seine ganze Handlungsweise? Gar keinen, weil er inzwischen so verrückt wie ein Märzhase war? *Aber woher, verdammt noch mal, hatte er ihren Namen gewußt?*

Dann geschah etwas, das Judy endgültig davon überzeugte, daß der Shuttle-Kommandant den Verstand verloren hatte. Er wandte sich Tim Lattinger zu und richtete den Lauf der Waffe auf ihn.

»Was hast du mit Lattinger gemacht?« fragte er grimmig. »Wo steckt er?«

Lattinger zog überrascht die Augenbrauen hoch.

»He, was soll das, Jimmie-Boy?« meinte er mit einem nervösen Lachen. »Ich bin doch hier. Dein alter Kum…«

»Okay«, sagte Woodward. »Wenn du es so haben willst.«

Und damit schoß er Lattinger aus nächster Nähe in die Brust.

Das Bild erstarrte vor Judys Augen zu einem Tableau.

Auch sie hatte jetzt die Hand mit der Waffe oben und visierte über den Lauf der Smith & Wesson hinweg James Woodward an. Aber statt einfach abzudrücken, schien ihr um den Abzug gekrümmter Finger wie erstarrt zu sein.

Um Lattinger zu retten, wäre es sowieso zu spät gewesen. Der Abstand zwischen der Gewehrmündung und seinem Körper hatte nur wenige Zentimeter betragen. Die großkalibrige Kugel mußte ein faustgroßes Loch in die Brust des Astronauten gerissen haben. Ein, zwei Sekundenbruchteile noch, und Lattinger würde von der verheerenden Wucht des Treffers nach hinten geschleudert werden und vielleicht schon tot sein, bevor er auf dem Boden aufschlug. Es würde Blut geben, jede Menge Blut. Und dann würde sie endlich doch schießen müssen, damit Woodward nicht herumwirbeln und den nächsten von ihnen aufs Korn nehmen konnte.

Aber seltsamerweise schoß sie immer noch nicht. Irgend etwas, ein winzig kleines Glied, fehlte in der Kette der Ereignisse, und das war die Ursache dafür, daß ihre antrainierten Reflexe nicht greifen konnten.

James Woodward hatte Tim Lattinger gar nicht getroffen.

Als die Kugel nach Sekundenbruchteilen die Stelle erreichte, an der der Elektronikspezialist eben noch gestanden hatte, war Lattinger längst ganz woanders – *mindestens zwei Meter von seiner alten Position entfernt*. Nur, daß es völlig unmöglich war, da kein Mensch so schnell reagieren konnte …

Auch was dann passierte, war unmöglich, aber es geschah trotzdem.

Woodwards Waffe schwang herum. Wieder betätigte der Shuttle-Kommandant den Abzug, und wieder war Lattinger auf einmal nicht mehr an seinem alten Platz. Jetzt hatte sein Gesicht allerdings seinen bisherigen Gleichmut verloren und sich auf eine so groteske Weise verzerrt, daß Judy absurderweise an ein berühmtes Gemälde des Norwegers Edvard Munch erinnert wurde – den ›Schrei‹. Aber Tim Lattinger schrie nicht. Er … *fauchte*.

James Woodward feuerte erneut.

Natürlich traf er auch diesmal nicht, aber allmählich schien Lattinger genug von der Scharade zu haben. Er ergriff die Flucht. Allerdings *lief* er nicht, sondern glitt in seltsam anmutenden Bewegungen auf den nahen Waldrand zu. Es war absolut widernatürlich. Es war …

… nicht menschlich.

Woodward jagte Kugel um Kugel hinter dem Lattinger-Ding her, ohne es auch nur ein einziges Mal zu treffen. Judy kam es so vor, als ob es die Geschosse mit einem zusätzlichen Sinnesorgan hinter sich herannahen spürte, denn es wand sich in eigentümlich schlängelnden Bewegungen nach rechts und links aus ihrer Flugbahn heraus, ohne dabei auch nur für einen Augenblick seine rasendschnelle Vorwärtsbewegung zu vernachlässigen. Und dann, kaum zehn Sekunden, nachdem der ganze Spuk begonnen hatte, war es zwischen den Bäumen verschwunden.

»Was ... was war das?« Leroy Browns Stimme klang wie die eines Menschen, der aus einem Alptraum erwachte, ohne sich völlig sicher zu sein, ob nicht auch dieses Erwachen ein Teil des Traumes war. *»Was, beim Allmächtigen, war das?«*

Es war eine Frage, auf die Judy auch gerne eine Antwort gewußt hätte.

»Er hatte den Raumhelm nicht geschlossen, als er aus dem UFO kam?« erkundigte sich Judy atemlos, während sie zusammen mit den anderen den Waldweg hinaufkeuchte. Wenn der falsche Lattinger ihn ebenfalls genommen hatte, würde er – das hatte ihnen Jane O'Hara versichert – dort oben in der Falle sitzen, da der Weg an einer Schlucht endete. Falls er allerdings einen Haken in die Wälder geschlagen hatte, dann hatten sie angesichts des unübersichtlichen Terrains nicht die geringste Chance, ihn wiederzufinden.

»Genau das.« Woodward, der neben ihr ging, nickte. Er hatte das ohnehin leergeschossene Gewehr an die Biologin zurückgegeben, aber die anderen Astronauten hielten sich trotzdem instinktiv von ihm fern. Judy konnte es ihnen nicht verdenken. »Es ist der einzige Fehler, den sie gemacht haben. Aber normalerweise hätte es nichts ausgemacht, weil wir uns ja nicht daran erinnert hätten. Schließlich konnten die Aliens nicht damit rechnen, daß ich nach unserer Rückkehr zur Erde telepathische Fähigkeiten entwickeln würde.«

»Aber was haben sie in dieser einen Stunde da drinnen mit ihm gemacht?«

Woodward zuckte die Achseln. »Keine Ahnung. Ich weiß

nicht einmal, ob das da noch Tim war. Vielleicht haben sie ihn irgendwie verändert, ihn sozusagen umprogrammiert, oder sie haben ihn einfach durch einen der ihren ersetzt, eine Art Gestaltwandler vielleicht, der den NASA-Ärzten hundertprozentig die Erscheinung des echten Tim Lattinger vorspiegeln konnte. Der einzige, der das vielleicht wissen könnte, bist du, Michael.«

Alle Blicke richteten sich auf den deutschen Wissenschaftsastronauten.

»Aber Michael ist doch nicht auch ...« In Jane O'Haras Stimme schwang Panik mit. Woodward schüttelte den Kopf. »Nein, er ist noch er selbst. Ich habe eure Gedanken gelesen, als ihr euch der Hütte genähert habt, und nur bei Tim bin ich auf diese ... Fremdartigkeit gestoßen. Ich wußte sofort, daß er kein Mensch mehr war. Ich habe es fast greifbar gespürt, wie eine Art Feld, die ihn umgab. Und diese Aura war eindeutig *böse*. Deshalb habe ich auch sofort auf ihn geschossen. Ich konnte nicht zulassen, daß wir irgendwie in seine Hände fielen.«

»Okay«, sagte Michael Schneider. »Aber das beantwortet nicht die Frage: Warum ausgerechnet er? Warum nicht ich? Immerhin haben sie uns beide an Bord des UFOs geholt.«

»Vielleicht kann ich dir diese Frage beantworten, wenn ich später noch einmal Gelegenheit habe, in deinem Gedächtnis zu lesen. So wie bei Jane, meine ich. Du bist der einzige Zeuge für das, was wirklich an Bord des UFOs vorgefallen ist, auch wenn du dich im Augenblick nicht daran erinnerst.«

»Vielleicht hat es auch einfach biologische Gründe«, warf Jane O'Hara ein. »Zum Beispiel hat Tim Lattinger eine seltene Blutgruppe. Aber natürlich kann es auch etwas völlig anderes sein ...«

Tatsächlich fanden sie den Außerirdischen – oder was immer Lattinger nun darstellen mochte – am Rande der Schlucht. Mit dem Rücken zum Abgrund stand er da und blickte ihnen entgegen, während Judy, Cliff und die Astronauten die letzten Meter über den Pfad hinaufkletterten. Seine Miene zeigte nicht den geringsten Ausdruck, aber vielleicht war es gerade diese völlige Leere, die die acht Männer und Frauen übergangslos stehenbleiben ließ, als sie Lattinger erblickten.

Bei dem Gedanken, daß sie während der ganzen Fahrt von Houston hierher neben diesem Wesen gesessen und sich mit ihm unterhalten hatte, wurde es Judy ganz flau im Magen.

Hatte James Woodward recht mit seiner Behauptung, daß von dem falschen Lattinger eine Aura des Bösen ausging? Oder interpretierte er die nicht menschliche Ausstrahlung dieses Wesens falsch? Vielleicht war das ja der Grund dafür, warum seine Nähe auch ihr Unbehagen bereitet hatte.

Judy wußte es nicht. Sie wußte nur eines: Sie würden versuchen müssen, mit dem Lattinger-Double zu sprechen. *Sie*, Cliff Conroy und Judy Davenport, nicht die NASA-Astronauten. Dazu hatten die sechs den echten Tim Lattinger zu lange und zu gut gekannt. Sie würden nicht die nötige Objektivität aufbringen, um sachlich mit einem Wesen zu verhandeln, das – aus welchen Gründen auch immer – vielleicht ihren Freund getötet hatte und an seine Stelle getreten war.

»Hier.« Sie drückte dem überraschten Leroy Brown ihre Smith & Wesson in die Hand. »Wenn irgend etwas Unvorhergesehenes passiert, dann schießen Sie. *Und zwar sofort.* Aber versuchen Sie bitte, dabei nicht uns zu treffen.« Sie schluckte die aufkeimende Panik herunter. »Komm, Cliff.«

Langsam, Schritt für Schritt, um dem falschen Lattinger nicht ein Gefühl der Bedrohung zu vermitteln, bewegten die beiden sich über das kleine Felsplateau auf ihn zu. Er rührte sich nach wie vor nicht von der Stelle, aber als sie kaum noch drei oder vier Meter von ihm entfernt waren, meinte Judy eine winzige wellenartige Bewegung zu sehen, die seinen Körper wie Schüttelfrost durchlief. Sofort blieben sie stehen.

»Du bist die Psychologin«, raunte Cliff, daß nur sie es hören konnte. »Versuch ihn zu beruhigen, ein Gespräch zu beginnen.«

Judy fluchte innerlich. Was sollte sie bloß sagen? *Wie verhandelte man mit einem Alien?*

»Hören Sie«, begann sie vorsichtig, und die Worte klangen sogar in ihren eigenen Ohren schmerzhaft falsch. »Ich weiß nicht, warum Sie an Tim Lattingers Stelle auf die Erde gekommen sind. Ich weiß nicht einmal, ob Sie nicht doch auf irgendeine Weise noch Tim Lattinger *sind*. Aber wie auch immer die Dinge liegen mögen, es muß doch eine Möglichkeit geben, daß wir als intelligente Wesen uns friedlich miteinander verständigen. Wir haben nicht vor, Sie zu irgend etwas zu zwingen. Es kommt uns *ausschließlich* auf eine friedliche Verständigung an.«

Immer noch keine Reaktion.

»Dazu«, fuhr sie langsam fort, ohne sich davon entmutigen zu lassen, »müssen wir allerdings miteinander reden. Hier, in Jane O'Haras Hütte, oder wo auch immer. Machen Sie einen Vorschlag, und wir werden ihn annehmen. Was halten Sie davon?«

Lattinger öffnete den Mund und setzte zu sprechen an.

In diesem Augenblick ertönte das Geräusch.

Es war ein Ton, den Judy aus ihrer Zeit bei der Houstoner Polizei nur allzugut kannte.

Ein Hubschrauber!

Und es wurde rasch lauter. Alle Blicke richteten sich nach Osten. Hinter einem Bergrücken kam die Maschine jetzt in Sicht, eine im Licht der Morgensonne metallen glitzernde Hummel. Sogar von hier aus konnte Judy erkennen, daß es sich um einen Polizeihubschrauber handelte.

Daß er ausgerechnet jetzt hier erschien, konnte kein Zufall sein.

Verdammt, laß dich nicht ablenken, Mädchen! Die da oben haben ja keine Ahnung, wer das ist, mit dem wir hier unten reden. Wir können das Gespräch ganz in Ruhe zu Ende führen, Woodward der Polizei übergeben und den Fremden mitnehmen …

Aber zu all dem sollte es nicht mehr kommen.

Das Gesicht des falschen Tim Lattinger verzog sich erneut zu jener alptraumhaften Grimasse, die Judy schon einmal an Edvard Munchs ›Schrei‹ erinnert hatte. Doch diesmal fauchte das Wesen nicht, sondern es schrie wirklich – nein, *es atmete einen Schrei aus*, so verrückt das auch klingen mochte. Und dann …

… warf es sich rücklings, wie ein Bungee-Kunstspringer, in den Abgrund. Allerdings ohne Seil. Im nächsten Augenblick war es hinter dem Felsabriß verschwunden.

Mit zwei, drei Riesensätzen waren Cliff und Judy am Rand

der Schlucht und starrte hinunter. Alles, was sie sahen, waren tiefdunkle Schatten, denn die Sonne stand noch nicht hoch genug, um mehr als die ersten Meter des Felsgesteins auf der gegenüberliegenden Seite in Licht zu tauchen. Zu hören war ebenfalls nichts, kein Aufprall, kein Schlittern eines Körpers über Stein, nicht einmal das Rollen kleiner Kiesel. Es war so, als hätte der Fremde sich im Augenblick seines Falls ebenfalls in einen Schatten verwandelt und sei mit der Dunkelheit der Schlucht verschmolzen.

»O verdammt! Er ist weg!« fluchte Cliff. Inzwischen waren auch die anderen sechs NASA-Astronauten bei ihnen und starrten ebenfalls in die Tiefe. »Gibt es eine Möglichkeit, da runterzuklettern?«

»Eine Möglichkeit schon«, sagte Jane O'Hara, »aber ich würde Ihnen dringend davon abraten. Da unten wimmelt es nur so von Klapperschlangen.« Sie schüttelte entsetzt den Kopf. »Mein Gott, wenn er *den* Sturz überlebt hat, kann man nur hoffen, daß sein Metabolismus gegen Schlangengift immun ist, sonst kommt er da nicht mehr lebend raus.«

»Vielleicht sollten wir gerade das lieber nicht hoffen«, sagte James Woodward düster.

Als sie wieder bei der Lichtung mit der Hütte ankamen, wimmelte es dort von Rangerfahrzeugen. Auch der Hubschrauber war bereits gelandet. Während seine Rotorblätter noch mit einem schlappenden Geräusch ausliefen, öffnete sich eine Seitentür, und Lieutenant Harriet ›Dirty Harry‹ Martineau vom Houston Police Department kam herausgeklettert, dicht gefolgt von Judys ehemaligem Vorgesetzten, Captain Halloway.

»Da kommen wir ja gerade zur rechten Zeit«, dröhnte ›Dirty Harrys‹ Stimme über die Lichtung, während sie mit dem Captain im Schlepptau auf die Gruppe zuwatschelte. »Alle Beteiligten an einem Ort versammelt. Und noch dazu an einem so schönen Ort.« Sie vollführte eine Handbewegung, die ebensogut die Waldkulisse wie den schwerbewaffneten Rangern gelten konnte, die jetzt aus ihren vor der Hütte geparkten Fahrzeugen sprangen und geradezu gefechtsmäßig Stellung bezogen. Das Knacken der Sicherungshebel konnte Judy bis hierher hören.

»Meinen Respekt«, sagte sie. »Wie haben Sie die Hütte gefunden?«

»Ein Ranger hat Woodwards Ford Mustang mit einem Achsschaden im Gebüsch unten an der Zufahrtsstraße entdeckt.« Wie schon gestern im Fernsehen machte Captain Halloway auch diesmal keinen sehr glücklichen Eindruck, aber es mußte auch wirklich schlimm sein, allein von der schieren Körperfülle seiner Untergebenen zur Bedeutungslosigkeit verdammt zu werden. Von ihrem Auftreten ganz zu schweigen.

»Freut mich außerordentlich, auch Sie hier anzutreffen, Mr. Woodward«, wandte sich ›Dirty Harry‹ an den Major. »Aber ich verstehe, wenn die Freude nicht auf Ihrer Seite ist. Die Auswertung der Tatortspuren hat ergeben, daß sich zur fraglichen Mordzeit kein zweiter potentieller Täter im Haus befand.«

Es war kein sehr angenehmes Gefühl, mitten im Schußfeld zu stehen, als die Waffen der Ranger sich auf den zwischen Cliff und Judy gehenden Shuttle-Kommandanten richteten.

Mit einer großartigen Geste holte Harriet Martineau die Handschellen hervor und ließ sie um die Gelenke des Shuttle-Kommandanten zuschnappen. »James Woodward«, sagte sie beinahe feierlich, »ich verhafte Sie wegen …«

»Das habe ich schon erledigt«, konnte Judy sich nicht verkneifen anzumerken. »Allerdings bin ich noch nicht dazu gekommen, ihm seine Rechte vorzulesen. Vielleicht könntest du das ja nachholen …«

»Sicher. Und danach, Judy-Schätzchen, könntest *du* uns vielleicht einmal erklären, was hier eigentlich gespielt wird, ja?«

»Soweit ich es selber weiß, gerne.« *Und soweit ich es euch beiden zugestehe,* fügte sie in Gedanken hinzu.

In diesem Augenblick meldete sich Cliffs Handy.

»Entschuldigen Sie mich bitte«, sagte er und zog sich mit einem Lächeln außer Hörweite zurück. Erst am Waldrand drückte er die Taste, um das Gespräch anzunehmen.

»Ja?«

»Können wir ungestört reden?« drang Campbells Stimme aus dem kleinen Lautsprecher.

Cliff blickte kurz auf und ließ seinen Blick zurück zu der Gruppe beim Helikopter schweifen. Zwei Ranger hatten James Woodward in die Mitte genommen und führten ihn jetzt hinüber zu einem ihrer Einsatzfahrzeuge. Judy, Captain Halloway und ›Dirty Harry‹ waren immer noch in eine angeregte Unterhaltung vertieft; Judy schien den beiden Beamten gerade die vier ENDEAVOUR-Astronauten vorzustellen.

Nein, aus dieser Richtung war keine Störung zu erwarten. Und der nächste Ranger stand mindestens zehn Meter entfernt.

»Ja«, sagte er. »Was gibt es?«

»Schlechte Nachrichten«, entgegnete der Senator. »Unser alter Freund McKay interessiert sich für den ENDEAVOUR-Zwischenfall. Er ist bereits mit einer Sondermaschine in Houston gelandet und momentan auf dem Weg in die Hill County. Ich kann Ihnen nur raten, sich so rasch wie möglich abzusetzen.«

»Er kommt zu spät«, sagte Cliff.

»Wie meinen Sie das?«

»Einzelheiten später. Nur soviel, Senator: Wir hatten Kontakt!«

»Was?«

»Sie haben richtig gehört«, flüsterte Cliff. »Einer der Astronauten war nicht mehr er selbst. Ob er ausgetauscht oder geistig beeinflußt wurde, läßt sich leider nicht sagen. Er hat es vorgezogen, in eine Schlucht zu springen.«

»Ist er ... tot?«

»Unbekannt. Aber wahrscheinlich. Die Schlucht wimmelt von Klapperschlangen. Doch das ist noch nicht alles. Einer der ENDEAVOUR-Astronauten – James Woodward, der gerade eben von der Polizei verhaftet wurde – hat PSI-Kräfte entwickelt. Und ein anderer war an Bord des UFOs! Seine Erinnerungen sind im Augenblick noch verschüttet, aber wenn wir sie freilegen könnten ...«

»O verdammt, Cliff, wenn Sie wüßten, wie lange ich darauf gewartet habe!« Die Stimme des Senators quoll geradezu über von – vielleicht verfrühtem – Enthusiasmus. »Kontakt!

Und gerade jetzt funkt uns McKay dazwischen ... Hören Sie, Cliff, so leid es mir tut, Sie müssen sich zurückziehen, und zwar rasch. Ich werde über meine eigenen Kanäle versuchen, alle verwertbaren Informationen einzuholen. Vielleicht können Sie dann zu einem späteren Zeitpunkt noch einmal mit den unmittelbar Beteiligten zusammentreffen.«

James Campbell hatte recht, und Cliff wußte es. Mit McKay war wirklich nicht zu spaßen.

»Gut«, sagte er widerwillig. »Wir setzen uns ab, sobald wir können. Haben Sie ein bestimmtes Ziel im Auge?«

»Momentan liegt kein akuter Fall vor«, entgegnete der Senator. »Sehen Sie nur zu, Abstand zwischen sich und McKay zu bringen. Ich informiere Sie über den weiteren Verlauf der ENDEAVOUR-Sache.«

»Okay. Ich sag's Judy.«

Im nächsten Augenblick klickte es; die Verbindung war unterbrochen.

So dicht dran, dachte Cliff, während er das Handy wieder wegsteckte. Dann ging er zurück zu Judy und den anderen.

Sprechzimmer des Untersuchungsgefängnisses
Houston, Texas, 17. Februar, 15 Uhr 35

Als die Tür sich öffnete, sah James Woodward desinteressiert auf. Seine Miene änderte sich erst ein wenig, als er Jeremy McKay erkannte. Es war nicht das erste Gespräch, daß sie seit gestern miteinander geführt hatten, und vermutlich würde es auch nicht das letzte bleiben. Der Shuttle-Kommandant hatte keine Ahnung, was McKay genau von ihm wollte, aber *daß* er etwas von ihm wollte, war ihm vom dem ersten Augenblick an klar gewesen.

»Na? Etwas gefunden?«

Der NSA-Agent schüttelte den Kopf, während er sich auf dem ungepolsterten Metallstuhl auf der anderen Seite des Tisches niederließ. »Nicht die geringste Spur. Im Augenblick sind noch einmal Männer in speziellen Schutzanzügen dabei, die gesamte Schlucht zu durchkämmen, einschließlich der Höhlen, die davon abgehen. Aber ich rechne nicht damit, daß sie außer wütenden Klapperschlangen irgend etwas entdecken werden.« Er holte ein Päckchen Zigaretten und ein Feuerzeug aus der Jackentasche und schob sie zu Woodward hinüber. »Rauchen Sie?«

»Nein, danke.«

Der NSA-Agent zuckte die Achseln und ließ die Zigaretten wieder verschwinden. Dann blickte er den Astronauten über den Tisch hinweg mit einem scharf prüfenden Blick an.

»Eigentlich«, sagte er, »bin ich gekommen, um Ihnen zu gratulieren. Sie werden bald schon ein freier Mann sein, Mr. Woodward.«

James Woodward verstand nicht. »Wie meinen Sie das?«

»Wir haben den Mörder Ihrer Frau gefunden.«

»*Was?*«

McKay lächelte. »Na ja, denjenigen, den wir dafür ausgeben wollen. Ruben Carcones, ein siebzehnjähriger Chicano. Autoknacker, Gelegenheitseinbrecher, cracksüchtig ...«

»Aber *ich* habe sie getötet! Und ich will dafür büßen, verdammt noch mal!«

»Das können Sie besser, indem Sie weiter Ihrem Land dienen und dadurch Wiedergutmachung an der Gesellschaft leisten. Der elektrische Stuhl macht nichts ungeschehen, er verschafft höchstens denen, die darauf gesetzt werden, eine einfache Möglichkeit, sich ihrer Verantwortung zu entziehen.«

»Aber Sie können doch nicht einfach jemanden an meiner Stelle vor Gericht stellen und womöglich zum Tode verurteilen!«

»Nicht vor Gericht. Das würde viel zu große logistische Probleme aufwerfen. Glauben Sie mir; ich habe Erfahrung damit. Und tot *ist* er schon. Heute morgen bei einer Verkehrskontrolle erschossen, als er versuchte, eine Polizistin zu überfahren. In seinem Wagen fand man Diebesgut aus Ihrer Wohnung und die blutverschmierte Tatwaffe – eine Ihrer Fliegertrophäen, die er nach der Tat wohl mitgenommen hatte.«

»Verstehe.«

»Ich hatte nichts anderes von Ihnen erwartet.« Seine nächsten Worte legte McKay sich wohl besonders gut zurecht, denn er zögerte merklich, bevor er fortfuhr: »Sie werden natürlich Ihren Abschied als Astronaut nehmen müssen. Ihre panische Flucht, nachdem Sie die Leiche ihrer Frau gefunden hatten, macht sich nicht gut in ihren medizinischen Akten. In Zukunft werden Sie dann wohl für uns arbeiten müssen. Für die NSA, meine ich.« Er grinste.

Vielleicht war es der Schock, der durch McKays Eröffnungen in ihm hervorgerufen wurde. Vielleicht war es auch einfach nur ein Zufall. Aber was immer es auch ausgelöst haben mochte: In diesem Augenblick begannen wieder jene Kopfschmerzen James Woodwards Gehirn zu zerreißen, die einer seiner telepathischen ›Anfälle‹ ankündigten. Er krümmte sich unter der Wucht des Schmerzes halb über den Tisch zusammen, sah noch, wie McKays Augen sich vor Überraschung weiteten, und dann ...

You say goodbye and I say hello, hello, hello.
I don't know why you say goodbye
I say hello, hello, hello ...

Es gab eine Menge Dinge, die man ihm nicht gesagt hatte und die er gerne in den Gedanken des NSA-Agenten gelesen hätte – zum Beispiel, in welchem Verhältnis McKay zu Judy Davenport und Cliff Conroy stand, den beiden Bundesmarshals, die nach den Ereignissen so plötzlich mit ihrem Wohnmobil verschwunden waren.

Aber das einzige, was er in McKays Gedanken ›hörte‹, war dieser uralte Beatles-Song, der seine tastenden Gedankenfühler zugleich anzog und sie fast im gleichen Augenblick wieder nach außen wegschlug: eine undurchdringliche Barriere, die McKays Bewußtseinsinhalt ebenso wirkungsvoll vor ihm abschottete wie die graue Mauer, die die Außerirdischen in den Gehirnen der ENDEAVOUR-Astronauten errichtet hatten, damit sie sich nicht an die ›verlorene Stunde‹ im Orbit erinnerten.

Seine Verblüffung mußte sich deutlich auf seinem Gesicht abzeichnen, denn auf einmal begann McKay schallend zu lachen. »Nicht übel, der Trick, was?« meinte er vergnügt. »Hat sich 1951 ein Science-fiction-Autor namens Alfred Bester für seinen Roman *The Demolished Man* ausgedacht. Aber wie Sie sehen, funktioniert es auch in Wirklichkeit.«

»*You say goodbye and I say hello …*« O ja, und ob es funktionierte!

McKays Grinsen wurde womöglich noch breiter. »Aber das und noch viel mehr werden Sie bald besser verstehen – wenn Sie endgültig bei uns unterschrieben haben. Ich denke, ich verrate Ihnen nicht zu viel, wenn ich Ihnen sage, daß Sie in unserer Zentrale in Fort Meade und vor allem in unserer Spezialabteilung für parapsychologische Phänomene eine Reihe interessanter Leute kennenlernen werden.« Als er sah, daß Woodward immer noch zögerte, fügte er hinzu: »Verdammt, Woodward, wenn Sie unbedingt für Ihre Tat büßen wollen, dann sollten Sie bei uns mitmachen. Wir *brauchen* Leute wie Sie. Denken Sie nur an den falschen Tim Lattinger.«

Er streckte dem ehemaligen Shuttle-Kommandanten die Hand über den Tisch entgegen. »Also los, schlagen Sie ein.«

»Aber dann« – der Exastronaut, der die Hand schon halb über den Tisch gestreckt hatte, hielt noch einmal inne – »gibt es kein Zurück mehr?«

»Natürlich nicht. Es ist eine Verpflichtung auf Lebenszeit.«

Als James Woodward eine Stunde später in Begleitung von Jeremy McKay das Untersuchungsgefängnis von Houston verließ und in eine bereitstehende schwarze Limousine stieg, die sie beide zum Houston Intercontinental Airport bringen sollte, wo eine Maschine nach Fort Meade bereitstand, war er ein freier Mann.

Äußerlich wenigstens.

HIER ENDET DER ERSTE BAND
DER UFO-AKTEN.

Das UFO-Archiv

Anasazi

Im Laufe der Jahrtausende gab es immer wieder fortschrittliche Zivilisationen und Kulturen wie zum Beispiel die Inka, die Maya oder die Azteken, die auf dem Höhepunkt ihrer Existenz aus unerklärlichen Gründen in relativ kurzer Zeit vom Angesicht der Erde verschwanden, um Heerscharen von Archäologen und Geschichtsforschern nichts als halbverfallene Ruinen und eine lange Liste von Fragen zu hinterlassen, von denen viele bis heute unbeantwortet geblieben sind.

Doch während vergessene Kulturen in Südamerika (Chile, Mexiko, Peru) auffällig häufig vorkommen, sind sie in Nordamerika – wie auch in den meisten anderen Teilen der Welt – extrem selten. Trotzdem war eine der geheimnisvollsten Kulturen überhaupt im sogenannten ›zivilisierten Westen‹ beheimatet: die untergegangene Zivilisation der Anasazi-Indianer, die von 100 v. Chr. bis ins 14. Jahrhundert hinein vor allem in Colorado und Nordarizona ansässig waren.

Der Begriff Anasazi (ausgesprochen *Ah-nuh-SAH-zee*) entstammt der Sprache der Navajo-Indianer und bedeutet ›die Uralten‹ oder ›die vor uns da waren‹. Forschern und Archäologen zufolge waren die Anasazi wohl tatsächlich die wirklichen Ureinwohner Amerikas und somit die Vorfahren der Hopi-, Zuni-, Pima- und Papago-Indianer. Sie lebten vornehmlich als Farmer und Jäger im Nordwesten der heutigen Vereinigten Staaten und wohnten in Häusern aus Stein und Lehm, die sie zumeist an schwer zugänglichen Orten wie den schroffen Felswänden über wasserführenden Schluchten oder auf Hochplateaus wie dem Colorado-Plateau errichteten, um vor ihren Feinden – anderen Indianerstämmen – besser geschützt zu sein. Darum besaßen diese außergewöhnlichen Behausungen, ›kivas‹ genannt, oft auch weder Fenster noch Abzüge für den Rauch ihrer Feuerstellen und waren nur über Leitern zu erreichen, die bei Bedarf leicht hochgezogen werden konnten.

Dennoch bildeten die ›kivas‹ den Mittelpunkt des gemeinschaftlichen Lebens der Anasazi, da die Felshöhlen für religiöse und zeremonielle Zwecke benutzt wurden. Wenn die geographische Lage es ihnen erlaubte, bauten die Anasazi ihre Behausungen häufig auch *übereinander*, wie moderne mehrstöckige Mehrfamilienhäuser, die durch Leitern im Innern miteinander verbunden waren. Auf diese Weise entstand auf einer Hochebene im Chaco Canyon in New Mexico ein ganzer Ort voller mehrstöckiger Wohnblöcke. Der ›Pueblo Bonito‹ ist heute eine beliebte, vielbesuchte Touristenattraktion und verdeutlicht die bemerkenswerten architektonischen Fähigkeiten der Anasazi.

Die Geschichte der Anasazi läßt sich in zwei grobe Phasen einteilen: die Korbmacher-Epoche, die von 100 v. Chr. bis etwa ins Jahr 750 reichte, und die Pueblo-Periode nach 750. Während der Korbmacher-Epoche entwickelten die Anasazi u. a. Methoden zur Bearbeitung von Leder und Wolle sowie zum Herstellen von Kleidung, Keramik und Schmuck, die den handwerklichen Techniken anderer damaliger Völker weit überlegen waren. Trotzdem gilt die folgende Pueblo-Periode als die Blütezeit der Anasazi. In dieser Epoche wuchs die Population des Stammes rapide an, da ihr ausgeklügeltes Bewässerungssystem ihnen Jahr um Jahr hervorragende Ernten einbrachte. Der relative Wohlstand der Anasazi wuchs, was Funde von kunstvoll bemalter Keramik und prächtigen Schmuckstücken sowie Wandbilder in den ›kivas‹ sehr eindrucksvoll dokumentieren.

Doch um 1300 verschwanden die Anasazi so plötzlich, daß es bis heute keine gesicherte, durch Fakten belegte Erklärung dafür gibt. Während einige Forscher annehmen, daß die Anasazi von anderen, nomadisch umherziehenden Indianerstämmen aus dem Norden, vielleicht den Apachen oder den Navajo, ausgerottet wurden, gehen andere Geschichtswissenschaftler davon aus, daß es die damals noch sehr verbreiteten vulkanischen Aktivitäten im amerikanischen Südwesten waren, die den Anasazis – wie einst Troja – zum Verhängnis wurden. Dafür spricht auch der Umstand, daß die ›kivas‹ nicht ausgeraubt wurden, wie es gegnerische Stämme mit Sicherheit getan hätten. Statt dessen fanden sich auch viele

Jahre später noch zahlreiche wertvolle Gegenstände in den Höhlenwohnungen. Darum wird spekuliert, daß die Anasazi möglicherweise vor einem Vulkanausbruch die Flucht ergriffen, sich vor dem damit verbundenen, tödlichen Aschenregen jedoch nicht rechtzeitig in Sicherheit bringen konnten. Versteinerte Leichen wie die am Fuße des Vesuvs konnten jedoch nie gefunden werden.

Wer oder was für das plötzliche Verschwinden der Anasazi verantwortlich ist, wird wohl bis in alle Ewigkeit ein Rätsel bleiben. Fest steht lediglich, daß mit den Anasazi-Indianern eine der fortschrittlichsten Zivilisationen der damaligen Zeit auf Nimmerwiedersehen vom Angesicht der Erde getilgt wurde – und das innerhalb weniger Tage.

Carter Jackson

Genmanipulation

Seit Beginn der Genforschung in den fünfziger Jahren haben die Möglichkeiten, die in diesem Wissenschaftszweig stecken, Anlaß zu vielerlei Spekulationen gegeben – von denen viele in der Zwischenzeit zu handfesten Realitäten geworden sind. Zwar ist es nach wie vor eine Illusion, daß man sich Kinder bald praktisch wie aus dem Katalog eines Versandhauses aussuchen, Geschlecht, Größe, Augen- und Haarfarbe des Babys wie Blusen oder Hosen bestellen kann. Doch technisch gesehen ist es zum Beispiel schon längst möglich, ein Lebewesen mittels seiner ureigenen DNA-Struktur (deren Entdeckung im Jahre 1953 durch den Nobelpreisträger Dr. James Watson die Genforschung, wie wir sie heute kennen, begründete) zu kopieren, zu ›klonen‹. Bereits im Oktober 1993 gaben Wissenschaftler der George Washington University bekannt, erstmals mit Erfolg ein menschliches Embryo geklont zu haben – ob dies moralisch und ethisch akzeptabel ist, wollen wir hier dahingestellt lassen.

Technisch betrachtet gibt es allgemein zwei Arten, einen Klon ›herzustellen‹. Die erste Möglichkeit besteht darin, den Kern einer Eizelle mit dem Kern einer Spenderzelle zu vertauschen. Der neue Zellkern veranlaßt die Originalzelle, eine Kopie der Person ›anzufertigen‹, welche die Zelle gespendet hat. Danach wird die Eizelle in eine weibliche Gebärmutter eingepflanzt, wo sie heranwächst, um schließlich als exakte Kopie des Spenders auf die Welt zu kommen. Allerdings hat sich diese Methode, die vor allem bei Fröschen und Salamandern angewandt wird, bislang bei Säugetieren nicht durchgesetzt.

Deshalb haben die Forscher der George Washington University eine neue Technik entwickelt, um DNA-Strukturen zu klonen. So haben sie Embryos in einem sehr frühen Entwicklungsstadium in ihre einzelnen Zellen zerlegt, von denen jede die komplette DNA des Embryos enthält, und jede für sich mit einem schützenden, ausgesprochen nährstoffreichen Meeresalgenextrakt überzogen. Anschließend brauchten sie nichts weiter zu tun, als die Embryokulturen wachsen zu lassen. Alles in allem erhielten sie auf diese Weise achtundvierzig Klone, von denen jedoch keiner das Einpflanzungsalter erreichte.

Im Grunde genommen ist Klonen eine ziemlich einfache Sache, ebenso wie die Manipulation gewisser DNA-Strukturen, auch wenn die Vorstellung von physisch perfekten Adams und Evas – den oben genannten ›Katalogkindern‹ – im Augenblick nach wie vor illusorisch ist. Aber wie lange noch?

Moralisch nicht weniger problematisch als Genmanipulation ist das Verfahren vieler Länder – vor allem der USA –, mit Hilfe von Krankenhäusern und Versicherungen Gentests sowie Gewebe- und Blutproben der Patienten zu erhalten, um sie zu archivieren und ›bei Bedarf‹ etwa zur Identifikation von Straftätern und solchen, die es werden könnten, zu verwenden. Angeblich sind in den Gen-Datenbanken des FBI und des Verteidigungsministeriums bereits zehn bis zwanzig Millionen medizinische Daten kanadischer und amerikanischer Bürger gespeichert.

Doch obwohl dieses System die Fahndung und Identifikation von Kriminellen häufig vereinfacht, werden in manchen Staaten selbst Blut- und Speichelproben von Steuerhinterziehern archiviert, die weniger dafür bekannt sind, an den Tatorten ihrer Umtriebe irgendwelche Körperflüssigkeiten zurückzulassen, mit denen man DNA-Analysen durchführen könnte.

Oft landen auch die Daten unbescholtener Bürger in den Gen-Archiven, und es scheint keine Möglichkeit zu geben, sich dagegen zu schützen. So nimmt das Verteidungsministerium der USA beispielsweise seit 1992 von jeder für das US-Militär arbeitenden Person umfangreiche biologische Proben ab. Als zwei Soldaten, Corporal Joseph Vlacovsky und Lance Corporal John C. Mayfield III., sich weigerten, Genproben einzureichen, da ihre verfassungsmäßigen Rechte dadurch verletzt würden, brachte man sie kurzerhand vors Kriegsgericht. Später erklärten Vlacovsky und Mayfield Journalisten gegenüber, daß das Militär ›schon oft als Kontrollpopulation verwendet wurde, um Präzedenzfälle für geplante, wesentlich umfassendere Projekte zu schaffen‹.

Belege für die mögliche Richtigkeit dieser Aussage liefert die jüngste Historie der Vereinigten Staaten zur Genüge. So wurden in den vierziger und fünfziger Jahren etwa Versuche mit radioaktiver Strahlung und LSD an ahnungslosen Testpersonen durchgeführt, und auch während des Golfkriegs verabreichte man amerikanischen Soldaten zu Testzwecken Medikamente, die unter Umständen der Grund für das sogenannte ›Golfkriegssyndrom‹ sein könnten, wie manche Forscher behaupten. Doch wer weiß schon, was in den geheimen Forschungslabors der US-Regierung und anderer Länder hinter dem breiten Rücken der Öffentlichkeit vor sich geht?

Carter Jackson

NSA

Name: National Security Agency
Sitz: Fort Meade, Maryland, USA
Gegründet: etwa 1947

Zweck der NSA, des ›Geheimdienstes der Geheimdienste‹, ist die Informationsbeschaffung jeglicher Art, deren Auswertung und die Entwicklung von Ver- und Entschlüsselungssystemen sowie Informationstechnologien der US-Spionage. Bis heute hat die NSA es geschafft, so geheim zu bleiben, daß kaum jemand von ihrer Existenz weiß.

Die Beschaffung von Informationen erfolgt durch High-Tech wie Satelliten, Horcheinrichtungen und Computer; dies wird im internen Jargon als SIGINT (*signals intelligence*) bezeichnet.

Mit Hilfe des wichtigsten Partners, des britischen GCHQ (*General Communication HeadQuarter*, unmittelbar der britischen Regierung unterstellt) überwacht die NSA heute mit Hilfe von ähnlichen, aber kleinen Diensten in Australien, Kanada, Neuseeland und einigen NATO-Ländern den gesamten Globus.

NSA und GCHQ lesen und hören militärische, diplomatische und kommerzielle Nachrichten mit, egal ob per Funk, Telex, Fax oder auf Mikrowellen gesendet (nicht *die* Mikrowellen aus der Küche!). Sie belauschen Satellitenkommunikation und private Telefonate. Ihnen liegen Listen von Einzelpersonen und Organisationen vor, deren schriftliche und mündliche Kommunikation automatisch abgefangen bzw. mitgeschnitten wird, z. B. bestimmte Ölgesellschaften, Banken, Zeitungen, Rohstoffhändler, Bürgerrechtler, radikale Politgruppen, Botschaften, Handelsmissionen, Terroristen & Sympathisanten.

Die Computer im NSA-Headquarter in Fort Meade können per ›Schlüsselwort‹ auf das automatische Abhören von

Telex- oder Funksendungen programmiert werden; wenn bei einem Gespräch ein Wort wie ›Mord‹ oder ›Vereinigung‹ fällt, klickt das Aufnahmegerät. Die NSA-Rechner suchen diese Worte mit einer Geschwindigkeit von ca. vier Millionen Zeichen per Minute.

Man belauscht und übersetzt bzw. entschlüsselt Funktelefonate in ausländischen Limousinen, den Funkverkehr von Schiffen im Atlantik, Satellitensendungen etc. Die NSA verfügt über drei eigene Satelliten. Dazu kommen Spähflugzeuge vom Typ EC 121 mit je dreißigköpfigen Crews und etwa sechs Tonnen elektronischer Ausrüstung.

Das riesige Hauptquartier (mit einer Fläche von insgesamt vierundvierzigtausend Quadratmeter) befindet sich am Rand von Ft. Meade, umgeben von doppeltem Elektro-Stacheldrahtzaun. Dort gehen mindestens zwanzigtausend Mitarbeiter ihren Aufgaben nach. Im Ausland sind weitere gut hunderttausend Zivilisten und Soldaten tätig. Mittlerweile ist die NSA längst nicht mehr in der Lage, alle ständig eingehenden Informationen tatsächlich auszuwerten. Dutzende von Reißwölfen vernichten deshalb die täglich anfallenden zirka vierzig Tonnen an überflüssigem (als unwichtig erkanntem) Papier.

Auf dem weltweiten Meeresboden liegen weit über tausend Mikrofonanlagen, in einem etwa fünfzigtausend Kilometer umfassenden Kabelnetz mit achtzehn Festlandstationen verbunden. Dadurch können Schiffs- und U-Boot-Bewegungen überall rund um den Globus registriert werden. Dieses ›*Sound Surveillance System*‹, wurde seit 1954 unter strikter Geheimhaltung installiert und kostete rund 16 Milliarden Dollar. Witzigerweise wird ›SOSUS‹ mittlerweile kaum noch militärisch genutzt, sondern wurde dem Meeresforscherprojekt ›Whale 93‹ zur Verfügung gestellt …

Datenschutz und Legalität interessieren die NSA herzlich wenig – dank der Kooperation mit dem britischen Pendant schiebt grundsätzlich immer der eine Geheimdienst die Schuld auf den anderen, und keiner kann im Ernstfall wirklich angeklagt werden, weil nie herauszufinden ist, welcher der beiden Dienste gegen das Gesetz verstoßen hat. Auch die eigenen Geheimdienste wie CIA, DIA (Defence Intelligence

Agency), FBI, CIC oder die MI-Abteilungen in England werden überwacht, ›um sie besser steuern und koordinieren zu können‹.

Werner K. Giesa

Das UFO-Archiv

Tunnelmenschen

Daß New York eine in vieler Hinsicht außergewöhnliche Stadt ist, wurde vor einiger Zeit von neuem bestätigt, als bekannt wurde, daß in den zum Teil stillgelegten U- und S-Bahn-Schächten im tiefsten Herzen der Millionenmetropole seit Jahren Menschen leben, ›Tunnel People‹ oder – recht abfällig – ›Mole People‹ (›Maulwurfmenschen‹) genannt. Berichten der Stadtverwaltung des *Big Apple* zufolge sollen es an die fünftausend Personen sein, Männer, Frauen und Kinder, manchmal ganze Familien, die sich aus Angst vor Verfolgung und häufig aus finanzieller Not in die Unterwelt geflüchtet haben, um dort ihr trostloses Dasein inmitten von Ruß, Dreck und Ratten zu fristen.

Die ›Tunnel People‹ setzen sich zusammen aus Ausgestoßenen, von der Welt über ihren Köpfen Vergessenen, Junkies, Dealern, Homosexuellen, psychisch Kranken – von denen manche die Grenze zum Wahnsinn bereits überschritten haben – und Freaks, die häufig ebenso grotesk sind wie das Reich, in dem sie leben. Für viele von ihnen ist die Unterwelt der letzte Zufluchtsort vor einer Gesellschaft, die ihnen weder Verständnis noch Hilfe entgegenbringt und ihnen nur mit kalter Gleichgültigkeit und Abscheu begegnet.

Obgleich die ›Tunnel People‹ allgemein friedlich sind und lediglich in Ruhe gelassen werden wollen, gibt es immer wieder Ärger, so zum Beispiel mit den New Yorker Verkehrsbetrieben, welche die Tunnelmenschen aus den U-Bahn-Schächten vertreiben wollen, damit sie ›nicht die Fahrgäste vergraulen‹. Die größte Gefahr aber geht von herumstreunenden Jugendbanden aus, die durch die Tunnel ziehen und auf Konfrontation aus sind. Gelegentlich gibt es dabei auch Tote unter den ›Tunnel People‹; nicht selten werden Wehrlose mit ihrem eigenen Whiskey überschüttet und angezündet.

Überhaupt ist der Tod auf den insgesamt knapp siebenhundertsechzig Meilen des New Yorker U-Bahn-Netzes für die Tunnelmenschen praktisch allgegenwärtig. Optimistische Schätzungen von Streetworkern, die sich bei den ›Tunnel People‹ gut auskennen, besagen, daß niemand dort unten länger als vier oder fünf Jahre überleben kann. Selbst relativ harmlose Krankheiten wie Schnupfen, Grippe und Lungenentzündung enden für die ›Tunnel People‹ meist tödlich, ebenso Fälle von Tuberkulose oder Diabetes, die medikamentös durchaus zu behandeln wären.

Doch die Bewohner dieser ›Unterwelt‹, häufig beschämt über ihren Zustand und ihre Lage, weigern sich allzu oft, in Krankenhäuser zu gehen, wo ihnen geholfen werden könnte; teils, weil ihnen das nötige Geld für die Behandlung fehlt, teils, weil sie den Glauben an sich und die Oberwelt längst verloren haben. Und wer nicht von irgendeiner Krankheit dahingerafft wird, kann von einem heranrasenden U-Bahn-Zug erfaßt werden oder in einem der Abwasserkanäle ertrinken, die bei Regen zu reißenden Strömen anschwillen. Die Möglichkeiten sind vielfältig, dort unten, bis zu zehn Etagen (!) unter der Erde, ums Leben zu kommen.

Lange hielt sich das Interesse der Öffentlichkeit an den ›Tunnel People‹ in Grenzen. Durch die Publizierung des aufwühlenden Buches *Mole People* von Jennifer Toth und das Engagement der jungen Autorin für die Tunnelmenschen ist mittlerweile aber Besserung in Sicht. Henry Cisneros, Minister für Wohnungsbeschaffung und Stadtsanierung in den USA, teilte den ›Tunnel People‹ neun Millionen Dollar zu und versprach außerdem, ihnen bei der Suche nach menschenwürdigen Unterkünften *über* der Erde behilflich zu sein.

Viele der ›Tunnel People‹ sind froh über diese Entwicklung. Einige haben es sogar geschafft, den Kanälen zu entkommen. Der größte Teil jedoch will ihre unterirdische Welt überhaupt nicht verlassen. In den Interviews, die Jennifer Toth mit den Tunnelmenschen führte, erfuhr sie den Grund dafür – und damit auch die Philosophie, die für viele hinter dieser Flucht in den Bauch der Erde steht.

Bernard, von seinen Mitbewohnern ›Meister der Kanäle‹ genannt, berichtete: *›Ich wollte weg von dem ganzen Wahnsinn, von all den Menschen. Ich weiß nicht, warum sie mich noch immer verfolgen. Ich gehöre nicht mehr zu ihnen. Ich bin froh, nicht mehr* *menschlich zu sein. Ich möchte nie wieder menschlich sein.‹* Wahrscheinlich hat der ›Meister der Kanäle‹ diesen Wunsch mittlerweile mit dem Leben bezahlt.

Carter Jackson

Das UFO-Archiv

UFOs im All

Während über UFO-Sichtungen auf der Erde in den letzten Jahren sehr viel berichtet und geschrieben wurde, ist der Umstand, daß es bei der Mehrzahl aller Raumfahrtunternehmen zu Begegnungen mit UFOs kommt, wesentlich weniger bekannt, und das, obwohl der Prozentsatz von UFO-Beobachtungen im Weltall unverhältnismäßig viel größer als der von Sichtungen am irdischen Himmel ist. Ein Grund hierfür ist laut des Mathematikers und Physikers Maurice Chatelain, dem ehemaligen Leiter der NASA-Abteilung *Communications and Data Processing Systems* (Nachrichten- und Datenverarbeitungssysteme) im Werk der North American Aviation in Downey, Kalifornien, daß Meldungen der Astronauten über sonderbare Begegnungen bei Raumflügen von der NASA zensiert, abgeändert, ›entschärft‹ oder schlicht und einfach ignoriert werden.

Nichtsdestotrotz sind im Laufe der Zeit eine ganze Reihe von Berichten über UFO-Sichtungen im Weltraum und sogar direkt über der Oberfläche des Mondes sowie von verschiedenen anderen unerklärlichen Zwischenfällen auf Raumflügen bekannt geworden, die ebenso mysteriös wie beeindruckend sind. So wurden zum Beispiel während der ersten MERCURY-Mission im Mai 1963 über Hawaii auf einer Sonderfrequenz Stimmen empfangen und auf Band aufgenommen, von denen sich hinterher herausstellte, daß sie keiner irdischen Sprache zuzuordnen sind. Außerdem wurde von den Astronauten beim Überfliegen von Perth in Australien ein großes UFO gesichtet, das von Kontrollstationen auf der Erde ebenfalls ausgemacht wurde.

Doch das sollte erst der Anfang gewesen sein, denn zwei Jahre später (1965) wäre die GEMINI 4 über Hawaii beinahe mit einem ›silbernen Zylinder‹ mit einem rotleuchtenden Schweif zusammengestoßen, der von der Besatzung fotografiert werden konnte. Während der GEMINI-10-Mission 1966 wurde die Raumkapsel von zwei UFOs verfolgt, die verschwanden, als die Astronauten Young und Collins die Bodenstation um eine Radarkontrolle baten. Später sichteten sie ein gewaltiges Objekt in der Nähe des Mondes, das weder ein Planet noch ein Planetoid sein konnte. 1968 entdeckten die Astronauten an Bord der APOLLO 8 bei einer Mondumkreisung mehrere scheibenförmige UFOs. Zudem empfingen sie mit dem sogenannten ›Raumfrequenz-Radio‹ eine Sendung in einer nicht identifizierbaren Sprache, die an die Aufnahmen der MERCURY erinnert. Im folgenden Jahr wurde die APOLLO 12 in Mondnähe von zwei glänzenden UFOs begleitet, was von einigen irdischen Observatorien bestätigt wurde. Außerdem wurde während der Rückkehr der APOLLO-Kapsel zur Erde in der Umlaufbahn ein großes UFO mit roten Lichtern beobachtet.

Die Astronauten, die im All vermutlich am häufigsten mit UFOs zusammentrafen, waren Jim Lovell (von dessen letzter Mission Ron Howards hervorragender Spielfilm *APOLLO 13* erzählt) und Edwin›Buzz‹ Aldrin. Am 4. 12. 1965 gelang es Jim Lovell, während der GEMIMI-7-Mission Fotos von einem riesigen UFO mit Rückstoßantrieb zu machen, das der Kapsel in einigem Abstand folgte. 1966 fotografierten Lovell und Aldrin von der GEMINI 12 aus zwei UFOs, die sich nur ungefähr achthundert Meter von ihrem Raumschiff entfernt befanden. Während der ersten Mondlandung der APOLLO 11 am 20. 7. 1969 schwebten laut Armstrong und Aldrin zwei UFOs und ein länglicher Zylinder in der Nähe der Raumkapsel. Als die Eagle, die Landefähre der APOLLO 11, kurz darauf auf dem Mond aufsetzte, erschienen innerhalb eines in der Nähe gelegenen Mondkraters zwei nicht identifizierbare Raumfahrzeuge am Kraterrand, die von Aldrin fotografiert werden konnten, bevor sie verschwanden. Darüber hinaus war die NASA streng vertraulichen, der Anglia-Fernsehgesellschaft in London vorliegen Berichten zufolge gezwungen, den für die *Eagle* ursprünglich vorgesehenen Landeplatz kurzfristig zu verlegen, nachdem festgestellt worden war, daß die Stelle laut Aldrin ›nur so wimmelte‹ – von Material, das eindeutig nicht dorthin gehörte ... Als Beweis für diese mysteriöse Entdeckung könnten die Fotos dienen, die Aldrin geschossen hat, doch die NASA hat diese Bilder bis heute nicht freigegeben, was den Schluß nahelegt, daß Colonel Aldrins Geschichte der Wahrheit entspricht. Hierfür scheinen ebenfalls die von den Russen und Amerikanern angeblich auf dem Mond entdeckten Ruinen und Pyramiden zu sprechen, die offenbar von intelligenten Lebewesen errichtet wurden.

Geht man von der Annahme aus, daß die Astronauten im Hinblick auf ihre Beobachtungen im All die Wahrheit gesagt haben – und warum sollten sie das nicht tun? –, dann bleibt festzustellen, daß jene Wesen, die für all diese Erscheinungen verantwortlich sind, allem Anschein nach ein ausgesprochen starkes Interesse für unsere Raumfahrtunternehmen zu besitzen scheinen. Warum, das weiß niemand. Und falls doch, dann wären wir, die Öffentlichkeit, vermutlich einmal mehr die letzten, die es erführen.

Carter Jackson

UFO-Landungen

Nachdem UFOs Jahrhunderte lang vornehmlich am Himmel beobachtet wurden, häuften sich in den fünfziger und sechziger Jahren die Meldungen über angebliche Landungen ›fliegender Untertassen‹. So soll im Oktober 1952 beispielsweise eine UFO-Landung auf dem Flughafen Marignane von Marseille in Frankreich stattgefunden haben, deren Augenzeuge ein Zollbeamter namens M. Gachignard war. Als er am 27. Oktober um zwei Uhr früh vor dem Zollgebäude auf einer Bank saß, um einen Imbiß zu sich zu nehmen, beobachtete er, wie ein gleißendes Licht, das er zunächst für eine Sternschnuppe hielt, auf den Flughafen zuschoß, unmittelbar an ihm vorbeiflog und dann auf der Landebahn aufsetzte. Obwohl es Gachignard zufolge eine Geschwindigkeit von mindestens hundertfünfzig Meilen pro Stunde hatte, war das Flugobjekt in der Lage, von einer Sekunde zur anderen anzuhalten.

Der Zollbeamte, dem klar war, daß es sich dabei unmöglich um ein Flugzeug handeln konnte, stand auf und ging auf das Ding zu. Es besaß die Gestalt eines Footballs mit spitz zulaufenden Enden und maß ungefähr einen Meter in der Höhe und drei Meter in der Länge. Als Gachignard noch ungefähr fünfzig Meter von dem Objekt entfernt war, schoß aus dem hinteren Ende mit einemmal eine Wolke ›weißer Teilchen‹ hervor, und die sonderbare Flugmaschine hob wieder ab. Fünf Sekunden später war sie verschwunden.

Das seltsame Flugobjekt, das Gachignard sah, hinterließ auf dem Boden keinerlei Spuren. Oft allerdings findet man an Orten, wo UFO-Landungen stattfanden, Hinweise darauf: Vertiefungen in der Erde, Brandspuren, unbekannte Substanzen, niedergedrückte Pflanzen. Obgleich 1975 ein ganzer Katalog mit über *fünfhundert* angeblichen UFO-Landungen erschien, wurden jedoch leider nur die wenigsten davon einer genauen wissenschaftlichen Prüfung und Analyse unterzogen. Doch wenn dies der Fall war, waren die Ergebnisse zumeist überaus faszinierend.

Ein gutes Beispiel hierfür ist die Landung eines UFOs auf einer Farm in Delphos, Kansas, am 2. November 1971. Hauptzeuge des Vorfalls war der sechzehn Jahre alte Ronald Johnson, der an jenem Abend gegen neunzehn Uhr ein seltsames Objekt entdeckte, das etwa zwanzig Meter von ihm entfernt direkt über dem Boden schwebte. Es war ungefähr drei Meter hoch und strahlte ein so gleißendes Licht ab, daß die Augen des Jungen verletzt wurden und er noch mehrere Tage später unter Sehstörungen und heftigen Kopfschmerzen litt. Ronald holte sofort seine Eltern, die aber nur noch sahen, wie sich das Licht entfernte. An jener Stelle, wo das Objekt über dem Boden geschwebt hatte, lag ein schwacher ringförmiger Schimmer auf der Erde, der sich kalt und seltsam verkrustet anfühlte.

Rasch verständigten UFO-Forschern gelang es, eine Probe von der Substanz zu nehmen, deren Analyse laut Ted Phillips, einem Wissenschaftler des amerikanischen MUFON (Mutual UFO Network) den Nachweis von ›einzigartigen eiszapfenförmigen Kristallen von 0,01 bis 0,05 Mikron Länge sowie eine bis heute unbekannte kristalline Struktur von niedrigem atomarem Gewicht‹ ergab. Der britische Chemiker Dr. Erol A Faruk kam bei seiner Analyse des Stoffs zu dem Ergebnis, daß die Erde mit einer wäßrigen, chemi-lumineszenten Lösung besprüht wurde, als das UFO über der Stelle schwebte.

Ein weiterer interessanter Fall, bei dem nach der Landung eines UFOs auswertbare Spuren am Boden gefunden wurden, trug sich am 8. Februar 1981 in Trans en Provence, Frankreich, zu. Es war gegen siebzehn Uhr, als M. Collini, der gerade in seinem Garten arbeitete, einen tiefen, pfeifenden Ton vernahm. Einen Moment später sah er ein eiförmiges Objekt, das auf dem Rasen seines Grundstücks landete, um eine halbe Minute später wieder durchzustarten und zu verschwinden. Als Collini sich die Stelle ansah, wo das Objekt gelandet war, entdeckte er mehrere runde und einen kronenförmigen Abdruck in der Erde. Er verständigte die Polizei. Kurz darauf nahm ein Team der GEPAN, der offiziellen französischen UFO-Forschungsgruppe, Proben von Vegetation und Erde.

Eine Laboranalyse ergab, daß die Pflanzen erhebliche biochemische Störungen aufwiesen. Zudem hatte sich der Boden auf drei- bis sechshundert Grad Celsius erhitzt …

Auch weniger spektakuläre topografische Phänomene werden von Ufologen häufig als Hinweise für UFO-Landungen gedeutet, beispielsweise die merkwürdigen, wie mit dem Zirkel gezogenen Kornkreise, die im Juli 1986 nach der Sichtung eines UFOs in einem Getreidefeld in Hampshire, England, entdeckt wurden, oder ein großes Oval aus niedergedrücktem Schilfrohr in einem Sumpf bei Nishikawacho in Nordjapan, das 1986 nach einer Nacht mit ungewöhnlichen elektrischen Störungen gefunden wurde.

Oftmals belassen es die UFO-Piloten aber nicht damit, bloß irgendwo für einige Minuten zu landen, sondern sie verlassen ihre Flugmaschinen. Damit werden wir uns in einem späteren Kapitel noch ausführlich befassen.

Carter Jackson

Das UFO-Archiv

UFO-Sichtungen

I. Frühe UFO-Sichtungen

Berichte von unbekannten Flugobjekten, kurz UFOs genannt, die von Zeit zu Zeit immer wieder durch die Medien geistern, sind beileibe kein Phänomen des 20. Jahrhunderts, wie fälschlicherweise oft angenommen wird. Tatsächlich gibt es sie praktisch bereits seit Menschengedenken.

Die ältesten Berichte, so behaupten die UFO-Forscher (oft auch als Ufologen bezeichnet) sind uns als Sagen und Legenden erhalten. So ist in einer uralten chinesischen Überlieferung zum Beispiel von einem fernen ›Land der fliegenden Wagen‹ die Rede, in dem dreiäugige Wesen in geflügelten Wagen mit vergoldeten Rädern fahren. Der Sanskrit-Text *Drona Parva* enthält Beschreibungen von Luftkämpfen zwischen Göttern, die Flugmaschinen, sogenannte *vimanas,* steuern. In einer dieser Schlachten wird gar ein ›*flammendes Rund von der Leuchtkraft rauchlosen Feuers*‹ abgeschossen.

Die eindrucksvollsten UFO-Berichte finden sich jedoch, so meinen Ufologen, in der Bibel. So fuhr der Prophet Elija bzw. Elias beispielsweise mit einem ›Streitwagen aus Feuer‹ gen Himmel. Auch das 2. Buch Mose enthält Schilderungen, die häufig als UFO-Sichtungen interpretiert werden. In dem Abschnitt, in dem beschrieben wird, wie Moses die Kinder Israels aus Ägypten und durch die Sinai-Wüste ins Gelobte Land führt, heißt es: ›*Während der Wanderung ging der Herr tagsüber in einer Wolkensäule vor ihnen her, um ihnen den Weg zu weisen, und nachts in einer Feuersäule, um ihnen zu leuchten.*‹ Dem Bibelforscher und presbyterianischen Geistlichen Barry H. Downing zufolge könnte es sich bei der sonderbaren Wolken- und Feuersäule um ein UFO gehandelt haben, dessen Abgasstrahl auch das Rote Meer geteilt hätte.

Besonders ausführliche UFO-Schilderungen in der Bibel

sind beim Propheten Ezechiël (Hesekiël) zu finden. Um das Jahr 593 v. Chr. hatte er ein außergewöhnliches Erlebnis: ›*Ich sah, wie der Sturm eine mächtige Wolke von Norden herantrieb; sie war von einem hellen Schein umgeben, und Blitze zuckten aus ihr. Die Wolke brach auf, und aus ihrem Inneren leuchtete ein helles Licht, wie der Glanz von gleißendem Gold. In dem Licht sah ich vier Gestalten, die wie Menschen aussahen, doch hatte jede von ihnen vier Flügel.*‹ *Die Gestalten* ›*wanderten gemeinsam umher*‹, *und zwischen ihnen* ›*war etwas, das wie ein Kohlenfeuer wirkte; daraus kamen Funken und Blitze hervor.*‹ Die Wesen selbst, so hatte es den Anschein, waren Teile eines größeren Objekts, zu dem vier funkelnde Räder gehörten, in die jeweils ein zweites Rad eingefügt war.

Viele UFO-Enthusiasten halten Ezechiëls Schilderung für die Ankunft eines außerirdischen Raumschiffs. Einer davon ist der umstrittene Schweizer Schriftsteller Erich von Däniken, dem in der Vergangenheit schon mehrfach schlampige Recherche und sogar Betrug vorgeworfen wurden. Als Däniken Ezechiëls Bericht in seinem Sachbuch *Erinnerungen an die Zukunft* 1968 als UFO-Sichtung anführte, machte sich der renommierte NASA-Ingenieur Josef F. Blumrich, der sich seit 1934 mit der Konstruktion von Flugzeugen und Raketen befaßte und unter anderem am Bau der Saturn V-Rakete beteiligt war, daran, diese seiner Meinung nach vollkommen lächerliche Behauptung zu widerlegen. Blumrich war davon überzeugt, daß ›Ezechiëls Rad‹ einer Prüfung durch einen erfahrenen Ingenieur nicht standhalten würde.

Doch zu seiner großen Überraschung mußte er das Gegenteil feststellen, denn nach den vorchristlichen Beschreibungen des Propheten konstruierte er einen funktionstüchtigen Flugapparat, den er als ›Landefähre‹ bezeichnete, die von einem Mutterschiff aus gestartet worden sein konnte, wie er in einem Essay in dem Buch *The Spaceships of Ezekiel* (1973) darlegt. Blumrich zufolge hätte es sich bei den vier ›Gestalten‹ um Landegeräte handeln können, jedes mit einem Rad für das Manövrieren in unebenem Gelände versehen. Die ›Flügel‹ wären vielleicht Rotorblätter gewesen, die zur letzten Positionierung vor dem Landen gedient hätten, während ein

Raketentriebwerk im konischen Rumpf des Raumschiffs für den Hauptantrieb sorgte.

Über die Jahrhunderte hinweg gab es überall auf der Welt immer wieder angebliche UFO-Sichtungen, zum Teil dargestellt auf Gemälden, Wandbildern und Kunstobjekten. So ist auf einem mittelalterlichen Gobelin, der das Leben der Jungfrau Maria schildert, zum Beispiel ein über der Stadt schwebendes, mit einer Kuppel versehenes Objekt auszumachen, während auf einem Fresko aus dem 14. Jahrhundert, das die Kreuzigung Jesu zeigt, im Hintergrund ein scheibenförmiges Flugobjekt zu sehen ist. Auf einer um 1680 geprägten Medaille ist ein diskusförmiges Gebilde am Himmel zu erkennen, was manche UFO-Forscher schließen ließ, die Medaille sei zum Gedenken an eine UFO-Beobachtung geprägt worden.

II. Das Zeitalter der ›Fliegenden Untertassen‹

Die außergewöhnlichsten, erstaunlichsten UFO-Beobachtungen der Neuzeit wurden Anfang und Mitte des 20. Jahrhunderts gemacht. Am frühen Morgen des 30. Juni 1908 stürzte über der Region Tunguska in Sibirien beispielsweise ein riesiges Objekt vom Himmel und explodierte dicht über der Erdoberfläche. Ein Augenzeuge sagte aus, die gewaltige Explosion hätte den Himmel gespalten. Ein anderer Mann hatte ein längliches, flammendes Objekt erspäht, das einen Staubschweif hinter sich herzog. Die Erde bebte, eine gewaltige Sturmbö fegte über die öde Landschaft, Bäume wurden wie Streichhölzer umgeknickt. Mehr als dreitausend Quadratkilometer Wald verbrannten. Naturwissenschaftler sollten später schätzen, daß die Gewalt der Explosion mit der einer 20-Megatonnen-Atombombe vergleichbar war.

Knapp zehn Jahre später, am Nachmittag des 13. Oktober 1917, kam es in dem kleinen portugiesischen Wallfahrtsort Fátima zu einer UFO-Sichtung, für die es über fünfzigtausend Zeugen gab. Später erzählten sie den Reportern, die Wolken hätten sich mit einemmal geteilt und den Blick auf eine riesige silberne Scheibe freigegeben, die sich wie die Flügel einer Mühle drehte. Nachdem das kreisrunde Objekt sich im Sturzflug der Erde bis auf etwa hundert Meter genähert hatte, stieg es steil nach oben in den Himmel hinauf und verschwand in Richtung der Sonne. Angeblich erfüllte sich damit die Prophezeiung von drei Hirtenkindern, die zuvor behauptet hatten, mit der Jungfrau Maria gesprochen zu haben. Die Gottesmutter hätte ihnen gesagt, sie würde sich den Menschen an diesem Tage auf eine Weise offenbaren, *›daß jeder wird glauben müssen‹*.

Als der junge amerikanische Geschäftsmann Kenneth Arnold aus Boise, Idaho, am 24. Juni 1947 mit seinem Privatflugzeug in einer Höhe von knapp zweitausendachthundert Metern über die Cascade Mountains im US-Bundesstaat Washington flog, ahnte er nicht, daß er später an diesem Tag einen Begriff prägen würde, den heutzutage jedes Kleinkind kennt. Ausschlag dafür gab die Begegnung mit einer Formation blendendheller Objekte, die wenige Meilen von ihm entfernt mit unglaublicher Geschwindigkeit über die Berggipfel rasten. Es waren insgesamt neun Maschinen, die in enger Staffel flogen. Arnold schätzte ihre Flügelspannweite auf vierzehn bis fünfzehn Meter.

Als das erste der Objekte um genau 14 Uhr 59 am Mount Rainier vorbeischoß, beschloß der verwirrte Pilot, das Tempo der mysteriösen Flugobjekte zu messen. Nach genau einer Minute und zweiundvierzig Sekunden passierte die letzte der Maschinen den Gipfel des Mount Adams, der etwa fünfundziebzig Kilometer vom Mount Rainier entfernt liegt. Arnold errechnete, daß die Geschwindigkeit der Objekte ca. zweitausendsechshundertfünfzig Stundenkilometer betragen hatte, was etwa dreimal mehr war, als der schnellste Düsenjet jener Zeit zu leisten vermochte.

Nachdem Kenneth Arnold gegen 16 Uhr in Yakima gelandet war und seinem Freund Al Baxter, dem Geschäftsführer von Central Aircraft, von seinem Erlebnis berichtet hatte, breitete sich seine Geschichte aus wie ein Buschfeuer. Als Arnold später am Tag in Pendleton, Oregon, ankam, umringte ihn bereits auf dem Flugplatz eine Schar neugieriger Reporter. Er wurde mit Fragen bombardiert, von denen viele bohrend und skeptisch waren. Aber er blieb bei seiner Darstellung der Ereignisse. Außerdem war er ein solider Bürger und Geschäftsmann und ein erfahrener Such- und Rettungspilot. Er hatte über viertausend Flugstunden absolviert und war schon viele Male über die Cascade Mountains geflogen, so daß es keinen Grund zu der Annahme gab, er würde sich einen dummen Scherz erlauben.

Als Arnold von einem Journalisten darum gebeten wurde, die sonderbaren Objekte zu beschreiben, sagte er, sie hätten wie Motorboote bei Seegang ausgesehen, wie der im Wind flatternde Schwanz eines chinesischen Papierdrachens. Schließlich erklärte er: ›*Sie sind geflogen wie eine Untertasse, wenn man sie über eine glatte Wasseroberfläche hüpfen läßt.*‹ Damit war die Bezeichnung ›Fliegende Untertasse‹ geboren.

Carter Jackson

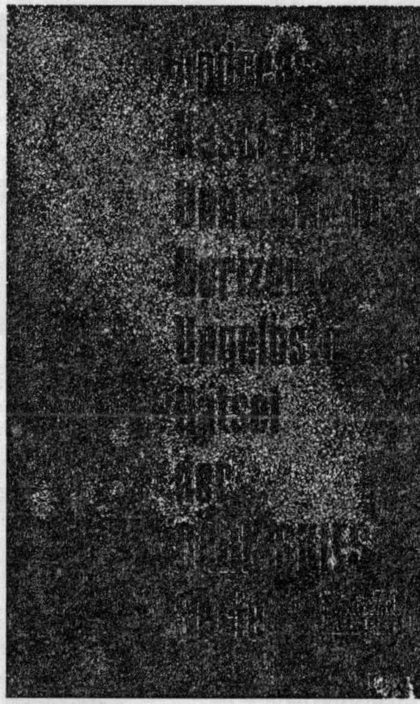

Band 13 915

Andreas Kasprzak

Dunkle Horizonte
Ungelöste Rätsel der DARK SKIES
Originalausgabe

Die Fernseh-Serie DARK SKY ist in den USA ein Riesenerfolg und der legitime Nachfolger der phäno-menal erfolgreichen ›X-Akten‹.
Die Serie basiert auf der Annahme, daß 1947 in der Nähe von Roswell, New Mexiko, tatsächlich ein Ufo abgestürzt ist. Hochrangige Regierungsangehörige versuchen, alle Hinweise auf Ufos und Aliens zu vernichten. Mit Hilfe eines Beamten kommt ein junges Paar der großangelegten Verschwörung auf die Spur – seither sind John und Kimberly ihres Lebens nicht mehr sicher.

Aus dem Inhalt: Episodenführer der 1. Staffel – Regisseur, Produzenten, Schauspieler – Roswell: Fakt oder Fiktion? – Was weiß die US-Regierung wirklich? – Aliens unter uns.

BASTEI LÜBBE

Sie erhalten diesen Band im Buchhandel, bei Ihrem Zeitschriftenhändler sowie im Bahnhofsbuchhandel.